U0143165

METHODOLOGY OF RESEARCH
ON MANAGEMENT OF
RANKS AND TITLES IN TRADITIONAL CHINA

中国古代官阶制度引论

（第二版）

阎步克 著

北京大学出版社
PEKING UNIVERSITY PRESS

图书在版编目(CIP)数据

中国古代官阶制度引论/阎步克著.—2 版.—北京:北京大学出版社,
2021.7

(博雅英华)

ISBN 978-7-301-32203-1

I.①中… II.①阎… III.①官制—研究—中国—古代 IV.①D691.42

中国版本图书馆 CIP 数据核字(2021)第 094215 号

书　　　名	中国古代官阶制度引论(第二版)	
	ZHONGGUO GUDAI GUANJIE ZHIDU YINLUN(DI-ER BAN)	
著作责任者	阎步克　著	
责 任 编 辑	张　晗	
标 准 书 号	ISBN 978-7-301-32203-1	
出 版 发 行	北京大学出版社	
地　　　址	北京市海淀区成府路 205 号　100871	
网　　　址	http://www.pup.cn	新浪微博:@北京大学出版社
电 子 邮 箱	编辑部 wsz@pup.cn	总编室 zpup@pup.cn
电　　　话	邮购部 010-62752015	发行部 010-62750672
	编辑部 010-62767315	
印 刷 者	北京中科印刷有限公司	
经 销 者	新华书店	
	650 毫米×980 毫米　16 开本　34.25 印张　477 千字	
	2010 年 1 月第 1 版	
	2021 年 7 月第 2 版　2023 年 9 月第 4 次印刷	
定　　　价	120.00 元	

目　录

第一章　特点、概念与对象

一　基本特点与研究意义

本书的目的，是探讨中国官阶史研究的框架、概念与方法、基本的线索与问题，即中国古代官阶可以如何观察、如何认识、如何解释、如何分析，而不是分时代叙述各朝官阶制度的概况或细节。所以，对基本框架、概念与问题，书中要做较详细的讨论；至于制度的细节，则一般只做概述，点到为止。

在全书开端，首先对书名中的"官阶"一词做一说明。"官阶"一般指官员等级①，但本书的考察也包括官职等级。像秦汉使用的"若干石"秩级，就是官职的等级；九品官品也不只是官员等级，也被用作官职的等级。我们将使用"品位""职位"两个概念，把官员等级与官职等级清晰区分开来。考察的对象，将包括各种位阶。其中如唐宋的文散阶、武散阶是官员的级别，但如爵级、勋官，其拥有者就不限于官员了。平民可能拥有爵级，士兵可以拥有勋官。又如魏晋南北朝的中正品，唐宋明清的各种科举功名，其拥有者是官僚候选人，它们不算"官阶"，但却是一种"品位"，用于标示任官资格之等级。如果使用"等级管理制度"，就能把更多位阶包括在内，甚至把一切具有品位与等级意义的制度安排，都包括在内。不过"等级管理制度"的提法也可能给人一种感觉：只是在行政与技术层面上谈官阶。然而中国古代品秩位阶的功能

①　《现代汉语词典》，商务印书馆 2005 年版，第 503 页。

是很广泛的,并不仅仅限于行政与技术层面,本书的很多讨论将在政治社会层面展开,以显示一个"官本位"社会的面貌。既然尚没有一个能把对象和目的都涵盖在内的适当词语,那么索性只用"官阶"以点代面,也是一个可取的方法。

中国古代的官职架构在周朝初具规模,相应也出现了公、侯、伯、子、男这样的爵号,与公、卿、大夫、士这样的位阶。帝制两千年中,各种样式的品秩位阶不断涌现,如二十等爵、禄秩、九品官品、中正品、文散阶、武散阶、勋官、科举功名,以及各种品位性官号,等等。从周朝算起,中国官阶经历了近三千年的发展,其连续性是举世无双的。汉朝盛期的人口近六千万,清朝人口有三四亿。虽然不能说政府规模越大,其品秩位阶就一定越复杂,但二者仍有相关性。

中国古代官阶的主要特点有哪些呢?在讨论之初便能看到的特点,大约有如下几点:它达到了较高的合理化程度与法制化程度;在结构上呈现为一个"一元化多序列的复式品位结构";实行功绩制,依功进阶,保障了人员的制度化流动;除了职位管理,它还通过各种品位来实施复杂的身份管理;作为一种重要的政治调节手段和社会调控手段,它塑造了一个"官本位社会";等等。下面一一述之。

第一,中国官阶达到了较高的合理化程度与法制化程度。所谓"合理",指采用可操作的、规范化的与程序化的技术手段,确立了职位科层结构,实施了人员等级管理,进而保障了行政运作。无论是秩级还是官品,都清晰标示出了官署与官职的级差,将之划分为不同类别,把其间的统属、监管与协作关系,纳入了一个有序的架构。权力、任务、责任和资源的分配,由此变得规范而便利了。针对权责、薪俸、资格、特权、礼遇等不同等级要素,制度规划者用不同位阶分别处理。像"以德诏爵,以功诏禄,以能诏事,以久奠食,惟赐无常",像"爵以定崇卑,官以分职务,阶以叙劳,勋以叙功,四者各不相蒙"之类论述,都反映了古人对需要管理的不同事项,可资采用的不同位阶,都有了清晰的认识。等级安排有法可依。周朝已有记述等级礼遇的典章了,如楚国《祭典》："国君有牛享,大夫有羊馈,士有豚犬之奠,庶人有鱼炙之荐。"从《商君书》里,能看到与爵级、秩级相涉的法令的存在。秦简有《军爵律》,是关于军功爵的法规。张家山汉简中有《爵律》和《秩律》,分别是关于二十等爵和禄秩的法规。汉代还有《禄秩令》。魏晋以下律、令分途,品级由《官品令》之类文件规定之,此外还有大量法规礼典涉及了等级管理。现代"职位分类"制度对每一职位都提供"职位说明书";而在中国古代的法典上,对百官权责、级别与待遇,通常也都有正式的规定。

第二,中国官阶是一个"一元化多序列的复式品位结构"。这是经过漫长发展而逐渐形成的。周朝有两套爵级:公、侯、伯、子、男和公、卿、大夫、士。前者用于国君,后者标志着贵族官员的位阶。这是一种"爵本位"的等级秩序。战国秦汉出现了二十等爵,以及由"若干石"构成的禄秩。其时的品位结构,可以称为"爵—秩体制"。魏晋时九品官品问世,又提供了一个容纳各种位阶的一元性框架。由将军号等构成的武阶、由大夫等散官构成的文阶,以及来自北周府兵官号的勋官,在南北朝逐渐形成。唐帝国以"职、阶、勋、爵"组成位阶体制。在这个过程中,"一元化多序列的复式品位结构"得以形成。除此之外,古人还使用过繁多的品位性官号,如员外官、检校官、祠禄官、加宪衔、加宫衔、功臣号等。魏晋南北朝的中正品,科举时代的功名,也是重要的资格尺度。可见中国的制度规划者,在等级管理上经验丰厚、手段老道。当政者经常显示出这样的倾向:只要可能,就尽量用位阶形式来实施等级管理。总之,中国位阶是"复式"的,由繁多的序列和丰富的等级手段构成,各种位阶各有其用,互相配合而相得益彰;同时又是一元化的,各种位阶共同支撑着一个等级金字塔。这是一种"官本位"的等级秩序。

第三,中国官阶富于功绩主义精神,保障了制度化的社会流动。传统社会的位阶,大多都有浓厚的封闭性和凝固性,越在历史早期越是如此。相对而言,中国官阶与现代文官制就有较多近似之处。周朝实行"爵本位"。在战国以下,功绩制(merit system),以及以知识、技能和能力(所谓 KSAs,即 knowledge,skills and abilities)为依据的流动机制,获得了长足的发展,由此进入了"官本位"时代。"爵本位"是贵族性、封闭性、凝固性的,"官本位"则是行政性、功绩制、流动性的。商鞅创立的军功爵制,按照战场所获"甲首"晋爵。在秦汉,"功次"成为官吏晋升的基本依据。中古的九品中正制,一般被认为是维护士族特权的,但从制度本身看,它仍是一种以德才为准的评价制度,而且还有品位升降之法,如"以五升四,以六升五""自五退六,自六退七"之类。从北朝到唐宋,考课晋阶之法常规化了,考课与个人位阶的上升直接挂钩。科举学历更不必说了,它是通过高度程序化的考试获得的。这在前现代社会中,最富现代色彩。官僚政治的基本精神就是"选贤任能",所以王朝的各种阶爵衔号,是以便于升降的样式被设计的,是一个可攀登的阶梯,伴以各种计劳、计功、计能、计资的办法,采用考试程序与考绩程序。为方便管理,其级差设计,以及配置在各个等级上的薪俸、特权、礼遇等,通常是"数字化"了的,采用整齐的数列形式。

第四,中国官阶通过各种复杂的品位安排,来实施身份等级管理。所谓"品位",指的是官员个人级别,即不含权责在内的官号位阶。现代文官组织主要表现为一个"功能组织",其等级安排,通常以职位管理为中心,其人员结构与职位结构高度匹配。较原始的政权则不相同,一般实行品位分等,等级管理的重心在"人"而不在"职"。帝制时代的中国官阶,与二者都不相同,它职位、品位并重,对"人"与"职"的管理,都形成了发达的制度。从"人"的管理方面看,中国官僚组织在相当程度上又是一个"身份组织",它的人员结构与职位结构明显不对称,人员结构远大于职位结构;其身份管理,是通过复杂的品位手段实施的。尽管历代王朝在"重职位"还是"重品位"上有过较大变化,但总的说来,历朝大部分位阶被用于品位管理,即身份管理。这就使其等级管理呈现出三个层次。第一层次是有权有责的职位。第二层次是有官无职者,处于候选或休闲等状态,但已是"官"、已在"干部队伍"之内了,而且其数量大大超过职位的数量。第三层次是民间的王朝名位拥有者。比如,汉代有赐民爵的制度,天下大部分男子都在受赐范围之内;又如明清的国家学历拥有者，其数量也有数十万人之多。他们连"官"都不是，但其名位也是人事部门授予的，作为官职候选人，进入了位阶管理范围之内。身份化的等级管理，还造成了一个与现代文官制大不相同的现象："品位性官号"特别发达；当局经常把职位当品位来使用，从而造成"职事官的品位化"。历史上大部分的品位序列，都是由职位转化而来。各色品位手段，在管理资格、赋予特权、安排身份、实施奖惩等方面所发挥的重大功能，是最富"中国特色"的地方。

第五，中国官阶是强大有效的政治调控和社会调控手段，它塑造了一个"官本位社会"。品秩位阶首先是文官管理手段，但同时其功能决不仅限于文官管理，而是超越了行政边界，进入政治和社会领域，发挥出强大的政治功能、分配功能和身份功能。王朝官贵是分为各种势力、党派与集团的，这时候，不同位阶的颁授和晋升方式，就在其间发挥着调节功能，例如调节"贵—贱""文—武""士—吏""宫—朝"的关系的功能，异族政权下还有调节"胡—汉"关系的功能。王朝官爵，造成了"品级、等级与阶级的更大一致性"。与"林立型社会""网络型社会"不同，这是一个以"君—臣—民"为基本结构的金字塔型的社会，皇帝、皇族处于顶点，其下是官贵，再下是民众。中国官阶体现了"公权力的无限扩张"趋势，它实际是在三个层面发挥作用的，即"君—臣"层面、"官—官"层面和"官—民"层面，就是说，官阶也被用来确定君臣等级关系、官民等级关系。社会中的政治特权、法律特权、经济特权和文化特权，是根据官爵来分配的。行政品级由此成为确认社会身份、塑造社会分层、施加社会控制、实现社会激励、引导社会流动、建立社会认知、沟通社会交流的重要手段。当然，各个非行政领域在分等或分层上的自主性，在一定程度上是被容许的，或者说是王朝调控所不及的，各领域由此维持了一定活力；但与此同时，各领域的等级尺度与王朝品级又是可以通约的，辐辏于王朝品级，有如帝国金字塔的附属建筑。

初看上去，官阶研究是一个不大的领域，不容易成为显学。在一些政治制度通史著作中，对品秩位阶的叙述往往只占寥寥几节，连一章都够不上。但在我们看来,它很可能不像初看上去那么狭小,有可能通过努力,而使之变得重要一些。首先在研究框架上,本书将通过如下处理来拓宽视野:

1. 把一切具有等级与品位意义的制度安排,都看作研究对象。

2. 把位阶解析为若干构成要素,如权责、资格、薪俸、特权、礼遇等,由此更清晰地界定不同位阶的功能。

3. 提出"品位结构"概念,以考察各种位阶彼此链接、互补与嵌套的样式。

4. 对"品位""职位"做清晰区分,进而把"品位性官号"的问题纳入视野。

在这样处理之后,期望有众多新问题、新线索进入官阶研究者的眼帘。这样,官阶研究的分量与意义,就将为之而上升。

官僚组织实行"科层制",分科分层就是它的最基本特征。其等级结构既包括职位的分科分层,也包括人员的分类分等。"政治规则可以广义地定义为政治团体的等级结构,以及它的基本决策机构和支配议事日程的明晰特征。"[1]也就是说,"职能"与"等级"是官僚体制的两大方面,"一个都不能少"。重在阐述各种官职的职能及其变化的官制研究,可以称为"职权视角的官制研究"。而本书则将揭举"品位视角的官制研究"概念。在"职权视角的官制研究"中,官阶只是官制的附属物;而在"品位视角的官制研究"中,等级秩序是官僚体制的"半边天"。组织内部的等级安排、地位升降与人际互动,就是它的生存方式与生命形态。中国王朝不仅是一个为社会提供公共管理的"功能组织",而且还是一个君臣结合谋生谋利的"身份组织"。品秩位阶被用来赋予各色人等以身份、权力、利益。反过来说,各种政治势力,例如贵族与寒人、士人与文吏、文官与武官、宫廷势力与朝廷势力、胡人与汉人

---

① 诺思:《制度、制度变迁与经济绩效》,上海三联书店1994年版,第64页。

等,他们对身份、权力、利益的争夺,都将体现在适合于一己的等级地位与位阶样式的争夺之上。

若干中国制度史的著作,其对古代位阶的叙述,往往局限在技术层面;而另一些讨论中国等级社会的论著,又往往在阐述官僚特权之时,忽略了其技术意义。而本书试图把两个方面结合起来。从"职权视角的官制研究"看,这个体制向社会施加政治统治和提供公共管理,国家、社会两分,官阶只是其内部的文官级别问题;而从"品位视角的官制研究"还能看到,行政等级变成了一种社会制度,国家、社会呈现为一个等级连续体,品秩位阶成了整个社会的身份支柱。这是一个高度行政化的"天下"秩序。为此,本书还要提供如下视点:

1. 揭举"运作考虑"与"身份考虑"、"功能组织"与"身份组织"概念,超越行政技术层面,考察官阶的身份功能。

2. 揭举"品级、等级与阶级的更大一致性"论题,观察官阶对中国政治与社会的身份建构。

3. 在"官—官"层面,通过"贵—贱""士—吏""文—武""官—朝""胡—汉"五线索,揭示中国官阶的政治调控功能。

4. 揭举"品位结构三层面"概念,对"君—臣""官—官""官—民"三者关系做总体观照。

由此,官阶研究的意义,将进一步增大。

无论在古代还是当代,中国政治体制,包括其等级安排,在塑造社会形态上都显示了巨大的权重。为此本书将采用一种"制度史观"。在近代以来,"传统—现代"模式一度成为观察历史的出发点。基于"现代化"的需要,人们用"阶段论"反观中国史,把它分成若干阶段,视之为由低而高,最终将进入"现代"的一个进程,而"现代"则是以苏联或西方为参照的。这些"阶段论",包括以郭沫若先生为代表的历史分期讨论,以及内藤湖南、宫崎市定基于文化形态而提出的古代国家、中世贵族制和"东洋的近世"的三分法,等等。然而在 21 世纪,中国在保持政治体制独特性的情况下迅速崛起,却使"传统—现代"模式显出了其简单化的方面,并启迪我们变换眼光,转而思考"中国国情""中国道路"问题,思考中国历史进程的自身逻辑,及其文明历程的周期性和连续性问题。所谓"连续性"并不是要否定"阶段",它承认两千年的帝制时代有变迁,有"变态",但它强调其变迁、发展有一个"中轴线",各种"变态"是围绕"中轴线"而左右摇摆的。在"阶段论"极力凸显各阶段的特殊性之时,"连续性"的研究在衡量"变态"幅度和寻找"回归"动力①。

当然,"连续性"的提法,并不是说中国历史上没有"变革"。这样的变革大概有三次。第一次是夏王朝建立、国家诞生,由此进入"王国"时代,这是中国国家 1.0 版。第二次是战国变法造成的巨大社会转型,由此进入"帝国"时代,这是中国国家的 2.0 版。第三次发生在近现代之交,这场变革已持续了一百多年,至今仍未结束;中国国家升级换代的 3.0 版,将在这个过程中逐渐形成。我们刻意使用 1.0 版、2.0 版、3.0 版这样的用词,就是要显示中国历史举世无双的连续性,即便是"变革"所造成的"转型",也宛如同一版本的升级换代。近代历史不过一百年而已,四千年文明、两千年政治体制留下的巨大历史惯性,其所造成的"中国特色""中国国情"与"中国道路",将在宏观层次与"长时段"上,影响未来中国的发展方向与国家形态。

帝制两千年中,经济、文化发生了重大变化,但在古人的感觉中,社会变迁却没那么大,他们依然生活在一种"君—臣—民"体制之下。那感觉不是没有道理的,道理就是中国政治体制在决定社会等级、社会关系与社会观念上的巨大权重。中国特有的政治文化体制,就是中国历史"连续性"的主体;这里的政治体制在决定社会形态上,发挥了特殊重大的作用。所以,我们不是以经济关系为出发点,也不像文化史观那

---

① 对连续性、周期性及"常态""变态"与"回归"的认识,参看拙作:《波峰与波谷——秦汉魏晋南北朝的政治文明》,北京大学出版社 2009 年版,第 8 页以下;《从爵本位到官本位——秦汉官僚品位结构研究》,生活·读书·新知三联书店 2009 年版,第 273 页以下。

样"面面俱到",从政治、经济、文化来综合观察社会形态,而是以政治体制为出发点,进而再把经济、文化、民族等方面变动与之联系起来。我们相信,在中国古代,经济、文化、民族及民间生活等方面的各种变迁,最终只有在其与国家、与政治体制的关系中,才能得到最充分的理解。因为这是一个"政治优先"的社会、行政化的社会、管理者的社会。这里并不否定,而且完全承认生产方式与经济关系的"基础"作用,上述中国国家的三次大变革,都是以经济变迁为基础的。但"制度史观"所关注的是,中国政治体制是如何在穿越各种经济变迁之后,依然保持了其基本特征;甚至如何经自我调整,而将已变迁了的外部社会,改造为适合一己生存的"环境生态"的。

总之,"制度史观"所强调的,是中国政治体制在塑造社会形态上的巨大能动性,及其发展的连续性。期望有较多的青年学人,关注并参与完善"制度史观"。对中国古代国家来说,"官制"就是政治体制的主体,"等级秩序"又是这个体制的"半边天",既然这样,官阶研究的意义就进一步重大起来了。

赘言之,官阶研究的意义,可能并不像初看上去那么狭小。经过努力,它可能会变得重要得多。相关的努力包括三次"放大":

1. 尝试通过新的框架与概念,发掘出中国官阶的更多结构性问题。

2. 采用"品位视角的官制研究"视角,把等级安排与身份秩序视为中国官僚政治体制的"半边天"。

3. 采用"制度史观"以提升官制研究的重要性,进而通过"品级、等级与阶级的更大一致性"的论题,把王朝品爵看成支配社会分层与流动、塑造社会形态与面貌的主要手段。

二 "品位—职位"的研究框架

前面对中国官阶特点与官阶研究意义的简述,是基于特定理论框架而做出的,全书各章各节都是这个框架的展开。这一节对这个框架的逻辑起点与基本概念,做一扼要提示。

职位与人员的分等分类 官阶研究的对象是什么?如果做一个最简单的界定,我们认为是如下两点:官职的分等与分类、官员的分等与分类。

"官僚制"英文 Bureaucracy 一词,又译"科层制"。官僚制以分科分层为其最基本特征①。它有一个职位结构,又有一个人员结构。bureau 是官署的意思,官署由不同的官职构成。它们按部门与系统实施垂直的指挥和控制。任务、权力和资源,原则上是按级别与部门来分配的。那么就能看到,各种官署和官职,在纵向上分为若干层级——"层",在横向上分为若干部门——"科",若干部门又组成为一个等级金字塔。这就是职位的分等分类结构。

除此之外,官僚制还有一个人员结构。从现代文官制理论的观点看,人员是被"填充"到各个职位上去的,简单说就是"为官择人",因而人员结构与职位结构是高度匹配的。当然,人员方面会发生考试、录用、奖惩、待遇、培训、晋升、调动、解职、退休、保障等特殊问题,包括等级管理问题,这是独立于职位结构的。从事公职服务要有回报,人员的报酬、权利、地位、安全、保障等,都需要相应的等级安排。人员的分等分类不完全等于职位的分等分类,例如,他们可以按资历、学历及其他标准来分等分类。

总之,由职位结构与人员结构,衍生出了官职的分等分类和官员的分等分类问题,二者共同构成了行政等级的研究对象。单纯的职位结

---

① 韦伯说:"下述各点可以说是理性合法权威的基本概念:……(3)官署组织遵循等级制原则,亦即,各个较低的官署都处于一个较高的官署的控制和监督之下。"最纯粹类型的行政官员的任命和工作遵循如下原则:"……(2)他们被组织在清晰定义的官署等级制之中。"Max Weber:*Economy and Society*, edited by G. Roth and C. Wittich, University of California Press,1968, pp. 218-220.

构,是一般官制史的研究对象;单纯研究职位结构,不是官阶研究的特殊任务。我们对职位结构的关注,只在于职位的分等分类样式,即其等级形式,及其与人员分等分类的关系。

品位与职位 美国经济学家曼昆引用过一句俗话:"甚至一只鹦鹉只要学会说'供给与需求',就可以成为一个经济学家。"[1]官阶研究的关键词,恰好也有这么两个:品位与职位。这对概念,就是本书全部建构的逻辑起点。

"职位"(position),是一份任务与责任,可以分配给一个工作人员,需要他用全部或部分时间来承担。职位是最小的行政单位。"职务"就大了一些,一种职务可以设置若干职位。比如科长是一种职务,而一个机关里可能有很多科,进而是很多科长职位。

职位有不同的分等方式,如"职级""职等"。当前对职级、职等概念的使用很不统一[2]。在本书中,"职级"是指工作性质相同,但事务繁简、责任轻重、报酬高低不同的职务等级。教授、副教授、讲师、助教的工作性质相同,它们构成了职级,或者说专业技术职务等级[3]。"职等"则是工作性质不同,但事务繁简、责任轻重、报酬高低相同的职位归类。职等保证了不同职类间的待遇平衡。美国文官制有 18 个职等(GS,一

---

① 曼昆:《经济学原理》上册,机械工业出版社 2003 年版,第 94 页。

② 如 1997 年《中国科学院职员管理暂行办法》(修订稿),职员分为 3 等 10 级,即分为高中初 3 个职等,高等 5 个职级,中等 3 个职级,初等 2 个职级。在这里,职级是职等的细化。而上海市 2000 年 1 月 1 日试行的中小学校长职级制,职级分 5 级 12 等,即:特级、1 级 2 个职等、2 级 4 个职等、3 级 4 个职等、4 级 2 个职等。在这里,职等又成了职级的细化。

③ 专业技术职务等级也叫"职称"。"职称"最初被看成"学衔"。1956 年 6 月中国《高等学校教师学衔条例》《科学研究工作者学衔条例》对职称的解释,是"根据学术水平、工作能力和工作成就所授予的学术职务称号"。但 1985 年 1 月,中央明确了职称是一种"专业技术职务",而非学衔。参看曹志主编:《各国公职人员分类制度》,中国劳动出版社 1990 年版,第 27 页。

般文官体系)①。看护和医生的工作性质不同,各有各的职级,但在共同职等中,3 级看护列在第 5 职等,1 级内科医生也列在第 5 职等,他们的事务简繁、责任轻重是可比的,其报酬是相同的。

除了分等外,职位还有分类的方式。各种职位被归入不同的职门、职系、职组之中。各职系或职组之内设有职级,各职门、职系、职组之间设有共同职等。在这里,各国的做法不尽相同。美国 GS18 级是共同职等,而日本、巴西、英国等国就不设共同职等,而在不同职系或职组中使用不同的职等与职级。

在本书中,为简便起见,对职位与职务一般不做严格区分,通称"职位"。秦汉的"若干石"的秩级,魏晋以下的九品官品,具有共同职等的功能。汉代县官,有千石县令、六百石县令、四百石县长、三百石县长 4 等之别;汉代郎官,有比六百石的中郎、比四百石的侍郎、比三百石的郎中、比二百石的郎中 4 等之别。这样的等级,就可以视为"职级"了。因为古代的职位分类比较简单,本书通称"职类",而不使用职门、职系、职组等用语,以免冗赘。

以上说的是职位,下面来看品位。职位要分等分类,人员也要分等分类。有的国家不为文官个人设置级别,另一些国家则对文官个人也设置级别。官员的个人级别,就是"品位"(personnel rank)。可以拿军衔制来打个比方。军衔与军职是分离为二的:师长、团长、营长、连长等是军职,上将、中校、少尉之类军衔,就是个人的品位。唐朝使用文武散阶,文散阶是文官的个人级别,武散阶是军官的个人级别。宋朝的前期,用省部寺监的官号做官僚的"本官",也是个人级别。初看上去,王朝的各种官号都是"官",但在"品位—职位"概念引入后,就得把承载权责的职位与不承载权责的品位,清晰区分开来了。

---

① GS18 等工资表,见曹志主编:《资本主义国家公务员制度概要》,北京大学出版社 1985 年版,第 208—209 页;苏廷林:《当代国家公务员制度的发展趋势》,中国人事出版社 1993 年版,第 103 页。

有人认为,中国古代的品秩只管分等,不管分类,因而与现代公务员等级制度不同①。这个意见不完全正确。唐朝的文武散阶,就体现了文武分类。宋徽宗专设医官 14 阶,后来增至 22 阶。此外还有内侍官 12 阶。到了金朝,不但太医官、内侍官,甚至司天翰林官、教坊官都有了专用位阶,各 25 阶。

品位分等与职位分等　说到个人级别,就必须阐述"品位分等"与"职位分等"了。现代文官等级制分为两大基本类型:"品位分类"(Personnel Rank Classification System)和"职位分类"(Position Classification System)。二者的区别,可以参考如下论述:

> 在品位分类结构中,文官既有官阶,又有职位。官阶标志品位等级,代表地位之高低,资格之深浅,报酬之多寡;职位标志权力等级,代表职责之轻重,任务之简繁。官与职是分开的,既可以有官无职、有职无官,更可以官大职小、职大官小。总之,品位分类是以人为中心的,着眼点在人而不在事。
>
> 在职位分类结构中,文官本身的等级和行政部门中职位的等级合二而一,官和职融为一体,不存在品位分类结构中那种独立于职位的官阶。……总之,职位分类是以事为中心,等级随职而定而非随人走②。

职位分类不为官员个人设级别,此时"官""职"合一。品位分类就不同了,有专设的个人级别,用以标示官员个人的资历、报酬与地位之高下。这时候"官""职"分离。质言之,在职位分类之下,"职"有等级而"人"无等级;而在品位分类之下,"职"与"人"都有等级。

---

① 黄达强先生等认为,中国的品秩制度只解决分等问题,不管职位的区分。《各国公务员制度比较研究》,中国人民大学出版社 1990 年版,第 170 页。王武岭先生等说九品官品不是品位分类,因为九品只管分等,不管分类。见王武岭、周俊英、沈计岭:《国家公务员制度概论》,中国人民公安大学出版社 2000 年版,第 92—93 页。

② 杨百揆、陈子明、陈兆钢:《西方文官系统》,四川人民出版社 1985 年版,第 110—111 页。

美国在 20 世纪初最早实行了职位分类,GS18 级是职位等级。文官若无职位,则其个人无级别可言。若某人就任新职,则其级别随即变成新职的等级,其旧职的等级待遇(如工资)不能带到新职上去①。"美国文官的等级具有职位属性,而没有人身属性。这就是说文官的工资级别一向是跟职务而定的,文官本人没有级别。工资随职务而定有按劳付酬的好处。"②

品位分类,一般论著以英国文官制为其代表。而我们认为,中国 1956 年颁布的国家工作人员 30 级职务等级工资制③,是更典型的例子:"干部级别"与部长、局长、处长、科长之类职务两分,工资依个人级别而定,而不是依职务而定。同为县长,可能是 13 级干部,也可能是 16 级干部,同工不同酬现象由此而生;若这位县长调往他职,其行政级别依然故我,级别跟人走。

品位分类是以"人"为中心的,是对"人"的分等。个人级别的存在,使文官的身份地位得到了较好保障。薪俸与品位相联系,给了文官稳定安全之感,职务变动也不致待遇下降。品位分类还能较好地解决

---

① 美国原文官总署署长坎贝尔阐述说:"美国文官制度的等级,是与他的职位相连系的。每一职位有一个等级,并不是说个人有一个等级,个人并没有等级;在位时就有等级,不在位时就没有等级。这与美国军事部门和外交部门不同,外交部门与军事部门的级别是跟人走的。你要是将军,到另外一个岗位还是将军,这跟文官制度不一样。"《艾伦·K.坎贝尔 1983 年在北京比较文官制度研究班上的讲话》,曹志主编:《各国公职人员分类制度》,中国劳动出版社 1990 年版,第 786 页。按,美国的外交和军事部门,仍然实行"品位分类"制度。

② 王雷保主编:《公务员职位分类教程》,机械工业出版社 1989 年版,第 201—202 页。

③ 可参看庄启东等:《新中国工资史稿》,中国财政经济出版社 1986 年版,第 58 页以下;徐颂陶、康耀主编:《中华人民共和国工资保险福利政策法规全书》,中国人事出版社 1992 年版,第 1 页以下;中国社会科学院、中央档案馆编:《1953—1957 中华人民共和国经济档案资料选编·劳动工资和职工保险福利卷》,中国物价出版社 1998 年版,第 488 页以下。在中央机关,科员最低为 21 级,办事员最低为 25 级;在地方县属机关,科员最低为 25 级,办事员最低为 27 级。

能力与资历的矛盾,对资历深而能力差的人,可以只让他担任低职,但同时给予较高级别。还给奖惩带来了便利:不必变动职务,只通过级别升降来实施奖惩。而且这种分类简单易行。

职位分类则是以"事"为中心的,是对任务与权责的分等,所以也被称为"职事分类"(job classification)。这种分类强调专才专用,重视科学管理与效率。因为薪俸、待遇都附丽于职位,所以避免了同工不同酬。但它也有定级复杂和调动困难的缺点①。

从历史上看,"在开始实行常任文官制度时,一般都采取品位分类结构"②。这是因为传统社会更重身份,身份是以"人"为本的地位,而品位可以成为身份地位的保障。"品位等级代表人事制度中升迁与待遇之地位,位高者权重,优遇荣宠,自属荣耀之事,故古代文官莫不以获高官厚爵为荣,品位秩等适足以满足此等希名求位心理而鼓舞其上进。现代文官固然不以热衷名位为根本要图,但公务人员在品位观念影响下,仍以享有品级地位为荣,是不容否认的,在这方面,品位制确比职位分类制更具激励作用。"③

参考现代品位分类和职位分类概念,我们将使用"品位分等"与"职位分等",来区别个人级别与职位等级,区别存在与不存在个人级别的官阶体制,并把它们用于中国古代。这样,一系列重大线索就会凸现出来。例如,秦汉的秩级具有从属于职位的特征,就是说与职位分等相近;而唐宋的"散阶""本官"是跟人走的品位,其时的官阶无疑属于品位分等。进而,为什么有些时代品位分等较为发达,另一些时代各种待遇又向职位靠拢,其变化意义是什么,就会成为有待开拓的新鲜

---

① 岗位评估与定级工作的复杂,以及因无个人级别而造成的调动困难,可参威尔逊:《美国官僚政治——政府机构的行为及其动因》,中国社会科学出版社 1995 年版,第 169 页,第 175—176 页。

② 杨百揆、陈子明、陈兆钢:《西方文官系统》,第 111 页。

③ 许南雄:《人事行政学》,台北商鼎文化出版社 1993 年版,第 138 页。

课题。

如何判断某一时代的品位分等之发达与不发达呢？我们将提供三组评估指标。第一，品位待遇的优厚或微薄程度。若某时代官员的品位待遇优厚，则可以说其时品位分等比较发达，若某时代官员的品位待遇微薄，待遇更多地附丽于职位，则可以说其时品位分等不发达。第二，品位安排的复杂或简单程度。所谓"复杂"，既包括序列结构的复杂程度，例如位阶本身的繁密整齐，多种位阶的并存互补等；也包括运用规则的复杂程度，例如升降、转改、回授等方面的细密规定。优厚的品位待遇，在政权比较简单原始的情况下，照样能够出现；但复杂的品位安排就不同了，它们只能出现在发达的官僚体制之下。第三，品位的开放与变动程度。这包括品位获得的开放或封闭程度与品位占有的变动或稳定程度。由军功或考试而获得的品位，可以认为是开放的，往往也是可变动的，即可晋升的。另一些品位则一旦拥有就不大变动了，如周朝的公侯伯子男爵，以及卿、大夫爵。其时的贵族政治，造成了封爵的封闭性与凝固性。

品秩五要素 品秩位阶有"形式"与"内容"两个方面。从"形式"上说，品秩只是一种尺度，或说是一个可攀登的阶梯。但这尺度是用来衡量某种事项的，或说各级阶梯上放置着不同的东西，这就是"内容"了。"内容"是由若干要素构成的。这些要素我们概括为五：权责、资格、薪俸、特权、礼遇，简称"品秩五要素"。下面略加阐释。

第一是权责。权责是配置于职位之上的。如果一个官号上配置了权责，那么这官号就是一个职位。反过来说，没有配置权责的官号，就是品位。"官大一级压死人"，说的就是官阶较高，则权势较重。权责配置之基本原则，就是权力较大、责任较重的职位，其品秩应该安排得较高；权力较小、责任较轻的职位，其品秩应该安排得较低。然而由于各种政治行政需要，仍会出现同级职务的事务简繁不平衡及权责与品秩不相称等情况，这就需要深入研究了。

第二是资格。资格是人员的任官条件，它标示着某人可以升入的职级和可以进入的职类。年资是一种基本资格,此外还有文资、武资和其他专业资格。汉代的察举科目、魏晋南北朝的中正品、唐宋明清的科举学历,都构成了个人资格。个人资格可以被品位化,用专门的位阶来施加管理,但也可能停留在非位阶化的状态之上。

第三是薪俸。品秩是向官员付酬的尺度,包括薪俸和其他待遇。通常的情况,是品秩高则薪俸厚,品秩低则薪俸薄。品秩高端与低端的薪俸之差,以及官员薪俸与平民生计之差,都是值得关注的问题。薪俸可以向品位发放,也可以向职位发放,当然也可以同时向品位与职位发放。在这时候,品位薪俸与职位薪俸的比例,是可以计算的。这种比例,在同一种品秩的高端与低端也可能出现差别,比如这种情况:在高端,品位薪俸的比例会大一些;而在低端,职位薪俸比例会大一些。正式薪俸之外,还有皇帝赏赐和官僚的灰黑收入,它们同样不可忽略,往往能提供其时等级秩序的另一些细节,在正式品秩上看不清楚的细节。

第四是特权。官僚依品秩而享有各种特权,包括政治、文教、法律、经济等方面的特殊待遇,如任子特权、入学特权、官当特权、占田免役特权等等。对于官僚特权的一般叙述,在以往已有很多了;但如进一步对各时代的各种特权之大小做一个比较,还是能看到明显阶段性的,可供观察中国官僚政治的历史变迁。

第五是礼遇。中国古代的等级礼制非常发达,它们是安排官场尊卑的重要手段。正史中有《礼仪志》《舆服志》等专记其制。当然也可以把礼遇划入"特权",因为它们保障了官贵的特殊生活方式,使民众不得染指问津;但考虑到"礼"在中国政治文化中的特殊重要性,而且某些等级礼制也具有技术意义,不能完全看成特权,像印绶等级、致敬礼制等,所以本书将之单列一项。

"五要素"概念,为更精细地解析品秩位阶,提供了便利。例如,中正品与科举学历上所配置的,是资格要素,但不涉薪俸。秦汉的二十等爵制是不能依爵叙官的,就是说这种爵级不承载资格;北朝隋唐的五等爵级可以叙阶,那么资格要素转而被配置在爵级上了。由此"品秩要素"的分析,就使如下问题显露出来:可以通过资格要素在爵级上的配置变化,去探讨汉唐爵制的性质变化。

品位结构　对中国古代的品阶勋爵,以往并不乏研究,但大多是只研究其中的某一种;"品位结构"的概念所强调的,则是各种位阶间的链接、匹配与互补关系。"五要素"的概念,为观察这种结构性关系,提供了便利。

不妨想象:某王朝使用 A、B、C 三种等级序列,在这时候,有可能 A 序列配置了权责和报酬,B 序列主要用于确定入仕迁转资格,C 序列则更多地附丽着特权与礼遇。它们各有分工,并由此链接组合起来,形成"结构"。例如,南朝萧梁创立十八班制度,同时秩级与官品不废。表面上看,班、秩、品三套序列叠床架屋了,但实际不是那样的。观察列在十八班中的官职就能看到,其中主要是文武职事官与散官,却没有爵级、军号与州郡县长官,爵级、军号与州郡县长官另成序列。而九品官品,则把爵级、军号与州郡县长官全部容纳在内。这就说明,十八班上配置的是资格,主要用于标示任官资格的高下。至于秩级,用于承载薪俸。此期"言秩""不言秩""减秩"等概念,就是有俸、无俸与减俸的意思。于是我们就知道,班、秩、品是如何分工与组合的了。又如,隋唐九品官品共 30 阶,但薪俸只有 18 等,上下阶的薪俸没有差别。那么设 30 阶干什么用呢?是用来管理资格的,用于进阶和降阶。唐代文武散阶各有 29 阶。唐官品达 30 阶之多,表明此期的等级管理特别重"资"。明清官品只有正从 18 等,清朝的薪俸只分 9 等,这说明朝廷对"资"的重视程度下降了。可见,"品秩五要素"概念的提出,便于更细致地分析位阶间的分工、组合与互补关系。

各时代的品位结构呈现为不同样式,揭示其结构与变迁,是本书的中心任务之一。在周朝,天子、诸侯、卿大夫、士之爵级,构成了最基本的等级秩序,这是一个"爵本位"的体制。秦汉的主干位阶是爵级与禄秩,封爵与二十等军功爵构成了一套身份系统,各种官职则用"若干石"的秩级区分高下。而且凭借爵级不能得官,"爵"与"秩"不但双峰并峙,而且相互疏离。这种品位结构,可称"爵—秩体制"。由魏晋到隋唐,形成了官品体制,官职、文阶、武阶、勋官、封爵都被纳入九品框架之中,从而形成"一元化多序列的复式品位结构"。这是一个"官本位"体制。"爵本位"下的等级秩序,是凝固的、封闭的、贵族性的;"官本位"下的等级秩序,则是流动的、功绩制的、行政化的。在唐宋明清,科举学历逐渐成为主要的任官依据和社会身份,属主干位阶。这与秦汉把军功爵用作主干位阶、并以此建构身份系统的做法,形成了鲜明对比。

品位性官号 现代文官制下,首先把职位划分为不同等级和职类,再把适当的人员任命到相应职位上去,用"人"来填充职位,用中国古语说就是"为官择人"。这时,人员结构与职位结构通常是对称的、同构的,或者说高度匹配的。尤其在职位分类之下,可以根据职位的等级与类别来实施人员管理,包括等级管理。但中国古代却不这么简单。中国官阶面临的重大问题,就是人员结构远大于职位结构,"官人"和"官职"不是一回事;"官人"的数量,或说朝廷位阶名号拥有者的数量,远远多于行政职位(古称"职事官")。而那些无职事的"官人",也都在人事管理的范围之内,也需要用位阶衔号来标示身份。

随手举几个例子。秦汉官制虽很简练,但仍有"散官"存在着。如郎官、大夫等,多的时候可达数千人。而且他们不算行政吏员,或说散官不算行政职位。汉朝经常向民众赐爵,拥有爵位的男子数量极其庞大,也许有数百万、上千万。魏晋南北朝时,大量充斥着没多少,甚至根本没有行政事务的府官、属吏、国官、东宫官和东西省散官。魏晋还有一种叫"王官司徒吏"的官僚候选人,其等级资格主要是中正品,在曹魏西晋其数量约为两万,东晋初一度还达到了二十余万。北魏道武帝时,仅一次向"诸部子孙失业"者赐爵就达两千余人。北魏还向民间的老年人颁授将军号和郡县长官之衔,那么只要够年龄就能成为"官人"了。北齐、隋和唐初有一种"比视官"或"视品官",其数量在万人以上,而唐初的中央职事官位不过数千个。唐宋朝廷想方设法解决官人的"就业"问题,例如设置员外官、添差官、祠禄官等。宋明清时的官僚候选人,是一支浩浩荡荡的队伍,很多人十数年轮不到官做。

有官而无职者的大量存在,直接影响了品位结构。第一,超过职位之数的"官人",其身份和类别也需要用某种品位来确认。第二,衔号名位的大量颁授,将造成大量"一人数衔"情况,这种"复式官衔"增加了品位结构的复杂性。第三,特定的人员结构,往往会导致特别的职类概念。例如汉代曾用"正秩"标示行政官职,用"比秩"标示非行政官职。散官就被列在"比秩"。散官有很强的品位意义,构成了选官资格;但散官又不是全无职事,而要承担随机事务,或宿卫之责。北朝隋唐间的"比视官"或"视品",也把若干特殊职类容纳其中。第四,人员结构还可能反作用于职位结构,从而导致"职事官的品位化"。就是说,有时安排人员的压力是如此之大,迫使朝廷把职位用如品位,把职事官当名号用了。官员有其职而无其事,造成了职位结构的膨胀扭曲。魏晋南北朝时散官虚位的畸形膨胀,就十分明显。在唐宋间,"职事官的品位化"现象的巨大冲击,甚至使省部寺监之官大批转变为"寄禄官",变成了官僚个人的资位尺度,王朝只得另用"差遣"寄托权责,作为职位架构的省部寺监整个被架空,官品近乎失效了。第五,王朝品位的涵盖面经常超越行政边界,而向民间与社会渗透。这包括三种情况:一是给特殊群体提供入仕机会,如士人、学子或官僚子弟。"官僚预备役"的存在,进一步扩大了人员结构的外缘,催生了相应的品位安排。魏晋南北朝的"中正品"就是如此,只拥有中正品并不等于入仕,但已在朝廷人事管理范围之下了。二是向民众中的优秀人士颁授名号用作褒奖,这是调控整合社会的重要手段。三是向官贵家属,如父母妻子授予名号,用以保障子贵父荣、夫贵妻荣。

人员结构和名号管理的范围大于王朝职位结构的情况,不妨以图1.1显示之:

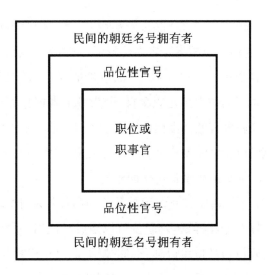

图 1.1

在上图中,"职位或职事官"对应的是职位结构;"品位性官号"的拥有者
也是官员,然而其品位溢出职位结构了。进而"民间的朝廷名号拥有者"
连官员都不是,但其名号也由人事部门颁授。现代人事管理是"为官择
人"的,而传统人事管理经常"因人设官",即先有了一支"官人"队伍,再
考虑如何安排他们,让他们各得其所。由于人员结构与职位结构不对
称、不同构,所以官阶不仅要覆盖职位,还要覆盖所有的"官人"。

　　用以维系"官人"身份的,其一是品位序列,其二是品位性官号。
经常能看到一些官职,它们形式上仍是职位,但其权责已被淡化稀释,
却具有强烈的品位功能。这就是"品位性官职"。还有一些官号不大
单独使用,主要用来"兼""加"。它们在形式上也不是职位,这就是"品
位性衔号"。二者合称"品位性官号"。品位性官号的功能,是提供一
个起家之位,一个升迁之阶,增添一分荣耀,使之享有一分俸禄,甚至只
是给人一个官号、让人成为"官人"而已。"品位性官号"概念的提出,
将大大拓宽官阶研究范围。因为这些官号的形成与泛滥,是中国古代
官阶与现代文官等级的最大区别之一。

　　品位序列与品位性官号通常是变动不居的,而且在它们的演化中

能看到若干规律性。首先是"品位趋滥律"。品位因为不承载权责,所以很容易越授越滥。滥授将导致品位贬值,王朝无力支付相应利益,不得不降低其"含金量",于是又有了"品位价值变化律"。再次还有"职阶转化律"。很多品位本来是职事官,因为统治者把它们当品位来用,用得多了,这些职事官就会虚衔化、空壳化,由"职"向"阶"转化,先是变成品位性官号,还可能变成品位序列。中国古代的大多数品位性官号和品位序列,都是由职事官转化而来的。

可以看到,中国传统文官制下的品位与职位关系,比现代文官制复杂得多:品位性官号花样繁多,职位可以当成品位用,而且有丰富微妙的各种用法,职位与品位可以转化;职位结构、品位序列与品位性官号的关系是动态的,变动不居。现代文官制的职位与等级的关系就简单多了,研究者很少面对这类问题,所以现代文官理论的分析手段,在面对中国古代官阶时不敷应用,要靠中国史研究者自己来探索建构。

运作考虑与身份考虑 中国官阶的意义,并不仅仅限于行政与技术层面。对统治者来说,官阶是政治斗争和社会调控的手段;对臣民来说,官阶是获取身份地位的途径。在由技术层面跨入政治社会层面时,就要对统治者规划官阶的目的、等级组织的特性和官僚群体的取向,确定一些基本认识。这里提供三对概念:运作考虑与身份考虑、功能组织与身份组织、服务取向与自利取向。它们将为我们解析传统官阶制的政治社会意义,提供基本的参考点与出发点。

"运作考虑"是以"事"为本的,即根据技术需要来安排职位与人员的等级。这包括确定职位间的科层关系,标示职位的重要程度,并为人员的录用、薪俸、待遇、激励和奖惩提供等级尺度。"身份考虑"则着眼于"人",其目的是安排地位与身份,分配权势利益,强化"拥戴群体"的政治效忠。

所谓"功能组织",指官僚组织之提供公共服务的方面,即"外向"的方面。与此同时它还有一个"内向"的方面:安排内部秩序和维系自我生存。传统中国的官僚体制亦然。一方面它对社会施加公共管理——当然主要是监督与控制，如马士所说，"中国的中央政府，与其说是国家的一种行政与管理的中枢，不如说是一种监督与节制的工具"①——同时它也要安排内部秩序和维系自我生存。从"内向"的方面看，它又是一个"身份组织"，一个皇帝与官僚共同谋生谋利的"生活组织"，一个依照仪式规程按部就班运转的"仪式组织"。组织内部宛如一个"社会"，品秩位阶被用来赋予各色人等以身份、地位、权力、利益。身份安排、薪俸发放、官号授予、位阶升降以及各种等级礼制的照章奉行，就是它的存在方式，就是它的生命形态，宛如有机体的心脏跳动、血液循环、新陈代谢一样。现代官僚制研究有一个"多余行为"的概念。从功能角度看，所有不为外部提供服务的制度与行为，都属"多余行为"。然而对组织自身生存，那些制度与行为就不是"多余"的了，可能还是至关重要、生死攸关的。我们的中国官阶研究工作，一大部分就等于是在研究"多余行为"。而且与其他组织不同，官僚体制是社会中最大的组织，它还努力按自身需要改造外部环境，使之利于自己的生存，把自身的结构特征和运作逻辑加之于社会，包括用品秩官爵去塑造社会，使之变成"官本位"。这就是"内向性的外向化"。

官僚可能有两种基本取向。在"服务取向"之下，通常存在着一个铁腕皇权，官僚完全顺从于君主，只有很小的自主性，呈现为"工具型官僚"。而在官僚表现出"自利取向"时，皇权对官僚的控制松弛了，官僚极力谋取群体利益，自主性、封闭性、身份性不断增长。自利取向的发展终点，就是官僚的"贵族化"②。在皇帝、官僚与贵族的"三角恋"中，皇帝任用官僚打击贵族，而官僚的"贵族化"侵蚀皇权③。

---

① 马士：《中华帝国对外关系史》，商务印书馆1963年版，第1卷第6页。

② 在这里，从工具型官僚到贵族型官员的蜕变，被视为一个"连续统"。参看本书第十章第三节。这个意义上的"贵族"，可能与另一些学者所说的"贵族"有某种不同。

③ 对这一点，还可参看列文森对"贵族、君主、官僚的三重奏"的分析。见其《儒教中国及其现代命运》，中国社会科学出版社2000年版，第177页以下。

服务取向、自利取向概念，与等级管理的职位分等与品位分等，是什么关系呢？传统社会更重身份，而身份是一种以"人"为本的地位，体现在位阶上就是品位。所以历史上较早出现的文官制，因受传统影响，一般都是品位分类。品位既是官僚的一种身份，又是官僚的一种利益，可以视为官僚在与皇权的政治博弈中所赢得的身份保障和利益保障。所以我们做如下认定：官僚的服务取向，与重效率、以"事"为中心的职位分等，具有较大亲和性；官僚的自利取向，与重身份、以"人"为中心的品位分等，具有较大亲和性。

本书所述历代品位结构的变迁，为上述判断提供了支持。周王朝属于贵族政治，魏晋南北朝士族官僚的特权化、身份化、贵族化程度也相当之高，而正是在这两个时代，品位分等特别发达。周朝的森严爵列，保障了贵族的优厚待遇；魏晋南北朝的繁复位阶，保障了士族门阀的品位特权。

品位结构变迁的五条线索　品秩位阶的功能之一，是为人员分等分类；而人员的等级与类型问题，在进入政治层面之后，就变成了各种政治势力的等级与类型问题。各种政治势力的相互关系，及其与皇权的不同关系，决定了帝国政治的结构、形态及变迁，并将影响到品位结构的变迁上来。在此本书要重点探讨的变迁线索有五："贵—贱""士—吏""文—武""宫—朝"及"胡—汉"。也就是贵族与寒庶、士人与文吏、文官与武官、宫廷势力与朝官，及异族皇权下的胡人官僚与汉人官僚问题。

"贵—贱"是指中国古代的某些品位序列，具有区分身份与阶层的意义，只向某个高贵的阶层开放。周代士以上的爵级拥有者是一个高贵的阶层，爵级凭宗法身份获得。可见周爵区分贵贱，是贵族政治的支柱。秦汉的等级秩序，流动性强而身份性弱。中古的士族权贵获得了政治等级特权，九品中正制维护了士族的高贵门第。南朝沈约曾说，秦汉是"以智役愚"的，而魏晋以来变成了"以贵役贱"。"以智役愚"就是选贤任能的意思，"以贵役贱"则造成了"士庶天隔"。

再看"士—吏"。在帝制之初的秦汉,从资格分类上说士吏有别,儒生与文吏是两种官僚人选;从资格分等上说士、吏无别,儒生、文吏谁也不比谁高。历史后期官、吏两分,"官"的主体是科举士大夫,这使流内流外的制度具有了身份意义;科举学历成为主干位阶,王朝优待士人而蔑视职业吏员,这是"士大夫政治"的主要体现。

"文—武"首先是一种职类区分。文职、军职各有位阶,现代社会也是如此。但文官和武官也是两种政治势力。和平年代一般实行"文官政治",在战争年代,文武官的相对地位就会发生变化。在王朝周期性地陷入崩解之时,"马上得天下",就是一种通过军事活动来重建专制集权的有效途径。历史前期的品位安排,文武不分途,文武并重;历史后期则文武严格分途,重文轻武。

所谓"宫—朝",在职类上说,是宫廷官与朝廷官的关系问题;在政治上说,则是与皇帝存在特殊亲密关系的那些政治势力,如宗室、外戚、宦官等,与朝官、与士大夫的关系问题。人近天子则贵。以皇帝为中心,以与皇帝的亲疏为准而形成的一道道同心圆,构成了安排官职与人员等级的又一标准。

"胡—汉"问题主要发生在异族政权之下,体现在优待统治部族的品位安排上。例如北魏选官,鲜卑同姓、异姓、清修(汉人士族)三者有别;清朝的官缺,分为宗室缺、满洲缺、蒙古缺、汉军缺、内务府包衣缺和汉缺。当然也有这样的情况:异族统治者对汉式衔号的荣耀不怎么敏感,可能听任汉官占据显赫名号,但那不意味汉官拥有实际权势。

三千年官阶史上出现的各色品秩位阶,都以不同方式卷入了上述"贵—贱""士—吏""文—武""宫—朝"及"胡—汉"问题。

品位结构的三层面　帝制中国是一个行政化社会、"官本位"社会,其特点是"品级、等级与阶级的更大一致性",行政级别与社会分层密切相关。相应地,王朝的品位结构实际包含三个层面,即"君—臣"层面、"官—官"层面、"官—民"层面。假如只从技术角度考察官阶,那么埋头于"官—官"层面就足够了。然而官僚并非虚悬空中,其实际地位,是相对于君主和民众而被确定的。帝国的品秩位阶,事实上也是参照"三层面"而规划的,其样式、级差的很多细节,都事涉君臣关系、官民关系。周朝的等级礼制,依"天子—诸侯—卿大夫—士—庶人"的等级来安排,显然就是把天子与庶人考虑在内的。帝制时代的等级礼制,也往往能反映君臣关系的变化。皇族封爵,在结构上位于皇帝与品官之间。在"官—民"之间,等级礼制保障了官、民有别,同时王朝名位也向民间颁授,用作社会调控手段。在"官—民"层面上,还有学子与吏胥两种人,前者获得了"四民"之首的荣耀,后者却被认为是一个道德可疑的群体。帝制初期还不是如此,学子与胥吏在品位结构中的地位,在历史前期到后期是发生过变化的。

三　历代主要品秩位阶

前面一节,对官阶研究的概念与框架做了概述。下面再对官阶研究的对象即中国古代的品秩位阶,做一个初步浏览,依次叙述周爵、命服、稍食、秦汉二十等爵、禄秩、班位、九品官品、中正品、封爵、勋官、将军号、唐代阶官、宋代寄禄官、科举学历等。

周爵　周朝的爵制,是中国最古老的位阶。它包括两个爵列:公、侯、伯、子、男五等爵,及公、卿、大夫、士。五等爵的拥有者,是列国诸侯,不是官员。公、卿、大夫、士,就是贵族官员的等级了,也是中国最早的官阶。王朝的元老重臣,其爵为"公",如周公、召公、太公。列国执政大臣称"卿",晋有"六卿",鲁有"三卿"。"大夫"又有上大夫、中大夫、下大夫之分。列国爵制并不统一,"卿"有时就是上大夫。最低等的"士",为天子、国君和卿大夫承担各种职事。这时的爵还有一定原始性,多少还有官、职、爵不分的意味。

命服　周代任命官职,必须举行册命礼。"册"相当于任命书。个人由"一命"而"再命"、由"再命"而"三命",其官职在一次次上升。《左传》中能看到"三命之服""再命之服"和"一命之服"的提法;但命数与官职高下没有一般性的对应关系:同样是做"卿",命数有三命的,有再命的,也有一命的。《周礼》说上公九命作伯,三公八命,侯伯七命,卿六命,了男五命,大大四命,上上三命,中上再命,下上一命。这种"九命"把两个爵列汇为一体,比《左传》所见命服复杂多了。《周礼》"九命"恐怕不可以援为信史,但其把爵列与官等融为一体的设想,在官品时代却成为现实:官品就是一种汇总了各种位阶的一元化体制。

"×命之服"的提法,显示了"命"和"服"存在对应关系。册命依照惯例要赐物,其中所赐服饰,尤其是服饰中的"韨"(蔽膝)和"衡"(珩,玉组珮上的横玉[①]),可能具有特殊等级意义。《礼记·玉藻》:"一命缊韨幽衡,再命赤韨幽衡,三命赤韨葱衡。"[②]命数不同,则"韨""衡"有异。

稍食 周朝士以上的贵族官员,用爵命为等级,士以下还有一个胥吏阶层,称府、史、胥、徒,他们以"稍食"为生计。所谓"稍食",就是向胥吏发放的口粮(及衣装)。稍食的多少,要依职事与考课而定。月终与年终,胥吏都有考课。若职事重要、考课突出,则发放的口粮之数就可能较高。那么口粮之数,事实上就成了胥吏的一种等级。秦汉使用的"若干石"禄秩,就是从稍食等级发展而来的。禄秩恰好就是用谷物之数做官阶的,所以禄秩的性质就是"吏禄",是针对吏员的等级管理办法。还可以参考明制。明朝的书吏,也以食米多寡分等;其等级之名,也用谷物之数:大二石五斗、大二石、大一石、小二石、小一石。这与先秦稍食,可以说异曲同工。

二十等爵 战国时军功爵制萌生并发展起来了。其中最有代表性

---

① 孙机:《周代的组玉佩》,收入《中国古舆服论丛》(增订本),文物出版社2001年版,第124页以下。但近年孙庆伟先生申张陈梦家、唐兰之说,把"衡"释为系韨的腰带。见其《周代用玉制度研究》,上海古籍出版社2008年版,第182页以下。

② 《十三经注疏》,中华书局1980年版,第1481页上栏。又《说文解字》卷七下:"天子朱市,诸侯赤市,大夫[赤市]葱衡。"中华书局1963年版,第160页。"市"即"韨"。"赤市"二字据段玉裁之说补,见其《说文解字注》,上海古籍出版社1981年版,第362页下栏。

的,就是商鞅变法所建立的军功爵制。它在后来定型为二十级,略如表1.1所示。军功爵制打破了贵族身份制,给了平民通过军功获得爵位的机会。众多待遇都跟爵级挂钩,如授田授宅、给庶子、赐邑赐税、免除徭役、豢养家客、减刑抵罪、赎取奴隶等。二十等爵成了一套社会身份体系。汉廷又经常向吏民普赐爵级,使拥有爵级者数量大增。普赐爵级及“入粟拜爵”的做法,使二十等爵变质了,不能称为“军功爵”了。随着爵的猥滥,与爵级相关的特权越来越少。但魏晋以下相当一段时间中,仍看得到“赐民爵”的记载。

表 1.1

爵级	爵称	爵级	爵称
二十	彻侯	十	左庶长
十九	关内侯	九	五大夫
十八	大庶长	八	公乘
十七	驷车庶长	七	公大夫
十六	大上造	六	官大夫
十五	少上造	五	大夫
十四	右更	四	不更
十三	中更	三	簪袅
十二	左更	二	上造
十一	右庶长	一	公士

汉武帝还曾在二十等爵外,另制“武功爵”。据载,其一级曰造士,二级曰闲舆卫,三级曰良士,四级曰元戎士,五级曰官首,六级曰秉铎,七级曰千夫,八级曰乐卿,九级曰执戎,十级曰左庶长,十一级曰军卫。武功爵用于褒奖军功,并可供买卖。这种武功爵只是一时之制,汉武帝之后就不见了。

禄秩　战国秦汉间谷物俸禄出现了,而且燕国与秦国还用“若干石”的俸额做官阶。这个做法迅速发展,形成了禄秩形态的官阶。秩级是官职高下的基本尺度。刺史是六百石,郡守是二千石,“二千石长吏"成了郡守之代称。推测在最初,二千石之秩,其薪俸就是谷物二千石;六百石之秩,其薪俸就是谷物六百石。但实际薪俸往往因时而异,官阶却须保持基本的稳定性,所以后来秩名与俸额不一致了,二千石之秩,其薪俸未必是谷物二千石;六百石之秩,其薪俸未必是谷物六百石了。东汉初的秩级与薪俸,参看表1.2:

表 1.2

秩级	月俸额	秩级	月俸额
三公	350 斛	比四百石	45 斛
中二千石	180 斛	三百石	40 斛
二千石	120 斛	比三百石	37 斛
比二千石	100 斛	二百石	30 斛
千石	90 斛	比二百石	27 斛
比千石	80 斛	百石	16 斛
六百石	70 斛	斗食	11 斛
比六百石	60 斛	佐史	8 斛
四百石	50 斛		

由表可见,二千石每月 120 斛,一年为 1440 斛,达不到二千石。而且实际发放的薪俸也不一定是谷物。西汉发放月钱,东汉则是半钱半谷。

班位 班位又称朝位、朝班、班序,是朝会时的官贵席位,也是官贵地位的直观反映。班位既能体现分等,也能体现分类。《周礼·秋官·朝士》:"左九棘,孤、卿、大夫位焉,群士在其后;右九棘,公、侯、伯、子、男位焉,群吏在其后;面三槐,三公位焉,州长众庶在其后。"①汉初叔孙通定朝仪,功臣、列侯、诸将军、军吏按次序列于西方,东向;文官丞相以下列于东方,西向。文武职类分班排列。班位还可以抽象化,成为一般等级尺度,这时候它就是一个单向纵列。晋国的中行伯在"六

---

① 《周礼正义》,《十三经注疏》,中华书局 1980 年版,第 877 页下栏。

卿"中位第三,郑国的子产在四位上卿中位第四,这就是一般性的班位。汉高祖确定了18位功臣的位次,吕后又让陈平"录弟下竟",确定了所有功臣的朝位,宗庙与有司各藏一份。

秦汉魏晋南北朝时的班位,首先依秩级或品级排定;同时又经常个案规定"某官位在某官上""某官位次某官",作为微调。像"以卫青为大将军,位在诸公上","太师位在太傅上,太保次太傅,太傅位在三公上","赐大司马位在司徒上"之类,都是利用班位调整等级的例子。从秩级看,郡守与国相都是二千石,并无轩轾,但从班位看就不一样了:汉宣帝以前,国相位在郡守之上;汉元帝之后,郡守位在国相之上。可见班位具有独立的等级功能。

隋唐明清的官僚班位,大致依照官品。但北宋前期是一个特例,其时官品几近失效,王朝便充分利用班位来安排官职高下,称"杂压""合班"。所谓"杂""合",即不论文官、武官、内侍官、宗室官,亦不分职事官、寄禄官、职名、技术官,均混同排序,做纵向大排队;所谓"压",即某官位在某官之上,如"宰相压亲王,亲王压使相"之类。杂压、合班的目的,就是通过班位之先后,确定诸官地位之高下。

官品 曹魏末年出现了九品官品。此后,两晋南朝是官品与禄秩兼用,实行"双轨制";北朝的位阶进化则比南朝快一拍,只用官品,禄秩废而不用了。北魏孝文帝把九品分成正从18级,四品以下又分上下阶,形成九品18级30阶。此外,九品之下又设流外七品。北齐把流外品增至九品,流内流外就都是九等了,有对称之美。隋朝一度废除了上下阶,唐朝恢复之,仍为九品18级30阶。宋神宗时重定官品令,只用九品正从18级,不再使用上下阶了;流外九品罢废,统属"未入流"而已。明清承之。九品官品使用了1600多年,是今人最熟悉的古代官阶。

萧梁十八班与北周九命 魏晋南北朝的位阶变迁十分剧烈,出现过各种尝试。梁武帝创十八班,班多为贵。十八班之下,另有流外七班及三品勋位、三品蕴位,列在其中的,都是寒士所任之官。还有郡守十班,县令七班。同时官品、秩级不废,使用班、品、秩三驾马车。三种位阶各显其能,十八班主要用于管理文职的官资,所以其中不列封爵及军号;官品是综合性框架,把封爵和军号都列在其中;秩级与薪俸相关。

北周的花样翻新,是采用"九命"古制,命高为贵。九命的各级又分两等,共18级。例如最高一级有正九命、九命两等,前者等于是正一品,后者等于是从一品。九命之下又有"九秩",相当于流外九品,亦以九为上。

中正品 曹魏创立九品中正制,设中正之官,由中央朝官兼任,负责定期品评本籍的士人,根据其德行及才能,把士人评为上上、上中、上下、中上、中中、中下、下上、下中、下下9等,吏部据以授官。中正品有升有降。品行优良,则升其品;品行有亏,则降其品。对于某官职应该任用中正某品之人,都有具体规定。中正品较高,则所任官职也相应较高。这样看来,中正品是一种任官资格的等级,或说一种个人品位。在中古士族政治下,权势与门第左右了中正品的评定,"上品无寒门,下品无势族"。在南朝,中正品的二品、三品之间是一道身份鸿沟,二品以上为士族,三品以下为卑庶。中正品具有强烈的身份性,保障了士族的门第特权,可称"门品"。

在中正品的影响下,南朝还出现了"清浊官"的制度。一些官位被视为"清官",为上品高门所独占,是为"甲族起家之选";另一些官职被认为是"浊官",是下品寒士、寒人所任之官,士族不屑其位。哪种官"清"一些,哪种官"浊"一些,士族非常在意。"清浊"成了官职位望的又一等级。梁陈选官"唯论清浊",由"浊官"转为"清官",胜过官品的上升。"清浊"比官品更能显示身份高贵。南朝最重"起家官",士族通常沿着"清官"起家迁转,称为"清途"。寒人是无缘由"清官"起家的。

南朝还出现过一种"勋品",是由中正品衍生的一种品位,实际就是中正品三品以下的变体,授给有功的寒士、寒人,做他们的任官资格。

封爵 秦汉二十等爵的最高一级是列侯,第十九等为关内侯。授予关内侯以下爵,称"赐某爵";授予列侯,则称"封"。列侯又是封爵的一部分。汉朝封爵有王、侯二等。皇子封王,称诸侯王;王子封侯,称

"诸侯";异姓以功封,谓之"彻侯",后来改称"列侯",以避汉武帝刘彻之名讳。东汉爵制为2等4级:郡王、县侯、乡侯、亭侯。

魏晋以来出现了制度复古的潮流,周朝的公侯伯子男五等爵被重新起用了,王爵与列侯之间插入了一个五等爵的序列。北朝废除了汉朝的列侯,只用王爵与五等爵。唐朝上承北朝,爵有亲王、郡王、嗣王,及国公、郡公、县公、县伯、县子、县男等9级。宋朝封爵,有王、嗣王、郡王、国公、郡公、开国公、开国郡公、开国县公、开国侯、开国伯、开国子、开国男12级。

明初也曾采用五等爵。旋废子、男,只存公、侯、伯3等,用以封功臣、外戚。此前各朝,皇族之封与功臣之封使用同一爵列,明朝则将之一分为二了,皇族另用王、将军、中尉的封号,有亲王、郡王、镇国将军、辅国将军、奉国将军、镇国中尉、辅国中尉、奉国中尉等号。清承明制,宗室世爵与民世爵两分。宗室世爵有14位,即和硕亲王、世子、多罗郡王、长子、多罗贝勒、固山贝子、奉恩镇国公、奉恩辅国公、不入八分镇国公、不入八分辅国公、镇国将军、辅国将军、奉国将军、奉恩将军。民世爵在乾隆时确定为9等,即公、侯、伯、子、男、轻车都尉、骑都尉、云骑尉、恩骑尉。清朝封爵的俸禄非常优厚,比官员俸禄高数倍到数十倍。

勋官 勋官发源于北周。北周的一套府兵军号,即上柱国、柱国、上大将军、大将军、上开府仪同三司、开府仪同三司、上仪同三司、仪同三司、大都督、帅都督、都督等军职,在使用不久就虚衔化了[1]。隋朝便拿上柱国到都督等11个官号,来标示官僚位阶。顾江龙君认为:"周隋勋官在各类官序中的地位与唐代散官相似,实际已发展为成熟的'本阶'。"[2]这个意见值得重视。

---

[1] 张小稳:《魏晋南北朝时期地方官等级管理制度初探》,北京大学历史学系2006年博士论文,第73页。

[2] 顾江龙:《汉唐间的爵位、勋官与散官:品位结构与等级特权视角的研究》,北京大学历史学系2007年博士论文,第32、160页。

北朝计算军功,采用"若干转"的形式。唐初形成了勋官十二转:第十二转上柱国、十一转柱国、十转上护军、九转护军、八转上轻车都尉、七转轻车都尉、六转上骑都尉、五转骑都尉、四转骁骑尉、三转飞骑尉、二转云骑尉、一转武骑尉。《木兰诗》中的"策勋十二转"之句,指的就是勋官上柱国。唐朝的勋官后来也授给文职。宋朝的勋官与唐相同,而且文武官都可以得到勋官。

明朝的文勋和武勋一分为二了,文勋10级,武勋12级(表1.3):

表1.3

品级	文勋官	武勋官
正一品	左右柱国	左右柱国
从一品	柱国	柱国
正二品	正治上卿	上护军
从二品	正治卿	护军
正三品	资治尹	上轻车都尉
从三品	资治少尹	轻车都尉
正四品	赞治尹	上骑都尉
从四品	赞治少尹	骑都尉
正五品	修正庶尹	骁骑尉
从五品	协正庶尹	飞骑尉
正六品		云骑尉
从六品		武骑尉

清朝没有单立的勋官,部分勋名被纳入了民世爵。民世爵中的轻车都尉、骑都尉、云骑尉、恩骑尉4级,其爵名就是来自勋官的。

将军号 战国秦汉的将军是军职。汉代的将军有两类,一类是战时任命的,事讫则罢;另一类是常设的,为大将军、骠骑将军、车骑将军、卫将军及前、后、左、右将军8号。除承担军务之外,将军还能辅政。汉昭帝时霍光、金日磾、上官桀三人辅政,其时他们的将军号,分别是大将军、车骑将军和左将军,由此决定了三人的地位之差。可见将军之号,已具有品位功能了。

魏晋以下战事频繁,临时性的军号逐渐变成常设的了,又出现了很多新的军号。而且在这时候,将军由军职变成了军阶,其功能相当于现代军衔。魏晋军阶有100多号。南朝梁武帝改革班品,把125个军号列为十品二十四班,14个不登二品之军号八班,施于外国之军号十品二十四班。将军号虽属武号,但文官也用它们标示资位,使用非常普遍,是当时官员的一种基本地位标识。

文武散阶　散阶是官员的个人级别。散阶制是唐代正式形成的。文散阶的官号,来自秦汉魏晋南北朝的文散官大夫、郎官等;武散阶的官号,来自魏晋南北朝的将军号及校尉等。散阶又称"散官""阶官"或"本阶"。武散阶的性质同于军衔,文散阶等于是"文衔"了,也用官号的形式标示级别。文武散阶各29阶(表1.4):

表 1.4

品级	文散阶	武散阶
从一品	开府仪同三司	骠骑大将军
正二品	特进	辅国大将军
从二品	光禄大夫	镇军大将军
正三品	金紫光禄大夫	冠军大将军
从三品	银青光禄大夫	云麾将军
正四品上	正议大夫	忠武将军
正四品下	通议大夫	壮武将军
从四品上	太中大夫	宣威将军
从四品下	中大夫	明威将军
正五品上	中散大夫	定远将军
正五品下	朝议大夫	宁远将军
从五品上	朝请大夫	游骑将军
从五品下	朝散大夫	游击将军
正六品上	朝议郎	昭武校尉
正六品下	承议郎	昭武副尉

品级	文散阶	武散阶
从六品上	奉议郎	振威校尉
从六品下	通直郎	振威副尉
正七品上	朝请郎	致果校尉
正七品下	宣德郎	致果副尉
从七品上	朝散郎	翊麾校尉
从七品下	宣义郎	翊麾副尉
正八品上	给事郎	宣节校尉
正八品下	征事郎	宣节副尉
从八品上	承奉郎	御侮校尉
从八品下	承务郎	御侮副尉
正九品上	儒林郎	仁勇校尉
正九品下	奉仕郎	仁勇副尉
从九品上	文林郎	陪戎校尉
从九品下	将仕郎	陪戎副尉

这套文武散阶在宋初仍被使用,但一度丧失了实际意义,只决定官服的服色而已,算是一种附加性的官衔。宋神宗时,才恢复了唐式文散阶原来的官资尺度和薪俸尺度的功能。明朝的文散阶有九品42阶,武散阶共30阶,止于六品以上。文散阶有初授、升授之别,正四品到正二品还有加授散阶。在初授或升授某官时,同时赐给初授散官;初考称职,赐给升授散官;再考功绩显著者,再赐给加授散官;考核平常者,就不赐升授和加授散官了。清朝的散阶与封赠合一。与唐宋很不相同,明清的散阶是从属于官品的,并不是独立于官品与职位的个人级别,既与资格无关,也与薪俸无关。

寄禄官　北宋初年,来自唐朝的散阶已近空名,实际发挥阶官作用的,是寄禄官。寄禄官的功能,是用作俸禄尺度和官资尺度,所以对官员相当重要。北宋前期的寄禄官非常特别,使用皇帝师傅及省部寺监的官号:师傅类之官号,如三师、太子三师、太子三少等;三省的官号,如中书令、侍中、同平章事、尚书左右仆射等;六部之官号,如六部尚书、侍郎、郎中、员外郎等;诸寺之官号,如光禄、卫尉、太常等寺的卿、少卿、寺丞等;诸监之官,如少府监、将作监丞等;御史台之官,如侍御史等。这些官号来自隋唐的职事官名,但已变质了,变成阶官了,既无权责又不理事,只用于寄托俸禄、计算官资,是官员的"本官",或简称"官"。"本官"有 42 阶。"本官"有升朝官、京官两大段落;在其之下,幕职州县官(又称选人)四等七资,构成了又一段落。幕职州县官使用判官、书记、推官、县令、录事参军、主簿等官号。至于行政职事,另用"差遣"方式委派。得到"差遣"者,可以在俸禄之外再领一份职钱。所以北宋前期的"本官"与"差遣"之分,其意义类似唐朝的散阶与职事官之分,即品位与职位之分。"差遣"逐渐也形成了资序等级。

用省部寺监职名做阶名,显然很不合理。宋神宗决意解决这个问题,颁布《以阶易官寄禄新格》,重新启用由大夫、郎等官号构成的唐式散阶,作为寄禄官,承担寄禄和计资的功能。此前当作阶官来使用的省部寺监的官号,则恢复其本来的职事。宋徽宗又把选人七阶也改为唐式的郎号。这样,唐宋间的阶官制度绕了一个圈子,又回到大夫、郎等散官上来了。

宋代也有武阶,是武臣的寄禄官。北宋武阶也与唐朝不同,包括横行官、诸司正使、诸司副使、三班使臣,以及若干无品杂阶等。宋徽宗颁布了《改武选官名诏》,把横行官到小使臣的官号改为大夫与郎,并以太尉居首,约 52 阶。武阶而用文散官的大夫、郎官做阶名,是其与唐朝不同的地方。

学历　唐宋明清的科举繁荣,使"功名"成为决定资格与出身的主要因素。在明清,不仅科举功名,而且学生身份如生员、贡生、监生等,甚至翰林院修习的资历①，都可以看成同类的品位。明清的庶吉士、翰林，也是要考试的。有的著作把它们称作"学品""学衔"②。"学品"有点生僻，"学衔"又容易与"职称"混淆。为了简便，我们把童生、生员、监生、举人、进士、庶吉士、翰林等称为"学历"或"学位"。尽管它们与现代学历或学位不完全对应③，但问题不是太大。从品位视角看，学历用于标示任官资格，是一种资格管理手段。宋明清的选官特重"出身"，各种"出身"中最重要的就是学历。现代英国、德国、法国的文官等级制之所以被视为"品位分类"，其原因之一，就是文官级别与学历直接相关。为此，本书把学历也列为官阶研究对象之一。

以上叙述的品秩位阶，当然还不是中国古代位阶的全部。除了成序列的位阶之外，"品位性官号"也必须纳入考虑，它们也是重要的等级手段，后文将开辟专节讨论。进而从"官僚等级管理制度"出发，各种具有等级与品位意义的制度与现象，都应纳入研究范围。比如，赏赐的等级，舆服的等级，捐纳的价格等级，等等。总之，本书所规划的研究对象，包括以下三类：

1. 正式品秩位阶。

2. 各种品位性官号。

3. 所有具有等级与品位意义的制度与现象。

---

① 陈翊林先生认为："为进士设的有翰林院，近于各国的大学研究院。"见其《最近三十年中国教育史》，上海太平洋书店 1930 年版，第 11 页。翰林院也算是一种高级研修机构，多少有点儿像"研究院"。

② 张仲礼：《中国绅士——关于其在 19 世纪中国社会中作用的研究》，上海社会科学院出版社 1991 年版，第 1 页以下。

③ 生员与翰林要经过修习，但生员的修习只是为了考试。举人与进士身份不是来自更高层次的修习，仅仅是由考试而获得的资格等级。何天爵说："有时人们把这些称号与西方的学士、硕士、博士三个学位相比较，但那仅仅是比较而已，它们在本质上是完全不同的两码事。"见其《真正的中国佬》，光明日报出版社 1998 年版，第 186 页。

第二章　品秩的构成要素一:权责

前面一章,简要交代了本书的框架、概念和对象。此后各章,就要转入具体讨论了。讨论将从权责、资格、薪俸、特权、礼遇这"五要素"开始。本章讨论"权责"问题。

俗话说"官大一级压死人",说的是官越大、权力越大;而且这官大官小,是通过"级"来认定或标示的。当然,有权必有责,权力、责任与任务,是职位的基本构成要素。

一　权责、职等与层级

权责与职位　"权责"指职位占有者行使行政意志的空间,其依法承担的任务与责任,及其可支配的资源。"权责"是构成"职位"的最基本要素。如果一个官号上没有配备"权责",那么它就变成了一个品位,不再是本书意义上的"职位"了。在本书中,"职位"一词一般特指职事官,不包括品位性官号。

职位结构是最基本的行政架构,但单纯的职位结构,更大程度上是一般官制史的问题,不是官阶研究的特殊问题。这里所进行的是"品位视角的官制研究",而不是"职权(或职能)视角的官制研究",所以对职位结构,我们的关注主要是职位之间的等级关系,及职位结构与人员结构的等级关系。

一般说来,权力大小、任务轻重及资源多少,与品秩高低成正比。品秩较高的职位,则权力较大、任务较重、可支配的资源较多;品秩较低的职位,则权力较小、任务较轻、可支配的资源较少。英国的行政文官等级,分为行政级、执行级、事务级、助理级、勤杂级。法国的 A 类文官称行政职,从事计划管理;D 类文官称执行职,承担执行法律命令;C 类文官称技能职,处理一般简易工作及技术性工作;D 类文官从事最简单的工作,如信差、大楼管理员之类。这都显示了等级较高者,权力较大、任务较重。此外职位等级的安排,还可能与"责任时间跨度"有关①。

在职位结构中,存在着不同性质的各种等级,如职等、职级、官署等级、行政层级等之类。把它们区分开来,才能讨论其间可能存在的等级关系,例如"刚性等级关系"与"弹性等级关系",及区分等级高下的原则。

职等与职级 所谓"职等"(grade),是指工作性质不同,因而处于不同职类,但工作繁简、责任轻重及所需资格相近的职位归类。美国文官 GS18 等,算是一个典型的"共同职等"。"职级"(class)是权责相近的职位的总和,因其繁简难易、责任轻重及所需资格不同,而分为若干等级。例如,教授、副教授、讲师、助教的工作性质相近,但等级不同,这就是职级。职级可能在共同职等中占据若干级,也可能单列。职等主要是用来分等的,职级则凸显了各个职类的特殊性。

汉代的"若干石"秩级,把各职类的官职容纳其中,显然具有共同职等的性质。如把秩级看成"职等"的话,则比六百石的中郎、比四百石的侍郎、比三百石与比二百石的郎中,就可以看成郎官的 4 个职级,其工作性质都是执戟宿卫,属于同一职类。千石县令、六百石县令、四百石县长、三百石县长,也算是 4 个职级。秦汉秩级只是职位等级,不是个人品位,在这一点上,它与美国的 18 个职等很相似。魏晋以下的

---

① 杰科斯说:"我们出乎意料地发现,任何一个级别上的组织成员的责任,都可以用其完成任务所需最长时间来衡量","具有相同责任时间跨度的人往往负有相同重的责任,要求相同水平的工资,而不管他们的职业或实际收入如何。责任的时间跨度由底层的一天到顶层的 20 年,所付工资也有 1.5 万美元到 100 万美元不等"。《对科层制的称赞》,收入《国外组织理论精选》,中共中央党校出版社 1997 年版,第 345 页。

九品官品,从纵向的层次覆盖与横向的职类覆盖来说,无疑也具备共同职等的功能。然而美国的18个职等只是职位等级,九品官品却把文阶、武阶、勋官、封爵等个人品位也容纳在内,是一种更复杂的"一元化多序列的复式品位体制"。这就是二者不同的地方。

基于统属关系的等级安排 区分职位等级的原则,第一是统属或监管关系,第二是对职位重要性的评价。职位被安排在不同的行政层级上。"行政层级"永远是最简等级。当代中央政府的行政层级,有国务院、部、司厅、处、科5级。而职位等级,据1993年《国家公务员暂行条例》,有总理、副总理及国务委员、正部级、副部级、正司厅级、副司厅级、正处级、副处级、正科级、副科级,共10级。可见仅因副职的设置,职位等级就会比行政层级繁密一倍。

汉朝的禄秩体制下,百石是吏员的层次,包括掾属、令史等,他们承担着各官署的日常行政。六百石构成又一层次,是地方县令和中央诸署令的秩级。诸署令之上是列卿。掌文教的太常卿之下,有太乐、太祝、太宰、太史、太卜、太医六署令;掌财政的治粟内史之下,有太仓、均输、平准、都内、籍田五署令。二千石郡守、国相,中二千石的列卿,构成又一层次。若再以丞相或三公为一层次,则汉代行政层级只有4层。东汉约有16个秩级,若不考虑其中的7个"比秩",即由"比若干石"构成的秩级,则秩级只有9个,大约也是行政层级的一倍。这是很简洁的。

唐朝的官职层次,大致分为三品以上长官,四、五品的中级官职和六至九品的官吏,以及流外吏员。清朝的文武官员,大致也可以为三品以上的大僚,四、五品的中级官员,六品以下官员及流外胥吏4个层次。

行政层级的数量最少,而且最难变动。这是一种"刚性等级关系",因为它是由官署、官职间的指挥统属关系决定的,是不能改变的。例如尚书省六部二十四司体制,就是"刚性等级关系"的典型例子。尚书省的长官尚书令等构成了第一个层级,六部构成了第二个层级,再下面的"司"构成了第三个层级。清朝六部诸司以下,还有科。这种等级关系是不可变的,就像爷爷比爸爸大、爸爸比儿子大一样。以唐为例:

尚书令正二品,左右仆射从二品;六部尚书正三品,其副职侍郎正四品下(吏部侍郎正四品上);二十四司郎中从五品上,员外郎从六品上;办事人员主事从九品上,令史、书令史及掌固并为流外官。尚书省诸官的品级,其相对高低都是刚性的。

基于监管关系的等级安排　"统属"关系之外,还存在着"监管"关系。这时候的品秩如何确定,就有较大弹性了。监管者的品秩可能高于、但也可能低于被监管者。汉朝的州刺史六百石,郡太守二千石。刺史辖区虽然大于郡,但刺史只是监察官,所以其秩级低于郡守。顾炎武这样赞扬刺史制度的优点:"夫秩卑而命之尊,官小而权之重,此小大相制,内外相维之意也。"[①]"小大相制,内外相维",就是以小制大、以内制外的意思。如果刺史的秩级高于郡守,就可能变成郡守的上司,不再是监察官,而是行政官了。魏晋以下,因为州已变成了一级地方行政单位,所以州刺史四品,郡守五品,比之汉代,其等级关系倒过来了。

基于官署地位的等级安排　官署地位较高,则其中的官吏级别就可能较高;官署地位较低,则其中的官吏级别就可能较低。这是一种基于官署地位的等级安排。北齐的州郡县各分三等,各官署中的同名吏职依次而降。兹以北齐州府中的部分官吏为例(表2.1):

表2.1

	上州	中州	下州
正三品	刺史		
从三品		刺史	
正四品下			刺史
从四品上	长史、司马		
正五品上		长史、司马	
从五品上			长史、司马

---

① 顾炎武:《日知录》卷九《部刺史》,《日知录集释》,花山文艺出版社1990年版,第407页。

	上州	中州	下州
正六品上	别驾		
正六品下	录事参军事		
从六品上	功曹仓曹中兵参军事	别驾、录事参军事	
从六品下		功曹仓曹中兵参军事	
正七品上	主簿、诸曹参军事		别驾、录事参军事
正七品下		主簿、诸曹参军事	功曹仓曹中兵参军事
从七品上			主簿、诸曹参军事

上中下州因官署等级之异,其官属各降一二阶,呈三等之别。录事参军事一职低于别驾,但上州的录事参军事,却高于中州、下州的别驾。这就是官署的不同地位造成的。除了州府,军府僚属的品级随府主地位而异的情况,此期也相当普遍。

赵冬梅君的考察显示,北宋前期列入阶序的职事官,有的官品高,但在阶序中反而处于下位;有的官品低,但在阶序中反而居于上列。这是为什么呢? 因为阶序的构成原则,是机构优先、官品次之;在机构内部,再按官品顺序排列。卑品居于高品之上的现象,仅仅存在于不同机构的职事官之间[1]。这也是官署地位影响官职等级的一个例子。

基于官职重要性的等级安排　若不存在明确的统属或监管关系,就要根据官署、官职的重要性,来确定其间的等级关系了。就是说在统属、监管关系之外,"官职重要性"也是安排品秩的原则之一。这种等级关系就有较大弹性了,因为对官职重要性的评价,"主观性"很强,可以有多种不同的评价标准。同层级的官署、官职也可能呈现出高下。例如中国的各个大学之间并无统属关系,但若干大学被定为副部级,若

---

[1]　赵冬梅:《北宋前期的"官与品轻重不相准"含义试释》,《北大史学》第 11 辑,北京大学出版社 2005 年版。

干大学被定为司厅级。

这类情况在古代也有。例如州郡县,因户口、钱粮、地理、国防等方面的差异,通常都要进一步划出等级来。周振鹤先生概括说:"中国历代的行政区划是先分层级,而后在每一层级中再分等。例如秦汉时期有郡县二级,魏晋南北朝是州郡县三级,唐前期是州县二级,宋代是路州县三级,清代是省府县三级等等。各级政区之间都不可逾越,但在每一层级中,又以行政管理需要、地理位置冲要、人口多寡或税粮高低等标准划为几等,达到某一标准则升一等(多半是以户口多寡为准)。但等第升得再高也在本层级里头,不能越级,越级则有另外的规定。"①

当然,下一层级的品秩也有可能伸展到上一层级。北周就是如此。请看表2.2:

表2.2

命数	州刺史	郡	县
从九命	雍州牧		
正八命	刺史户三万以上者		
从八命	刺史二万户以上者	京兆尹	
正七命	刺史万户以上者		
从七命	刺史五千户以上者	郡守万五千户以上者	
正六命	刺史户不满五千以下者	郡守万户以上者	
从六命		郡守五千户以上者	
正五命		郡守千户以上者	长安、万年令
从五命		郡守户不满一千以下者	县令户七千以上者
正四命			县令户四千以上者
从四命			县令户二千以上者
正三命			县令户五百以上者
从三命			县令户不满五百以下者

① 周振鹤:《地方行政制度改革的现状及问题》,《战略与管理》1996年第5期。

州郡县各 5 等。若计入雍州牧、京兆尹及长安、万年令,则是 6 等,从官品看,刺史、郡守、县令显有越级之处。可见官署等级是有较大弹性的。

地方行政单位数量大,而且彼此差异大,所以其间等级关系的弹性也比较大,容许考虑多种因素而做不同安排。汉代的大小县有秩级之别,但大小郡就不同了,大多时候郡守没有秩级之别,其长官都是二千石。郡县两级采用了不同原则来安排等级。

中央官也有类似情况,对官职重要性的评价不同,就可能导致品秩差异。如秦汉的列卿,即奉常(后改太常)、郎中令(后改光禄勋)、卫尉、太仆、廷尉、典客、宗正、治粟内史、少府、中尉(后改执金吾),处于同一行政层级,从秩级说都是中二千石,但其排序却有过变化。秦帝国重法制、重财政,所以在诸卿之中,居首的是掌管司法的廷尉、掌管财赋的内史;掌管祭祀、礼仪和文教的奉常只能垫底儿,叨陪列卿之末座。汉廷尊儒,情况就不同了,太常被认为"事重职尊",转居"九卿之首"了[①]。魏晋九卿同居第三品,但太常、光禄勋、卫尉三卿尊于其余六卿。南朝萧梁实行十八班制,九卿变成了十二卿,太常卿十四班,宗正卿、太府卿十三班,卫尉卿十二班,司农、少府、廷尉、光禄卿十一班,太仆、大匠卿十班,鸿胪卿、大舟卿九班。处于同一层级的列卿,竟然出现了六等之差。唐朝重太常、宗正,二卿居正三品,其余七卿居从三品。北宋元丰改制后,太常卿、宗正卿正四品,其余七卿从四品。

在对同层级的官职做不同等级安排时,我们看到了不同做法。直接用官品区分高下,最为简单。唐朝的吏部侍郎正四品上,其余五部侍郎正四品下,用以凸显吏部的重要性。但也有其他处理。例如同层级的官职使用同一秩级,同时另用位序区分高下,如秦汉列卿。还有另设等级以区分官资的,如梁十八班制。尚书在汉代都是六百石,在魏晋南朝都是第三品,而在萧梁十八班下,吏部尚书十四班,列曹尚书十三班;

---

① 《艺文类聚》卷四九《职官五·太常卿》引《汉官解诂》:"太常掌社稷郊祀时,事重职尊,故在九卿之首。"中华书局 1965 年版,第 301 页。

尚书吏部郎十一班,其他尚书郎第六班。东汉郡守都是二千石,但郡本身又有剧、中、平之别,相应地,有小郡守迁大郡守的制度。大小郡的差别,在秩级上不予体现,但在迁转资格上体现出来了。

统属关系是一种刚性等级关系,"官职重要性"则有相当弹性,因为对官职重要性的评价取决于很多因素,甚至因观念而异。秦朝列卿以廷尉、内史居首,反映的是秦帝国对法制、财政的重视;汉武帝以后太常居首,则反映了"独尊儒术"之后,对祭祀、礼仪与文教的重视大大提高了。又如在明代,孔子后裔"衍圣公"为正二品,龙虎山的"正一真人"也在正二品,这种品位待遇,也属弹性等级关系。

"弹性等级关系"尤其能反映传统政治体制的特殊性,因为在这时候,"身份考虑"经常重于"运作考虑",从而表明身份安排也是主要组织目标之一。一个极端的例子就是嫔妃与女官,她们往往拥有正式爵品,这是现代社会不会有的。不能说女官没有权责,然而其行政重要性,毕竟不能跟朝官相比,其等级安排是极富弹性的。北魏的女官,二品到五品;刘宋的女官,一品到七品;唐朝的女官,五品到八品。女官的职责没多大变化,其品级却变化颇大。宦官的品秩与此类似。汉代的中常侍、中黄门,本来分别是千石、比百石之官,后来增至比二千石、比三百石,就反映了东汉宦官的权势上升。

基于与皇帝亲疏的等级安排　女官、宦官,我们归入宫廷官。此外宫廷官还包括侍卫、侍从之官。宫廷官与朝廷官的相对等级关系,我们纳入"宫—朝"概念下加以讨论。"宫—朝"概念,提示了又一等级安排的原则,即以与皇帝的亲疏远近关系,来评价官职重要性,并据以安排等级。这就具有政治意义了。宗室、外戚的品位问题,也可以纳入"宫—朝"范畴。进一步说,政治意义的等级安排原则,还体现在对"贵—贱""士—吏""文—武""胡—汉"间等级关系的处理之上,详见本书第十一章。

品秩要素的分等　品秩的构成要素是权责、资格、薪俸、特权与礼遇,"权责"而外的后四项,都有可能另行设置等级。前面已经谈到,汉代郡守的资格等级就不同于其秩级,大小郡的秩级没有区别、薪俸没有区别,但资格高下是有区别的。梁朝的班位专以安排资格,与官品也不尽一致。资格、薪俸、特权与礼遇既可以配置于职位之上,也可以直接配置于品位之上,这时候就超出了职位结构,而进入品位问题了。

官员的个人品位,比职位等级的弹性更大,因为这已超出了职位结构,已不受统属、监管关系及行政重要性的限制了。汉代的大夫是品位性官职,光禄大夫比二千石,太中大夫比千石,谏大夫比八百石。它们属于无权责、无印绶的散官,彼此不相统属,其秩级安排的弹性相当之大。魏晋南北朝的大夫,还有将军号,与拥有者的职事官品往往很不一致。流外吏员,可能拥有流内的将军号。唐代后期,尚书六部之官发生了"品位化",开始向阶官变质,于是,其间的等级关系随之而变。六部转而以"行"为序,吏部、兵部为前行,户部、刑部为中行,礼部、工部为后行,按"后—中—前"的次序升迁,而不是按官品升迁。"后—中—前"的次序只反映官员的资位变化,与职位、职事无干了。

概而言之:

1. 职位等级分为不同类型,例如职等、职级、官署等级、行政层级等。

2. 最基本的等级是行政层级,它以统属关系为基础,是最简洁的等级,而且是一种刚性的等级。

3. 同一行政层级的官署或官职,可以因其重要性不同,而造成品级安排的不同,这时就可能出现"弹性等级关系"。

4. 资格、薪俸、特权与礼遇等要素,可以各自独立分等;它们除了配置于职位之上,还可以配置于品位之上。

5. 超出职位结构的官员个人品位,其等级的高低与疏密设置具有最大的弹性。

二 宽度、跨度与责任分等

由权责等级推而广之,还将出现管理的宽度问题。管理宽度,指一位长官直接管理的下级人员与部门之多少[1],这将对层级的多少发生直接影响。

管理宽度与层级变化　管理宽度问题,首先与管理者的能力相关。法约尔设想了一种 4×4 的部门层次结构,厄威克则把最佳管理宽度设定为 5—6 人[2]。一般认为,管理宽度应在 5—6 人以下[3]。在总管理对象一定的情况下,若管理宽度变小,则组织层次必然增多,组织结构发生变形,变成"垂直"结构。"垂直"结构的特点,是对下属的监管变强[4],下属的自主权减小,信息扭曲增大,分配的不平等增大。而管理宽度增大之时,就会发生相反的变化,组织外观变得"扁平"了,监管变弱,下属的自主权增大,信息扭曲较小,分配较为平等。"在其他条件不变的情况下,等级组织越扁平,其中的权威就越分散。"[5]一般认为,

---

[1] "管理宽度",通称"管理幅度"。"幅"含有宽度之意,如像"幅面";但如"波幅"之"幅",就包括波的高度了。所以本书改称"管理宽度",以求更明晰贴切一些。

[2] 朱国云:《组织理论:历史与流派》,南京大学出版社 1997 年版,第 66、87 页;孙云:《组织行为学》,上海人民出版社 2001 年版,第 8、13 页。

[3] 哈密尔顿爵士认为:"普通人的头脑在应付其他人的头脑时,在 3—6 个人范围内才有效。"当然,适用的宽度是因人而异、因事而异的。哥伦比亚大学校长巴特勒的控制宽度达 132 人;艾森豪威尔任校长时,被建议把控制宽度限为 3 人,引起了他的不满。戴尔:《伟大的组织者》,中国社会科学出版社 1991 年版,第 15 页。

[4] 据罗宾斯的计算,假设两个 4100 名员工的组织,一个管理宽度为 4,一个管理宽度为 8,则前者需要多设两个管理层次,多设约 800 名管理人员。见其《组织行为学精要》,机械工业出版社 2000 年版,第 281—282 页以下。从事监管的人员增多,无疑会造成监管与控制的强化。

[5] 唐斯:《官僚制内幕》,中国人民大学出版社 2006 年版,第 61 页以下。关于层级过多造成信息失真,参看同书第 125、144 页以下。又参赫尔雷格尔等:《组织行为学》(第 9 版),华东师范大学出版社 2001 年版,第 781 页。

垂直结构比较适合专业分工细致,各职位之间依赖性强的组织;若各个职位的行为不确定,则适用扁平结构。目前企业管理的一般倾向,就是"领导范围最大化"和"等级最小化",即扩大宽度、减少层次①。

下管六部,对尚书省的长官来说,可能是一个适当的宽度。朱元璋废宰相、直接面对六部,从政治上说打击了相权;从技术上说,皇帝的管理宽度扩大到 6 个对象,层级减少了;但因皇帝的个人能力各异,监管未必真的强化了。地方行政的管理宽度,尤其变化多端。周振鹤先生认为:"一般而言,层级越多,上下阻隔越远,政令不易贯彻,下情不易上达,中央政府也就越难进行有效行政管理。因此从中央集权的角度来看,要求有尽量少的层次。"②

秦汉实行郡县两级制。郡守被比为古代的诸侯,可以自为条教,其责任与事权都大于后世,中央监管相当简洁。这是因为,在相当一段时间中,若不计王国的离心倾向,则各地的向心力和忠诚度相当之高,不存在挑战中央的强大势力。汉廷对京师的安全相当自信,中央兵不过两三万而已。中央直接面对一百多个郡国,以十三州部刺史承担监管,给郡守以重大自主权,朝廷是很放心的。但汉末情况发生了变化。战事频繁,用大区形式来统筹军政,势所难免;割据趋势,进一步刺激了层级的增加。魏晋南北朝中,州和都督区先后成为行政层级,形成了府(军府,即都督区)、州、郡、县体制。

汉代人口众多,地方行政体制却比较"扁平";魏晋南北朝各政权所辖人口少得多,地方层级反倒增加了,变"垂直"了。这是为什么呢?因为层级的增加有利于集权与控制。"扁平"将造成权威的分散,而管理宽度的减小与管理人员的增加,能明显强化监管,尽管这时行政效率下降了。所以魏晋南北朝地方行政层级的增加,是针对政治动荡、集权弱化

---

① 新将命:《图解领导能力》,文汇出版社 2002 年版,第 146—148 页。

② 周振鹤:《中央地方关系史的一个侧面——两千年地方政府层级变迁的分析(上)》,《复旦学报》1995 年第 3 期。

的一种应激反应。(至于此期权臣利用都督区抗衡中央,属于政治问题,不是制度问题。)"层级少则效率高"的论断可以成立,但"从中央集权的角度来看,要求有尽量少的层次"的说法,就有些片面了。当前中国地方行政层级达四五级之多,很多学者在呼吁减少层级,主张"省管县",或在城市中取消"区"①。这么做肯定能够减员增效,却将削弱集权与监管。在效率与监管两方面,当政者得费神平衡;若集权与监管放松了,也非其所乐见。中国历朝行政大区的形成,往往与监管的需要相关。那些行政大区有来自军区的,有来自监察区的,也有来自中央派出机构的。

除了管理宽度,还有管理跨度的问题,也就是上级向下管理的层次多少的问题,例如下管一级、下管两级或更多级之类。从1983年始,中央由过去的下管两级改为下管一级②,以解决任免烦琐、职责不清、效率低下等问题③。据称改革措施取得了成效。

任命权的管理跨度 在中国古代,官员的任命权也存在管理跨度问题。汉朝六百石以上官,由皇帝下诏任命;四百石至二百石,丞相任命;郡国的百石官属,二千石长官自行任命。人事权呈现为三大跨度。丞相到六百石官的任命,还有专门仪式,由不同等级的官员"赞"及授予印绶④。

---

① 孙立平先生说:中国中央到城市社区的层级多达5到6级,在世界上各大城市中很少见,"我国行政管理体制中层级过多、机构臃肿、公务员队伍庞大的弊端,与这种行政区划格局是有密切关系的"。见其《失衡:断裂社会的运作逻辑》,社会科学文献出版社2004年版,第155页。又参陈小京等:《中国地方政府体制结构》,中国广播电视出版社2001年版,第159—160页;薄贵利:《中国地方行政体制改革研究》,吉林大学2004年博士论文,第113页。

② 王武岭等:《国家公务员制度概论》,中国人民公安大学出版社2000年版,第94页。

③ 中央直管的干部有2000多人,省市两级管理的干部约1000—2000人。但多数省份实际是"下管一级半",县级党政一把手由省委直接管理,而不是由地(市)委管理。

④ 卫宏《汉旧仪》卷上:"拜御史大夫为丞相,左右前后将军赞,五官中郎将授印绶。拜左右前将军为御史大夫,中二千石赞,左右中郎将授印绶。拜中二千石,中郎将赞,御史中丞授印绶。拜千石、六百石,御史中丞赞,侍御史授印绶。印绶盛以箧,箧绿绨表,白素里。尚书令史捧,西向,侍御史东向,取箧中印绶,授者却退,受印绶者手握持出,至尚书下,乃席之。"《汉官六种》,中华书局1990年版,第35页。

唐朝"五品已上以名闻,送中书门下,听制授焉。六品已下常参之官,量资注定"①。具体说就是三大层次:第一,流外九品吏员由尚书省判署,称"流外铨""小选"。第二,流内九至六品官,属吏部、兵部"流内铨""大选"。六、七品送付吏部尚书选任,称"尚书铨",八、九品送付两位侍郎分别选任,称"中铨"和"东铨",合称"三铨"。随后尚书都省审核,皇帝旨授。第三,五品以上官构成又一层次。四、五品官、员外郎、御史及供奉官,由宰相进拟,皇帝制授;三品以上官,由皇帝亲择而策授②。管理跨度极为清晰。

宋朝拜宰相、枢密使、三公、三少,除开府仪同三司、节度使,封爵,加检校官,并用制,即由皇帝下制书任命。新任的知州,在上任前还要行"陛辞"之礼,皇帝在殿廷上为其遣行,并有指示激励之辞。元朝的一品至五品官,以制命之。清朝皇帝对中外高官用"特简""亲简"之法任命。大学士、各部长官、总督、巡抚、布政使、按察使出缺,或由大臣推举,或由内阁、军机处列名,皇帝简用。一些虽品级不高,但权责俱重的官职,也属于"请旨缺",由皇帝特旨简放。军机大臣掌机要,由皇帝亲自从内阁部院调用。中级官员任用,须由吏部"引见"皇帝,皇帝面试,把印象批写于引见单上,吏部奉旨执行。

监察权的管理跨度 监察权也有管理跨度问题。汉朝规定,"刺史不察黄绶"。按,秩比六百石以上官,皆铜印黑绶;比二百石以上官,皆铜印黄绶。刺史主要监察二千石郡守及六百石以上县令,四百石至二百石的"黄绶"县长、丞、尉,由郡守监管,刺史不问。首都司隶校尉的监察跨度,就非常大了,京师及三辅、三河、弘农七郡的范围之内,"无所不纠",唯不察三公。

---

① 《唐六典》卷二《吏部尚书》,中华书局 1992 年版,第 27 页。

② 宁欣:《唐代选官研究》,文津出版社 1995 年版,第 35 页;白钢主编,俞鹿年著:《中国政治制度通史》第 5 卷(隋唐五代卷),人民出版社 1996 年版,第 444—445 页;楼劲、刘光华:《中国古代文官制度》,中华书局 2009 年版,第 164—165 页。

考核权的管理跨度 考核权的等级分配,经历过变化。秦汉魏晋的通例是长官考下属,用西晋杜预的话说,就是"委任达官,各考所统"①。北魏考课,采用了"五品以上,引之朝堂,亲决圣旨,六品以下,例由敕判"②的办法,即皇帝亲考五品以上官,尚书省主考六品以下官。唐朝的分等考课之法,更细密了。学者形容说:"如果以甲、乙、丙、丁代表4个由上而下的行政层级,那么,汉代丙考丁、乙考丙、甲考乙的状态,现已在很大程度上变成了丙考丁,乙考丙,甲考乙、丙、丁。"③唐代考课层次,与官僚的任命层次相近。三品以上的大臣、亲王及各地的大都督等,其考课由考功司与有关部门协调,具录各人功过后,状奏听旨裁决,是所谓"内考";四品至九品官由尚书省协同主考官校定,再由宰相及皇帝审核;流外九品吏员的考级,由尚书省最终决定。四品以下官员,凡按劳考进阶而至三品,或六品以下官员升至五品者,必须由皇帝亲自下诏,方能授阶。

责任分等 在行政组织中,一份权责将涉及若干权责,每个职位都有其上级、同级和下级,有主管者与合作者。为处理这种关系,还要确定责任的分等。秦律之中,已有了很多上下级与同级间连坐的条文。例如,县廷中啬夫犯罪,若罚二甲,则其上司县令、丞罚一甲;若罚一甲,则县令、丞罚一盾④。汉朝有"监临""主守"概念,分开了上级长官与主管长官的不同权责。唐律:"监临,谓于临统部内;主守,谓躬亲保典之所者。"在唐朝"监临"又分为"统摄""案验"两种情况:"诸称'监临'者,统摄、案验为监临","统摄者,谓内外诸司长官统摄所部者。案验,谓诸司判官判断其事者是也。""主守"也被区分为专职与临时两种情

---

① 《晋书》卷三四《杜预传》。

② 《魏书》卷十九中《任城王传》。这个制度是魏孝文帝建立的。同书卷七下《高祖纪》:"六品以下,尚书重问;五品以上,朕将亲与公卿论其善恶。"

③ 楼劲、刘光华:《中国古代文官制度》,中华书局2009年版,第306页。

④ 刘海年:《秦律刑罚的适用原则》,收入《战国秦代法制管窥》,法律出版社2006年版,第128页。

况："主守,谓行案典吏,专主掌其事及守当仓库、狱囚、杂物之类。其职非统典者,谓非管摄之司,临时被遣监主者,亦是。"①

在责任分等上,唐朝还有"四等官"的制度,用以追究同一官署中不同成员的公罪罪责。在各官署内,"诸同职犯公坐者,长官为一等,通判官为一等,判官为一等,主典为一等,各以所由为首"。"长官"指正职,"通判官"指副职,"判官"是具体负责的官员,"主典"是具体办事的吏员。以大理寺为例："大理寺断事有违,即大卿是长官,少卿及正是通判官,丞是判官,府史是主典。"②在发生罪错之时,"各以所由为首"而区分轻重主从,依次递减一等处罚③。这种四等官的制度,在唐初还曾影响了流内品与流外品的结构。据叶炜君揭示,南北朝流外官中所有诸司长官、通判官、判官,在唐初进入了流内;而昔日在流内的令史、书令史等主典官,则在唐初下降到了流外④。就是说,流内外的分界,与责任分等有直接关系。

三 简繁:同层级职务的事务不平衡

我们用"简繁"一词,指称同级职务在事务简繁上的不平衡问题。

不但不同职类的同层次职位,其事务有简有繁;就是同一职务上的不同职位,也会发生同样问题。同是局长、处长、科长职务,具体到各局、各处、各科,有的比较清简,有的就比较繁剧。2005 年 7 月北京市政府部门的工资改革,其特点之一就是淡化"简繁"之别。据报道,改革使"行业间的差距在一定程度上被弥合,法院公务员收入减了,检察

---

① 《唐律疏议》卷四《名例》、卷六《名例》,中华书局 1983 年版,第 97、139—140 页。

② 《唐律疏议》卷五《名例》,第 110 页。

③ 罪错责任的具体分配,可参钱大群、艾永明:《唐代行政法律研究》,江苏人民出版社 1996 年版,第 50 页以下。

④ 叶炜:《南北朝隋唐官吏分途研究》,北京大学出版社 2009 年版,第 64 页。

院的收入加了;劳动局的收入加了,税务局的收入减了。大家只要级别相同,收入基本一致"①。改革后各级工资的级差有所扩大,所拉平的是同级职务的收入,因为工资以级别为准了。

设置"共同职等"的目的之一,就是要平衡简繁。职类不同,但繁简难易、责任轻重相近的职位,归于同一职等、给予同等待遇。同时由于历史的、结构的或政治的原因,品秩经常不能充分体现繁简难易、责任轻重,这时候往往要另行在俸禄、资格或待遇方面加以区别。

第一种区分"简繁"的办法,是直接在共同职等上加以区别。秦汉秩级可以看成是共同职等。汉代的县以户数区分简繁,万户以上县,长官称令;万户以下的县,长官称"长"。千石、六百石之县令,四百石、三百石县长,也因户数而异。西汉在一段时间中,郡守曾因事务简繁而有级别之异。由尹湾汉简所见,东海郡户口曾达 139 万余。而小郡人口可能还不到其 1/10。所以在汉昭帝到汉成帝一段时间里,12 万户以上的郡被定为"大郡"。若以一家五口计,大郡人口估计在 60 万以上。三辅、三河都是大郡。其时还有一种中二千石的"万骑太守",同时又有比二千石、千石、八百石的郡守②。大小郡守既然秩级有异,俸禄当然也不相同了。还有小郡守迁补大郡守的规定③。

第二种区分"简繁"的办法,是在共同职等之外,另设等级以区分简繁。例如明朝的府,知府都是正四品,同知都是正五品,通判都是正六品;同时府另按简繁分为 3 等:上府的税粮在 20 万石以上,中府的税粮在 10—20 万石之间,下府税粮在 10 万石以下。县与此类似,知县都是正七品,同时县有上中下三等之分,上县税粮在 6—10 万石之间,中

---

① 人民网,http://edu. people. com. cn/GB/8216/39420/39432/3769452. html,访问时间:
2009 年 7 月 21 日。有官员云:"我感觉这像是全市在吃同一锅大锅饭。"

② 杨鸿年:《汉魏制度丛考》,武汉大学出版社 2005 年版,第 329、331 页;拙作:《品位与职位——秦汉魏晋南北朝官阶制度研究》,中华书局 2002 年版,第 190 页。

③ 《汉旧仪》卷下:"十二万户以上为大郡太守,小郡守迁补大郡。"《汉官六种》,中华书局1990 年版,第 82 页。

县税粮在 3—6 万石之间,下县税粮在 3 万石以下①。周振鹤先生云:
"自秦汉分大小县,县令长地位与县的等第一直存在对应关系,至此时
两者才完全脱钩。"②所谓"脱钩",就是与共同职等脱钩,与官品脱钩。
府县长官的官品无别,同时另设等级以区别府县高下。

第三种区分"简繁"的办法,是品级不变而调整薪俸,将繁职的薪
俸调高。北齐就是如此:中央官分为"繁""平""闲"3 种,其薪俸有异:
每级俸禄的 1/4 算是"一秩","事繁者优一秩,平者守本秩,闲者降一
秩。长兼、试守者,亦降一秩"③。也就是说,繁局增加 1/4 的俸禄,闲
局减少 1/4 的俸禄,以避免平均主义之弊。其具体做法,如一品官岁禄
800 匹,以 200 匹为一秩;繁局优一秩,岁禄为 1000 匹;闲局降一秩,岁
禄为 600 匹。参看表 2.3:

表 2.3

	基本职俸	一秩的额度	繁局优一秩	闲局降一秩
正一品	800	200	1000	600
从一品	700	175	875	525
正二品	600	150	750	450
从二品	500	125	625	375
正三品	400	100	500	300
从三品	300	75	375	225
正四品	240	60	300	180

---

① 这个制度始于吴元年(1367),洪武时正式出现了简繁则例。参看冯贤亮:《明清吴中地
区的县衙与社会》,《江苏社会科学》2007 年第 6 期;白钢主编,杜婉言、方志远著:《中国
政治制度通史》第 9 卷(明代卷),人民出版社 1996 年版,第 216 页。不同时期,钱粮等级
有变。《明史》卷七一《选举三》:"其繁简之例,在外府以田粮十五万石以上,州以七万石
以上,县以三万石以上,或亲临王府都、布政、按察三司,并有军马守御,路当驿道,边方冲
要供给处,俱为事繁。府粮不及十五万石,州不及七万石,县不及三万石,及僻静处,俱为
事简。在京诸司,俱从繁例。"

② 周振鹤:《中国历代行政区划的变迁》,商务印书馆 1998 年版,第 146 页。

③ 《隋书》卷二七《百官志中》。

	基本职俸	一秩的额度	繁局优一秩	闲局降一秩
从四品	200	50	250	150
正五品	160	40	200	120
从五品	120	30	150	90
正六品	100	25	125	75
从六品	80	20	100	60
正七品	60	15	75	45
从七品	40	10	50	30
正八品	36	9	45	27
从八品	32	8	40	24
正九品	28	7	35	21
从九品	24	6	30	18

　　明清知县都是正七品,其薪俸无别。但在清朝,各县的养廉银就不一样了,根据简繁而一一规定之。例如苏州府与太仓直隶州,吴县的养廉银为 1800 两,长洲县 1800 两,元和县 1800 两,昆山县 1000 两,新阳县 1000 两,常熟县 1000 两,昭文县 1000 两,吴江县 1200 两,震泽县 1400 两,镇洋县 1000 两,崇明县 1200 两,嘉定县 1000 两,宝山县 1200 两①。这种"职位薪俸"的办法,是相当精细的。

　　第四种区分"简繁"的办法,是在迁转资格上做出区分,给繁职以更优越的迁转机会。如前所述,西汉昭帝到成帝时,大郡、小郡一度秩级有别。但汉成帝取消了"大郡""万骑"之制,郡国秩级由此简化了,除了河南尹及三辅长官是中二千石之外,郡守国相都是二千石。州刺史一直没有秩级之别,都是六百石。然而东汉的州郡县,却各有"剧""平"之别。"剧"就是事务繁剧的意思。"(魏)明帝即位,下诏书使郡

<hr />

① 《大清搢绅全书》,荣禄堂宣统元年春季版,东洋文化研究所电子扫描版,第 2 本第 46—48 页以下。

县条为剧、中、平者。"①曹魏的郡、县各有剧、中、平三等的做法,应该上承东汉。在州郡县长官的选用上,"治剧"是一种特殊资格②。据严耕望先生的研究,西汉的三辅郡守来自守相高第者,超过半数。可见三辅郡守在迁转资格上,比别的郡高一等。东汉三辅不再具有特殊地位了,但守相换迁的情况,仍能看到49例之多③。"换迁"指同一行政层级中的平迁,如高密侯相第五种"以能换为卫相"之类。换迁应是以剧、中、平为依据的,即以平郡迁中郡,以中郡迁剧郡。这样看来,东汉的郡尽管秩级没有区别,迁转资格却是分为三等的。

至于汉代的县,一直就有剧、平之分。三辅地区的县,就属于"剧县"。剧、平概念,与秩级交叉为用。剧县可能是大县,也可能不是大县。丞相选官"四科"标准之一就是"治剧"(其余三科是德行、明经、明法)。

南朝萧梁,在九品官品之外另设十八班之制,用以标示资格高下之异。官品相同者,班位却可能有很大区别。九卿都是三品官,但太常卿第十四班,大舟卿只有九班。地方官也是如此,二十三州各有高下,郡守及丞另为十班,县制七班,都是在官品之外另设的资格等级。地方官的班位,应与"简繁"相关。

清承明制,州县长官品级无别,但薪俸有别,又在任用资格上另设等第,分为最要缺、要缺、中缺、简缺四等。在府州县简繁时,清廷使用"冲、繁、疲、难"四项标准④。雍正九年(1731)定制,四字俱全者为"最

---

① 《三国志》卷二四《魏书·王观传》。

② 《后汉书》卷三一《王堂传》:"迁谷城令,治有名迹。永初中,西羌寇巴郡,为民患,诏书遣中郎将尹就攻讨,连年不克。三府举堂治剧,拜巴郡太守。"巴郡出现羌乱,由此成为"剧郡",王堂以举"治剧"之科而任巴郡太守。

③ 严耕望:《秦汉地方行政制度》,台北"中研院"历史语言研究所1990年版,第327页以下。

④ 雍正六年(1728)三月十九日,广西布政使郭锁建议:"一、地当孔道者为冲;二、政务纷纭者为繁;三、赋多逋欠者为疲;四、民刁俗悍、命盗案多者为难。"《世宗宪皇帝朱批谕旨》卷二○二上《朱批郭锁奏折》,《景印文渊阁四库全书》,台湾商务印书馆1986年版,第424册第328页下栏。

要缺"，占三字者为"要缺"，占二字者为"中缺"，占一字或无字者为"简缺"。顺天府的大兴县占"冲、繁、疲、难"四字，属于"最要缺"；固安占"繁、难"二字，属于"中缺"；永清县不占一字，注为"简"缺①。新选知县一般只授"简缺"或"中缺"，然后才能转为"要缺"和"最要缺"②。清代还规定，捐纳及初任人员只准任用简缺，不得为繁缺③。"简繁"的管理非常精细，道府州县被分为腹俸缺、边俸缺、沿海缺、沿河缺等，还有烟瘴缺、苗疆缺等。腹俸缺的道府州县佐贰、首领官，三年可转，五年可升；而边俸缺给予优待，"俱三年俸满，有政绩、无差忒者，例即升用"。沿海缺与沿河缺"历俸升擢，与边俸同"④。广东水土最恶之地，二年或二年半就算俸满。"从简单的大小县发展到复杂的冲繁疲难，说明中央政府对县一级政区的管理水平越来越高，控制越来越严。"⑤"冲、繁、疲、难"之制，实际是从东汉的"剧、中、平"发端的。

清朝的胥吏也有简繁之别。例如有"事简供事""事简书吏"，有"事繁供事""事繁书吏"。"事繁"的胥吏，在役满出职时可以免考："内阁事繁供事、各衙门事繁书吏，五年役满，无过犯，送部，免其考职，以从九品、未入流兼掣选用。"⑥

第五种区分"简繁"的办法，是在其他待遇上体现"简繁"有别。例

---

① 《清史稿》卷五四《地理志一》。

② 白钢主编，杜婉言、方志远著：《中国政治制度通史》第 9 卷（明代卷），第 534—535 页。

③ 乾隆四十年(1175)议准："由贡监生递捐知府，及未经筮仕候选人员递捐者，于轮班得缺时，止准以简缺选用。所有繁缺，概不准其掣选。……至由别项佐杂递捐者，亦照初任人员之例，俱以简缺选用。"《光绪清会典事例》卷七六《吏部·除授》，《续修四库全书》，上海古籍出版社，第 799 册第 291 页上栏。

④ 《清史稿》卷一一〇《选举志五》。

⑤ 周振鹤：《中国历代行政区划的变迁》，第 147 页。这个制度还涉及了朝廷与督抚的选官权力分割，参看刘铮云：《冲、繁、疲、难——清代道、府、厅、州、县等级初探》，《历史语言研究所集刊》第 64 本第 1 分，1993 年，第 175—204 页。

⑥ 《乾隆清会典》卷七《吏部·书吏》，《景印文渊阁四库全书》，台湾商务印书馆 1986 年版，第 619 册第 93 页。

如北齐在考核与奖惩时,针对"繁""平""闲"制定了不同待遇。在犯罪时,对"繁"者处分宽容,记过较轻;"闲"者处分严格,记过较重。具体说是这样的:"在官犯罪,鞭杖十为一负。闲局六负为一殿,平局八负为一殿,繁局十负为一殿。加于殿者,复计为负焉。"①若官员犯有应予"鞭杖十"的罪错,在考核时就计为一"负";积累了若干"负",就计为一"殿"。"殿"即考课"殿最"之"殿"。闲局的官员累积六负,就计为一殿;平局的官员累积八负,计为一殿;而繁局的官员要累积到十负,才计为一殿。这是因为"繁剧者易生纰漏,故十负始为一殿。此种规定,颇为合理"②。

以上几种区分"简繁"的措施,可以综合使用。例如北齐的州郡县既有官品之别,又另有上上到下下九等之别,其薪俸及所配给的白直、属官数量,都依九等而递降。

四 轻重:权责与品秩的不相称

我们用"轻重"一词,指称权责与品秩相称或不相称的关系。一般说来,权力、责任与官阶成正比,或说应该成正比,以使"轻重相称"。权责与品秩成正比,有助于结构简练、等级明快、统属关系清晰。但传统王朝对何为"合理"另有判断,很可能刻意采用不成正比的安排,以实施特殊政治行政调节。比如说这样两种做法:

1. 给级别较低的职位以较高事权、较高待遇;

2. 把无权责的品位性官号安排得较高,把职能性官职安排得较低。

两种做法都会造成"轻重倒置",即权责与品秩的不相称、不匹配。所

①　《隋书》卷二五《刑法志》。

②　周一良:《魏晋南北朝史札记》,中华书局 1985 年版,第 315—316 页。

以不能认为品秩越高，就一定权责越大。

权责与品秩的匹配程度，由此就成为一个问题。"窥一斑而察全豹"，透过权责与品秩"成正比"和"不成正比"的各种情况，不但能看到统治者用品秩实施政治调节的纯熟技巧，还可以由此探求官僚体制的组织性质。皇帝宁愿把实权赋予官阶较低、容易驾驭的官职，弱化甚至架空另一些高官，这是一种政治安排。在这时候，被架空的高官就出现了"品位化"，具有了荣衔性质，即安排身份的性质。总统就是美国行政当局的首长，没人比他更高，可见美国行政体制是一个"功能组织"。假如另一个行政组织，行政首长之上还有各种更高贵的官号，而且那些官号看上去像是荣衔，那么就要考虑那个组织有多大"身份组织"的意味了。因为荣衔无权责，其设置是出自身份考虑，而非运作考虑。

秦与汉初，皇帝之下就是丞相及其副手御史大夫，行政首长位居一人之下、万人之上。再下就是列卿。由张家山汉简《二年律令·秩律》所见，最高的二千石一秩，列有御史大夫、廷尉、内史、典客、中尉、车骑尉、大仆、长信詹事、少府令、备塞都尉、郡守、郡尉、卫将军、卫尉、中大夫令、郎中令、奉常；其次为千石之秩，有御史、丞相相国长史。这种安排给了我们这样一个印象：秦汉的权责与秩级的匹配程度相当之高，二者成正比。这样的政府，在更大程度上是一个功能组织。

东汉以来，权责与品秩不一致的情况，看起来增多了。东汉尚书台大为扩张，分割了三公太尉、司徒、司空的事权，以至有"虽置三公，事归台阁""三公顿为虚器"之说。此外自西汉后期，御史中丞成了御史台的台主。尚书令、御史中丞及监察京师的司隶校尉三官，在朝会时拥有特殊席位，号称"三独坐"。然而尚书令和御史中丞只是千石之官，不仅低于号称万石的三公、中二千石的九卿，甚至低于二千石郡守。尚书令和御史中丞权重位卑的情况，经历了东汉近两个世纪，到魏晋才见改观，此时尚书令升至三品，而且居于同品的九卿之前；御史中丞升到第四品，在同品的领兵刺史之前，高于五品的郡守。

魏晋以下三公发展为八公，除了太尉、司徒、司空，又有太傅、太保、太宰及大司马、大将军诸官,被列在"公"位,高居一品。这"八公"都是元老的荣衔,南朝又经常授予皇子。宋武帝的次子刘义真,十五岁做了司徒;宋孝武帝的儿子刘子鸾,年方八岁就兼任司徒。魏晋南朝的尚书令,其权责相当于今天的国务院总理,是名副其实的宰相,然而只是三品官;尚书相当于今天的各部部长,也是三品官。干实事儿的尚书令、尚书,都比三公低两品,尽管三公只是荣衔。这与汉朝丞相居首、列卿居次的情况,显已不同。梁十八班制下,诸公高居第十八班,尚书令第十六班,列曹尚书只有十三四班。

北周官阶,权责与品级的不相称尤为明显。因为这里的正九命与从九命两级(相当于正一品、从一品),又被"戎秩"的上柱国到仪同大将军八个阶官分成八等了,其下才是相当于六部尚书的正七命六卿。国务的主要承担者六卿,被"戎秩"压低了十几级;在六卿头顶上,有一大堆品位性官号。参看表2.4:

表2.4

命数	北周戎秩	北周官职
正九命	上柱国	太师、太傅、太保、王、公
	柱国	
	上大将军	
	大将军	
从九命	上开府仪同大将军	雍州牧
	开府仪同大将军	
	上仪同大将军	
	仪同大将军	
正八命	骠骑将军、左光禄大夫 车骑将军、右光禄大夫	少师、少傅、少保, 刺史户三万以上者
从八命	四征将军、左金紫光禄大夫 中镇抚将军、右金紫光禄大夫	大都督、京兆尹 刺史户二万以上者,
正七命	四平将军、左银青光禄大夫 前后左右将军、右银青光禄大夫	大冢宰、大司徒、大宗伯 大司马、大司寇、大司空

魏晋南北朝时,无权责的品位性官号数量偏多、品级偏高。这在门下的侍从官上,表现得特别突出。例如三品的散骑常侍,五品的给事中、黄门侍郎、散骑侍郎,都是皇帝侍从,没什么日常行政职能。二品是二省长官的品级,五品是太守、国相的品级,可见这些侍从的地位是很高的。又,汉代的太子庶子比四百石,太子舍人比二百石。而魏晋以下,太子中庶子、庶子在第五品,同于二千石太守、国相;太子中舍人在第六品,同于千石之县令。太子庶子、舍人都是品位性官职。在魏晋时,相对于职能性官职,它们的品级明显上升。

陈朝把尚书令调整为一品官,列曹尚书调整为三品官,其权责与品级看上去相称一些了。唐初承隋,以三省长官为宰相。唐太宗后期到高宗时,一些品级较低的官员被授予"同中书门下三品"或"同中书门下平章事"的名义,从而成为宰相。尚书令之官并不授人,尚书省以从二品的左右仆射为长官,但若不加"同中书门下三品",则不能进入政事堂议政,不再是宰相了。六部尚书在唐宋仍为第三品,但在明朝就上升为正二品了,清朝更上升为从一品。这就与汉代的情况比较相似了。权责与品秩的匹配程度,明显提升。

明朝废宰相,让大学士做皇帝的顾问及秘书。大学士以华盖殿、谨身殿、文华殿、武英殿、文渊阁、东阁等冠名,往往由曾任经筵讲官的人兼任。六部尚书为正二品,殿阁大学士不过正五品。然而大学士的权势不断上升,还有了首辅、次辅、群辅之别。万历时张居正为"元辅"十年,势侵人主,与宰相已差不多少了。所以学者称明代内阁"无相名,有相职,无相权,有相责"①。大学士品级较低而权责甚大,这种轻重不侔,也是一种精心的安排。钱穆先生指出:"直到明代亡国,大学士还是一个五品官。不过上朝时,他以尚书身份而兼大学士,已经是站在其他尚书的前面了。然照制度正轨论,他之所以尊,尊在其本官,不尊在其兼职。所以明代内阁大学士,就官制论,绝对不能和汉唐宋时代的宰

---

① 谭天星:《明代内阁政治》,中国社会科学出版社 1996 年版,"内容提要"。

相地位相比论。"①

清廷形式上以内阁大学士为宰相,实权却在"军机处"手中。军机大臣几乎每天都见皇帝,皇帝的旨意由军机大臣发下,称"廷寄",章奏亦由军机直达皇帝,不经内阁。内阁的权势,比明代低落了很多。然而从品级看,大学士官居一品;军机大臣除了以大学士兼任外,主要来自从一品的尚书、正二品的侍郎。一品的大学士,反倒"必充军机始得预政事","非兼充军机大臣,几与闲曹无异"②。

权责与品秩不相称的事例,还能找到很多。这类现象提示了一个观察视角:从权责与品秩的匹配程度上,观察统治者的政治意图,以及官僚组织的性质。一个行政体制,若其权责与品秩的匹配程度较高,则它在较大程度上是一个"功能组织";若品位性官号的品秩高于职能性官职的情况较普遍,则它在较大程度上是一个"身份组织"。

五　中外:中央官与地方官

宋朝吴育有言:"自朝廷至台省以及郡县,上下有次,轻重有伦。至上莫若君父之前,至重莫若朝廷之内。"③对这"至上莫若君父之前,至重莫若朝廷之内"之言,我们不妨稍加引申扩展,理解为王朝安排品秩的重要原则之一,即:跟皇帝、跟中央朝廷越亲越近越尊贵。"中外"问题,及下一节要讨论的"宫朝"问题,均其荦荦大端。

我们用"中外"一词,指称中央与地方同类职务的等级关系。二者的不平等,在中国古代构成了一种等级现象。当然,这类现象也不是古

---

① 钱穆:《中国历代政治得失》,生活·读书·新知三联书店 2001 年版,第 108—109 页。

② 分见《清史稿》卷二九四《张廷玉传》;何刚德:《春明梦录》,北京古籍出版社 1995 年版,第 96 页。内阁成为"闲曹",主要是清后期的情况。据高翔先生意见,内阁大学士的权势,在嘉庆之后有较大幅度的低落,无所事事。见其《清朝内阁制度述论》,《清史研究》(2005 年号),中国广播电视出版社 2005 年版。

③ 李攸:《宋朝事实》卷九《官职》,商务印书馆 1935 年版,第 142 页。

代才有。1956 年的 30 级行政级别,也是如此。以科员和办事员为例:中央和国务院的科员是 17—21 级,办事员是 22—25 级;而省市县的科员为 20—24 级,办事员为 24—27 级。那么同样是科员职务,在中央就比在省市县高 2—3 级。这种"中外有别"的做法,古已有之,而且更甚。

为了彰显中央对地方的政治优势,给中央官以较高品秩,这种做法先秦已有先声。列国管辖的地面未必比周天子小,管辖的户口未必比周天子少,但列国的卿大夫在周天子之前,按礼节只能自称为"士",不能称大夫,要降一等行礼。晋国大夫韩起来到了周天子的王廷,谦称"士起",以"士"自居,周天子便夸他"辞不失旧"[①],能恪守"尊王"旧礼。

在《周礼》设计的九命制度中,天子的卿大夫士,其命数整体性地高于公侯伯子男国的卿大夫士。请看表 2.5:

表 2.5

	王廷	公	侯伯	子男
九命				
八命	三公			
七命				
六命	卿			
五命				
四命	大夫	孤		
三命	(上士)	卿	卿	
二命	(中士)	大夫	大夫	卿
一命	(下士)	士	士	大夫
不命				士

---

① 《礼记·曲礼下》:"列国之大夫入天子之国,曰'某士'。"《十三经注疏》,中华书局 1980 年版,第 1267 页中栏。《左传》襄公二十六年:"晋韩宣子聘于周,王使请事。对曰:'晋士起将归时事于宰旅,无他事矣。'王闻之,曰:'韩氏其昌阜于晋乎!辞不失旧。'"杜预:《春秋左传集解》,上海人民出版社 1977 年版,第 1069 页。

《周礼》申张的这种"尊王"原则，在后来就成了中国官阶的进化趋势。

秦与汉初的郡守与列卿都是二千石，没有高下之别。然而后来，列卿的秩级变成中二千石。"中"就是中央的意思。钱穆先生曾有专论："汉代郡长官叫太守，地位和九卿平等，也是二千石。不过九卿称为中二千石，郡太守是地方上的二千石。"①不过，中二千石的月俸是180斛，二千石月俸只有120斛，薪俸高出了50%，差别还是很大的，并不平等。

随中央集权逐渐强化，同名或同类的官职，置于中央者的秩级高于地方的情况，就逐渐多起来了。汉初的王国官制略同于中央，所谓"百官皆如朝廷"，王国同名官职的秩级也同于中央。但在中央九卿升到中二千石之后，王国的郎中令和仆被汉武帝降到了千石。又如中央的尚书秩六百石，王国的同类官职另称"治书"，秩比六百石，低尚书一等。中央的谒者秩比六百石，王国的谒者秩比四百石，低两等。中央的太乐令、祠祀令、太医令、卫士令秩六百石，王国只能设礼乐长、祠祀长、医工长、卫士长，秩比四百石。中央的三署郎中秩比三百石，王国郎二百石，也矮了一头②。

唐朝的九品之下，有"流外官"和"杂任职役"两类吏员。在一定程度上，二者是以"中外"为别的，"流外官"只设于中央，地方没有，或极少称"流外"。赵世瑜先生指出，两类吏员的部分职名是重叠的：职名"在中央属于流外官范畴，在地方却属于杂任；而一些在地方上应属职役的名目，如亭长、掌固之类，以及谒者、门子等，在中央却属流外"。同样的职务，在中央则属"流外官"，在地方便称"杂任"、属"职役"。类似情况宋代多少也有：录事、贴司、孔目官等，设在中央的仍属流外，算是吏职；设在地方的，则宜归于职役。"这说明当时的公务员体制之

---

①　钱穆：《中国历代政治得失》，第10—11页。

②　拙作：《西汉郡国官秩级相对下降考述》，《文史》2003年第4期。

特点,与现代有较大不同。"①不过前已指出,现代中国也有"中高于外"的做法。

在资格管理上,中外官吏的待遇也不相同。明朝的吏员充役九年后,若"考满"称职,就获得了"出职"资格,即进入流内的资格。但这时候,中外待遇就不相同了:在京衙门的吏员一考就可以出职,在外衙门的吏员两考才能出职②。清朝的京官,其升迁机会优于外官,在迁转计俸上有明显优待:"凡论俸推升者,京官、外官各自计俸。其有京官与外官一同论俸推升同知之类,皆分京俸、外俸。京俸二年抵外俸三年,余一日作日半。京官以历俸二年为俸满,外官以历俸三年为俸满。"③"京俸二年抵外俸三年,余一日作日半"的规定,给予了京官1.5倍的优惠,京官只要服务2年,就能获得外官服务3年的资历,升迁快捷多了。京官侍郎与外官布政使都是二品官,但侍郎外放却不是布政使,而是巡抚;六部的司员外放,可得道员与知府。

朝廷派往地方的使者,由于代表皇帝,礼制上就可能有特殊待遇。汉代的车驾制度,公侯以上才能"朱班轮",列侯、公卿、二千石使用"法驾"(大典所用车驾)时用驷马驾车,一般情况下只能乘安车、驾两马,六百石以下的安车驾一马。但皇帝使者的使车规格就很高,都是"朱班轮","大使车"可以驾驷马,而且是"重导从",即包括贼曹车、斧车、督车、功曹车等在内的前导后从之车,都是两辆,颇为排场。"追捕考案"的小使车也可以驾两马。东汉的刺史代表皇帝监察郡国二千石,尽管秩级只是六百石,却可以驾驷。

明朝巡按御史号称"按臣",与县官都是七品,然而县官谒见巡按时,递手版、行大礼、低声下气,奉命唯谨。巡按御史巡察之时,其驻地

---

① 赵世瑜:《吏与中国传统社会》,浙江人民出版社1994年版,第75页。

② 白钢主编,杜婉言、方志远著:《中国政治制度通史》第9卷(明代卷),第466页。

③ 《光绪清会典》卷一〇《吏部·文选清吏司四》,《续修四库全书》,上海古籍出版社,第794册第108页下栏。

皆在省城,势位与都、布、按三司相仿,甚至在其之上。故事,巡按出巡常常骑驿驴。明宣宗时御史胡智上疏,认为巡按序于三司之上,常与三司处理公务,然三司骑马而巡按骑驴,颇失观瞻,请改乘驿马。明宣宗允行。巡按代表皇帝巡视地方,既是天子耳目之寄,又代表天子巡狩——所谓"如朕亲临",小事可以独断,大事始启奏朝廷。在这个特定场合,就出现了品级相同而地位相异的情况。又如清朝逢乡试年份,则从翰林院编修、修撰中委任主考;编修、修撰不过是七品官而已,但在地方上却能享受钦差的待遇,督抚也要待以殊礼。

京官与外官的薪俸待遇,不同时期有不同安排。有时给地方官较高待遇,有时给中央官较高待遇。晋朝内官重而外官轻,士族权贵都贪恋京师繁华,不愿做地方官。为解决这个问题,晋廷曾经制定了一个"甲午制",强制规定,必须担任外官后才能继续升迁。地方官的俸禄及法外收入更高,所以在东晋南朝,外任又成了官员的"脱贫"之途。唐初外官无禄。唐太宗贞观二年(628),外官给禄只及于"有上考者",卑品的外官仍然无禄。直到贞观八年,外官才有官禄,但仍然低于京官一等。唐朝前期的俸禄,从官俸和手力说,厚于京官而薄于外官;从职田看,外官就多于京官了。唐肃宗以后,又出现了外官厚而京官薄的情况。清朝的养廉银高于正俸数倍、数十倍,主要用于优待地方官。那么官僚心里就会打算盘:在谋求较高权势、声望和晋升机会时,倾向中央官;在谋求较大经济利益时,倾向地方官。

在"重内轻外"上还有一种情况。唐宋的陪都官员称"分司官",往往用于安排闲人及贬降官员。明朝的南京六部,事闲俸薄。政治失意者或年老望重者,会被发往南京就任闲职。又,清朝的陪都盛京,设置户、礼、兵、刑、工五部,五部长官是侍郎而非尚书,其规格低于北京六部一等①。

---

① 参看丁海斌:《论清朝陪都盛京的政治制度》,《辽宁大学学报》2006年第4期。雍正八年(1730),曾置尚书一员总管五部,旋废。

六 宫朝：宫廷官与朝廷官

"宫"指宫廷，"朝"指朝廷。二者在分等分类上的相对关系，我们称为"宫朝"问题。这类问题不光中国有。在 1722 年俄罗斯颁布的《官秩令》中，军职、文职、御前职各有 14 品[1]，御前职构成了一个特别职类。

在中国古代，"至上莫若君父之前"。某些官职、某些人员由于跟"君父"存在特殊关系，就高人一头了。这时候的等级秩序，好比以皇帝为中心画出的一道道同心圆；决定等级高下的不是权责之大小，而是与皇帝之亲疏。

从性别上说，宫廷官又可以分为两大类。第一大类是宦官、女官。由于宦官构成了一种政治势力，所以我们置于第十一章第四节讨论。第二大类是服务于宫廷的官职，包括侍卫、侍从或供奉，它们的存在与变迁，给中国古代的官制官阶留下了深刻影响。

侍卫、侍从是君主的私人扈从、仆从。伦斯基指出，为统治者提供服务的军队官员、职业士兵、家庭奴仆和私人随从及其家庭构成了"侍从阶级"，由此显示了一个"公共事务和私人事务浑然一体的社会"[2]。欧洲中世纪"封臣"（vassal）之名，其词源就是武装扈从[3]。恩格斯认为，效忠于军事领袖个人的扈从队的出现，促进了王权的产生，意味着古代自由民的衰落[4]。韦伯区分出了一种"扈从式封建制"，日本的武士与梅洛林朝的侍卫，即是。韦伯认为，一个公职人员的忠诚，"并不与封建或世袭的权力关系中臣仆或门徒所具有的忠诚相同"，"政治官

---

① 许金秋：《俄国国家机构和官员制度（19 世纪—20 世纪初）》，吉林大学东北亚研究院 2008 年博士论文，第 223 页。

② 伦斯基：《权力与特权：社会分层的理论》，浙江人民出版社 1988 年版，第 264 页。

③ 布洛克：《封建社会》，商务印书馆 2004 年版，上册第 245—246 页。

④ 恩格斯：《家庭、私有制和国家的起源》，《马克思恩格斯文集》第 4 卷，人民出版社 2009 年版，第 163 页。

员——至少在充分发达了的现代国家里——并不被人们看成是某个统治者个人的仆人"①,然而"在一个家产制国家里,官吏必须得是君主的'家人'(familiaris)"②。战国秦汉间,舍人之类从官的政治权势,曾引起了日人西嶋定生的特殊关注,他在此所看到的,是统治集团的"家长的家内奴隶制"性质③。类似论述都提醒人们,扈从、仆从在官职体系中的地位,是了解其时政治形态的重要线索之一。

这类官职,也深刻影响了中国古代的官制官阶。就宫廷官与朝官的关系而言,有宫、朝不分的情况,也有宫、朝有别的情况,还有宫、朝转化的情况。还有宫廷官的"比拟"用法:给予朝廷官以侍卫、侍从之名,给朝廷官抹上宫廷官的色彩,即皇帝私人的色彩。

对于周朝官制,研究者将之区分为政务官、民事官、军官、内廷官④,内廷官单为一类。《周礼》中有很多服事于王室的官职,像宫正、宫伯、膳夫、庖人、医师、酒正、宫人、内小臣、寺人、九嫔、世妇、女御等,它们被列在《天官》部分。《周礼》虽不是历史实录,但这种设计,仍然折射出了周朝国家公务与王室私务不甚分,宫廷官与朝廷官不甚分的情况。

当然,职类分化毕竟在缓慢推进着。春秋晋国的官职,被分为"近官""中官""远官"三类。"近官"是朝廷要职,由十一族旧姓担任;"中官"属内廷之官,由"诸姬之良"即姬姓贵族子弟担任;"远官"大约是县鄙的地方官,由异姓担任⑤。这三个职类概念,就是以距离君主的远近

---

① 韦伯:《社会学论文集》,牛津大学出版公司1946年版。转引自彭和平、竹立加等编译:《国外公共行政理论精选》,中共中央党校出版社1997年版,第37页。

② 《韦伯作品集》第3卷《支配社会学》,广西师范大学出版社2004年版,第200、124页。

③ 西嶋定生的观点,最初以《中国古代帝国形成的一考察——汉高祖及其功臣》发表;他后来对此说的检讨、对有关批评的回应,参其《关于中国社会结构特质的问题所在》一文,收入《日本学者研究中国史论著选译》第2册,中华书局1993年版。

④ 商朝的内廷官,可参看白钢主编,王宇信、杨升南著:《中国政治制度通史》第2卷(先秦卷),人民出版社1996年版,第234页以下;周朝的内廷官,可参同书第334页以下。

⑤ 《国语·晋语四》,上海古籍出版社1978年版,第371页。

而划分的。"近官"与"远官"属"中外"之别,即中央官与地方官之别;"中官"也称"内官",属宫廷官,他们已分化出来,被视为一个特殊职类了,从而使"宫朝"问题凸显出来。

晋国由"诸姬之良"担任的"中官",与周朝的"士庶子"制度有关。周朝的贵族子弟称"士庶子",他们往往要给君王担任侍卫与侍从,由此获得担任朝官的资格。做侍卫、侍从,在当时称为"宦"。"宦"是私属、仆从。做私属是"宦",做朝官是"仕"。"宦"与"仕",是士庶子仕途的两大阶段。由此,侍卫、侍从职类具有了特殊品位意义:其官职成为一种选官资格。

这种士庶子制度,在战国秦汉演变为郎官制度。郎官是皇帝的扈从与侍从。"郎"本指宫中的回廊,"郎中"就是"廊中",是郎官在宫内执戟宿卫的地点。做郎官在先秦叫"宦于王",在秦汉叫"宦皇帝者",后来叫"从官",属于直接奉侍皇帝的宫廷官。直接奉侍皇帝的宫廷官职类,在汉初相当庞杂,除了郎卫之外,还有侍中、常侍,他们是皇帝的侍从;还包括大夫、议郎,他们算是皇帝的随从兼顾问。还有太子洗马、庶子、舍人,他们是太子的侍从。甚至御史、尚书、博士,一度都在其列。

顺便说,先为私属后任公职的制度,甚至波及官僚的私属。例如作为长官私属的那部分"舍人",在两汉魏晋也有候选入仕的机会[1]。这种由舍人入仕的制度,还传到了日本[2]。南朝的"门生"也是官贵私属,

---

[1] 拙作:《从爵本位到官本位——秦汉官僚品位结构研究》,生活·读书·新知三联书店2009年版,第109页及第376—377页;廖基添:《客·宦·吏:战国至魏晋舍人的身份变迁》,北京大学2009年学年论文。

[2] 日本天武天皇二年(674)下诏:"夫初出身者,先令仕大舍人。"这种"大舍人"的制度,构成了内舍人、大舍人、三官舍人等的基础。参看陈伟:《论日本古代国家官僚制度的形成过程》,《长春师范学院学报》2008年第3期。日本大和国的"舍人""大舍人""左右舍人",是大王和贵族的亲近,这个官名是从中国学去的。参看王金林:《汉唐文化与古代日本文化》,天津人民出版社1996年版,第167—168页。

也被给予了入仕机会①。

"宦皇帝者"作为一个特殊职类，其等级有特殊安排。外朝的行政官员有秩级，而服务内廷的"宦皇帝者"无秩级。后来让"宦皇帝者"比于某秩级，从而形成了"比秩"。"比秩"就成了"宦皇帝者"的身份标志。详见本书第七章第三节。可见侍卫、侍从职类，直接影响了品秩的样式。

唐代散阶的演生，与宫廷官有直接关系。高级散阶以"某某大夫"为名，低级散阶以"某某郎"为名，二者都源于汉代的"宦皇帝者"。南北朝有东省与西省两个官署。东省由员外常侍、员外侍郎、给事中、奉朝请等构成，西省由诸郎将、都尉、校尉、司马等构成。东西省在形式上都是散官，而且是皇帝侍从，要在宫中番上值勤，并且由此获得候选资格。它们也是唐代文武散阶的来源。中国古代有众多的品位性官号，都是从宫廷官中滋生出来的，并发挥着超越了侍卫、侍从的特殊等级功能，例如提升个人资位的功能，增加个人待遇的功能，等等。详见第八章第三节。

侍卫、侍从由于亲近君主，而有了参与政治的机会。战国的郎官，往往可以干政。魏晋南北朝依然如此。诸葛亮曾特意告诫后主刘禅："宫中、府中俱为一体，陟罚臧否，不宜异同"，不要"使内外异法也"。②所云"宫中"，包括郭攸之、费祎、董允等担任的侍中、侍郎。贺昌群云："儒者得为侍中，贤士可备郎署。侍中为现行官制以外之官，汉制为之'加官'，掌乘舆器服，与宦者俱供奉内廷。……郎署为宫廷宿卫之官。咸得出入宫禁，陪侍宴私，陈宜格非，拾遗补阙。……宫中谓禁中，府中谓丞相府。"③"府中"也可以引申为丞相统领的朝官。诸葛亮期望，宫廷官与朝廷官能平等协作。

---

① 顾炎武：《日知录》卷二四《门生》，《日知录集释》，花山文艺出版社1990年版，第1080页。

② 《三国志》卷三五《蜀书·诸葛亮传》。

③ 贺昌群：《汉唐精神》，收入《魏晋清谈思想初论》，商务印书馆1999年版，第160—161页。

皇帝经常把重要事务交给宫廷官,使之发挥更大政治行政功能,但这又将造成宫廷官的"公共化"或"朝官化"。例如大夫、郎官之所以获得秩级,是因为他们作为候选官,发挥了特殊的选官功能[①]。御史、尚书、博士因其职能的重要性,后来也朝官化了。其实就连丞相一官,也是从家臣发源的[②]。汉初用御史起草、处理文书,御史台变成了政治机构,其长官御史大夫具有了"副丞相"的地位。汉武帝改用尚书起草、处理文书,由此发展出了尚书台,三国以下进一步发展为尚书省。曹魏特设中书省,用中书侍郎处理文书,由此形成中书省。中书省之"中",就是宫禁之"中"。晋朝的侍中参议国政,由此形成了门下省。所谓"门",就是宫中禁门。尚书、中书为何逐渐变成了宰相呢?马端临指出:"盖汉之典事尚书、中书者,号为天子之私人。"[③]

再看文学性侍从。汉朝的大夫、议郎等,有一部分由儒者担任,承担文学顾问。南朝出现了内廷学士的制度,掌管典礼、编撰等事[④];也出现了文学之士为皇帝、太子担任"侍读""侍讲"的制度[⑤]。唐玄宗设翰林学士,掌内廷制诏,从身份说是文学侍从,"有'天子私人'之目,'内相'之称"[⑥]。"唐代翰林学士设立之初,属于'天子私人'"[⑦];"翰林学士院的出现与尚书、中书、门下三省相继从内廷官或卑官弄臣发展成为权力机构有着类似之处"[⑧]。宋朝有翰林学士院。还有各种殿阁

---

① 史云贵对郎官的外朝化也有讨论。参看其《外朝化、边缘化与平民化:帝制中国"近官"嬗变述论——以郎官系统为研究个案》,《天津社会科学》2007年第6期。

② 学者认为,战国的"相邦"(即汉以后的相国),来自三晋卿大夫的家臣"相室"。李玉福:《秦汉制度史论》,山东大学出版社2002年版,第102—103页。

③ 《文献通考》卷四九《职官三》,中华书局1986年版,第450页中栏。

④ 唐春生:《南朝学士考论》,《学术论坛》2003年第6期。

⑤ 高慧斌:《南朝侍从讲读制度的发展与变迁》,《南都学坛》2006年第1期。

⑥ 《文献通考》卷五四《职官考八》引致堂胡氏,第489页上栏。

⑦ 杨果:《中国翰林制度研究》,武汉大学出版社1996年版,第37页。

⑧ 毛蕾:《唐代翰林学士》,社会科学文献出版社2000年版,"前言"第11页。

学士,均为侍从之臣,序班在翰林学士之下。明朝的"近侍官"概念,包括翰林院、东宫官、通政使司、考功监、磨勘司、承敕郎、给事中、中书舍人、光禄司、判禄司、尚宝司、殿廷仪礼司等①。"翰林各官,名为文学侍从,清华之选。"②内阁大学士,被视为翰林院之"内署",身份也是文学侍从,同于翰林学士③。所以王其榘先生说,明代内阁不是一级行政机构,"而是皇帝特设的草拟诏敕的场所,阁臣是皇帝选用的代言侍臣,或者说能参预机要的亲近侍臣而已"④。在康熙向大学士发布圣谕时,仍有"尔等既为文学侍从之臣"之言⑤,把他们看成侍从。

可见,"宫朝"又是可以转化的。御史台以及作为国务中枢机构的尚书、中书、门下三省,都是由宫廷官发展而来的。翰林学士院、内阁承担的很多功能,其实也是朝廷官的行政功能。很多学者都注意到了这一现象。章太炎云:"略此数者,皆以走使圉隶之臣,倡优之伍,渐积其资而为执政,大名通于四海。……亦见人主之狎近幸,而憎尊望者之逼己也。"⑥陶希圣、沈巨尘指出:"关于中国政治制度的变迁与发展,有最显明的一个根本法则:即是君主的近臣此起彼伏的迭相形成政府的重要执政者。"⑦李俊用 16 个字来概括中国宰相制度之变迁:"君主近臣,代起执政;品位既高,退居闲曹。"⑧

---

① 王涛:《洪武时期的近侍官》,北京大学历史系 2009 年硕士论文,第 9 页。

② 叶向高:《纶扉奏草》卷五《推转翰林各官揭》,《续修四库全书》,上海古籍出版社,第 481 册第 600 页下栏。

③ 《明史》卷七三《职官志二》:"内阁固翰林职也。嘉、隆以前文移关白犹称'翰林院',以后则竟称'内阁'矣。"明朝内阁与翰林院关系,参看谭天星:《明代内阁政治》,第 29 页以下。

④ 王其榘:《明代内阁制度史》,中华书局 1989 年版,第 343 页。

⑤ 《圣祖仁皇帝圣训》卷五,《景印文渊阁四库全书》,台湾商务印书馆 1986 年版,第 411 册第 202 页下栏。

⑥ 章太炎:《检论》卷七《官统上》,《章太炎全集》,上海人民出版社 1984 年版,第三册,第551 页。

⑦ 陶希圣、沈巨尘:《秦汉政治制度》,商务印书馆 1936 年版,第 2 页。

⑧ 李俊:《中国宰相制度》,商务印书馆 1947 年版,第 239 页。

很有意思的是,在唐宋还出现了宫廷官的"拟化"用法,就是给朝官加以"侍从""供奉"的名义。"供奉"本是直接奉侍皇帝的意思。唐朝有一种止七品的女官就叫"供奉",宋朝的内东头、西头供奉官乃宦官之职。医官、画师等以特殊技巧服务于皇帝者,也称供奉。《红楼梦》:"贾母见他穿着六品服色,便知御医了,也便含笑问:'供奉好?'"①然而唐朝的中书、门下及御史之官,居然也被名为"供奉官",包括侍中、中书令、左右散骑常侍、黄门中书侍郎、谏议大夫、给事中、中书舍人、起居郎、起居舍人、通事舍人、左右补缺拾遗、御史大夫、御史中丞、侍御史、殿中侍御史。当然他们其中有一部分确实供奉宫中,但这部分人的官号会特别标明"内供奉"②,反过来表明其余的并不是真正的供奉官,"供奉"只是一个名义。尚书省及诸监、寺长官品秩再高,也不是供奉官③。此外唐朝还有"常参官"之名,包括五品以上职事官、八品以上供奉官、员外郎、监察御史、太常博士。"常参"就是经常见皇帝的意思,这样的官儿也有特殊身份。请看表2.6:

表2.6

	常参官	供奉官
正一品		
从一品		
正二品		
从二品		
正三品	五品以上职事官	侍中中书令 左右散骑常侍 黄门、中书侍郎
从三品		御史大夫
正四品上		

① 曹雪芹:《红楼梦》第四十二回,人民文学出版社2005年版,第565页。

② 张东光:《唐代的内供奉官》,《社会科学辑刊》2005年第1期。

③ 赵冬梅:《唐五代供奉官考》,《中国史研究》2000年第1期。

	常参官	供奉官
正四品下		
从四品上		
从四品下		
正五品上	五品以上职事官	谏议大夫 给事中 中书舍人 御史中丞
正五品下		
从五品上		
从五品下		
正六品上		
正六品下		
从六品上	员外郎	起居郎 起居舍人 通事舍人
从六品下		侍御史
正七品上		
正七品下		
从七品上	太常博士	左右补阙 殿中侍御史
从七品下		
正八品上	监察御史	
正八品下		
从八品上		左右拾遗

由此可以看到,"供奉官"及"常参官"已成了特殊的职类概念。朝谒之时,中书、门下官因为有"供奉"的身份,别为一班,席位接近皇帝,其余百官则依品秩为班。

"侍臣"的服饰也与众不同。据叶炜君考察,唐朝文官戴进贤冠,而中书、门下之官被特称为"侍臣",戴武弁、平巾帻,侍中、中书令、左右散骑常侍还另加貂蝉。而武弁、平巾帻及貂蝉,本来就是汉代侍从之服。宋朝初年,中书、门下之官使用笼巾貂蝉。笼巾其实是武弁与进贤冠的合体。后来,"貂蝉笼巾七梁冠"成了最高等的服饰,宰相、亲王、使相、三师、三公服之,不限于中书、门下之官了。第二等则是普通的七梁冠。最高等服饰上的"貂蝉笼巾"成为一个象征,显示荣耀从皇帝侍从的身份而来。明朝服制,"貂蝉笼巾八梁冠"为最高等。"貂蝉笼巾"本来是职类的标志,后来变成了等级的标志①。

宋朝有"侍从官"概念。"盖两制、两省官皆极天下之选,论思献纳,号为'侍从'。"②宋神宗元丰改制后,翰林学士、给事中、中书舍人、谏议大夫、六部尚书、六部侍郎、权六部侍郎,也属于"侍从"。中书舍人、起居郎、起居舍人为"小侍从",外任官带待制以上职,则称"在外侍从"。

唐宋上述的那种"供奉""侍从",只是一个"概念",那些官并非真正的宫廷官,其实都是朝廷官。皇帝故意把他们称为"供奉""侍从",并给予特殊礼遇,是有意显示人近天子者则贵,"至上莫若君父之前";也等于向他们申明:就算你们已是朝廷大臣了,皇帝我照样可以把你们看成私属的。正如前引韦伯之言,在家产官僚制下,"官吏必须得是君主的'家人'"。又克罗齐埃指出:领导人必须掌握两种权力,"一方面是理性化的权力,或者说是制定和颁布规章制度的权力;另一方面则是做例外处理的权力",两种权力间要找到"最佳结合点"③。与此类似,中国专制主义有这样两个支撑:第一是官僚行政组织所支持的常规权力,第二是皇帝与臣民的主奴关系和人身支配。后者具有"私"的性质,若无规则的主奴关系过度强化,就可能损害官僚行政;官僚组织则具有公共性,若其公共性过度强化了,又可能消解臣民对皇帝的个人忠诚,以及皇帝为所欲为的专制权威。在这时候,被以"拟化"方式使用的"供奉""侍从"概念,就发挥着冲淡公共性、强化主奴关系与人身支

---

① 叶炜:《从武冠、貂蝉略论中古侍臣之演变》,《唐研究》第13卷,北京大学出版社2007年版。

② 曾敏行:《独醒杂志》卷二《祖宗官制同是一官而迁转凡数等》,《丛书集成新编》,台北新文丰出版公司1985年版,第84册第380页下栏。

③ 克罗齐埃:《科层现象》,上海人民出版社2002年版,第199页。

配的作用。

清代朝廷也用一些特殊饰物，来强化"以侍从为荣"的观念，如赐花翎、蓝翎。花翎、蓝翎本是宫中侍卫的服饰。内大臣戴花翎，三、四、五品的侍卫（即一、二、三等侍卫）戴花翎，六品侍卫戴蓝翎①。然而后来，花翎、蓝翎被用于赏功了②。清末的花翎又可以捐纳了，有钱就能买到，成了朝廷合法集资的手段。

最后再看一个太平天国的例子。天国前期官制，王侯之下以丞相为最高，其次为检点、指挥、将军、总制、监军③。由此来看宫内官之显赫：侍臣、左右史、掌朝仪、通赞、引赞、掌朝门、典天舆长等，其位阶高居检点，计100人，他们只比丞相低一等；其下典天舆至典天柴，位阶同于指挥，计1573人，他们只比丞相低两等。连发油盐的典油盐、发酱醋的浆人、杀牛羊的宰夫，都得以位同指挥。又如管脂粉的典妆官，位同总制；养花的典花官、养鸟兽的典天鸟和典天兽、修表的典钟表，位同监军④。天国宫内官的位阶如此之高，也是"人近天子则贵"的意思。

概而言之，在中国制度史、官阶史上，作为宫廷官的侍卫、侍从官职类，具有如下特殊意义：

1. 侍卫、侍从职类对政治的干预，显示了传统政治和职位分类的特殊性。

2. 在资格管理与选官体制中，这个职类也具有特殊地位，体现在先"宦"后"仕"，经侍卫、侍从而获得选官资格的制度之上。这

---

① 《清史稿》卷一○三《舆服志二》。

② 陆心源：《翎顶考》，《皇朝经世文编续编》卷二十《吏政三》，台湾文海出版社1983年版，第2123页以下。

③ 简又文：《太平天国典制通考》，简氏猛进书屋1958年版，上册第75页。按，这里的丞相及丞相以下，都是位阶。

④ 林代昭、陈有和、王汉昌：《中国近代政治制度史》，重庆出版社1988年版，第101页；郦纯：《太平天国制度初探》（第2次修订本），中华书局1989年版，第156—159、165—168页。又周武等：《太平天国史迹真相》，华东师范大学出版社2000年版，第158—159页。

表明在人员结构上,"宫朝"可以流动与转化。

3.很多重要机构,如御史台、尚书省、中书省、门下省等,都是从宫廷职类演化出来的;甚至翰林院、内阁大学士制度,也发源于这个职类。侍从制度深刻影响了朝官的职位结构,表明在职位结构上,"宫朝"也可以转化。

4.朝廷上所使用的很多品位序列、品位性官号,是从侍卫、侍从职类中滋生出来的,并被用之于朝官。宫廷官职类,是中国官阶"品位化"的温床与摇篮之一。这表明在位阶结构上,"宫朝"也可以转化。

七 一般职位分类的进化

1971 年英国的文官公职,划分为 10 个职类,即综合、科学、专业技术、培训、法律、秘书、社会保障、警察、资料处理、调查研究,每职类又包括若干职组,共 26 个职组、84 个职系。1971 年美国的文官公职,划分为 22 个职组和 437 个职系。繁密的职类划分,是社会生活与政府组织的复杂化所造成的。职位分类的工作,包括进行职位调查,区分职组和职系,对各职位的工作简繁、责任大小和相应资格进行评价,制作职位说明书,并把职位纳入相应的职等和职级等[①]。

有人认为,中国古代的官品只管分等,不管分类,但那不是全部事实。中国古代的职类管理虽然远远达不到现代那么复杂,然而也有职类划分,有些时候还为管理职类而设置了专门位阶。帝制中国职类管理的水平,在前现代社会依然处于前列。当然,它也经历了由粗而精的历史演进。下面做一个简单追述。

---

① 曹志主编:《资本主义国家公务员制度概要》,北京大学出版社 1985 年版,第 97—113 页;王雷保主编:《公务员职位分类教程》,机械工业出版社 1989 年版,第 4 篇"职位分类的基本原理"。

周朝政权的复杂程度,当然不能与秦汉以下相比,但就其所处历史阶段而言,仍可以说颇具规模。职系的分化是存在的。"卿事寮"与"太史寮"两个系统的形成,就相当引人注目。"卿事寮"系统的官职,有司土、司马、司工等,承担行政事务;"太史寮"系统的官职,有祝、宗、卜、史等,承担文化宗教事务。战国以下,政务官、军官、文化官、法官,已呈现为几个比较清晰的职类了。《左传》《国语》,及《商君书》《管子》《荀子》等著作,特别是《周礼》六官,其中对诸官的职能与权限的阐述,不妨说就是"职位说明书"的萌芽;其"分官设职"的安排中,也已萌生了职类、职系的初步意识。

汉初丞相之下的诸卿,为廷尉、治粟内史(后称大司农)、典客(后称大鸿胪)、中尉、大仆、少府令、卫尉、中大夫令(后废)、郎中令(后称光禄勋)、奉常(后称太常)等。每卿之下,又有若干分掌庶事的诸署令。秦汉的职类与职系的架构已相当清晰了,现代学者得以分别从行政、军政、财政、司法、监察、文教、地方行政出发,做分类叙述。又,汉朝的文官服黑,戴进贤冠;武官服赤,戴武冠;侍官戴鹖冠,法官戴法冠(獬豸冠),谒者带高山冠。冠服被用作官员职类的重要标志。

当然若与后世的六部相比,秦汉的职类划分还有早期色彩。钱穆先生评价说,奉常掌管皇家的庙祭,光禄勋相当于皇帝的门房,卫尉是皇宫的卫兵司令,太仆是给皇帝赶车的,大鸿胪是传达的官儿,宗正管皇族和异姓亲戚,这些卿"照名义,都管的皇家私事,不是政府的公务","我们可以看出汉代政治,还有很多是古代封建制度下遗留的陈迹,然而那时已是化家为国了,原来管皇帝家务的,现在也管到国家大事了"[1]。汉唐间尚书六部体制逐渐取代九卿体制,是职位分类的又一重大进步。

唐代中央政府机构,以三师、三公、六省、御史台、九寺、五监、六军、十二卫、詹事府、春坊、三寺、十率为基本架构。杜佑概括说:

---

① 钱穆:《中国历代政治得失》,生活·读书·新知三联书店2001年版,第8页。

盖尚书省以统会众务,举持绳目。门下省以侍从献替,规驳非宜。中书省以献纳制册,敷扬宣劳。秘书省以监录图书。殿中省以供修膳服。内侍省以承旨奉引。(尚书、门下、中书、秘书、殿中、内侍,凡六省。)御史台以肃清僚庶。九寺(太常、光禄、卫尉、宗正、太仆、大理、鸿胪、司农、太府为九寺)、五监(少府、将作、国子、军器、都水为五监),以分理群司。六军(左右羽林、左右龙武、左右神武为六军)、十六卫(左右卫、左右骁卫、左右武、左右威、右领军、左右金吾、左右监门、左右千牛为十六卫),以严其禁御。一詹事府、二春坊(有左右春坊,又有内坊,掌阁内诸事)、三寺(家令寺、率更寺、太仆寺)、十率(左右卫、左右司御、左右清道、左右监门、左右内侍,凡十率府),俾乂储宫。牧守督护,分临畿服(京府置牧,余府州置都督、都护、太守)。设官以经之,置使以纬之(按察、采访等使以理州县。节度、团练等使以督府军事。租庸、转运、盐铁、青苗、营田等使以毓财货)[1]。

尚书六部二十四司的架构,精致整齐,已略具近代政府组织的轮廓了:

吏部:吏部、司封、司勋、考功;
户部:户部、度支、金部、仓部;
礼部:礼部、祠部、主客、膳部;
兵部:兵部、职方、驾部、库部;
刑部:刑部、都官、比部、司门;
工部:工部、屯田、虞部、水部。

官署的分类当然不等于职位的分类。同一种职务,可能存在于不同官署之中;一个官署,可能由不同职类的职位构成。唐朝的"二十七最",是以职务类别为单位的考课制度:

---

① 《通典》卷十九《职官一》,中华书局 1984 年版,第 107 页。

一曰献替可否,拾遗补阙,为近侍之最;

二曰铨衡人物,擢尽才良,为选司之最;

三曰扬清激浊,褒贬必当,为考校之最;

四曰礼制仪式,动合经典,为礼官之最;

五曰音律克谐,不失节奏,为乐官之最;

六曰决断不滞,与夺合理,为判事之最;

七曰部统有方,警守无失,为宿卫之最;

八曰兵士调习,戎装充备,为督领之最;

九曰推鞫得情,处断平允,为法官之最;

十曰雠校精审,明于刊定,为校正之最;

十一曰承旨敷奏,吐纳明敏,为宣纳之最;

十二曰训导有方,生徒充业,为学官之最;

十三曰赏罚严明,攻战必胜,为将帅之最;

十四曰礼义兴行,肃清所部,为政教之最;

十五曰详录典正,词理兼举,为文史之最;

十六曰访察精审,弹举必当,为纠正之最;

十七曰明于勘覆,稽失无隐,为句检之最;

十八曰职事修理,供承强济,为监掌之最;

十九曰功课皆充,丁匠无怨,为役使之最;

二十曰耕耨以时,收获剩课,为屯官之最;

二十一曰谨于盖藏,明于出纳,为仓库之最;

二十二曰推步盈虚,究理精密,为历官之最;

二十三曰占候医卜,效验居多,为方术之最;

二十四讥察有方,行旅无壅,为关津之最;

二十五曰市廛不扰,奸滥不行,为市肆之最;

二十六曰牧养肥硕,蕃息孳多,为牧官之最;

二十七日边境肃清,城隍修理,为镇防之最①。

分类考课的 27 个类别,兼顾官署架构,其中心则是职务的性质。对这个制度,楼劲、刘光华先生给予了高度评价:"以二十七最为代表,把帝国全部在编官职仔细分类,再各各要求,非对现有行政职务的性质、地位、特点和相互关系有深入认识不可。……足以作为人类制订的第一套完整意义的职位分类体系而载入史册。"②

下面再看专用位阶。魏晋以降,一百多号"将军号",向军官的位阶发展;大夫、常侍、侍郎等散官,则向文官的位阶发展。唐朝为文官设文散阶,其阶名以某某大夫、某某郎为称;武官设武散阶,其阶名以某某将军、某某校尉为称。一些被归入"伎术官"的专业官职,也形成了职级。例如医官,宋徽宗政和年间为医官专设了 14 阶,由和安大夫、成和大夫至平和郎、保安郎、翰林医正等阶名构成,后来增到了 22 阶。此外,宋朝还设有内侍官 12 阶。南宋孝宗淳熙二年(1175)还曾打算为天文官设阶③。到了金朝,不但太医官、内侍官,甚至司天翰林官、教坊官都有了"职称",各 25 阶。(按:这里的"翰林"属"伎术杂流",与翰林学士不同。)下将金熙宗所定司天翰林官、太医官位阶,天德年间(1149—1152)所定内侍位阶,及金章宗所定教坊位阶,制成表 2.7④:

表 2.7

	司天翰林官	太医官	内侍	教坊
从四品上	钦象大夫	保宜大夫	中散大夫	云韶大夫
从四品中	正仪大夫	保康大夫	中尹大夫	仙韶大夫

---

① 《唐六典》卷二《吏部考功郎中》,中华书局 1992 年版,第 42 页以下。

② 楼劲、刘光华:《中国古代文官制度》,中华书局 2009 年版,第 320 页。

③ "今太史局官制太轻,自如医官有大夫数阶,太史独无之,可创大夫阶如医官保安、和安之类,庶几稍重其事。"《宋会要辑稿·职官》十八之九五,中华书局 1957 年版,第 70 册第 2802 页上栏。

④ 《金史》卷五五《百官志一》。

	司天翰林官	太医官	内侍	教坊
从四品下	钦授大夫	保平大夫	中侍大夫	成韶大夫
正五品上	灵宪大夫	保颐大夫	中列大夫	章德大夫
正五品中	明时大夫	保安大夫	中御大夫	长宁大夫
正五品下	颁朔大夫	保和大夫	中仪大夫	德和大夫
从五品上	云纪大夫	保善大夫	中常大夫	景云大夫
从五品中	协纪大夫	保嘉大夫	中益大夫	云和大夫
从五品下	保章大夫	保顺大夫	中卫大夫	协律大夫
正六品上	纪和大夫	保合大夫	中良大夫	庆喜大夫
正六品下	司玄大夫	保冲大夫	中涓大夫	嘉成大夫
从六品上	探赜郎	保愈郎	通禁郎	肃和郎
从六品下	授时郎	保全郎	通侍郎	纯和郎
正七品上	究微郎	成正郎	通掖郎	舒和郎
正七品下	灵台郎	成安郎	通侍郎	调音郎
从七品上	明纬郎	成顺郎	禁直郎	比音郎
从七品下	候仪郎	成和郎	侍直郎	司乐郎
正八品上	推策郎	成愈郎	掖直郎	典乐郎
正八品下	司正郎	成全郎	内直郎	协乐郎
从八品上	校景郎	医全郎	司赞郎	掌乐郎
从八品下	平秩郎	医正郎	司谒郎	和乐郎
正九品上	正纪郎	医效郎	司阍郎	司音郎
正九品下	挈壶郎	医候郎	司仆郎	司律郎
从九品上	司历郎	医痊郎	司奉郎	和声郎
从九品下	司辰郎	医愈郎	司引郎	和节郎

这些位阶,其繁密程度已不亚于今天的职称,其所涉职类则仍然寥寥可数,不如今天"职称"那么多样。因为古代的专业分化程度,远远比不上现代社会。

还有一点不能忽略：从总体来说，中国古代官阶对分等的重视，超过了对分类的重视。统治者更关心的，是让尊卑高下各得其所，其次才是各个职类各得其所。官僚的主体是品官，是科举士大夫，以及拥有高级爵号的官贵，他们的尊卑高下，占据了品秩安排者的最大注意力。专业人员往往被视为"伎术官"而遭歧视，其职级经常被漠视了。金朝那么多的专业位阶，虽被元朝继承了，但在其他朝代并不多见，士大夫对之也并不看重。

第三章 品秩的构成要素二：资格

等级管理的对象之一，就是人员的资格。资格是品秩要素之一，品秩的功能之一，就是标示和确认资格。"资格"就是人员的任职条件，它决定人员可以进入的级别与类别，决定人员的地位与待遇。本章就将对中国古代围绕"资格"可能生发的等级现象，加以讨论。

资格本身有各种类别，有必要把不同类型的资格区分开来。进而是资格的等级样式。资格可能只表现为一般的"条件"，但也可能发生"品位化"，即采用位阶形式加以管理。拥有资格的候选者，其管理手段在历史前后期有所变化。此外，正编、增编、编外这样的人员身份，也是一种资格，也有等级管理问题。

一 资格的分析

资格是连接人员与职位的桥梁，所以同时承受着人员结构与职位结构的两重影响，可以同时从"人"和"职"两方面观察。在为某一职位招聘人员时，通常会对任职条件做出正式说明。比如说一个高级教职，要以较高的学历、学位，一定的教学经历及相关科研成果为条件。现代文官制的"职位说明书"中，就包含对任职条件的说明。从职位结构方面看资格，资格是各级各类职位的不同要求。

但从本质上说，资格是人员的属性，是人的任职条件。求职者将根据个人条件去提交"求职申请表"。在"人"即人员结构方面看资格，资格的背后是一位位职位候选人。具备某项专业能力，适合从事某类工作,经认定之后,就可以进入某一职类;积累了经验、业绩与资历,经评定之后,就可以升入更高的职等或职级。在这时候,"职位说明书"与"求职申请表"一致化了,"职"与"人",或说"仕职条件"与"个人条件"达到了最大匹配度。

汉朝有孝廉之举,某些职位被规定只有孝廉才能担任:

> 谒者:皆选孝廉郎年未五十,晓解傧赞者。
>
> 陵园丞:皆选孝廉郎年少薄伐者。
>
> 羽林左监:孝廉郎作。
>
> 尚书郎:故事,尚书郎以令史久缺补之,世祖始改用孝廉为郎。
>
> 太官丞:四人,郡孝廉年五十,清修聪明者,光禄上名,乃召拜①。

谒者等职位必须由孝廉担任,这是职位方面的规定。但察举科目也是个人所获得的身份资格。以另一个科目"有道"为例。东汉郭林宗被举"有道",但他并没有应举,甚至终身未仕。但人们依然管他叫"郭有道"。蔡邕为郭林宗撰写的碑文,称《郭有道碑》。蔡邕还说"吾为碑铭多矣,皆有惭德,唯郭有道无愧色耳"②。在这里,"有道"成了郭林宗的个人名号,具有个人属性。

资格管理是一种人员管理,具有独立于职位结构的性质。所以资格的分等分类,并不总与职位的分等分类同构或匹配。比如说,有时会有这样的规定:职员中的女性应占一定比例,或少数民族应占一定比例。这就是出于政治考虑了。那么资格结构与职位结构是否匹配的问题,就浮现出来了。即令现代文官制下,二者也可能不匹配。当然也可以这么看:只看能力与资历,是一种"技术性匹配";性别比例、民族比

---

① 分见《后汉书》卷四《和帝纪》注引《十三州志》;《续汉书·百官志二》注引《汉官名秩》、注引《汉官》,《百官志三》注引《决录注》;《太平御览》卷二二九引《汉官仪》,中华书局1960年版,第1090页上栏。

② 《后汉书》卷六八《郭太传》。

例之类要求,属于"政治性匹配"。这里所说的职位与职位结构,都特指有权有责的职事官,不包括品位性官号。资格结构是否与职位结构匹配,古今可能会有不同认识。现代文官制更多基于"运作考虑"来管理资格,而传统文官制更多基于"身份考虑"来管理资格。会有若干资格类别,是今所罕见的;会有若干资格的获得与晋升方式,是今所罕见的。还能看到,拥有居官资格者的数量,可能远大于职位数量;会有一群庞大的候选人在排队等官,还有专门的位阶用于维系其身份。

在分析资格之时,可以关注如下事项:

1. 资格类别与职位结构的匹配程度。

2. 资格的获得与晋升方式。

3. 资格拥有者的规模。

4. 资格管理的品位化程度。

5. 资格在不同位阶之上的配置。

就第 1 点而言,如果资格结构与职位结构在较大程度上同构或匹配,则其时政权的"功能组织"意味较强;若二者在较大程度上不同构或不匹配,则其时政权的"身份组织"意味较强。就第 2 点而言,若资格的获得与晋升,主要取决于能力与资历,则等级管理中的行政考虑占主导;若还取决于更多因素,则可能有政治考虑、身份考虑作用其间。就第 3 点而言,若获得资格就能获得职位,则资格拥有者与职位的数量大致相当;若拥有资格者多于,尤其是远多于职位数量,则除了行政因素之外,就要考虑政治性安排与身份性安排的问题了。就第 4 点而言,资格可能仅仅停留在"一般任职条件"的状态上,但也会被等级化,甚至设置名号位阶以便管理。在这时候,可能为某一种分类资格专设位阶,也可能为各种资格设置一个综合性位阶。资格是否品位化,化为什么样式,同样涉及了行政考虑、政治考虑与身份考虑多种因素。就第 5 点而言,资格作为一种品秩要素,可以配置在不同位阶之上。汉代封爵与二十等爵不能叙官,爵级上没有配置资格要素;北朝隋唐可以凭爵级叙阶,则资格转而配置在爵级之上了。到了宋朝,爵级又不能叙官了。类似的问题,都跟当时品位结构的形态与性质相关。

任职所需条件通常不止一个,所以各种资格往往是组合运用的,即若干资格共同构成了某一职位的任职条件。资格可以按不同方式加以分类。例如,可以把录用资格与迁转资格区分开来,二者分别作用于仕途的不同阶段。在录用环节,人员以一定条件获得任用;在迁转过程中,官员的资格得以累积,据以升职或升级。居于同类同级职务,也会发生身份不同的情况,比如说有的是正式职员,有的却是非正式人员,例如合同制人员,以及返聘、临时聘用等人员。这也是一种资格问题,我们特称为"编任资格"。

二 各种分类资格

下面依性质的不同,就中国古代各种分类资格,做一简述。

专业资格 即任职必须具备的知识与能力。战国秦汉的文法吏选拔,是以法律、文书、财会知识为条件的。汉简中有一种记叙吏员个人情况的文书,就涉及了吏员专业能力:

> 肩水候官并山燧长公乘司马成,中劳二岁八月十四日,能书会计、治官民、颇知律令,武……(简号一三·七)
> 肩水候官始安隧长公乘许宗,中功一劳一岁十五日,能书会计、治官民、颇知律令,文……(简号三七·五七)①

其中的"能书会计、治官民、颇知律令",即专业资格。其后的"文"或"武"字,用以标明"文吏"与"武吏"之别。可见文吏、武吏有共同的资格要求。

---

① 《居延汉简释文合校》,文物出版社 1987 年版,第 21、63 页。

汉代选官,有"四科"之制:"第一科曰德行高妙,志节清白;二科曰学通行修,经中博士;三科曰明晓法令,足以决疑,能案章覆问,文中御史;四科曰刚毅多略,遭事不惑,明足以照奸,勇足以决断,才任三辅令。皆试以能,信然后官之。"①简单说,即德行科、明经科、明法科、治剧科。"剧"是难治的县,例如三辅之县,能治理这种县的人才称"治剧"。除了"德行",后三科与任职所需要的知识与能力直接相关,都属专业资格。

此外,医官、画师、天文官等,需要以医学、绘画、天文学和数学知识技能,作为他们的专业资格。

劳考资格 由年劳与考绩获得的资格,是最基本的官员资格。邓小南先生概括说:"象征地位的官资,是由出身、年劳、考绩、功过等多种因素决定的,而其核心则是年劳。任官年久,则资深——这就是在铨选中与考绩相并行、相对立而存在的年资。"②劳考资格的运用,在秦汉就已相当发达③。在上引汉简中所看到的"中劳二岁八月十四日","中功一劳一岁十五日",就是吏员的勤务记录,与劳考相关。劳考除了以年月日计算之外,汉代还用"若干算"来计算④。此后历朝,都存在考勤与考课制度。

功勋资格 劳考之业绩,当然也是一种"功",所以考课也叫"考

---

① 卫宏:《汉旧仪》卷上,《汉官六种》,中华书局1990年版,第69页。

② 邓小南:《宋代文官选任制度诸层面》,河北教育出版社1993年版,第98页。

③ 大庭修:《论汉代的论功升进》,《简牍研究译丛》第2辑,中国社会科学出版社1987年版;《秦汉法制史研究》第4篇第6章"汉代的因功次晋升",上海人民出版社1991年版;《〈建武五年迁补牒〉和功劳文书》,《简帛研究译丛》第1辑,湖南出版社1996年版。以及李振宏:《居延汉简中的劳绩制度》,《中国史研究》1988年第2期;胡平生:《居延汉简中的"功"与"劳"》,《文物》1995年第4期;佐藤达郎:《汉代官吏の考课と升进——功次による升进を中心として》,日本古代史协会《古代文化》第48卷第9号,1996年。

④ 于振波:《汉简"得算""负算"考》,《简帛研究》第2辑,法律出版社1996年版,第324页以下。

功"。但某些功勋与职务没有直接关系,例如以军功而任文职,纯粹是一种奖酬。商鞅变法时,建立了一种"官爵之迁与斩首之功相称"的制度:"斩一首者爵一级,欲为官者为五十石之官;斩二首者爵二级,欲为官者为百石之官。"以官职奖励斩首之功,很早就遭到了韩非的批评,说它"未尽善也",是"以勇力之所加而治智能之官"①。但后代仍有类似情况,例如唐朝的叙阶之法,其条件之一是"有以勋庸"。"勋庸"就是凭勋官入仕,而勋官来自军功,共十二转。列为表3.1:

表 3.1

转数	勋官	官品	叙阶
十二转	上柱国	正二品	正六品上
十一转	柱国	从二品	正六品下
十转	上护军	正三品	从六品上
九转	护军	从三品	从六品下
八转	上轻车都尉	正四品上	正七品上
七转	轻车都尉	从四品上	正七品下
六转	上骑都尉	正五品上	从七品上
五转	骑都尉	从五品上	从七品下
四转	骁骑尉	正六品上	正九品上
三转	飞骑尉	从六品上	正九品上
二转	云骑尉	正七品上	从九品上
一转	武骑尉	从七品上	从九品上

"官品"一栏所列,是勋官自身的官品;"叙阶"一栏所列,则是勋官所获任官资格的品阶。比如上柱国,自身地位是正二品,但其任官资格只有正六品上,只能担任六品左右的职事官。功勋资格与劳考资格有重叠之处,但在概念上可以区分开来。

---

① 《韩非子·定法》,陈奇猷:《韩非子集释》,上海人民出版社1974年版,第907—908页。

考试资格　通过考试而给予任职资格,这是一种具有现代性的录用制度。考试制度在秦汉就萌芽了。秦汉有"史学童",17 岁入学,经三年学习,由中央的太史令与各郡郡守考试。考试内容包括《史籀》十五篇,讽书若干字及八体书法,其优异者任命为令史或卒史①。这样,每年都会有若干史学童经培训、考试而加入吏员队伍。

汉武帝建立太学,也建立了考试制度。汉平帝的太学考试,分甲科、乙科、丙科 3 等,分别任为郎中、太子舍人、文学掌故。汉桓帝时的太学考试,每两年一试,初次试二经,以后每两年增考一经,再依通经之多少,分别授予文学掌故、太子舍人、郎中;达到了通五经的程度,则直接补吏。参看表 3.2:

表 3.2

汉武帝制度		汉平帝制度		汉桓帝建和制度		汉桓帝后期制度	
等第	任官	等第	任官	等第	任官	等第	任官
高第	郎中	甲科	郎中	上第	中郎	通五经	补吏
通一经	文学掌故	乙科	太子舍人	中第	太子舍人	通四经	郎中
		丙科	文学掌故	下第	王家郎	通三经	太子舍人
						通二经	文学掌故

又汉代察举,明经科要"射策",贤良方正科要"对策"。东汉后期孝廉也采用了考试,"诸生试家法,文吏课笺奏",儒生与文吏分别考试经学与文法。汉晋十六国的贤良方正等科目,对策有上第、中第、下第3 等,任官有议郎、中郎、郎中 3 等②。这样看来,汉晋资格管理中已有学历的萌芽了。

---

① 《张家山汉墓竹简(二四七号墓)》(释文修订本),文物出版社 2006 年版,第 80—81 页。又卜学童与祝学童也有考试。史学童的考试入仕制度,又见《汉书·艺文志》及《说文解字·后序》。

② 拙作:《察举制度变迁史稿》,辽宁大学出版社 1997 年版,第 136 页以下。议郎七品、六百石,中郎八品、比六百石,郎中八品、比三百石。

唐宋明清的科举学历或学位,无疑也是一种考试资格。明清的学历有童生、秀才、监生、举人、进士等。此外,翰林院是高级研修机构。明朝自永乐始,翰林院承担起培养庶吉士的任务。庶吉士出自进士一、三甲,不是职官,而是一种高级研修生[①]。他们有导师、有教材、有课程、有考试。考试有月试,三年修习后也有考试,原先为二甲者授编修,原先为三甲者授检讨,成绩稍次者不留院而外任[②]。清朝的进士中能经"馆选"而成为庶吉士者,约占 22.54%。"能考中进士已属殊荣,中选庶吉士更显得艰难和荣耀。"[③]清朝庶吉士三年"散馆",仍经"御试",分 3 等授官。翰林修撰、编修来自进士一甲三人,多数由庶吉士考升。翰林数年一次"大考",成绩分 4 等[④]。既然庶吉士、翰林有修习、有考试,把它们看成学历,应无问题。

德行资格　现代政府对文官当然也有德行要求,但主要是职业道德。中国的"德治"思想与"贤人政治"精神,却使德行成为一种特殊的任官资格。汉代"孝廉"之科就是一种德行资格,是"以孝治天下"精神的集中体现。此科的设立,对社会发生了重大影响。尤其东汉后期,名利的吸引使孝子贤孙大量涌现,官员大都能以孝行自勉,不敢有阙。德行资格有时还形成了位阶,魏晋南北朝的九品中正制,即是。中正根据德行把士人评为"上上"到"下下"九等,并依其品行变化而升降其品,

---

① 耿清珩先生强调,庶吉士一无职掌,二无品级,不是职官,其生活待遇也不是品官俸禄。见其《明代庶吉士述略》,《中国史研究》1995 年第 1 期。又关文发、颜广文先生也认为庶吉士无俸。见其《明代政治制度研究》,中国社会科学出版社 1995 年版,第 302 页。邹长清先生则认为庶吉士有俸,见其《明代庶吉士制度探微》,《广西师范大学学报》1998 年第 2 期。但仍不能确定那就是品官的俸禄。

② 庶吉士的导师是"教习庶吉士",其学习内容有四书五经、史传、诗赋、书法等。参看孙力楠:《论明代翰林院》,《东北师大学报》1998 年第 6 期;王尊旺:《明代庶吉士考论》,《史学月刊》2006 年第 8 期。

③ 吴建华:《清代庶吉士群体简析》,《社会科学辑刊》1994 年第 4 期。

④ 杨果:《中国翰林制度研究》,武汉大学出版社 1996 年版,第 232、257、260 页。

即如"以五升四,以六升五",或"自五退六,自六退七"之类。在史料中,确实看得到德行有阙、违背礼法者被降品的事情①。九级中正品被用作吏部的任官根据,决定士人的官职高下与类别。

特权资格 在汉代任子制度下,二千石官员视事满三年,得任"同产若子"一人为郎官。东汉安帝曾下诏,以公卿、校尉、尚书子弟一人为郎、舍人;汉顺帝甫即位,就任命了邓骘兄弟之子及门从 12 人为郎中。在两晋南北朝,子弟的任官资格与家族门第高下成正比;在唐朝门荫和宋朝恩荫制下,子弟的任官资格与父祖品阶高下成正比。

家族资格 用父祖官爵确定子弟的入仕条件,无疑是一种特权资格。但某些家族资格以一定的专业分工为基础,其是否为特权,还得结合更多情况判断。技能与专业的家族承袭现象,现代也有,问题只在于是否存在着权利的不平等。

中国历史早期有"世官"制度,某些专业性官职如占卜官、史官等,往往家世其官,特称"畴官""畴人"。这种"族"与"职"的特定结合方式,可称"族官制",它曾是氏族制向官员体制进化的一个初步形态。司马迁的祖先就曾"世典周史"。1976 年在陕西扶风庄白村发现的青铜器,其铭文显示一个微氏家族,从周武王到周夷王七代为史官②。春秋之时,楚国的观氏世为卜官,卫国的史朝、史苟父子为史,晋国的董氏、籍氏世掌典籍,楚国的钟氏世为乐官,郑国的公孙黑世为行人(即外交官)。甚至一些国君的祖先,原先也是专业家族。如薛国之祖曾为夏之车正,滕国之祖曾为周之卜正,陈国之祖曾为周之陶正。那些家族世守的官职,还可能变成家族的姓氏,所谓"官有世

---

① 中正升降品,实际是以儒家礼法道德为标准的。如"陈寿居丧,使女奴丸药,积年沉废;郤诜笃孝,以假葬违常,降品一等"之类。见《通典》卷十四《选举二》。又同书卷六〇《礼二十》,记载了晋惠帝时的一批官员因"冒丧婚娶,伤化悖礼",而被各州中正集中纠劾之事。中华书局 1984 年版,第 78 页上栏、第 343 页上栏。

② 杨宽:《西周史》,上海人民出版社 1999 年版,第 367 页以下。

功,则以官氏"①。"裘氏"是掌裘皮的家族②,匠氏是工匠家族,冶氏是冶铸家族,衅氏是掌宗庙祭祀的家族,屠氏是掌膳宰的家族。

汉初仍有"父子畴官,世世相传"的情况③,存在着一些专业家族。比如法学家族。在任命法职时,法学家族的子弟会得到优先考虑。若干王朝允许武将子承父业。战国已有这种情况了④。元明的军官采用世袭制,由子弟袭替⑤。

种族资格 种族构成一种任职资格,在异族政权之下尤为突出。北魏道武帝时州郡县长官的任用,区分宗室与异姓;宣武帝制五等诸侯选式,同姓(皇族)、异姓(拓跋贵族)、清修(汉族士族),其依爵起家的位阶依次而降。金朝选官,"女直"与"余人"有别。元朝官僚的承荫制度,蒙古人、色目人与汉人待遇有别。清朝的官缺分为满缺、蒙古缺、汉军缺、汉缺,种族歧视与种族特权的色彩非常浓厚。

捐纳资格 汉代已有官爵买卖制度了。采用明清"捐纳"一词,我们把由买卖而获得的资格,称为"捐纳资格"。出资是对国家的一种贡

① 《左传》昭公二十九年杜预注。《春秋左传集解》,上海人民出版社 1977 年版,第 1577 页。"以官为氏"现象,参看籍秀琴:《中国姓氏源流史》,文津出版社 1998 年版,第 116 页以下;陈絜:《商周姓氏制度研究》,商务印书馆 2007 年版,第 280 页;张淑一:《先秦姓氏制度考索》,福建人民出版社 2008 年版,第 69 页。

② 李学勤:《试论董家村青铜器群》,收入《新出青铜研究》,文物出版社 1990 年版,第 98 页;《从金文看〈周礼〉》,《寻根》1996 年第 2 期。

③ 《史记》卷一二八《龟策列传》。又同书卷二六《历书》"故畴人子弟分散"句如淳注:"家业世世相传为畴。律,年二十三傅之畴官,各从其父学。"张家山汉简《傅律》中,也有"畴官各从其父畴"的规定。"畴官"似乎包括《史律》中的史、卜、祝学童。但这时的学童是 17 岁而不是 23 岁开始学习。《张家山汉墓竹简(二四七号墓)》(释文修订本),文物出版社 2006 年版,第 58、80 页以下。

④ 如《史记》卷七《项羽本纪》:"项氏世世为楚将,封于项";"项氏世世将家,有名于楚"。卷一〇九《李将军列传》:"其先曰李信,秦时为将,逐得燕太子丹者也。故槐里,徙成纪。广家世世受射。"

⑤ 白钢主编,杜婉言、方志远著:《中国政治制度通史》第 9 卷(明代卷),人民出版社 1996 年版,第 318 页。

献,卖官是国家"合法集资"的手段,用官职奖酬,则被认为是弊政。可捐纳的官职类别,捐纳的官职价格,可供了解等级安排的更多细节:有些官职、位阶可以捐纳,有些就不能,反映了当局对不同官职、位阶的不同认识;官职的卖价高下,与品秩往往并不一致,可供探求官场对官职"含金量"的实际评价。这种基于"投资"与"收益"的评价,不妨看成一种非正式的、"潜规则"意义的等级。

编任资格 今天的单位职员,有编内正式职员,也有合同制职员,还有借调、返聘、见习、实习等不同身份者。教师可能有正编教师、合同制教师、代课教师、实习教师之别;又如警察,也有正编的、拥有公务员身份的,或合同制的。在职员发生罪错、引起公众反响时,主管部门会特别申明,那人只是"临时工"而已。类似情况古代也有:官吏有正编的,也有非正编的,或称正员官、员外官,限内、限外等。这一类因编制、员额以及任职的正式程度不同而来的资格等级,我们称为"编任资格"。

可能有人认为,"编制"是一种职位管理手段,用于控制常设职位的数量,进而控制组织规模。这个看法当然不错。不过我们的"编任资格"概念,却是在品位意义上提出的,把它看成一种人员的管理手段。承担同样职事的人员,有的是正式职员,有的却不是,他们职能无别但身份却有区别,这个区别是在"人"的方面发生的。香港地区的编外职员,其薪俸可能比正编职员还高一些,因为编外职员的保障与福利相对较少,所以要在薪俸上予以补偿。而在内地,非正编职员通常劳务较重,其薪俸、权利与保障明显低于正编。质言之,"编任资格"与人员的身份、权利与待遇相关,是有等级性的,理应列入本书的讨论范围之内。古代很多增编或编外的职位,其实也是常设的;增编、编外人员有时没有职事,在这时候,它们就因丧失权责而变成了品位。与编任资格相关的等级问题,前人的专门探讨较少,本章第七节要做专门叙述。

自然资格 我们用"自然资格"一词,指性别、身体、籍贯、年龄等条件。这是本人所不能选择的。传统中国是一个男权社会，占人口半数的女性无权任官，除了宫廷女官。此外，宦官须经阉割，这虽经个人选择，为简便起见，这里仍算成一种生理资格。任职需要考虑身体条件。汉代选拔太学生，有"仪状端正"的要求。担任博士，则须"身无金痍痼疾"，即没有外伤与慢性病。谒者赞司礼仪，所以要"威容严恪""美须眉、大音"。"大音"是嗓音洪亮，行礼时的"称""赞""传""警"，都需要大嗓门。唐朝选官有"身、言、书、判"四项标准，其中的"身"即"体貌丰伟"。武官的选任也有"材貌"的要求，以身高六尺画线。明神宗时周嘉谟制订考课标准六条，"六曰貌"。明清选官、选进士、选学生，"貌"也是一个影响因素。清朝的"大挑"就是以貌取人的[①]。汉朝规定，地方长官不能用本籍人担任，这是一种籍贯资格。又如年龄，入仕与致仕都有年龄限制。中国官僚为了早入仕、晚退休，谎报年龄、使用"官年"成风[②]。

观察以上各种资格，它们大多采用了等级手段加以管理，由此而进入了"官僚等级管理"的论题之内。各种资格在不同程度上，与职位结构匹配或不匹配。专业资格、劳考资格、考试资格与职位结构是匹配的。但特权资格、捐纳资格显然就跟职位结构不匹配。功勋资格虽然具有功绩制的意义，但功勋不一定等于任职所需的能力、业绩，也存在着匹配程度不高的问题。德行资格也不一定与职位结构完全匹配。从获得方式看，各种资格也有重叠之处。例如，特权资格与家族资格就有

---

① 拙作：《中古士族的容止崇尚与古代选官的以貌取人》，《国学研究》第 15 卷，北京大学出版社 2005 年版。

② 郗志群：《封建科举、职官中的"官年"——从杨守敬的乡试硃卷谈起》，《历史研究》2003年第 4 期；孔学：《宋代官员的官年与实年》，《文史知识》2004 年第 1 期；高楠：《试析宋代官员官年与实年不符现象》，《史学月刊》2004 年第 7 期。据陈长文先生对明朝 1203 名进士的统计，其谎报年龄者至少占30.84%，平均谎报 5.05 年。见其《明代科举中的官年现象》，《史学月刊》2006 年第 11 期。

重叠之处；特权资格与捐纳资格，有时也须考试①。

三 资格管理的品位化

本节讨论资格管理的品位化问题。

资格可以只是一般性的任职条件，然而也经常需要分出高下，使之等级化以便评价与选用。年资以年份计。这有两种情况：一种是按任职总年份累计，如工龄、教龄；一种是按某职务上的工作年份计算，如1993年《国家公务员暂行条例》规定，在副科级工作3年，方能担任科级正职，在正科级工作4年，方能担任处级副职；在副处级工作4年，方能担任处级正职。业绩在考核中被量化，可以形成等级，例如考级。年资和考级在古代合称"劳考"，"劳"指年资，"考"指考级，它们可以采用"上上""中中"到"下下"的等级形式。考试资格的等第，有上第、中第、下第，甲科、乙科、丙科，或一甲、二甲、三甲之别。这是一种技术性的分等。

资格等级继续强化，还可能采用名号的形式，甚至形成位阶。汉代察举科目如贤良、方正、秀才、孝廉等，则是"名号化"了的资格，具有个人属性。只要被举"有道"，这人就可以称"有道"，例如前述郭林宗；只要被举"贤良"，这人就可以称"贤良"，哪怕尚未做官。《盐铁论》中的"贤良文学"，就是这种情况。魏晋南北朝的中正品，就是德行资格的位阶化。科举学历，也是考试资格之位阶化、名号化。现代学历也采用称号形式，例如学士、硕士、博士的称号。功勋资格大量采用位阶形式，

---

① 宋朝对荫补者的考试，参看游彪：《宋代荫补制度研究》，中国社会科学出版社2001年版，第12章"宋代荫补官员考试制度"，第367页以下。明朝弘治元年（1488）对捐纳者实行考试，分上、中、下三等，"以文理通畅者为上；文理稍通、写字端楷者为中；不谙文理、写字粗拙者为下。上中二等，量其高下，与科贡一体选用。下等者填注衙门职名，令其冠带闲住"。《明孝宗实录》卷十五，弘治元年六月戊申。

如军功爵有二十等、勋官有十二转。

进一步说,王朝为了管理分类资格,还会设置综合性位阶,把各种分类资格熔铸一炉,进行综合管理与统一标示。邓小南先生说:"对选人来说,积考得资,依资叙阶,'资'与'考'、'阶'有不可割断的联系,是'考'与'阶'之间的枢纽。在宋代史料中,常常会见到'循一资'、'超一资'的说法,这里'资'一般是指依资应转到的阶。"①清晰地区分了"资""考""阶"的关系。参选人的"资",要通过"考"来评估和确认,并体现在"阶"上。"阶"是唐宋用以标示资格的综合性位阶,亦称"本阶""本官"。存在与不存在"本阶"的两种情况下,各种分类资格与职位的不同关系,以图3.1简示:

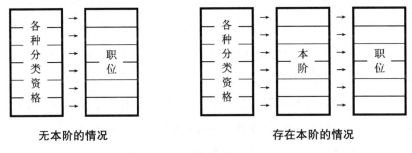

图3.1

如右图所示,各种分类资格汇总为"本阶",使"本阶"成为一个中间环节,再与各级职位发生关系。在"职位分等"下,如左图所示,因不存在个人级别,各种分类资格就直接与各级职位发生关系。

总之,资格可以由一般性的任职条件,发展为资格等级;可能由一般性的资格分等,进而形成专门性的位阶,甚至可能形成一种汇总了各种分类资格的综合性位阶,从而进入资格品位化的最高阶段。即如图3.2所示:

① 邓小南:《宋代文官选任制度诸层面》,河北教育出版社1993年版,第98页。

图 3.2

“阶”产生之后,会发生什么现象呢?

第一,综合性位阶把各种分类资格一体化了,为个人品位的标示、计算、比较、升降,提供了重大便利。例如在唐朝散阶制下,如果某士人在明经考试中获得甲科,就可以获得从九品上阶。如果此人父祖为官,那么他还另有门荫资格,根据“若本荫高者,秀才、明经上第,加本荫四阶”的规定,他还可以加阶到从八品上。在其任职之后,若四考满,考级皆为“中中”,则可进一阶,升至正八品下阶[①]。由此,考试资格、特权资格、劳考资格等分类资格,通过“阶”而综汇为一了。我国 1956 年的 30 级行政级别也是如此,它综汇了年资、职务、学历多种因素。

第二,在“资”形成位阶之后,“阶”就将与其他序列,如官品、爵级、勋官等,发生链接关系,出现各种复杂的链接方式,还将发生对应或不对应的各种情况。本阶与官品可能并不一致,唐代曾有“凡注官,阶卑而拟高则曰‘守’,阶高而拟卑则曰‘行’”的规定。亦即,本阶低而担任品级较高的职位,称“守”;本阶高而担任品级较低的职位,称“行”。这种不一致,显示的是资格结构与职位结构的不对称。

第三,“阶”出现之后,若干品秩要素就可以直接配置其上了,或者通过“阶”与官品的比照而享有相应待遇。例如唐朝,冠服等级就是依散阶而定的。又如官当之特权,即使没有职事官、卫官与勋官,只凭散阶就可以依品减刑。又如薪俸,隋朝的职事官才给禄,不过是按此人的本阶、而不是职事官品给禄的。唐初的一段时间里,薪俸按散阶发放;只要散阶在五品以上,没有职事官也有一份薪俸。宋朝的官僚凭其寄

---

① 《唐六典》卷二《吏部郎中》,中华书局 1992 年版,第 32 页。

禄官,也能领取一份薪俸。

第四,"阶"的设置,意味着资格管理的品位化。资格是连接"人"与"职"的桥梁。如果资格管理停留在一般条件和一般性资格分等的状态,那么这时的资格在更大程度上是"任职条件",或者说重心在职位结构;如果为分类资格设置位阶,甚至出现了"本阶","个人条件"就强化了,资格管理的重心向"人"的方面偏转,"人"这方面"一头沉"了。有无个人级别,是"职位分等"与"品位分等"的主要分界。若"资"化为"阶",则其时的等级管理由"职位分等"转化为"品位分等",从"以事为中心",变成"以人为中心"了。

第五,由于"阶"是独立于"职"而存在的,那么只要有"阶"就能成为"官家人"。这样,人员结构就赢得了一个扩张的空间,将出现人员结构大于职位结构的情况,出现一批"有阶无职"的人员。"有阶无职"也算是有"位"了。在这时候,资格就不仅仅是"任职条件"了,它已变质为"居位条件"。

总之,资格是否品位化,关系到官僚组织的形态、结构与倾向性。品位化的资格管理,对官员个人的任官权利,以及身份及利益,是一个更大的保障。统治者在多大程度上可以漠视官僚的品位权益,又在多大程度上感到必须充分保障其品位权益,是一个政治问题,在历代有很不相同的情况。

四 品位化的资格管理:魏晋南北朝、唐宋

周朝尚没有严格意义的资格管理制度。宗法贵族凭借家族权势而获得爵级,那么,就不妨把爵级视为官员的本阶,那是他们任职资格的品位依据。

魏晋南北朝时,资格等级管理再度品位化了。自曹魏始,"加位""进阶"之事就屡屡出现。汉代的"位"指的是官职,"加位"只是指升官而已;魏晋以下的"加位",指的却是提升个人的位阶。这种"位"

"阶"被记录在吏部的档案里,以及个人的"阶牒"上。在任官时,个人位阶应与所任官职的品阶相称,否则就是"超阶"。加位进阶的最基本条件,是所谓"秩满"。做满一任官,考课合格,就可以"秩满"进阶了。朝廷还经常普赐百官位阶,称为"泛阶"。朝廷"泛阶"的诏书一颁,大小官僚们欢声一片,"鸟腾鱼跃,喜蒙德泽",因为位阶上升之后,就有资格做更高的官了。陶侃在荆州,觉得某官员十分敬业,"乃超两阶用之"。这是破格用人的意思。刘宋有制,捕捉到亡叛的吏民,赏位二阶。可知当时的"阶"是可以用于论功行赏的。这种"阶"的出现,标志着魏晋以下的资格管理,相对于秦汉已发生了重大变化①。

中正品是魏晋新出现的资格等级。它是如何发挥作用的呢?日人宫崎市定认为,乡品(即中正品)评为一品,等于预告此人将来可以做一品官,但眼下要从五品起家;乡品为二品,等于预告此人将来可以做二品官,但眼下要从六品起家。如果乡品为六品,眼下就只能做流外官了。所以,乡品犹如一张"期票",预告着士人可以升至的品级,但起家官品比乡品低四品②。图3.3是宫崎市定所绘制的示意图:

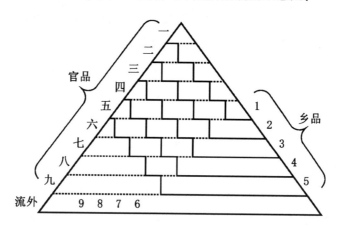

图3.3

① 拙作:《魏晋的朝班、官品和位阶》,《中国史研究》2000 年第 4 期。
② 宫崎市定:《九品官人法研究——科举前史》,中华书局 2008 年版,第 8 页、第 63 页以下。

不过胡宝国先生指出,中正品是与具体职位直接对应的,在制度上说,中正品与官品没有对应关系①。胡先生的看法,可以得到史料的坚强支持。对任官所需的中正品,朝廷是一一规定的,如"从事中郎缺,用第二品","中朝助教,亦用二品","典学二人,三品","户曹、仪曹各二人,五品","白簿治礼吏八人,六品"。这里所说的"品",都是士人任职时所需要的中正品资格。令史一职,有三品令史、四品令史、五品令史和六品令史之别;县令一职,有二品县令、三品县令、四品县令之别。这里的"品"也都是中正品,不是官品。从官品说,令史是八、九品官,县令有六、七、八品三等。为各个官职规定的中正品,是"官之品",也就是"任职条件";士人个人的中正品,则是"人之品",是"个人条件"。吏部任命,就是让两种条件一致起来,让士族士人的"门品"与适合这家士族做的官职一致起来。

南朝梁武帝创设十八班。十八班外,另设流外七班,还有三品勋位、三品蕴位;又为郡守及丞各设十班,县设七班。学者往往把十八班看成官品九品十八等的变体②。笔者也曾这么看③,但现在看法变了。我认为十八班主要用于管理官资,因而与官品性质不同,并非九品十八等的"变相"。兹陈理由如次。

第一,魏晋以来,九卿照例在第三品。梁增九卿为十二卿,我们推测仍为三品官。这一点可以由陈官品反推,陈官品中的十二卿"品并第三",梁也当如此。但在十八班中,十二卿的班位相差非常之大:太常卿十四班,宗正卿、太府卿十三班,卫尉卿十二班,司农卿、少府卿、廷尉卿、光禄卿十一班,太仆卿、大匠卿十班,鸿胪卿、大舟卿九班。这说明九品与十八班各是各,不是一回事。

第二,州郡县掾属,魏晋以来都不列在官品之中。在陈官品中,州

① 胡宝国:《九品中正制杂考》,《文史》第36辑,中华书局1992年版,第290—291页。
② 宫崎市定:《九品官人法研究——科举前史》,第193页以下,及"宋梁官品官班对照表"。
③ 拙作:《品位与职位——秦汉魏晋南北朝官阶制度研究》,中华书局2002年版,第7章。

之掾属中，只有别驾从事、治中从事二职列于官品，其余主簿、西曹、祭酒、文学、诸从事，都不入官品，然而它们却被列在十八班中①。按，南朝的军府僚佐在逐渐取代州郡掾属；主簿、西曹、祭酒、文学、诸从事等因为是长官自辟，而且已趋闲散化，所以在此期变成了品位性官职，用于安排闲人，所以仍没有进入官品。但它们又被用作入仕位阶，事涉士人起家资格，所以在十八班中有了它们的身影。

第三，十八班与薪俸无关，薪俸另行配置于官品或秩级之上。陈官品中有很多"秩若干石""减秩""不言秩"字样，证明薪俸依官品与秩级而定，十八班中却没有这些字样，表明十八班与薪俸没有关系。此外在南朝，法律特权"官当"依官品而定，与十八班无关。

第四，十八班中没有爵级，军号另行立班，州郡县长官另行立班；而在官品之中，则有爵级、有军号、有州郡县长官。

第五，北魏的官品十八等三十阶，是可以考课进阶的。梁十八班却不能"考课进班"。因为十八班中所罗列的，是中正品二品以上官，相当程度上还是按"门品"即门第高低定官资的，而"门品"这东西，当然不能通过考课来提升了。所以北魏的官品十八等三十阶是功绩制的位阶，梁十八班则未能超越"门品秩序"。北魏官品十八等是官僚依功进阶的阶梯，梁十八班则是士族"平流进取"的阶梯。梁十八班的创制，虽然受了北魏官品改革的促动，但没能跟上北朝官阶的进化步伐。北朝官阶的功绩制精神更浓厚。

综上所述，梁十八班是一种管理任官资格的位阶，未能超脱九品中正制多远，与北魏官品十八等并不一样，后者更为进步。北朝时的位阶制发展，总体看比南朝快一拍。

具体说来，十八班的结构分两大段落，中正二品士人所任之官，列于十八班之内；位不登二品士人所任之官，另行列为七班。这七班是从

①《隋书》卷二六《百官志上》。"治中从事"，《隋志》《通典》作"中从事"，省"治"字，避李治讳也。

中正的三至九品七等变化而来的;还有若干位不登二品,但比较重要的中央吏职,被特别列在三品勋位及三品蕴位。九品中正制只确定了"人之品",即"个人条件",而十八班体制等于是前述的"官之品",即"任职条件"的总汇。所以我们说,十八班是用于管理官资的,是中正品在职位结构上的投射,进而是"门品秩序"的一部分(参图3.4)。

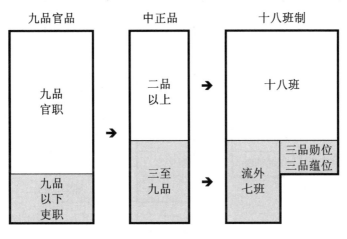

图3.4

魏晋南北朝具有管理资格功能的位阶,还有文散官、将军号。将军号相当于军衔,用于标示军官的个人资位。文散官如常侍、侍郎、给事中等,既用作加官,以加重官员资位,又用作入仕阶梯与迁转阶梯,士人可以由文散官入仕,官员可以在文散官上升迁。在南北朝时,对任满者、考优者,经常授予军号与散官;地方州郡长官在任满解职回京时,往往授以较高的将军或大夫,表示这人做完一任官后,其位阶已经上升了,并以此位阶等待下一次任命。此外,由汉代而来的察举科目,在魏晋南北朝继续发挥资格功能。

南朝的文散官和将军号的覆盖效力还没达到百分之百,不是所有官员都拥有文散官与将军号。综合性位阶还在孕育之中。由北朝而入唐,文散官发展为文散阶,将军号发展为武散阶,综合性"本阶"由此正式形成。"凡叙阶之法,有以封爵,有以亲戚,有以勋庸,有以资荫,有以秀、孝,有以劳考。"①文武散阶各29阶。散阶的获得,由封爵之高下、皇亲国戚之亲疏、勋官之高下、门荫之高下、科第高下及考第高下而定。各种分类资格,在文武散阶上被汇总,一元化了。参看图3.5:

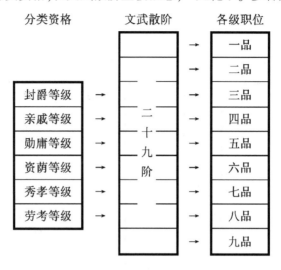

图 3.5

封爵、亲戚、勋庸、资荫、秀孝、劳考等,作为分类资格,有些也形成了位阶,例如封爵、勋官。秀孝以科目及试第为等级,资荫以父祖官品为等级,"亲戚"即皇亲国戚以五服亲疏为等级,劳考则使用"若干考"及"上中下"的考第为等级。它们又全都归结到官员的"本阶"上,吏部据阶授官。封爵、亲戚、勋庸、资荫、秀孝,主要用作入仕资格;入仕之后,劳考是决定性的。

唐宋资格管理的品位化,还影响到了官品的结构。唐(及北宋前期)官品有18等30阶,但明清官品就只有正从18等,不设上下阶。这说明,如果只是要区分职位高下,官阶没必要像30阶那么细密。那么设30阶是为了管理薪俸吗?也不是。唐官品虽有30阶,但薪俸只有18等,可见30阶不是为管理薪俸而设的。这时把视线转向散阶,事情就明白了:文武散阶各

① 《唐六典》卷二《吏部郎中》,中华书局 1992 年版,第 31 页以下。

有29阶。请看表3.3(只列文阶为例)^①，比较其薪俸与散阶等级：

表3.3

官品		唐代文散阶	武德京官年俸米
正一品			700 石
从一品		开府仪同三司	600 石
正二品		特进	500 石
从二品		光禄大夫	460 石
正三品		金紫光禄大夫	400 石
从三品		银青光禄大夫	360 石
正四品	上 下	正议大夫 通议大夫	300 石
从四品	上 下	太中大夫 中大夫	260 石
正五品	上 下	中散大夫 朝议大夫	200 石
从五品	上 下	朝请大夫 朝散大夫	160 石
正六品	上 下	朝议郎 承议郎	100 石
从六品	上 下	奉议郎 通直郎	90 石
正七品	上 下	朝请郎 宣德郎	80 石
从七品	上 下	朝散郎 宣义郎	70 石
正八品	上 下	给事郎 征事郎	60 石
从八品	上 下	承奉郎 承务郎	50 石
正九品	上 下	儒林郎 奉仕郎	40 石
从九品	上 下	文林郎 将仕郎	30 石

表3.4

宋神宗元丰寄禄官	元丰改制至北宋末料钱
开府仪同三司 特进	120 千 90 千
金紫光禄大夫 银青光禄大夫 光禄大夫 宣奉大夫(大观增) 正奉大夫(大观增)	60 千
正议大夫 通奉大夫(大观增)	55 千
通议大夫 太中大夫	50 千
中大夫 中奉大夫(大观增) 中散大夫	45 千
朝议大夫 奉直大夫(大观增) 朝请大夫 朝散大夫 朝奉大夫	35 千
朝请郎 朝散郎 朝奉郎	30 千
承议郎 奉议郎 通直郎	20 千
宣德郎(政和改宣教郎) 宣义郎	17 千 12 千
承事郎 承奉郎	10 千 8 千
承务郎	7 千

① 制表参考黄惠贤、陈锋主编,冻国栋著:《中国俸禄制度史》第4章,武汉大学出版社1996年版,第173、187页以下。

于是我们就知道,唐官品之所以分 30 阶,是因为存在着 29 级散阶的缘故。质言之,是为了更精细地管理资格。唐朝官僚政治特别重"资",倾向于对资格实施精细管理。而且设置了 30 阶之后,若干职事官在正从之外,也有了上下阶之别。就是说,为管理资格而设的 30 阶,反过来又影响了职位结构,令职位等级也变繁密了。当然官品 30 阶,北朝已是如此。汉代的禄秩等级与薪俸等级"一对一",完全重合;唐朝重"资",官阶等级比薪俸等级繁密一倍。

宋朝的情况与唐类似,资格管理相当细密,"本官"等级繁多;同时宋神宗之后的薪俸等级却疏略得多,30 个寄禄阶只对应着 14 级薪俸,参看表 3.4 所列[①]。由此我们知道,宋朝的官僚政治也特别重"资",与唐相近。还可以指出,宋朝用于承载权责的是"差遣"。然而后来,差遣资格也发生了品位化,形成了关升资序。表 3.5 是邓小南先生制作的《南宋关升资序略表》:

表 3.5

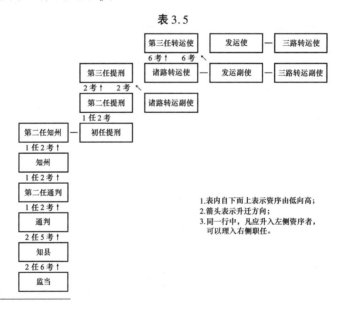

1. 表内自下而上表示资序由低向高;
2. 箭头表示升迁方向;
3. 同一行中,凡应升入左侧资序者,可以理入右侧职任。

---

① 制表参考黄惠贤、陈锋主编,杨果著:《中国俸禄制度史》第 6 章,第 250 页以下;及龚延明编著:《宋代官制辞典》,中华书局 1997 年版,第 710 页以下,"附表 28 元丰改制后至北宋末文武寄禄官请受表"。二书个别数字略异。

寄托权责的差遣也发生了品位化，这与今天的一种情况有些相像：今天所谓部级、厅局级、处级、科级，从制度上说只是职位等级，但事实上却经常变成了个人的品位尺度。

差遣的关升资序，看上去比寄禄官疏简得多。不过资序又有"充""权""权发遣"之别。某一差遣，用本资序的人担任，称"充"；用资序低一等的人担任，称"权"；用低二等的人担任，称"权发遣"。这就使关升资序的等级管理，更复杂入微了。在一任差遣上达到了规定年限，即可"成资"，即计算为资历。朝廷尽量保证官僚能够"任满成资"：有的官僚治事"乏誉"，当局下令待其"成资"后再替换；有的官僚应该"避亲"，当局指示待其"成资"后再放罢①。皇帝很关心官僚利益，很注意工作方法，想方设法不让官僚吃亏。可见宋朝官僚政治中，存在着精细计算官资，以保障官僚品位利益的强大压力。

宋朝君臣对位阶名号，有特殊的热衷与爱好。唐朝宦官使用朝官的散阶，宋徽宗则为内侍省和入内内侍省的宦官，制定了专用位阶。起初是9阶，自内东头供奉官至祗候高班内品；后来增为12阶，自供奉官到贴祗候内品。还有"祗候班"的位阶，及都知、押班各有5阶。宋徽宗还为医官设置了14阶，由和安大夫、成和大夫而下。后来增到了22阶。甚至妃嫔、宫人也采用品位化管理，"内命妇"位阶5等：第1等四妃以下有24级，侍御郡夫人以下有10级；第2等"尚字"以下有29级，"知尚书内省事"以下有5级；第3、4、5等又有18号。

流外九品的9个等级在宋朝被废弃了，通为"流外"；但面向吏、役，宋廷依然设有若干位阶。比如州衙吏人，从都孔目官到粮料押司官，共10阶，称为"职级"。又职役"衙前"，从都知兵马使到第六名教

---

① 邓小南：《宋代文官选任制度诸层面》，河北教育出版社1993年版，第107、104页。

练使也形成了 10 阶①。宋徽宗时,三馆吏人之职被定级为"流外从九品",在流外中又弄出了一个"从九品",这是一个特殊的品位②。

宋廷不厌其烦,甚至还给道士设置了道阶。道阶又称"师号",源于唐朝③。宋徽宗政和四年(1114),设道阶 26 级④。宋徽宗所宠信的温州道士林灵素,其官号之一"通真达灵玄妙先生",就是道阶中的所谓"六字先生"之号。宋神宗以降,政府还出售道阶以舒缓财政困难。在南宋初,四字师号的售价是二百贯,宋孝宗时贬值到了三四十贯。学道者还可以通过考试获得学历,凡初入学者称道徒,每年考试,根据成绩分别给予元士、高士、大士、上士、方士、义士、居士、逸士、隐士、志士名号,官品正五品到从九品⑤。

连民间隐居的"处士",宋廷也为之设置了位阶。宋仁宗"赐处士号",所设置的名号,有冲晦、安素、清逸、高尚、高隐、通微、善济、葆光、

① 陈耆卿《嘉定赤城志》卷十七《吏役门·州役人·人吏》条:"国初置自都孔目官至粮料押司官,凡十阶,谓之职级;其次曰前行、曰后行,又其次曰贴司。"又《衙前》条:"国初置自都知兵马使至第六名教练使,凡十阶。"《景印文渊阁四库全书》,台湾商务印书馆 1986 年版,第 486 册第 729—730 页。

② 程俱《麟台故事》卷四《官联》:宋徽宗"参立秘书省孔目官等品从条:昭文馆孔目官、书库官、头名守当官,史馆孔目官、四库书直官、表奏官、上二名书库官,集贤院孔目官、书库官,为流外从九品"。张富祥:《麟台故事校证》,中华书局 2000 年版(2004 年重印),第 177 页。三馆即昭文馆、史馆、集贤院。

③ 唐代剑:《宋代道冠紫衣、师号制度》,《宗教学研究》1997 年第 1 期。

④ 陈均《宋九朝编年备要》卷二八甲午政和四年(1114)春正月条:"置道阶,凡二十六等先生、处士,八字、六字、四字、二字,视中大夫至将仕郎,而不给俸。"《景印文渊阁四库全书》,台湾商务印书馆 1986 年版,第 328 册第 758 页下栏。又周煇《清波杂志·别志》卷中:"政和四年,诏置道阶,自六字先生至鉴义,凡二十六等。"《丛书集成初编》,中华书局 1985 年版,第 126 页。

⑤ 据吴曾《能改斋漫录》卷十三《诏学生添大小经及增置士名分入官品》,宋徽宗下诏"其在学中选人增置士名分入官品,元士正五品,高士从五品,大士正六品,上士从六品,方士正七品,义士从七品,居士正八品,逸士从八品,隐士正九品,志士从九品。"上海古籍出版社 1960 年版,第 385 页。

悟静、丹华、守静、和靖、白云、耆德等。对"赐处士号"的意义,徐冲君指出:"在这一行为所反映的王朝与士人之关系中,前者对后者的优位以及后者对于前者的依赖变得越来越强烈了。"[1]

宋廷制造位阶的热情之高,可称中国官阶史之最,甚至可能是世界官阶史之最。

五 非品位化的资格管理:秦汉

由上可见,魏晋南北朝和唐宋是采用品位化手段管理资格的。另一些朝代的资格管理与之相反,采用职位分等的办法,秦汉就是突出的例子。

秦汉凭爵级不能做官,所以爵级并不构成资格等级。至于"若干石"的秩级,它是职位的等级,而不是个人的资格等级。也就是说,秩级是附丽于职位的,不具个人属性。如果你做了郡守,你就是二千石;如果你做了刺史,你就是六百石;如果你没有了职位,不是郡守、刺史或其他什么官了,那你就什么秩级也没有;其时没有什么等级,能维系你的个人位阶。在这时候,专业资格、考试资格、劳考资格之类,都是直接与职位挂钩的。

陈梦家先生论汉代禄秩:"所谓俸给或吏禄制度,其内容是秩别(秩级)、俸禄数量、官职和俸禄性质;即哪一种官职属于哪一秩级,每年或每月应得多少俸禄(所谓岁禄或月俸),用什么物资作为俸禄(如钱、谷或二者各半)。"[2]陈先生尚未使用品位、职位概念,然而他对汉代禄秩的定义仍然相当精确,其"哪一种官职属于哪一秩级"之言,一语道破其特点所在:秩级是官职的等级,而不是官员的个人品位。

---

① 徐冲:《"汉魏革命"再研究:君臣关系与历史书写》,北京大学历史学系 2008 年博士论文,第 85 页。

② 陈梦家:《汉简所见奉例》,《文物》1963 年第 5 期。

魏晋南北朝唐宋的官僚,在无职事官时依然拥有位阶,甚至可以凭之领俸(参看本书第四章第四节),秦汉却大不相同。章太炎先生指出:"秦、汉时无散阶,去职则夷于庶民。"①杨树藩先生也指出:唐宋属于"阶职分立制"②,官僚在职位之外有个人位阶,而"秦汉以来,文官有职而无阶"。

我们可以通过一个现象,把"有职无阶"的意义看得更为清晰,这就是官员在因病、因丧而一度离职之后,在其再度寻求入仕之时,当局对其原职的秩级如何看待。按照汉制,官僚生病后在三个月或一百天内,可以保有原职,超期就必须离职。又,因儒家孝道日益深入人心,所以汉代官僚在父母去世之时,通常会离职守丧三年(实际是二十五月)。之所以选择因病、因丧两种情况,因为这都是无罪错离职,属人力不可抗拒的客观原因,情况单纯便于讨论。如果因病、因丧而离职的官员再仕,当局在任命时须保障其原职的秩级,那么秩级就具有了个人属性,跟人走了;如果当局可以不考虑其原秩高下,那么就能证明,汉代的秩级不具个人属性,是附丽于职位的;只要离职,就将丧失秩级。

考察结果显示,在汉代,因病、因丧而一度离职的官员再仕之时,当局可以完全不管其原秩。简单举几个例子:

> 1. 李咸:为河南尹(中二千石),母忧乞行,服阕奔命。桓帝时诏拜尚书(千石)。比原秩低 3 级。
>
> 2. 王骏:为赵国内史(二千石),因病免归。起家复为幽州刺史(六百石)。比原秩低 3 级。

---

① 这是章太炎的设问。他自己的看法是"名位虽夷,其资藉固在也","诸以理去官者,文奏刻石犹署'故某官',不与士伍同称"。《检论》卷七《官统上》,收入《章太炎全集》,上海人民出版社 1984 年版,第 548 页。但我认为,汉代的"故官"身份,对官僚资位的保障是很有限的,参看拙作:《品位与职位——秦汉魏晋南北朝官阶制度研究》,第 183 页以下。

② 杨树藩:《中国文官制度史》,台北黎明文化事业公司 1982 年版,绪论第 10 页。

3.袁良:为广陵太守(二千石),谢病归家。顺帝初年征拜议郎(比六百石)。比原秩低 4 级。

4.鲜于璜:为县令(六百石),父君不豫,弃官奉丧。令丞解丧(按指到县令、县丞那里申报服丧结束,获准入仕),州辟典部,入领治中(百石)。比原秩低 8 级。

以上 4 位因病、因丧离职者,其再仕之官,都低于原秩,少的低 3 级,多的低 8 级之多。这样的例子还能找到很多。其中一些人,还是通过察举孝廉、方正、贤良,或公府征辟而再度起家的,可这察举、征辟也是未仕士人的起家之途,那么这些人的仕途等于重新开始了。甚至"号称万石"的宰相再仕,新职也有低于原秩的时候。在三公以种种原因逊位离职后,其再仕之官,有中二千石之少府、太常,二千石之永乐少府,比二千石之光禄大夫,比千石之太中大夫,最低的还有千石之尚书令、六百石之尚书仆射。汉廷对大臣如此苛刻,连宋人洪迈都忍不住鸣不平了:"王梁罢大司空而为中郎将,其后三公去位,辄复为大夫、列卿。如崔烈历司徒、太尉之后,乃为城门校尉(比二千石)。其体貌大臣之礼亦衰矣!"[1]

上述事例有力地证明,汉代官员的既往秩级,没有构成个人资格;汉廷可以任意将之安排到较低职位上去,只要工作需要。汉代禄秩的特点,就是"居其职方有其秩,居其职则从其秩"。即:你必须有职位,才有秩级;你转任新职,新职的秩级就是你现在的秩级。汉代的官场,官可大可小,秩级可高可低,人能上能下。当局只看行政需要不需要,你个人无权喊冤叫屈。因病、因丧而在官资上吃了亏,这是你自己的事儿,皇帝不管那么多。这不但与此后历朝不同,甚至今天的官场也做不到。可见汉廷对官僚的个人品位权益,相当漠视。

秦汉禄秩之所以采用职位分等,不给官僚品位待遇,与禄秩的来源

---

[1]　洪迈:《容斋随笔》卷十《汉丞相》,上海古籍出版社 1978 年版,第 136 页。

有直接关系。秦汉禄秩来源于周代的胥吏"稍食"。"稍食"就是官府发放的口粮与衣装。"稍食"发多少,要根据职事简繁及业绩考课而定。可以推知,"稍食"口粮的等级,就是胥吏的等级,而且这是一种干得多就吃得多、干得少就吃得少的等级,是按劳取酬的、功绩制的,是以"事"而不是以"人"为中心的。周代统治者只优待贵族,对胥吏的品位权益则可以漠然视之。胥吏以口粮之数为等级的做法,在战国以下普及开来了,发展为"若干石"构成的禄秩。昔日胥吏的等级管理之法,现在用于管理百官了。新兴吏员成了帝国行政支柱,却未能承袭周代贵族的特权与荣耀,专制皇帝视"官"如"吏",可以任意罚责。贾谊为之痛心疾首:"王侯三公之贵……今与众庶徒隶同黥、劓、髡、刖、笞、伤(同骂)、弃市之法。……束缚之,系绁之,输之司空,编之徒官,司寇、牢正、徒长、小吏骂詈而榜笞之。"[1]那么秦汉禄秩不保障官僚的品位权益一点,就不奇怪了:禄秩源于稍食,本是管理胥吏的办法。

　　除了秦汉之外,明清的资格品位化程度,也比唐宋低下得多。唐朝那种散阶,到了明朝就大大变质了,变成了官品的附属物了。唐朝是由门荫而获阶,据阶而授职,明朝却是据职而授阶,考满而进阶。对唐、明散阶之不同,学者已有了很好的分析:"散阶只用于衡量人们的资格。其在明代的特征,是完全在官品的前提下,依据官员的考满情况来授受。具体办法大致是:初入流者先授与其所得官品相应的'初授散官';三年考满称职者,再给'升授散官'。……明代的散阶,很大程度上可说是对唐代职事官正、从各品上下阶的一个稍加扩展的翻版。正因为如此,明代散阶的性质,也就与唐代大不相同了。其主要效用,无非是区别和体现官僚的年劳资格。"[2]进一步说,唐代的散阶官是一种综合性位阶,是个人级别,上面配置了很多利益;明朝的散阶只是劳考资格的等级,是考级的变相,是附属于官品与职位的,而且是一种没多

①　贾谊:《贾谊新书·阶级》,上海古籍出版社1989年版,第20页。

②　楼劲、刘光华:《中国古代文官制度》,中华书局2009年版,第466—467页。

大实惠的荣衔①。清朝散阶进而变质为封赠,跟考级关系也很小了,三年考满就可以申请封赠。康熙以后,每逢庆典、恩诏,只要任职满二年,即可申请。孝顺的官员还可以把散阶移封给父祖②。可以说,明清的散阶已丧失了资格管理功能。

在散阶已不再构成品位维系之后,明清官僚的迁转资格变动,就主要体现为候选队列中的排序了。明制,诸官九年称职,升二级。二级即二阶,亦即一品。"本朝迁官故事,必九年方升二级。……词林极重五品,凡三考始得之,盖已二十七年矣。"③年资是以在官时间计算的,等于"连续工龄"。此外,明廷还使用"俸历"计算年资。"俸历"就是实际在职时间,它与年资并不一致,会有某人"资已十五年,实俸亦十二年矣"的情况。这是因为,官僚患病超过三个月,就要离职"住俸"(停俸),在俸历中把这段时间扣除;官僚若因罪过而遭"罚俸",则除了扣除俸禄外,还要扣除俸历。官僚有功,则可以"减俸行取"以为褒奖,"减俸"就是减少候选时间④。总之,因为俸历是实际在职时间,所以计算俸历比计算年资更苛刻。可见明廷资格管理的倾向,是尽量向职位倾斜,不在职的时间不算数。这种俸历制度,很像汉代的"赐劳""夺劳"之制。与宋廷努力保障官僚品位利益、尽量不让官僚在"成资"时吃亏的做法相比,就大相径庭了。

清朝的候用人员,按照制度,应该赴京向吏部投送参选材料,称"投供"。投供是有时限的,到文日期是排序的依据之一。随后,他们就依其不同出身和情由,加入"六班",排队候选。"凡授官之班有六:

---

① 明朝的散阶,除了标示劳考资格外,还可以由捐纳获得。明宪宗制度:军民纳粟250石,给正九品散官;每加50石,增2级,至正七品止。明武宗时,散官可捐至从六品。参看《明史》卷七八《食货志二》。

② 白钢主编,郭松义、李新达、杨珍著:《中国政治制度通史》第10卷(清代卷),人民出版社1996年版,第562—564页。

③ 沈德符:《万历野获编》卷十《词林·翰林升转之速》,中华书局1959年版,第259—260页。

④ 潘星辉:《明代文官铨选制度研究》,北京大学出版社2005年版,第96—100页。

一曰除班,二曰补班,三曰转班,四曰改班,五曰升班,六曰调班。凡特旨用分,则别为班焉。"①即升、俸深、卓异等,都是优先任用的条件②。也就是说,清朝的迁转资格仅仅表现为"分类排队",却没有位阶化。总的看来,明清资格管理的品位化程度,大为下降了;资格结构与职位结构的匹配程度,相对提高。

那么,明清的资格管理,向秦汉的"职位分等"回归了吗?在一定程度上是这样的,但不全是。因为,第一,"分类排队"仍是对个人资历的一种承认,含有个人因素,即品位因素。秦汉这种"分类排队"的做法就很不明显。第二,与秦汉相比,明清的一个重大不同,就是学历作为一种出身、一种品位,对官员仕途有决定性影响。艾永明先生提出:"清朝是主要依据'职位分类'制对文官进行分类的。但是,清朝的文官分类也具有'品位分类'的某些特征。首先,清朝在除授官职时十分重视'出身',即以官员原有之身份作为其任职的重要依据,这一点恰恰是'品位分类'制的一个主要特征。其次,清朝官员的升、转、改、调,都很重视其俸历和考绩,即以其年资为重要依据,这也是'品位分类'制的一个重要表现。"为此,艾先生把清朝文官管理称为"混合分类法"③。从资历与学历两方面看,这是一个值得考虑的意见。

通观历代资格管理,一个起伏不定的五阶段轮廓便进入视野:

    1. 先秦贵族任官资格的品位化程度最高。

    2. 汉代资格管理的品位化程度相当之低。

    3. 魏晋南北朝的资格管理品位化了,出现了各种相关位阶。

① 《光绪清会典》卷七《吏部·文选清吏司》,《续修四库全书》,上海古籍出版社,第794册第81—90页。

② 应旸阳:《清代官缺考析》,收入上海市历史学会编《中国史论集》1986年版;白钢主编,郭松义、李新达、杨珍著:《中国政治制度通史》第10卷(清代卷),人民出版社1996年版,第10章第1节"官缺的划分和官员的任用",第532页以下;艾永明:《清朝文官制度》,商务印书馆2003年版,第73页以下。

③ 艾永明:《清朝文官制度》,商务印书馆2003年版,第379页。

4.唐宋把繁多位阶用于管理资格。

5.明清资格管理的品位化程度大大下降,但资历仍有意义,学历更是一种重要品位。

六　候选形式与候选规模

号称"国考",并有"第二高考"之称的国家公务员考试,2009年的报名参试者达到了105万人,平均竞争率为78:1。最大比例是中国残疾人联合会组联部基层组织建设一职,有4723人竞争这个职位①。这没有给等级管理造成什么影响,因为落选者停留于社会,没有进入人事部门的管理范围。

中国古代的情况不完全相同,官、民之间,存在一批不在职、但拥有任官资格的"选人",他们也在人事部门的管理范围之内。王朝设置官阶,不但是为了管理在职官员,也是为了管理"选人"。"选人"包括两部分,初仕者与前资官。前资官指曾有任职,但当下处于候选状态的官。"选人"已在"国家干部"之列,而非布衣白丁了;但他们暂无官位,又处在职位结构之外,其所拥有的只是资格与级别。选人的形态与规模问题,就是本节的话题。

在历史后期,官职通常有三或四年的任期,任满就要离任候选,并留下了官缺。从理论上说,任满离职的制度将增加任命频度,但不必然导致一大群选人的存在。因为离任的官缺又给其他选人提供了机会,"一个萝卜一个坑",新的萝卜又进了坑。考虑到古代人力资源的相对稀缺,维持一个规模适度的候选者队伍,发挥"储才"功能,在技术上说是有意义的。不过通常的情况,是选人变成了一支庞大的队伍。这就得另找政治原因了。谋求入仕的士人总是车载斗量的,但皇帝是否感

---

① 腾讯网,http://edu.qq.com/zt/2008/2009gwy/,访问时间:2009年11月17日。

觉压力,觉得必须解决他们的"就业",不解决就说不过去,各时代却不一样。这种压力,我们称为"候选压力"。在候选形式上,存在"候选人"与"候选官"两种制度,二者有时又是交融的。

周朝的官职没有任期。但这时仍有一支候选者队伍。贵族子弟称为"士庶子",他们被编制起来,接受教育并承担职役。在官吏出缺时,他们就有望得到选拔。这是一群"候选人"。在战国,国君往往给一些可能有用的贤人以卿、大夫名号,但暂时不给行政官职。这是"候选官"。荆轲不过是一介刺客,燕太子丹置之"上卿",拿高位厚禄养起来待用。

士庶子制度发展为秦汉郎卫,散职大夫则成为秦汉大夫制度的起源。郎官与大夫都属于"候选官",制度上已被视之为"官"了,有薪俸了,只不过是"散官"而已。郎官属"从官"。他们确实也有职事,大夫承担议政、出使等临时事宜,郎官承担宿卫,以及其他随机事宜。二者都有秩级,因而有俸;秩级高下,构成了他们的资格等级。他们是吏职即行政职位的候选者。郎官可以被选拔为各县的令、长、丞、尉,大夫的出路则是中高级职位。所以有人把郎官制度视为"储才"制度①。

三署郎官之数是变化的,能看到"三署见郎七百余人"与"三署郎吏二千余人"两个记载。此外还有约 1500 人的虎贲郎、约 1700 人的羽林郎②,他们与三署郎相似,也有候选资格。三署郎已文官化了,羽林郎、虎贲郎仍是武官。太尉、司徒、司空的掾属也有候选资格,三府掾属约 84 人③。再算上大夫,候选官的数量至少近 4000 人,至多将超过 5000 人。其秩级参看表 3.6:

---

① 黄留珠:《中国古代的几种储才形式》,《人文杂志》1987 年第 1 期。
② 郎官数量,参看《后汉书》卷五四《杨秉传》、卷六六《陈蕃传》。《后汉书》卷七十《孔融传》注引《汉官典职仪》:"武贲千五百人。"羽林郎的数量,有不同记载。《后汉书》卷五《安帝纪》注引《汉官仪》:"羽林左监主羽林八百人,右监主九百人。"
③ 据《续汉书·百官志一》,太尉掾属 24 人,司徒掾属 31 人,司空掾属 29 人。

表3.6

	大夫	三署郎	虎贲、羽林郎	三府掾
比二千石	光禄大夫			
千石	太中大夫			
六百石	中散大夫 谏议大夫			
比六百石		中郎	虎贲中郎	
比四百石		侍郎	虎贲侍郎 羽林郎	东西曹掾
比三百石		郎中	虎贲郎中 羽林郎	余掾
比二百石		郎中	节从虎贲	余属

上列诸官的秩级,就是其"补吏",即选拔为行政官吏的资格等级。

据一份记载,东汉的内官 1055 人,外官 6512 人,合计 7567 人①。每年候选官的"补吏"数量,及其与王朝总官数的比例,目前无法确切统计。两汉孝廉在足额察举的情况下,每年应为 200 余人,他们都要进入三署为郎。汉和帝永元七年(95),一次选拔了 30 名郎官外补县职;元兴元年(105),一次选除郎官 75 人以补谒者、长、相;安帝元初六年(119),一次选拔三府掾 15 人、孝廉郎 50 人出补县令、长、丞、尉②。这些数字与 4000—5000 人的候选官规模相比,是很小的。初步看来,候选官似乎没让汉廷感到多大"候选压力"。供养候选官肯定有财政负担,但他们也承担了宿卫勤务及随机差使。汉人不认为候选官造成了官位冗滥,后人也不这么看。学者认为:"从整个制度来看,与后世相比,冗官不多,而且每个官吏都担负非常具体的任务。……冗官少恐怕是官僚制发

---

① 《通典》卷三六《职官十八》,中华书局 1984 年版,第 205 页。此外,还另有"内外诸色职掌人",为 145419 人,其中列有令史、从事、员吏等百石左右的吏员。那么这 7567 名内外文武官,应该都在百石以上。内官 1055 人这个数字,与上面所推测的东汉候选官在 4000—5000 人的数量,相差很大,那么 1055 名内官不包括候选官。

② 《后汉书》卷四《和帝纪》、卷五《安帝纪》。

展的表现,但也是官僚制尚处于初期阶段的特点。"①

魏晋以来,获得了中正品评、因而拥有入仕资格者,称"王官司徒吏"。"王官"指郎官之类散官②;"司徒吏"并不是官,而是中正品的获得者。司徒府负责组织中正进行品评,具体则是司徒左长史负责。所以获得了中正品评、具有了做官资格,从而不属地方编户、转而隶属于司徒府的士人,称为"司徒吏"。"王官司徒吏"的制度,初次造就了一个拥有做官资格,但又不是官、不领俸的"候选人"队伍。在不是官、不领俸但有品位一点上,他们与科举时代的高级学历拥有者相似。这是魏晋王朝在动荡中维系人力资源的一种手段。西晋司徒吏约在2万以上。东晋初,为了奖酬归附者,王官司徒吏一度增到了20余万人。

魏晋南北朝时,品位性官号也大大膨胀了。究其原因,是朝廷感觉必须保障其入仕的士人人数,实在太多了。如南朝沈约所云:"今士人繁多,略以万计,常患官少才多,无地以处。"③秦汉的皇帝没这种压力,魏晋南北朝的皇帝却有。于是,没多少甚至根本没有行政事务的府官、掾属、国官、东宫和东西省散官,以及将军号的拥有者,大量充斥。其中很多官号只是身份标志,表明此人是"官人"而已。北朝有"职人"之称。广义的"职人"就是"官人"的意思,狭义则特指有官号而无职事者,他们可以凭其位阶候选。东西省散官就是一种"职人",其数量多达3000人,他们要轮番值勤,承担各种临时差使,其实并不闲散④。可

---

① 大庭修:《秦汉法制史研究》,上海人民出版社1991年版,第42页。

② "王官"亦作"王人",是周朝古词语,意为周天子之官。天子之官之高者另称卿大夫,"王官""王人"就成了"王之微官"之称了。散官已是皇帝的人,但又不是职事官,所以漫称为"王官""王人"。参看拙作:《北魏北齐"职人"初探——附论魏晋的"王官司徒吏"》,《文史》第48辑,中华书局1999年版。

③ 《通典》卷十六《选举四》,中华书局1984年版,第91页上栏。

④ 《魏书》卷二一上《高阳王元雍传》:"闲冗之官,本非虚置。……或任官外戍,远使绝域,催督逋悬,察检州镇,皆是散官,以充剧使。"可见除了宫中值宿之外,散官还有大量临时差使,也是王朝政务的重要承担者之一。

见此期"候选人"与"候选官"并存，二者都膨胀开来了。北齐规定低级散官不给禄，这使他们由"候选官"向"候选人"靠近了。

在南北朝的散官、军号之中，发展出了唐朝文武散阶；同时从北朝的"职人"制度中，发展出了唐朝的"选人"制度。由此帝国的资格管理，由"候选官"形态向"候选人"形态转变。在一段时间中，四品以下的文武选人，仍要到吏部或兵部番上当差，依然带着"候选官"制度的胎记。

史称"武德中，天下兵革新定，士不求禄，官不充员。有司移符州县，课人赴调，远方或赐衣续食，犹辞不行。至则授用，无所黜退"①。新朝草创时，士人并不积极入仕，给衣给饭也不来，官职难以满员。但是不久，官员队伍与选人队伍就同时壮大起来了。唐太宗贞观年间，"选人渐众"，选人加上赤牒得官者，约有万人。武则天时，集于吏部的选人竟达 5 万人之多，出现了"选人冗冗，甚于羊群；吏部喧喧，多于蚁聚"②的壮观景象。据宁欣先生估计，唐朝的官缺每年在 2000—4000个左右③。唐睿宗时选人万余，三铨所留者 2000 人，得官的幸运儿只有 1/5。唐玄宗时，每年的选人也有万人之多。庞大的选人队伍，对朝廷是沉重的授官压力，对士人是沉重的就业压力，是为"候选压力"。

北宋初年，缺多官少。宋太宗以后，每次科举动辄录取八九百人，恩荫者不亚此数。宋仁宗实行了特奏名制度，又大大增加了学历拥有者。"员多阙少"的现象，再度严重起来，候选时间变得漫长了。选人依名次等候磨勘改官，或文武官到部等候差注任命，称为"待次"。因为待次者实在太多了，"吏部一官阙，率常五七人守之"，王朝甚至在旧官还没任满之时就注授新官，新官虽已任命，但要等旧官任满出阙才能

---

① 《新唐书》卷四五《选举志下》。

② 张鷟：《朝野佥载》卷一，中华书局 1979 年版，第 6 页。

③ 宁欣：《唐代选官研究》，文津出版社 1995 年版，第 12 页以下；《唐史识见录》，商务印书馆 2009 年版，第 54 页以下。

就任,称为"待阙"①。当时有"三人而守一阙""一官而三人共之"的情况。待阙有时长达二三年,甚至十数年。为缓解"员多阙少"的压力,朝廷开始增设官职。宋真宗时文武官不过13000余员,北宋末年达到了43000余员。

明朝初年,朝廷急需人才,士人对入仕却不积极②。朱元璋屡次下令求贤,派人"分行天下,访求贤才",甚至以"寰中士大夫不为君用"之罪③,来严惩不肯入仕者。但"候选压力"依然不期而至。嘉靖之时,叶春及专论其事:"试以九年通计今日之额,岁贡七千余人,举人三千余人,进士固多在其中也。以此万余,而合今日见任科第、岁贡、监生出身文职,过当其数;其余一万,以待吏员过矣。九岁之中,除进士暨乙榜举人愿受职者,仅一千余人得出身外,尚余九千余人。以国初坐堂历事除选日期计之,大都亦须九年。则是九年中,九千余人无一人当选者也。第一年之选在第十,第九年之选在第十八年,则是十八年中,九千余人始皆尽选者也!"④景泰以后允许捐纳监生,候选人继续膨胀。弘治后期未选纳粟监生达7000余名,冠带未仕者达33900余人⑤。

清朝中期以后,因科举繁荣、捐例广开,加上军功、荫袭、保举,以致"官多如鲫"⑥。以江苏为例,同治十三年(1874)其"道员可由外补之缺,不过二三员;府、州、县、同、通可由外补之缺,亦不过十余员。而候

---

① "待次""待阙",参看苗书梅:《宋代官员选任和管理制度》,河南大学出版社1996年版,第114页;龚延明:《宋代官制辞典》,中华书局1997年版,第649—650页。

② 赵翼:《廿二史札记》卷三二《明初文人多不仕》,王树民:《廿二史札记校证》,中华书局1984年版,第741页以下。

③ 朱元璋:《御制大诰三编·苏州人才第十三》,《续修四库全书》,上海古籍出版社,第862册第332页上栏。

④ 叶春及:《石洞集》卷二《清仕进》,《景印文渊阁四库全书》,台湾商务印书馆1986年版,第1286册第252—253页。

⑤ 钱茂伟:《国家、科举与社会:以明代为中心的考察》,北京图书馆出版社2004年版,第69页。

⑥ 陈夔龙:《梦蕉亭杂记》卷二,上海古籍书店1983年版,第37页。

补道约有六七十人，候补同、通、州、县约有一千余人。夫以千余人补数十员之缺，固已遥遥无期，即循资按格而求署事，亦非十数年不能得一官"①。有个叫杜凤治的，咸丰五年（1855）赴吏部拣选，经历了30余次各省拣荐，还有一次"大挑"，多次掏钱捐纳，直到同治五年（1866），才侥幸得到了一个广宁知县之缺②。一个官缺，往往有七八人乃数十人排队候补。有人直到老死，也没弄到一个实职。19世纪中叶的学历拥有者规模，是生员近74万，监生35万，举人约3.8万人，进士约2500人，翰林约650人③。

纵观帝制前后期，前期是"候选官"制度构成了突出特点，后期是"候选人"制度构成了突出特点。"候选官"已经入仕为官了，但不是职事官。至少在秦汉魏晋，朝廷得向他们支付薪俸，从而造成了财政负担；但"候选官"承担了某些固定或随机事务，朝廷虽须支付薪俸，但也收获了文武勤务，就此而言是得失参半。历史后期也有随机差使。如册封藩王的使者，祭祀山川河岳的使者，或外派审办案件或清查钱粮的使者等，但不用散官去承担。职官所用方形官印称"印"，临时派遣的专使，则使用长方形的"关防"。

在大夫、郎官一类"候选官"的制度下，朝廷没有太大的"候选压力"；而在"候选人"制度下，朝廷的财政压力小得多，但向之提供官职的压力就沉重多了。候选压力与冗官冗吏，有重大相关性。唐宋王朝努力创造更多官位，以解决选人的"就业"问题，墨敕、斜封、员外、检校、散试、添差、祠禄等品位性官号五光十色，还导致了职位结构的畸变。

① 丁日昌：《条陈力戒因循疏》，《皇朝经世文编续编》卷十八《吏政一》，台北文海出版社 1972年版，第1976—1977页。

② 张研：《清代候选官员得官初步——读〈望凫行馆宦粤日记〉之一》，《清史研究》2008年 第2期。

③ 张仲礼：《中国绅士——关于其在19世纪中国社会中作用的研究》，上海社会科学院出版 社1991年版，第106、117、139、135页。

明清朝廷的对策与唐宋相当不同。洪武之时，自尚书下至杂职1.4万余员，武官2.8万余员。到了正德年间，文官2万余员，武官10万余员[1]。武官队伍严重膨胀了，文官则否。清朝对官缺的管理相当严格，不轻易增设职位。在太平天国之前，在职文武官约2.7万，离职官员约2万，捐得文武虚衔者约3万人[2]，如此而已。众多选人进入了帝国品位结构，处于品官队伍的外围，增加了政权的拥戴者。只要统治者能有效控制官缺，"候选压力"就不至影响职位结构。与唐宋相比，明清的情况要好得多了。

通观整个帝制时代，我们看到了三种情况：

1. 在官僚帝国的初创期，亦即秦汉，以"候选官"制度为主，候选压力和冗官冗吏现象都不严重；

2. 在魏晋南北朝及唐宋，候选压力与冗官现象都很严重，既存在着庞大的选人队伍，又存在着繁杂的位阶与品位性官号。

3. 明清时代以"候选人"制度为主，候选压力严重，冗官现象却不严重。

候选人的数量呈现出了某种周期性。从大周期来说，在帝制的开端即秦汉之时，官制相当简练，冗官少，候选压力小；帝制后期的相关压力，明显大于前期。从小周期来说，王朝初年的候选压力通常较小，中后期则逐渐增大。官僚组织通常都存在"僵化周期"（rigidity circle）[3]。"僵化"意味着成熟稳定、缺乏弹性和难以变革，而冗官冗号与烦琐细密的人事管理，便是其表现之一。

---

① 吴建华：《明代官冗与官缺研究》，厦门大学2001年博士论文，第26、35页。此文极意强调明朝官冗现象之严重，但对文武官的冗与不甚冗两种情况，缺乏进一步分析；对冗官现象上的宋、明之异，也未能加以比较。

② 张仲礼：《中国绅士——关于其在19世纪中国社会中作用的研究》，第127、131页。

③ 唐斯：《官僚制内幕》，中国人民大学出版社2006年版，第168页以下。

七　编任资格的等级管理

针对古代官吏的正编、非正编(或正员、员外)现象,本书揭举"编任资格"概念,用以指称与编制、员额及任职的正式化程度相关的等级身份问题。我们认为,正编与非正编之别是一种品位安排,从本质上说,它是一种人员的身份等级。从职位结构方面看,非正编官吏所承担的权责任务(暂不考虑无权责者)与正编者没有区别,都是帝国行政的有机成分;但从人员的身份看,官、吏及职役却有正编与非正编之别。问题就由此发生了。以较深底色表示身份较低,示意如图 3.6:

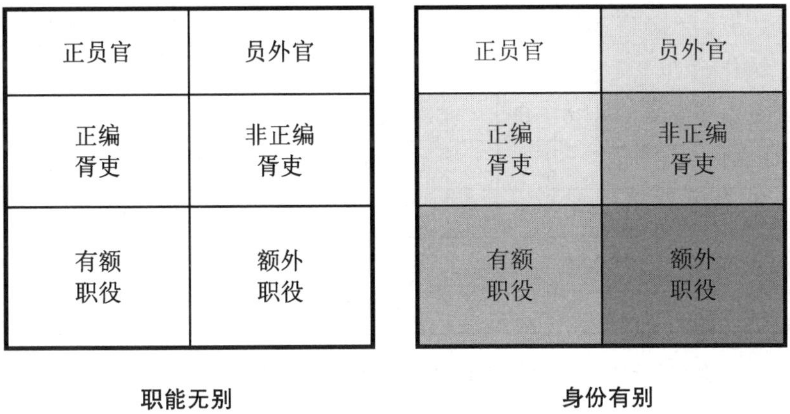

正员官	员外官
正编 胥吏	非正编 胥吏
有额 职役	额外 职役

正员官	员外官
正编 胥吏	非正编 胥吏
有额 职役	额外 职役

职能无别　　　　　　　　　　**身份有别**

图 3.6

中国古代的编任资格,可以从如下方面观察:

1. 承担了同类职务的人员,有的是正编,有的却不是,其身份、待遇有异。

2. 正编与非正编的关系,有时表现为候补、见习人员与正任的区别,并可以转化为正任。

3. 非正编人员有时具有长官私属身份,正编与编外呈现出公共性或私人性的差别来。这还涉及了任命方式之异,有朝廷任命的,有官吏私聘的。

4. 非正编人员的管理,有时比较简捷,有时就很细密,甚至被品位化,即采用位阶加以管理。

5. 编外官也可能并不任事,只是挂名,这时它们因无权责而变成品位性官职。

先看一份东汉九卿员吏表(表3.7)[1]:

表3.7

官署	员吏	四科	二百石	文学	百石	斗食	佐	假佐	狱史	骑吏	官医	法家	学事	守学事
太常	85	12			13		15	5		15			9	16
光禄勋	44	10			3	1	2			6	1		8	13
卫尉	41	9	2	3		12					1		12	
太仆	70	7	1	8		6	7	3		6	1		31	
廷尉	140	11	16	16			27	30	13	26	1			
大鸿胪	55	6	2	6		1	14			6	5		15	
宗正	41	6			4		3			6	1	2	18	
大司农	164	18	16	20		9	25				1		75	
少府	34	1	1		5	4	3		6		1		13	

表格左侧"员吏"栏所列,是九卿官署中的吏员总数。再从左向右看,二百石、百石、斗食、佐是4个秩级;文学、狱史、骑吏、官医、法家,是不同的职名;"四科"是一种拥有特定辟召资格的吏员[2];"假佐"似是"佐"的增编,应有候补或见习性质;最后是"学事"与"守学事","学事"应是一种见习吏员,"守学事"应是更低的见习吏员。可见各种吏员除了以秩级、职事为别,还以"编任资格"为别。假佐、学事、守学事三者,都是与"编任资格"相关的概念。它们也有编制、有员额,在"员

---

① 制表据《续汉书·百官志二》及《百官志三》注引《汉官》。

② 《汉旧仪》:"故令丞相设四科之辟,以博选异德名士,称才量能,不宜者还故官。"四科即德行科、明经科、明法科、治剧科。《汉官六种》,中华书局1990年版,第69页。

吏"之内,但只是候补或见习编制。

从战国到秦汉,除了员吏之外,还能在官署中看到大量的非员吏,他们也承担着各种公务。邹水杰君对汉代县廷的研究显示:"当时县廷中存在两部分人,一部分是按制度辟署的主吏掾或令史、尉史等属吏,另一部分是县令长自行招聘的宾客私吏,如客、舍人等由令长私府供养的人。"①海西县员吏只有22人,县吏若以60人计,则县令自辟的达40人左右,几乎是员吏的一倍。据尹湾汉简木牍五,东海郡"掾史见九十三人",其中只有25人是"员吏",还有15人是长官自辟的门下私吏,有13人"以故事置",有29人"请治所置",还有"赢员"21人②。正编的员吏只占27%,长官私吏及增编、超编、编外吏几乎是员吏的3倍。他们有的有员额,有的无员额;有的有秩级,有的无秩级;有的由公款支付薪俸,有的长官自行供养;任命时有的要上报,有的不须上报,太守自己做主。

秦汉之员吏,有职吏与散吏,以及见习吏、候补吏之分;员吏之外,还有一大批非正编的私吏。对某些非职吏,朝廷也设置了员额。编任资格较低之人员,有转换身份的机会,如假佐升为佐,守学事升为学事、进而升为正编吏,以及由散吏升为职吏③。可见,编任资格是有等级的、可晋升的。

官僚权贵往往养着很多"客",或"舍人""庶子",即私人的门客、随从。铭文或简牍显示,舍人协助县官处理公务,参与官器的铸造④。

---

① 邹水杰:《简牍所见秦汉县属吏设置及演变》,《中国史研究》2007年第3期。

② 连云港市博物馆等编:《尹湾汉墓简牍》,中华书局1997年版,第100页。

③ 例如儿宽本为廷尉从史,属于散吏。后因起草奏文时表现出众,被廷尉张汤提升为廷尉掾史,变成了职吏。参看《汉书》卷五八《儿宽传》。散吏,张晏释曰:"不署为列曹也。"颜师古释曰:"从史者,但只随官僚,不主文书。"

④ 例如《上林宣曲宫鼎铭》:"上林宣曲宫初元二年(前47),受东郡白马宣房观鼎,容五斗,重十九斤六两。神爵三年(前59)卒史、舍人、工光造,第十五、第五百一十一。"孙慰祖、徐谷富编:《秦汉金文汇编》,上海书店出版社1997年版,第50页。可见"舍人"与正吏、工役一同参与了公器铸造。

王朝还从大臣的舍人中选拔郎官①,承认了舍人的入仕资格。至于为太子配置的舍人、庶子,已变成正式职名了,且有秩级。其他高官的舍人,逐渐有了员数②。魏晋中书省的中书通事舍人,是作为正式吏员而设置的。中书舍人在唐朝还成了清官要职。舍人、庶子在最初只是私客或家吏,但在战国汉唐的官制进化中,其"编任资格"在不断变化着,某些舍人、庶子由编外变成了正编。

晋朝的员吏中,仍有"职吏"和"散吏"之别,参看表3.8③:

表 3.8

	户数	职吏	散吏	总数	散吏比例
郡国	万户以上	69	39	108	36.1%
	户五千以上	63	21	84	25.0%
	户不满五千	50	13	63	20.6%
县	三千户以上	88	26	114	22.8%
	千五百户以上	68	18	86	20.9%
	千户以上	53	12	65	18.5%
	五百户以上	40	8	48	16.7%
	三百户以上	28	6	34	17.6%
	不满三百户	18	4	22	18.2%

散吏也就是"冗吏"。秦朝官职已有很多冠以"冗"字的了④。汉代的

---

① 如李斯先做了吕不韦的舍人,而后被推荐为郎。大将军卫青家的舍人有一百多人,汉武帝曾派人到其家,挑中两个舍人做郎。

② 《续汉书·百官志一》注引《梁冀别传》:"增(大将军梁冀)掾属、舍人、令史、官骑、鼓吹各十人。"魏晋诸王府、大将军府可置舍人10人,诸公及开府位从公加兵者可置舍人4人,参看《晋书》卷二四《职官志》。

③ 据《晋书》卷二四《职官志》。

④ 《周礼·地官·藁人》贾公彦疏:"冗,散也。外内朝上直诸吏,谓之冗吏,亦曰散吏。"《十三经注疏》,中华书局1980年版,第750页中栏。睡虎地秦简中有"冗隶妾""冗皂""冗吏""冗长""冗边",张家山汉简中有"冗祝""冗作"。广濑薰雄把"冗"解释为"没有固定的服役义务",见其《张家山汉简所谓〈史律〉中有关践更之规定的探讨》,收入武汉大学中国传统文化研究中心编《人文论丛》(2004年卷),武汉大学出版社2005年版,第282页。

"从掾""从史"也是散吏①。有的学者认为,散吏没有具体职事,近于散官②。散吏虽然没有专职,不署曹,但也可能有差使,比如给职吏做助手,或畜牧、劝农等③。在服饰上,若干身份较低的非正编吏役,不能穿文官的皂色官服,只能穿平民的白衣,所以被称为"白衣吏"④。

魏晋以下官、吏逐渐分途,所以编任资格的问题,要从官、吏两个层面看。南北朝的官职任命,有"除""行"或"板"三种形式。"除"即吏部正除,是朝廷正式任命者;"行"就有暂任、增编的意思了;此外还有"板"或"板行",指不由吏部任命,而由长官自行选任者。比如参军,就有正除参军、行参军与板行参军三种。吏部授官称"敕署",府主授官称"府署"。而薪俸也有"正秩""减秩"和"不言秩"三种情况,"减秩"者的俸禄按一定比例减少,"不言秩"者就没有禄秩了。如"皇弟皇子府长史,千石;皇弟皇子府板长史,不言秩"。"板者皆不言秩",是说板授的官员没有薪俸。汪征鲁先生对"减秩""不言秩"问题有很好的研究,他指出减秩、不言秩的官职,一般具有私属吏或起家官的性质⑤。陈朝的将军,如果是板授的,就没有俸禄,其官品比正除者低一品。正除的军号"并假给章印绶",板授者就只给朱服、武冠了(当然也有"不

① 严耕望:《中国地方行政制度史 甲部 秦汉地方行政制度》,台北"中研院"历史语言研究所 1990 年版,第 116 页;《中国地方行政制度史 乙部 魏晋南北朝地方行政制度》,台北"中研院"历史语言研究所 1990 年版,上册第 264 页以下。

② 陈仲安、王素:《汉唐职官制度研究》,中华书局 1993 年版,第 93 页。又王俊梅的《秦汉郡县属吏研究》对散吏也有讨论,中国人民大学 2008 年博士论文,第 35 页。

③ 《汉书》卷五八《兒宽传》:"见谓不习事,不署曹,除为(廷尉)从史,之北地视畜数年。"《晋书》卷二四《职官志》:"散吏为劝农。"

④ 《汉书》卷七二《龚胜传》:"闻之白衣"句颜师古注:"白衣,给官府趋走贱人,若今诸司亭长掌固之属。"《宋书》卷八三《吴喜传》:"为领军府白衣吏。"俞正燮云:"《隋书·百官志》云:'凡州郡县,各因大小置白直供其役。'即白衣也。"《癸巳类稿》卷十一《少吏论》,商务印书馆 1957 年版,第 423 页。

⑤ 汪征鲁:《魏晋南北朝选官体制研究》,福建人民出版社 1995 年版,第 175 页。

限板、除,悉给印绶"的军号)①。

魏晋南北朝及唐代有"正员"与"员外"概念。"员外"就是编外增置之位,如员外散骑常侍、员外散骑侍郎、员外司马督、员外羽林监等。隋唐尚书二十四司的员外郎,还变成了正编职官。武则天时大行"员外""试官"之法,员外官一度多达 2000 余人,"给俸禄,使厘务,至与正官争事相殴者",有时因为跟正员官争夺事权,竟打起了架。后来朝廷废止了员外官之厘务②。唐高宗时,竟然还衍生出了"员外同正员"的官称,其编任资格,高于"员外"而低于正员。员外官只给半俸,加了"同正员",其禄、俸、赐就跟正官相同了,只是没有职田。天宝之时,两京九品以上官每月给俸增加十之二,"同正员"增加十之一③。

宋朝有"添差官",属于正员之外的差遣。添差官有厘务的,也有不厘务的,数量颇大。南宋孝宗末年通州、真州的盐官,正任者只有数员,添差不厘务的官却有 63 员④。南宋高宗、孝宗时的添差官,可以达到正任官人数的 1/4。李勇先先生称之为"中国官制史上一个十分特殊的历史现象"⑤。从编任资格的角度看,从秦汉到魏晋南北朝,以至唐宋,超编、编外都是普遍现象,不算特殊。只是问题严重不严重罢了。

宋朝吏胥的超编现象,也相当严重。宋真宗一次裁减天下冗吏,就达 195000 余人。南宋额外置吏往往数倍甚至十倍于定额,州吏尤甚⑥。其时对吏胥编任资格之管理,有"正名""守阙""私名"概念。正名即正任、正编吏。"守阙"表示其为候补待任者,例如正名的主事、书令史、守当官之外,又有守阙主事、守阙书令史、守阙守当官。守阙与

———————————

① 《隋书》卷二六《百官志上》。
② 《新唐书》卷四五《选举志下》。其时的增编之官,还有检校、敕摄、判知、斜封等名目。
③ 《通典》卷十九《职官一》,中华书局 1984 年版,第 107 页上栏;《新唐书》卷五五《食货志五》。
④ 《宋会要辑稿·职官》四三之四四,中华书局 1957 年版,第 84 册第 3295 页下栏。
⑤ 李勇先:《宋代添差官制度研究》,天地出版社 2000 年版,自序第 1 页。
⑥ 苗书梅:《宋代县级公吏制度初论》,《文史哲》2003 年第 1 期。

"正名"的关系,大约类似汉朝"假佐"与"佐"的关系。"私名"是非正编的人吏①,来自招募②。像"私名贴司"一职,就具有见习吏的性质。非正编吏还有称"习学"的。私名的吏胥若打算晋升为正名,就要参加考试。私名贴司经考试,可以晋升为正名贴司③。北宋前期,每年参加考试的编外吏员有 150 余人,试补名额约二三十人④。守阙、私名,其实都有定编。可见宋朝把正任吏员、初任吏员和非正任吏员之别正式化了。对非正编的吏胥,给予他们通过年资、业绩与考试而转正的机会,是可以发挥激励作用的,然而吏胥的管理也由此复杂化了⑤。

明清官员的超编现象明显缓解,吏胥的超编则依然故我。各衙门中的掌案、主文、写发、书手、算手、贴书等,与正式吏员同处,是编外胥吏。宛平县的经制吏只有 38 员,但另有书办 18 名⑥,编外吏是正编吏的 47%。书手有时是胥吏自行雇用的。海瑞云:"书写,胥吏职也,彼

---

① 龚延明先生云:"私名:吏名。属招收的非正式编制内的人吏,掌抄写书局文字。"《宋代官制辞典》,中华书局 1997 年版,第 261 页。

② 尚书省各司的吏胥,主要来自召募。应募需要保人。缺人时由各司申报尚书都省,看验应募者的人材及书札,再申牒御史台复试书札,便正式收补为"私名"。《宋会要辑稿·职官》四之三:"景德四年正月七日敕,诸行私名已有定额,候阙方得更收。"第 61 册第 2438 页上栏。

③ 对私名吏胥,朝廷每年派近臣和铨选官员试律三道,及格者升补正名。后来还采用了锁院、巡搜、弥封之法,并增加了口试。参看朱瑞熙:《中国政治制度通史》第 6 卷(宋代卷),人民出版社 1996 年版,第 715—716 页;林煌达:《南宋吏制研究》,嘉义中正大学历史研究所 2001 年博士论文,第 148 页以下。

④ 祖慧:《宋代胥吏的选任与迁转》,《杭州大学学报》1997 年第 2 期。

⑤ 据祖慧先生研究,宋代额外吏员的身份,实际更为复杂。例如私名又有入额编排者、未入额编排者两大类。正额私名的头几名方有微禄,其余的大多没有请给。未入额编排者也有员额。地方上又有很多无员额的私名,是公人私置的随从或打手,可算是第三类了。此外胥吏中的"习学公事",也是一种见习吏员资格。见其《宋代胥吏溢员问题研究》,《中国史研究》1998 年第 3 期。

⑥ 沈榜:《宛署杂记》卷三《职官》,北京古籍出版社 1982 年版,第 25 页。

或不能,自募书手代之,亦其本分。"①但与宋朝不同的是,明清对超编吏胥的管理简化了。各衙门中的掌案、主文、写发、书手、算手、贴书等编外吏职,与宋元的候补吏员有别,"因为他们并不可以在一定期限内递补正式吏职,身份没有改变的可能"②。他们不能像宋代的守阙、私名那样,通过年资与考核而成为正编吏员。

清朝的经制吏,有供事、儒士、经承、书吏、承差、典史、攒吏等;编外书吏,则有贴写、贴书、缮写、清书、小书等名目。此外还有"白役",是地方官府额外增设的职役,他们在正役指使下承担各种差使。最初"白役"被朝廷严禁,后来却逐渐成了官府不可缺少的人手,在光绪时还列入了卯册。还有花钱买的挂名书吏,他们借官府的招牌为非作歹,却并不到职办事,只是提供纸笔之费而已。非经制吏,倒是可以转为经制吏员的。例如都察院、科道及地方衙门的贴写,可以被选拔为额设书吏,有时候也有考试③。但这个制度意义已不大了,因为清廷又规定,吏胥满5年必须离役。尽管离役时可以考职,但实际出路非常狭窄;对大部分人来说,胥吏生涯就到终点了。就算他们改名换姓、又设法混进了别的衙门,仍得从头开始。

清朝的幕友、长随,也可以在"编任资格"的概念下加以观察。幕友制度大约发源于明末④。郑天挺先生将其上溯到战国秦汉的客、舍人与门下史⑤,颇具卓识,从"编任资格"看他们确实具有类似性、可比性。在清朝,上至督抚、藩臬,下至府州县,都聘用幕友协理公务。幕友

---

① 《海瑞集》,中华书局1962年版,上册第41页。

② 赵世瑜:《吏与中国传统社会》,浙江人民出版社1994年版,第131—133页。

③ 朱金甫:《清代胥吏制度论略》,《清史论丛》(1994年号),辽宁古籍出版社1994年版;王雪华:《清代吏胥制度研究》,武汉大学2004年博士论文,第60页。

④ 陈宝良:《明代幕宾制度初探》,《中国史研究》2001年第2期。

⑤ 郑天挺:《清代的幕府》,收入《清史探微》,北京大学出版社1999年版,第271页。

总数也许在 7500 人到万人左右①,他们不在编制官额之内,但"无幕不成衙",其职能却是帝国行政的固有部分。"掌守、令、司、道、督、抚之事,以代十七省出治者,幕友也。"②刑名、钱谷师爷的年修高者可达 1440 两,低的也有 360 两,小席师爷也得数十两③。养活幕友的总花费,恐怕每年要数百万两白银,但这笔钱朝廷就是不出。汪辉祖说幕友"岁修所入,实分官俸,亦在官之禄也"④。其实长官的官俸自己都不够花,养幕友的银子另有来路。"长随"本是官僚的家人,但"他们与吏役一样,虽'无官之责',但'有官之权'。他们事实上成了地方行政运作中的有机组成要素"⑤。幕友、长随的职能是公共性的,其身份却是私人性的。

尽管幕友是"编外",朝廷仍然为之订立了若干管理措施⑥。乾隆时吴应宗曾建议,为幕友设定品级、职称和员额⑦。这显然就将大大提

---

① 据瓦特估计,18 世纪末幕友约 7500 人。转引自《剑桥中国晚清史》,中国社会科学出版社 1993 年版,第 157 页。也有人认为,全国有 1500 多个州县,每州县的幕友少则二三人、多则十数人,总计不下万人。再加上督抚司道的幕友,数量就更可观了。李乔:《中国的师爷》,商务印书馆 1995 年版,第 3 页。

② 韩振:《幕友论》,《皇朝经世文编》卷二五《吏政十一》,台北文海出版社 1966 年版,第 921 页。

③ 可参李乔:《中国的师爷》,第 149—150 页。按,除年修之外,幕主还须另行支付伙食钱。高浣月:《清代刑名幕友研究》,中国政法大学出版社 1999 年版,第 30—31 页。

④ 汪辉祖:《佐治药言》,商务印书馆 1937 年版,第 1 页。

⑤ 郭润涛:《清代的"家人"》,《明清论丛》第 1 辑,紫禁城出版社 1999 年版。

⑥ 这些措施,包括不得聘用亲友为幕友;本省或邻省五百里之内之人,不得聘为幕友;幕主迁转新职,幕友不得相从;幕满五年须更换;不得续聘前任之幕友;等等。这些措施往往流于虚文。福尔索姆:《朋友·客人·同事:晚清的幕府制度》,中国社会科学出版社 2002 年版,第 52 页。

⑦ 萧奭《永宪录》卷二上:"乾隆元年,兵部右侍郎吴应宗请督抚设七品幕职二员,两司设八品记室二员,府州县设九品掾司一员。"中华书局 1959 年版,第 95 页。其事"后皆不果行"。又见徐珂:《清稗类钞·幕僚类·幕僚定品级》,中华书局 1984 年版,第 3 册第 1380 页。

升幕友的编任资格,使其身份向"正编"靠近。但建议没有落实。有人认为,无法落实的原因在于所定品级太低,会降低幕友地位,并减少薪水①。看来幕友的既得利益,也阻碍了幕友资格的正式化。朝廷与幕主、幕友,都没有把幕友资格正式化的强烈意愿。

晚清终于出现了幕友的"职官化"②,张之洞"废聘请馆宾而札委文案,幕宾制度永除"③。馆宾的任用是"聘请",文案委员则是"札委",即正式任命④。1907 年清廷颁布《各省官制通则》,令督抚衙门的幕职分科治事,由此幕友被纳入职官体系,由编外变成正任⑤。

官、吏、幕、长随、职役之分,本身也是一种编任资格体制。明末的侯方域估计,天下吏胥有 30 万以上⑥。费正清说,清代官僚机构的人手总数,若把阍人、差役、轿班都算上,无疑有上百万人;但真正有官衔的,不会超过三四万人⑦。据王雪华博士估算,仅仅州县衙门中的吏

① 福尔索姆:《朋友·客人·同事:晚清的幕府制度》,第 54 页。

② 张敏:《晚清的幕府与官僚制度》,《上海社会科学院学术季刊》1994 年第 1 期;杨国强:《百年嬗蜕:中国近代的士与社会》,上海三联书店 1997 年版,第 95 页。

③ 刘禺生:《世载堂杂忆·张之洞罢除宾师》,中华书局 1960 年版,第 48 页。

④ 按,委员原指临时委派的监督或调查人员,后来变成了委派人员的正式职称。参看郑天挺:《清代的幕府》,收入《清史探微》,第 308 页。

⑤ 黎仁凯:《晚清的幕府制度及其嬗变》,《河北学刊》2004 年第 3 期;关晓红:《从幕府到职官——清季外官制改革中的幕职分科治事》,《历史研究》2006 年第 5 期。

⑥ 侯方域《额吏胥》:"吏胥日以伙,每县殆不止千人矣。……今天下大县以千数,县吏胥三百,是千县则三十万也。"《侯方域集校笺》,中州古籍出版社 1992 年版,上册第 534—535 页。又清人游百川《请惩治贪残吏胥疏》:"州县为亲民之官,所用吏胥本有定额,乃或贴写,或挂名,大邑每至二三千人,次者六七百人,至少亦不下三四百人。"《皇朝经世文续编》卷二二《吏政七》,台北文海出版社 1972 年版,第 617 页。极端的例子是道光朝的四川巴县,衙役达 7000 人之多。刘衡:《蜀僚答问》,引自《牧令书》卷十七《刑名上》,清道光二十八年刻本,电子扫描版,第 44 页。清代四川巴县的吏役,可参李荣忠:《清代巴县衙门书吏与差役》,《历史档案》1989 年第 1 期。

⑦ 费正清:《美国与中国》,世界知识出版社 1999 年版,第 106 页。

胥,就有 130 万人[1];据周保明博士估算,清朝有近 200 万差役[2]。若把粮快、捕快、壮班、禁卒之类,以及幕友、长随、里甲什么的都算上,为帝国政府效力的非正编人员,数量肯定是非常庞大的。从职能说,他们大都是官僚体制的有机成分。然而今人往往视而不见,在统计"官民比"时造成严重低估。还有人因正编官员只有几万人,官数太少了,而生发了"县级以下自治"的误解[3]。在讨论传统乡里组织时,还有人用"从乡官制到职役制"概括历史前后期的变迁,其实那只是个编制资格的问题,似乎并没有论者所夸张的那么大意义。

　　总之,编任资格问题,其所造成的等级身份差异,在历代都存在。编任资格的意义,要从非正编吏员与非正编官员两个层次看:第一,非正编吏员给官府提供了足够人手,而且是廉价人手;其生计多由长官筹

---

[1] 王雪华:《清代吏胥制度研究》,第 52 页。她以全国 1300 个州县、每州县有吏胥 1000 人来统计。其中包括经制吏、非经制吏及大量挂名吏胥。

[2] 周保明:《清代地方吏役制度研究》,华东师范大学 2006 年博士论文,第 129 页。据嘉庆上谕,仅直隶一省百余州县,就有差役十余万。"按照这个估计推而广之,全国有近 200 万差役当不在话下。"

[3] "基层自治"是一种很有影响的论点。韦伯认为,"事实上,中华帝国正式的皇权统辖权只施行于都市地区和次都市地区。出了城墙之外,中央权威的有效性便大大地减弱乃至消失"。《儒教与道教》,江苏人民出版社 1993 年版,第 110 页。古德认为:"在中华帝国统治下,行政机构的管理还没有渗透到乡村一级,而宗族特有的势力却一直维护着乡村社会的安定和秩序。"《家庭》,社会科学文献出版社 1986 年版,第 166 页。费孝通先生说:"皇权统治在人民实际生活上看,是松弛和微弱的,是挂名的,是无为的。"《乡土中国·生育制度》,北京大学出版社 1998 年版,第 63 页。田成有先生认为,自秦朝以来中央政府的权力机构只达到县一级,且县以下留有广阔的未完全实现有效管理的空间。《乡土社会中的民间法》,法律出版社 2005 年版,第 51—52 页。这类论点已遇到广泛怀疑。秦晖先生指出,家族与宗族并不能提供有效的乡村"自治"资源,乡村也并不处于"无政府状态"。见其《传统中华帝国的乡村基层控制:汉唐间的乡村组织》,收入《传统十论:本土文化的制度、文化及其变革》,复旦大学出版社 2003 年版,第 44 页;《农民中国:历史反思与现实选择》,河南人民出版社 2003 年版,第 252 页。我们认为,从制度上说,传统农村是一个编户齐民的社会、官吏管理的社会;虽然官吏的行政管理经常失效,但不等于制度上允许"自治"。

措或自行解决,大大减轻了财政负担;他们由长官自聘,也简化了朝廷的人事管理;非正编人员进入正编,构成了一种选拔机制。但非正编吏员靠收费纳贿为生,成为吏治的痼疾。第二,非正编官员造成了人浮于事、编制臃肿,降低了行政效率;他们的俸禄增加了财政负担;朝廷有时设置专门的位阶来管理他们,增加了人事管理的复杂性。至于其历代变化,大致如下:

1.秦汉的等级编任资格,主要用于管理吏员。在行政效果上,其积极意义相对较大。

2.魏晋南北朝与唐宋的等级编任资格,既用于管理吏员,也用于管理官员,其制度细密、品位烦冗。

3.明清的等级编任资格,主要用于管理吏员,其制度相当简化,利弊相兼。

此外"试守"制度,也可以在"编任资格"概念下加以观察。汉代若干官职,任命后有一年试用期,称"试守",其时不给全俸①。有人认为试守官员领半俸②,也有人认为是先拿原秩级的钱③。此外,也可能是给低一级的俸禄,即如六百石的试守者,给比六百石之俸;三百石官的试守者,给比三百石之俸④。明朝也有试官、署官制度:京官初仕要试用一年;低级官员若授较高之官,限于资历,须经一段时间的暂署⑤。那么试用官与正任官,在身份上是有区别的,也算是一种"编任资格"之别。

---

① 《汉书》卷十二《平帝纪》注引如淳:"诸官吏初除,皆试守一岁乃为真,食全奉。"

② 吕宗力主编:《中国历代官制大辞典》,北京出版社1994年版,第558页。

③ 何德章先生云:"东汉时低级官吏升任高级官吏仍须保留原秩石等级试用一年。"《中国俸禄制度史》第2章,武汉大学出版社1996年版,第34页。

④ 《后汉书》卷四《和帝纪》注引《汉官仪》:"羽林郎出补三百石丞、尉,自占。丞、尉小县三百石,其次四百石,比秩为真,皆所以优之。"语中所提到的"比秩为真",就反映了在"为真"之前的试守期中,一般使用"比秩"。"皆所以优之"是指给了羽林郎外补的较优待遇,允许他们直接"为真"拿全俸。

⑤ 张德信:《明朝典制》,吉林文史出版社1996年版,第262页。

第四章　品秩的构成要素三:薪俸

官员承担公职,其主要寻求之一就是经济回报。晚清谴责小说《官场现形记》有言:"千里为官只为财","统天底下的买卖,只有做官利钱顶好"①。现今很多店铺都供财神爷。很有趣的是,中国的文财神、武财神,全都戴着官帽子②。

作为官员法定报酬的薪俸,是品秩的一种构成要素;或者换个说法,品秩是发放薪俸的一个尺度。薪俸是王朝对官员履行公务的报酬,同时也是实施政治行政调节的手段,甚至是一种社会分配的形式。不同的薪俸额度与样式,适应于不同的政治形态,可资窥探传统官僚体制的很多奥秘。

一　薪俸的分析

古人有言:"无功不受禄。"就是说,"禄"应该与"功"相称。薪俸发放的最基本原则,就是按劳取酬。"劳"是可以计时计量的,同时还涉及权责、技能、环境等条件。劳务较重、权责较大、技能较高、工作条件较艰苦,则定薪较高。清朝的胥役,捕快每年的工食银达十一二两,皂隶、禁卒约 6 两,钟鼓夫才 1 两多,这是因为捕快的责任重、风险大。

---

① 《官场现形记》第二回"钱典史同行说官趣 赵孝廉下第受奴欺"、第六十回"苦辣甜酸遍尝滋味 嬉笑怒骂皆为文章",百花洲文艺出版社 1989 年版,第 18、1099 页。

② 李英豪编著:《吉祥民神》,辽宁画报出版社 2000 年版,第 12—13 页。

不过不能由此认为，薪俸仅仅是一个按劳取酬的问题。"按劳取酬"只是规划薪俸的原则之一，却非全部，此外还有更多考虑。在官僚组织内部，薪俸的额度和样式是政治行政调节的手段，如同杠杆一样，善加利用就可以提高行政效率、改善人员管理，调节不同政治势力的利益分配。在"官本位"的体制下，不能认为薪俸仅仅是"劳务报酬"，它也可能具有"身份报酬"的性质。而在官僚组织外部，官僚收入事涉社会分配，因而也是政权性质与政治形态的体现之一。

下面，我们来推敲在薪俸的安排上，可能发生哪些等级管理问题。

有俸与无俸　古罗马共和国的官员没有薪酬，那是很特殊的①。在中国古代，大多数的情况下官员有俸。但也不能一概而论，因为还存在着无俸的官职。例如在战国、秦及汉初的一段时间里，"宦皇帝者"职类没有薪俸，他们靠君主直接提供廪食。这是一种情况。北魏前期百官无俸，则是部落传统的影响：部落大小首领各有各的生计，用不着部落领袖统一提供俸禄。这是第二种情况。唐朝后期，散官、试官、散试官、检校官（或大部分检校官）无俸，这些品位性官号主要用来维系地位、计算官资。这是第三种情况。

丰厚与微薄　俸额是薪俸最重要的问题。有些王朝为官僚提供了优厚薪俸，有些王朝则采用薄俸政策。薄俸减轻了政府与民众负担，但会推动官吏寻求法外收入，使贪污纳贿普遍化，并招致社会谴责；厚俸虽满足了官僚的经济要求、降低了官僚抱怨的音量，但又造成沉重的财政负担，增加管理的复杂程度和赋税的沉重程度。厚俸与薄俸，无疑是探求其时官僚政治特点的一个入手处。

形态与项目　现代薪俸的形态，通常是货币工资。货币工资性质单纯，可以大大简化和精确量化薪俸的支付，从而降低管理成本。而在

---

① 在古罗马，官职没有薪俸，而是一种荣誉。所以"光荣、荣耀"与"官职"是同一个词（honos），官阶则被称为"荣誉进程"（cursus honorum）。参看陈可风：《罗马共和国时期的国家制度》，东北师范大学历史系 2004 年博士论文，第 53 页。

中国古代,官员的报酬还可能采用田土、人力、谷物、绢帛、货币等不同形态。直接给予田土、人力的做法相当原始,谷物俸禄就先进得多了,货币薪俸的进化程度最高,与现代相同了。同时,文官的薪俸与开支往往又由多种项目构成,以便更精细地计算支付,比如今天的工资条上就有繁多项目。但薪俸的项目结构,在各时代的简洁与繁复程度也不相同。薪俸形态与薪俸项目在理论上有4种组合:形态与项目都简单、形态与项目都复杂、形态多样而项目简单、形态简单而项目多样。周代的采邑与禄田,以及汉代的禄秩,可以归入"形态和项目都简单"一类;唐宋薪俸包括田土、人力、谷物、货币等多种形态,其项目也是复杂化了的;清朝薪俸主要是银两,形态简单,在长官实际可支配的开支中一度包括多种项目,但后来简化了不少。

年资与退休 年功工资和退休金,是在"按劳取酬"基础上,进一步考虑"人"的因素,针对整个公职生涯而提供的报酬。它超越了简单的"按劳取酬",是"人性化"了的。中国古代与年资相关的薪俸,一般要以"阶"为中介环节,即通过考满进阶,进而据阶加俸。汉代大部分时候,官员致仕之后即无俸禄,除非皇帝特赐。唐宋官僚的致仕待遇相对优厚,明清再趋简薄。

京官与外官 中央官与地方官的薪俸,很多王朝分开处理。这个道理也很简单。京师的工作条件与政治机遇,通常优于地方;而地方的情况,又是千差万别的。不过,有些时候外官厚而京官薄,有些时代外官薄而京官厚。还有更复杂的情况,如唐前期俸禄,从官俸和手力说,厚于京官而薄于外官;而从职田看,外官多于京官。即就外官而言,也可能有不同处理。东汉县官之秩分三百石、四百石、六百石、千石四等,郡守则都是二千石,朝廷另从仕途上区别大郡、小郡,即如小郡迁大郡之类。这一点,本书第二章第五节已经叙及。

正任与非正任 薪俸是管理编任资格的手段之一。通常的情况,是正编官吏薪俸较高,增编、编外者往往不给全俸,候补、见习、试用者不给全俸,甚至无俸。历史后期,大量的编外吏胥只能以收费纳贿为生。

高端与低端　在安排级差时,往往还要考虑激励规律:在金字塔式的组织中,越到高层职位越少,晋升的可能性越小,这时候就要加大高端的薪俸级差,以期构成足够的激励①。所以通常的情况,是薪俸的低端级差小,薪俸的高端级差大。中国古代亦然,各代薪俸都遵循着这一规律。然而高低端的薪俸差,在各时代并不相同。北周高低差(本书指高端数值相对于低端数值的倍数)最大,九命与一命的高低差竟达80倍;清朝的九品官俸的高低差最小,只有5.7倍。

正式收入与法外收入　各朝官僚都存在着法外收入的问题。明清官僚薪俸微薄,并不意味着其实际收入只有那么一丁点儿。统治者也很明白这一点。那么问题还要以这种方式提出:皇帝是否愿意把官僚的实际收入正式化,实行所谓"高薪养廉",把灰黑收入洗白? 清廷后来实行的"养廉银"制度,就起源于法外收入("火耗"等)的正式化。

薪俸提供者　薪俸来自国家财政,这是最简单的做法。然而即令现代政府也不完全如此,也有单位自筹及收费发薪,甚至创收发薪的情况。在传统中国,情况就更复杂了。周朝卿大夫以采邑为生计,士以禄田为生计。就算采邑与禄田是国家授予的,退职要交还,田土的收获也依赖于个人经营,不能认为出自国库。汉朝地方长官的自聘之吏,其报酬未必都出自官库,恐怕有相当部分是长官自行供养的。清代的幕友、长随承担着地方行政,其身份却是长官私属,也由长官个人供养。清朝吏胥的工食银,只有一部分来自官署公费,还有很大部分来自非正式的收费,朝廷听任他们利用公职自谋生计。

减俸　战国谷禄与年成的丰歉相关,歉年减俸:"岁馑,则仕者大夫以下皆损禄五分之一。旱,则损五分之二。凶,则损五分之三。馈,则损五分之四。饥,则尽无禄,禀食而已矣。"②北周也有类似制度:"凡

---

①　张维迎:《产权、激励与公司治理》,经济科学出版社2005年版,第305页。

②　《墨子·七患》,孙诒让:《墨子间诂》,中华书局2001年版,第26页。

颁禄,视年之上下。亩至四釜为上年,上年颁其正。三釜为中年,中年颁其半。一釜为下年,下年颁其一。无年为凶荒,不颁禄。"①此外,在因战争或其他原因造成了财政困难时,朝廷也会减俸。

非薪俸性质的正式收入　官员可能依勋官受田、依爵位食封的现象,提示了"非薪俸形态的正式收入"问题的存在。依勋官而受田、依爵位而食封,这样的收入,显然不宜看成薪俸,但却是官吏的一份正式收入。此外还有"赏赐"问题。皇帝经常对官员进行赏赐。除了对个人的赏赐外,也有经常性的甚至定期的普赐。赏赐的性质与意义显然跟薪俸不同,这是我们所当辨析的;而且赏赐也有等级问题,赏赐等级若与品秩不一致,就能提示其时等级秩序另一些细微之处。

单俸与兼俸　有人说:中国古代"官吏的俸给都是一职一俸,俸禄由职务确定,任什么职就拿什么俸,任职相同的官吏,都领取相同的俸禄"②。然而古代还存在散、阶、勋、爵等多种位阶,官僚的总收入可能来自不同位阶。而且官僚可以通过兼官与加号,领取多份薪俸。一人一职一俸,可称"单俸";一人多衔多俸,可称"兼俸"。

秦汉已有兼官之事,但并不多见。魏晋以下就极为普遍了,因兼官而兼俸的现象,史传屡见。南北朝还有这样的做法:让州府僚佐如长史、司马,兼带境内的某一郡守、县令,北朝还让中央官兼带地方郡守、县令。而兼带的目的之一,就是让这位官僚多领一份薪俸。例如北魏的裴聿、中书侍郎崔亮都很穷,孝文帝"欲以干禄优之",就让裴聿带温县令、崔亮带野王县令,使之脱贫③。唐开元之后,"宰相杨国忠身兼数官,堂封外月给钱百万。幽州平卢节度使安禄山、陇右节度使哥舒翰兼使所给,亦不下百万";宋徽宗时"三省、密院吏员猥杂,有官至中大夫,

---

① 《隋书》卷二七《百官志中》。

② 张明武:《论南京国民政府公务员俸给制度现代化变迁》,《江汉论坛》2006 年第 11 期。

③ 高敏:《北朝州府僚佐以本职带郡、带县制度的始行年代与原因试探》,收入《秦汉魏晋南北朝史论考》,中国社会科学出版社 2004 年版。

一身而兼十余奉"①。明朝大学士,兼二职则领二俸,兼三职则领三俸。少保、户部尚书兼武英殿大学士黄淮,少傅兼华盖殿大学士、兵部尚书杨士奇,太子少保兼武英殿大学士、吏部尚书金幼孜,俱三俸并支。还有阁臣领四官、五官的情况②。

品位与职位　薪俸可能向职位发放,也可能向品位发放。薪俸主要向职位发放的,属职位分等;薪俸主要向品位发放,或同时向职位、品位发放的,属品位分等。若遇到同时向职位、品位发放的情况,就必须分析品位薪俸的所占比重了,以判断薪俸品位化的程度。汉代官员没有个人级别,薪俸附丽于职位,有职位则有秩级,有秩级则有薪俸;无职位则无秩级,无秩级则无薪俸。是为职位薪俸。唐前期俸禄按本阶给,属品位薪俸,但职田与食料则依职事官品给。宋朝官僚既有俸禄、又有职钱,前者依"本官"即个人级别发放,后者则是职事的津贴。

向职位发放薪俸,也可能有两种办法:按职位的级别发放,比如按其秩级或官品发放,或直接向各个具体职位发放。清朝的俸银取决于官职的品级,而养廉银则针对各省各地不同职位而分别规定之。前一种办法简洁明快,比较适合中央官;后一种办法便于体现各地的经济社会差异,但薪额的确定相对复杂。

相对说来,职位分等更适合低级吏员和职事比较专门的人员,品位分等更适合高级官员,及职事具有综合性、身份具有流动性的人员③。这一规律,在古代也能得到体现。比如这样的安排:品级越高,其品位薪俸的比重越大;品级越低,其职位薪俸的比重越大。

品位可以视为人的身份,在某种意义上,品位薪俸就是向"身份"

① 分见《新唐书》卷五五《食货志五》、《宋史》卷一七九《食货志下》。

② 参看谭天星:《明代内阁政治》,中国社会科学出版社 1996 年版,第 39—40 页。

③ 美国的文官 GS18 级本是职位分等体制,但 1978 年以后,针对 16—18 级文官增设高级文官系列(SES),实行品位化改革。可参苏廷林:《当代国家公务员制度发展趋势》,中国人事出版社 1993 年版,第 71—72 页;宋世明:《美国行政改革研究》,国家行政学院出版社1999 年版,第 197 页。

发薪。薪俸除了被视为"劳务报酬"之外，还可能被视为"身份报酬"；在"劳务报酬"理念下，将有一种薪俸安排；在"身份报酬"的理念下，将有另一种薪俸安排，即更品位化的薪俸安排。

薪俸与民生 把视野扩展到官僚组织的外部，官员薪俸就是一个政治问题了。公务员与民众的收入差距多大，在不同社会、不同时代能看到不同的情况。很多人忽略了这样一点：薪俸民生之比与薪俸高低之差是否"合理"，也是一个社会观念问题。官吏的薪俸多高社会才感觉公平，薪俸的级差多大官吏才能感受到激励，也是一种"文化"，因历史传统与社会制度而异。有些社会的公众不接受公务员的高薪及巨大级差，有些社会的公众却认为理所当然，不以为非。对薪俸与民众生计的比例问题，古人也曾有所思考。例如对低级官吏，就曾有一个"禄足以代其耕"的认识，孟子曾以此为起点，进而对君臣之禄的级差提出了设想。

上面对围绕薪俸可能滋生的等级管理问题，做出了初步提示。限于篇幅，本书不可能一一详考，只打算择其大端加以讨论。

二 薪俸高低差与薪俸民生比

下面从最直观的丰薄与级差开始，讨论薪俸的高低之差，并进及薪俸与民生之比。

薪俸高低差 《孟子·万章下》《礼记·王制》讨论周室爵禄，对大国、次国和小国的君、卿、大夫、士之禄，提出了看法。其推算的起点则是庶人农夫的生计，"下士与庶人在官者同禄""诸侯之下士视上农夫"，然后再向上推，如中士倍下士，上士倍中士……一夫百亩，据说能养活 5 人到 9 人。下士之禄若按养活 9 人计①，则可制成表 4.1：

---

① 《礼记正义》："郑答临硕云：……下士食九人，中士食十八人，上士三十六人，下大夫七十二人，中大夫百四十四人，卿二百八十八人。"《十三经注疏》，中华书局 1980 年版，第 1323 页上栏。那么下士可以用"食九人"来计算。

表 4.1

位	禄	可食人数	倍数
大国之君	十卿禄	2880	320
次国之君	十卿禄	2160	240
小国之君	十卿禄	1440	160
大国之卿	四大夫	288	32
次国之卿	三大夫	216	24
小国之卿	二大夫	144	16
大夫	倍上士	72	8
上士	倍中士	36	4
中士	倍下士	18	2
下士	禄以代耕	9	1
庶人在官者	禄以代耕	9	1
农夫	一夫百亩	9—5	1

把国君排除不计,最高的官就是"大国之卿"了。"大国之卿"的爵禄大约能养活 288 人,是下士和上农夫的 32 倍;次国之卿、小国之卿、大夫,分别是下士的 24 倍、16 倍和 8 倍;上士是下士的 4 倍,中士是其 2 倍。《孟子》《王制》的估算,大概是有实际参照的①。

汉朝官俸,丞相及东汉的大将军、三公月俸 350 斛,最低的佐史月俸 8 斛,高低差为 43.75 倍,超过了孟子的设想。佐史的地位过于卑微。为便于跟后代的官品相比,不妨再选取百石一秩作为下限。因为百石与魏晋第九品约略相当,九品官恰好被认为是"下士"。百石月俸 16 斛,与丞相的高低差为 21.9 倍。这就低于孟子与《礼记》的设想了。

---

① 秦公子后子、楚公子子干先后投奔晋国,晋国按上大夫的待遇,给予两位公子以"百人之饩"。"百人之饩",大约是足以养活 100 人的禄廪。参看《左传》昭公元年,杜预:《春秋左传集解》,上海人民出版社 1977 年版,第 1204 页;及《国语·晋语八》,上海古籍出版社 1978 年版,第 476 页。

魏晋南北朝的许多政权,没有完整的俸额记录。北齐、北周薪俸尚较完整,其级差明显偏高。北齐的一品官岁禄 800 匹,从九品岁禄 24 匹,高低差为 33.3 倍;北周的一命下士 125 石,九命之公 10000 石。高低差竟达 80 倍。隋朝俸禄,京官正一品 900 石,从八品 50 石,九品无禄。高低差为 18 倍。又隋朝的职田是一品 500 亩,九品 100 亩,高低差只有 5 倍,这对俸禄的较大级差有平衡作用。

唐朝薪俸有多种形态,各形态的高低差并不一样。唐高祖时的官俸,正一品年俸 700 石,从九品 30 石,高低差为 23.4 倍。其时职田,一品 1200 亩,九品 200 亩,高低差为 6 倍。唐前期京官一品官的月俸、食料和杂用合计 11 贯,手力之课钱 20 贯,合计 31 贯;九品官月俸、食料、杂用合计 1.5 贯,手力之课钱为 0.417 贯,合计 1.917 贯。在这两项上,高低差为 16.2 倍。叶炜君综合禄、月俸、防阁、职田、食料诸项进行估算,其结果是,唐高宗乾封元年(666)以前的中央职事官,一品官的总收入约 569.84 贯,九品官的总收入约 19.7 贯[①]。以此计算,其高低差为 28.9 倍。

宋神宗元丰制度,俸禄、职钱为官员薪俸的两大项目。宰相、枢密使的俸禄定例是 300 贯,承务郎是 7 贯,高低差达 42.9 倍。官员的另一收入是职钱。元丰制度,职钱最高者 100 贯,最低者 16 贯,高低差 6.25 倍。职钱的高低差相对较小,对俸禄起到了平衡作用。

清人赵翼有"宋制禄之厚"之论[②],但宋朝官僚依然经常抱怨俸禄微薄。研究显示,若不考虑物价因素,这主要跟宋代盛行家族制有关。宋朝的官员一家往往数十口,还有百口以上的,他们往往不事生产而完全仰食官俸[③]。那么,纳税民众应以一家 5 口为准向官僚提供俸禄,还

① 叶炜:《级别、类型与品位、职位:论唐前期职事官的经济待遇结构》,《国学研究》第 19 卷,北京大学出版社 2007 年版。

② 赵翼:《廿二史札记》卷二五《宋制禄之厚》,王树民:《廿二史札记校证》,中华书局 1984 年版,第 533 页。

③ 衣川强:《宋代文官俸给制度》,台湾商务印书馆 1977 年版,第 95 页以下;黄惠贤、陈锋主编,杨果著:《中国俸禄制度史》第 6 章,武汉大学出版社 1996 年版,第 298 页。

是以一家数十口为准向之提供俸禄呢？这就是个观念问题了。苗书梅先生认为："这几十口人愿意跟这些官员生活在一起，说明这些官员还是有能力养活他们的。因家属众多之累，造成了官员赡养的困难，似不足说明宋代俸给不厚。"①宋朝的基本国策就是优待士大夫，尽管财力不足，仍然豢养了一支庞大的官僚队伍，低官和非现任官入不敷出，并不奇怪，不足以说明官僚待遇微薄②。就连今人，对公务员之薪俸也有偏高与偏低两种相反的看法。

明代正一品官月俸 87 石，从九品 5 石。高低差为 17.4 倍。清朝京官月俸银，一品 180 两，从九品 31.5 两，高低差仅为 5.7 倍。如果只看九品官，清朝的薪俸高低差相当之小，已达到现代水平了。然而再把养廉银考虑在内，就完全是另一个样子了。山东、河南巡抚养廉银高达 20000 两，仅此一项，就是从九品官的 635 倍。云南巡抚养廉银曾达 17000 两，后来减至 10550 两，数额仍极巨大。

北朝唐宋品官的薪俸高低差，看来相对较大；明清品官的薪俸高低差，若不考虑养廉银，就小得多了。当然不能认为明清朝廷有意寻求平等，这应是薄俸政策造成的。法定薪俸相当微薄。明朝实行俸禄折色之后，正七品知县月俸只有米 1 石，银 2.3 两、钞 30 贯。银钞合计，约可置办一桌酒席。清朝监察御史赵璟曾经抱怨说："知县四十五两，计

---

① 苗书梅：《宋代官员选任和管理制度》，河南大学出版社 1996 年版，第 521—522 页。

② 一般认为"宋代官僚的俸禄是最为优厚的"。例如龚延明：《宋代官吏的管理制度》，《历史研究》1991 年第 6 期；邵红霞：《宋代官僚的俸禄与国家财政》，《江海学刊》1993 年第 6 期。但衣川强认为：宋代"官吏们如仅靠俸给生活，就无法享受充分的供应"。见其《宋代文官俸给制度》，第 98 页。认为宋代俸禄不敷支出的，又如郭东旭：《论宋代防治官吏经济犯罪》，见《宋史研究论文集》，河北大学出版社 1996 年版；何忠礼：《宋代官吏的俸禄》，《历史研究》1994 年第 3 期。杨果先生指出宋朝的俸禄厚薄屡有变化，宋初较低，真宗、仁宗以后发生变化，南宋后期已七八倍于宋初。《中国俸禄制度史》第 6 章，第 241 页。张全明先生也指出：宋初官俸较低，元丰至宣和年间俸禄较高，"两宋时期，从整体看，其官员的俸禄水平大致处于中国历朝的中上等水平"。《也论宋代官员的俸禄》，《历史研究》1997 年第 2 期。

每月支俸三两零,一家一日,粗食安饱,兼喂马匹,亦得费银五六钱,一月俸不足五六日之费,尚有二十余日将忍饥不食乎？不取之百姓,势必饥寒！"[1]薄俸政策缩短了薪俸高端与低端的距离。

北洋政府 1912 年颁布《中央行政官官俸法》,简任第一等月俸 600 元,委任第 9 等 50 元[2],高低差为 12 倍。但若考虑大总统月俸 24000 元,总理 1500 元,各部总长 1000 元,高低差又不一样了。以大总统计,高低差达 480 倍；以总理计,为 30 倍；以各部总长计,为 20 倍。南京国民政府 1933 年 9 月颁布《暂行文官官等官俸表》,其最高薪是特任 1 级政府主席的月薪 800 元,其最低薪是委任 16 级的月薪 55 元[3],高低差约 14.5 倍。

人民政府 1956 年的国家工作人员 30 级工资制,高低差为 28 倍。为此,有学者认为其高低差大于国民政府[4]。不过若这么直接比较,在方法上是有瑕疵的。先看低端,30 级的最低几等是工勤人员,而国民政府的官俸,其最低等却是科员。再看高端,30 级的最高等是国家主席和委员长,而国民政府的官俸,其特任最高级是部长级。比较合理的做法,是就部长到科员这个段落进行比较。在 30 级工资制下,部长的

---

① 蒋良骐:《东华录》卷九,中华书局 1980 年版,第 151 页。

② 《东方杂志》第 9 卷第 6 号,1912 年 12 月 1 日,第 19—20 页,《简任以下月俸分级表》；钱实甫:《北洋政府时期的政治制度》,中华书局 1984 年版,下册第 352—353 页。

③ 李进修:《中国近代政治制度史纲》,求实出版社 1988 年版,第 382 页。

④ 李毅先生说:"中华民国时期,最低级别和最高级别的差别是 15 倍,从每月 55 元到 800 元。而 50 年代,最高级别的工资是最低级别工资的 28 倍,从每月 20 元到 560 元。考虑到当时的年人均 GDP 仅为 100 元到 200 元,收入差距是如此之大。"《中国社会分层的结构与演变》,安徽大学出版社 2008 年版,第 2 章第 5 节。杨奎松先生也认为:"国民政府时期的薪给标准,确较 1956 年人民政府所定工资标准还略显平均。"《从供给制到职务等级工资制——新中国建立前后党政人员收入分配制度的演变》,《历史研究》2007 年第 4 期。当然,杨先生也指出了 1946 年国民政府《暂行文官官等官俸标准》不包括国民政府主席、五院院长等选任官的官俸,同时人民政府的 30 级工资的最低几级,比普通工人的平均工资低。

最高工资为 4 级,在 1 类地区是 400 元;县属科员为 24 级,工资 37.5 元。前者是后者的 10.7 倍。这样看来,30 级工资制的高低差,是小于,而不是大于南京国民政府及北洋政府的官俸。

薪俸民生比 1871 年,法国巴黎公社发布了《废除国家机关高薪法令》,规定公社委员只领取相当于熟练工人的工资,最高年薪为 6000 法郎[①]。为此,马克思高度赞扬巴黎公社是一个"廉价政府"。官俸与公众收入的比例,不是一个简单的按劳取酬问题。官僚总是渴望高薪的。在现代民主国家,"较高等级的官员薪金受到抑制的原因在于,议员们不想让他们的报酬超过自己,而选民们会对投票给自己增薪的议员怒不可遏"[②]。官员的薪俸厚薄,还跟权力大小和腐败成本相关。假设一个官员权力的市场价值是 100 万元,而腐败被发现的概率是 0.2,那么要使其不腐败,其年薪必须不小于 500 万元;但若将其权力缩小,使其市场价值变为 10 万元,则只付 50 万元的年薪就可以了[③]。可见,薪俸也是官僚权力与公众权利的博弈平衡点,官僚权力越大,其收入越高。古代的公众没有政治权利,官僚的雇主是皇帝,压低雇员薪水以增加利润,也是雇主的本能。皇帝要在降低行政成本与笼络官僚之间求得平衡。所以薪俸民生比,主要取决于官僚与皇权的博弈能力,取决于皇帝愿意给多少,官僚能令皇帝给多少。

汉代农民一家的年收入,以 150 斛计,则每月收入为 12.5 斛。丞相月俸 350 斛,相当于 28 家农民的收入之和。若一家以 5 口计,丞相月俸能以农民一般消费水平养活 140 人。这还没有考虑赏赐及丞相凭侯爵之封而享受的好处。

宋初宰相每月俸料 300 贯。据研究,以 20 口计,一个生活节俭的

---

① 罗新璋编译:《巴黎公社公告集》,上海人民出版社 1978 年版,第 87—88 页;苏联科学院世界历史研究所编:《1871 年巴黎公社史》,重庆出版社 1982 年版,第 309 页。

② 尼格罗:《公共行政学简明教程》,中共中央党校出版社 1997 年版,第 251 页。

③ 张维迎:《产权、激励与公司治理》,经济科学出版社 2005 年版,第 261 页。

官员之家,每月开销在 20000 文以上①,推知每人每月消费约 1000 文,即 1 贯,那么 300 贯俸料能养活 300 人。这还没算衣赐(绫 40 匹、绢 60 匹、绵 100 两、罗 1 匹)、禄粟(月 100 石)和各种补贴;也没算上"兼俸",宋朝高官往往通过兼职领取多份薪俸。在宋朝,至少高官没有理由抱怨待遇微薄。

清朝一品官俸银 180 两,二品 155 两,三品官 130 两。但从乾隆元年(1736)起实行双俸制,大部分京官是"双俸单米",但也有部分高级京官如六部尚书侍郎"双俸双米"。大学士兼管部务者俸、米双支,不兼部则双俸单米。此外试用官不支双俸。清朝劳工的年收入是 5—10 两②。从俸银说,一品官年俸 180 两,双俸则是 360 两,这一项是劳工的高端年收入 10 两的 36 倍,低端年收入 5 两的 72 倍。如把巨额的养廉银考虑在内,则比例惊人。如山东、河南巡抚的养廉银高达 20000 两,仅此一项,就是劳工的高端年收入 10 两的 2000 倍。

北洋政府的官俸,简任第 1 等 1 级工资 600 元,委任第 9 等 12 级工资 50 元③。1919 年中国普通工人的月薪,男工约为 6—20 元,女工约为 3—10 元④,若以平均 10 元计,则简任第 1 等 1 级工资为工人的 60 倍,委任第 9 等 12 级的工资为工人的 5 倍。若把政务官考虑在内,则差距急剧拉大。大总统月俸 24000 元,相当于普通工人的 2400 倍;国务总理月俸 1500 元,相当于普通工人的 150 倍;各部总长月俸 1000 元,相当于普通工人的 100 倍。

---

① 黄惠贤、陈锋主编,杨果著:《中国俸禄制度史》第 6 章,第 298 页。日人衣川强则认为,当时普通人消费水平,北宋每月生活费为 3 贯,南宋为 6 贯。《宋代文官俸给制度》,第 96 页。

② 贾米森:《中国的土地占有和农村人口的情况》,《皇家亚洲学会杂志》华北分会,新系列卷 23(1888 年)。转引自张仲礼:《中国绅士的收入》,上海社会科学院出版社 2001 年版,第 9 页。

③ 参看钱实甫:《北洋政府时期的政治制度》,中华书局 1984 年版,下册第 353 页。

④ 北京大学国际政治系编:《中国现代史统计资料选编》,河南人民出版社 1985 年版,第 14 页。

1933 年中国国民的平均收入,仅为 46 元[1]。根据南京国民政府 1933 年《暂行文官官等官俸表》,在其高端,特任 1 级政府主席的月薪为 800 元,年薪为 9600 元,为人均国民收入的 208.7 倍;在其低端,委任 16 级月薪 55 元,年薪 660 元,为人均国民收入的 14.3 倍。

1957 年居民人均收入约为 103.1 元[2],平均月收入为 8.59 元。1 类地区的干部最高月工资 560 元,是居民的 65.2 倍;1 类地区 24 级科员的月工资为 37.5 元,是居民的 4.37 倍。11 类地区最高月工资 728 元,是居民的 84.73 倍,11 类地区 24 级科员的月工资 49 元,是居民的 5.7 倍。又,1957 年人均 GDP 约为 168 元[3],月均 14 元。最高干部工资 728 元,相当于人均 GDP 的 52 倍;最低工勤人员工资 20 元,相当于人均 GDP 的 1.43 倍。

上文所论品秩高低差及官俸民生比,只是举例提示问题的存在;至于比例数据的本身,还有待于进一步的研究。由于灰黑收入的存在,正式薪俸不能代表中国官僚的真实收入,也不代表与民生的真实差距。然而正式薪俸的高低差与民生比,仍是有意义的,可以反映统治者对薪俸的态度,进而是皇帝、官僚与民众三者的关系。实行薄俸的明清统治者,在必须给予官僚高官厚禄一点上,似乎没有感到太大压力。你想发财享乐,自己去找辙。另一些王朝就不是如此了,不敢太亏待了官僚。

三 形态与项目

现代薪俸的形态通常是货币工资。古代就不一样了,可能采用田土、人力、谷物、绢帛、货币等不同形态。薪俸形态与社会经济状况相

---

[1] 巫宝三主编:《中国国民所得(一九三三年)》,中华书局 1947 年版,上册第 12—13 页。

[2] 赵德馨主编,苏少之、赵凌云著:《中国经济通史》,湖南人民出版社 2002 年版,第 10 卷(新中国卷)上册第 1074 页,表 10－2"1952—1978 年全国居民人均年收入状况"。

[3] 《中国统计年鉴—2000》,中国统计出版社 2000 年版,表 3－1"国内生产总值"。

关。若商品货币经济高度发达，薪俸就倾向于货币化。同时也与财政能力相关，衰败的政权无力通过税收提取到足够资源，此时直接给予田土与人力，对朝廷来说相对轻松一些。薪俸可以合为一项发放，这是一种最简捷的做法；但也可能在多个项目下发放。后者可以更精细地调整不同等级、不同职类以至不同岗位的官吏待遇，然而将加大管理的复杂程度与行政成本。

周朝官员分为两个层次，一个是拥有爵级的卿大夫士；一个是胥吏，或称官师小史、府史胥徒或皂舆隶僚。贵族卿大夫士的"爵禄"体现为土地和人民的直接占有：卿大夫占有采邑，士有禄田。让官员直接占有土地人民，是富有早期原生社会色彩的。个人的生计取决于采邑的经营，而非职位的薪俸，则官员对职位的投注就是有限的。周朝胥吏的生计是"稍食"，即官府发放的口粮与衣装，其生计完全取决于官府，其对职位的投注程度将大于贵族官员。"稍食"依月终、年终的考课而定等，富有功绩制性质。战国谷禄，就是从"稍食"发源的。采邑与禄田对应着贵族身份的凝固性，谷禄则适应了官僚职务的变动不居。换言之，不同的报酬形态，其背后是不同的政治形态。

秦汉俸禄的形态相当单纯。秦与西汉的薪俸是月钱，反映了当时商品经济的发达。东汉的薪俸形态变成了半钱半谷，被认为是自然经济抬头所造成的。其时薪俸没有繁多项目，说明秦汉官僚体制尚属初创，行政管理尚较原始。

魏晋以下，薪俸形态明显多样化了，项目也随之增加：货币与谷禄之外，还有春绢、秋绢；实物之外，还有力役、禄田。力役有田驺、干、扶、恤、吏、白直、亲信、杂役、左右职局等繁多名目，他们服侍官僚，也承担生产，例如耕种。至于配给的田土，有公田、禄田、菜田等若干种[1]。在官员的薪俸结构中，田土与人力的分量大起来了。这在某种意义上，是

① 　地方官府有公田，地方官个人有禄田，西晋中央官有菜田。可参韩国磐：《南北朝经济史略》，厦门大学出版社 1990 年版，第 47—49 页。

先秦让官员直接占有土地人民的做法的回潮。春秋以上有采邑,战国有封邑,而孙吴政权直接给官员若干县做"奉邑"①。在动荡分裂的时代,政府在用税收保证俸禄上已力不从心,转而直接给地给人,这意味着政府职能发生异化了。这将淡化任职者的行政雇员意识:他行政服务的收入,反而要靠自己经营。学者认为,以直接给予土地和人手为官员报酬,原因是国家掌握了较多公田,自然经济占主干位阶地位,及禄不足以代耕等②。而且这还是一种对豪族经济的仿效:职田上的劳动者与私家依附民处境相似,职官对之拥有人身支配权③。总之,直接给地给人,可以从自然经济、豪族经济抬头,以及政府财政能力下降等方面加以解释。

唐前期的薪俸,依然保持了形态与项目的多样化:官俸、俸料(又含俸钱、食料和杂用 3 项)、职田、手力(包括防阁、庶仆、白直、执衣等)④。唐玄宗嫌项目太多,"既烦案牍,因此生奸",曾把防阁、庶仆、俸食、杂用等"合为一色",并为月俸⑤。然而种种项目野火烧不尽,春风吹又生。唐德宗时,左右卫上将军以下有六杂给:粮米、盐、私马、手力、随身、春冬服。私马则有刍豆,手力则有资钱,随身则有粮米盐,春冬服则有布绢丝绸绵。射生、神策军大将军以下,还发鞋穿⑥。

宋朝的俸禄,仍有俸料、衣赐、禄粟及职田多种形态。同时项目繁多,有正俸,有加俸;有依本官发放者,有依差遣发放者。康有为看到:

---

① 许辉、蒋福亚主编:《六朝经济史》,江苏古籍出版社 1993 年版,第 98—99 页。孙吴奉邑又叫"属城"。按儒家礼书云,周朝的公侯伯子男之下又有"附庸",新莽称"附城"。推测"属城"是"附庸""附城"之意。

② 陈仲安、王素:《汉唐职官制度研究》,中华书局 1993 年版,第 369 页。

③ 曹文柱:《东晋南朝官俸制度概说》,《北京师范学院学报》1986 年第 1 期。

④ 黄惠贤、陈锋主编,冻国栋著:《中国俸禄制度史》第 4 章,武汉大学出版社 1996 年版,第 173、187 页以下。

⑤ 陈明光:《唐代财政史新编》,中国财政经济出版社 1991 年版,第 86—87 页。

⑥ 《新唐书》卷五五《食货志五》。

"宋之颁禄,名目尤多,颁给尤厚。既有寄禄俸钱,又有职事钱,又有衣粮料钱,又有添给钱,又有职食钱。纂修官有折食厨食钱,厘务官有添支钱,选人使臣有茶汤钱,阁馆有贴职钱。外官有职田,百官皆更有禄粟、元随、傔从钱。又别给绫、罗、绢、绵、米面、茶、炭、酒、羊、马、草……合沓所得,其厚至矣!"①王曾瑜先生亦云:"宋朝文武百官的俸禄名目多于前代。如俸禄(料钱和衣赐)、职钱、禄粟、傔人衣粮或餐钱、茶酒厨料、薪、蒿、炭、盐、马匹的刍粟、添支料钱、厨食钱、折食钱、添支钱、添支米、茶汤钱、职田等,难以悉数。又如有公使钱,即公用钱,实际上也供官员私使或私用。"②

唐宋薪俸的形态和项目都很复杂,除了魏晋南北朝的历史影响外,皇帝在笼络官僚时无微不至,也是其主要原因。朝廷频频通过各种名目增发钱、物,就造成了形态、项目的繁多。而君臣对繁多形态、项目不厌其烦、津津有味,则显示了此期的官僚组织是以内部事务为重心的。

明初曾经赐百官公田,不久即废。洪武定薪俸,采用月米之制。百官月米的石数依次而降,正一品87石,从一品74石,正二品61石,从二品48石,直至正九品5.5石,从九品5石。不久就出现了钞俸折色的做法,官员的薪俸分为本色俸、折色俸两部分,本色俸发米、麦,折色俸则给钞。从形式上看,给钞使薪俸货币化了,但使用的是大明宝钞而非硬通货。宝钞不久就陷入了严重贬值,引发了官员"薄俸"之叹。给钞的实际目的,是舒缓财政压力③。

清朝的薪俸形态十分简练,银、米双支,一品每岁俸银180两、俸米

① 康有为:《官制议》卷十四《俸禄》,收入《康南海先生遗著汇刊》,台北宏业书局有限公司1987年版,第14册第289页。

② 王曾瑜:《宋朝阶级结构》,河北教育出版社1996年版,第261页。

③ 陈秀夔:《中国财政史》,台北正中书局1983年版,下册第292页;黄惠贤、陈锋主编,陈锋著:《中国俸禄制度史》第8章,武汉大学出版社1996年版,第493页。

180斛,二品官俸银155两、俸米155斛,三品俸银130两、俸米130斛。顺治皇帝曾给汉官发柴薪银,一、二品官每岁144两,下至九品官12两,旋废。京官还有公费银(又称月费银)一项,每月5两至1.5两不等。外官只给俸银而无俸米。顺治时外官的正俸之外,还有薪银、蔬菜烛炭银、心红纸张银、案衣什物银、修宅什物银、迎送上司伞扇银等多种项目。二品总督每年的正俸是银155两,而其薪银、蔬菜烛炭银、心红纸张银、案衣什物银诸项,合计588两,是正俸近4倍;七品知县每年的正俸是45两,而其薪银、心红纸张银、修宅什物银、迎送上司伞扇银诸项,合计96两,是正俸一倍多。这些银两,名为办公费,事实上归于官员名下,变成了正俸的补充。看来此期的薪俸,一度形态简化而项目繁化了。但是不久,种种项目就被陆续裁撤,只剩下心红纸张银一项。也就是说,形态与项目都趋简化。

清朝薪俸以白银为主,辅以谷物,形态简洁而便于管理,含有向汉朝的月钱(或半钱半谷)回归的意思。学者指出:"清代的俸禄虽说是'银米兼支',但主要以支银为主,既克服了明朝俸禄折色带来的诸多弊端,又避免了在银、钱双本位制下由银、钱比价的波动而导致官员利益受损,使官员能够获得实际俸禄标准的收入。也可以认为,清代俸禄主要以货币银两为支给形态,已标示出传统俸禄制度向现代薪金制度的转型。"[1]

在薪俸的形态与项目的关系上,大致能看到4个阶段:

1.周朝的爵禄,以田土和人手的直接占有为基本形态。在这时候,官员报酬的形态与项目都简单,而且比较原始。

2.秦汉的月钱(东汉为半钱半谷),其形态、项目都很简洁,当与其时的官僚体制尚属初创,以及商品经济发达和政府财政能力强大相关。

---

[1]　黄惠贤、陈锋主编,陈锋著:《中国俸禄制度史》第9章,第504页。

3. 魏晋南北朝与唐宋,职田、人力与实物的分量大大增加,形态复杂而项目繁多。

4. 明清之时,正式薪俸的项目与形态明显趋简。

四 品位薪俸与职位薪俸

本节讨论薪俸在品位与职位之间的分配问题。

在品位分等的文官制下,薪俸向品位发放;在职位分等的文官制下,薪俸向职位发放。当然这是最简单的情况,实际不会如此纯粹。美国文官制 GS18 等是最典型的职位分等,但其薪俸制度中也有"人"的因素。例如有年功加薪,而年功是一种资格,具有个人属性。此外学历较高者起薪较高,高中毕业生从第 1、2 等开始任职,大学毕业生定为 5 等,成绩优秀者定为 7 等,博士定为 11 等。学历也是一种品位因素。

除了只按职位或品位发薪,还有第三种情况:部分薪俸来自品位,部分薪俸来自职位。这时候品位薪俸与职位薪俸的比例,就是问题的关键。只要品位薪俸的比例不是太小,即属品位分等。因为这就意味着,在职位等级之外,另行存在着个人级别了。赘言之,并不是说全部薪俸都按品位发放,才是品位分等;只要有一部分按品位发,即是。

为说明这一点,先看一看我国当代的工资制变化。1956 年的 30级工资制,薪俸由个人级别而定,是最典型的品位分等。1985 年 30 级工资制被废止,改行结构工资制,工资由基础工资、职务工资、工龄津贴和奖励工资 4 部分构成。基础工资,在 6 类地区每月 40 元,这是基本保障,各级没有差别。职务工资分 12 级,每级又分若干档,作为晋级幅度。参看表 4.2[①]:

---

① 表据陈少平主编:《国家机关和事业单位工资制度变革》,中国人事出版社 1992 年版,第 139 页。

表4.2

级别	职务	基础工资	职务工资标准					
			一	二	三	四	五	六
1	主席 副主席 总理	40	490	410	340			
2	副总理 国务委员	40	340	300	270			
3	部长 省长	40	270	240	215	190	165	
4	副部长 副省长	40	215	190	165	150	140	
5	局长 厅长	40	165	150	140	130	120	
6	副局长 副厅长	40	140	130	120	110	100	
7	处长	40	130	120	110	100	91	82
8	副处长	40	110	100	91	82	73	65
9	科长 主任科员	40	91	82	73	65	57	49
10	副科长 副主任科员	40	73	65	57	49	42	36
11	科员	40	57	49	42	36	30	24
12	办事员	40	42	36	30	24	18	12

若不考虑基础工资,则工资基本取决于职务等级,职位分等的色彩很浓,改革的力度颇大。

1993 年 8 月 14 日《国家公务员暂行条例》颁布,工资制再次变化。职务工资仍为 12 级,各级仍分若干档;仍有基础工资、工龄工资。关键一点是在此之外,新设置了级别工资 15 级。表 4.3、4.4 是 2001 年职务工资与级别工资的简表①:

表4.3

2001 年职务工资表														
职务	1	2	3	4	5	6	7	8	9	10	11	12	13	14
主席 总理	850	970	1090	1210	1330	1450								
副主席	680	785	890	995	1100	1205	1310							
部长	560	650	740	830	920	1010	1100	1190						

---

① 表据国务院办公厅国办发[2001]70 号《转发人事部、财政部关于从 2001 年 10 月 1 日起调整机关事业单位工作人员工资标准和增加离退休人员离退休费三个实施方案的通知》。

2001 年职务工资表													
职务	1	2	3	4	5	6	7	8	9	10	11	12	13	14
副部长	460	540	620	700	780	860	940	1020	1100					
司厅局长	365	435	505	575	645	715	785	855	925	995				
副司厅局长	295	355	415	475	535	595	655	715	775	835				
处长	240	290	340	390	440	490	540	590	640	690	740			
副处长	195	235	275	315	355	395	435	475	515	555	595			
科长	160	190	220	250	280	310	340	370	400	430	460	490		
副科长	136	158	180	202	224	246	268	290	312	334	356	378		
科员	117	133	149	165	181	197	213	229	245	261	277	293	309	325
办事员	100	113	126	139	152	165	178	191	204	217	230	243	256	269

表 4.4

2001 年级别工资表														
1	2	3	4	5	6	7	8	9	10	11	12	13	14	15
1166	1030	903	790	686	586	490	408	340	281	231	190	158	133	115

依此两表,就可以比较职务与级别的比重了。就上端而言,最高职务工资为第 1 级第 6 档 1450 元,最高级别工资为第 1 级 1166 元,前者高于后者。就下端而言,最低职务工资为第 12 级第 1 档 100 元,最低级别工资为 115 元,后者高于前者。总的看来,职务工资略重于级别工资,差不多六四开,级别工资的比重已足够大了,足以认定为品位分等了。可见从 1957 年到 1993 年,公务员工资走了一个“之”字形,最初是品位分等,然后转向职位分等,再由职位分等回归品位分等。但 1993 年的改革保留了职务工资,与级别工资分立,所以其中职位薪俸的分量,大于 1956 年的 30 级工资制。

这里不吝篇幅,叙述 1956 年、1985 年和 1993 年的三种工资结构,是为了展示三种情况的存在:依据品位发俸、依据职位发俸、同时依据品位与职位发俸。那么中国古代的情况呢？

周朝卿大夫有自己的领地——采邑。卿大夫在离职时，可能要向国家交还部分采邑，但不是全部。汉朝的情况大不相同了，秩级是职位的等级，不是个人级别，薪俸也是职位的报酬，不是个人级别的报酬。所以在汉朝，有官职才有秩级，有秩级才有薪俸；无官职则无秩级，无秩级则无薪俸。例如一位二千石郡守被免职，则二千石的薪俸随即非其所有。这种薪俸，显属职位薪俸。

魏晋南北朝官制大为"品位化"了，在职事官之外，散官、军号大量繁衍。在职事官之外，官贵们往往还可以通过散官、军号等另获薪俸。作为军衔的将军号，起初都有俸禄。梁陈有所变化："诸将起自第六品已下，板则无秩。其虽除不领兵，领兵不满百人，并除此官而为州郡县者，皆依本条减秩石。(原注：二千石减为千石，千石降为六百石。自四百石降而无秩。其州郡县，自各以本秩论。)凡板将军，皆降除一品。诸依此减降品秩。"[1]汪征鲁先生的看法是："减秩""仅对低级将军而言，中、高级将军其禄秩当完全保存下来。"[2]将军号的三等待遇，参看表4.5：

表4.5

有秩	减 秩		无秩
六品以上 正除将军			
	板将军 降除一等	领兵不满百人， 而为州郡县者，减秩石	
			六品以下将军 板则无秩

那么，如果某人既有职事官、又有六品以上将军号，这人就可以拿两份钱。而且军号上还配置了多种礼遇，例如高级军号可以开府、置佐。又

① 《隋书》卷二六《百官志上》。

② 汪征鲁：《魏晋南北朝选官体制研究》，福建人民出版社1995年版，第160页。

据陈奕玲君的研究,南朝的梁陈,地方长官任满还京时,朝廷往往要用军号以安置之,或者升迁其军号,算是对其履行了一任职责的酬报①。这段时间中官员暂无官职,军号就成了他们的寄禄之位,可以继续享禄。北魏的九品将军,既有俸、又有恤(一种吏役),在以军号领职事官时开双薪②,凭军号还可以多受田③。

史称隋朝职事官给俸,只有散官的人不给俸。据叶炜君的揭示,职事官给俸的详情其实是这样的:其薪俸不是按职事品,而是按其散官的散品发放的。可见在隋朝,品位依然是官员领俸的等级根据④。

唐贞观十一年(637)制,内外官依散阶给禄。李锦绣先生评论说:"职事官随才录用,有的从闲职进入任重要职,有的离开高官,担任低品级官,有的从内职到外职,品级高低参差不定,以本品给禄是对官吏的公平待遇。"唐高宗乾封元年(666)八月十二日诏,在京文武官应给防阁、庶仆、俸、料,始依职事品;其课及赐,各依本品。所谓依职事品,就是向职位发薪;所谓依本品,就是向品位发薪,本品就是文武散阶。

---

① 陈奕玲:《魏晋南朝军号散阶化的若干问题》,《燕京学报》新 13 期,北京大学出版社 2002 年版。

② 《魏书》卷六八《甄琛传》:"请取武官中八品将军已下干用贞济者,以本官俸恤之任,各食其禄,高者领六部尉,中者领经途尉,下者领里正。"由此可以推知,九品将军都有俸有恤;在其担任里尉、六部尉、经途尉、里正时"各食其禄",在军号所配给的俸、恤之外,另得一份俸禄。

③ 据敦煌西魏大统十三年(547)文书《邓延天富等户残卷》:敦煌地区丁男所受正田一般为 20 亩,但有一位拥有荡寇将军之号、唤作刘文成的人,却额外多受了正田 20 亩。《敦煌资料》第 1 辑,中华书局 1961 年版,第 99 页。山本达郎认为:"这个二十亩,一定是因为刘文成户是荡寇将军、其妻是台资妻的特别分配,或许这就是可以唤作勋田乃至职分田性质的田。"见其《敦煌发现计帐式的文书残简:大英博物馆所藏斯坦因带来汉文文书六一三号》(上),武汉大学历史系编《魏晋南北朝隋唐史资料》第 3 辑,1981 年版,第 61 页。

④ 叶炜:《级别、类型与品位、职位:论唐前期职事官的经济待遇结构》,《国学研究》第 19 卷,北京大学出版社 2007 年版;《南北朝隋唐官吏分途研究》,北京大学出版社 2009 年版,第 136 页。

可见在唐前期,也就是乾封元年之前,谷禄、俸料也是按本品发给的,散官也能够得到;防阁、庶仆虽然职事官才有,散官没有,但却是按职事官的本品而不是职事品发给的,仍与品位有关。至于食料及职田,则按职事品发给①。简言之,此期中央官的禄、俸、防阁、庶仆向品位发放,食料及职田向职位发放。

叶炜君把唐朝此期非钱币形态的各种薪俸都折算成钱,总汇而列表比较。我们把他制作的表格稍加变形,制成表4.6:

表4.6   (单位:千钱)

	依本品或职事官本品发给			依职事品发给		总额	职田食料比例
	禄	月俸	防阁庶仆	职田	食料		
一品	26	96	414.72	11.52	21.6	569.84	5.81%
二品	19.2	78	311.04	9.6	18	435.84	6.33%
三品	15.2	60	207.36	8.64	13.2	304.4	7.17%
四品	11.2	42	138.24	6.72	8.4	206.56	7.32%
五品	7.2	36	103.68	5.76	7.2	159.84	8.11%
六品	3.8	24	21.6	3.84	4.8	58.4	14.89%
七品	3.0	21	17.28	3.36	4.2	48.84	15.48%
八品	2.58	15.6	0	2.4	3.6	24.18	24.81%
九品	2.18	12.6	0	1.92	3	19.7	24.97%

禄、月俸取决于本品,防阁、庶仆取决于职事官本品,职田、食料取决于职事品;但一到九品,两方面所占比例不同。叶炜君分析说:"唐高宗乾封元年以前,中央官官品越高,其收入结构中职位因素所占比例越低;而官品越低,其收入结构中职位因素的比例越高。"②赘言之,品级越高,品位薪俸越重;品级越低,职位薪俸越重。

唐高宗乾封元年之后,防阁、庶仆、俸、料改依职事品发放了。这

① 李锦绣:《唐代财政史稿》,北京大学出版社1995年版,上卷第806、811、818、832页。

② 叶炜:《级别、类型与品位、职位:论唐前期职事官的经济待遇结构》;《南北朝隋唐官吏分途研究》,第139页以下。

样,王朝的薪俸体制开始向职位倾斜。这在很大程度上,是因为官吏趋冗、散阶滥授增大了财政负担,政府无力向所有散阶拥有者全额发俸了。唐代宗时又发生了变化:"大历制俸……又不按品具数,而按实际官职给俸。"①由于政局变化及诸官职能变化,王朝进而超越官品,为各个职事官分别确定俸禄。这种情况下,就算职事官的品级相同,薪俸却不一定相同了。例如中书舍人、谏议大夫都是正五品上,但前者在体制中的地位更重要,所以薪俸较高;后者闲散得多,所以薪俸较低。看上去,唐后期的薪俸逐渐向职位靠近了,经历一个从按本品到按职事品发俸,又从按职事品到按具体职位发俸的变化。当然,这个变化的意义,被职事官的品位化趋势所抵消了,对这一点后面还有讨论。

宋朝的薪俸结构相当复杂,但最主要的是两个部分,寄禄官的俸钱,及差遣的职钱。前者等于是向品位发放的,后者等于是向职位发放的。(在宋初,职钱主要加给带大学士等职名奉差遣外任的官员;元丰改制后,普遍加给在京职事官,按月支给。)这两部分薪俸是什么比例关系呢?下面列表比较②。表4.7是元丰俸钱表,是向品位发放的;表4.8是元丰职钱表,是向职位发放的:

表4.7

元丰文臣京朝官俸钱定例			
寄禄官		寄禄官	
开府仪同三司	200	宣奉大夫	55
特进	90	正奉大夫	55
金紫光禄大夫	60	正议大夫	55
银青光禄大夫	60	通议大夫	50

① 王振芳:《唐安史兵兴后到大历制俸时官俸探析》,《山西大学学报》1990年第3期。

② 制表参考黄惠贤、陈锋主编,杨果著:《中国俸禄制度史》第6章,武汉大学出版社1996年版,第250页表6-3,第255页表6-6;龚延明:《宋代官制辞典》,中华书局1997年版,第710页以下,表28、表29。

元丰文臣京朝官俸钱定例			
寄禄官		寄禄官	
太中大夫	50	朝奉郎	30
中大夫	45	承议郎	20
中散大夫	45	奉议郎	20
朝议大夫	35	通直郎	20
朝请大夫	35	宣德郎	17
朝散大夫	35	宣议郎	12
朝奉大夫	35	承事郎	10
朝请郎	30	承奉郎	8
朝散郎	30	承务郎	7

表 4.8

元丰职钱定制							
职事名	行	守	试	职事名	行	守	试
开封府尹(牧)	100	90	80	左右司员外郎、尚书六曹郎中	37	35	32
左右散骑常待	100	90	80	七寺卿、国子祭酒	35	32	30
御史中丞	100	90	80	太常、宗正少卿、秘书少监	35	32	30
御史大夫、六曹尚书	60	55	50	太子少詹事	35	32	30
六曹侍郎	55	50	45	太子左右谕德	32	30	29
翰林学士承旨、翰林学士	50			殿中待御史、左右司谏	35	32	30
太子宾客、詹事	50	47	45	诸司员外郎	35	32	30
给事中、中书舍人	50	45	40	少府、将作、军器监	32	30	29
左右谏议大夫	45	40	37	左右正言、监察御史	32	30	27
秘书监	42	38	35	少府,将作、军器少监	30	28	25
太子左右庶子	40	37	35	国子司业、七寺少卿	32	30	28
中书、门下省监正诸房公事	40	37	34	太子侍读、侍讲、大理正	25	22	20
尚书左右司郎中	40	37	34	著作郎、大医令、秘书丞	25	22	20
太常、宗正卿	38	35	32	太常、宗正丞、知大宗正丞	25	22	20
起居郎、起居舍人、侍御史	37	35	32	太子中舍、太子舍人	22	20	18
枢密院检详诸房文字	37	35	32	七寺丞、太常博士	20	20	18

元丰职钱定制							
职事名	行	守	试	职事名	行	守	试
秘书郎、著作佐郎	20	20	18	律学博士、太学正、录武学谕	18	17	16
大理司直、评事	22		18	秘书省校书郎	18	16	14
国子监丞	22	20		太常寺太祝、郊社令	18	16	
宗学、太学、武学博士	20	18	16	秘书省正字、律学正	16	15	14
少府、将作、都水监丞	20	18		太常寺奉礼郎	16		
御史检法官、主簿	20	18					

*表 4.7 中省略"衣赐"内容。表 4.7、表 4.8 单位均为月千。

比较两表,可知俸钱与职钱平分秋色,半斤八两,品位薪俸可以占到 50%。

而且,职钱仍然承受着寄禄官品级的影响。元丰新官制,职事官的职钱,要再根据寄禄官之高下,再分行、守、试三等。寄禄官高于职事官为"行",低于职事官一品为"守",低二品以上为"试";"凡诸职事官职钱,不言'行''守''试'者,准'行'给"[①]。这就意味着,职钱的等级中也有品位因素。举例说,六部尚书从二品,若以正二品的金紫光禄大夫或从二品的银青光禄大夫任六部尚书,则其俸钱为 60 贯,职钱为 60 贯。若以三品的宣奉大夫、或正奉大夫任吏部尚书,则低一品为"守",其俸钱为 55 贯,其职钱是 55 贯。若以四品的通议大夫、太中大夫任六部尚书,则为低二品为"试",其俸钱为 50 贯,其职钱是 50 贯。那么品位薪俸与职位薪俸各占 50%。又上列表 4.7 中,我们省略了高级寄禄官的衣赐一项,衣赐数量也不算小,如果算在里面,还会进一步加大品位薪俸的分量。品位薪俸的比例,已超过 50% 了,跟中国 1993 年的职务级别工资制的情况,相当接近。那么这种薪俸结构,无疑可以判定为品位分等。

而且在品位薪俸之下,唐宋官员可以从皇帝那里得到一个重大优惠:没有职事也能领俸。这是秦汉所没有的情况。先看唐朝。唐前期

[①] 《文献通考》卷六五《职官十九》,中华书局 1986 年版,第 588—590 页。

依本品发俸。据李锦绣先生研究,五品以上散阶在没有职事官的情况下,仍有俸禄①。再看宋朝。宋朝的官员在差遣任满之后,自然就没有职钱了,但这时候,承务郎(从九品)以上"京朝官"段落的官员凭其本官,在待阙期间仍能领一份俸钱②。史称"今自寺监主簿以上……至有待阙于家,动逾岁时,居无职事,禄廪不绝"。又范仲淹云:"在京百司,金谷浩瀚,权势子弟,长为占据,有虚食禀禄待阙一二年者。"又王之道云:"今之仕宦,文臣承务以上,武臣下班祗应以上,闲居待阙,皆有月俸。"③又郑獬云:"彼居闾里,待次累年,俸钱亦不绝也。"④待阙的时

---

① 李锦绣:《唐代财政史稿》,北京大学出版社 1995 年版,上卷第 893 页以下。李燕捷先生认为,此期除了少数高级散阶如开府、特进,其他有散阶而无职事官者不给俸。见其《唐代给禄的依据》,《历史教学》1994 年第 8 期。李锦绣先生的意见较为合理,这里采用了她的论点。

② 有学者认为,"待阙官无俸禄,寓居他处等候赴任";"待次期间,官员无俸禄"。但苗书梅先生认为,待阙时官僚可以得到部分俸料。《宋代官员选任和管理制度》,河南大学出版社 1996 年版,第 522 页。杨果先生认为:"宋朝闲官包括待次、待阙、添差官、祠禄官等,他们'无务可厘',坐享俸禄而已。"《中国俸禄制度史》第 6 章,武汉大学出版社 1996 年版,第 278 页。

③ 分见《续资治通鉴长编》卷二〇八治平三年(1066)九月丙辰,中华书局 1985 年版,第 15 册第 5059 页;范仲淹:《范文正政府奏议》卷上《答手诏条陈十事》,《范仲淹全集》,四川大学出版社 2002 年版,第 523 页;王之道:《相山集》卷二十《又与汪中丞画一利害札子》,《景印文渊阁四库全书》,台湾商务印书馆 1986 年版,第 1132 册第 677 页下栏。七阶选人(即,从迪功郎到承直郎)无俸,可参《续资治通鉴长编》卷三百八十元祐元年(1086)六月戊申:"选人俸给,替则随罢,待次一年,方得差遣,待阙三年,方得赴任,是四年之外,方受廪禄。"中华书局 1992 年版,第 26 册第 9236 页。关于待阙期间的薪俸问题,曾向邓小南先生求教。邓小南提供了其检索所得 11 条材料,及选人阶官待次无俸,但京朝官待阙有俸的看法。这里采用邓小南的意见。上引 4 条材料,以及下文中她对"白拿钱"的分析,都出自她发给笔者的电子邮件。特此致谢。又,还曾就这一问题向赵冬梅君求教,她认为宋朝官员待阙有俸,应与唐朝的"守选"制度到宋朝发生了变化有某种关系。

④ 郑獬:《郧溪集》卷十二《论冗官状》,《宋集珍本丛刊》,线装书局 2004 年版,第 15 册第 110 页上栏。

间,北宋中期有达三四年的,北宋末有十多年的,南宋还有长达十七八年,乃至二十多年的①。在这么漫长的日子里,家居无职的京朝官们不干事白拿钱,坐享天禄,领取一份品位薪俸——俸钱。

官员没有职事却能白拿钱,这问题该怎么看呢?邓小南先生对"待阙领俸"的评价,触及了问题要害:"'白拿钱'亦有不合理处,但在当时情况下,有俸待阙对于差遣'上岗'又是一道保护措置。应该说,尽管带来的矛盾重重,在'员多阙少'及差遣条件难以限制的整体背景下,还是有缓解冲击、稳定运转、增长'和气'作用的。这在宋人心目中,可能是最重要的。"质言之,不干活也给钱,是为了维系统治集团的内部和谐。

此外,唐宋很多品位性官职,无事而有俸。例如在唐前期,员外官、检校官及判、试、知者,给职事官禄、料之半,散官、勋官、卫官减至1/4②。刚才谈到,唐中后期的官员薪俸,出现了从按本品发到按职事品发、又到按具体职位发的变化。然而同时,各种兼官加衔泛滥,大量省部寺监的职事官,变成了品位性官职,进而在宋初变成寄禄之官。这个反向的变化,完全抵消了大历以后转向职位发俸的意义。也就是说,大历以后直接向职事官发俸,本来能使薪俸结构向职位倾斜一些;但职事官本身又阶官化了,所以其时薪俸结构,依然保持在"品位薪俸"的形态之上。宋朝大量设置的添差官,不厘务也有半俸;还有祠禄官,不厘务而有俸。

唐宋官僚在无职事的情况下依然有俸,显然承袭了魏晋南北朝的政治传统。不过两个时代还是不大一样。魏晋南朝是士族政治,依门第而做官享禄;而唐宋时官僚政治恢复了活力,尽管官僚可以由本品、寄禄官领俸,但本品与寄禄官的上升却取决于考课。所以,魏晋南北朝

① 苗书梅:《宋代官员选任和官吏制度》,河南大学出版社1996年版,第116—120页。
② 《新唐书》卷五五《食货志五》:"员外官、检校、判、试、知给禄料食粮之半,散官、勋官、卫官减四之一。"

与唐宋,仍应视为两个阶段。

明清的散阶制业已变质。明朝虽然仍有散阶,但"散官与勋级既是附加性官衔,又可视为考核制度的补充,但与实职和俸禄并无关系"[①]。薪俸要素,不再配置在散阶之上。所以有人把明代的散阶仅仅视为"官员的一种荣衔"[②]。清朝的散阶亦然,与薪俸无关。散阶既无薪俸,那么官僚任满离职就得跟薪俸说再见了。比起唐宋官僚所曾有过的"白拿钱"优待,不免黯然神伤。

我们认为,在传统中国,职位薪俸是一种"劳务报酬",品位薪俸却是一种"身份报酬",是对官员身份的报酬,即对其加入统治集团、拥戴现政权的报酬。对这一点,本书第十章还有讨论。总之,薪俸结构的重心是偏于职位,还是偏于品位,秦汉、魏晋南北朝、唐宋与明清有明显变化,其阶段性大略如下:

1. 周朝薪俸结构的重心在品位。

2. 汉代薪俸结构的重心在职位,无职位则无薪俸。

3. 魏晋南北朝的薪俸结构再度品位化了,官僚可以由品位性官号领俸。

4. 唐宋继承了前一时代的品位化倾向,有品位而无职事,仍能凭阶官和品位性官号领俸。

5. 明清时反了过来,薪俸结构又向职位偏转了,无职则无俸。

还得说明,判断各时期的等级结构是品位分等还是职位分等,薪俸结构只是一端,不是全部,还得考虑资格、特权、礼遇等其他品秩要素,它们也有配置于品位或职位的区别。例如,明清选官极重学历,而学历就是一种品位因素,所以明清官阶依然有品位分等的成分。

---

① 白钢主编,杜婉言、方志远著:《中国政治制度通史》第9卷(明代卷),人民出版社1996年版,第445页。

② 王天有:《明代国家机构研究》,北京大学出版社1992年版,第81页。

五　赏赐问题

除了正式薪俸,皇帝经常对官僚行赏。"赏赐"也是官贵的一种经济回报。本节以汉代为例,讨论赏赐问题。

汉朝的赏赐数量巨大,赏赐内容包括金钱、缯帛、器物、酒肉、奴婢、住宅、车马、衣服等。西汉以黄金、钱币为主,东汉以布帛为主。西汉大将军霍光以废昌邑王、立汉宣帝之功,获赏黄金7000斤、钱6000万,相当于大将军180年的俸禄总和。汉宣帝时,颍川太守黄霸获赐黄金百斤,荆州刺史召信臣获赐黄金40斤,相当于他们5年多的俸禄收入。

有人把汉代的赏赐看成一种"厚禄养廉制度"。我们则觉得,还是把赏赐与正式薪俸区分开来为好,不宜等量齐观。韦伯指出:"以往的家长制秩序是以个人的知恩图报为基础的,因而家长制统治者恰恰是以'因人而宜'的方式,根据具体、个别的事例来论功行赏。"[1]"赏赐"使君臣关系蒙上了"个人化"或"家臣"意味。若法外施恩的赏赐占到了官员收入的较大部分,官员便会认为,他的生计取决于皇帝的个人爱恶,而不是正常公职服务。皇帝要的就是这个,以此来强化官僚对他的个人性依附。赏赐的巨大数额,意味着其时皇帝仍以"私属"视臣下,以"私恩"待臣下。而且那些赏赐,确实也不是出自国库,而是出自少府,是从皇帝自己钱包里掏出来的私房钱[2]。还有一点也很值得注意:秦汉正式薪俸的形态相当简洁,钱币辅以谷物而已;赏赐却形态繁多,

---

[1] 韦伯:《经济·社会·宗教——马克斯·韦伯文选》,上海社会科学院出版社1997年版,第205页。

[2] 加藤繁云:"赏赐的费用,是次于供养之费的帝室财政支出的大宗。"见其《中国经济史考证》,商务印书馆1959年版,第1册第89页。又参李剑农:《中国古代经济史稿》先秦两汉部分,武汉大学出版社1991年版,第248页。桓谭《新论·遣非》:"少府所领园地作务之八十三万万,以给宫室供养、诸赏赐。"《太平御览》卷六二七《治道部·赋敛》引,中华书局1960年版,第2810页下栏。由此推测,赏赐的开销出自少府。

吃的、穿的、用的、花的、住的、乘坐的、役使的都有，直到葬礼用的丧器，是很"生活化"的，不妨说是"家长式"的，很像爹妈给儿女的恩惠。

东汉有固定化的春赐和腊赐制度：

> 立春之日，遣使者赐文官司徒、司空帛三十匹，九卿十五匹；武官太尉、大将军各六十匹，执金吾、诸校尉各三十匹。武官倍于文官。

> 腊赐，大将军、三公钱各二十万，牛肉二百斤，粳米二百斛。特进侯十五万，卿十万，校尉五万，尚书三万，侍中、将、大夫各二万，千石、六百石，各七千；虎贲、羽林郎二人共三千[1]。

太尉、大将军的春赐帛 60 匹，姑以帛一匹值 500 钱来计算[2]，约合 3 万钱。谷价一般是一斛 100 钱，3 万钱能买谷 300 斛。又三公腊赐 20 万钱（一说 30 万钱），可以买谷 2000 斛。粳米 200 斛，折为粟米约 333 斛。则仅此数项折为粟米，就达到了 2633 斛。而东汉三公的月俸是 350 斛。那么太尉、大将军的春赐和腊赐所得，相当于他们 7 个半月的俸禄。

这种春赐和腊赐数额巨大，定期进行，覆盖广泛，已变成官员的一种固定收入了。兹将东汉春赐和腊赐的帛、米折算为钱，与赐钱一并计算，并把东汉相关月俸折算为钱，与赏赐加以比较。请看表 4.9：

---

[1] 《后汉书》卷四三《何敞传》注引《汉官仪》。《续汉书·礼仪志中》注引《汉官名秩》略异："大将军、三公，腊赐钱各三十万，牛肉二百斤，粳米二百斛；特侯十五万；卿十万；校尉五万；尚书丞郎各万五千；千石、六百石各七千；侍御史、谒者、议郎、尚书令（史）各五千；郎官、兰台令史三千；中黄门、羽林、虎贲士二人共三千；以为当祠门户直，各随多少受也。"两段记载可以互相补充发明。由《汉官名秩》的"尚书丞郎各万五千"可以判断，后文"侍御史、谒者、议郎、尚书令各五千"中的"尚书令"，当作"尚书令史"；《汉官仪》中的"尚书三万"，当作"尚书令仆、尚书三万"。

[2] 汉代 4 丈为匹，有素一匹 800 钱、500 钱、缣一匹 512 钱、472 钱、618 钱等记载。王仲荦推测后汉绢一匹 400 余钱。参看王仲荦遗著，郑宜秀整理：《金泥玉屑丛考》，中华书局 1998 年版，第 24 页以下。肉价约每斤数钱（见同书第 59 页），可以忽略不计。

表 4.9 　　　　　　　　　　　　　　　　（单位:钱）

官名	春秋赏赐	秩级	俸禄折钱	赏赐比重
大将军 太尉	200000 米折 20000 绢折 30000		420000	59.5%
司徒 司空	200000 米折 20000 绢折 15000			56.0%
执金吾	100000 绢折 15000	中二千石	216000	53.2%
列卿	100000 绢折 7500	中二千石	216000	49.8%
校尉	50000 绢折 15000	比二千石	120000	54.2%
尚书令 仆射、尚书	30000	千石	108000	27.8%
		六百石	84000	35.7%
侍中、将、大夫	20000	比二千石	120000	16.7%
尚书丞 尚书郎	15000	六百石	84000	17.9%
		四百石	60000	25.0%
千石、六百石	7000	千石	108000	6.5%
		六百石	84000	8.3%
侍御史 谒者 议郎 尚书令史	5000	六百石	84000	5.9%
		比六百石	72000	6.9%
		比六百石	72000	6.9%
		二百石	36000	13.9%
中郎 侍郎 郎中 兰台令史	3000	比六百石	72000	4.2%
		比四百石	54000	5.6%
		比三百石	44400	6.8%
		百石	19200	15.6%
虎贲郎、羽林郎 （比六百石 至比二百石）	1500	比六百石	72000	2.1%
		比四百石	54000	2.8%
		比三百石	44400	3.4%
		比二百	32400	4.6%

上表首先显示,官位越高,赏赐的比重越大。高级官僚得到了皇帝"私恩"的最大眷顾。低级官吏所沾溉的皇帝"私恩"较少,从这个角度看,他们的"公共性"就强得多了。

进而很有意思的是,还能看到赏赐与秩级不完全成正比。因春赐"武官倍于文官",所以大将军、太尉的赐帛比司徒、司空多一倍。执金吾是列卿之一,但赐帛比其他列卿多一倍,可知执金吾是被看成武官的。曾有学者对廷尉是文官还是武官做过探讨,其实看看春赐就清楚了:廷尉没有加倍赐帛,所以此官是文官。可见赏赐等级与俸禄等级之不一致,还有职类因素在起作用。为便观览,我们把不同职类区分开来,再次将腊赐列为表4.10:

表4.10

	将军列侯	行政官	机要官	郎从官
200000	大将军	三公		
150000	特进侯			
100000		列卿 (中二千石)		
50000	校尉 (比二千石)			
30000			尚书令(千石) 仆射、尚书(六百石)	
20000				侍中、郎将(比二千石) 大夫(比二千石至六百石)
15000			尚书丞、郎 (四百石)	
7000		千石、六百石		
5000		侍御史 (六百石)	尚书令史 (二百石)	谒者、议郎 (比六百石)
3000		兰台令史 (百石)		郎官(比六百至三百石)
1500				中黄门(比三百石) 虎贲郎(比三百石) 羽林郎(比三百石)

那么军官、特进侯、行政官、机要官、郎从官等不同职类,其赏赐各成级差的情况,就更清楚了。就腊赐看来,尚书令是千石之官,其赏赐却高于比二千石的侍中、郎将;六百石的尚书仆射、尚书赏赐达3万钱,其他六百石官的赏赐就只有7000钱而已。显然,机要之官偏高,作为散官

的郎从官偏低。

由此我们知道，赏赐等级与秩级并不重合，它揭示了汉代等级秩序的另一些细微之处。又如汉惠帝即位后的一次赏赐：

> 中郎、郎中满六岁爵三级，四岁二级。外郎满六岁二级。中郎
> 不满一岁一级。外郎不满二岁赐钱万。宦官尚食比郎中。谒者、
> 执楯、执戟、武士、驺比外郎。太子御骖乘赐爵五大夫，舍人满五岁
> 二级。赐给丧事者，二千石钱二万，六百石以上万，五百石、二百石
> 以下至佐史五千。视作斥上者，将军四十金，二千石二十金，六百
> 石以上六金，五百石以下至佐史二金①。

这次赏赐是为了老爹刘邦的丧事，汉惠帝对中郎到舍人之官，不赏钱而只晋爵，因为他们属于"宦皇帝"或"郎从官"系统，当时没有秩级。对给丧事和"视作斥上"的官吏的赏赐数量，与秩级仍不一致。将军40金而二千石20金，将军加倍，也是优待武官的意思。就是说，这次赏赐也显示了文官、武官、郎从官各成系统、各为职类。

东汉的春赐与腊赐已规范化了，多少已由"私"而"公"了，与随机、随意的赏赐不尽相同，不妨视为岗位津贴。"赏赐规范化"是官僚政治的进步推动的，然而它依旧保留了"赏赐"的形式。汉廷的武官重于文官，机要官重于行政官，行政官又重于郎从官，这些情况在秩级上一下子看不清，赏赐却提供了更多的等级信息。在观察各朝赏赐之时，也应尽力发掘出更多的等级信息。

在唐朝，"会赐是官员的一种与俸禄并行的重要待遇……是一种表示官僚等级身份的重要待遇"②。唐朝的赏赐有会赐和别敕赐两种，二者都按本品给③，这就是所当注意的。东汉赏赐依职位给，是"岗位

---

① 《汉书》卷二《惠帝纪》。

② 李锦绣：《唐代财政史稿》，北京大学出版社1995年版，上卷第872—873页。

③ 别敕赐也按本品给一点，用顾江龙君之说，见其《汉唐间的爵位、勋官与散官：品位结构与等级特权视角的研究》，北京大学历史学系2007年博士论文，第272—273页。

津贴";唐代赏赐却按本品给,大有"身份津贴"的味道。进而,唐朝的赏赐也不全依官品:"若别赐物,中书门下官正三品准二品,四品准三品,五品准四品;同中书门下平章事,并同中书门下正三品。"①可见,中书、门下官在赏赐时得到了特殊待遇。又,唐朝的外命妇即官员的母妻,也是赏赐对象,能按其子其夫的品级获得赏赐,分一杯羹。这再度强化了本节的前述论断:较之正俸,赏赐具有更浓厚的身份色彩、家长制色彩。汉代的俸禄出自国库,赏赐主要出自少府,而唐朝也有类似之处:官员的禄米出自太仓,归司农寺太仓署令管②;官员所赐绢及杂彩、金银器等,却出自内府局中藏,归内府令管。

六　灰黑收入问题

摩尔指出:"在前工业社会,建立大规模官僚机构的努力不久就会陷入困境,因为要想从居民中榨取足够的资金来发薪饷几乎是办不到的。"不同政府的相应对策,摩尔列举了法国的卖官之法,俄国的让官员拥有庄园之法等等。至于中国,就是"允许官员或多或少地公开受贿"。"自然,这种做法在实质上削弱了中央政权的有效控制。"③

供养官员,确实是中国政府的重大负担。"汉宣以来,百姓赋敛一岁为四十余万万,吏俸用其半。"④"吏俸用其半"即 20 万万余。当然还得把

---

① 《唐六典》卷二《吏部郎中》,中华书局 1992 年版,第 33 页。

② 参看张弓:《唐朝仓廪制度初探》,中华书局 1986 年版,第 64 页。

③ 摩尔:《民主和专制的社会起源》,华夏出版社 1987 年版,第 136 页。

④ 《太平御览》卷六二七《治道部·赋敛》引桓谭《新论》,中华书局 1960 年版,第 2810 页下栏。"汉宣以来"原作"汉定以来",故有学者说是东汉初的情况。但"定"系"宣"字之讹。《文选》卷三六《永明九年策秀才文》引《桓子新论》,作"汉宣已来"。中华书局 1977 年版,第 509 页上栏。

少府岁入的18万万及水衡岁入的25万万考虑在内①(二者是皇帝的私奉养,不算国帑),那么吏俸约占国家岁入的25%。这跟今天的中国情况,略有可比处。据报道,2000年的行政管理费占国家财政支出的25.7%②。

唐朝天宝年间朝廷的户税、诸色资课及勾剥等项,总计为470余万贯。学者估算,开元、天宝之际,内外官员的岁俸支出,约100万贯③。在这470余万贯中,官俸占21%左右。沈既济云:"臣计天下财赋耗大者唯二事,一兵资,二官俸。"④又据蔡次薛先生估算,在唐宪宗时,每7家纳税户就得负担2名官吏⑤。民众供养官吏的负担为十几比一,已达到现代水平了。

宋朝"冗官"与"冗费""冗兵"并称,养官是养兵之外的主要支出。汪圣铎先生的研究显示:宋神宗熙宁末年,全宋官吏俸钱(料钱)一项,岁支就达277余万贯,其中京官52.9万贯,诸路官员225.6万贯。这个数字已不小了,而俸钱之外的支给,其总数若折成钱,又不少于俸钱之数⑥。元丰年间实行"以阶易官"的改革,此后户部的月支再度激增。南宋《庆

---

① 桓谭《新论》又云:"少府所领园地作务之入十三万万,以给宫室供养诸赏赐。"("入十三万万"原作"八十三万万"。学者多认为"八"系"人"字之讹。可参看赵俪生:《谈史学研究的工作方法》,收入《寄陇居论文集》,齐鲁书社1981年版,第306页。)《汉书》卷八六《王嘉传》:"孝元皇帝奉承大业,温恭少欲,都内钱四十万万,水衡钱二十五万万,少府钱十八万万。"所云都内钱、少府钱与《新论》相合,则水衡钱25万万也应属《新论》所说的"岁入",而不是若干年的盈余。

② 思源:《中国财政支出结构的过去现在与未来——建立民生财政的设想》,《炎黄春秋》2008年第4期。美国行政管理费占国家财政支出的9.9%,德国仅2.7%。

③ 陈明光:《唐代财政史新编》,中国财政经济出版社1991年版,第88页。

④ 《新唐书》卷一三二《沈既济传》。

⑤ 蔡次薛:《隋唐五代财政史》,中国财政经济出版社1990年版,第157页。当时全国官吏及胥吏总数368688人,纳税户约144万户。

⑥ 汪圣铎:《两宋财政史》,中华书局1995年版,第457页。按熙宁元年(1068),京师百官月俸4万余缗。若以1:4.3计,诸路官员月俸可能达到17.2万余缗,岁支254万余缗。那么熙宁末年增加了23万缗。

元会计录》:"比年月支百二十万。大略官俸居十之一,吏禄十之二,兵廪十之七。"①宋代官俸吏禄合计,可能占到了户部开支的20%—30%②。

清朝的情况不太一样。以乾隆三十一年(1766)为例,此年总支出3451万两,其中王公百官俸90万两,只占2.61%;加上京师各衙门胥役工食8万两,也只占2.84%。此外文职养廉银347万两,占10.05%③。那么王公百官俸、京师胥役工食及文职养廉银,合起来只占岁出的12.89%。若不考虑养廉银,养官吏的钱还不到王朝开支的3%。清朝官俸非常微薄,康熙还一度裁撤了吏胥的工食银。仅从此看,清朝的官吏是相当廉价的。

康有为对清朝官僚的薄俸低于外国同行,大鸣不平;可他也不得不承认,清朝官僚的排场又大大超过了外国同行④。官僚抱怨"薄俸",同时又拥有法外牟利的巨大空间。高薪未必能"养廉"⑤,薄俸则必将助长法外牟利,这跟"饥寒多盗贼"是一个道理。低工资会导致人才流向其他行业,但对中国王朝这不成问题,因为官迷多如过江之鲫。那么皇

① 《玉海》卷一八五《食货·会计》,江苏古籍出版社、上海书店1987年版,第3396页上栏。

② 南宋光宗年间,一云东西库藏约一千万缗,其支出"大军居十之七,宫禁百司禄赐裁三",又云"今经费,兵居十八,官居十二"。分见《咸淳临安志》卷八《左藏库》,《中国方志丛书》,台北成文出版社1983年版,第105页上栏;陈傅良《止斋文集》卷十九《赴桂阳军拟奏事札子》,《景印文渊阁四库全书》,台湾商务印书馆1986年版,第1150册第653页下栏。

③ 参看史志宏:《清前期财政概述》,中华文史网,http://www.historychina.net/cns/QSYJ/ZTYJ/JJS/2004/07/13/6934.html,访问时间:2009年7月23日。

④ 康有为:《官制议》,收入《康南海先生遗著汇刊》,台北宏业书局1987年版,第14册第279页。"举大地古今俸禄,未有若今中国之薄者也,殆不可形诸简牍矣,各国人咸非笑之。……然中国官场之积习,衙门中之排场极阔,宾客之应接馈赠极繁,族姻之仰给问恤极多,出入周旋,仪从满道,以视外国之徒行者迥异。"

⑤ 确实有一项跨国研究显示,公务员工资高低与腐败程度存在着负相关,即工资高则腐败程度低。然而另一项单国研究却表明,腐败和公务员的工资水平并无直接关系。参看艾克曼:《腐败与政府》,新华出版社2000年版,第90、92页。"换句话说,如果不辅之以其它的体制性改革,单纯依赖提高公务员的工资来减少腐败,效果就不会很理想。"

帝何时实行厚俸,何时实行薄俸呢? 就厚俸而言,可以理解为统治者在搞高薪养廉,但也可以理解为"被迫"给予官僚高薪以换取其政治效忠,购买其职业道德。就薄俸而言,可能是财政支绌时的被迫之举,但也可能是因为皇权强大、政权稳定,确信官僚的法外牟利不至为害。既然尚不至危害行政,那就薄俸好了,皇帝我省钱了,料你们官僚也不敢过分抱怨;你们私下捞钱我是知道的,但只要还没捞出界,就不妨睁一只眼、闭一只眼。民众的抱怨就不管它了。

张仲礼先生的研究表明,清朝知县的额外收入可达法定薪俸的 16倍,即 30000 余两与 1900 两之比;到了 19 世纪末,汉官的额外收入已达法定薪俸的 19 倍之多,平均每人每年 5000 多两银子①。嘉庆年间的连城县令李某,每年括钱竟达该县赋税总额的半数之多②。则清廷税额与官僚俸额,远不足以表明人民的真正负担。在探讨传统中国的薪俸民生比时,若把这一点考虑在内,结果就将完全是另一个样子。

官、吏两分,是中华帝国最重要的品位安排之一。因胥吏及职役的法定特权和品位保障极其微薄,所以其灰黑收入问题更为严重。有学者认为,因衙役由无偿服役而来,所以朝廷不付薪俸,只是象征性地给一点儿工食银,相当于伙食补贴。皂隶、禁卒每年工食银不过 6 两;捕快工食银最多,每年十一二两。不过从九品官的年俸银 31.5 两,年俸米 31.5 斛,那么 6—12 两的工食银,仍不妨看成一种微薄的薪俸,而不只是伙食补贴。当然,最低的钟鼓夫每年才 1 两多,实在太少了。

无论如何,吏役若全部发薪,朝廷将不堪重负。南宋官俸与吏俸的比例,是"官俸居十之一,吏禄十之二",吏俸是官俸的一倍,可知养吏的开支是非常浩大的。清朝的吏役总数若以 100 万计,再假定每人每年支付工食银 6 两,就是 600 万两! 乾隆三十一年(1766),王公百官俸是 90 万两,文职养廉银是 347 万两。19 世纪晚期,汉文官薪俸总额为

① 张仲礼:《中国绅士的收入》,上海社会科学院出版社 2001 年版,第 28、40 页。
② 陈支平:《清代赋役制度演变新探》,厦门大学出版社 1988 年版,第 136 页。

82 万两,武官为 57.5 万两,文武汉官养廉银的总额为 428 万两①,总计 567.5 万两。比较之余就能看到,供养吏役所需开支,将是一笔巨款。对皇帝不想支付这笔巨款,能省就省,我们就有"同情的理解"了。康熙甚至下令,取消州县吏役的工食银。

因吏役的报酬极其低微,朝廷只能听任他们法外收费。海瑞任浙江淳安知县时,曾革除六房书吏的"常例陋规"共计 68 项②。清朝的"规费"五花八门,如心红银、挂号费、传呈费、纸笔费、出结费、上锁钱、开锁钱、脚钱、鞋钱、杖钱、倒杖钱、入监钱、出监钱等,不一而足。乾隆时,郡王福康安从西藏用兵归来,户部书吏竟从他那里敲诈了二百万两之巨③!古人认为,胥吏贪污之数是超过官僚贪污之数的,"大抵作官嗜利,所得甚少,而吏人所盗不赀矣!"④清朝吏役的实际收入总数,很难估计,但肯定也是一笔巨款,只能超过而不会少于品官。

这种由刻意薄俸而造成的腐败贪污,是一种"结构性贪污"。费正清把清朝官吏称为"有组织的贪污集团"⑤,用词是十分尖刻的。在道德上加以谴责很容易,解决之道则不好找。帝国官吏必须维持一定规模,然而薪俸、经费又太微薄,所以官吏集体贪污以自肥⑥。

---

① 张仲礼:《中国绅士的收入》,第 32 页以下。

② 《海瑞集》上编《淳安政事·兴革条例》,中华书局 1962 年版,上册第 39 页以下。

③ 金安清:《水窗春呓》卷下《部吏口才》,中华书局 1984 年版,第 53 页。

④ 黄宗羲:《宋元学案》卷三六《舍人官箴》,中华书局 1986 年版,第 1238 页。

⑤ 费正清:《美国与中国》,世界知识出版社 1999 年版,第 106 页。

⑥ 汪辉祖《学治续说·陋规不宜遽裁》云:"裁陋规,美举也。然官中公事,廉俸所入,容有不敷支给之处,是以因俗制宜,区赢应用。忽予汰革,目前自获廉名,迨用无所出,势复取给于民,且有变本而加厉者。"商务印书馆 1937 年版,第 3 页。幕友的月修有时达数十两。若某长官延请了十几位幕友,每年就要支付上万两馆谷。姚文田云:"所入廉俸即尽支领,亦不敷延请幕友。"《清史列传》卷三四《姚文田传》嘉庆十八年(1813)十一月疏,中华书局 1987 年版,第 2663—2664 页。吏胥的工食银还不够一日三餐。清人傅维麟说:"一役之工食,每年多不过十二两,或七两二钱,每日不过三二分,仅供夫妇一餐之用。古人云:'黎民一天不再食则饥。'此数十万游惰之民肯枵腹而鹄立于堂侧,走马于阶前乎?必不能也!"《皇朝经世文编》卷二四,台北文海出版社 1966 年版,第 917 页。

薪俸有正式品级,而不同职位的灰黑收入有大有小。在这时候,法外牟利空间大小与职位的品级不成正比的情况,就将出现。有的官职品级高,但油水小;有的官职品级低,但油水大。那么在正式品级之外,官场就将按另一尺度,即灰黑收入的丰厚程度,来评估官职的价值高下了。从官员方面说,这将影响官员对职位等级的评价;从等级管理方面说,这将降低正式品秩的效力。如前所述,灰黑收入可以超过正式收入十几倍以上,那么是品级高低更重要呢,还是官缺肥瘦更重要呢?

　　唐宋的胥吏还是有品级的:唐有流外九品,宋朝为胥吏设置了位阶。明清的胥吏干脆不分品级了,通归于"流外"而已。究其原因,除了胥吏出职日益困难之外,这与胥吏是一个靠"收费"生存的层次,也有密切关系。因其薪俸太微薄、法外收入太重要,正式品级对他们就没多大意义了。

第五章　品秩的构成要素四：特权

　　薪俸之外，各种等级特权，是中国官僚又一重要职业寻求，也是朝廷为官僚提供的重要任职回报。当然，我们看成特权的，有人不看成特权；今人看成特权的，古人不看成特权。这背后还有一个文化观念问题。

　　官僚的特权，包括任官特权、教育特权、法律特权、经济特权等。除此之外，他们还依等级享受各种礼制待遇。等级礼制也是一种特权，一种社会特权，它使生活方式呈现出等级性，并依权力大小与品秩高低而为某些人独占。但因礼制还有更复杂的功能与意义，所以我们把它从"特权"一项中分离出来，单列为一个品秩要素，于第六章讨论。

　　在前三章讨论权责、资格与薪俸之时，我们特别注意提示其历代变迁与阶段性。本章也将如此。讨论中国官僚的等级特权的论著已相当多了，然而从总体上比较其历代变迁，还是有意义的。在下文行将提供的事实中，不但能看到中国官僚享有特权，还能看到那些特权的丰厚或简薄程度，以及给予和消受的方式，是发生过变化的；而且各种变化所显示的阶段性，其一致性还相当之大，可以互相印证。这就为认识传统专制官僚政治发展的阶段性，提供了新的观察点。

一　任官特权

　　周代封建贵族政治之下，实行世卿、世禄与世官制度。赵翼云：

"自古皆封建,诸侯各君其国,卿大夫亦世其官,成例相沿,视为固然。"①分封制与宗法制紧密结合在一起,公侯伯子男爵、公卿大夫士爵,原则上都实行嫡长子继承制。国君的长子做国君,其余子弟做大夫;卿大夫同样由嫡长子继承,余子为士。贵族的入仕特权,得到了政治社会传统的强大保障。

战国秦汉进入官僚政治时代,但依然存在着入仕特权。汉代实行任子制,吏二千石以上视事满三年,得任子弟一人为郎。除了父任、兄任外,实际上还有宗家任、族父任、外戚任、姊任、祖父任等多种情况。任子的范围,有时甚至扩大到了孙子和"门从"(同族子弟),经常突破"任一人"之限。如苏武就"少以父任,兄弟并为郎"。还有批量除拜的。汉安帝曾下诏:以公卿、校尉、尚书子弟各一人为郎、舍人。东汉任子,多由皇帝发特诏,称"诏除郎"。

虽然实际的任子范围经常比较宽泛,但制度上只限于"吏二千石"子弟。这个秩级,我们怀疑实际是"比二千石以上"。因为上引安帝任子诏中,可以任子的官职有校尉,而校尉比二千石;又,光禄大夫也能任子,此官也是比二千石②。二千石郡守国相一百余人,中央比二千石以上官职三十多个。可任子者一百数十人,满三年才能任子,则每年任子最多不过数十人。这就是汉代任子的大致规模。与唐宋的门荫、恩荫相比,任子数量并不太大。而且必须指出,郎官并不是吏职,只是皇帝近卫而已,需付出数年宿卫的辛苦,表现优秀,才有可能被选拔补吏。孝廉察举每年约二百,这些"孝廉郎"的选官待遇,明显优于"诏除郎",许多职位规定只任命孝廉郎,诏除郎不与其选;选拔各县的长、相、丞、

---

① 赵翼:《廿二史札记》卷二《汉初布衣将相之局》,王树民:《廿二史札记校证》,中华书局1984年版,第36页。

② 如高容在哀平间为光禄大夫。其子高诩"以父任为郎中",见《后汉书》卷七九《儒林高诩传》。六百石尚书可以任子,属特殊优待。

尉时,往往也指明只取孝廉郎,诏除郎偶尔才能得到这种机会①。

魏晋南北朝时代,士族门阀的任官特权膨胀了,出现了"公门有公,卿门有卿""以贵承贵,以贱袭贱"②的局面。若干所谓"清官",如给事中、散骑侍郎、黄门侍郎、散骑常侍、侍中、太子舍人、太子洗马、太子庶子、尚书郎、著作郎、秘书郎等,成了高门子弟的起家之选、迁转之阶。九品中正制名义上以德才定品,实际却是依权势、门第定品的,造成了"上品无寒门,下品无势族"。"凡厥衣冠,莫非二品",说的就是士族子弟都能获得任官资格。中古名族琅邪王氏,由晋至陈,保持显贵达300 年,传十二世,史书有名者 255 人中,居官者 205 人,曾任中书令、侍中、尚书令者达 43 人③。在录尚书事、中书监、中书令、侍中、尚书令、尚书左右仆射等 8 种要职中,西晋世族占 67% ,东晋世族占 85% ,刘宋世族占 64% ,梁陈世族占 61%④。北朝官贵的任官特权,也相当可观。据毛汉光对 16 种官职的统计,两晋南北朝士族所占比例,在57.3% 到84.5% 之间⑤。

隋唐官僚政治复兴,科举制为布衣才俊提供了晋身之阶,但依然存在着"门荫""品子"制度。门荫,是五品以上官僚子孙的起家特权。三品以上官竟然可以荫及曾孙,这大大超过了汉代的任子范围。门荫所给予的出身,由正七品上而至从八品下。品子,是给予六至九品(及勋官三至五品)子弟的任官特权。他们经分番服役或纳资而获得散阶,六、七品子弟于从九品上叙阶,八、九品子于从九品下叙阶。那么门荫与品子制度,就使流内九品以上官的子弟,全部获得了任官特权。这大大超过了汉代的任子范围。又,唐朝爵级、勋官都可以叙阶,汉朝则不

---

① 拙作:《察举制度变迁史稿》,辽宁大学出版社 1997 年版,第 25 页以下。

② 《晋书》卷九二《王沈传》、《魏书》卷六十《韩显宗传》。

③ 张祥光:《论两晋南朝门阀制度》,《贵州社会科学》1983 年第 1 期。

④ 陈长琦:《两晋南朝政治史稿》,河南大学出版社 1992 年版,第 102 页以下。

⑤ 毛汉光:《中国中古社会史论》,上海书店出版社 2002 年版,第 182 页。

能通过爵级得官;唐朝的皇亲国戚身份也可以叙阶,汉代则没有给皇族入仕开辟专门的通道,外戚当权居位只是政治现象,不是制度规定。再与科举叙阶加以比较:进士甲第不过授予从九品上,乙第不过授予从九品下①,只与品子相当,远不如门荫。参看表5.1:

表 5.1

出身品阶	门荫与品子			科举		
	荫子	荫孙	荫曾孙	秀才	明经	进士明法
正七品上	一品子					
正七品下	二品子	一品孙				
从七品上	三品子	二品孙	一品曾孙			
从七品下	从三品子	三品孙	二品曾孙			
正八品上	正四品子	从三品孙	三品曾孙	上上		
正八品下	从四品子	正四品孙	从三品曾孙	上中		
从八品上	正五品子	从四品孙				
从八品下	从五品子	正五品孙			上上	
正九品上		从五品孙				
正九品下						
从九品上	六、七品子			上下	上中	甲第
从九品下	八、九品子					乙第

据统计,唐代 135 名士族出身的宰相中,门荫入仕者有 25 名,占 20%②。

当然,唐代门荫与南北朝士族的"平流进取",还是有所不同的:门荫者出仕者仍要考试,要经过吏部试判,并不是只凭父祖官位就能得官的,考不过依然没官;至于升官进阶,更要经过考课。而且随科举制的发展,科名拥有者逐渐赢得了胜过门荫的仕途前景。那么唐朝官僚子

① 《旧唐书》卷四二《职官志一》。

② 乌廷玉:《唐代士族地主和庶族地主的历史地位》,《中国史研究》1980 年第 1 期。

弟的等级任官特权,小于魏晋南北朝。魏晋南朝的士族任官特权,很多是习惯性的选例,看上去不如唐朝的门荫、品子整齐清晰,但不能据此认为唐朝的门荫特权更大。正如宁欣先生的评论:唐朝依父祖官品用荫,"否定了门阀专政时期的门第高低作为享有世袭特权的原则"①。一个依据门第,一个依据官品;一个是门第特权,一个是官僚特权,这就是魏晋南北朝与唐朝的差别。

宋代科举更繁荣了,然而恩荫依然大行其道。"太祖受禅,文武五品以上皆得荫子弟。"②子弟恩荫资格的认定,与父祖的寄禄官、差遣及职同时相关。参看表5.2③:

表 5.2

父祖官职	荫子	荫期亲	荫余亲
三公、宰相	诸寺丞	校书郎	试衔
使相、参知政事、枢密院使、副使、宣徽使	太祝、奉礼郎	校书、正字	试衔
节度使、仆射、尚书、太子三少、御史大夫、文明殿学士、资政殿大学士	校书郎、正字	寺、监主簿	试衔
三司使、翰林、资政殿侍讲、龙图阁学士、枢密直学士,太常、宗正卿,中丞,丞郎,留后,观察使,内客省使	正字	寺、监主簿	试衔及斋郎
两省五品、龙图阁直学士、待制、三司副使、知杂御史	寺、监主簿	试衔	斋郎
小卿、监兼职者	试衔	试衔	斋郎

宋代恩荫之滥,历来为史家诟病。有常荫、致仕荫补、遗表荫补、后妃荫补、宗室荫补、宦官养子荫补、先贤及勋臣后裔恩荫,殁于王事者恩

---

① 宁欣:《唐代门荫制与选官》,收入《唐史识见录》,商务印书馆2009年版,第68页。

② 《续资治通鉴长编》卷十八太平兴国二年(977)三月壬戌,中华书局1990年版,第400页。

③ 《宋史》卷一五九《选举志五·铨法下》。何忠礼先生考证此制是宋仁宗庆历三年(1043)制度。见其《宋史选举志补正》,浙江古籍出版社1992年版,第202页。

荫等①。科举取士年均 360 人左右,以恩荫为官者每年不下 500 人②。范仲淹抨击恩荫:"假有任学士以上官,经二十年者,则一家兄弟子孙出京官者二十人,仍接次升朝。此滥进之极也。"③赵翼有言:"一人入仕,则子孙亲族俱可得官,大者并可及于门客医士,可谓滥矣!"④官贵子弟幼年就能得到恩荫,自己还没娶媳妇生子,就又有了荫子权利了,"未应娶妇,已得任子"。当然,恩荫出官也要经吏部铨试,不能例外⑤。恩荫入仕者的仕途前景,也没法跟科举相比。"其与南北朝时期的门阀世族世袭制相比,不同之处在于它在选官体系中世袭的重心下降。"⑥

元朝的承荫,一般是从嫡长子、同母弟到其他子孙依次旁推。元成宗大德四年(1300 年)的承荫资格,参看表5.3⑦:

表5.3

取荫人官品	用荫人官品	
	元世祖	元成宗
正一品	正七品	正五品
从一品		从五品
正二品		正六品
从二品		从六品
正三品	从七品	正七品

---

① 游彪:《宋代荫补制度研究》,中国社会科学出版社 2001 年版,相关各章。

② 张希清:《论宋代科举取士之多与冗官问题》,《北京大学学报》1987 年第 5 期。

③ 范仲淹:《答手诏陈十事》,《宋文鉴》卷四三,中华书局 1992 年版,第 656 页。

④ 赵翼:《廿二史札记》卷二五《宋恩荫之滥》,王树民:《廿二史札记校证》,第 536 页。

⑤ 白钢主编,朱瑞熙著:《中国政治制度通史》第 6 卷(宋代卷),人民出版社 1996 年版,第 665 页以下。

⑥ 白文固:《北宋文武官员恩荫制度探究》,《史学月刊》2002 年第 3 期。

⑦ 《元史》卷八三《选举志三》及《元典章》卷八《吏部二·职官荫子例》。制表参考陈得芝主编:《中国通史》第 8 卷,人民出版社 1997 年版,第 939 页。

取荫人官品	用荫人官品	
	元世祖	元成宗
从三品	正八品	从七品
正四品	从八品	正八品
从四品	正九品	从八品
正五品	从九品	正九品
从五品		从九品

从品级看,唐朝一品子出身正七品上,二品子出身正七品下;而元成宗制度,正一品官荫子以正五品叙,正二品荫子由正六品叙,似乎比唐代优越。但承荫只限一人,范围却比唐宋大为缩小。元世祖规定:"诸官品正从分等,职官用荫各止一名。"而且"诸职官荫子之后,若有余子,不得于诸官府自求职事,诸官府亦不许任用"。就是说,若已荫一子入官,余子不但不能承荫,甚至以其他方式谋官,也在禁止之例。元朝承荫只限一人,看来是向汉朝的"得任子弟一人"回归了。而且承荫要经严格审批,需要考试一经一史。"诸荫子入品职,循其资考,流转升迁",承荫之后要按劳考升进①。当然,这些规定主要用于汉官,蒙古贵族另有仕途。

洪武皇帝规定:"自一品至七品,皆得荫一子以世其禄。"用荫范围是一至七品。但洪武荫制,学者认为就没有全面实行过②。不久门荫范围就缩小到了三品以上。永乐年间"乃渐为限制,京官三品以上,考满著绩,始荫一子曰官生,其出自特恩者曰恩生"③。用荫只限于京官三品以上,还需要"考满著绩"。这与汉朝"吏二千石以上视事满三年"的规定,差不多少了。二千石比官品三品略低,"考满著迹"也类似于

---

① 《元史》卷八三《选举志三》。

② 郭培贵:《明代文官荫叙制度考论》,《历史研究》2005 年第 2 期。

③ 《明史》卷七二《职官志一》。

汉代的"视事满三年"。进而，所谓"门荫"实际是做"官生"。名义上依然称"荫"，实际只是一个进入国子监读书的机会，一个上大学的名额。这与汉代任子郎的宿卫候选，多少也有可比之处。官生并不是平白入学，"恒必验其材质，试其文理之可教者，而后许之。仍令勉学，务从科举出身"①。入监须经考试，并被要求在将来参加科举。还有，元明清荫子与汉代任子相同，只限一人，与唐宋一大家孩子都能荫补的情况，也相当不同。

清代的荫叙，分恩荫、难荫、特荫。难荫是优待"殁于王事者"之子的，特荫是酬奖元老名臣的；恩荫之法略近于明，只能荫子。顺治十八年（1661）规定：满汉文官在京四品、在外三品以上，武官在京、在外二品以上，各送一子入国子监读书，三年期满候铨②。康熙十二年（1673）又诏"原品解任食俸者准荫"，这样若干经过特批可以食俸的解任原品官，也能用荫了③。据统计，从顺治到光绪，大学士有 5% 出身荫生，六部尚书有 14% 出身荫生、世职，总督有 11%，巡抚有 9%④。

总之，历代任官特权的变迁轮廓大致如下：

1. 周朝的任官特权最大，具有鲜明的贵族政治性质。

2. 汉朝的官吏队伍富于流动性，官贵的任子特权不算太大。

3. 魏晋南北朝门阀士族和部落贵族的任官特权，明显上升，并采取了门第特权的形式。

4. 唐代门荫和宋朝恩荫，仍给官贵任官特权以很大保障。但不依门第而依官品，进阶在更大程度上取决于劳考，已不同于前一时代了。

5. 明清的荫叙范围大为缩小，而且变成了官生、荫监的形态。

---

① 《续文献通考》卷四九《选举考·任子》，现代出版社 1986 年版，第 732 页下栏。

② 《清史稿》卷一百一《选举志五》。

③ 《清朝文献通考》卷五四《选举八》，商务印书馆 1936 年版，第 5359 页中栏。

④ 王贵文：《清代的荫子制度》，《辽宁大学学报》1989 年第 1 期。

如不考虑明朝的军官世袭、清朝的满贵特权,则明清官僚的荫叙特权,比魏晋南北朝与唐宋小了很多,向汉朝回归了。

清代还有另一个例外,就是太平天国的世袭制。天王洪秀全下令:"凡一概同打江山功勋等臣,大则封丞相、检点、指挥、将军、侍卫,至小亦军帅职,累代世袭,龙袍角带在天朝。"罗尔纲先生评论说:"封建皇朝还认为'士世禄不世官,恐其未必贤也',不得世袭其官,而太平天国竟连这一点都不考虑了。"①当然,天国短祚,制度混乱,世袭制实际上没有严格贯彻。

二　教育特权

文教特权的等级分配,主要体现在学校制度上。国家学校的开放或封闭,入学资格的严格与宽松,历代的情况是不一样的。

周朝"学在官府",最高学府是国子学。"国子"的意思是"国之子弟",亦即贵族子弟,他们拥有教育特权。天子、诸侯和卿大夫,往往在幼年时,就有专任或兼任的师、傅、保,担任其教师和监护人。

孔子的私学事业,推动了"学下民间",这是中国教育史的一大变革。汉代社会很富有平民性,文教制度也很富有平民性。无论是中央的太学,还是郡国的官学,都没有等级和身份的限制,足以为贫寒学子提供"知识改变命运"的通道。当然面向贵族子弟的学校,有时也有。东汉明帝曾为外戚专门设立了"四姓小侯学"。但这种学校,有迫使纨绔子弟从师向学之功,却没有妨碍平民接受教育之弊。

魏晋南北朝由于分裂动荡,平民文教凋零,士族垄断文化,出现了"学在家族"的局面,同时国家学校等级化了。晋武帝创设国子学,与太学并立。这标志着中古学校制度的重大转折,向等级化、身份化的转折。国子学只接受五品以上官僚子弟,"国子生皆冠族华

---

① 罗尔纲:《太平天国史》卷二八《官爵》,中华书局1991年版,第968—969页。

胄,比列皇储"①。在晋代,权贵子弟通常从六、七品官起家,太学生毕业后只能担任八、九品的吏员②。南朝一般只设一学,但所设的不是太学,而是"博延胄子""广延国胄"的国子学。北朝学校,优待鲜卑贵族和北方士族。魏齐国子寺"掌训教胄子",下设国子学,有生72人;太学,有生200人;四门学,有生300人。国子学、太学、四门学不是以教育程度区分的,而是以学生的父祖官品区分的,国子学"以三品已上及五品清官之子以充生选"③。士族门阀政治和部落贵族政治,是此期学校发生身份化、等级化的最主要原因。

进入唐朝,民间文教重新繁荣起来,科举制为贫寒士子提供了晋身之阶。但因前一时代的贵族化浪潮的残留影响,学校体制依然等级鲜明。唐朝最高等的两所学校,是弘文馆和崇文馆。弘文馆以贵臣子弟为学生。崇文馆原是皇太子和诸王的皇家私塾,后来也扩大到皇亲国戚和贵臣之子。二馆之下,依次是国子学、太学、四门学,及律学、书学和算学等六学④。从学生身份看,二馆六学可分五等(表5.4)⑤:

表5.4

校　名	生　员	身　份
弘文馆 崇文馆	30 人 20 人	皇亲国戚和贵臣之子
国子学	300 人	三品以上子

---

① 《宋书》卷一四《礼志一》。

② 这一点,是从中正品和起家官推断出来的。太学毕业者往往担任"台四品吏","四品"是中正品,"台吏"即尚书台的八、九品令史之类。参看拙作:《察举制度变迁史稿》,辽宁大学出版社1997年版,第144—145页。

③ 《魏书》卷八四《儒林传序》、《隋书》卷二七《百官中》。

④ 傅乐成:《唐代的中央官学》,收入《中国史论集》,台北学生书局1985年版,第34页以下;宋大川:《唐代教育体制研究》,山西教育出版社1998年版,第102页以下。

⑤ 《新唐书》卷四四《选举志上》;《唐六典》卷八《门下省下》,中华书局1992年版,第255页;《唐会要》卷六四《史馆下·崇文馆》,中华书局1955年版,第1117页。

校 名	生 员	身 份
太学	500 人	五品以上子
四门学	1300 人	500 人,七品以上子 800 人,庶人之俊异者
律学 书学 算学	50 人 30 人 30 人	八品以下子 庶人通其学者

各级学校的区别,仍不是教育程度,而是学生身份。甚至连学生的校服都不一样,国子、太学、四门学士及四门俊士,穿"黑介帻,簪导,深衣,青襟襶领,革带,袜履";律、书、算学士及州县学士,穿"黑介帻,白裙襦"①。

唐朝毕竟已进入了科举时代,六学体制虽然等级性浓厚,但其间已有流动的可能性了。"诸学生通二经、俊士通三经已及第而愿留者,四门学生补太学,太学生补国子学。"②诸学即律学、书学和算学,"俊士"即四门学中的 800 名八品以下子及庶人子弟,他们可以通过经书考试,而升入太学,甚至国子学了。

宋朝的学校,有国子监、太学、律学、四门学、小学等。国子学依然面向官僚子弟,招收京朝七品以上子孙。国子学的身份性、特权性,比唐朝继续下降。首先"七品"的身份限制,比起唐朝国子监"文武三品以上子孙"的规定,显已放宽。进而宋太宗、宋真宗时,又允许官僚的亲属游学京师者、举进士游学京师者附于国子学读书。国子学由此又开放一些了。宋仁宗创立太学,招收八品以下子弟,及"庶人之俊异者"。这时候虽然国子学、太学分立并峙,但后者才是国家教育的重心所在③。国子

---

① 《通典》卷一〇八《礼六十八》,中华书局 1984 年版,第 570 页上栏。

② 《新唐书》卷四四《选举志上》。

③ 参看袁征:《宋代教育:中国古代教育的历史性转折》,广东高等教育出版社 1991 年版,第 103 页以下;苗春德主编:《宋代教育》,河南大学出版社 1992 年版,第 68—69 页;李国钧、王炳照总主编,乔卫平著:《中国教育制度通史》第 3 卷,山东教育出版社 2000 年版,第 147 页。

学日趋衰落,官贵子弟无心向学,"学舍虽存,殊为湫隘,生徒至寡,仅至陵夷。贡部以乡举里选为先,诸生以两馆为耻"①。太学则一天天兴旺起来。最初太学生只有200人,宋神宗时三舍生便达到了2400人。宋徽宗崇宁年间兴学校、废科举,士子从州县学校升贡太学,再由太学出仕。这时候的太学生,有3800人。

明清的国子学,与太学完全合一了。明初的国子学旋改国子监,实即太学。清朝的国子监门上,用满汉文书"太学",而门前两榜又用满汉文书"国子监"。国子监恢复了汉代太学的开放性。洪武三年(1370)周循理奏请:凡民间子弟年在十五听入国学,并免除本人差役;京城品官子弟年十二以上,入国学读书。次年,令府州县学选拔学生进入国子学,其时有2728人应选。学者评价说:"这一事件,标志着明代的国学教育,开始由皇室和功臣子弟所享有向各级官员和民众子弟展开。"②洪武三十年的国子监,民生有1826人,官生只有3人。明代宗到明英宗时,官生最少时2人,最多时7人,屈指可数。明宪宗成化十一年(1475),北监有生992人,其中官生只有2人;成化二十二年北监有生731人,官生只有3人;成化二十三年北监有生1436人,官生只有4人③。可见来自门荫的官生,其比例微不足道。清朝虽有恩监,但国子监同样没有身份限制,向平民开放。

所谓"官生",就是来自荫叙者。自唐宋以来,荫叙者便要接受考试了。唐朝由门荫出仕者,要经吏部试判。宋制:"凡补应出身求差遣者,须先于国学听读二年,满日具名牒,审官院试验。如年及二十五以

① 杨亿:《武夷新集》卷一七《代人转对论太学状》,《景印文渊阁四库全书》,台湾商务印书馆1986年版,第1086册第567页。

② 李国钧、王炳照总主编,吴宣德著:《中国教育制度通史》第4卷,山东教育出版社2000年版,第44页。

③ 参看吴晗:《明初的学校》,《读史札记》,生活·读书·新知三联书店1956年版,第322页;李国钧、王炳照总主编,吴宣德著:《中国教育制度通史》第4卷,山东教育出版社2000年版,第64、88、106页。

上不愿在监听读者,依敕考试所业,具名以闻。"①由恩荫出仕者不但要考试,25 岁以下者,还必须在国子监学习两年。考试最初是试判,后来改为铨试。元朝承荫者,需考一经一史,不通者发还复读;蒙古、色目愿意考试者,给予加一阶的优待②。明清国子监的官生或恩生,也都要考试。雍正规定,荫生、荫监生 15 岁以上送监读书;到部年 20 岁以上者,奏请考试引见。乾隆时规定,考试内容为古论及时务策,钦派大臣阅卷,评定甲乙,进呈御览,文理优通者交部引见,荒谬者发回原籍读书,三年后重考③。荫叙也要考试,反映了中国古代的"选贤任能"精神,是非常浓厚的。

扫描历代等级教育特权的变迁,其结果如下:

1. 周朝"学在官府",面向国子,其时教育体制最富贵族性。

2. 汉代太学和郡国学的大门,全部向平民洞开。

3. 魏晋南北朝的国家学校等级化、身份化了,太学之外,出现了专容权贵子弟的国子学。

4. 唐宋中央学校依然具有身份性,入学资格有等级限制。同时这种等级限制在不断淡化。

5. 明清学校,恢复了汉代太学和郡国学的开放性,官僚子弟的教育特权已经相当之小。

那么等级教育特权的变迁波形,与前述任官特权的变迁一致。

三　法律特权

现代法治之下人人平等,总统也不能超越法律,违法违规也会受到弹劾追究,普通公务员更不必说了。中国古代官僚们则应感谢朝廷的

---

① 《宋会要辑稿·职官》二八之二,中华书局 1957 年版,第 75 册第 2972 页下栏。

② 《元史》卷八三《选举志三》。

③ 《清史稿》卷一一〇《选举志五》。

温暖,他们拥有各种法律特权。

在周朝,挞笞之刑及残酷的肉刑,不施于大夫以上贵族,只对士以下使用,即"刑不上大夫"。《白虎通义》:"刑不上大夫者,据礼无大夫刑。或曰:挞笞之刑也。"贾谊云:"廉耻节礼以治君子,故有赐死而亡戮辱。是以黥劓之罪不及大夫。"《周礼》:"命夫命妇,不躬坐狱讼。"[1]拥有朝廷名位的贵族及其妻子,打官司不亲自出场,以维护其尊严。尽管什么罪判什么刑也有惯例,但春秋以上"议事以制,不为刑辟",发生了案子,由贵族们酌情定案,而非依据公布的"刑书"。这就便于其上下其手。《周礼》有"八辟"之文,即议亲、议故、议贤、议能、议功、议贵、议勤、议宾,后世又称"八议"。由此折射出这一事实:包括亲、贵在内的特殊身份,可以受到减刑优待。

"爵本位"的传统,在秦汉还浓厚残留着,所以法律特权辐辏于二十等爵级的情况,相当突出。爵级可以用来赎罪减刑。《秦律杂抄》:"有故秦人出,削爵,上造以上为鬼薪,公士以下刑为城旦。"[2]上造是第2级爵,公士是第1级爵,上造高于公士;鬼薪、城旦是刑名,鬼薪轻于城旦。对"故秦人出"之罪的惩罚,高爵轻于低爵。又张家山汉简《贼律》:"下爵殴上爵,罚金四两;殴同列以下,罚金二两。"[3]低爵殴打高爵,罚金要加重二两。爵在五大夫以上、吏在六百石以上及"宦皇帝而知名者",羁押时可以"颂系",即不加械具,免受桎梏之苦。

然而若不考虑爵级,仅就拥有秩级的官吏来说,秦汉官僚的法律特权就不能说很大了。爵级可以减刑,秩级则不能减刑。论者把"先请权"视为汉代官僚的一种法律特权。所谓"先请",指身份高贵者犯罪,

---

① 《白虎通义·五刑》,陈立:《白虎通疏证》,中华书局1994年版,第441页;《汉书》卷四八《贾谊传》;《周礼·秋官·小司寇》,《十三经注疏》,中华书局1980年版,第873页下栏。

② 《睡虎地秦墓竹简》,文物出版社1990年版,第80页。

③ 《二年律令·贼律》,张家山汉墓竹简整理小组:《张家山汉墓竹简(二四七号墓)》(释文修订本),文物出版社2006年版,第12页。

例如六百石以上吏犯罪、郎中犯耐罪以上、宗室成员犯髡罪以上，有司在审讯量刑后，必须先向皇帝请示，由皇帝裁夺，然后才能定罪行刑①。若以现代法治衡量，"先请"表明行政、司法不分立，皇帝超越司法，当然含有特权意味；但六百石以上官的案件由君主终审，也可以理解为大案要案皇帝须亲自过问，但并不等于法外施恩。"先请"与"八议"还是相去一间的，"八议"明摆着要法外施恩，"先请"就不一定了。又秦律规定："吏从事于官府，当坐伍人不当？不当。"②即，官吏不因同伍的人犯罪而连坐。有人把这个看成"一般人所不能享有的法律特权"。然而公务人员不在同伍连坐之列，自有其合理之处，似不能看成特权，至少不是太大的特权。总的说来，秦汉依爵位获得的法律特权是比较大的，而官吏依秩级获得的法律特权，并不算大。

魏晋南朝法纪宽弛，士族权贵经常优游于法律之外。这时必须指出，魏晋南朝的法律上承汉代，而汉律对官僚是相当苛刻的；魏晋南朝虽有所放宽，但惩治官僚罪过的条文反而比北朝严峻；北朝惩治官僚的条文比较宽松，但法律本身却能得厉行。反过来说，江左士族权贵的优厚法律特权，主要表现为法外特权③。比如"同伍犯法，无士人不罪之科"，在法律上说，士族并不能免除同伍连坐；然而这个规定对士族来说形同虚设，并不真正应用④。官贵有罪不罚、大罪轻罚之事，比比皆

---

① 瞿同祖先生云："汉有先请之制，贵族及六百石以上官吏有罪，需先请方得逮捕审问。"《中国法律与中国社会》，中华书局 1981 年版，第 208—209 页。肖永清先生云："'请'就是贵族和大官僚犯罪，司法官吏无权决断，只能根据法律，提出适用法律的意见，上请皇帝裁夺。"《中国法制史简编》，山西人民出版社 1981 年版，第 193 页。先逮捕审讯，提出适用法律的意见，然后再请示的说法，更为准确。因为"耐罪以上""犯髡罪"的判断，只能出现在侦查审讯之后，而不可能出现在其之前。

② 《法律答问》，《睡虎地秦墓竹简》，文物出版社 1990 年版，第 129 页。

③ 对这一点，顾江龙君有深入阐述。参看其《汉唐间的爵位、勋官与散官——品位结构与等级特权视角的研究》，北京大学历史学系 2007 年博士论文，第 29 页以下。

④ 参看《宋书》卷四二《王弘传》王弘与尚书丞郎议。

是。江左朝廷对犯罪官吏行杖，也只是做样子，"上捎云根，下拂地足"，"正从朱衣上过"，装腔作势不真打，高高举起、轻轻落下，只从衣服上擦过而已。

《周礼》"八议"，此期被请进了法典。晋律："应八议以上，皆留官收赎，勿髡、钳、笞也。"①可见"八议"的目的就是要法外施恩，与汉代"先请"相比，转以优待为目的了。唐律"八议"的运用原则与晋相似："乃立八议，以广亲亲，以明贤贤，以笃宾旧，以劝功勤。……八者犯死罪，所司先奏请议，得以减、赎论。"②唐朝"议贵"范围是"职事官三品已上、散官二品已上及爵一品"，这些人犯罪后，有"减""赎"优待。"减"就是减一等处罚。能从减罪特权中受惠的，不止三品以上官，五品官可以"请"，七品官可以"减"，九品以上官可以"赎"。"赎"就是"赎罪以铜"，五刑都可以赎，用铜 1 斤至 120 斤。而且受惠的不只是官僚本人，还包括他们所荫子孙和亲属。请看表5.5③：

表 5.5

	特 权	官 员	亲 属
议	死罪奏请议 流罪以下减一等	三品以上	
请	死罪上请 流罪以下减一等	四、五品	八议之人荫及期以上亲及孙，入请。期亲者，谓伯叔父母、姑、兄弟、姊妹、妻、子及兄弟子之类
减	流罪以下减一等	六、七品	官爵得请者之祖父母、父母、兄弟、姊妹、妻、子孙
赎	流罪以下听赎	八、九品	官品得减者之祖父母、父母、妻、子孙

唐律中还有"官当"之法，其法始于北魏。北魏规定，五等爵及官品五品以上，以一阶当刑二年。"官当"之名，则始见于《陈律》。隋唐法律规定，五品以上官犯私罪，一官抵徒刑二年，犯公罪一官抵徒刑三

---

① 《唐律疏议》卷一《名例》，中华书局 1983 年版，第 6 页。
② 《唐六典》卷六《刑部郎中》，中华书局 1992 年版，第 186—187 页。
③ 据《唐律疏议》卷二《名例》制表，中华书局 1983 年版，第 33 页以下。

年;九品以上官犯私罪,一官抵徒刑一年,犯公罪一官抵徒刑二年。流刑也可用官抵罪。三等流刑,即流二千里、流二千五百里、流三千里,都比照徒刑四年计算。而且在用官职官品当刑时,职事官、散官、卫官为一官,勋官又单为一官,二者可以分别抵罪。若一身兼有两个以上职事官、散官,先用高品者抵罪,另一个留着,下次还能用。若罪轻而官品高,官品抵罪有余,可以留官收赎,即保留原官品,只用钱赎罪。罪重官品低,用官抵罪后仍有余罪的,也可以用钱来赎余罪。如果抵罪后还有余罪,以及又犯了新罪的,还可以用历任官品抵罪。用官抵罪后,若还有余官,一年后降原官品一等叙用;如果抵罪时把官全用完了,三年后仍可以降二等叙用。

可见唐律对官僚利益的保障,百般体贴而无微不至。瞿同祖先生指出:"最令人惊异而感兴趣的是以官抵罪的方式。官职以今日的概念言之,原是行政上的一种职位,在古代则视为个人的一种身份,一种个人的权利,所以一旦获得此种身份,便享有种种特权,生活方式上(所谓礼)如此,法律上亦如此,他可以不受普通法律的拘束,还可以他的官位去交换他的罪刑,好像他以私人的奴婢、财产去赎罪一样。"[1]也就是说,以官抵罪的"官当"制度,等于承认了官职是官僚的既得利益,具有个人属性,即身份性。"官当"之法,为宋朝所承袭。

在官僚的法律特权方面,明清发生了较大转折。一个变化是"八议"变质。明律中的"议贵"范围,是"爵一品,及文武职事官三品以上,散官二品以上者",看上去与唐相同;然而"凡八议者犯罪实封奏闻取旨,不许擅自勾问。若奉旨推问,居所犯及应议之状,先奏请议,议定奏闻,取自上裁"。这里只说了"取自上裁",由皇帝拍板;却没说入了"八议"就得减、赎。唐律,四、五品官死罪上请,流以下减一等,而明律的相关部分,却是这么规定的:"凡京官及在外五品以上官有犯,奏闻请

---

① 瞿同祖:《中国法律与中国社会》,中华书局1981年版,第218页。

旨,不许擅问。"①"请"的目的是"不许擅问",是必须向皇帝请旨,如此而已。可见明朝的"八议"和"请旨",主要用以保障皇帝的处分权与裁断权。这与唐宋"八议"的精神迥然不同,跟汉代的"先请"倒神形毕肖。

另一个变化是"官当"被取消。"明清加强中央集权,加强对官吏的控制,无官当法。官吏犯罪,笞、杖照例罚俸、降级、革职,不受刑,徒、流才发配。"②废除"官当",就剥夺了官僚的又一大法律特权。笞杖轻罪虽然另用罚俸、降级、革职来替代,并不实笞、实杖,但至徒、流就得实配了,不用减、赎之法。而在唐朝,徒刑甚至流刑都不一定实配。

清人薛允升对唐律、明律的官僚法律特权做了全面比较,随后总结道:"《唐律》,职官犯罪,既有议、请、减、荫之章,又有除、免官、赎之制,杖罪以下俱以赎论,徒罪以上俱以官当。唯犯加役等五流之类,除名配流如法,其实均准收赎,并不实配,而又有六载后及三载期年听叙之法,其优礼臣下,可谓无微不至矣!"在议、请、减、赎、荫诸法上,唐律、明律大为不同:"以上十一条(指八议、请减、官当等条),明律亦略同,而无官当、减、赎及荫法。……唐律死罪上请,流罪减一等,皆所以优恤应议之人也。明律无减一等之文";"明律应议者及应议者之亲属犯罪,只云不许擅自勾问,先奏请议,议定奏闻取自上裁,并无减等及准赎之法"。③薛允升看到,唐宋"优礼臣下,可谓无微不至";而那些无微不至之处,到明清就变了,甚至没了。有学者认为:"宋、元、明、清的法律,虽然在形式上有些变化,但基本内容都因循援用唐律,自然在各个等级之间的法律特权也以唐律为楷模。"④但由以上事实我们知道,明清的

---

① 《大明律》卷一《名例》,《续修四库全书》,上海古籍出版社1996年版,第862册第386页上栏、第387页下栏。

② 瞿同祖:《法律在中国社会中的作用——历史的考察》,《中外法学》1998年第4期。

③ 薛允升:《唐明律合编》,中国书店1990年版,第22—23页。

④ 葛承雍:《中国古代等级社会》,陕西人民出版社1992年版,第237页。

官僚法律特权比唐律大减,不能笼统地说"以唐律为楷模"。

很有意思的是,宋朝的理学大师盛赞"八议",不以为非,说是"八议设而后重轻得其宜",使"恩"与"义"的关系得到了平衡①。而异族统治者如金宣宗、清世宗,却力斥"八议"之非。金宣宗云:"若不论轻重而辄减之,则贵戚皆将恃此以虐民,民何以堪!"清世宗云:"若于亲、故、功、贤等人之有罪者,故为屈法以示优容,则是可意为低昂,而律非一定者矣,尚可谓之公平乎?"他郑重告诫大臣们:"八议"不可为训,虽律有其文,然而以往未曾实行,今后也不得使用②。在中国政治史上,异族政权下专制集权往往趋强。明朝承元,满洲建清,其专制集权的强化,都借了异族统治的东风。瞿同祖先生论明清废"官当",指出其背景与意义就是"明、清加强中央集权,加强对官吏的控制"。可见随专制集权强化,"官权"便有萎缩之势。金宣宗、清世宗对"八议"的批判,正可以在此背景下加以理解。

下面就可以做一概括了:

1. 周朝贵族官员的法律特权最大。

2. 若不考虑爵级,秦汉官吏依秩级而得到法律特权,相对较小。

3. 魏晋南朝士族享有颇大法律特权,当然很多是法外特权。

4. 唐宋的八议、减赎、官当等法,为官僚特权提供了正式法律保障。

5. 明清旁置八议、废除官当,官僚依官品而取得的法律特权,遂有相当之萎缩。

官僚之法律特权的历史轨迹,与前述其任官特权、教育特权的变迁轨迹,如出一辙。

---

① 程颢:《二程文集》卷七《汉文杀薄昭论》,中华书局 1985 年版,第 111 页。

② 《金史》卷四五《刑志》;雍正六年(1728)三月二十六日上谕,《雍正朝汉文谕旨汇编》,广西师范大学出版社 1999 年版,第 7 册第 227 页上栏。

四 经济特权

中国官僚享有多种经济特权,这里不一一缕述了。我们选择赋役一项,以期窥一斑而知全豹。

纳税是现代国民的基本义务,文官也要承担,这里主要是指个人所得税(当然也包括间接税)。在中国古代,因官吏本人已在为国家服务了,他们不服徭役是理所应当、名正言顺的。但中国官僚往往拥有免税特权,其家庭成员往往拥有减免赋税、徭役的特权。对编户来说,赋役义务是"无所逃于天地之间"的,"民不出粟米麻丝、作器皿、通货财、以事其上,则诛"①。尤其是徭役,它不但重于赋税②,而且是适龄人口的身份标志。明朝有田必有役,军田出军役,民田当民差,灶田当灶差,匠田当匠差③。那么,"官绅等级与庶民等级的差别是多方面的,是否向封建国家承担徭役则是主要标志之一。官绅有免役权,而庶民必须服役当差"④。官僚在政府任职,本人自应免役,但其家人是否免役、免税,多大范围内可以免役、免税,历朝的政策就不一样了。

秦汉的高爵拥有者,拥有免役权利。二十等爵的第四等爵名为"不更","不更"应即"不豫更卒之事也"的意思⑤。推测在秦,至少"不更"本人不用服更卒之役。高爵拥有封邑,当然更不会负担徭役了。汉高帝规定"非七大夫以下,皆复其身及户,勿事",七大夫为第七级爵,其本人及家庭都不服徭役;吕后时"自公大夫以上,勿以为徭",即

---

① 韩愈:《原道》,《韩昌黎文集校注》,古典文学出版社 1957 年版,第 9 页。

② 王毓铨先生指出:中国历史上,"以人身为本的徭役和贡纳重于以土地为本的田租(赋,粮)。不止重,而且重的多"。见其《〈中国历史上农民的身分〉写作提纲》,收入《莱芜集》,中华书局 1983 年版,第 368 页。

③ 王毓铨:《明代的军户——明代配户当差之一例》,收入《莱芜集》,第 342 页以下。

④ 张显清:《明代官绅优免和庶民"中户"的徭役负担》,《历史研究》1986 年第 2 期。

⑤ 《汉书》卷十九上《百官公卿表上》颜师古注。

第七级爵以上不服徭役,第六级爵以下要服徭役了。汉文帝时又变成了"民受爵至五大夫以上,乃复一人耳",第九级五大夫以上才能免役,低爵不能免;本人免役,其家庭不能免①。

从秩级方面看官吏,又是什么情况呢?按秦汉更赋之制,"天下人皆直戍边三日","虽丞相子亦在戍边之调"②。在秦朝,连丞相的儿子都没有免役特权,照样被调发戍边,那么一般官吏可以类推。可见在帝制初期,官吏依秩级而获得的经济特权,相当之小。

汉朝的丞相一般都是列侯,列侯之子恐怕不会服役。所以"虽丞相子亦在戍边之调"的秦法,在汉代可能只是一纸空文。对拥有秩级的官吏,汉惠帝的政策就不同了:"今吏六百石以上父母妻子与同居,及故吏尝佩将军都尉印将兵及佩二千石官印者,家唯给军赋,他无有所与。"③"军赋"当为算赋,即人头税;"他无有所与"的,应该包括更徭。那么,汉代六百石以上官的家庭同居者,可以免役了,算赋还是要交的。汉宣帝时有位盖宽饶,官至司隶校尉,"家贫,奉钱月数千","身为司隶,子常步行自戍北边"④。为什么盖宽饶的儿子要戍边呢?由"俸钱月数千"和"子常步行自戍北边"两点,我们推断当时司隶校尉秩比六百石。因其秩级不到六百石,所以享受不到"家唯给军赋,他无有所与"的待遇。汉代官吏的经济特权,跟秦朝相比是增大了。但跟后代相比呢?六百石是县令的秩级,曹魏六百石县令是七品官。若比拟官

---

① 以上参考了西嶋定生:《中国古代帝国的形成与结构——二十等爵制研究》,中华书局 2004 年版,第 320 页;高敏:《论两汉赐爵制度的历史演变》,收入《秦汉史论集》,中州书画社 1982 年版,第 33 页;柳春藩:《秦汉封国食邑赐爵制》,辽宁人民出版社 1984 年版,第 125 页;朱绍侯:《军功爵制研究》,上海人民出版社 1990 年版,第 56 页;刘敏:《重释"高帝五年诏"中的爵制问题》,《史学月刊》2005 年第 11 期。

② 《汉书》卷七《昭帝纪》引。

③ 《汉书》卷二《惠帝纪》。

④ 《汉书》卷七七《盖宽饶传》。还可参看拙作《从爵本位到官本位——秦汉官僚品位结构研究》,生活·读书·新知三联书店 2009 年版,第 456 页。

品,汉代是七品以上官吏家庭才能免役,但不免赋税。在此等级之下,其家庭赋、役皆不能免。这样看来,汉代官吏依秩级而取得的经济特权,仍然不太优厚。

西晋实行品官占田制①,第一品依法占田 50 顷,依次而降,直到第九品 10 顷。查西晋户调之式,在叙述民户时,规定了占田与课田两种定额,占田是占有土地的限额,课田数则用来表示课税的额度;而在叙述官吏时,只规定了占田限额,却没规定课田的定额。这就表明,品官在限额之内的占田,不必承担田租之课。换言之,西晋官僚不纳田租。从占田额度看,九品官 10 顷的占田额度是民户(100 亩)的 10 倍,远远超过了"禄以代耕"的限度。

魏晋以降,官僚及其依附者不课不役的情况,日益普遍了。曹魏对公卿以下给予"租牛客户",其人可以免役。孙吴正式实行"复客"之制,免除了公卿大臣一定数量依附人口的赋役。西晋颁布品官荫客制:"又各以品之高卑荫其亲属,多者及九族,少者三世。"官僚还可以"荫人以为衣食客及佃客"。所荫衣食客,六品以上 3 人,七、八品 2 人,九品 1 人;所荫佃客,一、二品 15 户,下至八、九品 1 户。一、二品官的荫复范围,学者推测至少也有数十百家。既称"荫",则不服徭役、不出田租户调。在南朝,官僚依官品而占有的佃客、典计、衣食客之类,数量又有增加,这些人同样"皆无课役"②。品官占田的规定,荫族、荫衣食客及佃客的规定,显示此期官僚的经济特权大幅度地扩张了。不但官僚的小家庭,而且其大家族,甚至其所荫庇的人户,全都没有课役。此期配置于官品的经济特权,远大于秦汉配置于秩级的经济特权。

---

① 品官占田制及荫客制,见《晋书》卷二六《食货志》。
② 《隋书》卷二四《食货志》。以上参考了唐长孺:《西晋田制试释》,《魏晋南北朝史论丛》,生活·读书·新知三联书店 1955 年版,第 43 页以下;郑学檬主编:《中国赋役制度史》,厦门大学出版社 1994 年版,第 151—152 页;高敏主编:《魏晋南北朝经济史》,上海人民出版社 1996 年版,上册第 323 页以下;蒋福亚:《魏晋之际依附民的合法化》,收入《魏晋南北朝经济史探》,甘肃人民出版社 2004 年版,第 285 页以下。

隋朝，凡有品、爵者皆免课役①。唐朝的官僚家族，是不课户的主体。开元二十五年《户令》，把视流内九品以上官，都列入了不课户。皇亲国戚和五品以上高官还可以荫其亲属：太皇太后、皇太后、皇后缌麻以上亲，内命妇及一品以上亲，三品以上职事官及郡王期亲、同居大功亲，五品以上及国公同居期亲，并免课役②。张泽咸先生评论说："唐代，九品以上官吏，为数极多。复除包括期亲及大功亲，凡是从父兄弟之类也属复除之列。可见，唐代复除的范围是比汉代大大放宽了。"③一人得道，鸡犬升天。官僚每升几品，就又有一群亲戚受惠不课了。可参表5.6：

表5.6

	同居亲	期亲	大功亲	缌麻亲
太皇太后、皇太后、皇后	不课户	不课户	不课户	不课户
内命妇、一品以上亲	不课户	不课户	不课户	不课户
三品以上、郡王	不课户	不课户	不课户	
五品以上、国公	不课户	不课户		
视流内九品以上	不课户			

宋代有"品官之家"概念，"谓品官父祖、子孙及与同居者"④。这"家"包括了祖孙四代，相当之大，而且连奶妈都算在内。"品官之家"又称"官户"，享有减免赋役的特权。"命官、形势占田无限，皆得复役"；"古之贵者舍役，止其身耳；今之品官及有荫子孙，当户差役例皆免之，何其优也！"⑤王安石实行募役法，规定当役人户要出"免役

① 《隋书》卷二四《食货志》。
② 《通典》卷七《食货七》，中华书局1984年版，第42页上栏；《新唐书》卷五一《食货志一》；《唐律疏议》卷十二《户婚》引《赋役令》，中华书局1983年版，第241页。
③ 张泽咸：《唐五代赋役史草》，中华书局1986年版，第465—466页。
④ 《庆元条法事类》卷八十《杂门》，《续修四库全书》，上海古籍出版社，第861册第679页上栏。
⑤ 《宋史》卷一七七《食货志上》；李觏：《直讲李先生文集》卷二八《寄上孙安抚书》，《宋集珍本丛刊》，线装书局2004年版，第7册第201页上栏。

钱",官户的"助役钱"数额减半。宋徽宗又恢复了官户的免役权,还为官户的"科配"规定了免除额度。"科配"是一种无定时、无定类、无定量的重要税目①,与差役合称"差科"。《政和令格》:"品官之家乡村田产,得免差科,一品一百顷,二品九十顷,下至八品二十顷,九品十顷。其格外数,悉同编户。"②南宋数次改定官户免役之法。《田格》:"品官之家乡村田产免科差,一品五十顷,二品四十五顷,三品四十顷,四品三十五顷,五品三十顷,六品二十五顷,七品二十顷,八品十顷,九品五顷。"③甚至在官僚死后,子孙仍可以用这位官僚生前的官职免科差,只不过田顷减半而已。若子孙已经分家,就由各家平分所免之额。比方说:父祖生前是一品官,子孙所免科差,就由其生前的50 顷减半为 25 顷;假设子孙分成 10 家,则每家分享免科差额度的1/10,即 2.5 顷。

明初制度,官员及其家户可以免役,但不得免粮,有田土就必须交纳租税④,而且没有荫子孙和荫族的规定。官僚的经济特权开始萎缩了。由于官贵们经常蒙混优免,弘治年间刘乔建议明确品官的优免额度,额度之外的丁田,悉照民间均派。嘉靖十年(1531)颁布《优免则例》,二十四年又提高了优免额度,以为优惠。在京官员,一品免粮 30石、免丁 30 人,二品免粮 24 石、免丁 24 人;下至九品官,免粮 6 石,免丁 6 人。在外官员各减一半,以礼致仕免十分之七,闲住者免一半。犯赃革职者不免。万历十四年(1586),"论品免粮"改为"论品免田",每免粮三升折田一亩,称"优免田",余田"与民一体编役"。例如,一品京

---

① 王曾瑜:《宋朝的科配》,《中国史研究》1990 年第 3 期。

② 《宋会要辑稿·食货》六之一,中华书局 1957 年版,第 123 册第 4879 页下栏。

③ 《庆元条法事类》卷四八《赋役门》,《续修四库全书》,第 861 册第 519—520 页。

④ 参看《明太祖实录》卷一一一洪武十年(1377)二月上谕:"自今百司见任官员之家,有田土者输租税外,悉免其徭役。著为令。"又《明世宗实录》卷二一嘉靖元年(1522)十二月癸巳上谕:"应免之家,照例止免人丁,不得滥将田亩一概折免。"

官原先免粮 30 石,现在折为免田 1000 亩;仍免 30 丁[①]。

顺治五年(1648)颁布《优免则例》,照搬嘉靖之制。然而顺治十四年(1657)户部又重新议定:"自一品以下至杂职、生员、吏承,止免本身丁徭,将优免丁粮悉应停免,以充兵饷。"此举的目的非常明确,就是要压缩官绅特权,以苏民困:"绅衿优免,或一人而免数十丁,一户而免千百亩,甚至包揽姻亲,受人投靠,概入己户,竟不循例当差,贻累小民!"自此以后,官员免粮已不复存在,免役也只是免除自身丁徭而已[②]。十几个世纪的官僚优免特权,再次大幅度削减。在需要加税时,朝廷往往不加给平民,只加给官户。例如三藩之乱时,清廷为筹措军费,"加征宦户地亩银"。学者认为"这是一种非常特殊的现象,值得注意"[③]。

综上所述,免税和免役特权的历代变迁如下:

1. 秦汉官僚的特权较小。秦朝的丞相之子也要服徭役,汉朝六百石以上官员(约相当后代七品以上),本人及家庭可以免役,但不能免税。

2. 魏晋南北朝的官僚贵族,不但本人,其家族成员,以至其依法占有的依附人户,都在不课不役之列。其免役免税范围相当之大。

3. 唐宋九品官本人及亲属,享有较大的减免赋役特权。

4. 明初曾剥夺官僚免粮权,把免役权限于本人及家庭;至清朝,官僚的免粮免丁特权再遭削减。

那么通观帝制时代,官僚经济特权变化趋势,与他们的任官特权、教育特权、法律特权的各期变化,也具有明显的一致性。综合观察历代

① 参看张显清:《明代缙绅地主浅论》,《中国史研究》1984 年第 2 期;黄惠贤、陈锋主编、陈锋著:《中国俸禄制度史》第 8 章,武汉大学出版社 1996 年版,第 469—471 页。

② 康熙二十四年(1685)户部奏引顺治十四年四月内马腾升题《为厘剔优免夙弊以苏民困疏》,蒋良骐:《东华录》卷十三,中华书局 1980 年版,第 209 页。

③ 陈锋:《清代军费研究》,武汉大学出版社 1992 年版,第 301—302 页。

官僚的法定特权和习惯性特权,先秦很大,秦汉很小,魏晋南北朝很大,唐宋有所衰减,明清继续萎缩。官僚特权的历史变化,留下了一个"之"字形的轨迹和五阶段的波形。

第六章　品秩的构成要素五:礼遇

　　"礼"是中国政治文化的核心概念,也是一个"横看成岭侧成峰"的多面体。一方面,"礼"是文化遗产、人文的结晶,其中凝聚着先民的生活态度和社会理想;另一方面,"礼"也可以从"权力"角度加以解析,王朝等级礼制尤其如此,它是权力的建构,或权力的包装。

　　从"品位—职位"视角看,中国的等级礼制主要与品位相关,是为"人"而制订的。官贵们按品秩阶爵而享受的等级礼遇,属于社会特权,因为它们使日常生活等级化了,婚丧祭祀、车舆冠服等无所不及,不够级就不能僭用。但因"礼"在传统中国的特殊意义,我们还是把它从"特权"中分离出来,在品秩要素中单列一项。当然,"礼遇"是针对人员而言的,但"礼制"就不仅仅针对人员了,也涉及了职位的等级安排,也有技术意义和行政功能。

　　"礼"在协助官阶安排级别时,发挥了特殊作用。在赋予官贵等级礼遇时,"礼"广泛涉及了各种生活事项,并且超越了官场边界,成为一种总体化的社会秩序安排。这就是本章第一节所要阐释的。在协助官阶安排行政等级上,朝位之礼是一个很好的例子,它催生了九品官品,并与九品官品相辅相成。这将是第二节的叙述内容。"礼"涉及了社会生活秩序,那么还会出现王朝礼制与民间礼俗的关系问题。第三节将以"冠服体制"为例,探讨民间原生礼俗与王朝等级礼制的互动关系,展示前者是如何被后者所改造的。最后,王朝礼制以礼书为依据、以"周礼"为楷模,而礼书所记载的"周礼"是"古礼";千百年前的"古礼",与王朝现行等级存在着不兼容的可能性。第四节将通过《周礼》所记"六冕"之礼,来观察"古礼"与王朝现行官阶的冲突与调适问题。

一 等级礼制:行政性与总体性

等级礼制的行政性 在安排等级秩序上,等级礼制是官阶的辅助手段。这在现代依然如此。例如军服。现代军队依然使用肩章、领章等标志等级,这不妨看成一种等级服饰之礼。军队上下级之间,也存在着比其他场合更多的等级礼节。

汉朝的印绶等级,《续汉书》将之记载于《舆服志》,就是说印绶等级是被看成"礼"的。具体说:诸侯王金玺缍绶,公、侯、将军金印紫绶,二千石以上银印青绶。千石、六百石铜印黑绶,四百石、三百石、二百石铜印黄绶,百石铜印青绀绶①。西汉冀州刺史朱博在巡视的路上,遇到了很多告官吏状的民众,朱博回答说:"丞、尉者,刺史不察黄绶,各自诣郡。欲言二千石墨绶长吏者,使者行部还,诣治所。"②使用铜印黄绶的县丞、县尉,秩在四百石以下,不在刺史监察范围之内,朱博让民众到郡守那儿去告状。而若告墨绶以上,即六百石以上的官员,他将在治所受理。朱博通过印绶,阐明了刺史的监察层次。

印绶是权责的象征,有印绶就有行政权责。散官没有行政权责,所以朝廷不给散官配印绶。侍中、中常侍、光禄大夫、太中大夫、博士、议郎、中谒者、黄门侍郎、郎中、太子舍人等官,由于只是散官,所以都没有印绶。如果看到散官有印,那么这位散官承担了行政事务,属特殊情况。秦朝有一枚"郎中左田"封泥,这是某郎中承担"左田"事务时的权

---

① 《续汉书·舆服志下》及注引《东观书》。
② 《汉书》卷八三《朱博传》。

责凭证①。汉朝的三公号称万石。曾任三公者,若担任千石的尚书令或六百石的尚书仆射,朝廷就增其秩级为二千石,以示优待;但这时他的印绶仍是铜印墨绶,并不因为增秩二千石而改为银印青绶。这是为什么呢?因为印绶等级是从属于职位的,是权责的象征,而不是从属于人员的。总之,印绶礼制与权责相关,显示了强烈的行政意义。

等级礼制可以用来对品秩进行微调,与品秩形成互补关系。例如汉朝文官的进贤冠,用冠梁之数区分等级,公侯三梁,中二千石及二千石两梁,千石以下一梁。但实际又有少数例外。博士秩比六百石,本来应该用进贤一梁冠,但朝廷认为博士是儒学之官,"传先王之训,故尊而异之",就让博士服两梁冠,以示优待。御史中丞秩千石,尚书令千石,尚书六百石,也用两梁冠。这因为御史中丞监察百官,尚书职在机密,秩级虽低,但权责殊重。又,东汉秩千石的太官令、太医令,六百石的侍御史、符节令,及汉末千石、六百石的三府长史,也用两梁冠。秩级不变,但许其使用较高冠服,是一种等级微调。

维护组织内部的等级秩序,需要借助若干仪式。下级向上级致敬的礼节,就属其例。唐朝"凡百官拜礼各有差:文武官三品已下拜正一品。(中书门下则不拜。)东宫官拜三师,四品已下拜三少。自余属官,于本司隔品者皆拜焉。其准品应致敬,而非相统摄,则不拜(谓尚书都事于诸司郎中,殿中主事于主局、直长之类,其品虽卑,则亦不拜。若流外官,拜本司品官)"②。拜礼的基本原则,一是"隔品者皆拜",即下级拜高两品的上级;二是"拜本司品官","非相统摄,则不拜",即只拜直属上级,不拜不相属的上级。那么,等级之异和职类之异,在拜礼上都得以体现了。

---

① 周晓陆、路东之编著:《秦封泥集》,三秦出版社 2000 年版,第 115 页图版。"田"可能是土田,但也可能是田猎。后一可能参看刘瑞:《"左田"新释》,收入黄留珠主编:《周秦汉唐研究》第 1 册,三秦出版社 1998 年版。

② 《唐六典》卷四《礼部尚书》,中华书局 1992 年版,第 115 页。

与此相似的,还有称谓之礼。清朝官场的称谓礼俗,诸如:

> 属僚对管理各部院之亲王、郡王,称"王爷"。
>
> 对部院之尚书、侍郎,称"大人"。
>
> 对部院之司官,称"老爷"。
>
> 府、厅以下称督、抚、司、道为"大人"。
>
> 营员对卿贰、督抚总理军务者,称"大帅"。
>
> 知府称"大老爷",知县称"太爷"。知府加至二、三品职衔,称"大人";知县加至四、五品职衔,称"大老爷"。
>
> 侍读学士以上见中堂,自称"晚生"。
>
> 巡抚对总督,有公、孤衔者,自称"教弟";曾为属官者称"旧属";对大学士兼总督者,自称"晚生"。
>
> 各道对两司,自称"教弟"。
>
> 同知、通判于知府,自称"晚生"。
>
> 藩司、臬司、学司对督抚,自称"本司"或"司里"。
>
> 巡、守、河、粮、盐、警各道对督抚,自称"职道"。
>
> 知府对督抚,自称"卑府"。
>
> 直州、散州之知府下至从九品未入流,自称"卑职"①。

这些称谓很多只是官场习惯,但也是一种"礼"。这类东西,在《宦乡要则》之类官场手册中,被详细罗列着。如《宦乡要则》卷三《双红禀式》:"外官禀内称呼,自道以上称大人,府以下至同、通称大老爷,督抚有太子少保衔者称宫保大人,有太子太保衔者称宫太保大人。"等等。

称谓之礼的变动,有时具有特殊政治意义。南朝刘宋以前,下属对长官习称"下官",只有王国境内的郡县长官对诸王要称"臣",离任便止。而宋孝武帝定制,王国境内的郡县长官对封国之主,不得称"臣",

---

① 方浚师:《蕉轩随录 续录》卷十二《官场称谓》,中华书局 1995 年版,第 453 页;徐珂:《清稗类钞·文官上下之称谓》,中华书局 1984 年版,第 5 册第 2172 页。

须改称"下官"①。又汉魏以来,太子宫官对太子都要称"臣"。隋文帝则下令,"东宫属,不得称臣于皇太子"②。由此减少了臣民的称"臣"对象,以保障皇帝独尊。

拜礼、称谓之类,往往伴随着浓厚的身份意义,意味着官阶卑微者的人格卑微。这不全是今人苛求古人,古人也有不愿承受的。陶渊明不肯"为五斗米折腰",李白不肯"摧眉折腰事权贵",皆是。20世纪初的革命者,把跪拜等官场礼节称为"奴隶之风俗":"叩头也,请安也,长跪也,匍匐也,唱诺也,恳恩也,极人世可怜之状。"③清末民初因西风东渐,跪拜之礼、"卑职"之称逐渐被时代抛弃④。

对王朝等级礼制的意义,还可以从"仪式组织"概念上加强理解。任何组织都有两个性质,技术性质和仪式性质。前一性质较强的组织,其生存能力取决于技术效率;后一性质的组织,其生存能力则取决于制度本身,其运作重心在于内部秩序。中国官僚组织具有浓厚的"仪式组织"性质,其内部秩序,在更大程度上要靠各种礼仪活动来维持。定期祭祀,定时上朝,及大阅兵、大出巡等,都不能只从技术上加以考虑,而且也是一种"权力的自我展示"。一次次的典礼,皇帝、贵族、官僚及各种人员的身份,一次次被展示、被重申、被强化了。

等级礼制的总体性 "礼"的身份功能,并不限于行政组织之内。中国礼制的基本精神就是区分尊卑贵贱,尊卑贵贱是面向所有臣民的,并覆盖了社会生活的各个细节。

---

① 赵翼:《陔余丛考》卷三七《下官》,河北人民出版社1990年版,第666—667页。

② 《隋书》卷二《高祖纪下》。

③ 张枬、王忍之:《辛亥革命前十年间时论选集》,生活·读书·新知三联书店1977年版,第1卷,下册第704—705页。

④ 1906年两广总督岑春煊、江苏巡抚陈夔龙等通饬全省官员,免称"卑职",用长揖取代跪拜。至民国政府,明令废除叩拜、相揖、请安等旧礼,改行鞠躬。1912年8月17日《礼制》规定,普通公务活动,施脱帽一鞠躬礼;庆典、祀典、婚礼、聘问等隆重场合,施脱帽三鞠躬礼。王开玺:《试论中国跪拜礼仪的废除》,《史学集刊》2004年第2期。

贾谊云:"奇服文章,以等上下而差贵贱。是以高下异,则名号异,则权力异,则事势异,则旗章异,则符瑞异,则礼宠异,则秩禄异,则冠履异,则衣带异,则环佩异,则车马异,则妻妾异,则泽厚异,则宫室异,则床席异,则器皿异,则饮食异,则祭祀异,则死丧异。"①社会生活的每一细节,等级礼制都要插足干涉,巨细不遗。"圣王明礼制以序尊卑,异车服以章有德,虽有其财,而无其尊,不得踰制";"虽有贤身贵体,毋其爵不敢服其服。虽有富家多资,毋其禄不敢用其财"②。乘什么车、穿什么衣裳,在今天只取决于个人偏好和消费能力;而在古代,就算你再有钱,等级礼制仍不可逾越。麦克道尔曾说,"服装是一种压迫工具,一种与穷人为敌的武器",用以显示衣着豪华者"在智力、道德和社会地位方面的优越性"③。其实不止服饰,各种等级礼制都是如此,都具有"章有德"的意义。

中国早期的礼制等级中,君、臣、民形成了连续的数列:

祖庙:天子七庙,诸侯五庙,大夫三庙,士一庙,庶人祭于寝④。

七祀:天子立七祀,诸侯立五祀,大夫立三祀,适士立二祀,庶士庶人立一祀⑤。

死亡称谓:天子死曰崩,诸侯曰薨,大夫曰卒,士曰不禄,庶人曰死。

殡葬:天子七日而殡、七月而葬,诸侯五日而殡、五月而葬,大

---

① 贾谊:《新书·服疑》,阎益振、钟夏:《新书校注》,中华书局 2000 年版,第 53 页。

② 分见《汉书》卷十《成帝纪》;《管子·立政》,黎翔凤:《管子校注》,中华书局 2004 年版,第 76 页。

③ C. McDowell: *Directory of Twentieth Century Fashion*, London: Frederick Muller, 1984, p. 10. 转引自克雷克:《时装的面貌》,中央编译出版社 2000 年版,前言第 3 页。

④ 《礼记·王制》,《十三经注疏》,中华书局 1980 年版,第 1335 页中栏。

⑤ 《礼记·祭法》,《十三经注疏》,第 1590 页上栏。七祀的形成,参看杨华:《五祀祭祷与楚汉文化的继承》,《江汉论坛》2004 年第 9 期。

夫士庶人三日而殡、三月而葬①。

祭殇:王下祭殇五,诸侯下祭殇三,大夫下祭殇二,适士及庶人祭子而止②。

坟墓:天子坟高三仞,树以松;诸侯半之,树以柏;大夫八尺,树以栾。士四尺,树以槐。庶人无坟,树以杨柳③。

驾马:天子驾六马,诸侯驾四,大夫三,士二,庶人一④。

削瓜:为天子削瓜者副之,巾以𫄨;为国君者华之,巾以绤;为大夫累之,士疐之,庶人龁之⑤。

中国的早期礼制就已显示了尽其极致、不厌其烦的特征。甚至烦琐到了瓜的切法上:给天子削瓜,四析再横断,形成八块,蒙细葛巾;给诸侯削瓜,切成两半再横断,形成四块,蒙粗葛巾;给大夫削瓜,切成四块,不蒙巾;士吃瓜,只切掉瓜蒂,再横断,形成两块;庶人吃瓜,只削掉瓜蒂而已。就算上述那类记载不全是史实,有礼家编排的成分;但礼家的那些编排,依然反映了早期文化的一种内在的倾向性:对臣民生活的各个细节都要管起来,都要等级化。臣民的私人空间,被"国有化"了。

帝制时代的等级礼制,在此基础上变本加厉了,涵盖了从生到死的各种事项,也涵盖了从品官到庶人各色人等。这里以唐制为例,列举腰带的质料铐数、家庙数量、房屋间架、明器数量、茔地面积与坟高的礼制如表6.1⑥:

---

① 《礼记·王制》,《十三经注疏》,第 1334 页中栏。

② 《礼记·祭法》,《十三经注疏》,第 1590 页中栏。

③ 《白虎通·崩薨》引《春秋含文嘉》,陈立:《白虎通疏证》,中华书局 1994 年版,第 559 页。

④ 《续汉书·舆服志》注引《王度记》。

⑤ 《礼记·曲礼》,《十三经注疏》,第 1243 页下栏。

⑥ 带铐,见《唐会要》卷三一《章服品第》,中华书局 1955 年版,第 569 页;家庙,见同书卷十九《百官家庙》,第 387 页;房屋间架,见同书卷三一《杂录》,第 575 页;明器与茔地,见同书卷三八《葬》,第 693—694 页。

表6.1

品级	带铐	家庙	房屋	明器	茔坟
一品	金玉带 13 铐	4 庙	堂舍 5 间 9 架 门屋 5 间 5 架	70 事	方 70 步 高 16 尺
二品		3 庙			方 60 步 高 14 尺
三品					方 50 步 高 12 尺
四品	金玉带 11 铐	2 庙	堂舍 5 间 7 架 堂舍 3 间 2 架	40 事	方 40 步 方 11 尺
五品	金带 10 铐				方 30 步 高 10 尺
六品	银带 9 铐	嫡士 1 庙	堂舍 3 间 5 架 门屋 1 间 2 架	20 事	方 15 步 高 7 尺
七品					
八品	鍮石带 9 铐		堂舍 3 间 4 架 门屋 1 间 2 架		
九品					
庶人	黄铜铁带 7 铐	祭于寝		15 事	方 7 步 高 4 尺

　　中国古代的等级服饰是如此繁密,竟然一直规定到民众的袖口尺寸与曳地尺寸上[1]。布尔迪厄指出,人们在安排服饰上的花费,与其所获社会利益成正比[2]。制定了如此繁密的等级礼制的政治集团,当然在这样的礼制中获得了最大利益。通过这样的礼制,帝国体制把它的内部秩序加之于社会,使社会等级结构适应于自身的等级结构,从而为自己制造了最适宜的"生态"。

---

[1]　《唐会要》卷三一《舆服上·杂录》唐文宗太和六年(832)六月礼部式:"又袍袄衫等曳地不得长二寸已上,衣袖不得广一尺三寸已上。妇人制裙不得阔五幅已上,裙条曳地不得长三寸已上,襦袖等不得广一尺五寸已上。"中华书局 1955 年版,第 573 页。《明史》卷六七《舆服志三》:"(洪武)二十三年令着民衣制,袖长过手,复回不及肘三寸。庶人衣长去地五寸,袖长过手六寸,袖桩广一尺,袖口五寸。"

[2]　Pierre Bourdieu: *Distinction: A Social Critique of the Judgement of Taste*, Translated by R. Nice, Cambridge: Harvard University Press, 1984, p. 202.

有这样一种说法:在中国古代,"国家没有、不能也无意提供一套民间日常生活所需的规则、机构和组织。在保证赋役的征收和维护地方安靖之外,国家绝少干预民间的生活秩序"①。但我们觉得,这样的说法过于简单化了。中国国家不仅仅通过赋税与司法与民间生活相联系。从理论上,政府认为,自己有权力也有义务,教化民众脱离低俗尊崇礼义,学会忠于君主、服从官长、孝顺父母、礼敬贤人,并把车马舆服、婚丧嫁娶、衣食住行都纳入等级秩序。虽因技术限制,对各个角落、天高地远的千万臣民,天子很难管住他们,确保他们不至"车服逾制",尤其在"乱世"之时;但在理论上,人们认为天子有责任、有权力管,而且天子确实在管——礼典法规上明文规定着。这一事实本身,仍有重大意义。一旦技术条件具备了,这种倾向性就可能化为现实。

二 朝礼与官阶:相辅相成

有一种会议场面,台上只有主持人与发言人;另一种会议就不同,主席台上有一大群就座者。前一场面是功能性的,站在台上,只是为了便于主持与发言。后一场面则兼具仪式性,台上的就座者具有特殊身份,不发言也必须坐在那里;而且坐中间还是两旁、坐前排还是后排,都大有讲究(参见图6.1)。可见空间的布局与占位,可以成为一种身份与权力的展示。有时甚至可以这么看:只要相关人员都来这个场面中坐几个小时或坐几天,目的就达到了。

古代的朝礼,与后一种会议场面很像,即具有展示身份与权力的意义。所谓"朝班",即官贵们在朝堂上的位置——又称朝位、班位、班序——得以成为一种重要的等级手段,并与官阶相为表里、相辅相成。

先来看一看古代的乡饮酒礼,这是一种源于乡人聚餐的古老礼俗。儒家对乡饮酒礼特别推崇,高度评价其维系尊卑长幼之功。"所以十

---

① 梁治平:《清代习惯法:社会与国家》,中国政法大学出版社1996年版,第28页。

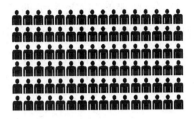

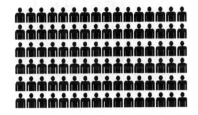

功能性会议场面　　　　　　　　　　仪式性会议场面

图 6.1

月行乡饮酒之礼何？所以复尊卑长幼之义。"①在乡饮酒礼上，尊者长者雍容自得地居于上座，卑者幼者谦卑恭顺地居于下座，敬酒行爵依此而进行，等级秩序由此而强化了。而且，用作礼器的"爵"，由此而成了等级之名。学者认为，作为等级之名的"爵"，其实发源于乡饮酒礼上敬酒行爵的次序②。孟子说"朝廷莫如爵"，把"爵"列在"三达尊"之首③。还有，"尊卑"之"尊"，也来自作为酒器的"尊"。正如侯外庐先生所说："在器谓之'尊''爵'，在人谓之亲、贵。"④

　　乡饮酒礼通过空间布局与人的占位，强化了乡里的尊卑长幼秩序；朝堂上的空间布局与人的占位，则强化了王朝的尊卑贵贱秩序。《周礼·秋官·朝士》："左九棘，孤、卿、大夫位焉，群士在其后。右九棘，

① 参看杨宽：《"乡饮酒礼"与"飨礼"新探》，收入《古史新探》，中华书局 1965 年版，第 291 页以下；姚伟钧：《乡饮酒礼探微》，《中国史研究》1999 年第 1 期。

② 西嶋定生：《中国古代帝国的形成与结构——二十等爵制》，中华书局 2004 年版，第 417 页以下。晁福林先生亦持同样看法，见其《先秦时期爵制的起源与发展》，《河北学刊》1997 年第 3 期。

③ 《孟子·公孙丑下》，焦循：《孟子正义》，中华书局 1987 年版，第 260 页。

④ 侯外庐等：《中国思想通史》第 1 卷，人民出版社 1957 年版，第 78 页。"'礼者别贵贱序尊卑者也'。这一种制度，藏在尊爵彝器的神物之中，这种宗庙社稷的重器代替了古代法律，形成了统治者利用阶级分化而实行专政的制度。"

公、侯、伯、子、男位焉,群吏在其后。面三槐,三公位焉,州长众庶在其后。"①左右"九棘"与天子对面的"三槐",形成三面合围,每面又分前后两部分,秩序井然。这种"位"是具体的、直观的"位";至于抽象的"位"之概念,也出现了。晋国的中行伯,在"六卿"中位第三;郑国的子产,在四位上卿中位第四。郑国的公孙挥对列国大夫的班位贵贱了如指掌,子产便让他做自己的外交助手。"位"本指空间中的一个地点,后来变成了官位、地位之"位"。

汉高祖确定了18位功臣的位次。吕后又让陈平"录弟下竟",一气儿给140多位诸侯确定了朝位,有如梁山泊英雄排座次。草莽英雄刘邦刚当皇帝时,礼仪疏简,以致功臣在朝廷上争功打架,还不觉得失礼。在这时候,传承礼乐的儒生挺身而出,来展示"儒效"了。叔孙通定朝仪:

> 仪:先平明,谒者治礼,引以次入殿门,廷中陈车骑步卒卫宫,设兵张旗志。传言"趋"。殿下郎中侠陛,陛数百人。功臣列侯诸将军军吏以次陈西方,东乡;文官丞相以下陈东方,西乡。大行设九宾,胪传。于是皇帝辇出房,百官执职传警,引诸侯王以下至吏六百石以次奉贺。自诸侯王以下莫不振恐肃敬。至礼毕,复置法酒。诸侍坐殿上皆伏抑首,以尊卑次起上寿。觞九行,谒者言"罢酒"。御史执法举不如仪者辄引去。竟朝置酒,无敢谨哗失礼者②。

庄严肃穆的朝仪,给了刘邦一个从未品尝过的惊喜:"吾乃今日知为皇帝之贵也!"出身底层的朱元璋做皇帝之后,对朝礼的排场居然心领神会:"朝廷之礼,所以辨上下,正名分。不以贱加贵,不以卑逾尊。百官在列,班序有伦,奏对雍容,不失其度。非惟朝廷之尊,抑亦天下四方瞻

---

① 《周礼注疏》,《十三经注疏》,中华书局1980年版,第877页下栏。

② 《史记》卷九九《叔孙通列传》。

仰所在也！"①

宋人徐天麟《西汉会要》中，收有一份西汉班序表②：

诸侯王	相国	太师
太傅	太保	丞相
大司马	御史大夫	大将军
列将军兼官	特进	列将军
列侯奉朝请	太常	光禄勋
卫尉	太仆	廷尉
宗正	大司农	大鸿胪
少府	长信少府	中少府
执金吾	太子太傅	水衡都尉
京兆尹	左冯翊	右扶风
典属国	将作少府	就国侯
颖川三河太守	齐楚等相	东海等太守
高密等侯	太子少傅	太子詹事
关内侯	丞相司直(与州郡叙则居刺史上)	司隶校尉(与州郡叙则居刺史守相上)
城门校尉	八校尉	搜粟都尉
光禄大夫(非中二千石者叙在三辅都尉下)	御史中丞(与刺史守相叙则居其上)	丞相长史
三辅都尉	五官左右中郎将	羽林中郎将

---

① 《皇明宝训》卷二《议礼》，台北学生书局 1986 年版；《洪武御制全书》，黄山书社 1995 年版，第 464 页。

② 徐天麟：《西汉会要》卷三七《班序》，中华书局 1955 年版，第 385 页以下。这个班序表来源不明，原注"以上百官表"，但《汉书·百官公卿表》并无这样明确的排序，也没有"叙在某某官之上"，以及颖川、三河太守位在齐楚等相、东海等太守之上之类说法。但徐天麟应有所据。

护军都尉	奉车都尉（秩光禄大夫者在关内侯下）	驸马都尉
骑都尉	尚书令	西域都护
太中大夫	尚书仆射	尚书
诸侯太傅	十三州刺史（与守相叙则居其上）	朔方刺史
郡都尉	关都尉	农都尉
属国都尉	西域副校尉	郎中车将
郎中户将	郎中骑将	诸侯中尉
诸侯内史	谏大夫	太子家令
博士	九卿列卿丞	谒者仆射
公车司马令	将军长史	廷尉正监
长安令	千石令	黄门侍郎
尚书丞郎	议郎	五官左右中郎
从事中郎	太史令	廷尉平
三辅丞	六百石令	五百石长
郡司马长史	五官左右侍郎	
太守丞	都尉丞	三百石长
侍御史	太子门大夫	五官左右郎中
太子庶子	中庶子	太子舍人
太子洗马	羽林郎	

周廷的朝位以官员居左，以诸侯居右；而叔孙通为刘邦所定朝仪，功臣、列侯、诸将军、军吏列于西方，东向；文官丞相以下列于东方，西向。这是具体的朝堂班位。而在抽象的、作为一般等级的班序之中，各种人员混同排队。

班序的排队顺序，首先以秩级为基本依据；但对特殊身份或官职，则通过"某官位在某官上""某官位次某官"的个案规定，进行微调。像

"以卫青为大将军,位在公上","太师位在太傅上,太保次太傅,太傅位在三公上","元寿二年,赐大司马位在司徒上"之类,都是利用朝位调整等级的例子。东汉之司隶校尉比二千石,御史中丞、尚书令只是千石之官,但因为他们都是要职,所以朝廷上给他们专席,号称"三独坐"。这种"位"仍可以抽象运用。郡守、国相平时不在京师、不与朝会,但也有其"位"。汉宣帝时,诸侯国相位在郡守上;而汉元帝下令,诸侯国相位在郡守下。从禄秩看,郡守、国相都是二千石官,并无轩轾;而从"位"看,就不一样了,汉宣帝时是国相高于郡守,汉元帝之后是郡守高于国相。

在汉代,朝位除了配合秩级安排等级之外,还有秩级所不及的特殊功能,这就是它更大的"覆盖效力"。汉代秩级的覆盖面有限,到中二千石而止,中二千石以上官——如上公、三公——必须靠"位"来区分地位。又,汉代诸侯实际是有等级的。东汉诸侯,依其所封,有乡侯、县侯、亭侯之别;依礼制,有特进侯、朝侯、侍祠侯、猥诸侯之别。但各种诸侯都没有秩级。又,八号常设将军有高下之分、有品位功能,但各级将军也没有秩级。这反映了汉朝尚处帝国初期,其品位结构不无粗疏杂乱之处;秩级最初只是"吏"的等级尺度,所以未能覆盖所有官贵,未能覆盖上公、三公、诸侯、将军。

在这时候,朝位就显示了秩级所不及的更大覆盖效力,或说总体化、一元化功能。朝会是王朝大典,其时各种身份、各种位阶的官贵"欢聚一堂",这时他们必须排出席位先后来,这是其相对地位的直观反映。朝位给各种身份者综合排序,从而发挥了贯通和汇总各种位阶的特殊作用。东汉规定,特进侯位在三公下,朝侯位在九卿下,侍祠侯位在大夫之下,猥诸侯位在博士、议郎下。拥有秩级的官员与上公、三公、列侯及将军,在等级安排上本来是"各行其是"的;而在共处朝堂之时,朝位成了公共尺度,他们的相对高下一目了然了,可以衡量比较了。

可见作为等级手段,朝位的特点就是"涵盖性"与"大排队"。而这一点，就使朝位变成了九品官品的主要来源。九品官品的形成，与朝位有密切关系。

对魏晋九品官品的来源，学者有不同说法。有人认为来自九品官人法[1]，还有人认为来自朝位[2]。我们认为，后一说法，即"来自朝位"的意见，更具说服力。魏晋官品的第一个特点，就是其"涵盖性"，它把职事官、文散官、将军号、封爵熔铸一炉，全部容纳于九品之中，使之具有了清晰严格的对应性、可比性，由此在"覆盖效力"上大大超越了秦汉秩级。魏晋官品的第二个特点，是"大排队"：在各品之内，同品官职进一步用"居前"还是"居后"来区分资位，由此各个官职排成了一个纵列。而这两个特点，显然都是来自朝位的。

两晋南朝禄秩未废，与官品并行，形成"双轨制"；此外中正品与"清浊官"制度也在影响官职资望评定，官品体制的一元性还不够高；所以在确定官职资位时，仍能经常看到"某官在某官上""某官在某官下"这样的规定，仍须用"位"来具体确定官职高下。北朝废弃了禄秩，官品成了官职高下的主要尺度，品位结构的一元性再度提升，所以北朝很少看到"某官在某官上""某官在某官下"一类做法。

隋朝上承北朝，朝位基本依照官品。品同，则以省府为前后；省府同，则以局署为前后。唐制与隋相同，而且还补充规定，官同者按爵位序先后，爵同者按年齿序前后。同时也有特例，比如兼、加、检校、常参官错杂于本品之间；又，中书、门下官员被给予了"侍臣"身份，在朝班中拥有特殊席位。与秦汉及魏晋南朝不同，在北朝隋唐，朝位不具有超越官品的特殊意义，班序基本与官品同构。唐朝的文武百官的朝谒班

---

[1]　陈长琦：《魏晋南朝的资品与官品》，《历史研究》1990 年第 6 期；《两晋南朝政治史稿》，河南大学出版社 1992 年版，第 161 页以下；《魏晋九品官人法再探讨》，《历史研究》1995 年第 6 期。

[2]　安作璋、熊铁基：《秦汉官制史稿》，齐鲁书社 1985 年版，下册第 462 页。

序,有一品班、二品班、三品班、四品班、五品班概念①,就反映了官品是班序的基本依据。

唐后期及五代时发生了职事官的阶官化,到了北宋,省部寺监之官变成了衡量官员资位的"本官"。由于这个变化,官品的效力大大下降,已不能反映官职的实际地位了。在这时候,王朝便充分利用朝位的等级功能,实行"杂压""合班"之法。所谓"杂压""合班",就是不论文官、武官、内侍官、宗室官,也不分职事官(差遣)、寄禄官(本官)、职名、技术官,都按照位之高下,混同排出先后次序。所谓"杂",就是各种职类、各种官号混合排队;所谓"压",就是某官位在某官之上,如"宰相压亲王、亲王压使相"之类。所谓"合",也是把各职类、各官号合为一班、共同排序的意思。

必须说明,若从具体占位来说,朝堂"合班"时还是要依文官武官等等不同,而分别排队的;但就抽象的"杂压""合班"而言,诸官混同排序。宋太祖建隆三年(962),有司进呈《合班仪》,从太师、太傅一直排到司天五官正。《宋史》卷一一八《礼志二一》:

> 太师,太傅,太保,太尉,司徒,司空,太子太师、太傅、太保,嗣王,郡王,左右仆射,太子少师、少傅、少保,三京牧,大都督,大都护,御史大夫,六尚书,常侍,门下、中书侍郎,太子宾客,太常、宗正卿,御史中丞,左右谏议大夫,给事中,中书舍人,左右丞,诸行侍郎,秘书监,光禄、卫尉、太仆、大理、鸿胪、司农、太府卿,国子祭酒,殿中、少府、将作监,前任节度使,开封、河南、太原尹,太子詹事,诸王傅,司天监,五府尹,国公,郡公,中都督,上都护,下都督,太子左右庶子,五大都督府长史,中都护,下都护,太常、宗正少卿,秘书少监,光禄等七寺少卿,司业,三少监,三少尹,少詹事,左右谕德、家令、率更令、仆,诸王府长史、司马,司天少监,起居舍人,侍御史,殿

---

① 《唐会要》卷二五《文武百官朝谒班序》,中华书局1955年版,第480页以下。

中侍御史,左右补阙、拾遗,监察御史,郎中,员外郎,太常博士,五府少尹,五大都督府司马,通事舍人,国子博士,五经博士,都水使者,四赤令,太常、宗正、秘书丞,著作郎,殿中丞,尚食、尚药、尚舍、尚乘、尚辇奉御,大理正,太子中允、赞善、中舍、洗马,诸王友、谘议参军,司天五官正。

随后宋太祖指示,应提高尚书中台、节度使、检校师傅、三公的班序,"给事、谏议、舍人宜降于六曹侍郎之下,补阙次郎中,拾遗、监察次员外郎,节度使升于六曹侍郎之上、中书侍郎之下"。没有列入杂压的官名、职名,就不能入班位序列。

有人认为,因安排"杂压"时优先考虑差遣,所以"杂压"是"以职事为重"的。但那不是合理的观察方法。薛梅卿、赵晓耕先生认为:"杂压制度具有两大特点:第一,杂压班序的先后标志着等级特权和人格尊严;第二,杂压分类的根据是人而不是事。也就是说,官员的资格是分类的依据。"①这个看法更为可取。任何政权在安排等级时,都不可能把"职事"置之度外。区别只是在"职位"之外,是否还兼顾、并在多大程度上兼顾"品位"。"杂压"优先考虑差遣,还不足以证明它"以职事为重"。因为还要考虑此时的品位性安排占多大分量。君臣不惮其烦地推敲每一官职的位序,其时对职事、贴职、服色、资序、封爵、勋官、出身、年齿等因素,是综合考虑的。我们认为,"杂压"的基本精神并不是"以职事为重",而是"以地位为重",重点处理的是各类官员的相对地位,或说是各种官号的相对地位。今天若把全国处以上或厅局以上职务做一个纵向单列大排队,肯定毫无必要,而且人们会觉得是大笑话,但宋朝真就是那么做的。朝廷经常下令某官入杂压、某官不入杂压,某官杂压在某官之上、某官之下,以调整官职资位。

隋唐官品能够正常发挥作用,朝班依官品而定,所以朝班不具有特

---

① 薛梅卿、赵晓耕:《两宋法制通论》,法律出版社 2002 年版,第 72 页。

殊意义。而宋初官品失效,于是出现了"杂压""合班"之法。官品有效,则朝位退居二线;官品失效,朝位随即挺身充当替补。这岂不正好说明,朝位与官品具有内在联系吗?

明清官品又正常发挥作用了,于是朝位再度淡出,不再用作一种特殊等级手段,只是一种等级礼制了。洪武二十四年(1391)定侍班官,百官朝位同其职类与官署有关,但最基本的排序依据仍是官品:"令礼部置百官朝牌,大书品级,列丹墀左右木栅上,依序立。"①据《奉天殿丹墀班位图》,文官以西属上,武官以东属上,各由正一品到从九品东西两行对立。又据《奉天殿常朝侍立图》,诸王之下,文官武官分东西两行,分别依官品排成队列②。

当然,朝位依然有等级微调的功能。明朝内阁大学士只有正五品,他们侍朝的朝位,永乐初年在金台之东、锦衣卫之西,后来移到了御道东西对立,嘉靖以后内阁"朝班位次俱列六部之上"③。品级没变,但朝位变了,这就有很大的象征意义,百官都能看明白。明初的朝班主要依据官品。但明朝中后期因各种微调的累积,逐渐造成了朝班的复杂化④。至清,朝班的排序再度回到品级上来。官僚以"品级山"为标志,分东西两班,依品站队。图6.2是清朝的《太和殿朝贺位次图》⑤。

我们说中国礼制的基本功能是区分尊卑贵贱,这不是泛泛而谈。上面的叙述表明,朝礼与中国官阶息息相关。最古老的位阶"爵",最重要的官阶"品",都是从朝礼中滋生出来的,或者说跟朝礼相关。

而且从来源上,我们还看到了秦汉秩级与魏晋官品的又一个不同

① 《明史》卷五三《礼志七》。
② 徐一夔:《明集礼》卷十七,《景印文渊阁四库全书》,台湾商务印书馆1986年版,第649册第374、376页。
③ 《明史》卷七二《职官志一》。
④ 胡丹:《明代"朝班"考述》,《故宫博物院院刊》2009年第1期。
⑤ 据《大清会典图》卷二六重绘,《续修四库全书》,上海古籍出版社1996年版,第795册第280页上栏。

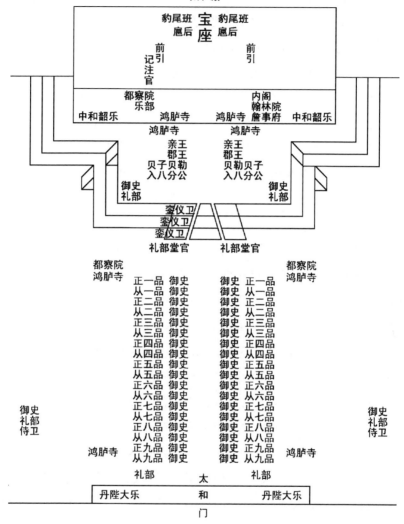

图 6.2

之处:前者来源于薪俸额度,后者来源于朝堂班位。秩级来自薪俸额度,而薪俸是职事的报酬,其重心在"职"。所以秩级的性质是"吏禄",主要面向行政吏员,不涉及其他身份的官贵。官品却不相同,它来自朝位,是天子朝堂上所有官贵的公共地位尺度,不只限于行政吏员。由朝位而来的官品取代了秩级,说明了什么呢?它告诉我们,就发展趋势而言,帝国等级体制的重心是"位",而不是"职"。两千年中,在对"职"进行等级管理上,中国王朝建树颇多;但更亮丽夺目的建树,却是围绕"位"而发展出来的那些等级安排。中国官阶最终发展为一个以"位"的管理为中心的品位体制,"职"只是"位"的一部分。这就是它与现代文官制的最基本差异——现代文官科层体制,是以"职"为基本单位而建构起来的。

三 原生礼俗与等级礼制:以冠服为例

王朝礼制作为一种社会等级安排,它必须面对生活中的原生礼俗。而原生礼俗是自然滋生的,宛如自由生长的树木,还没按人的口味,被修剪成特定的样子。服饰就是如此,它是一种风习、时尚,随生活的变化而变化。那么王朝等级服饰之礼,就处于王朝官阶与原生礼俗的双重影响之下;原生礼俗的等级化,也是等级礼制的形成途径之一,也是王朝塑造社会等级秩序的途径之一。

本节以冠服体制为例,继续观察王朝礼制与王朝位阶之间的关系。官阶的功能,是为官职分等分类,为官员分等分类;而所谓"冠服体制",就是王朝各色冠服及服饰元素(色彩、图案、款式和质料等)的分等分类样式,及其与品秩位阶配合的方式。

制定服饰等级,就是制造服饰差异。服饰差异是如何形成或被制造的呢? 生活中的冠服本身就有差异,例如南方人戴斗笠,北方人戴皮帽,这是"自然差异"。所谓"自然",指的是还没被人为改造,由此而等级化。至如校服、军服、警服、各色工作服之别,及邮电、工商、城管等部门的制服之别,与行业、职事相关,可以名为"职事差异"。你还可能拥有很多套服装,穿哪套,因活动的场合与规格而异,隆重的典礼上穿礼服,家居穿休闲装。装束打扮依活动的场合与规格而异,这种差异姑称"场合差异"。还有一种情况:军人穿着彼此类似、同样风格的军服,但以肩章、领章、徽章等区分军衔高下。在同一类服装上,利用服饰元素来制造等级差别,我们叫它"级别差异"。

各种服饰差异的身份标识功能,服饰社会学的研究者已有阐述了①。上揭 4 种差异,是我们针对这里的研究对象而特别设计的。围绕不同差异,可以形成不同的分类分等。基于"自然差异",就会有"自然分类";基于"职事差异",就会有"职事分类";寻求"场合差异",将导致"场合分等";寻求级别差异,将导致"级别分等"。某一时代的冠服体制中,几种差异往往是同时被利用的;但冠服体制的重心落在了哪种分类或分等上,却不相同。所谓"重心",是就官僚队伍的主体而言的,主体就是品官。品官之外还有各种杂色人等,他们人数众多,而且各有其服;但他们的杂服,相对而言不构成王朝冠服体制的主体。品官冠服和杂色人等的杂服,其变迁趋势是不相同的。

如果面向官贵的主体部分,观察历代"冠服体制",就能看到如下变迁:周朝冠服以"自然差异"和"级别差异"为特点,秦汉冠服的"自然差异"和"职事差异"比较鲜明;中古以下冠服体制的变迁趋势,则是"级别分等"和"场合分等"的不断强化。略述如下。

考古材料中所看到的商周冠服,是形制各异、多彩多姿的,也就是说,其"自然差异"相当之大。同时因社会分层和生活方式的差异,人为规划的等级冠服也出现了。《左传》等史料表明,周代大夫以上可以"乘轩服冕"。荀子云"天子袾裷衣冕,诸侯玄裷衣冕,大夫裨冕,士皮弁服"②。大夫的"裨冕"即小冕,天子、诸侯戴较大的冕,也叫"山冕"。士戴爵弁,爵弁其实就是无旒的冕。"冕"成了贵族身份的视觉标志。"裷"即"衮",是绣有卷曲龙纹的礼服。"袾裷"是红色衮服,"玄裷"是黑色衮服。又周代册命赐物,其中有命服。金文中能看到"玄衮""玄

---

① 可参看华梅:《服饰社会学》,中国纺织出版社 2005 年版,第三章《社会角色的标志——一般社会角色与特定身份标志》,"标明性别差异""标明社会地位""标明社会职业""标明政治集团""标明信仰派系""社会活动标志"等节。

② 《荀子·富国》,王先谦:《荀子集解》,中华书局 1988 年版,第 178 页。

衣",前者绣有龙纹,有龙纹就高一等。又《礼记·玉藻》:"一命缊韨幽衡,再命赤韨幽衡,三命赤韨葱衡。""韨""衡"的组合也有等级意义。

　　各种材料显示,周王朝对冠服的人为规划,主要是围绕"分等"而展开的,由此制造出和强化了"级别差异"。具体说来,就是用一套相似的礼服,进而再通过是否戴冕,戴大冕或小冕,以及纹章、佩玉、服色等差异,来区分等级。那么"职事差异",即特定职事者穿着特定服饰的做法呢?这方面的人为安排,史料所记就少多了。当时的社会缺乏职能分化,身份分等则非常严明,所以统治者对服饰的关注,主要是区分尊卑贵贱,让天子、诸侯、大夫、士、庶人各得其所。因此,周代冠服"自然分类"的色彩仍很浓重,冠服体制的重心落在了"级别分等"上。

　　战国社会发生剧变,贵族服饰的传统被冲破了,新兴服饰在各处大量涌现,异彩纷呈,显示了多元化时代的蓬勃活力。到了秦统一,就出现了秦始皇定冠服的事件:"自三代服章皆有典礼,周衰而其制渐微。至战国时,各为靡丽之服。秦有天下,收而用之,上以供至尊,下以赐百官。"①秦始皇把掳获的列国冠服,包括王冠,分给了御史、侍中、谒者、郎中等近臣戴。由此,战国的新兴冠服在秦欢聚一堂,并以全新方式与王朝等级制配合起来。这是中国等级服饰史的一大转折。

　　《续汉书·舆服志》阐述东汉冠服,有长冠、委貌冠、皮弁、爵弁、通天冠、远游冠、高山冠、进贤冠、法冠、武冠、建华冠、方山冠、巧士冠、却非冠、却敌冠、樊哙冠、术氏冠、鹖冠等等。这是秦汉王朝冠服的一个发展结集。文官所戴的进贤冠,武官所戴的武冠,都是新起之冠。刘邦年轻时喜欢戴长冠,当了皇帝后,就把长冠用作宗庙礼冠,"尊贵之至"。一人得道,长冠升天。樊哙冠则因樊哙而得名,此人原先只是个杀狗的。长冠、樊哙冠由微而显,暗示那是一个"布衣皇帝""布衣将相"的时代。诸冠多系新起,各有来源,形制各异。在相当程度上保持着原生形态,统治者还没来得及按等级需要做"深加工",精雕细刻之。

---

① 《后汉纪》汉明帝永平二年(59)春正月,《两汉纪》,中华书局 2002 年版,下册第 165 页。

《续汉书·舆服志》叙述冠服的模式,是"以冠统服,由服及人",即,以冠为纲领,先叙冠,后叙服,再叙使用其冠其服的其人其事。"以冠统服",源于历史早期的"重冠"传统,古人是"以首饰为尊"的。"由服及人"的叙述模式,是以冠服为中心的,意在展示王朝搜罗和拥有了多少种冠服,随后才是什么人如何使用这些冠服。这也表明,汉代的冠服体制比较"原生态",仍然保留着浓厚的"自然分类"色彩。

同时,秦始皇拿列国的王冠赐百官,其赐冠之法,"职事分类"的意味特别浓:他是按职事、职类来赐的,而不是按秩级来赐的。在汉代,"不同冠服用于不同职事"的做法,十分明显。如宗庙祭祀,用长冠;辟雍大射,公卿、诸侯、大夫用委貌冠,执事者用皮弁;祠天地五郊明堂,云翘舞乐人用爵弁;天地、五郊、明堂之礼,育命舞乐人用建华冠;大予、八佾、四时五行之舞,乐人用方山冠;郊天,宦官黄门四人用巧士冠;等等。文官戴进贤冠,服黑;武官戴武冠,服赤;侍御史、廷尉戴法冠;宫殿门吏仆射戴却非冠,卫士戴却敌冠,司马殿门大难卫士戴樊哙冠;侍中、郎官等"宦皇帝者",戴插貂尾的武冠、插羽毛的鹖冠。不同职事使用不同的冠服,也就是"因职而冠"。

汉代冠服中的分等元素,主要就是进贤冠的一梁、二梁、三梁了,由此造成了"级别分等"。然而这"三分法"是比较粗略的,远不像后世那么等级细密。比之前朝后代,秦汉冠服体制的特点,就是其"自然分类"和"职事分类"比较突出。其所提供的分类信息,多于分等信息;其分类功能比周朝强,但其分等功能比周朝及后代弱。这可以从周代贵族传统在战国发生断裂,秦汉帝国重事不重人,其品位结构相对松散、一体化程度不高等方面,得到解释。周朝贵族带着其传统冕服、爵弁、玄冠之类,退出了政治舞台的中心;战国秦汉的大批新兴冠服背后,是拔地而起的一批批新兴人员和新兴职事。那些新兴职事,对帝国来说至关重要而不容马虎;而那些新兴人员的个人荣耀与服饰尊卑,统治者一时还操心不多。秦汉皇帝还没有太迫切的压力,觉得必须去精细区分官场尊卑,并用严整的等级服饰体现之。秦汉官阶的特点是"重事不重人",是"职位分等",给官僚的品位特权不如前朝后世。而汉代冠服体制之所以分类功能相对较强,分等功能相对较弱,就生发在这个历史背景之中。

但早期政治文化中,已蕴涵着冠服等级化的强大动力了。魏晋以下,王朝冠服的变化趋势,就是渐趋一元化,强化等级性,服饰上的等级元素由疏而繁,等级服饰的调整范围不断扩大,冠服体制的重心向"级别分等"和"场合分等"偏转。

魏晋南北朝沿用了很多汉式的冠类,但变化也发生了。首先是服饰元素的等级化,日趋繁细。北齐五品以上命妇,以品秩定花钗钿数,一品九钿、二品七钿、三品五钿、四品三钿、五品一钿。北周搞冕服复古,制造了一套极复杂的冕服等级。天子之服有 12 种,官贵之服有方冕、衮冕、山冕等十几等。隋唐弁服上的玉琪、身上的腰带、常服的服色等,都依品而定。南北朝的皇帝用通天冠五梁,官僚用进贤冠三梁、两梁、一梁。由唐至宋,皇帝的通天冠变成了二十四梁,皇太子的远游冠变成了十八梁。宋神宗时,官僚的梁冠有貂蝉笼巾七梁、七梁、六梁、五梁、四梁、三梁、二梁 7 等。明朝梁冠增至 8 等,最高等的是貂蝉笼巾八梁冠。在这个过程中,间或也有新兴冠帽进入冠服体制;但总的说来,日益繁密的等级使冠服远离了"原生态",远离了"自然分类"。

其次,等级服饰的调整范围,也超过了秦汉。比如说,汉王朝只规定到了官僚妻子的服饰,而唐宋对官贵父母、妻子、儿女的衣帽饰物,一一规定之。明朝服制不厌其烦,旁及官僚的父祖、伯叔、子弟、侄孙、母妻女,以至女婿、子妇,下及庶民、工商、僧道,甚至规定到了异族藩邦,对"外国君臣冠服"亦有专门条文。

自唐朝始,流内与流外的冠服开始一分为二。在此之后,品官的冠服类别逐渐减少,一元化程度明显提高,"职事分类"不断淡化。唐代的朝服分文武,文官用进贤冠、黑介帻,武官用武弁、平巾帻。宋朝文武官的朝服都用梁冠,文武合一了。常服也没有文武之分,都用幞头,曲领大袖。谒者专用的高山冠消失了,法官专用的獬豸冠,成了梁冠的变体。明朝的朝服与公服都不分文武,只是在常服上,以鸟兽图案的补服来分别文武而已。品官的服类减少,其目的,就是尽量在同一套冠服上用服饰元素分高下,以凸显"级别分等"。也就是说,王朝规划冠服的指导思想,不是突出职类差异,而是突出等级尊卑。不同职类用不同冠服的做法,只保留在流外和杂职部分了,与品官显然不同。

"级别分等"在高歌猛进,同时"场合分等"也发展起来了。"场合分等",就是依活动的正规程度与典礼的庄重程度而定冠服。汉代祭祀用祭服,其余各种场合,官僚穿同样的冠服。那么汉代冠服,依场合而分"祭服""常服"两类而已。随帝国品位结构趋于一元化,冠服体制趋于一元化,何种场合用何种冠服的问题,即"场合分等"问题,就凸现出来了。在衙门里办公,就不能是家里的日常打扮;参与祭祀大典、朝会大典,又不能是衙门里的日常打扮,必须穿得更庄重、更烦琐,由此形成"服等"制度。

在南北朝,跟典礼与活动的隆重程度相关的朝服、公服、常服概念,日益清晰起来。唐朝围绕"场合分等",形成了祭服、朝服(具服)、公服(从省服)、"公事之服"及燕服(常服)5个服等。祭祀大典上,穿冕服;重要典礼如陪祭、朝飨、拜表等,穿梁冠、绛纱单衣等组成的朝服;较低规格的典礼,穿公服,公服比朝服简化一些;"公事之服"是日常办公之服,即弁服;燕居休闲,用燕服。"服等"制度,标志着冠服体制的进一步精致化。

早期的冠服叙述模式,即"以冠统服、由服及人"模式,也逐渐发生变化,在唐以后的礼典中,变成"以人为纲、由人及服"了。下面以《续汉书·舆服志》与《明史·舆服志》为例,显示两种叙述模式的差异:

《续汉书·舆服志》	《明史·舆服志》
某冠,某服,某人……	某人,某服,某服……
某冠,某服,某人……	某人,某服,某服……
某冠,某服,某人……	某人,某服,某服……
汉:以冠统服、由服及人	明:以人为纲、由人及服

两种冠服叙述模式的变化背后,是什么呢?"由服及人"仅仅依据于冠服的"自然差异",是一种比较原始的做法,这时候人们的注意力集中在"冠"本身的差异上;"由人及服"则把视线引到了"人","人"就是王朝统治者、各色官贵,他们的地位、权力与职能构成了一个等级金字塔。所以看《续汉书·舆服志》,好像看服装博览会的说明书,眼中首先是各种冠服;而看《明史·舆服志》,却像看单位结构图,各色人等、各色官职赫然在目。简言之,"人"的背后是帝国品位结构。在"由人及服"模式下,"人"的等级安排鲜明起来了。各种典章对冠服的叙述模式,也是冠服体制的一个侧面。帝国冠服等级性的强化,也体现在叙述模式从"由服及人"到"由人及服"的转换上。

通过"自然分类""职事分类""场合分等""级别分等"几个概念,我们展示了王朝冠服与王朝位阶关系的变迁大势。周朝冠服体制的特点是"自然分类"和"级别分等",汉朝的特点则是"自然分类"和"职事分类"。其变化背景,就是从贵族政治到官僚政治的转型。可见在历史前期,冠服还是比较"自然"、比较"原生态"的,与原生礼俗比较贴近的。而至历史后期,冠服越来越不"自然"了,其等级结构越来越精致了。中古以降,"级别分等"和"场合分等"成了冠服体制的发展趋势[1]。冠服的例子,使我们看到了王朝是如何改造原生礼俗,将之变成一种精致的等级礼制的。

四　古礼等级与现行官阶:以六冕为例

除了原生礼俗,影响王朝等级礼制的,还有经学因素。王朝制礼时,通常要参考"古礼",这就要以儒家经书、特别是礼书为依据。在这时候,"古礼"能否跟帝国现行等级协调一致,就成了一个问题了。

古人确信,礼书所记礼制就是真实的"古礼",就是"周礼"。但在

---

① 　以上参看拙作:《分等分类视角中的汉、唐冠服体制变迁》,《史学月刊》2008 年第 2 期。

我们看来,问题不那么简单。周朝的真实礼制,可称"原生礼制"。这种原生礼制,因战国社会转型而崩坏了。同时在战国秦汉,儒者细针密缕地记述"礼",踵事增华地编排"礼",使礼书之中的"礼"变得更系统、更整齐、更宏大了。这是对"礼"的"初次建构"。随后汉魏经学家们尝试补足礼书阙遗,弥合诸书矛盾,又形成了"二次建构"。原生礼制生发于周朝特定政治结构之中,儒者建构的礼制含有空想的成分,它们未必能跟帝国现行位阶丝丝入扣,与之发生抵牾扞格是完全有可能的。

下面以冕服礼制为例,来说明这一问题。唐高宗显庆元年(656)发生了这么一件事:长孙无忌等大臣集体上疏,指责现行冕制,说是根据《新礼》,皇帝在祭社稷时用三章的绣冕,祭日月时用无章的玄冕,然而这三章的绣冕、无章的玄冕,只是四、五品官的冕服等级;当时助祭的一品三公用九章衮冕,二、三品的孤、卿用七章的鷩冕、五章的毳冕,其冕服等级全都比皇帝高。"斯乃乘舆章数,同于大夫,君少臣多,殊为不可!"[1]皇帝的冕服等级,怎么会只相当于四、五品官呢?怎么会比公卿还低呢?这种君臣冕服等级倒置、臣下的礼制等级高于皇帝的怪事,在中国等级制度史上,极其罕见。帝国等级秩序,明显被"古礼"扭曲了。

这种怪现象的发生,长孙无忌指出其原因,是因为遵循了《周礼》六冕之礼,以及东汉经学家郑玄《周礼注》的缘故。

《周礼》六冕是怎么导致"君少臣多"的呢?所谓"六冕",即大裘冕、衮冕、鷩冕、毳冕、绨冕、玄冕。这六等冕服的外观相似,其差别在于冕服上的服章之数,及冕上的玉旒之数。下面根据东汉郑玄的《周礼注》,列出表6.2:

---

[1] 《通典》卷六一《礼二一》,中华书局1984年版,第349页下栏。又见《旧唐书·舆服志》《唐会要》《文苑英华》《册府元龟》等。

表 6.2

	祭昊天上帝五帝	享先王	享先公飨射	祀四望山川	祭社稷	祭群小祀
天子	大裘冕无章	衮冕九章	鷩冕七章	毳冕五章	绤冕三章	玄冕一章
公		衮冕九章	鷩冕七章	毳冕五章	绤冕三章	玄冕一章
侯伯			鷩冕七章	毳冕五章	绤冕三章	玄冕一章
子男				毳冕五章	绤冕三章	玄冕一章
孤					绤冕三章	玄冕一章
卿大夫						玄冕一章

郑玄是这样阐释六冕用法的:天子依六等祭祀而分服六冕之一,即祭昊天上帝用大裘冕、享先王用衮冕之类,如表格"天子"行所示,这可以称为"规则一"。助祭者的冕服却不依祭祀等级而变,只依爵级而服冕,公助祭都用衮冕、侯伯助祭都服鷩冕,即如表格"公"以下诸行所示,这可以称为"规则二"。若"规则一""规则二"同时运用,君臣的冕服等级一变一不变,问题就发生了。在享先公时,"君臣冕服倒置"就将出现,因为此时天子依"规则一"而改服鷩冕七章,而助祭之公依"规则二"仍服衮冕九章,公之冕服就高于天子了。与此同理,在祀四望山川时,天子改服毳冕五章,这时助祭之侯伯仍服鷩冕七章,也高于天子了。继续看下去,祭社稷时天子改服绤冕三章,助祭之子男的毳冕五章也高于天子了。问题最大的是祭群小祀,其时天子改服玄冕一章,而助祭之孤仍服绤冕三章,此时公、侯伯、子男、孤的冕服,全都高于天子。

说到这里,"君臣冕服倒置"之事,就不那么神秘了,它跟服冕规则有关。然而《周礼》为什么规划了这样一种冕制呢? 这就要从"原生礼制""初次建构"和"二次建构"的过程,来观察古冕之礼的变迁了。

先秦冕服史料表明,当时的原生冕制相当简单;《周礼》所载整齐宏大的六冕礼制并非真实制度,而是《周礼》作者建构出来的。六冕礼制是由三个制度转换生成的。第一,天子、诸侯、大夫体制,这是一种

"等级君主制"。第二，天地、山川、社稷、五祀、祖先祭祀，也是分等级的，天子可以祭天地以下，诸侯可以祭境内山川以下，大夫可以祭五祀以下，士就只能祭祖了。这是一种"等级祭祀制"。第三，周朝在一定程度上存在这样一个习惯：特定祭祀穿着特定祭服。《周礼》作者在规划冕服时，有意张大其事、恢宏其制。他利用等级君主制，把王、公侯伯子男及公卿大夫的服冕资格分为六等；再利用等级祭祀制，把相关祭祀分为六等；又搜罗与编造了六等冕名，赋予它们以同样外观，用服章与玉旒之数来定其等级，并参考"特定祭祀使用特定祭服"的礼俗，让六等冕服与六等祭祀对应起来。六冕礼制由此问世。简言之，六冕礼制是由等级君主制、等级祭祀制及周代祭服礼俗三个制度，经整合、变换而生成的。

其实按照《周礼》本意，只有"规则一"，没有"规则二"，因为六冕礼制是以"等级祭祀制"为基础的。给天子配上大裘冕、衮冕、鷩冕、毳冕、绣冕、玄冕六冕，是以天子有权从事昊天上帝、先王、先公、山川、社稷、群小祀六种祭祀为考虑的；给公配上衮冕、鷩冕、毳冕、绣冕、玄冕五冕，是以公有权从事先王、先公、山川、社稷、群小祀五种祭祀为考虑的；余类推。虽然天子的冕服多，臣下的冕服少，但他们有共同的冕服，因为他们有同类的祭祀，只不过爵级低者可以从事的祭祀较少，从而拥有的冕服种类较少而已。六冕的结构性特征，乃是周朝"等级君主制"和"等级祭祀制"的曲折折射；而"等级君主制"和"等级祭祀制"，则体现了周朝政权和神权的特定分配形式。

那么，六冕为什么会造成"君臣冕服倒置"呢？这是因为"初次建构"与"二次建构"之间，"主祭"与"助祭"发生了"错位"。由上可知，被"初次建构"的《周礼》六冕，本来是以诸侯卿大夫在自己的领地上自祭为基础的。也就是说，在《周礼》作者的想象中，是天子、诸侯、卿大夫各祭各的，他们根本不在同一祭祀场面中出现，更不会有臣下冕服高于天子的景象。然而进入帝制时代，皇帝专制取代等级君主制，诸侯卿大夫的祭祀权被大大压缩，人们转从诸侯公卿为皇帝助祭出发，来规划祭祀冕服了。在面对《周礼》六冕之时，汉代经学家满脑子想的，都是皇帝主祭而诸侯公卿助祭，在这时候，《周礼》中诸侯公卿的自祭冕服，就被看成，或更准确地说，被误解为他们给天子助祭时所穿的冕服了。由此，在"规则一"之外又出现了上述"规则二"：助祭者依品级而服冕。"君少臣多"的怪事，就这么发生了。可见君臣冕服的等级倒置，其实并不是《周礼》"初次建构"出了错儿，而是在"二次建构"时，汉代经学家在理解《周礼》时发生了误读。

两千年至今，从没什么人发现这个误读。那么皇帝在用《周礼》定冕服时，若照搬这个误读，就有可能惹上"君臣等级倒置"的麻烦。秦与西汉，只有皇帝用冕服，臣下不用。随帝国独尊儒术，汉唐间出现了一场"古礼复兴运动"，冕服也随之复兴。王莽变法，依古礼而定冕服。汉明帝也组织学者厘定了冕服制度。当然面对"古礼"之时，各朝的处理仍不相同。有时王朝为标榜宗经、复古而照搬古礼，有时王朝就出于尊君和实用的政治需要而改造古礼。有些王朝采用六冕，有些则否。汉明帝就没有照搬《周礼》六冕，而是另参《礼记》，采用天子十二章、公侯九章、卿七章的冕服等级，这样就不会发生"君臣倒置"之事。而北周隋唐诸政权，都利用"周礼"来争取文化号召力，以标榜自己是中华礼乐的正宗继承者，其祭祀冕服之制日益向《周礼》六冕靠拢。唐初那种取法《周礼》的、造成了"君臣倒置"的冕制，就这样问世了。

但随"复古"热情逐渐降温，尊君和实用的政治需要逐渐占据了上风。长孙无忌等对六冕礼制的指责，随即得到了唐高宗的支持。从此皇帝不再使用鹫冕以下的低级冕服，"君臣倒置"的可能性，一举消除。这就成了《周礼》六冕礼制由盛转衰的转折点。唐宋两朝，因无章无旒的大裘冕太简陋了，不能体现帝王的荣华，逐渐把它搁在一边儿不用了。到了明朝，冕服只限于皇帝、皇族服用，官僚不能问津，"君臣倒置"更绝无可能了。

六冕礼制的兴衰变异向我们展示，中国礼制等级与中国政治等级，在总体上是互相配合的，但二者间也可能出现矛盾，因为"古礼"等级未必适合帝国现行等级，这时候就要对之进行改造①。

这样的例子还不止冕服，又如"父事三老，兄事五更"之礼。这是战国秦汉儒生所宣扬的一种君主敬老的古礼。它源于周朝的敬老传统②。在行礼时，君主不但要向三老跪拜，还得亲自给三老割牲、执酱、执爵。在"古礼复兴运动"中，东汉、曹魏、北魏、北周曾实行其礼，用以标榜敬老、复古。北周武帝行礼之时，还真就跪着给三老于谨切肉、敬酒，恭听其南面训话。然而自唐以后，这个古礼开始被冷落。唐朝的三老五更之礼，徒有其文，并不实行。宋朝的三老五更之礼中，皇帝示敬的仪节被大量删略，变成了皇帝南面、三老北面，双方席位倒了过来。在元明礼典中，连虚文都不见影了。乾隆一度心血来潮，打算选几位三老行一下礼，被张廷玉婉言劝止，说是"臣下谁敢受之！"乾隆随即回心转意，还特意写了一篇《三老记》以辟其礼之谬。清朝不是没有养老之礼的，但有碍君尊臣卑的"古礼"则置而不用。乾隆还曾郑重告诫臣民："于可复古者复之，其不可复者，断不可泥古而复之！"③

总之，在观察各王朝的礼制等级时，还应留意它与"古礼"的关系及其经学背景。"古礼"与王朝现行等级，不一定严丝合缝，其间也可能存在抵牾矛盾。那么到底什么地方不适合，王朝又是如何应对，如何对"古礼"加以改造以适合本朝"国情"的，就值得考察了，从中能看到中国等级制发展的更多细微之处。

---

① 以上详见拙作：《宗经、复古与尊君、实用（上）（中）（下）——〈周礼〉六冕制度的兴衰变异》，分见《北京大学学报》2005 年第 6 期、2006 年第 1、2 期。

② 郭政凯：《周代养老制度的特点》，收入《周文化论集》，三秦出版社 1993 年版，第 108 页以下。

③ 《清实录》卷一二二四乾隆五十年（1785）二月丁亥，中华书局 1986 年版，第 24 册第 409 页下栏。

第七章　样式与间架

在对"品秩构成五要素"分别阐释之后，我们打算从样式与间架入手，看一看在这方面能够提出什么问题、发现什么东西。

品、阶、勋、爵等各种位阶，在"外观"上呈现出不同样式，彼此存在着不同关系。有的含有繁多的级差，另一些则只寥寥数等。各个序列会以不同的关系联系起来，可能彼此配合，也可能彼此交错、套叠。一种位阶的自身形式，各种位阶所共同组成的架构，分别提出了"样式"与"间架"问题。

样式，指某一序列的自身的结构。例如九品官品只有九级，南北朝唐宋时又发展成为三十阶，一至三品分正从，如正一品、从一品……四品以下的六级，不仅分正从，而且分上下，即如正四品上、正四品下、从四品上、从四品下……对这样的问题，我们表述为"样式"。

功能各异的多种位阶，像梁柱椽木一样组合拼接起来，对之我们表述为"间架"。这也能看到各种不同的情况。例如北周的"戎秩"与"九命"两个序列，"戎秩"居九命上端，把正九命、从九命又分为8等，这是一种组合方式。而九品官人法下，中正品只与具体的官职相联系，与官品却没有级级对应的关系，这又是一种组合方式。总的说来，中国古代的官品九品是一个大框架，其中安排着职、阶、勋、爵，这是一种"一元化多序列的复式品位结构"。

中国的等级安排，往往充分利用数列手段，遵循着十二、九、七、五、三、一或八、六、四、二之类数列。在这一点上，礼制尤甚。礼制的等级往往是高度"数字化"的。在等级样式的规划上，还存在这样一种倾向:赋予组织外观以数理美、图形美。这种非实用性的制度规划,也是"礼制化"的。虽然大多数王朝根据实用需要来决定组织形态,但也不尽然,"礼制化"的规划思想,有时候也影响了政府结构的实际外观。这个"结构外观的数列化与礼制化"的问题,本章也将予讨论。

一 级别的疏密

第二章第二节所讨论的管理宽度与管理层次,已涉及了等级疏密,但主要是职位结构方面的问题;本节所论级别疏密,主要是从人员方面提出来的,也就是说,是从品位结构方面来观察的。

从职位结构方面看,等级多少首先与政权规模与官吏数量相关,好比大楼就楼层多,小楼就楼层少。历史早期的政权规模小、结构简单,等级就少;官僚制时代政权规模大,等级就多。然而级别疏密又与人员相关,从政治上说,就是与官员队伍的状态相关。例如,在贵族政治下,由于身份凝固、流动性小,等级就会比较疏简。官僚政治实行选贤任能与功绩制,升降流动频繁,级别就会趋于繁密。

当然即使在官僚制时代,级别疏密与政权规模,仍不一定呈正比关系。美国文官制有 18 个共同职等,泰国有 11 个,菲律宾却有 28 个。1956 年中国的行政级别达 30 级,1985 年时公务员的数量肯定增加了,职务级别却只有 12 级,减少了很多。在本书第二章第一节,我们已经指出,行政层级通常不过四五级,在这一点上,古今无大区别。考虑到副职的设置,从职位结构说,10 级左右也就够用了。然而从人员结构说,情况就很不同了。资格、薪俸、特权与礼遇,完全可以脱离职位结构,而只针对人员来安排,级别可疏可密,级差可大可小,弹性非常之大。同一批官员,可以分 15 级,也可以分 30 级,甚至更多。当局是倾向于等级简约,还是打算无微不至地体现高低差异,能看到很不相同的做法。某些小政权品级繁密,另一个大帝国可能反倒品级简约。

管理学告诉我们,繁密的级别更具激励作用,频繁的晋级会不断给职员以新的惊喜,工作热情便高涨起来了。当然,增设级别也可能含有这样的意图:避免晋升跨度过大,抑制"一步登天"。处在同一行政层级,但职位更重要的官员,若其级别跟别人一样,他可能会认为自己的特殊性被漠视了,而任命者也可能愿意把他的级别定高一些,以体现优遇或重用,于是增设级别。等级疏简能增进行政效率,降低不必要的组织复杂性。繁密的级别,肯定会加大人事工作量和人际互动的繁文缛节。研究显示,官僚组织的腐败指数,与其繁文缛节的程度成正比①。过于繁密的级别,还会给低端的人员带来压抑感和微渺感。

不同性质的组织,可能会呈现出不同的疏密偏好。企业是一种外向性的功能组织,重在外部效率。当代国际企业流行"减级增距"的做法,即减少职位等级,加大工资差距②。职位等级减少将使组织趋于"扁平化",减少繁文缛节。不过传统政府在更大程度上是一种内向性的身份组织,重心在内部秩序,森严级别与繁文缛节,是其保持稳定与强化控制的重要手段。所以设置级别时,就要在行政效率与安排身份之间寻求平衡。如果出现了繁密的人员级别,就说明安排身份的需要大起来了。

下面,就对历代品秩疏密做一扫描。

周代的贵族官员,大致分为公、卿、大夫、士4个爵级,相当疏简。这应该用当时政权较小、官制粗疏来解释。春秋以降,"士"有了上士、中士、下士之别,"大夫"有了上大夫、中大夫、下大夫之别,甚至"卿"也分出了上、中、下。大国、次国、小国之间也形成了差异,有了"次国之上卿,当大国之中"之类规则。《周礼》设想的"九命",也是政治体制由简而繁的反映。

---

① 这一结论来自保罗·毛罗的研究,转引自艾克曼:《腐败与政府》,新华出版社1999年版,"导言:腐败的代价",第3页注[1]。

② 安应民、郝冬梅、吴菁编著:《新编人力资源管理》,兰州大学出版社2004年版,第304页。

商鞅变法时的军功爵制,可能只有 15 级左右①,后来发展为二十等爵。1—4 级爵比拟于士,5—9 级爵比拟于大夫,10—18 级比拟于卿,关内侯相当于古代的圻内子男,列侯相当古代诸侯。二十等爵与周爵虽有上述比拟关系,级别却由疏而密了。军功爵 20 个等级,为计功晋爵提供了足够的阶梯。如此之多的级别,说明军爵在品位结构中是重中之重。

战国秦汉间的秩级变迁,经历了一个由简而繁、又适度简化的探索历程。先秦的秩级,能看到千石、八百石、七百石、六百石、五百石、三百石、二百石、百石、五十石等 9 秩。张家山汉简《秩律》显示,汉初有二千石、千石、八百石、六百石、五百石、四百石、三百石、二百五十石、二百石、一百六十石、一百二十石等 11 秩。在汉景帝、汉武帝时,又出现了"比秩",即比二千石、比千石之类,"二千石"一级又分化为中二千石、真二千石、二千石诸秩;丞相和御史大夫也发展为两个秩级。与此同时,序列低端的二百五十石、一百六十石、一百二十石之类带零头儿的秩级,又消失了。由此在西汉成帝之前,自百石以上,形成了 21 个秩级。

那么从战国到汉成帝,秩级的发展趋势是不断趋繁,而且趋繁主要发生在禄秩上端,低端反而趋减,带零头的秩级消失了。就禄秩总体趋繁一点而言,这是官僚等级制日益精细,秩级重要性上升的表现。就低端秩级趋简一点而言,我们认为,禄秩的哪一段落相对繁密,就说明禄秩主要是面向哪个层次的官吏的。禄秩来自周代稍食,最初只用于卑微的胥吏。战国时的新兴吏员,依然低于贵族士大夫,所以其秩级也偏小偏低。秦汉皇帝"以吏治天下",禄秩被应用于百官,覆盖了全体行政官吏,所以禄秩上端趋繁、下端趋简,总体上变匀称了。

然而 21 个秩级,最终让汉廷感觉过于细密了,于是又反过来着手

---

① 《商君书·境内》叙述的爵级有 15 个,大良造为最高级,爵称、爵序与后来也有所不同。安作璋、熊铁基先生认为,"这个记载,可能比较接近商鞅变法时的实际情况"。见其《秦汉官制史稿》,齐鲁书社 1985 年版,下册第 435 页。

化简。汉成帝阳朔二年(前 23),秩级减到了 18 等;绥和年间(前 8—前 7)又减到 16 等①。参看表 7.1:

表 7.1

先秦 9 级	汉初《秩律》11 级	汉阳朔二年前 21 级	汉阳朔二年后 18 级	汉绥和二年 至东汉 16 级
		丞相	丞相	三公
		御史大夫	御史大夫	
		中二千石	中二千石	中二千石
	二千石	真二千石	真二千石	二千石
		二千石	二千石	
		比二千石	比二千石	比二千石
千石	千石	千石	千石	千石
		比千石	比千石	比千石
八百石	八百石	八百石	六百石	六百石
		比八百石		
七百石	六百石	六百石		
六百石		比六百石	比六百石	比六百石
五百石	五百石	五百石 (比五百石?)	四百石	四百石
三百石	四百石	四百石		
		比四百石	比四百石	比四百石
	三百石	三百石	三百石	三百石
		比三百石	比三百石	比三百石
二百石	二百五十石	二百石	二百石	二百石
	二百石	比二百石	比二百石	比二百石
百石	一百六十石	百石	百石	百石
	一百二十石	比百石	比百石	比百石
五十石				

在绥和以后的 16 个秩级中,有 7 个是"比秩"。汉廷把"吏职"列于正秩,非吏职列于"比秩","比秩"有区分职类的功能。详见本章第三节。若不计"比秩",则正秩只有 9 级。可见汉朝的秩级,其实相当简练。

---

① 拙作:《由"比秩"论战国秦汉禄秩序列的横向扩张》,《国学研究》第 12 卷,北京大学出版社 2003 年版。百石以下还有斗食、佐史两级,相当于后代的流外,此处不计。

其原因也很简单:秩级是职位等级,只反映职位结构;不是个人品位,不反映人员结构。

曹魏末年出现了九品官品。粗看上去,官品九品也是比较疏简的。不过一品之内,官职又有居前、居后之别;同时又用"位""阶"概念,来更细致地计算官员的官资。这在南北朝,就推动了官品的继续析分。北魏孝文帝把九品分出正品、从品,进而再分上、中、下阶,由此一品析为 6 阶,官阶骤增到了 54 阶之多。随后孝文帝又觉得 54 阶过繁了,着手化简,一至三品只分正从,四品以下分上下阶,由此形成了九品 18 等 30 阶体制。此外,九品之下另设流外七品,把若干吏职移到了流外。北齐的流外品,由七品增至九品。这样,流内流外合计,共 39 阶。其中一至三品只 6 级,级差较大。这倒是有其合理性的,按管理学规律,高端的级差应该较大,以便构成足够的激励。

南朝梁武帝设十八班及流外七班,又为郡守及丞各设十班,县设七班。此外还有 125 号将军,共十品二十四班,还有 14 个不登二品之军号共八班;还有"施于外国"的军号 109 号,也是十品二十四班。中大通年间,梁武帝又把军号"厘定"为 240 号,共三十四班,"转则进一班,黜则退一班"。陈朝的军号称为"戎号拟官",共 237 号,仅第六品一级上就拥挤着"拟官一百四号"①。据陈苏镇先生揭示,南朝军号有提高皇族地位、压抑寒人军官的用意②,即用烦琐的军号增加寒人军官的升迁难度。

北周位阶之繁,跟萧梁很像。北周实行《周礼》"九命"制度,九命亦有正从,共 18 级。流外另设"九秩",又有 9 级。进而由于每"命"又列有两个军号、两个散官,它们分别构成两阶,所以实际有 36 阶。而且"戎秩"的前 8 号,即上柱国、柱国、上大将军、大将军、上开府仪同大将军、开府仪同大将军、上仪同大将军、仪同大将军,又把正九命、从九命

---

① 《隋书》卷二六《百官志上》。

② 陈苏镇:《南朝散号将军制度考辨》,《史学月刊》1989 年第 3 期。

两级进一步分成 8 阶,加上八命以下的 32 阶,共 40 阶。再加流外九秩,共 49 级。

魏晋南北朝的位阶明显趋繁,无疑加大了管理的复杂烦琐程度。而当局宁愿费神费力,把资源消耗在内部等级管理上,这是其时官僚组织的身份性强化、"内向性"强化的表现。

唐朝承用北齐制度,使用九品 18 级 30 阶,以及流外九品。若从俸禄看,唐朝的品官俸禄只分 18 等,阶次却有 30 阶。我们判定,唐代的繁密品阶,主要是用于管理官员资格的。这一点,在第三章第四节已讨论过了。

宋初到宋神宗元丰改制之前,用省部寺监之官做本阶。本阶的级数,据"文臣京官至三师叙迁之制"①,从太师、太尉、太傅到诸寺监主簿、秘书省校书郎、秘书省正字,达 42 阶之多。顺便说,宋仁宗时的嘉祐禄令中,俸禄也有 41 等,当时的资格管理与薪俸管理都相当繁密。

宋神宗时重定官品令,九品正从 18 级而已,不再使用上下阶了②。流外九品消失,流外吏员通属"未入流",不再分等。如果只看这些,官阶似乎比唐朝化简了。但其实不然。宋神宗恢复唐式散阶,从开府仪同三司到承务郎有 25 阶。可见,官品的上下阶虽废,但从散阶看,级别没减少多少。而且,朝廷随即就嫌散阶的阶数太少了,宋徽宗大观年间增至 30 阶。八、九品中的幕职州县官四等七资,又形成了 7 阶。合计达 37 阶。

流外九品虽被废弃,通为"流外",但宋廷又为吏、役设置了新的位阶。例如州衙吏人,从都孔目官到粮料押司官,共有 10 阶,称为"职级"。有一种职役叫"衙前",从都知兵马使到第六名教练使,也形成了

---

① 《宋史》卷一六九《职官志九》。

② 龚延明先生推测,官品不分上下,可能始于宋真宗大中祥符年间。见其《论宋代官品制度及其意义》,《西南师范大学学报》1990 年第 1 期;收入《中国古代职官科举研究》,中华书局 2006 年版。

10 阶。吏、役的位阶不太好计算。姑且只考虑州衙吏人的职级,若与37 阶合计,则位阶的密度也能达到 47 阶。

至于宋朝的武选官,号称 56 阶,还有学者认为实际有 60 阶之多[①]。此外医官有医阶,道士有道阶,隐士有处士号,内侍有内侍官阶,妃嫔、女官也有五等位阶,包含着数十个级差。宋朝的位阶之繁杂,在中国官阶史上首屈一指,就是在人类史上,大概也是名列前茅的。

明清只用九品正从 18 等,流外通为一等。明朝的散官只是官品的补充,在维系官资上没有实质意义。清朝的散官变成封赠,完全变质了。

清代的特例是太平天国。天国前期职官,从丞相到两司马、伍长共12 等,不计伍长则有 11 等。其上有王 4 等,侯 1 等。但天国官阶的特点是职、阶、爵不分,名号的性质、等级往往因人而异,前期与后期变化很大。在天国后期,天将、朝将、主将、佐将,显然构成了 4 级。在其之下,侯爵繁衍为"六爵",即天义、天安、天福、天燕、天豫、天侯。此外还有众多是爵、是职还是阶说不清楚的官号。所以对天国官阶,学者有11 等、12 等、16 等以至 30 等各种说法[②]。在最高推算即天国后期有 30级的说法中,王爵只被计为一级。然而其时的王爵至少有 3 等,列王、

---

① 唐长孺:《唐代的内诸司使及其演变》,收入《山居存稿》,中华书局 1989 年版;赵雨乐:《唐宋变革期内诸司使之等级问题初探》,收入《宋史论文集:罗球庆老师荣休纪念专辑》,香港中国史研究会 1994 年版,第 95—96 页注[27];《唐宋变革期之军政制度:官僚机构与等级之编成》,台北文史哲出版社 1994 年版,第 189 页,注[21]。

② 罗尔纲不计王侯,以丞相至两司马为官级,计 11 等。见其《太平天国史》卷二八《官爵》,中华书局 1991 年版,第 986 页。于立夫在丞相之上加以军师,为 12 级,见其《太平天国的官级》,《中华文史论丛》第 4 辑,中华书局 1963 年版,第 251 页。《贼情汇纂》卷三《伪官等差总表》在丞相之上加以 5 等王侯,定为 16 等。《中国近代史资料丛刊·太平天国》,上海人民出版社 1957 年版,第 3 册第 79 页。简又文认为天国后期丞相以上有 18等名号,加丞相至伍长 12 级,为 30 等。见其《太平天国典制通考》,简氏猛进书屋 1958年版,上册第 97—101 页。周武等采用其说,见其《太平天国史迹真相》,华东师范大学出版社 2000 年版,第 159 页。

小王两个爵号又另成 2 等。则天国位阶的最繁程度，可能在 30 级之上。若暂不管有争议的名号，并考虑天国的官与爵区分不清，而对官与爵做统一排序，那么王、小王、四将、六爵及丞相至伍长 12 级合计，天国后期的官爵，至少也有 24 级，超过了清廷官品的密度。

1912 年《中央行政官官俸法》，分特任、简任、荐任、委任 4 个层次。简任官 2 等，薪俸 3 级；荐任官 3 等，薪俸 7 级；委任官 4 等，薪俸 12 级；合计官等有 9 等，薪俸有 22 级。加上特任官国务总理与部长 2 等 2 级（1500 元、1000 元），则是 11 等、24 级[①]。南京国民政府 1933 年《暂行文官官等官俸表》，特任只有 1 级（800 元），简任分 8 级，荐任分 12 级，委任分 16 级。合计 37 级[②]。1956 年的中国行政级别，为 30 级。

现将东汉以来官阶疏密，列为表 7.2 以展示其轮廓：

表 7.2

	流　　内	流　外	大约总级数
东汉	禄秩 16 级（不计比秩，只 9 级）	斗食、佐史	18（11）
魏晋	禄秩 16 级，官品 9 级		
梁	十八班，九品正从上下 30 级	流外七班	37
	天监军号 125 号、24 班 中大通军号 240 号、34 班	流外八班	34
北魏 孝文帝	初次析分：九品正从上中下 54 级		54
	再次析分：九品正从上下 30 级	流外七品 7 级	37
北齐	九品正从上下 30 级	流外九品 9 级	39
北周	戎秩 8 级，九命 18 级， 散官 36 阶，共 40 级	流外九秩 9 级	49
隋唐	九品正从上下 30 级	流外九秩 9 级	39

---

① 《东方杂志》9 卷 6 号，1912 年 12 月；钱实甫：《北洋政府时期的政治制度》，中华书局 1984 年版，第 353 页；李俊清：《现代文官制度在中国的创构》，生活·读书·新知三联书店 2007 年版，第 147 页。

② 李进修：《中国近代政治制度史纲》，求实出版社 1988 年版，第 382 页。

	流　内	流　外	大约总级数
宋	京朝官 30 阶，八、九品选人 7 阶	流外； 吏、役各 10 阶	47 以上
	武选官 56—60 阶		56—60
明	九品正从 18 级	流外	19
清	九品正从 18 级	流外	19
太平天国 后期	王至侯 12 级或 18 级， 丞相两司马 11 级	伍长	24—30 以上
1912 年	特任 2 级，简任 3 级， 荐任 7 级，委任 12 级		24
1933 年	特任 1 级，简任 8 级， 荐任 12 级，委任 16 级		37
1956 年	国家主席至科员（科员最低 24 级）	办事员 工勤人员	30

那么历代官阶疏密，大致经历了一个由疏而密，又由密而疏的变化历程：

1. 周朝公卿大夫士的爵级，是人员的等级；其等级疏简，与官员组织的简陋及贵族政治下的身份凝固相关。

2. 秦汉秩级比周朝繁密，适应了官僚体制的复杂化；但又比魏晋以降简练得多。而且此时的秩级只是职位等级。

3. 南北朝唐宋的位阶明显趋于繁密，被用于管理与维系官僚资格。这反映了当时官僚体制浓厚的身份性与内向性。

4. 明清的品级再度变得疏简了，表明朝廷不想为官员的个人位阶投入过多的管理精力了。

二　地方官的级别疏密

疏密问题，对于地方官也是存在的，但问题会复杂一些。历代地方行政层级的变化相当之大，各地"简繁"差异也相当之大，对此第二章第三节已有阐述。地方行政制度史的研究者，一般从是否构成政区，来判断地方行政层级的存在与否。本书则基于官阶史的视角，主要从是否构成一个职位层次，来判断层级的存在与否。地方官职存在着"简繁"的差异，历代皆然；但地方官的级别，有时比较疏简，有时就比较繁密，这是一个超越职位结构的品位问题。下面就以个人级别为中心，讨论地方行政层级、职位等级与个人级别的关系，主要是其疏密变化。

汉代的县有千石、六百石、四百石、三百石4级①，长官的级别同于职位等级。西汉昭帝到成帝之时，郡之单位有"万骑""大郡"及二千石、千石、八百石之别，郡守个人的级别当然也作同样区分。但东汉就不同了，郡本身有剧、中、平之别，郡守却通为二千石，无轩轾之分。只是在选官资格上，有小郡迁大郡之制。赘言之，东汉的县，长官级别与县之等级相同；东汉的郡，长官级别比郡之等级为简。至于六百石的州刺史是监察官，不构成一个职位层级。

魏晋及宋齐县有3等：千石县令六品，六百石县令七品，其余令长八品。郡守都是第五品，二千石。但郡县同时又有剧、中、平之分。郡分3等，加上京师所在河南郡则有4等。县本身分为6等，分等的标准是户数，所配置职吏、散吏之数，也依等而降。州刺史领兵者四品，不领兵者五品。州本身构成了一个职位层级，且有2等之分。地方官报酬可能因地而异，但与官品相关的特权、礼遇，如品官占田荫客之制，五品以上子弟得入国学之制，同品地方官一视同仁。

魏晋户口减少，职位层级却转趋细密，向都督、州、郡、县4级演变，管理宽度变窄，结构由"扁平"而变得更"垂直"了。都督本是一种军

---

① 西汉成帝之前，县可能有千石、八百石、六百石、五百石、四百石、三百石6个秩级。成帝废八百石、五百石之秩，从而变成4级。参看邹水杰：《简牍所见秦汉县禄秩等级演变考》，《北大史学》第12辑，北京大学出版社2007年版。

区,但其长官往往监管民政。这在动乱时代可以收到强化监控之效,挽救中央集权的颓势。至于州郡县等级,也开始趋繁。

至于此期州郡县长官的级别,仅由上文所述,似乎仍比州郡县的等级疏简一些,但其实不然。魏晋以下,官阶迅速"品位化"了,出现了各种品位序列和品位性官号,因此地方长官除了职位之外,个人还另有各种加号,其头衔已由汉代的单一官衔变成了"复式官衔"。这有三种情况。第一是加军号。以东晋谢尚为例,谢尚做历阳太守时,军号为建武将军;后为督江夏义阳随三郡军事、江夏相,其军号未变,仍为建武将军;晋升为都督扬州六郡诸军事、豫州刺史,军号升为安西将军;后因战败,职位未变,但军号降为建威将军;复晋升为都督江西淮南诸军事、豫州刺史,军号升为前将军。第二是加散官,如加侍中、散骑常侍、散骑侍郎、给事中等等。第三是都督。都督除了按所督州郡的多少来确定地位之外,还有都督诸军、监诸军、督诸军 3 等之别,还有使持节、持节、假节 3 等之别。从理论上说,最多有 9 种组合。还曾有过"假黄钺"的都督,其地位就更高了。

也就是说,魏晋地方官的个人级别,较之汉代仍是趋繁了,因为在职位之外另有位阶,用于维系其身份待遇。由此形成的"复式官衔",试举数例以示之:

> 司马亮:侍中、大司马、假黄钺、大都督、督豫州诸军事。
> 贾充:侍中、车骑将军、使持节、都督秦凉二州诸军事。
> 王逊:散骑常侍、安南将军、假节、南夷校尉、宁州刺史。
> 王恬:给事中、后将军、魏郡太守①。

梁武帝创十八班制之时,为郡县单独设"班":郡守及丞各为十班,县制七班。那么郡县长官的个人位阶,分别达到了 10 阶与 7 阶之多。23 个州也有次第。如果从州府掾属的班位高下来分析,就能

---

① 《晋书》卷五九《汝南王司马亮传》、卷四十《贾充传》、卷八一《王逊传》、卷六五《王恬传》。

看到 6 个等级：扬州为一等，南徐州为一等，荆江雍郢南兖五州为一等，湘豫司益广青衡七州为一等，北徐北齐梁交南梁五州为一等，越桂宁霍四州为一等①。

北朝也出现了类似趋势，就是把州郡县职位及其长官的等级差异，尽量细密地体现在官阶上面。北魏除京牧、京尹、京令之外，州郡县各有上中下 3 等。到了北齐，州郡县的上中下 3 等，各自又分上中下 3 等，合计各有 9 等。若把司州牧、清都尹，及邺、临漳、成安三县令的特殊地位考虑在内，则北齐的州郡县各有 10 等。州郡县长官的俸禄、白直及所配置的属官之数，都依次而降②。北周的州郡县，则依领户多少各分 5 等。张小稳君评价说，这些做法"达到了北朝州郡县长官职位分等的高峰。相对南朝而言，北朝的州郡县分等呈现出均衡细致的特点"③。

西晋之时，已有人指责州郡县畸形增殖了："今之刺史，几向一倍。户口比汉十分之一，而置郡县更多。"④南北朝州郡县的分割细碎，是中国地方行政史上的一道夺目景观。刘宋时豫州的陈留郡，领县 4 个，只有 196 户；雍州的南上洛郡，领县 2 个，只有 144 户；梁州的北上洛郡，领县 7 个，只有 254 户。与汉代上百万的大郡相比，判若天渊。梁武帝天监十年（511），有州 23 个，郡 350 个，县 1022 个；大同年间（535—546）州骤增到 107 个，"郡县亦称于此"，郡县的畸形增殖与州相似。陈朝国土蹙狭，州仍有 42 个之多⑤。东魏只拥有北魏的半壁江山，州郡县的数目却多于北魏，有州 80，有郡 387，有县 1100⑥。西魏也不逊

① 《隋书》卷二六《百官志上》。

② 《隋书》卷二七《百官志中》。

③ 张小稳：《魏晋南北朝时期地方官等级管理制度初探》，北京大学历史学系 2006 年博士论文，第 19 页。

④ 《晋书》卷四七《傅咸传》。

⑤ 《隋书》卷二九《地理志上》。

⑥ 柳彭龄：《东魏户口统计表》，《禹贡》第 3 卷第 1 期，1935 年 1 月。

色,有州 128,有郡 289,有县 492①。这类"百室之邑,便立州名;三户之民,空张郡目"的情况,当时被形容为"十羊九牧"。

为什么会出现这种现象呢？史称魏末"豪家大族,鸠率乡部,托迹勤王,规自署置。或外家公主,女谒内成,昧利纳财,启立州郡。……牧守令长,虚增其数"②。钱穆先生因云:"州县为豪强私利而分割。"③邹逸麟先生也认为:"州郡之滥,其原因或为战争繁多,有功之臣别无可奖,唯以州刺史、郡太守为赏;或为新拓少数民族地区,为安抚笼络其首领而赐以刺史之职。"④朝廷大批量地"启立州郡",是为了增加官位以安排权贵豪强,是出于"身份考虑"而采用的品位性安排。

隋初承袭北齐的办法,州郡县各有上上到下下 9 等。但不久朝廷就"罢郡,以州统县",州郡县三级变为州县两级。开皇十四年(594)又把 9 等州县改为 4 等。隋炀帝又把州降级为郡,京兆尹、河南尹正三品,上郡从三品,中郡正四品,下郡从四品;"大兴、长安、河南、洛阳四县令,并增为正五品。诸县皆以所管闲剧及冲要以为等级"⑤。唐高祖罢郡置州,州分 3 等;县分 10 等,即赤、次赤、畿、次畿、望、紧、上、中、中下、下,但长官品级只有 6 等。隋唐的地方行政层级与等级,比南北朝有所简化。但隋唐官员另有散阶维系身份,地方官亦然,仍是"复式官衔"。那么可以认为,隋唐地方官的个人级别,仍比秦汉为繁。

宋朝的政区,从行政层级看,有的学者认为严格说应属于州县两

①　徐文范:《东晋南北朝舆地表》,《二十五史补编》,中华书局 1955 年版,第 5 册第 6865 页下栏。
②　《北齐书》卷四《文宣纪》。
③　钱穆:《国史大纲》,商务印书馆 1996 年修订版,第 400 页。
④　邹逸麟:《中国历史人文地理》,科学出版社 2001 年版,第 64 页;《中国历史地理概述》,上海教育出版社 2005 年版,第 178 页。
⑤　《隋书》卷二八《百官志下》。

级制①。但从职位层级看,"路"仍可以看成一个层次。地方单位有路、府、州、军、监、县等。北宋府的设置,比唐朝宽松得多。唐朝设府不过10处,北宋的府,最多时有34个,京府有4个,次府有30个。而且一些行在府、陪都和重要的府,又被特别确定为"藩府"。宋神宗时,大藩府曾有14处。藩府之设,一定程度上是为了给大臣出任地方官提供方便,藩府所支配的职田也多一些。换言之,藩府发挥的是品位功能。北宋之初,有州297个。州的等级有两种划分,一是以雄、望、紧、上、中、下分为6等,并以4万户以上为上州,2万户以上为中州,不满2万户者为下州。这是职位等级。同时州又分为节度州、防御州、团练州和刺史州4等,这些名称用以表示州的重要程度,决定官厅的设置,而且被用作武官官阶,但与各州行政并无关系,只有品位意义。至于县,宋太祖时分8等:赤、畿、望、紧、上、中、中下、下。那么,宋朝的地方级别是很复杂的,这与宋朝位阶整体上的繁密特点,相映生辉。此期官僚皆有"本官",所以地方官也是"复式官衔"。

明清地方等级管理,从共同职等即官品看,明显趋简,但府县另设等级。明朝的知府皆正四品,同知皆正五品,通判皆正六品;但府本身依税粮之额,分为上府、中府、下府3等。知县都是正七品,然而县本身依税粮之额,分上县、中县、下县3等。简言之,职位等级有3级,个人级别只有1级。清朝与之类似,从官品看,府州县等级无别。自雍正始,另依"冲、繁、疲、难"4项标准,把府州县缺分最要缺、要缺、中缺、简缺4等,用于区分任职的资格条件。则职位等级有4等,个人级别仍只1等。地方官的养廉银是根据各省府州县一一规定的,精确反映了各地的"简繁"差异,但这是职位的薪俸等级,而不是官员的个人级别。从地方官的个人级别说,明清最为疏简,甚至比职位等级都简单。

那么在地方官级别方面,就看到了一个与前节类似的疏密变迁:

① 白钢主编,朱瑞熙著:《中国政治制度通史》第6卷(宋代卷),人民出版社1996年版,第282页;李恩军主编:《中国历史地理学》,人民交通出版社1995年版,第85页。

1.汉代实行郡县二级制,长官使用单一官衔。县官级别之数同于职位等级之数,郡守只一级,比职位等级(即剧、中、平)疏简。

2.魏晋南北朝形成都督区、州、郡、县四级制,长官采用复式官衔,官员资位等级最多达10等(梁郡守十班),职位等级最多达10等(北齐州郡县)。

3.唐宋的地方职位等级、长官级别有所简化,但仍使用复式官衔,从个人级别说仍颇繁密。

4.明清的府州县等级各有3—4级,其长官只有一级,而且变成了单一官衔。个人级别比职位等级疏简。

总之,秦汉级别较简,魏晋南北朝级别较繁,唐宋次之,明清再次趋简,回归于汉。地方官级别疏密,与上节所述一般品秩的疏密,其变迁轮廓是相似的。

三 “比秩”与“视品”

下面继续从品秩的结构外观入手,讨论“比秩”与“视品”的问题。

汉代禄秩是一个纵向的等级阶梯,魏晋以下的官品也是一个纵向的等级阶梯。不过,二者不一定只有一个纵列,有时还再得增加一个纵列。这就是“比秩”与“视品”。汉景帝、汉武帝之后,秩级中出现了“比秩”;北朝、隋及唐初,九品官品中有了“视品”。在为品秩而制表之时,若把“比秩”与“视品”考虑在内,就得让“比秩”“视品”单独成列,以体现品秩结构的复杂性。“比秩”“视品”的单独成列,是有实质意义的。它们的存在,使禄秩与官品除了纵向的分等功能之外,还有了横向的分类功能。一般的情况,是某一位阶自身用来分等,不同的位阶用来体现分类;但也不尽然,“比秩”“视品”就有分类功能,容纳了某些特定职类,列在其中的官职具有特殊性质。下面分别述之。

比秩 汉代以若干石做官阶,即如二千石、六百石之类。但秩级中还存在着由“比若干石”构成的“比秩”,即如比二千石、比六百石之类。

大多数秩级都有"比秩"。东汉自三公、中二千石以下，秩级约有 16 级。但如不计比二千石、比千石、比六百石、比四百石、比三百石、比二百石及比百石 7 秩，正秩只有 9 级。可见，汉朝的行政等级其实相当简练。

汉代禄秩以正秩和"比秩"交错排列，这个结构性特征非常显眼。然而两千年来没什么人关注"比秩"的意义。唯一的例外，是清人福申的一个说法："《通典》以从品官始于宇文。按《汉志》有二千石、比二千石之文，所云比者，即从品之义。"①在他看来，"比秩"跟九品官品中的"从品"，即从一品、从二品，作用类似，只是为了细致分级而已。但真是这样吗？

张家山汉简《二年律令·秩律》②，为探索"比秩"提供了新线索。这份《秩律》，记录了汉初到吕后为止各种官职的秩级。在《秩律》中，总共能看到二千石到一百二十石 11 个秩级，但没有一个是"比秩"。而这就提醒我们，"比秩"是较晚时候才产生的，汉初还没有。

这时我们又注意到，当时被称为"宦皇帝者"的职类，如大夫、郎官、舍人、洗马、庶子等官职，都不见于《秩律》。不见于《秩律》，就说明它们当时没有秩级。"宦"是私属的意思。"宦皇帝者"相当于皇帝私属，不是朝官或国家行政官吏，他们靠皇帝的"私奉养"养活，不领薪俸，所以没有秩级。而国家行政官吏称"吏"，属于"事皇帝者"，有秩级、有俸禄。于是我们知道，"宦""吏"之间，在当时有一条鲜明分界，其标志之一，就是有无秩级。

进而我们看到，汉初无秩级的"宦皇帝者"职类的官职，后来逐渐有秩级了，不过恰好都列在"比秩"。中大夫更名为光禄大夫后，秩比二千石；谒者比六百石，中郎比六百石，侍郎比四百石，郎中比三百石、

---

① 福申：《俚俗集》卷十六《官称·从品官》，书目文献出版社 1993 年版，第 464—465 页。

② 《张家山汉墓竹简（二四七号墓）》（释文修订本），文物出版社 2006 年版，第 69 页以下；彭浩、陈伟、工藤元男主编：《二年律令与奏谳书：张家山二四七号汉墓出土法律文献释读》，上海古籍出版社 2007 年版，第 257 页以下。

比二百石,太子洗马比六百石,太子庶子比四百石,太子舍人比二百石。这就更有意思了。

"宦皇帝者"最初是被看成皇帝私属的。但随政治进化,它们与王朝行政的关系密切起来了,其"公共性"逐渐强化了。大夫承担顾问、论议、出使,又是储才待调之位,成了人才的中转站。郎官除了承担宿卫之外,还是入仕的初阶,士人须先为郎官,然后被选拔为吏职,先"宦"而后"仕"。这样一来,"宦皇帝者"的等级管理开始正规化了。朝廷开始让他们"比吏食俸",即比照地位相近的正秩吏职领取俸禄。其地位与六百石吏相近的,就给予"比六百石"的待遇;其地位与三百石吏相近的,就给予"比三百石"的待遇。"比秩"由此而萌生了。前述大夫、郎官、洗马、庶子、舍人等官的"比秩",都是通过"比吏食俸"形成的。这就意味着,"宦皇帝者"就是"比秩"的温床与策源地。

在拥有了秩级之后,"宦皇帝者"诸官的"公"的色彩浓厚起来了。甚至"宦皇帝者"的名称也变成"郎从官"了。然而其所使用的"比秩",仍是一个另类的标签,表明它们与行政吏职不一样,是一个特殊职类。

在"比秩"诞生之后,王朝利用其分类功能,进而把更多的"非吏"职类,置于"比秩"之中。据我们考察,文学之官,掾属,军职,国官,大抵位于"比秩"之中。参看表7.3:

表7.3

秩级	正秩	比 秩				
	吏职	宦皇帝者	文学之官	掾属	军吏	国官
中二千石	列卿					
二千石	太子太傅 少傅 将作少府 詹事 郡守					
比二千石		光禄大夫		司直	诸中郎将 诸都尉 校尉	王国中尉 王国内史

秩级	正秩	比　秩				
	吏职	宦皇帝者	文学之官	掾属	军吏	国官
千石	诸署令 大县令					
比千石		太中大夫			郎中车将 户将骑将 期门仆射 军司马 宫门司马	
六百石	诸署令 县令					
比六百石		议郎 中郎 常侍谒者 太子洗马	博士 （宣帝 增秩）		军候	王国治书
四百石	诸署长 县长					
比四百石		给事谒者 侍郎 太子庶子	博士 （汉前期）	东西曹掾		礼乐长 卫士长 医工长 永巷长 祠祀长 王国谒者
三百石	县长					
比三百石		灌谒者 郎中		余掾		侯家丞
二百石	县丞尉 卒史					
比二百石		郎中 太子舍人	治礼掌故	属	屯长 候长 士吏	
百石	卒史					
比百石			文学掌故			

可以看到,在正秩一栏的右侧,出现了一个"比秩"的纵列。正秩与"比秩"各自容纳了不同职类,规律性相当之强。这一点是前人从不知道的,被我们发掘出来了。

"宦皇帝者"之所以列在"比秩",是因为这个职类属于皇帝私人,只是"宦"而不是"吏";那么其他列在"比秩"的职类呢?

文学之官博士、掌故等之所以列在"比秩",显然也因其"非吏"的性质。博士与先秦稷下学官的"列大夫",存在着渊源关系;而稷下"列大夫"的主要特点,就是"不治而论议","不治"就是不在行政系统之内[①]。在秦汉皇帝把儒生召来做博士之初,一时没把他们看成官儿,只是文学之士罢了。

掾属中有"比秩"者,是因为中外官署之中,除了正式的"员吏",还有很多长官"自辟除"的吏员,相当于长官私人(尤其是"门下吏"的部分)。这部分吏员使用"比秩",意味着国家承认了其吏员身份,而且给予俸禄。西汉的掾史与属史,有"正秩"与"比秩"两种。到了东汉,掾属都用"比秩"了。

军官之为"比秩",在于军政与行政各成系统。军官不是行政官吏,自有组织编制,靠军职与军爵确认身份级别。

王国与侯国的国官,往往使用"比秩",这跟汉王朝压制诸侯王的国策有关。汉廷以国官为"左官",同样的职务,设在王国的就比设在中央的低一头。故意把国官置于"比秩",是为了给国官抹上更浓的"左官"色彩、"另类"色彩。

在"比秩"产生之初,只是"非吏"职类使用"比秩";而在"比秩"产生之后,王朝开始刻意使用"比秩"手段来凸显职类区别。这样,列在"比秩"的官职,就不一定全是"非吏"职类了,像掾属、军吏、国官,都不能说是"非吏"职类。汉制,有职事者有印绶,无职事者无印绶。大夫、谒者、郎官,及博士、掌故,因无行政职事,所以就没有印绶。然而军官、

---

① 余英时:《士与中国文化》,上海人民出版社 1987 年版,第 58 页。

国官却是有印绶的。请看表7.4：

表7.4

职　类	秩　类	印　绶
行政官	正秩	有
宦皇帝者	比秩	无
文学之官	比秩	无
掾属	比秩	无
军官	比秩	有
国官	比秩	有

正秩、"比秩"以及有无印绶的安排，显示了汉廷在职位分类上的良苦用心。

"比秩"与"正秩"的交错配合，还能在资格管理上，获得另一项便利。诸大夫、郎官、掾属职类，具有储才待调的特殊意义。诸大夫是高级的储才之位。东汉的三署郎与公府掾，构成了选官体制的两大枢纽：或经察举而为三署郎，或经征辟而为公府掾，然后再迁补吏职，构成了东汉士人的常规仕途。这是一个"先宦后仕"的仕途模式：三署郎、公府掾属"宦"，而补吏之后为"仕"。而汉代官制，"正任"与"试守"有别。任职的第一年属于"试守"期，其时不能拿全俸。那么"比秩"，就可以用作试守期的官阶与俸禄。汉代官阶的一个微妙之处，由此显露出来了："比秩"既保证了由"宦"而"吏"时恰升一阶，又把"试守"与正任区分开来了，从而使升迁成为一个连贯有序的仕途。比如说比三百石的郎中，若被选任为三百石县长，那么他在第一年的试守期中，仍拿比三百石的俸禄；一年之后转为正任三百石，改食三百石之正俸。三公掾属也是如此。请看表7.5：

表 7.5

三署郎官	三公掾属	迁补长吏	
		试守之秩	即真之秩
比六百石中郎		比六百石	六百石县令
比四百石侍郎	比四百石东西曹掾	比四百石	四百石县长
比三百石郎中	比三百石掾	比三百石	三百石县长
比二百石郎中	比二百石属	比二百石	二百石丞尉

此外,军吏、博士都可以补吏。在补吏之时,他们的"比秩"同样可以用作试守之秩,试守期结束后转为正秩,晋升一级。"比秩"和正秩的交错配合,以一种精巧的方式,把不同职类链接起来了。而这个功能,是后代的"从品"所没有的。所以,"比秩"是一种很特别的官阶,与九品官品下的"从品"很不相同。

视品 "隋朝于流内官与流外官之外,又置视流内与视流外,俱有品,谓视品。"①"视品"是从北魏北齐的"比视官"发展而来的,在隋唐称为"视品"。与汉代"比秩"相似,"视品"也起源于非正式官职与正式品秩的"比",也有区分职类之功。

北魏的"比视官",包括左右武官,如直阁、直后、直斋、武官队主、队副等,还有中正②。此外孝庄帝设置廷尉司直 10 人,视五品。比视官不列于《官品令》,没有禄恤。但其中的中正一职,可以"官当"除罪;直阁等左右武官,在灵太后时比照中正,也可以"官当"除罪了。"官当"有五品以上与九品以上两条线,五品以上官当两年,九品以上官当一年。可以推知,"比视"就是比于官品。北魏的比视官,进入北齐后是四品到六品官,可见它们在北魏地位不低。

北齐设"流内比视官"13 等。依《隋书》卷二七《百官志中》,简列

---

① 吕宗力主编:《中国历代官制大辞典》,北京出版社 1994 年版,第 560 页。

② 周一良:《领民酋长与六州都督》,收入《魏晋南北朝史论集》,中华书局 1963 年版,第195—196 页。

如表7.6：

表7.6

	领民酋长	中正	州郡属吏	学生
视从三品	第一领人酋长			
视四品	第一不领人酋长			
视从四品	第二领人酋长 第一领人庶长			
视五品	第二不领人酋长 第一不领人庶长	诸州大中正		
视从五品	第三领人酋长 第二领人庶长	诸州中正 畿郡邑中正		
视六品	第三不领人酋长 第二领人庶长			
视从六品	第三领人庶长			
视七品	第三不领人庶长			
视从七品		司州州都	司州主簿	国子生
视八品		诸州州都 清郡郡中正	诸州主簿 司州西曹书佐 清郡功曹	
视从八品		诸郡中正	司州列曹从事 诸州西曹书佐 诸郡功曹 清都郡主簿	
视九品			司州部郡从事 诸州祭酒从事史	
视从九品			诸州部郡从事 司州守从事 诸郡主簿 司州武猛从事	

　　不难看出，北齐的"视品"也用以容纳特殊职类，包含领民酋长、中正、州郡属吏和国子学生4类。第1类领民酋长，其官北魏已有，是授给境内"粗犷不任使役"、不够开化的部落首领的名号。制造了"河阴之变"的尔朱荣，其祖先就是领民酋长。领民酋长不是正式行政官，所

以列于"比视官"中。第2类中正,自曹魏以来一直是朝官的兼差,在魏晋南朝均无品秩。中正在北朝魏齐变成了"比视官",表明其身份正式化了一些。第3类州郡属吏之所以列在"视品",与汉代"自辟除"的掾属列在"比秩"同理。严耕望先生指出,州之别驾、治中、典签,郡之郡丞、郡尉,因由中央除授,故为正式品官;而州佐自州都、主簿以下,郡佐自中正、功曹、主簿以下,由刺史、太守自行辟用,"故为流内比视官也"①。汪征鲁先生看法略同②。第4类是国子学生。按,北魏的国子学生已有官品了,在太和《前品令》中为从七品中。学生也有行政级别,可见北魏的国子学很"官僚化"。北齐把国子生改为"比视官",官僚化的程度就下降了一些。张旭华先生指出:"在北齐的官制体系中,流内比视官是比附于流内正式品官且位于其下的另外一套职官系统,是国家职官中较为特殊的一类官吏。"比视官有一定禄秩,可以食干及力(干、力是配给官员的力役),在元会朝贺时与品官相同,可以用绢赎罪③。

隋朝有流内视品14等,又有流外视品9等,"极于胥吏矣"。连流外官也有了"视品",这"视品"制度更复杂了。杜佑云:"隋……又置视正二品至九品,品各有从,自行台尚书令始,谓之视流内。视流内自此始。"④"自此始"的说法不怎么准确,因为北魏已有比视官了。据《隋书》卷二八《百官志下》,隋朝的视品官包括如下职类:

1. 行台尚书令、仆、尚书、丞郎、都事等。

2. 上、中、下总管。

3. 监官,如牧监、盐池监、毛皮监、冶监等。

4. 国官,如文学、国令、大农、尉、典卫等。

---

① 严耕望:《中国地方行政制度史 乙部 魏晋南北朝地方行政制度》,台北"中研院"历史语言研究所1990年版,第595、623页。

② 汪征鲁:《魏晋南北朝选官体制研究》,福建人民出版社1995年版,第190、201页。

③ 张旭华:《北齐流内比视官分类考述(上)》,《郑州大学学报》2002年第3期。

④ 《通典》卷十九《职官一》,中华书局1984年版,第109页上栏。

5. 国之府官,如长史、司马、参军、掾属等。

6. 勋官之府官,如长史、司马、参军、典签等。

7. 州郡掾属,如主簿、从事、功曹,及州都、郡正、县正等。

8. 国子生、太学生、四门学生。

9. 宗教性官职萨保。

行台诸官与总管一样,都是行将衰落的职官。诸监官具有特殊性,可以看成一种差遣。国官、国府官、勋官之府官及州郡掾属,都是上承南北朝的品位性官职,已没多少行政功能了。学生列在视品,上承北齐,也是北朝的特殊现象。萨保(sārthavāk)本来是中亚粟特人商团首领之称,后来成了粟特移民社团的行政长官。苏航认为,北周、北齐的萨保大致相当于县级长官①。隋朝的雍州萨保比视七品,诸州胡二百户以上萨保比视九品。总之,列在视品的职类,在正式性和重要性上,与王朝其他职官有明显区别。

李锦绣先生的研究显示:隋朝的视品官在膨胀,而唐朝的视品官在萎缩:"唐废总管府,天下统一后废行台,视品官中无行台总管府官。诸监官隶属九寺五监,不同于京官也不同于外官,品级被纳入流内,不包括在视品官中。隋萨保府、三师三公府、上柱国以下府官为视品官,则被唐直接继承下来。"视品国官、府佐人数超过万人,而唐前期的王朝内官不过2620人而已。"可见视品官与流内官不但在官制上是两大系统,而且在数量上也相敌。"从唐高宗到唐玄宗,亲王的府佐国官转为流内品,嗣王以下的府佐国官被废止②。这样,"视品"之中就只剩下萨保府的萨保、祆正,及流外视勋品的祓祝、府率、萨保府史了。宋初的萨保、祆正,依然"视流内品",而且还能荫亲属与赎刑。

在不仅具有分等功能,而且还具有分类功能一点上与"比秩"相似的"视品",在北朝隋唐一度大行其道,然而最终衰落下去了。汉代的

① 苏航:《北朝末期的萨保品位》,《西域研究》2005 年第 2 期。

② 李锦绣:《唐代制度史略论稿》,中国政法大学出版社 1998 年版,第 145 页。

"比秩"来自"宦皇帝者",是非正式官职之正式化的结果;而北朝隋唐的"比视官""视品",既含有非正式官职的正式化,如领民酋长、中正、国子生;也含有职能性官职的品位化,如行台官、总管、监官、国官、国府官、勋官之府官及州郡掾属等。后一类官职被另行列于"视品",有如从职位结构中挤出的水分,或从体态臃肿者腰腹部抽出的油脂。

又,唐代的"视品"还有另一种用法。皇帝、太子的嫔妃属于"内命妇",使用正式品级,如贵妃为正一品,昭仪为正二品。而皇族女性成员以及王公、品官的妻妾,属于"外命妇",使用"视品",即如皇姑、皇娣、皇女"视正五品",五品官之媵"视从八品"之类①。在这时候,"视品"制度用以区分内外命妇的身份差别。

四 一元化多序列的复式品位结构

我们使用"品位结构"概念,用以指示各种序列间的链接、搭配与耦合关系。这也是"间架"一词的意义。同一朝代,并存着多种等级序列,如品、阶、勋、爵等,它们的相互关系,所形成的间架结构,历代有异。九品官品是一个"一元化多序列的复式间架",它是在先秦到魏晋的演变中形成的。这个结构的意义,可以通过其演生过程,得到更深入的理解。

周代的品位结构,是一个"爵本位"体制。公、卿、大夫、士爵级,不仅仅是官员位阶,也是贵族的身份标志。在拥有爵位的贵族官员之下,是无爵的胥吏层次。胥吏以"稍食"为生。"稍食"是向胥吏发放的廪食和衣装,其等级依能力和劳务而定,稍食等级就可以看成胥吏的等级。总之,面向贵族官员的爵级与面向胥吏的稍食,构成品位结构的两大段落。尽管二者间有一道身份鸿沟,但这个体制是一元化的,因为两大段落高下相接,构成了纵向单列。

战国时的新变化,其要有二:第一是从胥吏的稍食等级中,发展出

---

① 《唐六典》卷二《吏部司封郎中》,中华书局 1992 年版,第 38—40 页。

了谷物俸禄,并形成了以"若干石"谷物额度构成的官阶,即禄秩。禄秩是"吏"即新兴吏员的身份标志。一段时间里,君主对不同段落的官吏采用不同等级手段:中低级的用禄秩,高级的仍使用旧式的卿、大夫爵号,并参照周朝的采邑旧制,对功高者给封邑,使之成为"封君"。当时的"封君之子孙三世而收爵禄,绝灭百吏之禄秩""士大夫益爵,官人益秩"①之类提法,就反映了士大夫有爵号、有封邑,而下层吏员以禄秩为等级的情况。这是一种过渡性的格局。随"吏"群体不断上升,秩级也不断向上增设。到了西汉,这种来自胥吏稍食的官阶,最终被用于百官了。这意味着新兴吏员已全面取代传统贵族,统治者已用"吏"的形象,为百官定性定位了。百官都用禄秩定等级,就意味着"百官皆吏"。

第二是军功爵制的发展。商鞅变法所建立的军功爵,后来发展为二十等爵。在秦汉,它既是一种功绩激励制度,也是一套上接王侯、下达庶民的身份体系,由此取代了周爵。

周代的爵级与稍食是上下承接,战国的旧式爵级与新兴秩级是上下交错,汉代的爵级和秩级则是双峰并峙,是为"爵—秩体制"。把这个过程简示如图7.1:

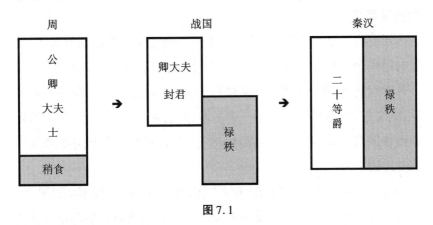

图7.1

---

① 分见《韩非子·和氏》,王先慎:《韩非子集解》,中华书局1998年版,第96页;《荀子·强国》,王先谦:《荀子集解》,中华书局1988年版,第295页。

汉代爵级和秩级双峰并峙,同时二者又相互疏离。"疏离"的表现,就是秦汉不能凭爵级做官,以及爵级与秩级间不存在严格对应关系。爵与秩的这种疏离关系,我们称为"二元性"。它来自"爵本位"体制的传统影响。如前所述,秩级来自底层胥吏的稍食等级;而依周代传统,有爵者身份高贵,与胥吏相隔云泥。所以让拥有爵级的人去做吏,在秦汉人的心目中,有如让公司董事当打工仔。品位结构的这种"二元性",表明帝国等级秩序还没有充分一元化。

由于还处在新旧转型期,所以汉帝国的等级秩序,还存在着更多松散、粗糙之处,多种品位"各自为战"。

因秩级到中二千石为止,更高的丞相、御史大夫就无法用秩级区分高下了。汉廷对这些高官位序的安排之方,一是使用"上公"和"公"的概念。西汉丞相为"公",御史大夫为"上卿"。西汉末年增设的太傅、太师、太保,皆属"上公",在三公之上。东汉以太傅为"上公",以太尉、司徒、司空为"公"。二是使用"位"的概念。"位"是朝位,朝位也是一个等级尺度。汉平帝时的上公位次,是太师、太傅、太保依次而降;东汉三公的位次,则是太尉、司徒、司空依次而降。两种安排,都超出了秩级的覆盖范围。

还有将军号。汉代的将军有两种。一种是临时性的杂号将军,打仗时随机命将并给予军号,事讫则罢,打完仗就不再是"将军"了。另一种常设将军,即大将军、骠骑将军、车骑将军、卫将军和前后左右将军,共8号。8号将军形成了一个名号序列,可以单任,也可以加给辅政而领尚书事者,用以标示其品位高下。然而将军无秩级,不在秩级的管理范围之内。

此外散官大夫、郎官虽有"比秩",但朝廷行赏时往往不依其秩级,而是另行分等受赏的,参看第四章第五节。这表明散官的等级安排仍有特殊性。

那么从品位结构角度看,二十等爵、封爵、将军、散官、朝位等都与秩级分立,其间关系仍有错综抵牾之处,整合程度不高。这是转型期的新旧位阶杂糅参用所造成的。但是帝国等级秩序中，毕竟孕育着一元化的需要与动力。

这种动力在朝位上体现得相当充分。参看本书第六章第二节。在朝位的推动下，魏晋官品制诞生了。由此，各种位阶之间的错综抵牾，发生重大改变。魏晋的爵级有五等爵和封爵两个序列；将军发展为一百多号，并由军职变成了军阶；散官又繁衍出很多种来。在这时候，由于九品官品的问世，爵级、军号和散官等等，便被纳入了一个一元化的官品框架之内，彼此具有了明快清晰的可比性。下面以《晋官品》为例，列为表7.7以供参考：

表7.7

	职官	军号	散官	封爵
一品	公		诸位从公者	郡公 县公
二品	诸持节都督	骠骑 车骑 卫将军 诸大将军	特进	开国 侯 伯子 男
三品	侍中 尚书令 仆射……	诸 征 镇 安 平 将军……	侍中 散骑常侍 光禄大夫等	县侯
四品	州刺史领兵者 御史中丞……	宁朔等将军……		乡侯
五品	中书侍郎 郡太守 国相……	鹰扬等将军……	给事中 黄门侍郎 散骑侍郎	亭侯
六品	尚书丞郎 治书侍御史 千石县令……			关内名号侯
七品	殿中监 诸卿尹丞 符节御史 六百石县令……		太中大夫 中散大夫 谏议大夫 议郎	关外侯
八品	主书 通事 令史 郡丞 县丞尉……		散郎	
九品	令史 县丞尉……		舍人	

由表可见，军号、散官、五等爵、封爵等，都取得了确定的品级，其与哪一品的官职处于同一层次，以及相互的地位高低，一望可知。

相应地，各种品秩要素的配置与权益分配，也有了通用尺度。例如西晋实行品官占田荫客制，一品占田50顷，下至9品10顷；又以官品之高卑荫亲属，以及荫人以为衣食客、佃客。那么军号、散官及封爵的拥有者(五等爵拥有者另有封户，当不在其中)，就可以依其官品而占田、荫亲属、荫衣食客及佃客了。又如南北朝有"官当"之制，即以官品抵罪的制度，还有起家叙阶制度，那么爵号拥有者就可以依其官品而享受相应的官当及起家待遇了。北魏《法例律》："五等列爵及在官品令从第五，以阶当刑二岁，免官者，三载之后听仕，降先阶一等。"北魏后期制度："王公以下，有封邑，罪除名，三年之后，宜各降本爵一等，王及郡公降为县公……其乡男无可降授者，三年之后，听依其本品之资出身。"①所谓"本品之资"，就是五等爵的起家官资。各种资格、特权、礼遇等或直接附着于品级，或附着于其他位阶，无论哪种情况，在九品框架之中，它们都有了清晰的可比性。

唐朝的九品官品，同样为职事官、文武散官、封爵、勋官等，提供了一个一元化的框架。如图7.2所示：

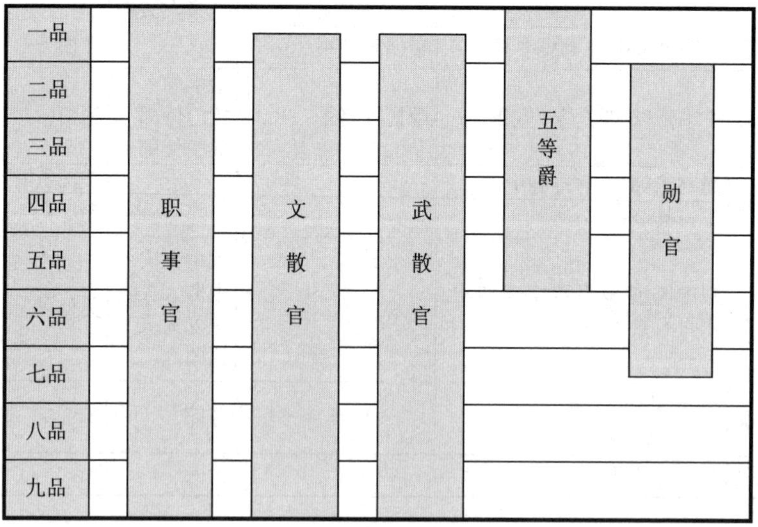

图7.2

---

① 《魏书》卷一一一《刑罚志》。

周朝的"爵—食体制",其结构是一个单一纵列;秦汉的"爵—秩体制",其基本结构是两个纵列,同时爵位、秩级、公卿位、军号、散官之间,依然存在着错综抵牾;而唐朝的九品体制,则是一个"一元化多序列的复式品位结构",多个纵列容纳于一个一元化框架之内。中国官阶由此进入了它的成熟期。

也许有人会问,美国文官制以 GS18 等作为共同职等,把不同的职门、职系、职组容纳在内,岂不也是一种"一元化多序列的复式结构"吗?我们说,是,但 GS18 等只是"一元化多序列的复式职位结构",却不是"一元化多序列的复式品位结构"。因为美国实行的是"职位分等",而不是"品位分等",文官个人没有级别,GS18 等不像唐官品那样,包含阶、勋、爵之类个人品位。

之所以把九品体制称为"复式结构",还因为其中的各种位阶,还包含着更复杂的链接方式。借助"品秩五要素",就更容易看清各个链接之点。

首先从薪俸方面举一个例子。北齐州郡县长官的等级,从官品看各分 3 等,从薪俸看则是 9 等,大等级套着小等级。参看表7.8:

表7.8

品级	州及岁秩	郡及岁秩	县及岁秩
从二品	司州牧,800 匹		
正三品	上上州刺史,800 匹 上中州刺史,750 匹 上下州刺史,700 匹	清都尹,550 匹	
从三品	中上州刺史,600 匹 中中州刺史,550 匹 中下州刺史,500 匹	上上郡太守,500 匹 上中郡太守,450 匹 上下郡太守,400 匹	

品级	州及岁秩	郡及岁秩	县及岁秩
正四品下	下上州刺史,400 匹 下中州刺史,350 匹 下下州刺史,300 匹		
从四品上		中上郡太守,460 匹 中中郡太守,430 匹 中下郡太守,400 匹	
从五品下		下上郡太守,360 匹 下中郡太守,340 匹 下下郡太守,320 匹	邺、临漳、成安 三县令,150 匹
正六品下			上上县县令,150 匹 上中县县令,140 匹 上下县县令,130 匹
正七品下			中上县县令,100 匹 中中县县令,95 匹 中下县县令,90 匹
正八品下			下上县县令,70 匹 下中县县令,60 匹 下下县县令,50 匹

再看一个资格的例子。唐朝勋官和封爵被纳入了官品,但其任官资格即叙阶的品级,又不等于其自身的品级。上柱国在正二品,叙阶则自正六品上叙;自柱国以下依次而降,直到从七品上的武骑尉,自从九品上叙。封爵与之类似,嗣王、郡王在从一品,叙阶则自从四品下叙;自此依次而降,直到从五品上的开国男,自从七品上叙。列为表7.9:

表 7.9

勋官比官品	勋官叙阶	散阶29级	封爵叙阶	封爵比官品
				亲王
		从一品		嗣王 郡王 国公
上柱国		正二品		开国郡公
柱国		从二品		开国县公
上护军		正三品		
护军		从三品		开国侯
上轻车都尉		正四品上		开国伯
		正四品下		
轻车都尉		从四品上		
		从四品下	嗣王 郡王	
上骑都尉		正五品上		开国子
		正五品下		
骑都尉		从五品上	亲王子封郡王者	开国男
		从五品下		
骁骑尉	上柱国	正六品上	国公	
	柱国	正六品下	开国郡公	
飞骑尉	上护军	从六品上	开国县公	
	护军	从六品下	开国侯	
云骑尉	上轻车都尉	正七品上	开国伯	
	轻车都尉	正七品下	开国子	
武骑尉	上骑都尉	从七品上	开国男	
	骑都尉	从七品下		
	骁骑尉	正九品上		
	飞骑尉	正九品上		
	云骑尉	从九品上		
	武骑尉	从九品上		

勋官、封爵自身有其官品,但叙阶时又另作安排。在这里,勋官、封爵展示了两个链接点,第一个是自身品级与官品的链接,第二个是起家官阶与散阶的链接,后者在官品上低了一个段落。比如有位武人立了军功,荣获一转"武骑尉",则官场中拿他当从七品上的官儿看待;但若这位"武骑尉"到吏部谋官,则按从九品上叙阶,得从九品层次的低官做起。九品体制是一种"复式官阶",在多重链接方式上也体现出来了。

总之,九品体制是一个容纳了多种位阶的复式大框架。各种品秩要素,有配置在某一品位上的,如配置在勋官、爵级、散阶上;也有直接配置在职位上的,例如清朝的养廉银;也有直接配置在九品官品上的。

官品九品本身是职位等级呢,还是个人级别呢？1914 年 5 月袁世凯颁布《厘定新官制纲要》,在这份文件的序言中,对九品是职等还是官等的问题,曾有一番专门论述:

> 官之有职,所以别职掌之崇卑、定权限之大小。至于官吏升转由卑而崇、由小而大,俸给额数亦为是为差,固易明也。然有处同一之职,而年资有久暂,则俸给亦有多寡,是非别立官等,不足以明之。查官以等分,实为周制;礼失求野,今乃于日本官制见之。我国不然,以品为等,设正从九品之制,而以一切之职配之。凡设一职,必定其品。于是品、职合并,混而不明。

> 夫品也者,所以别个人之身份与其待遇者也。冠珠补服之异,车帷坐褥之异,甚至上封三代,旁及尊亲,皆视其本身之品以为标准,则其性质,乃国家对于个人之荣施,其理至浅而无可疑。若其不然,子孙任何官职,即以何种官职封其先人,有是理乎？以此言之,则所谓以品为等者,非真以品为等也,乃无官等之名,不得已借品以明等耳[1]。

《纲要》作者认为,职等与官等应该明确区分开来,官等是确定个人身份与待遇的(即本书所说的"品位");但中国的九品官品,却有"品、职合并,混而不明"的问题,职位也列在官品里头,属于"借品以明等"。按,明清时阶官变质,独立的"官等"看不着了。但《纲要》作者忽略了,中国官阶史上曾经有过"官等",如唐之散阶、宋之本官,即是。

《纲要》作者所说的"品、职合并,混而不明",确实提出了一个重要问题:九品官品是职位等级,还是个人级别？我们已指出,九品官品具有"共同职等"功能,各个职类中的官职,都依靠九品定其高下。不过,这不是其唯一的功能。九品官品本身,依然含有品位的意义。这从如

---

[1] 陈瑞芳、王会娟编辑:《北洋军阀史料 袁世凯卷》2,天津古籍出版社 1996 年版,第 216—217 页。

下三点中就能看到。

第一，如《纲要》作者所指出："冠珠补服之异，车帷坐褥之异，甚至上封三代，旁及尊亲，皆视其本身之品以为标准，则其性质，乃国家对于个人之荣施。"现代文官制的共同职等之上，只配置了货币薪俸要素；而中国九品官品，既用作职位等级，又用作官僚的资格等级，用作其个人甚至家族的特权与礼遇等级，从而给官品本身染上了品位的气息。任满离职者及退休者，照样可以享受很多品级待遇。两相比较，汉代的官吏只要离职，就丧失秩级及相关待遇，这与官品时代就很不一样。这反映了官品依然具有一定的个人属性。《纲要》作者"乃无官等之名，不得已借品以明等"的说法，是有相当道理的。

第二，清朝规定的官职品衔，与俸禄品级有时是不一致的。例如：

> 三旗营总一人，初制四品。乾隆三十七年定三品衔食四品俸。
>
> 护军参领，三品衔食五品俸。
>
> 副参领，四品衔食五品俸①。

这样的例子还有若干。薪俸是职位的报酬，所以"某品俸"所反映的，应是真实的职位等级。相应地，"某品衔"就是个人资格、特权与礼遇的等级了，具有品位意义。清廷使用的这个"品衔"概念非常准确。不称"品级"而称"品衔"，就意味着它是个人的一种"衔"。

第三，清廷每每直接把"品衔"用作品位。例如清史之中，"加若干品衔"的例子非常之多，如"加三品衔""加五品衔"之类。所加品衔，通常都高于其官职的品级，这明明是直接拿品级当品位用了。相反的例子是"降若干品衔"，这同样也是拿品级当品位用。还有向无官者直接"赏三品衔""赏五品衔"的做法，这时的"品衔"就是纯粹的品位。"品衔"或"某品顶戴"还可以捐纳。《官场现形记》："一处处向人劝募，居

---

① 《清史稿》卷一一七《职官志四·武职》。

然劝了一个月下来,也捐到一个五品衔、两个封典、五六个贡、监。"①附带说,清朝是连"职衔"都可以捐纳的②,则把品衔当作品位来捐纳,更不奇怪了。

总之,九品官品是一个大框架,把各种位阶一元化了,发挥着共同职等的功能;同时九品本身也有品位意义,不仅仅是共同职等。所以,九品官品与美式的职位分等,与英式的品位分等,都不相同。

以往的中国政治制度史著作,也许会使人产生这样一个印象:从先秦爵级到秦汉秩级,从秦汉秩级到魏晋以下的九品官品,不过是级名、级数和级差的变化而已。但这时候,我们就要说"其实不然"了。本节的分析向读者展示,在三千年政治史上,中国官阶发生过结构性的重大变化,即从"爵本位"到"爵—秩体制",再到"一元化多序列的复式品位结构"的重大变化。

五 结构外观的数列化与礼制化

安徒生童话《海的女儿》中,有这么一段幽默的文字:海王的母亲"对于自己的高贵的出身感到不可一世,因此她的尾巴上老戴着一打牡蛎,其余的显贵每人只能戴上半打"③。安排等级时借助数列手段,

① 《官场现形记》第二十一回"反本透赢当场出彩 弄巧成拙暗地撒差",百花洲文艺出版社 1989 年版,第 359 页。

② 以《吏部铨选则例·汉官则例》卷八下《杂例·乐善好施议叙》为例:"士民二百两以上者,给予九品顶戴。三四百两以上者,给予八品顶戴。一千两以上,给予盐知事职衔。二千两以上,给予县丞职衔";"凡捐输军饷河工办赈修城重大事务者,京外现任人员九品至未入流等官,捐输一千两以上,加八品衔;八品等官捐输二千两以上,加七品衔……"又《粤东闽省商民运米议叙》:"运米二千石以上至四千石者,生监给与吏目职衔,民人给与九品顶戴。四千石以上至六千石者,生监给与主簿职衔,民人给与八品顶戴……"《续修四库全书》,上海古籍出版社 1996 年版,第 750 册第 724—727 页。

③ 《安徒生童话》,少年儿童出版社 1986 年版,第 64 页。

比如使用一打牡蛎与半打牡蛎，就会赢得明快直观、一望即知的好处。虽然这只是一种形式化、符号化的好处，但"数字化"有时也有实质意义，比如安排薪俸时的俸额数列。

在等级结构的外观方面，还会发生戴尔所指出的情况："有些组织'工程师'易于认为好看的组织图本身就是目的，他们的任务就是使得组织图看来对称，成金字塔或'扁平形'等，而将对'对称图形'的偏离视为旁门左道。"①这确实是一个非常有趣的现象：在规划组织外观时，寻求数理美和图形美。

那么，等级安排的结构外观上，就可能存在两种规划倾向：纯粹功能性、实用性的规划，以及充分数列化与图形化的规划。对于后者，我们称为"礼制化"倾向。在等级与结构的设计中，前者占多大分量，后者占多大分量，就成了一个有趣的问题，而且是中国制度史上确实存在过的问题。

中国古代位阶的外观，经常是"数字化"了的，礼制尤甚。早期礼制就已大量采用数列形式了，例如十二、九、七、五、三、一，或八、六、四、二，是为"礼数"。陈戊国先生说："礼物、礼仪都有数量。一定质、量的礼物、礼仪表现一定的礼意。……礼既异数，名位必不同。礼物、礼仪的数量变了，礼意随之而变。"②"名位不同，礼亦异数"；"宫室、车旗、衣服、礼仪，各视其命之数"③。"礼义"就蕴涵在"礼数"之中。后代亦然。如洪武二十四年（1391）服制，品官的梁冠、绶色、绶环和纹样尺寸，就呈现为整齐的数列（表7.10）④：

---

① 戴尔：《伟大的组织者》，中国社会科学出版社1991年版，第19页。

② 陈戊国：《先秦礼制研究》，湖南教育出版社1991年版，第19—20页。

③ 分见《左传》庄公十八年，杜预：《春秋左传集解》，上海人民出版社1977年版，第170页；《周礼·春官·典命》，《十三经注疏》，中华书局1980年版，第781页上栏。

④ 《明太祖实录》卷二○九，洪武二十四年（1391）六月己未诏，台北"中研院"历史语言研究所1962年校印本，第3111页以下。

表 7.10

品级	梁冠	绶色	绶环	公服花样
一品	七梁	绿黄赤紫四色	云鹤花锦玉环二	大独科葵花,径五寸
二品	六梁	绿黄赤紫四色	犀环二	小独科葵花,径三寸
三品	五梁	黄绿赤紫四色	锦鸡花锦金环二	散答花无枝叶,径二寸
四品	四梁	黄绿赤紫四色	锦鸡花锦金环二	小杂花文,径一寸五分
五品	三梁	黄绿赤紫四色	盘雕花锦银镀金环二	小杂花文,径一寸五分
六品	二梁	黄绿赤三色	练鹊花锦银环二	小杂花文,径一寸
七品	二梁	黄绿赤三色	练鹊花锦银环二	小杂花文,径一寸
八品	一梁	黄绿二色	鸂鶒花锦铜环二	
九品	一梁	黄绿二色	鸂鶒花锦铜环二	

　　"东海西海,心理攸同",不少民族都有过数列化的礼制,不独华夏为然。英国盎格鲁—撒克逊时代的爵爷们,用帽子上的貂皮、金环、金叶片、银环与银球的数量来区分爵级[1]。日本 8 世纪冠位制所用礼冠,以漆地金装、漆地银装及水精、琥碧、青玉、绿玉、白玉、赤黑玉的数量搭配,来区分等级[2]。西双版纳傣族女子衣服的花线边,劳动妇女一道,"翁"级女子两道,"孟"级贵妇三道以上[3]。当然"数字化"的程度,就各异其趣了。中国等级礼制大量采用数列形式,尤其夺目耀眼。其风气似以周朝为始。周族是个富于宗法性的农业民族,礼制发达,而且其礼制自初就显示了"数字化"的倾向。"周之王也,制礼,上物不过十

---

① 其时,公爵帽子上镶有四行貂皮,冠冕上有一个金环、8 个红色金叶片;侯爵帽子上镶有三行半貂皮,冠冕上有一个银环、4 片金叶和 4 个银球;伯爵软帽上镶有三行貂皮,冠冕上有一个镀金银圈、8 个银球;子爵帽子上有两行半貂皮,冠冕上有一个银环、6 个银球;男爵帽子上镶有两行貂皮,冠冕上有一个浅色银圈、6 个银球。阎照祥:《英国政治制度史》,人民出版社 1999 年版,第 67 页以下。

② 徐冲:《日本古代国家的服制与等级》,收入拙作:《服周之冕——〈周礼〉六冕礼制的兴衰变异》,中华书局 2009 年版。

③ 邓启耀:《衣装秘语:中国民族服饰文化象征》,四川人民出版社 2005 年版,第 205 页。

二,以为天之大数也";"自上以下,降杀以两,礼也"①。

中国礼制的"数字化",首先可能具有"数术"的意义。在中国人的心中,天地人秩序也是"数字化"的。所以中国的巫术被称为"数术","术"与"数"直接相关。"十二"被认为是"天之大数",具有神秘的意义。"降杀以两",包括赐邑时的赐八邑、赐六邑之类级差。有学者用"原始思维"来解释"降杀以两"②。

进一步说,中国礼制的"数字化",还具有行政意义。"数字化"便利了管理,可以精确安排和明快表现尊卑贵贱,令其一望即知。服饰之礼就是如此。什么服饰的"数列"性质特别强呢?那就是军服了。军服的特点,就是在同一套服装上,用彩条、星花等区分高下。在这一点上,中国等级服饰与军服最为类似。军队编制是行政化的极端形式,它与官僚体制一样,都以科层制、功绩制为基础,都是一元化的金字塔结构。数字化的标识把人符号化了,便于标示、识别、晋升、流动。我们认为,中国礼制的"数字化"倾向,显示了中国礼制的浓厚行政取向③。

数列手段用于官阶,就会影响到组织结构。《礼记·王制》对公卿大夫士等级,提出了一个"三公、九卿、二十七大夫、八十一元士"的规划。这是天子的制度。诸侯国则是三卿、五大夫、二十七元士,以数列与天子相区别。汉初大儒董仲舒的设计更为复杂,除了正职的公卿大夫士,还有作为"通佐"的公卿大夫士。略示如表7.11④:

---

① 分见《左传》哀公七年、襄公二十六年。杜预:《春秋左传集解》,上海人民出版社1977年版,第1747、1053页。

② 常金仓:《周代礼俗研究》,黑龙江人民出版社2005年版,第26页。

③ 拙作:《论中国礼制的"数字化"》,收入《庞朴教授八十寿辰纪念文集》,中华书局2008年版。

④ 董仲舒:《春秋繁露·爵国》,苏舆:《春秋繁露义证》,中华书局1992年版,第242页以下。

表 7.11

天子		公侯		伯		子男		秩级
正职	通佐	正职	通佐	正职	通佐	正职	通佐	
3公								
9卿	7上卿							
27大夫	21下卿							
81元士	63元士	3卿						八百石
243下士	129下士	9大夫	5大夫	3卿				六百石
		27上士	15上士	9大夫	5大夫	3卿		四百石
		81下士	45下士	27上士	5上士	9大夫	5大夫	三百石
				81下士	15下士	27上士	5上士	二百石
						81下士	15下士	百石

董仲舒的制度规划思想,是"官制象天"。官制分 4 层次,官数以 3 倍增,这种等级架构的理论依据是什么呢? 是天地间的四时三月:"天有四时,时三月;王有四选,选三臣"。司农、司马、司营、司徒、司寇"五官",还与木、火、土、金、水五行一一对应。又,《周礼》六官以天地春夏秋冬为名,也体现了"天人同构"原则。这种官制规划思想,在世界史的范围看,也是非常特别的。

当然,这类设计只是儒生的想象,并不是真实的制度。秦与西汉所谓的"三公",不过是丞相、太尉、御史大夫的俗称而已。"九卿"也是俗称。"九卿"是廷尉、内史、典客、中尉、太仆、少府令、卫尉、郎中令、奉常及宗正等。看看这些官名就知道了,它们都以职掌为名,都是政治实践中自然生长出来,并不出自理想化的规划。而且依照汉制,秩级在中二千石就算是"卿"。京兆尹及左冯翊、右扶风的长官秩中二千石,所以也算"九卿"。更准确地说,九卿应称"列卿",因为它们不止 9 位。至于汉廷的"大夫"概念,是二千石至六百石层次的官员俗称。总之,秦与西汉的公卿大夫之制,是实用性的,没多少"礼制化"的色彩和形式化的比附。

但新莽复古之时,真就把儒生那些"礼制化"的设计发扬光大了。请看新莽的公卿大夫士体制(表 7.12):

表 7.12

三公	九卿		27 大夫	81 元士
	三孤卿	六卿		
大司马		纳言	3 大夫	3 元士 3 元士 3 元士
	司允		3 大夫	3 元士 3 元士 3 元士
		作仕	3 大夫	3 元士 3 元士 3 元士
大司徒		典乐	3 大夫	3 元士 3 元士 3 元士
	司直		3 大夫	3 元士 3 元士 3 元士
		秩宗	3 大夫	3 元士 3 元士 3 元士
大司空		予虞	3 大夫	3 元士 3 元士 3 元士
	司若		3 大夫	3 元士 3 元士 3 元士
		共工	3 大夫	3 元士 3 元士 3 元士

为什么要设置九卿呢？是为了附会《王制》九卿之制；为什么九卿又分三孤卿与六卿两部分呢？是为了附会《周礼》三孤、六卿之制。王莽以巧妙的匠心，把《王制》《周礼》糅在一块儿了。其匀称整齐的数理排列，给人以强烈美感。

新莽的地方行政监察架构，同样体现、遵循了"数理逻辑"。他在

天下设125郡,每25郡为一部,共东南西北中五部;五部之外,又有四域。参看图7.3:

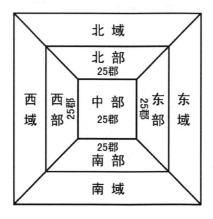

图7.3

四域以"五威将"督领之,五部则设"监"以监察之,即如东部监,南部监之类,后来又置五大司马以管辖之。每5郡又设一监,计25监。125郡设有属令、属长,给他们加上裨将军之号,共1250位。各县的县宰、县丞与县尉,则加以校尉之号,校尉共12500员。这样,就形成了5、25、125、1250、12500这样的等级数列。总之,新莽官制是高度数列化、礼制化的。其官数、官阶及等级架构的安排,都显示了对匀称、均衡、整齐、美观的寻求,既合于经典成说,又合于天人数理,唯独不合于地方行政的实际,从而与实用性的秦汉旧制大异其趣①。

东汉还有一种"三公部九卿"的制度:

太尉主天,部太常、卫尉、光禄勋;

司徒主人,部太仆、大鸿胪、廷尉;

司空主地,部宗正、少府、大司农②。

---

① 拙作:《文穷图见:王莽保灾令所见十二卿及州、部辨疑》,《中国史研究》2004年第4期;《诗国:王莽庸部、曹部探源》,《中国社会科学》2004年第6期。

② 分见《续汉书·百官志二》引《汉官目录》;《通典》卷二十《职官二》,中华书局1984年版,第113页下栏。

这种"三公部九卿",显然也只是一种礼制性的比附,并不是合理化的统辖与分工。它兼糅了"三公九卿"之说,以及汉儒的这一说法:三公为天公、地公、人公,分主天、地、人①。

在阶名、官名上,也有大做文章的空间。比如说,采用文学意味、神秘意味或道德意味的命名方式。这可以称为"命名的礼制化"。由前所见,新莽的六卿与秦汉卿名并不一样,是纳言、作仕、典乐、秩宗、予虞、共工,它们出自《尧典》(即今文《舜典》)。新莽很多官名出自经典,是"引经据典"而来的。位阶之名也有讲究。中古军号的名目很文艺,力求字面上堂皇对仗、音调和谐,如广德与弘义、逾岷与越嶂、戎昭与武毅、荡边与开域、静漠与绥戎、平越与殄夷,等等。从唐高宗到唐玄宗时,曾有一波轰轰烈烈的"官名大改革",君臣努力把官名弄古奥、弄华美、弄整齐、弄对称了,如"尚书省为文昌台,左右仆射为文昌左右相,吏部为天官,户部为地官,礼部为春官,兵部为夏官,刑部为秋官,工部为冬官。门下省为鸾台,中书省为凤阁,侍中为纳言,中书令为内史……"②之类。

就连唐代的六部二十四司,多少也含有"数理逻辑"的味道。"部"之为"六",不无比附《周礼》六官的意图,源于北周的《周礼》六官复古。宋朝以来,"周礼崇拜"大大降温,元丰改制之后的吏部有八司,户部有五司。设多少个司主要看行政需要,已不追求形式上的整齐美观了。金元两朝的六部,完全不分司③。洪武六年(1373)制,吏部、兵部分三部,户部分五科。后来,户部、刑部又依省份而各设十三清吏司。那么明朝的六部,也不是非要各设四司,以求整齐的。

总之,除了实用考虑之外,在官制结构与位阶样式的规划上,中国

---

① 参看《韩诗外传》卷八、《白虎通义·封公侯》及《论衡·顺鼓》引《尚书大传》。分见屈守元:《韩诗外传笺疏》,巴蜀书社1996年版,第718页;陈立:《白虎通疏证》,中华书局1994年版,上册第131页;刘盼遂:《论衡集解》,古籍出版社1957年版,第321页。

② 《旧唐书》卷四二《职官志一》。

③ 张帆:《金元六部及相关问题》,《国学研究》第6卷,北京大学出版社1999年版。

古代还曾有过一种数列化、礼制化的倾向,有时还真就影响了某些王朝的官制官阶。而在富于实用精神的政权之下,礼制化倾向就难以抬头。历史后期尤其如此。

但太平天国是一个例外。天国官制,天王、东王、北王、翼王各有六部。天王有六部丞相,以《周礼》天地春夏秋冬六官为称,又分正丞相、又正丞相、副丞相、又副丞相,共24人;东王、北王、翼王各有六部,以吏户礼兵刑工为名,长官称尚书。六部及属官之数,依次而降。简列为表7.13,以窥其一斑[①]:

表 7.13

位阶	天王 万岁	东王 九千岁	北王 六千岁	翼王 五千岁
丞相阶	天地春夏秋冬 六官各 4 丞相 共 24 丞相			
检点阶	检点 36 人 侍臣 48 人 十二日干侍卫 典天舆头目	六部尚书 每部 12 人 共 72 人 承宣 24 人 仆射 32 人		
指挥阶	指挥 72 人 二十四节气侍卫 典天舆 典天马 典天乐 典金锣 典天袍 典天炮 典天更 典天厨 司天水 典天鱼 典天柴 典簿书 典诏命 宣诏书 典天牢 典刑罚 典镌刻 典圣库 典圣粮 典油盐 典买办 典天茶 典茶心 典金官 典玉局 典绣锦	典东舆头目	六部尚书 每部 6 人 共 36 人 承宣 24 人 仆射 16 人	六部尚书 每部 1 人 共 6 人 承宣 24 人 仆射 16 人

---

① 据张德坚《贼情汇纂》卷三《伪官制·伪朝内官》制表,《中国近代史资料丛刊·太平天国》,上海人民出版社 1957 年版,第 3 册第 100—103 页。

位阶	天王 万岁	东王 九千岁	北王 六千岁	翼王 五千岁
	典锦匠 典结彩 典角帽 典金靴 典舆匠 典旗帜 ……			
将军阶	将军100人	典东舆 典东马 典东龙 典东彩 典东乐 典东锣 典东炮 典东更 典东牢 典东刑 典东靴 典东袍 典东厨 典东水 典东柴……	典北舆头目	典翼舆头目
总制阶			典北舆 典北马 典北乐 典北刑 典北牢 典北更 典北彩 典北锣 典北炮 典北厨 典北袍 典北水 典北柴……	典翼舆 典翼马 典翼袍 典翼乐 典翼彩 典翼锣 典翼炮 典翼刑 典翼牢 典翼更 典翼水 典翼柴 ……

东王的尚书在检点阶,低于天王丞相一等;北王、翼王的尚书在指挥阶,又低于东王一等。其各种官属,其等级也都呈阶梯状分布,数量按数列确定。官数和位阶之所以如此设置,是为了以排场之大小,来彰显天王及东王、北王、翼王之尊卑。其等级安排的功能性很淡薄,仪式性质却极浓厚。

天王还设有十二日干侍卫、二十四节气侍卫,这样的官号不仅遵循数理,还体现了"官制象天"。二十四节气侍卫,以立春到大寒为名,正副共48员。此外还有以伸后、大冲、灭罡、河魁、从魁、登明、胜光、太乙、大吉、小吉、传送、功曹为名的侍卫,正副共24员,大约是十二月令侍卫①。

① 十二月令侍卫问题,参看荣孟源:《太平天国的侍卫》,《东北师大学报》1981年第3期。又,荣先生认为日干侍卫、节气侍卫的位阶应是总制,而非检点与指挥,《贼情汇纂》的叙述有误。月令侍卫的位阶则在总制阶。

军队中的将军,其位阶也颇奇特:先按五行分炎水木金土,再分正副,再以数字为分。从"炎一正将军"到"土十副将军",共100员。总制分五行,又以数字为分,从"炎一总制"到"土十九总制",共95员。监军不但以五行、正副、数字为分,还辅以干支,于是就有了"炎正炎一丙一监军""土副土十己十监军"这样匪夷所思的官名,共100员。此外,天国的"守土乡官"遵循《周礼》,5家设一伍长,25家设一两司马,100家设一卒长,500家设一旅帅,2500家设一师帅,12500家设一军帅。天国虽然以西来的基督教为国教,但也从中国的官制、礼制和数术①中吸收了丰富的营养,并体现在数列化、礼制化甚至数术化的等级设计之上。

附带说,唐代渤海国的六部,用忠、仁、义、智、礼、信命名,忠部相当于吏部,仁部相当于户部,义部相当于礼部,智部相当于兵部,礼部相当于刑部,信部相当于工部②。日本7世纪初的冠位十二阶,用德、仁、礼、信、义、智做阶名,各阶配有不同颜色的冠服③。这些做法,在学习汉制之余,又自出心裁,各有胜境。

---

① 天国按五行、数字创制的名号,于立夫先生认为来自天地会等帮会组织。《太平天国的官级》,《中华文史论丛》第4辑,中华书局1963年版。荣孟源先生对其来源也有考察,参看《太平天国的待卫》。在监军名号的解释上,郦纯先生与于立夫有不同看法。参看郦纯:《太平天国制度初探》(第二次修订本),中华书局1989年版,第376—377页。

② 《新唐书》卷二一九《渤海传》。王承礼:《渤海简史》,黑龙江人民出版社1984年版,第105—106页;张高、姜华昌、关颖:《渤海国管窥》,中国社会科学出版社2003年版,第65页;王成国:《唐代渤海国官制概述》,收入《渤海的历史与文化》,延边人民出版社1991年版,第134页以下。

③ 王辑五选译:《一六〇〇年以前的日本》,商务印书馆1983年版,第15页。又参依田憙家:《简明日本通史》,上海远东出版社2004年版,第15页;张世响:《日本对中国文化的接受》,山东大学2006年博士论文,第127页;陈伟:《试论日本早期国家官制的形成与发展》,《古代文明》2008年第4期。

第八章 品位序列与品位性官号

"品位"问题,是官阶研究的核心问题。不含权责要素,却配置有薪俸、资格、特权及礼遇要素,而且具有个人属性的官号,就是品位。

品位有两种形式:品位序列与品位性官号。成熟的品位是序列化的,拥有整齐的阶次,是品位发展的"最高阶段"。此外还有一些官职,形式上仍是职位,但又有很强的品位功能,可以用来提供一个起家之位,一个升迁之阶,增添一分荣耀,加重一分资望,多享受一份俸禄,甚至只是让人拥有一个朝廷名号,从而成为"官人"而已。这类官职,就是"品位性官职"。还有一些名号不独立使用,而是用来"兼"、用来"加"的,它们算是"品位性衔号"。品位性官职、品位性衔号,合称"品位性官号"。

"品位性官号"概念的建立,将大大拓宽官阶研究空间。因为这类官号,在很多王朝被普遍使用,花样繁多,极大丰富了等级管理手段,是中国官阶制的重要特色。从其来源、功能、演变规律,及其与职位的关系之中,可以提出众多研究课题,由此深化对中国官僚政治的认识。比如职事官的品位化现象,在现代文官制中相当罕见,在中国古代却是经常现象。

很多品位性官号本来是职事官,是在后来才发生了品位化的,存在着从职事官到品位性官号、进而到品位序列的演化规律。职事官的品位化,还能反过来影响职位结构,造成职位结构的畸变。当然品位序列也有消亡的时候,其消亡往往与滥授和贬值有关。

本章的计划,是讨论品位序列与品位性官号的分析方法,介绍若干比较重要的品位性官号,对品位的演生和变迁的规律性现象进行概括。最后,唐宋间职事官的品位化现象很有解剖价值,所以要提供一个专门叙述。

一 品位的分析

"品位—职位"是本书的主要视角,至此为止,已有大量叙述是围绕二者关系而展开的。已能看到,"品位分等"与"职位分等"只是个简化说法,实际上它们有多种形式,还存在着居间的形态。两种分等可能在同一王朝下并存,例如在秦汉,二十等爵是一种品位,秩级则有浓厚的职位分等色彩。两种分等有可能交融,比如这样的情况:在品秩的高端,品位薪俸的分量较重;在品秩的低端,职位薪俸的分量较重。有些时代能看到发达的品位性安排,而另一些时代就不是如此了。那么对品位序列和品位性官号,应如何分析与评估呢? 下面就对品位的分析方法进行总结与推导。

品秩要素的配置 大多数王朝通常使用不止一种位阶,那么权责、资格、薪俸、特权及礼遇诸要素,就可能被配置在不同位阶之上。不妨想象:某朝有 A、B、C 三个等级序列,它们各有分工,有可能 A 序列配置了权责和薪俸,而 B 序列用于确定入仕迁转资格,C 序列则更多附丽着特权与礼遇。秦汉二十等军功爵不构成任官资格,北朝隋唐的爵级就可以叙阶了。魏晋南北朝的中正品,梁武帝的十八班,所配置的主要是资格,但不涉权责、薪俸。有人认为,公、卿、大夫、士是汉朝最重要的身份等级。汉朝以六百石以上为大夫、以下为士,然而这种大夫、士的概念大多运用于礼制场合,用于比附礼书上的古礼。就是说这种大夫、士的上面主要配置礼遇而已,其重要性不能跟爵级、秩级相比。

权责通常附丽于职位,但也不能说与品位一点儿关系没有。比如爵可以看成一种品位,周朝的公侯伯子男爵,其拥有者是国君,拥有君权;其时的公、卿、大夫、士爵,存在着官、爵、职不分的情况;卿大夫还能在个人的采邑中行使领主之权。汉代前期列侯拥有议政权，参议军国大事；还拥有选举权，可以察举贤良、方正、秀才等[1]。汉代列侯的议政、选举之权，来自周爵的历史影响。在异族政权之下，统治部族的王公往往拥有较大政治权力。

品秩的效力 品位及一般品秩，都有效力大小的问题。品秩效力通常都处在变化之中，需要根据具体情况判定其效力大小。唐代陆贽云："故锡货财、列廪秩，以彰实也；差品列，异服章，以饰虚也……"[2]这番话中的所谓"虚""实"，就是对当时不同位阶的效力评价。"实"的，就是效力较大的等级；"虚"的，就是效力较小的等级。陆贽判断虚实时所着眼的，有"货财""廪秩""品列""服章""赋事""资荫""崇贵""功劳"等事项。决定品秩效力的，还不止这些因素。下面提示"度量效力""覆盖效力""比例效力"及"场合效力"4 个观察点。

品秩的效力，首先来自品秩上所附着的资格、薪俸、特权及礼遇的高下、丰薄。这些东西的高下、丰薄是可度量、可比较的，所以这种效力，可称"度量效力"。它们等于是品爵位阶的"含金量"，又好比是货币的面值，对官僚有实质意义，官僚也分外敏感。秦汉的二十等爵本来可以授田，但后来"授田"成了一纸空文，则二十等爵的度量效力下降了。唐初依本品领俸，五品以上散阶在无职事官时依然有俸，待遇可称丰厚；唐中期改向职事品发俸，散阶上的待遇大大减少，其度量效力也下降了。当然，唐后期的散阶仍残留着若干待遇，仍可以受田、免役、官当，维系官员服色，并用于计算资格。

各种位阶所覆盖的层级与职类，是不相同的。为此，这里揭举"覆盖效力"。有的位阶通用于多个层级、多种职类，其纵向与横向的覆盖面大，就可以说它的覆盖效力大；另一些位阶只覆盖了少数层级或少数职类，其纵向与横向的覆盖面小，则可以说它覆盖效力小。在战国之

---

[1] 秦素银：《两汉侯封问题研究》，北京大学历史学系 2003 年硕士论文，第 12 页。

[2] 《新唐书》卷一五七《陆贽传》。

时,禄秩只覆盖了中低级官员;到了汉代,其纵向在伸展,覆盖了从丞相到佐史的各级官职;其横向在扩张,覆盖了"宦皇帝者"、文学之官、掾属、国官及军吏;则其覆盖效力大大增加。秦汉的二十等爵超越了行政组织的边界,一直覆盖到了社会成员。后代面向医官、画师、天文官的位阶,只能覆盖本职类的官员。顾江龙君认为,北魏军号还不能看成官员的本阶,其理由之一,就是"北魏后期军号的应用范围远未覆盖官僚主体",只有部分而不是全体官员都拥有军号①。至于南朝军号,据陈奕玲君的统计及估算,约有30%的中央文官拥有军号②,军号的覆盖面也没达到100%。这两个论点,都算是就"覆盖效力"立论的。

与"覆盖效力"不同的是"比例效力"。它指的是相对于特定参考群体,名号拥有者所占比例。"覆盖效力"是覆盖面越大,则此位阶的效力越大;而"比例效力"则是反过来的,名号拥有者人数越少,则此名号的效力越大。假设一所大学,原有100名教授,现有200名教授,那么"教授"在这所大学贬值一半。改革开放之初,大学文凭就很被社会看重;而在今天,博士学位都不稀罕了,因为中国培养的博士太多了,都超过美国了。西汉丞相只有一人,可谓一人之下、万人之上。西汉后期实行三公制,则丞相的名望由三人分割。西晋八公并置,再加上其他"位从公"的官儿,则"公"的实际位望贬值了,或说比例效力下降了。曾读过一份研究,文中对一个家族在北朝隋唐的任官品级进行了统计。然而在那位作者所考察的时段,不止一次出现名位猥滥的现象。这时若忽略了比例效力,其统计的价值就要打折扣:在名位猥滥时,此家族成员的官居高品,不足以证明其显赫,因为拥有同样品级者比比皆是。所以"比例效力"所指示的,是位阶与名号的"物以稀为贵"的程度。

---

① 顾江龙:《汉唐间的爵位、勋官与散官——品位结构与等级特权视角的研究》,北京大学历史学系2007年博士论文,第246页。

② 陈奕玲:《魏晋南朝军号散阶化的若干问题》,《燕京学报》新13期,北京大学出版社2002年版。

某些等级安排,只在特定场合发挥作用,由此又出现"场合效力"的问题。春秋有这样的制度:"次国之上卿当大国之中,中当其下,下当其上大夫。小国之上卿当大国之下卿,中当其上大夫,下当其下大夫。"①即如表8.1:

表8.1

大 国	次 国	小 国
上卿		
中卿	上卿	
下卿	中卿	上卿
上大夫	下卿	中卿
下大夫	上大夫	下卿
	下大夫	上大夫
		下大夫

国内的上中下卿及上下大夫,有5等之异,而大国、次国、小国之间,卿大夫有7等之差。5等通用于国内,7等只用于外交场合,后者的效力是有限的。7等的架构,只在外交场合有效。

"场合效力"的问题,在等级礼制方面比较明显。例如冕服礼制。周礼,卿大夫以上服冕,所以"冠冕"成了卿大夫的代称。战国秦汉间冕服衰落了。汉明帝搞复古,起用冕服,但只用于天地明堂祭祀而已。较之先秦,可以说冕服的"场合效力"下降了。南北朝时,随着"周礼"的影响不断上升,冕服的使用场合不断增加。除祭祀外,皇帝正旦、朔望和临轩,也用衮冕。隋朝皇帝祀圆丘、方泽、感帝、明堂、五郊、雩、蜡、封禅、朝日、夕月、宗庙、社稷、籍田、庙遣上将、征还饮至、元服、纳后、正

---

① 《左传》成公三年,杜预:《春秋左传集解》,上海人民出版社1977年版,第668—669页。谢维扬先生说:"这种分别,可能主要是根据各诸侯国的实力,包括其幅员来决定的。"《中国早期国家》,浙江人民出版社1995年版,第423页。

月受朝及临轩拜王公，皆用衮冕。李唐六冕，周锡保先生列举了其44种用途①。连官僚子弟的冠礼、婚礼，都用古冕。冕服已不只是祭服，还成了隆重的礼服②。而宋朝以下，冕服的使用场合越来越少，只在祭祀时用。明朝只有皇帝及皇子服冕，官僚在祭祀时也不能服冕。等级冕服的场合效力，大大下降了。

三种导致品秩效力下降的可能性　有些时候，品秩很为官僚看重，有些时候就看得轻一些。这都有其具体的情况。品秩效力是可以分解开来的。比如出现滥授现象时，度量效力、比例效力通常会下降，但覆盖效力反而增大。造成品秩效力下降的，有各种可能性，例如非正式身份强化，灰黑收入增加，以及迁转路线与一般品秩脱节等，详下。

一、非正式身份强化造成的正式品秩效力下降。由于传统政治的个人性和不确定性，正式品秩经常不能反映职位或人员的实际地位。俗话说："宰相家人七品官。"③君主周围可能有一些宠幸，地位不高但权势炙手可热。在政治形态较为原始，或非正常情况下，就容易发生正式品秩与非正式身份的脱节。周朝的膳夫只是给天子做饭的，在《周礼》中也不过是上士而已，然而一度权势煊赫，能跟卿士、司徒齿列，甚至能使用七鼎、九鼎④。西晋石崇是三品卫尉，贾谧是三品秘书监，看上去俩人平起平坐，但因贾谧恃宠弄权，故石崇谄事之，竟至望尘而拜⑤。南朝宋齐有"寒人掌机要"之事。中书舍人茹法良、吕文度等"并

---

① 周锡保：《中国古代服饰史》，中国戏剧出版社1984年版，第26—28页。但书中所列偶有不妥，例如"饮止"应作"饮至"；又"元日""元会""元正"被其分列为3项，其实只是一事。

② 孙机：《两唐书舆(车)服志校释稿》，《中国古舆服论丛》(增订本)，文物出版社2001年版，第383页。

③ 王有光：《吴下谚联》卷二《宰相家人七品官》，中华书局1982年版，第40页。

④ 《诗经·小雅·节南山》："皇父卿士，番维司徒，家伯维宰，仲允膳夫。"《克鼎》中的膳夫克，使用大牢七鼎；《此簋》中的膳夫此，使用大牢九鼎。参看俞伟超：《周代用鼎制度研究》，收入《先秦两汉考古学论集》，文物出版社1985年版，第86—87页。

⑤ 《晋书》卷三三《石崇传》。

势倾天下,太尉王俭常谓人曰:我虽有大位,权寄岂及茹公?"①这都是非正式身份强化,而导致正式品秩效力下降的例子。

二、灰黑收入增加造成的品秩效力下降。若实际收入中,灰黑收入所占比例上升,就会改变官场对职位等级的评价,导致品秩效力下降,因为品秩只能反映合法收入。明清官僚评价"肥缺""美缺"的标准,就是灰黑收入。"俗所指美缺,大率陋规较多之地,岁例所入,人人预筹分润。"②知县都是七品官,然而"缺的美恶就如天上地下一般"③。苏州七县,人称"金太仓,银嘉定,铜常熟,铁崇明,豆腐吴江,叫化昆山,纸长洲,空心吴县。言金银富厚,铜臭,铁刚,豆腐淡,叫化龌龊,纸薄,空心虚伪也"④。太仓有"困十万"之称,意思是说,不用特意搜括,只要卧床懒睡,就能到手雪花银子十万两。中央六部也有类似情况。清朝"旧之六部户曹,筦财政最为膏腴之地。吏部掌铨衡外省官员,谒选入觐者,奉为神明。刑部操生杀之权,兵部典戎政。礼部事简,最为清贫。工部多杂流,所与接近者,木厂商人而已,颇为士流所轻。故时人之喻六部者,曰:富、贵、威、武、贫、贱"⑤。"肥瘠"这个令人作呕的字眼儿,堂而皇之地出现在官文书中,成为正式用语。1898 年黄思永建议发行"自强股票",其拟定的办法,就是"先按官之品级、缺之肥瘠、家道之厚薄,酌定借数之多少,查照官册分派,渐及民间"⑥。"缺之肥瘠",都成了派购股票的标准了。总之,若灰黑收入增大,则正式品秩效力下降。这也可以解释为什么明清吏胥通为"流外"而已,不设流外九品:吏胥的生计全赖灰黑收入,"品级"对他们完全失效。

① 《南史》卷七七《恩倖传》。

② 汪辉祖:《学治续说·美缺尤不易为》,商务印书馆 1937 年版,第 3 页。

③ 西周生:《醒世姻缘传》第一回,中华书局 2002 年版,第 3 页。

④ 褚人获:《坚瓠集》,《续修四库全书》,上海古籍出版社 1996 年版,第 1261 册第 26 页。

⑤ 夏仁虎:《旧京琐记》卷三《朝流》,辽宁教育出版社 1998 年版,第 90 页。

⑥ 周育民:《试论息借商款和昭信股票》,《上海师范大学学报》1990 年第 1 期;冀满红、金平:《昭信股票浅析》,《历史教学》2002 年第 6 期。

三、迁转路线与品秩脱节造成的品秩效力下降。迁转路线,指特定职位构成的迁转次序或方式(例如超迁),须特定资格者才能进入。迁转路线有可能与正式品秩不一致。如果同一品级的不同职位,被赋予了不同的迁转前景,或品秩相同但出身不同的人,被给予了不同的迁转前景,则一般品秩的效力将会下降。详见第九章第五节。

品位的获得方式与占有状态 这个指标,包括如下两点:第一,品位获得方式的开放或封闭程度;第二,品位占有的变动或稳定程度。

秦汉二十等爵、唐代的勋官之类,据军功而授予;唐宋明清的科举学历,来自考试。可见古代有一些品位,其获得途径是开放的,没有身份限制。而且这类品位是可变动的,即可晋升的,如从低爵晋升到高爵,从低级勋官晋升到高级勋官,或生员经考试而成为举人,举人经考试而成为进士。而周朝的卿、大夫、士爵,依宗法贵族身份获致,一旦拥有就不大变动了。中正品在魏晋还时有升降之事,到东晋南朝,其升降就相当罕见了,因为中正品与士族门第的对应关系已凝固化了,高门照例上品,"吏门"照例下品,"役门"即平民无品。开放性或封闭性,变动性或稳定性,是一个与身份和阶层相关的问题。当官员固定来自某个特定阶层时,品位的封闭性、稳定性必然上升。

品位安排的发达和重要程度 在区分品位分等和职位分等时,我们会做出"某时代品位安排比较发达"或"不发达""重要"或"不重要"的判断。在这时候,"发达""重要"是指什么?这里提供两个评估指标:第一,品位待遇的优厚或微薄程度;第二,品位安排的复杂或简单程度。

第一项是待遇厚薄。若某时代由品位而获得的待遇优厚,则可以说其时品位分等较发达;若某时代由品位而获得的待遇微薄,而且待遇更多附丽于职位,则可以说其时品位分等不发达。与之类似,若某一位阶上配置的品秩要素比较丰厚,则可以认为它比较重要;如果某一位阶上配置的品秩要素不够丰厚,则可以说它不算重要。所谓待遇,包括资格、薪俸、特权与礼遇等。

但这一项指标还是不够的,还必须参考第二项,即制度简繁。一般说来,复杂的制度总比简单的制度发展程度更高。有些时代存在着繁复的品位序列,另一些时代的品位安排却简单得多。这种区别,不是无关紧要的。所谓"复杂",包括两个方面:一、位阶结构的复杂程度,例如某一位阶的繁密整齐,多种位阶的并存与配合,等等;二、位阶运用规则的复杂程度,包括升降、转改、回授、承袭等方面的复杂条文。

待遇厚薄与制度简繁,在逻辑上能排出四种不同组合:待遇优厚与制度复杂、待遇优厚与制度简单、待遇微薄与制度复杂、待遇微薄与制度简单。那么各种组合的不同意义,就将提供新的研讨空间。

优厚的品位待遇,在政治组织还很粗糙原始的时候,照样能够出现,因为其在技术上相当简单,很容易做到。但复杂的位阶体制就不同了,它是精致化了的行政管理手段,只能出现在官僚制度充分发展的时代。品位的结构样式与运用规则的复杂性,也就是政治体制的复杂性;若政治体制还很粗糙原始,就不会有。

周朝以"世袭"和"采邑"为内容的爵级特权,是非常优厚的。然而其时位阶却很简单,只是公、卿、大夫、士而已。另一个极端是唐宋,其时品、阶、勋、爵,及各种品位性官号,繁复多端而琳琅满目,还有细密冗杂的条文规定其如何使用。官僚的品阶衔号叠床架屋、升降频繁。这是因为,唐宋官僚政治的发达程度,已远远超过周朝政权了。当然,品位安排的复杂程度,并不总与官僚体制的发达程度成正比。明清位阶的复杂程度,比唐宋就有所下降;但明清政府的复杂精致程度,却不逊色于唐宋,还超过之。更不必说,美国政府组织之发达超过明清,然而却采用职位分等,不为文官设置个人品位了。

如果再把"品位的获得方式与占有状态"与"品位安排的发达和重要程度"两项结合起来,对品位的描述就更精细了。例如:

1. 周代的爵位获得具有较大封闭性,爵位占有具有较大稳定性,品位待遇丰厚,但制度简单。

2. 秦汉禄秩是开放的、流动的,但禄秩的性质不是品位;官僚依秩级而取得的品位待遇相当微薄。作为品位的封爵待遇优厚，二十等爵的待遇在早期也很优厚，爵级的运用与传袭的制度趋于复杂。但爵级与秩级疏离。

3. 魏晋南北朝的中正品和"清浊"选例，明显优待士族，呈现了强烈的身份性，其获得方式是封闭的，其占有状态是稳定的。中正品、散官、军阶及十八班制并用，表明此期品位待遇优厚，制度复杂。

4. 唐宋的品、阶、勋、爵及繁杂的品位性官号，在制度上高度发达，在待遇上则不如两晋南北朝优厚，因为官僚"坐享天禄"的空间业已缩小，品位的开放性增加，入仕和晋升依赖于考试与考课。品位的占有并不稳定，流动性大，升降频繁，所以品位的运用规则，也比魏晋南北朝更为复杂了。

5. 明清品位结构的复杂性、重要性有较大下降，开放性与流动性继续增大。

有一点要特别强调：魏晋南北朝官僚的"自利取向"较强，"贵族化"程度较高，所以品位占有的稳定性较大；唐宋官僚政治复兴，品位占有的稳定性减小、流动性大增，升降频繁。所以，魏晋南北朝的品位化对职位结构的影响，反而相对较小；而唐宋品位的频繁变动，则对职位结构造成了严重冲击，以至在唐宋之间，省部寺监的职位体制一度整体崩溃，在北宋之初变质为一套位阶体系，使职差遣作为新的职位体制取而代之。详见本章第五节。

二　品位性官号：衍生于宫廷官职类者

上一节对品位分析的方法做了一般性探讨，下面再回到史实层面来。对品位序列，我们已做了很多阐述；下文两节，用于简介品位性官号。

就是在现代组织之中，设置"虚职"以安排人员的做法，也在所难免。一部调侃官场的诙谐小书谈到,大公司的上层,往往存在着一群有职无权者。例如某个著名家用电器制造公司,副董事长竟有 23 位之多。作者的感想是:"设一些虚职,晋升一部分人到'弼马温'式的职位上去,可以使真正有能力而且工作效率高的职员不受那些瞎指挥一气者的干扰。"①现代组织中的"虚职"现象,只是权宜之计,若跟中国古代相比,望尘莫及。有职无事或有官无职的现象,在中国官场中是家常便饭。本书使用"品位—职位"视角,由此"品位性官号"的问题,就成了官阶研究的题中应有之义。

观察中国古代的品位性官号,可以看到历史前后期存在着一些差异。最明显的差异之一,就是历史早期的品位性官号,大多出自宫廷官的职类,与"宦皇帝"相关。非宫廷官职类的品位性官号,则在唐宋大行其道。本节叙述来自宫廷官的品位性官号。

大夫、郎官　秦汉的大夫、郎官,属"宦皇帝者"职类。秦汉大夫,源于战国时的那些无官守的列大夫、散大夫。例如,齐国稷下学宫中有列大夫,受禄但不任职;《管子·山至数》提到了"散大夫"。楚汉相争时,"列大夫"仍被用为爵位。汉初有中大夫,"中"就是居于禁中而"宦皇帝"的意思。从中大夫一制,衍生出了光禄大夫、太中大夫、中散大夫、谏议大夫等。大夫虽然没有日常行政,但有议政之责,还经常受任出使。郎官发端于周朝的士庶子制度。郎官要承担宿卫,也要常被委派以各种随机差使,如出使、监军、吊丧、监造等。郎官可以选补吏职,由此郎署变成了一个仕途中转站。举孝廉者照例做郎官。大夫与郎官都有"储才待用"的意思,其秩级高下,构成了他们的任官资格高下,所以二者都是品位性官职。对此前面已有过不少叙述,不赘。

侍从与东西省散官　汉代的侍中、常侍、给事中是加官,加此名号,就可以进入禁中奉侍皇帝,由此就获得了政治机遇。曹魏以降,侍中、

---

① 劳伦斯·彼得、雷蒙·赫尔:《职务升迁的奥秘——彼得原理》,中国文联出版公司 1989 年版,第 18 页。同书另一译本:《升官病——彼得原理》,河南人民出版社 1989 年版,第 24 页。

散骑常侍成了显赫的加号,不用真的入宫侍从。魏明帝又在门下设置散骑常侍、散骑侍郎,任以名士,士人必须经历散骑,然后才能出据州郡。由此成了仕途要职,得到权贵子弟之青睐。此后散骑常侍、侍郎又各有了正员、员外和通直之分,凡六散骑。"于时公族务在闲任,故置外位"①,散骑之官资望清贵,又事任清闲,显然是品位性官职。门下的散骑常侍、散骑侍郎、黄门侍郎、给事中等官,变成了起家之选和迁转阶梯。

南北朝时,散骑常侍、散骑侍郎、给事中、奉朝请、驸马都尉一批散官,组成了"东省";骁骑将军、游击将军、左右中郎将、前后左右军将军、屯骑·步兵·射声·越骑·长水五校尉、虎贲中郎将、冗从仆射、羽林监、积射将军、强弩将军、殿中将军、员外殿中将军、殿中司马督、武卫将军,武骑常侍等十几种武职散官,组成了"西省"。东西二省之官,是从宫廷侍卫、侍从衍生出来的。所谓东省、西省,本是他们的宫中值宿之所②。东西省官,有宫中值宿之责,并承担各种临时差使。北齐的东西省官曾达三千人,还曾采用考试的办法来选拔。东西省的值宿与候选功能,与汉代郎署相似。郎署在魏晋以下萎缩了,郎署的地位与功能,由东西省取而代之。很多学者在向前追溯唐代散阶的起源时,由于不了解东西省,而直接跳到汉代的大夫与郎官,这是很大的不足。

东宫官号 汉代太子宫③中的侍从,有洗马、庶子、舍人等。庶子比四百石,职比中郎,而中郎比六百石;舍人比二百石,职比郎中,而郎中比三百石。也就是说,太子从官是比照皇帝的从官而设的,但秩级低一等。

魏晋南北朝时,太子的东宫官属,地位明显上升。曹操以曹丕为继

---

① 《北堂书钞》卷五八《设官部十》引《晋诸公赞》,学苑出版社1998年版。

② 陈苏镇:《西省考》,收入《周一良先生八十生日纪念论文集》,中国社会科学出版社1993年版;拙作:《仕途视角中的南朝西省》,《中国学术》第1辑,商务印书馆2000年版。

③ 汉代的"东宫"不是指太子之宫。太后居长乐宫,长乐宫在未央宫之东,所以又称东宫。《汉书》卷三六《楚元王传》"依东宫之尊"句颜师古注:"东宫,太后所居也。"魏晋以下的东宫,才是指太子所居之宫。

承人,随后就有一批名士,被罗致于曹丕的幕府之中。东宫之重,以此为始。西晋的东宫,已是士人荟萃之地、迁调晋身之阶了,官属的员额、清望都有较大提高。太子师傅增至6人,往往以诸公居之。洗马、庶子、舍人多达36人,遴选名士担任。此期太子庶子五品,太子舍人六品,而郎中只有八品,比之汉代,东宫从官与郎官的相对地位,反转过来了。此后士人皆以"振缨承华""参务承华"为荣("承华"是东宫代称①)。西晋规定,士人要先做东宫官,然后才能做尚书郎②。以东宫师傅为重臣荣衔,以东宫官属为起家途径的制度,由此形成。所以二者都是品位性官号。据统计,汉代太子师傅以下官职,只有13个。而曹魏、晋有20个,宋有22个,梁陈有23个,北魏有22个,北齐陡增至57个③。

魏晋南北朝到唐初东宫官的特殊地位,与此期皇帝扶植皇族以对抗门阀的政治意图,是直接相关的。这一波的政治矛盾过去之后,便留下了一个制度遗产:"加宫衔"。唐前期的东宫,仍精选名士为之,极为清望。"贞观已还,师傅皆宰相兼领,其余宫僚,亦甚重焉",以致中书令马周有这样的感叹:"恨吾资品妄高,不得历此官(指太子司议郎)!"④但在此后,东宫官就逐渐"非实体化"了,太子詹事、太子仆及左右春坊的洗马、庶子、舍人等,逐渐成为闲职,任其职者未必入宫;甚至成了地方长官、上佐,藩镇衔将、使职僚佐,以及翰林学士的加号⑤。加东宫官衔成了一种重要的等级管理手段。

---

① 周一良:《魏晋南北朝史札记》,中华书局1985年版,第164页以下。

② 拙作:《察举制度变迁史稿》,辽宁大学出版社1991年版,第175页。

③ 庞骏:《南北朝储君制度浅析》,北京师范大学历史系2001年博士论文,第45—46页。

④ 分见《旧唐书》卷一六六《元稹传》、《新唐书》卷九八《马周传》。按唐代东宫官属众多,也有宰相等高官因获罪而贬授太子宾客、太子庶子的。参看彭炳金:《唐代贬官制度研究》,《人文杂志》2006年第2期。

⑤ 参看任士英:《唐代玄宗肃宗之际的中枢政局》,社会科学文献出版社2003年版,第161页以下。

宋朝的东宫及亲王府官属，大为萎缩。司马光、朱熹都曾呼吁给太子多置官属，然而朝廷置若罔闻①。太子师傅及宾客，一般是宰执的兼职；太子詹事、庶子、谕德、侍读、侍讲、舍人等，则用作加号。明朝的东宫僚属不单授，只用作兼官、赠官。"盖祖宗朝，凡宫僚俱以大臣兼领，无专拜者。"②东宫的詹事府、春坊、司经局之官，在隆庆以后成为翰林词臣的迁转之阶，二者互兼。清朝承用了加宫衔的制度。1661 年，曾国藩以署理两江总督加太子少保；1864 年破天京，加太子太傅。其弟曾国荃跟着沾光，获赏太子少保。

国官 太子有侍从，而皇子之封王者，其封国中也有国官。汉代王国设有中大夫、郎官，其秩级低于天子之大夫、郎官。汉初，王国官不得仕京师，王国人不得宿卫。皇帝还不止一次打击王国宾客。所以自王国出仕，仕途并不宽敞。魏晋以下情况一变，国官地位明显上升。晋朝诸王的师、友、文学，都是清望之官。时人有言："非但东宫，历观诸王师、友、文学，皆豪族力能得者。"③西晋一朝，许多高门子弟都由诸王文学、常侍起家④。"朝廷允许国王和五等爵各自选用官属，就是安置中下级士族的一个方法。"⑤诸王若加军号，就可以开府，这样除了王国官之外，就另有了一套由长史、司马、参军等组成的军府僚佐，是为"国府官"。唐初部分国官、国府官曾被列在"视品"，表明当时的朝廷已把这些官职视为"另类"了。学者就《唐六典》进行统计，唐代东宫官吏多达303 种、2738 人，亲王府官吏也达 66 种、1040 人（其中包括吏员）。至唐中期，"王官益轻而员亦减"⑥。

① 张邦炜：《宋代对宗室的防范》，《北京师范学院学报》1988 年第 1 期。

② 沈德符：《万历野获编》卷十《词林·翰林升转之速》，中华书局 1959 年版，第 259—260 页。

③ 《晋书》卷四八《阎缵传》。

④ 张兴成：《两晋宗室制度研究》，北京师范大学历史系 1997 年博士论文，第 100、104 页；《西晋王国职官制度考述》，《中国史研究》2001 年第 4 期。

⑤ 范文澜：《中国通史》第 2 册，人民出版社 1994 年版，第 366 页。

⑥ 张邦炜：《宋代对宗室的防范》，《北京师范学院学报》1988 年第 1 期，第 28 页。

学士　在汉朝的"宦皇帝者"中,由儒生担任的大夫、议郎及博士,与后代的学士制度,约略可比。典型的学士制度在南朝开始形成。"学士"本是内廷供奉,后来从中发展出了翰林学士院、内阁等机构,这时就不能仅以"宫廷官"视之了。但是同时,"学士"仍以其"文学侍从"性质,被用作加号、帖职,即用如品位,以提高资位。五代也有这种做法:以学士之衔,担任中央与地方要职。唐初李世民的秦王府中有文学馆,杜如晦、房玄龄等18人各以本官兼其学士。唐朝的翰林学士"皆以他官充",有的负责起草制诰,也有的不作文书,仅仅"备顾问、参侍行幸而已"①。这类翰林学士,职能意味淡化,品位意味变浓。宋朝的翰林学士包括三个部分,"知制诰"者,不"知制诰"者,以翰林学士别领(或知、管勾)省府职位者②。最后一种等于加衔,所谓领、知、管勾,只用来标榜"以内领外"。本有朝职、但又兼三馆及诸殿阁学士,则为"帖职"。"帖职,即以他官兼三馆及殿阁学士等职名之谓。"③三馆,就是昭文馆、史馆与集贤馆,各有学士;殿阁学士,有观文殿大学士、观文殿学士、资政殿大学士、资政殿学士、端明殿学士、龙图阁学士、龙图阁待制、龙图阁直学士、天章阁学士、天章阁待制、宝文阁学士、宝文阁直学士、宝文阁待制等。这些学士虽称"帖职",其实另有本官及差遣,"贴职"主要是一种衔号与身份。还有这样的制度:任馆职一年,即出补内外任使。宋朝"名臣贤相出于馆阁者十常八九",馆阁也算是一个

① 李肇《翰林志》:"凡学士无定员,皆以他官充。……常参官二周为满岁,则迁知制诰。"《景印文渊阁四库全书》,台湾商务印书馆1986年版,第595册第299页下栏。又《新唐书》卷四六《百官志一》记翰林学士:"入院一岁,则近知制诰,未知制诰者不作文书。"费衮《梁谿漫志》卷二《学士带知制诰》云:不知制诰者"但备顾问、参侍行幸而已","然唐之学士必带知制诰之三字者,所以别其为作文书之学士也"。中华书局1991年版,第14页。傅璇琮先生认为此说不确,指出未加"知制诰"也有作文书者。见其《唐玄肃两朝翰林学士考论》,《文学遗产》2000年第4期。同时,不作文书的翰林学士也是存在的。

② 杨果:《中国翰林制度研究》,武汉大学出版社1996年版,第189页。

③ 李昌宪:《宋代文官帖职制度》,《文史》第30辑,中华书局1988年版。

仕途枢纽了。清后期的大学士，竟可以终年不至内阁，近于元老荣衔了。

三　品位性官号:衍生于非宫廷官职类者

下面再来看从非宫廷官职类衍生的品位性官号。

公　秦汉丞相,东汉三公,都是实实在在的宰相,居一人之下,万人之上。"至魏晋以来,中书、尚书之官始真为宰相,而三公遂为具员。"①随三省兴起,"公"开始变成具员、虚衔。太师、太傅、太保号称"三师",太尉、司徒、司空号称"三公",大司马、大将军号称"二大"。除大将军之外,司徒在魏晋略有选举之责,其余都属元老荣号。三师三公高居一品,作为宰相的三省长官却只是三品官,品位性官职高于职能性官职,这样的安排,与秦汉很不一样。南朝的三公又用作皇子的加号,有年方8岁的毛孩子就当了司徒的②。北齐后主时,还同时任命几个三公。隋朝取消了三公的官署及属僚,使之变成了光杆司令。史传所见,唐朝得到三师之衔者计14人,得到三公之衔者计65人,主要是亲王、宰相与藩镇③。宋朝把三公三师,用作宰相、亲王、使相之加官。宋徽宗罢太尉、司徒、司空,以太师、太傅、太保为三公,使之成为真宰相,只是一时之制。明清以太师、太傅、太保为三公,少师、少傅、少保为三孤,皆荣衔,但很难得到,往往是在死后,以赠官形式给予之。元朝也拿宰相名号做品位来用。如中书令、平章军国重事、录军国重事,大抵只是虚衔;真正的相衔丞相、平章、左右丞、参政,也大量地被用于赏功、加官④。

冗散化的掾属、僚佐　公府掾属、州府掾属及军府僚佐等,在魏晋

---

① 《文献通考》卷四九《职官三》,中华书局1986年版,第450页中栏。
② 祝总斌:《两汉魏晋南北朝宰相制度研究》,中国社会科学出版社1990年版,第205页以下。
③ 王颖楼:《隋唐官制》,四川大学出版社1995年版,第375页。
④ 张帆:《关于元代宰相衔号的两个问题》,《国学研究》第2卷,北京大学出版社1994年版。

南朝时，很大一部分冗散化了，并随府主高下而形成了繁杂等级。大大小小的府中充斥着各色掾属、僚佐，成了一道时代的风景线。西晋"虚立军府，动有百数"；南朝的王公僚佐十分悠闲，"不拘年限，去留随意。在府之日，唯宾游宴赏，时复修参，更无余事"①，只是挂个虚名，弄一个出身而已。掾属、僚佐的数量与品级，既是府主的权势标志，也是士人的晋身之阶。在唐初，连勋官也可以开府，设有长史、司马、参军等府官，是为"勋府"。隋至唐初，公府掾属被废罢。州郡掾属、勋府僚佐都列在"视品"，后来也被废罢。

员外官　唐朝有员外官。所谓"员外"，就是在正官员额之外。本来，唐朝维系员数、控制超编的规定，是相当严厉的。内外百司，杂任以上各有员数，署置过限及不应置而置者，一人杖责一百，三人加一等，十人就要处徒刑二年。然而唐中宗始，在正官之外大置员外官，京师及诸州凡二千余人；宦官超迁七品以上员外官的，又将千余人。李峤主持吏部时，曲行私惠，奏置员外官数千人。员外官后来不厘务了，但仍给正员官的半俸。后来甚至衍生出了"员外同正员"这样的官称。"员外同正员"高于"员外"，但低于正员。天宝十四载（755），两京九品以上官每月加俸十分之二，其时"同正员"也跟着加俸，加了十分之一。

试官　唐代试官有两种情况。第一种指试任，其官"未为正命"，不算正式任命的正员官，只以较低名位承担部分职责。武则天大置试官以收人心，其好处是破格用人，但也造成了"品秩贸乱"。第二种试官近于衔号，通常是外官的带职②。唐后期的试官，据朱溢君的归纳，有试卿监官、秘书省官、东宫官、王府官；试武官，如十六卫及东宫率府；试地方官，如刺史、别驾、长史等。这时的试官只是一个加衔。试中央职事官的人，往往身处藩镇或三司派出机构之中，不可能同时履行中央职务。试官无俸，也不能门荫，但有选官资格，主要用于标示位望和计

---

① 分见《晋书》卷四七《傅咸传》、《隋书》卷二六《百官志上》。

② 杜文玉：《论唐代员外官与试官》，《陕西师范大学学报》1993年第3期。

算官资①。宋初也有试官，称"试衔"或"试秩"。宋神宗元丰改制时，试官被废除。

检校官 唐宋大量使用"检校"的官号。唐前期的检校官有实际职守，其定义是"内外官敕令摄他司事，皆为检校"。唐后期检校官则已阶官化了。所"检校"的，一般都是昔日的中央清望官，如三师三公、部分尚书省官、散骑常侍、东宫官、国子祭酒和卿监官等，偶尔还有侍中和御史台官。诗人杜甫称"杜工部"，就是因为在他担任剑南西川节度参谋时，有一个"检校尚书工部员外郎"之衔。当然这只是一个品位②。在唐朝的基础上，宋朝形成了19级的检校官序列：检校太师、太尉、太傅、太保、司徒、司空、左仆射、右仆射、吏部尚书、兵部尚书、户部尚书、刑部尚书、礼部尚书、工部尚书、左散骑常侍、右散骑常侍、太子宾客、国子祭酒、水部员外郎③。诗人苏东坡被贬到黄州时，检校水部员外郎。宋神宗元丰改制时，仆射以下的检校官被废除。

宪衔 "加宪衔"，就是把御史台的官号用作加衔。宪衔共5级：御史大夫、御史中丞、侍御史、殿中侍御史、监察御史。唐朝开元以后，往往通过"兼"的形式，把宪衔授给藩镇长官、幕职僚佐、军队将领等官员。宪衔具有阶官的功能，在升迁改转中发挥作用，并影响官员在朝廷上的班位④。例如一位叫高瑀的，其官衔是"支度副使、检校司封郎中、兼侍御史"，支度副使是使职，检校司封郎中是检校官，兼侍御史就是宪衔。宪衔最初为文武通用，到了宋初，变成了武官的专用加衔。凡武

---

① 朱溢：《论晚唐五代的试官》，《国学研究》第19卷，北京大学出版社2007年版；冯培红：《论唐五代藩镇幕职的带职现象——以检校、兼、试官为中心》，收入高田时雄主编：《唐代宗教文化与制度》，日本京都大学人文科学研究所2007年版，第153页。

② 大部分检校官可能无俸。冯培红认为，唐后期包括检校官在内的"带职"，都没有俸禄。见其《论唐五代藩镇幕职的带职现象——以检校、兼、试官为中心》，第197页。朱溢认为，与无俸的试官与宪衔不同，有些检校官是有俸禄的，见其《论晚唐五代的试官》。

③ 《宋史》卷一六九《职官志九》。

④ 朱溢：《论晚唐五代的试官》。

臣内职、军职及刺史以上，都带检校官、兼宪衔。宋神宗元丰改制时，宪衔被废除。

散试官　唐朝还有一种"散试官"。李锦绣先生认为，"散试官"就是试散官，是一种虚衔："唐后期处于唐宋官制的转型期，散试官正是官制上结合旧制适应后期政治的一种创造……就增设官种以供赏赐、保证流内官不致于太滥的作用而言，散试官达到了它的目的。"①唐后期的散官，差不多就是虚衔了，那么"试散官"，就可以说是虚中之虚。陈志坚则认为，"散试官"就是散官加试官，二者都是虚衔；但试官是阶官，必须依附于使职差遣，散试官则单独授予，拥有者没有任何职务，只能用作一种出身。唐后期大量的散试官，形成了一个介于平民和官员之间的散试官阶层②。

因亲勒留之官　汉朝不允许以年幼为由，而不上任就职③，唐朝却可以。唐肃宗、代宗之时，出现了"勒留官"。"勒留"的意思，是留居而不赴任，主要是外官被勒留京师而不赴外任，有因敕勒留、因亲勒留两种情况。因敕勒留，是出于行政需要；因亲勒留，就是一种恩惠了。例如方镇子孙，按"宰相节度使幼小子弟恩例一官不之任"的规定，可以有一人以年未十三或十五为由，而享受勒留待遇。勒留官已被任命却没赴任，那么，其未赴任的职位就需要由人暂摄，料钱采用八二分成之法，勒留官拿八成，摄判之官拿二成。这个孩子由此白得了一份俸禄和一个官资，而那个州县官职变成了他的寄禄官。江淮州县官俸丰厚，被勒留官占有的官职也特别多。江西道的官员有大半勒留京师，造成了

---

① 李锦绣：《唐代制度史略论稿》，中国政法大学出版社1998年版，第203页。

② 陈志坚：《唐代散试官问题再探》，《北大史学》第8辑，北京大学出版社2001年版。

③ 据《风俗通义·过誉》记载，五世公做南阳太守时，察举十四岁的蔡瓒为孝廉，为郎宿卫。蔡瓒在十八岁时被任命治剧平春县长，这时他以年幼为由上书请辞："臣甫弱冠，未任宰御，乞留宿卫。"尚书台随即劾奏他"增年受选，减年避剧"，请免其官。于是皇帝下诏，把蔡瓒降了一级，改任武当县左尉，仍须上任。吴树平：《风俗通义校释》，天津人民出版社1980年版，第148页。

两税、度支钱米无人送纳,地方官只好请求保留 5 个不勒留的职位①。朱溢认为,由于勒留官有俸,其对州县官之阶官化的推动,比无俸的试官更为强劲②。宋朝吏人应出职而不出职,继续留任;或品官已有差遣,而主司要其留于本任,仍称"勒留"。

添差官 宋朝大量使用"添差官",这是正任之外的非正任差遣。"添差"又分厘务和不厘务两类,前者可以参与公务,龚延明先生云其"许其有限度地干预政事"③。他们一般担任三省之外的各官府掾属或场务监临官,有俸禄而无职田,请给、人从、驿券只有正任官的一半;因属外任,还有多种补贴④。这个名目是宋神宗时出现的,往往任用宗室、随龙人(皇帝为亲王时的旧臣)、归明人(外族归顺者)。南宋为了解决官员的"就业"问题,添差官的设置日益增多,成为冗官的根源之一。在某些地方,添差官甚至数倍于正官。添差官缺约占官员总数的1/4,缓解了冗官待阙的矛盾⑤,但也带来了沉重的财政负担,并对地方行政造成滋扰⑥。

祠禄官 这是宋朝的一种独特制度,就是让罢任的大臣提举宫观、岳庙(及少量寺院)以示优礼,挂衔食禄,称"祠禄"。有时候,祠禄官也是排挤政坛敌手或安置失意者的手段。其官称形式,有神霄宫使、玉清宫使、万寿宫使、醴泉观使、提举洞霄宫、提举会灵观、管勾祥源观之类。祠禄官有等级。宫观使等级很高,以前宰相、前使相任之。北宋后期及南宋,提举、管勾及监岳庙,构成了 3 个等级。中散大夫以上充提举,朝

---

① 李锦绣:《唐代制度史略论稿》,第 183 页以下。

② 朱溢:《论晚唐五代的试官》。

③ 龚延明:《宋代官制辞典》,中华书局 1997 年版,第 648 页。

④ 黄惠贤、陈锋主编,杨果著:《中国俸禄制度史》第 6 章,武汉大学出版社 1996 年版,第278 页。

⑤ 苗书梅:《宋代官员选任和管理制度》,第 126 页。

⑥ 李勇先:《宋代添差官制度研究》,天地出版社 2000 年版,第 237 页以下。

议大夫以上充主管(管勾)①。祠禄官还可理为资任,即允许计算为官资。南宋之初,因北来士大夫流离失所,无官缺安置,于是允许承务郎以上权差宫观一次。在选人众多无缺可补时,也破格给予岳庙祠禄,但要降资序二等支给,理为资任。宋朝还形成了传统,凡六十以上(南宋为七十以上)不能理事的知州资序官员,应自请罢现任,就任为宫观。南宋孝宗时的祠禄官,总数可达到9000余人,是一支庞大的闲职队伍;岁费可达数百万缗②,是一笔巨额耗费。这种宗教与政治相结合的品位,是宋廷的尊崇道教政策与"优士政策"的产儿③。

左降官 品位性官职也有用于贬斥惩处的,例如"左降官"。唐朝对犯了公罪的官吏,"授以文武远官"以为惩罚,即贬到远方做州司马、录事参军等,称"左降官"。左降官一般置为"员外同正员",待遇低于正员但高于员外,虽有官名,却不许任职,任期也不能计入资历。左降官有"量移"的机会,即从偏远的州县移到近处,朝廷往往在"大赦"之时开恩,准许左降官"量移"④。起初左降官"遭忧皆不得离任",唐玄宗时允许遭忧放还,唐肃宗时又允许亲老者停官留养。宰相、重臣也有被贬为远州司马或录事参军的。"永贞革新"失败后,韦执谊、韩泰、陈谏、柳宗元、刘禹锡、韩晔、凌准、程异等八人,被贬为远州司马,是为"八司马"。他们纵逢恩赦,也不在量移之限。"左降"诚然是沉重的官场蹉跌,但皇帝对他们不是一脚踢开,仍让他们任职领俸,仍是很有人情味儿的。因政局变化,有由左降官起为宰相的,如唐德宗时的杨炎即是。所以地方官对左降的朝官往往另眼相看,不敢以僚属相待。

---

① 汪圣铎:《关于宋代祠禄制度的几个问题》,《中国史研究》1998年第4期。

② 金圆:《宋代祠禄官的几个问题》,《中国史研究》1988年第2期。

③ 梁天锡:《宋代之祠禄制度》,收入《唐宋(附五代史)研究论集》,大陆杂志社1967年版,第20页。

④ 张艳云:《唐代量移制度考述》,《中国史研究》2001年第4期。

分司官 唐宋的陪都官员,称"分司官",往往用于安排闲人及贬降官员。唐前期,东都洛阳的分司官以事务官为主,后期则主要用以安排老病闲冗,以及犯罪遭贬的官员。分司官的中央官主要有以下几种:东宫王府官、御史台官、尚书省官、诸卫官、卿监官、秘书省官①。有趣的是,贬为分司官者的官职,可能不降反升,例如宪宗时左拾遗杨归厚被贬为国子主簿分司,他的原官是从八品上,现任分司官升到了从七品下。这虽是一种"明升暗降"②,但仍然包含着皇帝的优容体贴。

北宋以西京、南京、北京作为东京的陪都,它们也是南宋临安的名义上的陪都。三京的分司官数量众多,但属于闲官,老病官员可以申请分司;犯罪官员转任分司,则是一种轻微惩罚。王钦若擅自离任,赵君锡挪用公款,钱伯言弃城逃跑,张城一孝行有亏,其惩罚都是责降分司,让他们换个地方做闲官③。明成祖定都北京后,在南京保留了一套中央机构,官员约200—500余,职闲俸薄,"凡刚直不容于人,或老而为人景仰者,多调南官"④。可见分司官具有很浓厚的品位意义。

功臣号 现代中国有一种特殊表彰手段:授予荣誉称号⑤。宋朝的"功臣号"或"功臣名",也是一种荣誉称号,但不同之处在于,功臣号是预定的,按一定规则普授,而不是只授给某个人,并针对其事迹特别拟定的。

功臣号始于唐德宗,他对奉天随从将士,赐号"元从奉天定难功

---

① 勾利军:《略论唐代东都分司官的发展脉络》,《暨南史学》第3辑,暨南大学出版社2004年版。

② 彭炳金:《唐代贬官制度研究》,《人文杂志》2006年第2期。

③ 徐东升:《宋代官员分司制度》,《史学月刊》2007年第1期。

④ 许大龄:《明朝的官制》,收入《明清史论集》,北京大学出版社2000年版,第364页。

⑤ 例如,2009年5月,中央军委主席胡锦涛签署命令,向孟祥斌、向南林、黎秀芳、江勇西绕4位军人,分别授予"舍己救人模范军官""新一代模范士兵""爱党为民模范护理专家""忠诚使命的模范军官"荣誉称号。光明网,http://www.gmw.cn/content/2009-05/09/content_918663.htm,访问时间:2009年7月28日。

臣";对谷口以来随从将士,赐号"元从功臣"①。从此以后,藩镇以下直
到从军资深者,例赐之。北宋的功臣号共 3 等(表 8.2)②:

表 8.2

	功臣名	所授对象及字数
一	推忠、佐理、协谋、同德、守正、亮节、翊戴、赞治、崇仁、保运、经邦等 11 种	枢密使、同平章事:初任即加,初加六字,累加二字。枢密副使、参知政事:有功乃授,初加四字,累加二字
二	推忠(诚)、保德、翊戴、守正、亮节、同德、佐运、崇仁、协恭、赞治、宣德、纯诚、保节、保顺、忠亮、竭诚、奉化、效顺、顺化等 19 种	皇子、皇亲、文武官员:初加四字,累加二字
三	拱卫、翊卫、卫圣、保顺、忠勇、拱极、护圣、奉庆、果毅、肃卫等 10 种	将士:初加二字,累加二字

"先天下之忧而忧,后天下之乐而乐"的范仲淹,曾加"推诚保德功臣"
之号。还有个叫赵抃的,也加了同样的名号,所以他在《宋故明州延庆
寺法智大师行业碑》中如此署名:"宋推诚保德功臣、资政殿大学士、守
太子少保致仕、上柱国、南阳郡开国公食邑二千五百户食实封六百户、
赐紫金鱼袋赵抃撰"。韩琦的功臣名有一大串:"推诚保德崇仁守正协
恭赞治亮节佐运翊戴功臣"。这是他多次累加之所得。宋神宗时,废
除了功臣号制度。

　　明朝的功臣号,与封爵之制结合起来了。功臣号有 4 等,与公、侯、
伯 3 等封爵相配合。辅佐明太祖定天下的,其号为"开国辅运推诚";

① 《唐会要》卷四五《功臣》,中华书局 1955 年版,第 808 页。可参黄楼:《唐德宗"奉天定难
　　功臣"、"元从奉天定难功臣"杂考》,武汉大学中国三至九世纪研究所编《魏晋南北朝隋
　　唐史资料》第 24 辑,武汉大学文科学报编辑部 2008 年版。
② 《宋史》卷一六九《职官志九》。

随从明成祖起兵的,其号为"奉天靖难推诚";其余两号是"奉天翊运推诚"和"奉天翊卫推诚"。武臣称"宣力武臣",文臣称"守正文臣"①。比如李善长,为"开国辅运推诚守正文臣",韩国公;徐达,为"开国辅运推诚宣力武臣",魏国公。

太平天国的勋阶　太平天国的勋阶,作为名号而缀于官衔之中。其制大略如下:

> 1.凡在金田参加庆祝天王生日起义的,都称"功勋加一等"。
> 2.凡金田起义以后参加,从永安突围北上的,称"功勋"。
> 3.凡参加进攻扬州三河战役的,称"平胡加一等"。
> 4.凡担任考官监试一次的,称"监试加一等"。

几种情况要累加合计:若同时具备以上4项,则称"功勋平胡监试加三等";若另有功绩又加了一等,就变成"功勋平胡监试加四等"了。记过降等,也得在名号上体现出来,例如"功勋平胡监试加三等降二等"。有个叫陈承瑢的,其结衔是"真天命太平天国真忠报国佐天侯加一等世袭陈";还有个叫吴如孝的,其结衔是"真天命太平天国钦差大臣功勋殿左五检点平胡加二等督理镇江瓜州等处水陆军务"。其中的"加一等""功勋平胡加二等",都是勋阶②。把加等列于官衔,以及把监考视作资格,是从清朝学来的,清朝官僚往往把加级和做考官的经历,列在头衔里。

四　品位趋滥与职阶转化三律

对品位性官号,以上只是撮述而已,不是两千年中品位性官号的全

---

①　《明史》卷七六《职官五》。

②　《贼情汇纂》卷三《伪官勋阶陟降名式》,《中国近代史资料丛刊·太平天国》,上海人民出版社1957年版,第3册第97页;郦纯:《太平天国制度初探》(第2次修订本),中华书局1989年版,第273页。

部。中国古代到底出现过多少种品位,很难统计。因为,除了典型的品位序列和品位性官号之外,若把"偶或一用"也考虑在内,即把随机性的职位用如品位之事也都算上,那就不计其数了。现代学者把"职位"的内涵确定为一份事务与权责,这是很"单纯"的;而中国古代的官职,却往往含有丰富的品位意义。如果把前者比作产品包装,后者就是礼品包装,礼品很小,盒子却又大又华丽,附有各种装饰。从"职权视角的官制研究"看,把职位用如品位,是一种不规范现象,职位中的品位功能是"冗余"成分,或用官僚制理论的术语说,属于"多余行为";而从"品位视角的官制研究"看,情况就不同了,千姿百态的品位手段,显示了中国王朝安排身份的高超技巧。这个王朝不但是一个"功能组织",而且是一个"身份组织"。

任何制度投入运行后,都必然发生变形。制度就像一个有机体,存在着演生、变迁、消亡的周期。官阶也是动态的,变动不居。下面来讨论三种经常性现象。为了方便,这里分别称之为品位趋滥律、职阶转化律和品位价值变化律。所谓"律",是"经常性现象"的意思。

品位趋滥律 品位趋滥,是传统官僚政治的普遍现象。其原因之一,在于"品位"不含权责要素,即便滥授,也不会马上影响行政。对这一点,汉朝政治家晁错说得特别直白:"爵者上之所擅,出于口而亡穷。"①这话就说到了点子上。与职位不同,品位想授多少有多少,无穷无尽。原因之二,在于品位的颁授是刚性的,做加法容易,做减法难。官阶是一种利益分配机制。若官僚消受某种品位利益已成习惯,想取消它们就很困难,有如"与虎谋皮"或"猴嘴里掏枣",只能继续授下去,越授越滥。

品位趋滥的情况,很早就出现了。春秋时,晋文公俘获了曹伯,随即指责曹伯统治下"乘轩者三百人"。"轩"是大夫乘坐的车子。这话

---

① 《汉书》卷二四上《食货志上》。

意思是曹国的大夫太滥，"无德居位者多"①。

秦朝的军功爵制规定，斩一甲首者爵一级，"甲首"是军官的脑袋。斩军官的脑袋肯定比斩小兵的脑袋难，得爵难度是很大的。然而汉初的张家山汉简《奏谳书》显示，其时连求盗、亭校长、发弩、狱史这样的走卒胥吏，都拥有了大夫、大庶长的爵位；一个案件的4位主犯，赫然拥有大庶长之爵。"从这个案例可以看出，秦汉之际战事频仍，赐爵冗杂。"②大庶长是第18级爵，比商鞅的爵位大良造还高两级呢。

东晋初创立足未稳，有必要广施名号以结人心。"及中兴建，帝欲赐诸吏投刺劝进者加位一等，百姓投刺者赐司徒吏，凡二十余万。"③劝进的官员都提升了位阶，投效的百姓都给予"司徒吏"身份，从而有了选举资格。司徒吏原先二万多人，此时骤增十倍。

"将军"在汉代权势赫赫，位在九卿之上，"大夫"也相当清贵。魏晋以下，将军由军职变成了军阶，在南北朝后期明显趋滥。北魏后期"边外小县，所领不过百户，而令长皆以将军居之"④。一块《李仲璇修孔子庙碑》的碑阴上，列有太守、县令、别驾、治中、功曹、主簿、参军等63人，其中有军号的达35人之多⑤。尚书令史只是八或九品吏员，但在东魏北齐，他们"皆加戎号"⑥。简直遍地都是"将军"了。"大夫"的滥授跟军号差不多少。在北魏末年，将士们"皆以将军而兼散职，督将兵吏无虚号者。自此五等大夫遂致猥滥，又无员限，天下贱之"⑦。

唐朝武则天时出现了一个滥授的高峰。"引见存抚使所举人，无问贤愚，悉加擢用，高者试凤阁舍人、给事中，次试员外郎、侍御史、补

---

① 《左传》僖公二十八年及杜预注，《春秋左传集解》，上海人民出版社1977年版，第372页。

② 李学勤：《〈奏谳书〉解说（上）》，《文物》1993年第8期。

③ 《晋书》卷七一《熊远传》。

④ 《北史》卷四十《甄琛传》。

⑤ 《金石萃编》卷三一，陕西人民美术出版社1990年版，第1册。

⑥ 《唐六典》卷一《尚书都省·都事》，中华书局1992年版，第10页。

⑦ 《魏书》卷七五《尔朱世隆传》。

阙、拾遗、校书郎。试官自此始。时人为之语曰:补阙连车载,拾遗平斗量;欋推侍御史,盌脱校书郎。"①官儿多到了办公室装不下,宰相、御史、员外郎没地方坐的程度:"内外盈溢,居无廨署,时人谓之'三无坐处',言宰相、御史及员外官也。"②安史之乱开启了又一个滥授高峰,一发而不可收拾。例如散官:"唐自肃代以后,赏人以官爵,久而浸滥,下至州郡胥吏军班校伍,一命便带银青光禄大夫阶,殆与无官者等。"③勋官的情况也好不到哪儿去:"战士授勋者动盈万计。……据《令》乃与公卿齐班,论实在于胥吏之下";因"府库无蓄积,朝廷专以官爵赏功,诸将出征,皆给空名告身,自开府、特进、列卿、大将军,下至中郎、郎将,听临事注名。其后又听以信牒授人官爵,有至异姓王者"④。一份大将军的任命书,只值一顿酒钱。干杂活的僮仆,都穿着高干的官服。

皇帝滥授滥封,当然也是其予取予夺能力的一种宣示。但除非昏主,统治者一般也都晓得滥授不能过分。所以滥授往往出于特殊需要。政局剧变或王朝易代之时,容易出现官爵大派送,因为送出一顶官帽子,政权就多了一位拥戴者。而太平年份的名位滥授,则反映了当时官僚具有更强的"自利取向",被滥授的品位,是官僚在与皇权博弈时赢得的彩头。

对"品位趋滥"和"品位趋繁",还要略作区别。前者指授予的猥滥,后者指结构的繁密。"滥"不一定"繁",但二者又是相关的。品位趋繁,往往出于官僚占有禄位的压力。魏晋的散骑常侍、散骑侍郎,因受权贵子弟青睐,于是在正任之外,又设员外常侍、员外侍郎、通直常侍、通直侍郎,由此其等级趋繁了。当然,品位加繁也可能有限制的意

① 《资治通鉴》卷二〇五武则天长寿元年(692)。

② 《通典》卷十五《选举三》,中华书局1984年版,第85页下栏。

③ 洪迈:《容斋续笔》卷五《银青阶》,《容斋随笔》,上海古籍出版社1978年版,第275—276页。

④ 分见《旧唐书》卷四二《职官志》、《资治通鉴》卷二一九至德二载(757)五月。

思,即以此来延长品位阶梯、增加晋升难度。陈苏镇先生指出,梁武帝在三品将军和四品将军间插入了十六班共 160 个将军号,目的就是增大寒人、军人升到三品以上的难度①。宋神宗重新起用唐式散官做阶官,最初只有 25 阶。但宋哲宗感觉阶数太少、官员迁转过快,便把若干阶分出左右,由此京朝官增至 45 阶,迁转速度被压低了。但即令如此,我们依然认为,从根本上说,这仍是王朝无力从根本上整饬名器,不得不屈服于官僚之品位要求的表现。

品位趋滥与冗官冗吏,是同一问题的两种表现。比如有 100 个人,但只有 50 份职事,假如这皇帝不敢让官僚"失业",他可以在两种办法间二中择一:一是让 50 个人做职事官,另 50 个人用品位供起来;二是把 50 份职事分给 100 个人做,每人"减负"一半,把职事"稀释"了。两种办法往往同时运用,因为它们是同一原因造成的。在现代中国,设置巡视员、调研员之类,属于前一种办法;某市设有 9 位副市长、20 位副秘书长,属于后一种办法。

章太炎指出:"诸设官者,憙废置旧名不用,而有作于新名。新名既成,则旧名不为最尊,必为冗散矣。"②一种位阶滥到无可再滥,往往就有新的位阶取而代之。好比旧币贬值了,就得用新币取而代之。那么新的位阶是从哪儿来的呢?下面来看"职阶转化律"。

职阶转化律　位阶的来源有各种情况。英国中世纪的五等爵,是在 13—15 世纪逐渐定型的。伯爵的原意是"方伯",男爵的原意是"自由者"或"国王的臣仆",公爵一般授予守疆拓土的指挥官,侯爵原指边疆的领主,子爵源于法国的郡守③。可见英国五等爵,主要来自地方长

---

① 陈苏镇:《南朝散号将军制度考辨》,《史学月刊》1989 年第 3 期。

② 章太炎:《检论》卷七《官统上》,《章太炎全集》,上海人民出版社 1984 年版,第 3 册第 549 页。

③ 阎照祥:《英国政治制度史》,人民出版社 1999 年版,第 67 页以下及第 272 页以下;《英国贵族史》,人民出版社 2000 年版,第 176 页以下。

官、领主。18 世纪俄罗斯的文官 14 品,最初只是职位等级;但后来不升职时也能升品了,于是 14 品就变成了个人级别;再后来,俄罗斯政府又用官号给 14 品命名,例如名之为大臣、特级秘密参议、秘密参议、特级文职参议等,这些官号由此变成阶名①。这又是一种品位来源,是由职位等级演化而来的。

在中国古代,能看到很多官号,最初是职位,后来却变成了品位。很多品位序列,起源于职事官的阶官化。从职到阶的转化,从而呈现为普遍现象。兹举数例。

商王朝使用的爵称,有侯、甸、男、卫等。裘锡圭先生认为,它们原先都是职官之名。侯的本职是为王斥候,甸的本职是为王治田,卫的本职是为王捍卫,男的本职是为王任事。"后来,这些称号好像就只有区分等级的作用了",变成诸侯之名了②。换言之,商爵经历了一个由"职"而"爵"的演变。

秦汉二十等爵,来自军职。魏人刘劭《爵制》一文,就是用军职来解释二十等爵名的来源的③。那些爵名,本来是步卒、军吏、军将的职名;在频繁战争中,它们被当成衔号来奖励军功;商鞅变法时,再把那些有名无实的衔号变成爵号,另以五百主、二五百主、百将、国尉、大将等职名来编制军队。由此,军职就完成了"军爵化"的过程,与军职分离开来了。这种"职"转化为位阶,然后另行设"职"的过程,参看图 8.1:

---

① 许金秋:《俄国国家机构和官员制度(19 世纪—20 世纪初)》,吉林大学东北亚研究院 2008 年博士论文,第 250—253 页。按规定,任职 3—4 年后就可以升职,但升职要等待空缺,实际是很慢的,后来便采用了不升职也升品的做法。

② 裘锡圭:《甲骨卜辞中所见的"田""牧""卫"等职官的研究——兼论"侯""甸""男""卫"等几种诸侯的起源》,《文史》第 19 辑,中华书局 1983 年版。

③ 《续汉书》卷二八《百官志五》注引。又卫宏的《汉旧仪》,也用军职来解释二十等爵名的来源。

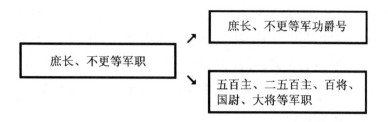

图8.1

魏晋间战事频繁,将军号因不断繁衍、普授,而向军阶演化;军队之中,则另外形成了都督、军主、幢主、队主的军职体制①。若以图示(图8.2),就是:

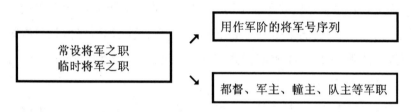

图8.2

唐朝的勋官,是从西魏府兵制度发源的。府兵的军职,最初是八柱国、十二大将军、二十四开府体制,其下有开府,及大都督、帅都督、都督和子都督②。没多久,统治者就开始滥授府兵官号。周武帝重新排定了上柱国到仪同大将军的名号。在隋朝,形成了11等"散实官",进而在唐初演变为十二转勋官,并被沿用至宋。其变化过程参看表8.3:

表8.3

西魏府兵	周武帝改制	隋散实官	唐武德初年勋官	武德七年勋官
柱国	上柱国	上柱国	上柱国	上柱国
	柱国	柱国	柱国	柱国

---

① 朱大渭、张文强:《中国军事通史》第8卷,军事科学出版社1998年版,第264页。

② 唐长孺:《魏周府兵制度辨疑》,《魏晋南北朝史论丛》,生活·读书·新知三联书店1955年版,第268页以下。

西魏府兵	周武帝改制	隋散头官	唐武德初年勋官	武德七年勋官
大将军	上大将军	上大将军	上大将军	上护军
	大将军	大将军	大将军	护军
开府	上开府仪同大将军	上开府仪同三司	上开府仪同三司	上轻车都尉
	开府仪同大将军	开府仪同三司	开府仪同三司	轻车都尉
仪同	上仪同大将军	上仪同三司	上仪同三司	上骑都尉
	仪同大将军	仪同三司	仪同三司	骑都尉
			上大都督	骁骑尉
大都督	大都督	大都督	大都督	飞骑尉
帅都督	帅都督	帅都督	帅都督	云骑尉
都督	都督	都督	都督	武骑尉

在府兵军职发生了阶官化之后,为避免阶、职混淆,隋朝把府兵军职改名,改为大将军、将军、鹰扬郎将、鹰扬副郎将;又,大都督改校尉,帅都督改旅帅,都督改队正。参看图8.3:

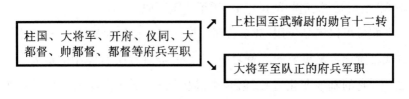

图 8.3

　　宋朝为当差的衙前设置的职级,由都知兵马使、左右都押衙、都教练使、左右教练使、散教练使、押衙、军将等组成。这些名号十分响亮。苗书梅先生指出:"衙吏诸职名,在五代多是权势显赫的武官,宋朝借用了其名称,但剥夺了其原有的职权。"[①]以往权势显赫的武官官号,现在成了衙前的职级了,所以宋人的观感变了,又觉得那些职级"名称鄙

―――――――――

① 　苗书梅:《宋代州级公吏制度研究》,《河南大学学报》2004 年第 6 期。

俗",有"僭拟"之嫌了①。

清朝的民世爵,包括公侯伯子男及轻车都尉、骑都尉、云骑尉、恩骑尉9位。这套爵号又称"世职",它们也确实是由"职"演变而来的,与八旗军职密切相关。努尔哈赤时,八旗建立了固山、甲喇、牛录三层组织结构,以及固山额真、梅勒额真、甲喇额真和牛录额真4级职官。天命五年(1620)增设总兵、副将、参将、游击、备御5等13级,它们既与八旗结构相适应,同时又具有了独立的等级意义。皇太极天聪八年(1634)变换其名号,成为一等公、一二三等昂邦章京、一二三等梅勒章京、一二三等甲喇章京、牛录章京及半个前程的世职体制。虽然它们被名为"世职",其实恰好不是"职",而具有"爵"的意义。只从名称看,它们与八旗旧职很容易混淆。例如,启心郎穆成格被"革牛录章京职,解部务及牛录任",其"牛录章京"是世职,"革牛录章京"等于夺爵;"解部务及牛录任"才是解职,这里的"牛录任"是事任。顺治之时,世职改用精奇尼哈番、阿思哈尼哈番、阿达哈哈番、拜他喇布勒哈番、拖沙喇哈番之名。乾隆再次改名,公至恩骑尉的世职体系由此变成了定制②。也就是说,清朝的民世爵,源于八旗军职。

职位可以当品位用,甚至脱离职事而完全转化为品位了,这是中国古代官阶史上最重要的现象之一,也是其与现代文官体制的最大区别之一。它的基本变化过程,就是由随机地、个别地把职位当作品位来用,进而将其变成经常性的品位性官号,再进一步将其变成品位序列。

---

① 宋徽宗时中书省奏:"天下诸州军因五代藩镇之弊,胥徒府史有子城使、教练使、都教练使、左右押衙、左右都押衙、中军使、兵马使、都知兵马使,名称鄙俗。"《宋会要辑稿·职官》四八之九九,中华书局1957年版,第89册第3505页上栏。又朱彧《萍洲可谈》卷二:"州郡承唐衰藩镇之弊,颇或僭拟,衙皂有子城使、军中(中军)使、教练使等号。"商务印书馆1939年版,第27页。

② 姜庆晖:《满洲专制主义官僚国家的衍生》,北京大学历史学系2006年博士论文,第4章第2节"武官系统:职任分化之过程";雷炳炎:《清代八旗世爵世职研究》,中南大学出版社2006年版,第1章"清代世爵世职的产生与演变"。

如图 8.4 所示：

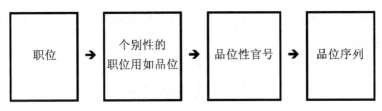

图 8.4

品位价值变化律　由于上述两律,品位处于变动之中,那么其"含金量"也将处于变动之中。有时候某种品位很值钱,有时候就不值钱了。秦与汉初二十等爵本来可以"名田宅",后来这个待遇没了①。唐朝的勋官本来也可以授田,后来就逐渐难以满足了。王国维先生指出,唐时的勋田有名无实,敦煌资料显示,唐玄宗时沙州很多拥有勋官者,其名下有应授而未授的勋田②。唐初散官有俸,唐高宗时俸、料改依职事品,不依本品发放了。以上都是品位待遇由厚而薄的例子。

在职事官的阶官化过程中,品位价值会发生变化。除了品级高低、待遇厚薄之外,投入和回报也须考虑。投入就是占有官职时应付出的劳务,回报则是利益、权势、位望等。这时就有一个"性价比"的问题。付出劳务而取得回报,属于按劳取酬,其付出与回报是1:1。然而这只是职位价值,而不是品位价值。若这个官职被当作荣衔授人,则领受者不承担权责、不付出劳务,却仍能消受其全额待遇,这时的付出与回报就不相称了,付出小而回报大,"品位价值"出现了。但这个官职若继续被用作品位,逐渐趋滥,朝廷就将减少其品位收益,使之有

① 杨振红:《秦汉"名田宅制"说——从张家山汉简看战国秦汉的土地制度》,《中国史研究》2003 年第 3 期;于振波:《张家山汉简中的名田制及其在汉代的实施情况》,载《中国史研究》2004 年第 1 期;贾丽英:《汉代"名田宅制"与"田宅逾制"论说》,《史学月刊》2007 年第 1 期。对"名田宅"何时变得有名无实,三文看法不同。

② 王国维:《唐写本敦煌县户籍跋》,《观堂集林》卷二一,河北教育出版社 2003 年版,第508—511 页;张泽咸:《唐代阶级结构研究》,中州古籍出版社 1996 年版,第140—141 页。

名无实。而且拥有这种品位的人增多,则其荣耀也相应降低。由此可以推知,一种官职刚刚品位化时,通常具有最大品位价值,此后逐渐衰减。

五　唐宋间职事官的阶官化

"职阶转化"现象及与之伴随的品位趋滥和品位价值的变化,都是在品位结构方面发生的现象。同时我们看到,"职阶转化"还会对职位结构造成影响:第一,造成职位结构某些部分的畸形膨胀;第二,造成"代偿性职位"的设立,取旧职位而代之。

这些现象,在唐宋之间表现得特别突出。唐后期职事官持续、剧烈地品位化,最终导致了省部寺监体系的整体性变质,在宋初变质为一套"本官"序列;同时作为其"代偿性职位","使职差遣"发展起来,变成了一套新的政务系统,以弥补旧职位品位化而造成的功能缺失。好比一座办公大楼塌了一大块儿,便在其侧再盖起一堆临时建筑,用以办公。在这个过程中,甚至连九品官品都为之而失效了。这是中国官阶史的一大变故。本节对之做专门讨论。

唐初官缺尚不紧张,冗官冗号现象也不突出。但好景不长。武则天时期,滥授形成了一个高峰。安史之乱之后,又一波滥授的浪头来临,一发而不可收拾。"财赋不足以供赐,而职官之赏兴焉;职员不足以容功,而散试之号行焉","是时府库无蓄积,朝廷专以官爵赏功"[①]。试官、检校官、员外官、散试官、加宪衔及各种兼官、加号,铺天盖地蔓延开来。

机构臃肿通常会造成效率下降,有时就另创机构以为解决之道。帕金森认为,一个委员会成员若达到19—22人,其效率就开始下降。

---

① 分见《全唐文》卷四六九陆贽《又论进瓜果人拟官状》、《资治通鉴》卷二一九唐肃宗至德二载(757)四月。

他说,英国内阁曾 5 次因逐渐臃肿而以新的名义另起炉灶①。对此唐斯有更透辟的分析,指出因旧机构过于累赘并反对新事物,所以在面临新的复杂紧迫任务时,往往要创建新官署来提高效率:

> (新官署)整体看来,比原官僚组织要小得多,尽管它可能拥有许多成员,但这些成员具有比较突出的能力,比原官僚组织的一般成员更胜任工作,因为他们是为了这个任务而被特别挑选出来的。他们在一段时期内免于日常轮换,所以人员更替率很低。此外,它拥有足够的专家和足够的资源,它可以独立于日常运作的命令链条。它被豁免了几乎所有现存的控制、管制以及程序,并且可以自由创造它自己的控制、管制与程序。最后,它具有充分的优先特权来使用资源,资源配置无须直接与正规部门中其他的资源使用者竞争②。

战事频繁、割据成灾、财政紧张,王朝亟须高效地处理例行事宜和随机事宜,然而省部寺监各机构,已因官爵滥授而变得臃肿庞杂了,还有大量拥有其官号而不在其署、不司其事之人。本署的行政效率已大大下降。而中央派出执行专门事宜者,若仍以中央职事官衔来督办某事,又不足以体现其职权的专门性,因为同类官号遍地都是。所以王朝宁愿另行新创"使职差遣"。在旧的架构运转不灵之时,另行创设新的官职与官署,一般都能立竿见影地提升效率。因为新官署精干简练,新创官衔通常更具专门性与权威性,任事者的身份权责明确清晰,发布的指令不会湮没在一大堆虚实莫辨的官号之中。就是说,在新官职、新官署这边,效率一时提升了。使职在唐朝前期就有了。中唐以后,以使职差遣的形式委托专项政务的做法,被大量使用了。

陈仲安先生区分出了宰相的使职化、翰林学士使职、财经部门的使

① 帕金森:《官场病》,生活·读书·新知三联书店 1982 年版,第 20 页。
② 唐斯:《官僚制内幕》,中国人民大学出版社 2006 年版,第 171 页。

职化、宦官的使职、地方官制的使职化,及其他临时使职①。唐朝的使职,据何汝泉先生统计有 142 个,其中 45% 出现于肃宗到唐末期间②。宁志新先生继续爬搜,所得达 350 个,并把它们分为财经系统、军事系统、行政监察系统、宫廷服务系统、礼法杂类系统 5 大类。其职名为五代及宋所沿用者,有三司使、延资库使、监太仓使、出纳使、教坊使、盐铁使、左右巡使、知匦使、礼仪使、山陵使、宣徽使、群牧使、制置使、阁门使、五坊使、闲厩使、飞龙使、宫苑使、洛苑使、皇城使、内园栽接使、军器使、弓箭库使、卤簿使、指挥使(都指挥使)、节度使、招讨使(都招讨使)、度支使、户部使、经略使、按察使、转运使、营田使、团练使、防御使、按抚使、劝农使、观察使、作坊使、宫使、功德使、斩斫使、军使、宣慰使、兵马使(都兵马使)、发运使、榷盐使、市舶使、枢密使、粮料使、招抚使、染坊使、抚谕使、翰林使、尚食使、八作使、左藏使、庄宅使、宣抚使、租庸使、铸钱使、馆驿使等③。可见使职所设,遍及各类行政事务。它们逐渐地、全面地接管了省部寺监的职能。

　　大量采用使职差遣,虽然提高了效率,然而反过来又促成了官号猥滥和职事官的阶官化。首先,新设使职分割了原职能官署的权责,使之进一步虚衔化了,更便于滥授;其次,新设使职的任职者也强烈要求位阶保障,王朝也得把各种品位性官号,包括省部寺监的职事官号授给他们做虚衔,利益均沾。使职不但人数众多,而且还有一大群僚属,如有副使、行军司马、判官、支使、掌书记、巡官、衙推、参谋、奏记等等,他们也用中央官衔确定地位。可见这里有一个恶性循环:越嫌省部寺监运转不灵、职官虚衔化,就越增设使职差遣;越增设使职差遣,就越弄得省部寺监运转不灵,职官虚衔化。

　　使职差遣以中央职事官为官阶,对此张国刚先生称为"带职"。

---

①　陈仲安、王素:《汉唐职官制度研究》,中华书局 1993 年版,第 100 页。

②　何汝泉:《唐代使职的产生》,《西南师范大学学报》1987 年第 1 期。

③　宁志新:《隋唐使职制度研究:农牧工商编》,中华书局 2005 年版,第 90、92、122 页。

例如：

> 张通儒：以大理司直为河东留后判官。大理司直为带职。
>
> 高骈：右神策军右厢兵马使兼押衙，银青光禄大夫，检校国子祭酒。检校国子祭酒为带职。
>
> 王仲玄：忠武军都押衙，检校太子宾客。检校太子宾客为带职。
>
> 王武俊：成德节度使，检校太尉、中书令。检校太尉、中书令为带职。
>
> 田弘正：魏博节度使，加兼侍中，后兼中书令。兼侍中、兼中书令为带职。
>
> 张奉忠：承天军大使，太常卿。太常卿为带职。
>
> 廉明：承天军防城副使，试光禄卿。试光禄卿为带职。
>
> 赖师贞：凤翔节度押衙，知进奏官，检校秘书监。检校秘书监为带职。

上述使职及其僚属所带之职，都是中央职事官。如张先生所云："行政体制趋于瓦解，结果形成了君相撇开原来的职官体系直接指挥各种使职的行政格局。而按年资迁授的职事官则成为象散官那样仅仅表示使职等级资格的名誉称号。"[1]冯培红还指出，晚唐五代的"带职"，逐渐形成了检校官与试官的上下对接，二者分别用于高级与低级官员，从而把藩镇幕职纳入了升迁轨道[2]。

随职事官的阶官化持续推进，省部寺监之官组成的职位结构逐渐被掏空、崩塌。到北宋之初，它们整个变质为一套位阶系统了，用来给官僚做本官。请看表8.4：

---

① 张国刚：《唐代阶官与职事官的阶官化论述》，《中华文史论丛》1989 年第 2 辑，上海古籍出版社 1989 年版，第 88 页。

② 冯培红：《论唐五代藩镇幕职的带职现象——以检校、兼、试官为中心》，收入《唐代宗教文化与制度》，日本京都大学人文科学研究所 2007 年版，第 209 页。

表 8.4

北宋前期官阶			神宗 元丰寄禄阶
升朝官	中书令、侍中、同平章事		开府仪同三司
	左右仆射		特进
	吏部尚书		金紫光禄大夫
	五部 尚书	兵部尚书	银青光禄大夫
		户部尚书	
		刑部尚书	
		礼部尚书	
		工部尚书	
	左右丞		光禄大夫
	六部 侍郎	吏部兵部侍郎	正议大夫
		户部刑部侍郎	
		礼部工部侍郎	
	给事中		通议大夫
	左右谏议大夫		太中大夫
	诸 卿 监	秘书监	中大夫
		光禄卿、卫尉卿、少府监	中散大夫
		太常至司农少卿,左右司郎中	朝议大夫
	郎 中	前行郎中	朝请大夫
		中行郎中	朝散大夫
		后行郎中	朝奉大夫
	员 外 郎	前行员外郎,侍御史	朝请郎
		中行员外郎,起居舍人	朝散郎
		后行员外郎,左右司谏	朝奉郎
	左右正言,太常博士、国子博士		承议郎
	太常、秘书、殿中丞,著作郎		奉议郎
	太子中允,左右赞善大夫,中舍、洗马		通直郎

	北宋前期官阶		神宗 元丰寄禄阶
京 官	著作丞郎、大理寺丞		宣德郎
	诸寺监丞	光禄、卫尉、将作监丞	宣义郎
	大理评事		承事郎
	太长寺太祝、奉礼郎		承奉郎
	秘书省校书郎、正字,将作监主簿		承务郎

列在"北宋前期官阶"中的那些官号,人们并不陌生,在唐前期,它们都是职能性官职,现在却完全变成官阶了,有名无实了。它们本来的职事,王朝另用"差遣"委寄,采用判某事、知某事、管勾某事等形式。正如《宋史》卷一六一《职官志序》所叙:

> 台、省、寺、监,官无定员,无专职,悉皆出入分莅庶务。故三省六曹二十四司,类以他官主判,虽有正官,非别敕不治本司事,事之所寄,十亡二三。故中书令、侍中、尚书令不预朝政,侍郎、给事不领省职,谏议无言责,起居不记注。中书常阙舍人,门下罕除常侍,司谏、正言非特旨供职亦不任谏诤。至于仆射、尚书、丞郎、员外,居其官不知其职者,十常八九。其官人受授之别,则有官、有职、有差遣。官以寓禄秩、叙位著,职以待文学之选,而别为差遣以治内外之事。……阶官未行之先,州县守令,多带中朝职事官外补。阶官既行之后,或带或否,视是为优劣。

旧说宋制有官有职有差遣,明人王鏊辨析说:"台省寺监卫率之官,止以辨班列之崇卑、制廪禄之厚薄,多无职业。其所谓'官',乃古之爵也;所谓'差遣',乃古之官也;所谓'职',乃古之加官也。"[①]帝国行政的核心部分中央省部寺监之官,竟然全盘阶官化了,使职差遣取而代

---

① 王鏊:《震泽长语》卷上《官制》,中华书局 1985 年版,第 13 页。

之。所以我们这样打比方：中央职位结构的崩溃，好比一座办公大楼的中心塌了一大块儿，其建筑材料被官僚私用了；而使职差遣，就是另行搭建的一片简易房，用作临时办公区。

唐宋间的品位化浪头非常强劲，以至于作为职事之寄托的使职差遣本身，居然又发生了阶官化。例如内诸司使。内诸司使是宦官系统内的各种使职，最初只是职而不是阶，自身没有品级，所以要另用散阶、爵号、勋官、加官及职事官衔来确定个人品位。然而在五代后期，这些使职开始虚衔化了，在北宋竟然变成了武选官的官阶。北宋武阶分横班、诸司使、使臣三大段落，有五六十阶，采用内诸司使的职名为阶号。宋神宗"以阶易官"，武官阶却没变动；直到宋徽宗政和年间，才改用某某大夫、某某郎为武官阶[1]。而且用以寄托权责的差遣，居然也逐渐形成了"关升资序"，并有"充""权""权发遣"之分，从而带有了品位的意义（参看本书第三章第四节）。

我们看到，这次品位化浪潮的冲击力，令人震撼。它是如此强大，竟使中央职位体制全盘崩溃，九品官品几近失效。这是很"骇人听闻"的。《宋史·职官志》把唐宋间职事官的阶官化，溯源到武后时的试官、员外官、检校官、摄官及判、知做法，认为是其远因。孙国栋先生不赞成将此视为远因，认为只是唐后期散阶贬值造成的："散官益发不为人所重，于是以职事官酬功勋、叙位望自是必然的趋势。"由此，"初唐时的兵部、刑部、工部和九寺、三监、秘书省、殿中省、十六卫等行政单位完全萎缩"[2]。

① 唐长孺：《唐代的内诸司使及其演变》，《山居存稿》，中华书局1989年版，第244页以下；赵雨乐：《唐宋变革期内诸司使之等级问题初探》，《宋史论文集：罗球庆老师荣休纪念专辑》，香港中国史研究会1994年版；《唐宋变革期之军政制度：官僚机构与等级之编成》，台北文史哲出版社1994年版；赵冬梅：《北宋的武选官及其选任制度研究》，北京大学历史学系1998年博士论文。

② 孙国栋：《宋代官制紊乱在唐制的根源》《晚唐中央政府组织的变迁》，均收入其《唐宋史论丛》，香港商务印书馆2000年版，第204、191页。

其实,不必把武后滥授与晚唐的位阶变迁分割开来。魏晋南北朝及唐宋,同属中国官阶"品位化"的时代。具体到位阶形式的变迁,此期出现过两道"长波"。在始于魏晋的第一道"长波"中,分别以汉代的侍从、大夫、郎官和汉代的将军、校尉为基础,经复杂演变,在唐初形成了文散阶和武散阶,由此告一段落。随后又开始了第二道"长波"。唐初的官制简练和官缺宽松,没多久就成了明日黄花。冗官冗吏及各种品位性官号,在武后时开始泛滥,并因"安史之乱"而在晚唐持续推进,直到北宋本官产生,位阶形式全盘翻新了。简言之,武后滥授与唐后期散阶贬值,乃同一道"长波"的持续波动。

上面所说的"长波",主要是从位阶形式上说的。北宋的"本官"体制,到了宋神宗时发生转折。宋神宗实行"以阶易官",这个措施的目的,是向唐前期的位阶样式回归。元丰三年(1080)颁《以阶易官寄禄新格》,重新起用唐式的、由大夫与郎官组成的文散阶,取代省部寺监之官构成的"本官"体系,省部寺监之官得以"官复原职",还原为职事官。这道"长波"中涌现的试官(试衔)、检校官、兼宪衔、功臣名,都被宋神宗废除。(检校官保留了仆射以上。宋徽宗还废除了勋官。南宋恢复了勋官,但实际没有使用。)在五代及北宋前期这段时间里,因使职自有高低,却没有官品,而省部寺监体制已扭曲变质,结果造成了宋人所说的"品不可用",九品官品几近失效,几乎只跟服色相关了。而宋神宗"以阶易官"之时,九品官品也死灰复燃,再获新生了。

关于唐宋间职事官阶官化的原因,学者提出了多种解释,包括庶族地主要求参政,社会经济发展造成的新问题,唐朝官制的缺陷,皇帝加强中央集权等等①。还有人透过"唐宋变革论"的理论框架,来观察中晚唐的使职:"由贵族支配之中央律令体制逐渐崩坏,出现了以独裁君主为权力中心之各种新机构。通过对机构之私人任使,帝王之意志能

---

① 陈仲安:《唐代的使职差遣制》,《武汉大学学报》1963年第1期;何汝泉:《唐代使职的产生》;宁志新:《隋唐使职制度研究·农牧工商编》,第111页。

由上至下直接厘行而畅通无阻。"①

　　如何看待这个问题呢？经济、军事及社会的变动，固然可能导致新机构、新官职的设置，这在很多朝代都有过，但没像唐末那样，使职全盘取代中央职能机构；"以职事官酬功勋、叙位望"，在很多朝代也都有过，但也没造成中央行政体制的全面阶官化。陆贽用天宝末"财赋不足以供赐"、司马光用肃宗时"府库无蓄积"，来解释"专以官爵赏功"的做法。但也如刘琴丽君的分析：安史之乱以前唐朝并不贫穷，但已大量使用员外官等赏赐将士了，"所以国家财赋不足，难以准确解释军功滥授现象"②。

　　滥授位阶、别设使职，首先是一种官僚制现象。前面之所以要详引唐斯的论述，就是为了强调这一点。上述第一道"长波"中，即魏晋南北朝到唐初的位阶变迁，并没有达到让省部寺监全盘阶官化的程度，这是为什么呢？是因为此期官僚的"贵族化"程度较高，门品秩序比较凝固，品位的获得方式相对比较封闭，品位的占有状态相对稳定，而且主要是占有散官、名号，职事官的品位化是有限的，所以对职位结构的冲击也是有限的；而唐宋官僚政治复兴，官僚升降频繁，位阶变动剧烈，反使滥授波及了职事官，对职位结构形成了强烈冲击。赘言之，魏晋南北朝时，士族门阀与部落贵族拥有家族权势，其身份维系是相对稳定的，所以此时的职事官品位化，还不至达到严重扭曲职位结构的程度；而唐宋官僚失去了门第维系，必须尽力争夺品爵官位来谋求富贵，而皇帝也只好满足他们的要求，于是就造成了品位性官号铺天盖地，及职事官的

---

① 赵雨乐：《唐宋变革期内诸司使之等级问题初探》，《宋史论文集：罗球庆老师荣休纪念专辑》，香港中国史研究会 1994 年版，第 70 页以下；《唐宋变革期之军政制度：官僚机构与等级之编成》，台北文史哲出版社 1994 年版，"序论"。日人的相关研究，参看佐伯富：《宋代の皇城司について》，《东方学报》9，1938 年；《宋代走马承受の研究》，《东方学报》14，1944 年；砺波护《三司使の成立について——唐宋の变革と使职》，《史林》第 44 卷第 4 期，1961 年。

② 刘琴丽：《唐代武官选任制度初探》，社会科学文献出版社 2006 年版，第 74 页。

剧烈品位化。时至明清，情况又发生了变化，皇帝专制独裁进一步强化，官僚的"自利取向"大受抑制，其品位要求也大受抑制。在明末与清末，虽有滥授，但皇帝仍不打算大把大把地拿职事官酬勋、买官僚的好儿。这时滥授的主要是品位，中央职位结构不至动摇，风雨安然。

皇帝独裁与唐宋职事官的阶官化，是什么关系呢？任何时候，专制君主都不会丧失其独裁愿望，所以仅就使职差遣而言，确实含有强化皇权、保障皇权有效行使的意图。但这只能解释使职差遣的设置，若以此来解释职事官的阶官化，依然未达一间。邓小南先生在讨论使职差遣时，指出："帝王对于臣僚既有任用的一面，又有防范的一面。在官僚群中，在承认帝王人事大权的同时，亦要求自身的基本权益、地位有所保障。双方利益冲突、折衷的结果，使封建君主往往不直接触动在任官员的原有地位，转而临时任用一些身份相对低微者及左右亲从……'秩'与'命'分离、'官'与'权'不侔……"①这就开始触及问题的要害了。不滥授，官僚就不满意，就离心离德；皇帝心里也过意不去，觉得对不住官僚们。唐宋间职事官的大量阶官化，表明官僚的品位寻求造成了强大压力，而皇帝妥协了。若说使职差遣还含有皇帝的独裁努力，那么职事官的阶官化，却抵消了这个努力。它是此期皇权与官权在权势分割上的一个动态平衡点。这样看来，北宋寄禄官体制的诞生，并不仅仅是皇帝独裁的发展结果，反倒是皇帝独裁仍不够强悍，而官僚拥有较大博弈能力的结果。

柳立言先生指出，很多学者把"唐宋变革"弄成了"泛称"，其实这个理论所强调的，是唐宋间的社会形态由中古走向近世，发生了"脱胎换骨"的根本转型②。不宜不加分别，而把唐宋间的任何变化都一股脑儿装进"唐宋变革"的大筐里。而且在我们看来，两千年中，帝制中国有发展、有波动、有"变态"、有阶段，但没有"变革"。唐宋之间也没有。

---

① 邓小南：《宋代文官选任制度诸层面》，河北教育出版社1993年版，第3页。
② 柳立言：《何谓"唐宋变革"？》，《中华文史论丛》第81辑，上海古籍出版社2006年版。

汉、魏间也有变迁,南北朝、隋唐间也有变迁,唐宋间的变迁幅度未必比它们更大。

品位结构的变迁,为理解皇权与官僚的关系,提供了一个新的维度。品位结构实质上是一种权力配置、身份安排和利益分割的制度,它敏锐而鲜明地反映了其时皇权与官僚的关系,以及专制官僚政治的形态与特点。在品位结构方面,我们没看到唐宋间发生了"变革"。对宋神宗的"以阶易官",这里刻意使用"回到原点"的提法,目的就在于申明,中国官阶史上的那场变故,无法纳入"变革"概念之下。那一波的职事官品位化,造成了散阶贬值,品位性官号泛滥,省部寺监变质,九品官品失效;而宋神宗的"以阶易官"是则令唐式散阶死灰复燃,若干品位性官号被废除,省部寺监的职能完璧归赵,九品官品死而复生。这能说是"变革"么?

而且这一波的"品位化"浪潮,并没有因为宋神宗的"以阶易官"而告结束。在某种意义上说,"以阶易官"是回到了唐初散阶的原点;在这之后,"品位化"的局面仍在持续,并未终止。祠禄官、添差官的泛滥,内侍阶、医阶、道阶、处士号及吏役位阶的存在,以及恩荫、兼官之滥,都是证据。正如宋人岳珂之论:"自元丰定官制……虚名既遍废,而吏劳不可不酬;惟其不可不酬,故官赏不得不滥;惟其不得不滥,故贴职不甚贵重,铨选奏补益祥。"[1]唐宋间的品位结构是有变化的,例如唐更重"门资"而宋更重"官资"。但总的看来,各种事实都证明,唐宋两朝的品位结构相似,进而就是唐宋官僚政治的特性相似,在政治史和制度史上应划入同一阶段。

---

① 岳珂:《愧郯录》卷七《散阶勋官寄禄功臣检校试衔》,中华书局 1985 年版,第 57 页。

第九章 进阶、买卖、转让、 结衔、迁转

　　在中国古代，作为官员管理的常规手段——进阶，发展得非常成熟。除了劳考进阶，古代还有"泛阶"的做法。这种"大呼隆"集体晋级，在两晋南北朝唐宋很盛行，被用来体现皇帝恩惠、满足官员的位阶欲望。

　　除了正常进阶之外，还存在着提供财物换取位阶的做法。这个制度很早就出现了，明清蔚为大观。但在帝制前期、中期与后期，多少还有些不同。前期以卖爵为主。中期的用财物换取位阶的做法，往往与初仕者的番上劳务结合在一起，算是番上劳务的代役钱。后期则明显成为一种"买卖"，直接拿钱购买学历、实官与品衔。

　　官员通过各种方式所获位阶，有时候可以转让他人，主要是转让给亲属。有时候朝廷设置了占有位阶的上限，超过了上限的部分被要求转让给亲属。当然这种限制依然表明，皇帝承认了官爵是一种个人既得权益，官僚有一定的所有权。

　　结衔是官员地位、身份与荣耀的展示方式。官僚列衔的复杂化，与王朝位阶的复杂化成正比，进而与人事管理的复杂化成正比。

　　谁晋升？何时晋升？为何晋升？沿何路线可以更快晋升？在被录用而成为文官之后，面对着等级阶梯，就将出现这样的问题。对不同出身的官员，安排了不同的迁转路线，造成了不同的晋升速度和幅度，造成了官僚对等级的不同感受，使有人感觉等级高峻、有人感觉等级平坦。

本章用于阐述上揭问题。

一　进阶与泛授

莎士比亚名剧《奥赛罗》中有个旗官伊阿古，他曾这样感叹："说来真叫人恼恨，军队里的升迁可以全然不管古来的定法，按照各人的阶级依次递补，只要谁的脚力大，能够得到上官的欢心，就可以越级蹿升。"①伊阿古盼望"按照各人的阶级依次递补"，一语道破了官僚的最大心愿。官僚制的基本性格，就是追求循资渐进而排斥不次颖脱，不独中国为然。在官僚组织度过了初创期与扩张期、发生了"常规化"之后，循资论年头的呼声，就会压倒破格用人的呼声。

罗马共和国的官员任期很短，只有 6 个月到一年，最长的不过 18 个月②。俄罗斯十六七世纪的衙门（又译政厅）中的助理司书，分青年、中年、老年三等，其晋升年限各为 5 年与 8 年③。俄罗斯 1834 年的《文职官阶晋升条例》，规定了 14 品文官进阶，所需年限为 2—4 年④。1996 年《国家公务员职务升降暂行规定》第 7 条，也明确规定了升职时在前一职务上的必要任职年限。

进阶　在中国古代，常规性的升职、进阶制度，发展得相当细密、成熟。当然，这也经历了一个发展过程。

周代贵族政治下，实行世卿、世官、世禄。官僚政治下的那种考课进阶制度，此期尚不存在。

---

① 《莎士比亚全集》，人民文学出版社 1994 年版，第 5 卷，第 553 页；又《莎士比亚全集》，译林出版社 1998 年版，第 3 卷，第 390 页。

② 陈可风：《罗马共和国时期的国家制度》，东北师范大学历史系 2004 年博士论文，第 52 页。

③ 李景云：《十六、十七世纪俄国的衙门制度》，《历史教学》1986 年第 8 期；白玉：《莫斯科国家衙门制度起源考略》，《宁波师院学报》1990 年第 1 期。

④ 许金秋：《俄国国家机构和官员制度（19 世纪—20 世纪初）》，吉林大学东北亚研究院 2008 年博士论文，第 256 页。

秦汉的考课制度,已颇具规模了。郡县考课称"上计",中央官员也有考课。官员的日常勤务,都有记录,有所谓"日迹簿"。考课优等者,可以得到赐金、增秩、升官、加爵等奖励,但并不因此而进阶,因为秦汉不设个人位阶。秦汉爵级与秩级相疏离,不能凭爵级而获得官职与秩级,所以爵级不能标示官资,不同于记录与标示官资的位阶。考课优等,可以"增秩"。二千石郡守治绩突出,朝廷有时就把他的秩级加至中二千石,以示褒奖。考课殿后,则可能遭到"贬秩"。但秩级是附丽于职位的,已往秩级原则上不能带到新职上去,所以增秩、贬秩本质上是一种加俸、罚俸制度,其品位意义并不强烈。"增秩"其实没有提高官员的个人级别,因为秦汉没为官员设置个人级别。所以严格说来,秦汉没有考课进阶制度。

魏晋以下,"进位""加阶"办法迅速普及了。"位""阶"有双重意义:第一是官职的"阶"。九品官品之下,各个官职又有阶次高下,这是官职的"阶"。第二是官员的"阶"。它被记录在官员的个人官簿上,是官员所累积的官资,用作其升职的依据。在任命时,官职之阶与个人之阶应该相称。如果个人的阶低而官职的阶高,就属于"超资"。此期很多官职有了固定任期,官员"秩满"即完成一任,即可晋升个人位阶。北魏有"停年格"制度,"专以停解日月为断",即,任满解职便加入候选队伍,排队等候下一次任命,其排序取决于解职日期,解职早的排在前面,解职晚的排在后面。唐朝的官员资格也以"阶"或"考"作为计算单位。还出现了"循资格",是一种依资循阶而注官授职的法令①。宋廷也制订有《循资格》。古代的考课往往流于形式,俸满即可成资。尽管

---

① 胡宝华:《试论唐代循资制度》,收入《唐史论丛》第 4 辑,三秦出版社 1988 年版;刘后滨:《唐代文官铨选制度的改革与完善——从"长名榜"到"循资格"的历史考察》,收入《中国考试史专题论文集》,高等教育出版社 1999 年版。

王朝强调考课必须注重"实迹",但"实迹"最终也成了套话①。不过现代各国的文官考课,同样经常流于形式,不独中国古代为然。

明太祖建立了"考满"制度。州县官三年一考,再三年"再考",再三年构成"通考"。通考合格,可以上京朝觐皇帝。清朝考核京官叫"京察",考核地方官叫"大计",都是三年一次。在实际上,因考课优异而优先升转的情况是很少的,绝大多数官员按"俸历"即实际的任职年月升转,是所谓"据俸升官""论俸升转"。"三年准调,五年准升",是最基本的原则②。清朝有议叙制度,记录3次,即加1级;加级升衔,即有相应的顶戴待遇。对降级者,则有罚俸(一个月到两年)、降级留用(降1—3级)、降级调用(降1—5级)、革职及革职留任等惩罚。加级、记录可以用来抵消降级、罚俸。还可以通过捐纳来捐级、捐记录或抵消降调。

明朝时散阶已经变质,既跟俸禄无关,也跟资格无关。散阶是依官职而定的,而不是根据散阶授予官职。所以此时的散阶不是独立的个人位阶,而是与考课相配合的一种辅助性荣衔。任职之初,即给予相应品级的初授散官;初考称职,赐给升授散官;再考业绩突出,赐给加授散官;考核平常,则不给升授和加授散官。清朝的散阶与封赠合一,纯属荣衔。俸历与议叙的制度,显然不如唐宋进阶制度的品位化程度高。

泛授　除了秩满进阶、考课进阶,中国古代还有普遍赐予位阶,让官员队伍整体受惠的做法,称"泛阶"。是否经常泛授,什么品位可以泛授,历代的做法并不一样。

汉廷普赐爵位,官吏在受赐范围之内。例如汉宣帝元康元年(前65)三月:赐勤事吏中二千石以下至六百石爵,自中更至五大夫,佐史以上二级,民一级。汉元帝永光元年(前43)三月:赐吏六百石以上爵

---

① 邓小南:《关于宋代政绩考察中的"实迹":要求与现实》,收入《李埏教授九十华诞纪念文集》,云南大学出版社2003年版,第118页以下。

② 艾永明:《清朝文官制度》,商务印书馆2003年版,第91页。

五大夫,勤事吏二级。这种赐爵方式的特点在于,对六百石以上官吏采用"赐满"方式,就是说,达不到某级爵的,就增其爵级、使之达到某级爵;如果已处于某级爵了,那么其爵级就不再变动了,爵级依然故我①。具体如下:

> 丞相(或三公),赐满为列侯。
>
> 御史大夫,赐满为关内侯。
>
> 中二千石、诸侯相,赐满为右庶长(或左更,可能还有中更)。
>
> 六百石以上吏,赐满为五大夫。

假设你是六百石县令,但爵级没达到第9级爵五大夫,比如只是第8级公乘,那么这次赐爵你可以晋爵一级;但若你已是五大夫,这次晋爵就没你什么事儿了。"赐满"的用意,显然不是酬报功绩,而是为了调整身份:使某一秩级层次的官吏,进入某一爵级层次。进而对六百石以下吏,通常是吏赐两级、民赐一级,这是为了保证吏爵高于民爵,也是出于"身份考虑"。秦汉的二十等爵,既是一种酬奖军功的制度,也是一套身份体系。可见汉廷这种赐爵,与后代的"泛阶"的意义并不相同。

秦汉官吏没有个人级别,也没有官吏全体增秩的制度。魏晋以下,官员个人的位阶出现了,"泛阶"之事应运而生。三国之时"封爵增位各有差""诸文武在位皆晋爵班赏,冗官加等"之类记载,频频出现。到了晋朝,"泛阶""普增位"就经常化了。例如:

> 武帝泰始元年(265),文武普增位二等。
>
> 惠帝即位(290),增天下位一等;

---

① "赐满"是顾江龙君的命名。见其《汉唐间的爵位、勋官与散官:品位结构与等级特权视角的研究》,北京大学历史学系 2007 年博士论文,第 58 页。对"赐满"的分析,还可参看拙作:《从爵本位到官本位——秦汉官僚品位结构研究》,生活·读书·新知三联书店 2009 年版,第 64 页以下。

元帝中兴建(317),赐诸吏投刺劝进者加位一等；

大兴元年(318)文武增位二等；

明帝太宁二年(324)皇太子立,增文武位二等；

成帝即位(326),增文武位二等；

咸康元年(335)帝加元服,增文武位二等；

康帝即位(342),增文武位二等；

穆帝升平元年(357)帝加元服、亲万机,增文武位一等；

孝武帝太元元年(376)帝临朝,增文武位各一等；

安帝即位(396),增文武位一等①。

这种"普增位"的做法,与汉代"普赐爵"的做法,形成鲜明对比。可见秦汉的"爵—秩体制"业已告终,"官本位"时代已经降临。频繁增位,南北朝皆然。

唐朝的泛阶,始于唐高宗乾封年间。此后"三品以上赐爵,四品以下加阶"的做法,就频繁起来了。"三品已上,其阶已贵,故赐爵;四品以下,其阶未贵,故加阶";"九品以上,每岁逢赦,必赐阶、勋,无功获赏"②。位阶泛授,是为了显示皇帝殊恩,所以通常选择在庆典(如立皇太子、皇帝加元服或南郊祭天)之上,颁布大赦及泛授位阶的"恩诏"。所泛授的,照例是阶、勋、爵三样,如"享于太庙,大赦,赐文武官阶、勋、爵""如汾阴祠后土,赐文武官阶、勋、爵""南郊,大赦,赐文武官阶、勋、爵"等所显示的那样③。下面就是一份"恩诏"：

> 可大赦天下。……升坛行事官及供奉官三品已上,赐爵一级;四品已下加一阶。诸献官并准此升坛例。内外文武官及致仕并前资陪位者,赐勋一转。缘大礼有职掌并押当者,更加一阶。斋郎并放出身。皇亲诸亲陪位未出身者,并放选;已出身者,赐勋一

---

① 参见汪兆铺《稿本晋会要》卷二八《职官三》,书目文献出版社 1988 年版,第 339 页。

② 《唐会要》卷八一《阶》,中华书局 1955 年版,第 1495 页。

③ 《新唐书》卷四《中宗本纪》、卷五《玄宗本纪》、卷七《德宗本纪》。

转。亲王公主各与一子官。三品卫、监门、黄衣、长上、飞骑、万骑并仗内杂色人,在斋宫宿卫,及诸色人有资劳人缘大礼有职掌,并流外行署预见大礼者,亦赐勋一转……①

宋朝同样也有"文武臣僚各进阶、勋、爵、邑""内外文武臣僚咸进阶、封""内外文武官并进阶、勋、爵、邑有差"②的做法。这时候通常还向官僚提供恩荫机会,是所谓"大礼荫补"③。

明清时散阶制度变质,"泛阶"的优惠跟着没有了。若逢皇帝即位或其他庆典,就可能在三年一次的例行科举之外,特开"恩科",额外增加一次"高考",给学子以考取学位的更多机会。光绪癸卯(1903)科之后,下一科应在第三年(1906)开考,但甲辰年(1904)是慈禧太后的七十大寿,称"万寿节",普天同庆,于是此年加试"恩科"。泛阶、恩科都属于资格管理上的优惠,比较而言,恩科比泛阶的优惠小多了,考不上的话就白费一次事儿,什么也没得到。

那么来总结一下前两节所述:

1. 周朝贵族政治下,既没有考课进阶制度,也没有泛阶制度。

2. 汉代不为官员设"阶",当然也不存在进阶制度。爵级不构成任官资格,与秩级疏离。普赐爵位采用"赐满"形式,是一种身份调整手段。

3. 魏晋南北朝与唐宋,考课进阶与泛授位阶的制度,同时发达起来。

4. 明清的"阶"已经变质。考课所获资格,其品位化程度大为下降。泛阶之事消沉了,"恩科"算是一个小小的尾巴。

---

① 张九龄:《南郊赦书》,《文苑英华》卷四二四,中华书局 1966 年版,第 2147 页。

② 《宋史》卷一《太祖纪一》、卷三《太祖纪三》;《续资治通鉴长编》卷七九大中祥符五年(1012)十一月丙午,中华书局 1980 年版,第 1804 页。

③ 游彪:《宋代荫补制度研究》,中国社会科学出版社 2001 年版,第 8 页。

二 贡献与买卖

在拜占廷帝国,行省以下的官职曾经可以买卖,其收入由皇帝和大区长分赃①。在法国 18 世纪,卖官鬻爵风行一时,遍及市政、财政和司法部门。买官既是为了法外捞钱,也是为了获得合法贵族身份,晋升上流社会。高等法院曾权倾一时,部分就是因为官职的油水②。

官爵买卖的变迁 在中国古代,向国家提供财物以换取官爵之事,很多朝代都有。除了财物,还可以用劳务换取。当然,这是指正式制度,而不是非法的、个人性的卖官鬻爵。卖官与王朝品位结构,有什么的关系呢?卖官的样式及其背后的观念,历史前后期有过变化,这就涉及了王朝品位结构的变化。

战国有这样的政策:对战争期间提供了劳务或财物者,国家给予爵号或官职作为奖酬,就是"使民以粟出官、爵","粟爵粟任"。《墨子·号令》:"又用其贾贵贱多少赐爵。欲为吏者许之;其不欲为吏,而欲以受赐赏、爵禄,若赎出亲戚、所知罪人者,以令许之。"③秦始皇曾给纳粟千石者拜爵一级。汉文帝时晁错倡议,鼓励百姓"入粟于官"以拜爵赎罪。很多平民买了五大夫爵。汉武帝还曾另设武功爵,其爵号有千夫、乐卿等,可以用钱购买。战国秦汉的卖爵、买爵特别突出,可见在这时候,"爵"是主干性位阶。

秦汉本来不能凭爵级起家,但西汉买来的爵级是个例外。汉武帝规定,买武功爵就可以优先补吏,平民也可以凭千夫和五大夫的爵号做郎吏。不过很奇怪,朝廷规定,不想为吏就得出马,而马价是很贵的;做

---

① 陈志强:《独特的拜占廷文明》,中国青年出版社 1999 年版,第 209 页。
② 曹惠主编:《资本主义国家公务员制度概要》,北京大学出版社 1985 年版,第 12 页;赖尔、威尔逊:《启蒙运动百科全书》,上海人民出版社 2004 年版,第 5 页。
③ 吴毓江:《墨子校注》,中华书局 1993 年版,第 922—923 页。

过吏的还得去干活,如伐棘上林,作昆明池。这就有强迫为吏的意思了。这提示人们:第一,在历史早期,对向国家贡献财物者授爵,被认为是正当的;第二,至少在汉武帝时,让有爵者为吏,不是什么太大的便宜,只是一份差使,甚至是苦差。确实,秦汉附丽于爵级的待遇很优厚,附丽于秩级的待遇则很简薄。千夫与五大夫可以补郎,但做郎不等于做官,郎官是要承担宿卫勤务的。汉初的郎官不但无俸,一度还得向官府交办公费。所以当时有规定,家资达到十万钱才能做郎,叫"赀选",因为家境贫穷者承受不了郎官的花费。通过勤务换取选官资格,与通过纳粟换取授爵补吏资格,在古人的观念中差不了多少,都是对国家的一种贡献①。

魏晋时获得了中正品、从而拥有选官资格的"王官司徒吏",虽然还不是官,但需要定期番上服役。就是说,候选人要为国家提供劳务。南朝刘宋有入粟除官之制,有除令史的,有除郡的,还有"署四品在家""署三品在家"的②。这里的四品、三品,都指中正品,即选官资格。这时候三、四品的中正品,已可以用粟来买了,表明南朝皇权复振之后,维护士族特权的中正制开始变质。南北朝的东西省散官,也有值宿、出使等勤务。北朝的东西省官,"任官外戍,远使绝域,催督逋悬,察检州镇",相当辛苦。又,北朝向从征、出马、纳粟的人赏赐位阶,使之成为"职人"(意谓有官之人),以此候选实官。在成为"职人"之后,仍可以通过纳粟、追捕逃犯或在修缮官府缺乏经费时出绢出砖,来提高位阶,或获得实官③。总之在南北朝,提供财物与提供劳务来换取位阶,二者并行,相为表里。劳务的重要性,显示了魏晋南北朝时人力资源的紧缺

---

① 拙作:《从爵本位到官本位——秦汉官僚品位结构研究》,生活·读书·新知三联书店 2009 年版,第 76 页以下。

② 可参朱铭盘:《南朝宋会要》,上海古籍出版社 1984 年版,第 484—485 页。

③ 以上参看拙作:《北魏北齐"职人"初探——附论魏晋的"王官司徒吏"》,《文史》第 48 辑,中华书局 1999 年版。

性,王朝努力"人尽其用"。

唐朝文武散官四品以下及勋官的参选条件,是先到吏部番上服役。不想番上,就得按年头纳资交钱,三品以上600文,六品以下1000文,灾荒减半。这种身份的人叫"台资"①。此外,六至九品官(及三至五品勋官)的儿子,可以通过"品子"叙阶,但要先任杂掌,或给王公官贵当亲事、帐内,否则也要纳课,每年1500文,这笔钱是交给其所服侍的王公官贵的。可见,唐朝的番上与纳资是两个可选项,不选这个就得选那个,不出力就得出钱。在其背后,仍是历史早期的"贡献"观念,以及把官职候选人视为财源及劳力的习惯。唐人不把这种"纳资"看成卖官鬻爵。

受此影响,当时任官交费的现象比较普遍。在五代后唐,诸道节度、观察、防御、经略等使,刺史、县令、诸道幕府参佐,以及诸司带宪衔兼官者,在任命时必须纳钱给御史台,叫作"光台礼钱"或"光台宪衔钱",交钱后才给告身。任命检校官,则须纳钱给尚书省,叫作"光省礼钱"②。想挣钱,就得先交钱。

宋朝有"进纳"制度,明朝有"纳粟"制度,清朝有捐纳制度。除了官职之外,学历也可以买,例如"例监"。这都是人所熟知的。值得一提的是,宋朝的"进纳"曾包括劳务。宋仁宗时韩琦曾建议,让富民雇人修城,三万工给予太庙斋郎,五万工给予试监簿或同学究出身,七万工给予簿、尉,八万工给予借职,十万工给予奉职③。学者把

---

① 唐耕耦:《唐代的资课》,《中国史研究》1980年第3期;李春润:《唐开元以前的纳资纳课初探》,《中国史研究》1983年第3期;杨际平:《关于西魏大统十三年敦煌计帐户籍文书的几个问题》,中国魏晋南北朝史学会编《魏晋南北朝史研究》,四川社会科学出版社1986年版;王永兴:《介绍敦煌文书西魏大统十三年(五四七年)计帐户籍残卷(斯〇六一三背)》,《陈门问学丛稿》,江西人民出版社1993年版,第265—266页。

② 这些制度,张国刚先生认为来自晚唐。见其《唐代阶官与职事官的阶官化论述》,《中华文史论丛》第45辑,上海古籍出版社1989年版,第84—85页。

③ 《续资治通鉴长编》卷一二七康定元年(1040)四月己亥,中华书局1985年版,第10册第3006页。

它看成特例。但也不妨认为,它是历史早期以劳务换取官资做法的残留。

宋朝的进纳制度主要是卖阶,依阶论价。到了南宋之初,因财政困难,差遣也开始卖了。清朝捐纳的花色品种十分丰富,包括捐实官、捐虚衔、捐封典、捐出身、捐加级记录、捐分发等①。吏部的候选次序也能捐,交了钱排号就可以前移一些。

由此人们看到了这样一个轮廓:

1. 历史前期,爵级买卖比较突出,显示这时候"爵"是主干性位阶;在早期观念中,向国家提供财物与劳务被认为是一种贡献,可以酬以官爵。

2. 在魏晋南北朝隋唐,提供财物与劳务以换取出身、提高位阶,二者相为表里。这与此期经济形态、财政特点与人力资源的特殊状况相关。

3. 魏晋南北朝唐宋,由"卖爵"为主转向"卖阶"为主。这跟同一时期等级管理的重"阶"现象是相关的,是"官本位"即行政本位的产物。

4. 宋明清时代,"贡献"观念完全淡化,卖官被视为纯粹的"交易"。明清捐纳,主要是捐实官及捐学历,反映了"阶"的作用大为下降,学历已成为主干性位阶。

官爵的售价 即令历史早期观念认可用"贡献"换取官资的正当性,也不妨碍其本质上仍是一种交易。那么官爵的售价,就成了其"使用价值"的另一尺度。进而通过官爵售价,就可能查知其时等级秩序的另一些侧面。东汉灵帝"西邸卖官"时的价目,参看表9.1②:

① 许大龄:《清代捐纳制度》,收入《明清史论集》,北京大学出版社2000年版,第72页以下。
② 《后汉书》卷八《灵帝纪》及注引《山阳公载记》、卷七八《宦者列传》、卷五二《崔烈传》。

表 9.1

官职	秩级	月俸	售价	
			实价	"德次"打折
	三公	350 斛	1000 万	
九卿	中二千石	180 斛	500 万	
郡守	二千石	120 斛	大郡 2000 万—3000 万	其以德、次应选者，半之，或三分之一。
	比二千石	100 斛		
	千石	90 斛		
	比千石	80 斛		
	六百石	70 斛		
	比六百石	55 斛		
县长	四百石	50 斛	400 万	

我们看到，从薪俸看，九卿比郡守高 50%。售价却反过来了，大郡守的定价比九卿高 4—6 倍。九卿与县长的俸禄比是 180 斛比 50 斛，即 3.6：1；售价比却是 500 万比 400 万，即 1.25：1。又，"其以德次应选者半之，或三分之一"，"德"是说这人有名望，可以少收钱；"次"指的是资历，按资历已有条件任其职者，也可以少收钱。那么"德"与"次"价值，占 1/2 到 2/3 左右。例如三公的售价是 1000 万，而崔烈只花了 500 万就买到了此官，这因为他是"冀州名士"，所以皇帝给他打折。崔烈的儿子对父亲说："大人少有英称，历位卿守，论者不谓不当为三公。""少有英称"就是"德"，"历位卿守"就是"次"。买官是一种投资，它与所期望的回报直接相关。而这一点，将从官职的售价上体现出来。我们认为郡县长官的售价与秩级、与禄额不符，原因在于灰黑收入。第八章第一节曾论及"灰黑收入增大造成正式品秩效力下降"的规律，而郡县长官的售价与秩级、禄额不符，为此提供了新的证据。

下面是南宋绍兴年间的承宣郎至迪功郎的售价（表9.2）[1]：

表9.2

	元丰改制前的选人七阶	元丰寄禄官	售价
从八品	三京府判官，留守判官，节度、观察判官	承宣郎	15000贯
	节度掌书记，观察支使，防御、团练判官	儒林郎	13500贯
	京府、留守、节度、观察推官，军事判官	文林郎	12000贯
	防御、团练、军事推官，军、监判官	从事郎	10500贯
	录事参军，县令	从政郎	9000贯
	试衔知录事参军事，知县令事	修职郎	7500贯
从九品	三京军巡判官，司理、司法、司户参军，县主簿、尉	迪功郎	6000贯

承宣郎至修职郎都是从八品官，然而其售价高低竟相差一倍，骤看上去，很让人奇怪。其实这七郎来自元丰改制前的"选人七阶"，或称幕职州县官。宋神宗元丰改制之后，它们都挤在八、九品里，看上去只两等，但就官资而言却是7阶，所以售价依官资而不依官品，也是7等。在这时候，售价比官品更清晰地反映了实际品位结构，在官品上看不清楚的等级关系，在售价上一目了然。

清朝的捐纳定价，除了跟官缺肥瘠与品衔高下有关之外，还跟捐纳者的学历与资历有关。比如康熙时的一次捐纳，同是知县之官，举人来捐，定价1000两；五贡来捐，定价2000两。可见举人的"含金量"比五贡高一倍。

官爵的买卖样式和定价高下，也是其时等级秩序的一个侧面。在这方面继续深挖，或有新鲜收获。

---

[1] 制表综合王曾瑜的"进纳定价表"及龚延明"元丰前后两宋文官寄禄官阶对照表"两表。王曾瑜：《宋朝卖官述略》，《史学集刊》2006年第4期；龚延明：《宋代官制辞典》，中华书局1997年版，第688页。

三　转让与回授

18 世纪法国卖官风行之时,人们是把官职视为合法私产的,某些情况下还可以继承。在传统中国,官职位阶也是官僚的既得利益,一旦拥有,就具有了某种程度的"个人属性"。位阶的转让,就是其"个人属性"的一个表现。

周朝的贵族政治之下,爵号当然不能随意转让。汉朝的爵就可以出卖了。这不是说朝廷向民众卖爵,而是说民间自相买卖,老百姓卖、老百姓买,爵级进入市场,自由流通。汉惠帝、汉文帝都有"民得卖爵"之诏。史称"岁恶不入,请卖爵、子";"数年岁比不登,民待卖爵赘子以接衣食"。遇到灾年没钱花了,老百姓除了卖儿子之外,还卖爵级,皇帝还下诏鼓励百姓卖爵,以作为一种救灾措施[1]。汉武帝时,因功而拥有爵级的人想转让、想出卖,但渠道不畅。为活跃爵级市场、拉动需求,汉武帝下诏:"受爵赏而欲移、卖者,无所流贶,其议为令。"于是,有司奏请置武功赏官。应劭解释说:"言军吏士斩首虏,爵级多无所移与。今为置武功赏官,爵多者分与父兄子弟,及卖与他人也。"颜师古注:"此诏言欲移、卖爵者,无有差次,不得流行,故为置官级也。"[2]按照应劭之说,武功赏官的办法,为爵位的"移"和"卖"提供了便利,"移"就是"分与父兄子弟"。颜师古解释说,朝廷为方便买卖,特意制定了"官级"。"官级"应是指导价格,以促进爵级的"流行",即交易流通。

有一种称为"回授"的爵级转让方式,含有限制的意思。汉廷赐民爵的诏书中,往往规定"爵过公乘,得移与子若同产、同产子"[3],亦即爵级超过公乘的人,需要把超过的爵级回授给兄弟或儿子。公乘是第 8 级

---

① 分见《汉书》卷二《惠帝纪》、卷四《文帝纪》、卷二四上《食货志上》、卷六四上《严助传》。

② 《汉书》卷六《武帝纪》及注。

③ 《后汉书》卷二《明帝纪》、卷三《章帝纪》、卷五《安帝纪》、卷六《顺帝纪》。

爵,此爵之上可以免役。高敏先生指出,强制回授,其目的就是"要解决民爵过公乘的矛盾,从而杜绝小农因赐爵而获得免役权利的渠道"①。

除了二十等爵,封爵也可以转让。随儒家思想影响日益增大,社会出现了以"让爵"为高的风气,有人就把应袭的封爵让给兄弟,以显示自己思想境界之崇高。西汉韦元成应袭爵,让与庶兄韦弘,汉宣帝赞赏他的高风亮节,许之。东汉邓彪把爵位让给异母弟,也得到了汉明帝的批准。此外又如刘恺把爵位让给其弟刘宪,桓郁把爵位让给其兄子桓泛,丁鸿把爵位让给其弟丁盛,徐防把爵位让给其弟徐崇,等等。范晔指责他们"激诡行生而取与妄",即自我炒作、沽名钓誉;赵翼也批评说:"夫以应袭之爵而让以鸣高,即使遂其所让,而己收克让之名,使受之者蒙滥冒之诮。有以处己,无以处人,况让而不许,则先得高名,仍享厚实,此心尤不可问也。"②但范晔和赵翼忘记了,西汉的爵级本来就是可以"分与父兄子弟"的。

把二十等爵"分与父兄子弟",出自私人意愿;封爵的转让,则需要朝廷的批准。在魏晋南北朝隋唐,封爵的转让成为正式制度了,朝廷建立制度协助转让。魏晋有"分邑推恩"之制,有爵者可以分割其所封食邑,封其子弟为列侯、关内侯。例如钟毓,继承了其父钟繇的定陵侯号及 1800 封户;而魏文帝分其户邑,封钟繇之弟钟演及其子钟劭、其孙钟豫为列侯。还有"回封制",就是在立了新功而应增封、进封之时,同时封其子弟为侯;或者本人爵邑不变,把新增的爵号转封给子弟。竟陵侯王昶,有功当增其封,但不是增本人之封,而是另封二子为亭侯、关内侯。魏晋南朝原则上是一人一爵,北朝又不一样,一人可以拥有多个爵号,所以把"别封"的爵号、户邑转给子弟的现象,在北朝非常普遍。正如顾江龙君的概括:秦汉封爵是面向个人的,魏晋南北朝的封爵则是面

---

① 高敏:《论两汉赐爵制度的历史演变》,收入《秦汉史论集》,中州书画社 1982 年版,第 54 页。

② 《后汉书》卷三七《桓荣丁鸿传论》;赵翼《廿二史札记》卷五《东汉尚名节》,王树民:《廿二史札记校证》,中华书局 1984 年版,上册第 103 页。

向家族的①。北朝是可以通过爵级获得起家位阶的,所以爵号在家族中转让,就等于起家位阶在家族中转让,那么起家位阶间接地变成了私人所有物,在家族内部进行再分配。

北朝的位阶,还可以直接转让。有这么几个例子:一、北魏的侍中崔光出于友情,向皇帝上表,请求把自己的位阶降一阶,转让给张彝。由此,张彝由从二品的抚军将军升了一阶,进至正二品的征西将军。二、北齐的卫尉少卿长孙子裕,在历次泛阶中累计得到了17阶,于是申请把这些阶转让给儿子长孙义贞。经当局批准,长孙义贞直接做了三品左将军。三、宋游道上表为李奖请求赠官,"回己考一泛阶以益之",把自己的泛阶所得拿出一阶,回授给李奖,以提高李奖的赠官官品②。在这时候,"阶"是作为个人所有物而被转让的。

北朝的回授制度,被唐宋继承下来了。爵级依然可以转让。唐制:"至郡公有余爵,听回授子孙。"③在封爵超过郡公时,应把超过的部分回授给子孙。官阶也可以转让。唐朝的李大亮,曾蒙贼帅张弼不杀之恩,后来自己显贵了,就向唐太宗请求"臣有今日之荣,张弼力也。所有官爵请回授"。唐太宗深为感动,随即任命张弼为中郎将,满足了李大亮的美好心愿④。甚至还有女子向父兄、丈夫、儿子转让官位的。郑希甫的女儿不到10岁,因系皇亲国戚,担任了皇后的斋郎,在祭祀典礼上表现甚佳,由此得到了赐官。其他女子把赐官转让给丈夫或儿子,郑小姐则把赐官转让给了祖父。这个鹤立鸡群之举,赢得了一片喝彩:"故我大父有华省之拜,阖门荣被,中外称多。"⑤北宋的赵概,因郊祀大

---

① 顾江龙:《汉唐间的爵位、勋官与散官——品位结构与等级特权视角的研究》,北京大学历史学系 2007 年博士论文,第 71 页以下。

② 分见《北史》卷四三《张彝传》、卷二二《长孙子裕传》、卷三四《宋游道传》。

③ 《旧唐书》卷四二《职官志二》。

④ 《旧唐书》卷六二《李大亮传》。

⑤ 《大唐故尚书祠部员外郎裴(稹)公夫人荥阳郑氏墓志铭》,《唐代墓志汇编续集》天宝一〇八,上海古籍出版社 2001 年版,第 661 页。

礼而获得了恩荫、进阶、加爵的恩惠，他便"乞回其恩，封母郡太君"，把得到的阶、爵回授给母亲，让母亲得到了"郡太君"的封号①。

唐朝实行的回授制度，也含有限制的意思。唐中期以来，因品位滥授而进入三品、五品以上者，与日俱增。在这时候，当局开始提高准入的门槛，对进入三品、五品两个层次，严格控制。这种限制，使官僚在滥授中获得的位阶打了折扣，用不上了，那么就得有补偿措施，补偿措施就是"回授"与"回充"。所谓"回授"，就是把超过的阶品回授给子孙；所谓"回充"又称"回赐"，就是把超过的阶品改换为爵号或勋官。唐中宗敕："若制敕四阶，先是三品已上者，每阶回赐爵一级。如及郡公外，亦许回授。即计阶至正六品上及正四品上，准格例未合入五品、三品，每一阶回赐勋一转"；唐文宗五月规定，凡因考数不及三十考而未能进入三品阶者，每阶可以回充勋官一转②。比如你在泛阶中得到了四阶，若累加已超过三品，就不能进阶了，多余的阶就要改换为爵级，一阶换成一级爵；但若爵级因此而超过了郡公，又不能晋爵了，你还得把多余的阶回授给子孙。总之，就是想方设法不让你的阶超过三品、不让你的爵超过郡公。多余的阶也可以改换为勋官，一阶回充勋官一转。可见不同的位阶是相通的，具有共同的性质，有如不同币种，可以互相兑换，若某个币种的持有超过了限额，那么允许你兑换为其他币种，以使你的总财富不至受损。

宋朝官资也可以"回授"。文武臣僚及内侍迁转有"止法"：在循资进阶中，官阶到了一定阶位，就停止磨勘，不能继续升阶了，除非又获得了特殊条件。例如武臣转至武功大夫为止，非有军功不得转行。文臣寄禄官，自承务郎以上应迁官者，至中大夫为止；若要再转为太中大夫，非侍从官不可。执政官转至金紫光禄大夫为止，在拜相之后才能转特进。捧香（宗室外戚以恩荫得官者）只能转至训武郎。吏人年劳出职，

---

① 《宋史》卷三一八《赵概传》。

② 《唐会要》卷八一《勋》，中华书局1955年版，第1491—1492页。

只能转至承直郎。内侍官,只能转至遥郡观察使①。然而与此同时,朝廷又网开一面,允许官僚把超出的那部分"资"转授弟侄、子孙、亲属,供他们入仕迁官:"合转官而碍止法者,许回授与弟、侄、子、孙入仕或转行。"②有个叫李定的官僚,家族观念特别重,不但拿钱财赈赡宗族,弄得自己"家无余赀",而且"得任子,先及兄息。死之日,诸子皆布衣",把得到的恩荫机会,全都回授给了哥哥的儿子们,结果到临死,自家的亲儿子反倒一个都没当上"干部",全是布衣③。除了把官职回授给亲属,还有把官职回授给门客的④。

官阶可以回授给父母的制度,在明清变成了"移封",即把所获散阶转给父祖。这时的散阶虽没多少实惠,但儿子的孝心仍能换来父祖的欣慰。

捐纳之所得品衔,一定程度上可以流通。《官场现形记》中的随凤占,只是个从九品的吏目,"上任之后,轿子跟着只能打把蓝伞,乡下人不懂得,还说这轿子里的老爷是穿孝的。心想蓝伞实在不好看",有人抵押给齐巧一张空白五品翎顶奖札,他"非凡之喜,立刻穿戴起来,手本上居然加了'蓝翎五品顶戴'六个小字"⑤。

流通与回授制度表明,官僚所得品位勋爵具有一定个人财产的属性,这一点得到了朝廷的认可。大致上说:

1. 周朝贵族政治之下,不存在官爵的流通与转让制度,但官爵的私有属性很强。

---

① 龚延明:《宋代官制辞典》,第641页,"碍止法""止法"及"回授"条。

② 赵升:《朝野类要》卷三《止法》,中华书局2007年版,第71—72页。

③ 《宋史》卷三二九《李定传》。

④ 韩元吉《南涧甲乙编》卷九《集议繁冗虚伪弊事状》:"大礼圣节生辰,太上皇后殿奏补使臣各四人,皇后殿各二人,陈乞回授与本家门客并进奉人。逐时特降指挥,门客进士补将仕郎。"《景印文渊阁四库全书》,台湾商务印书馆1986年版,第1165册第116页下栏。

⑤ 《官场现形记》第四十四回"跌茶碗初次上台盘 拉辫子两番争节礼",百花洲文艺出版社1989年版,第786页。

2．汉代的爵级可以流通与转让，说明此期爵级的私有属性很强。但官职与秩级不能转让。

3．魏晋南北朝唐宋的爵级可以转让。北朝唐宋的官阶一定情况下也可以转让，说明此期"阶"的私有属性，也强化了。

4．明清的移封制度，所转让的只是一个虚衔，其私有属性淡化了。

四　结衔的复杂化

在八宝山公墓，王小波面对碑上各种头衔，不由得回忆美国之所见了："他们的墓碑上只写两件事：一是生卒年月，二是某年至某年服兵役。这就是说，他们以为人的一生只有这两件事值得记述：这位上帝的子民曾经来到尘世，以及这位公民曾去为国尽忠。写别的都是多余的。我觉得这种想法比较质朴。"①杰斐逊的墓志铭只三行字："弗吉尼亚法案的制订者"，"《独立宣言》的起草人"，"弗吉尼亚大学的创始人"，对他当过国务卿和总统的事情，只字未提。西方的葬礼致辞往往是一篇散文②。此间所见讣告，则多半要罗列历任职衔，如同干部履历表。据说美国华人特别喜欢成立社团，而且一人参加好几个社团，由此名片上就可以印上很多头衔了。头衔如何开列也很有趣。某名人有一百多个兼职，若全都印在名片上，只能印成那种折叠式的。也有反面的例子。

---

① 王小波：《工作与人生》，收入《王小波文集》第4卷《沉默的大多数》，中国青年出版社1999年版，第233页。

② 恩格斯《在马克思墓前的讲话》这样开头："3月14日下午两点三刻，当代最伟大的思想家停止思想了。"（《马克思恩格斯选集》第3卷，人民出版社1995年版，第776页）吉尔古德的《在费雯丽葬礼上的致辞》这样开头："一个人在失掉自己亲密朋友的最初时刻，是无力向别人谈及此事的。悲伤——这是私人的、个人的感情。"结尾引用莎士比亚："死神，你可以夸耀了，一个绝世的佳人已经为你所占有。"（转引自乌琪洛夫：《费雯丽——一位女演员的一生》，新华出版社1983年版，第322—326页）

据闻,某名人的名片只有三字:某某某。那就是"天下谁人不识君"的意思了。

拥有众多的头衔,在中国古代,也是被视为能力、地位与成功的标志的。官员在获得各种职阶勋爵之后,就将在各种场合把它们一一开列。结衔是一种展示和夸耀,如有可能就尽量不遗漏,以期物尽其用,以免暴殄天物。在品位繁复的朝代,官员的结衔就会非常漂亮,叠床架屋而琳琅满目,若非历史专业出身,往往很难弄清其为何官何事。

秦汉的爵与职　当然,在古代早期尚不如此。周朝的贵族官员,有爵级、有职名,前者如公卿大夫士,后者如司徒、司马、司空之类,但没有爵、职两衔并列的习惯。孔子曾为司寇,然而他的头衔,不会是"大夫、司寇孔丘"。这是因为,当时的官阶制仍较原始,爵、职是一而二、二而一的关系,不甚分别。

然而相当一段时间里,爵、职并列仍不普遍。陈直先生云:"秦代爵重于官。……秦代武臣所称皆为爵名,此外并无官名,是官爵合一之特征。汉代则官重于爵,有官者书官,无官者书爵。"①在琅邪刻石上,秦始皇的随从官员是这样列衔的:"列侯武城侯王离,列侯通武侯王贲,伦侯建成侯赵亥,伦侯昌武侯成,伦侯武信侯冯毋择,丞相隗林,丞相王绾,卿李斯,卿王戊,五大夫赵婴,五大夫杨樛。"②文官列职名,武官列爵号;有职者书职,无职者书爵。汉朝官员通常都有一爵一职(封爵或二十等爵),但爵、职不并书。西汉霍光率群臣上书太后,仍是有职者书职、无职者书爵的③。这与拜占廷帝国的习惯相反。在拜占廷,头衔用以标志身份,终身不变;习惯上先称头衔,官职则可以称也

---

① 陈直:《居延汉简研究》,天津古籍出版社1986年版,第63页。
② 《史记》卷六《秦始皇本纪》。
③ 参看《汉书》卷六八《霍光传》。

可以不称①。霍光加号"大司马",王莽加号"安汉公",只是少数权贵的特例,由《史记》《汉书》可知,汉代的官衔相当简练,习惯于"单一官衔"。

汉献帝末群臣给曹丕的劝进表,则已变为职、爵并书了:"中军师、陆树亭侯荀攸,前军师、东武亭侯钟繇,左军师凉茂,右军师毛玠,平虏将军、华乡侯刘勋,建武将军、清苑亭侯刘若,伏波将军、高安侯夏侯惇,扬武将军、都亭侯王忠,奋威将军、乐乡侯刘展,建忠将军、昌乡亭侯鲜于辅,奋武将军、安国亭侯程昱,太中大夫、都乡侯贾诩……"嘉平六年(254)群臣为废魏帝曹芳而向永宁太后上奏,其时也是只要有爵,就职、爵并列的②。

魏晋以下的复式官衔　魏晋南北朝品位泛滥,官员的结衔水涨船高,跟着烦琐起来。就其甚者,提供两例:

> 萧道成:使持节、侍中、都督南徐兖北徐南兖青冀六州诸军事、骠骑大将军、开府仪同三司、录尚书事、南徐州刺史、竟陵郡开国公③。

> 高琛:使持节、特进、侍中、太尉公、尚书令、都督冀定沧瀛幽殷并肆云朔十州诸军事、骠骑大将军、左光禄大夫、开府仪同三司、并肆汾大行台仆射、领六州大酋长、大都督、散骑常侍、御史中尉、领领左右、驸马都尉、南赵郡开国公④。

此期的"复式官衔",与秦汉官衔的简练大异其趣。一个人拥有数个甚至十数个头衔,并不说明这时的官儿特别能干,一个人能顶几个人、十

---

① M. Kaplan:《拜占廷:东罗马帝国的辉煌岁月》,上海书店出版社 2004 年版,第 40 页。

② 分见《三国志》卷一《魏书·武帝纪》注引《魏书》、卷四《魏书·三少帝纪》注引《魏书》。

③ 吐鲁番出佛经残页萧道成具衔题记。转引自唐长孺:《南北朝期间西域与南朝的陆道交通》,收入《魏晋南北朝史论拾遗》,中华书局 1983 年版,第 191 页。

④ 《齐天保七年(556 年)高睿造无量寿佛像记》,引自刘建华:《北齐赵郡王高睿造像及相关文物遗存》,《文物》1999 年第 8 期。

几个人用。罗列的衔号，不过表明此人有权有势，足以霸占一堆官职而已。与今同理，地位越高就兼职越多，兼职越多就意味着地位越高。进而列衔中有很多不是职事官。例如萧道成的具衔中，"使持节"表示专使的身份与权力，"侍中"是加号，"骠骑大将军"是军阶，"开府仪同三司"是加衔，"竟陵郡开国公"是封爵。

唐五代宋时，职、阶、勋、爵并用，官衔也颇冗长。五代有一位冯道，历事五朝十一主，皆居高位，以"长乐老"自命。他在《自序》中，用历任官衔来展示自己的光辉一生：

1. 阶：自将仕郎，转朝议郎、朝散大夫、银青光禄大夫、金紫光禄大夫、特进、开府仪同三司。

2. 职：自幽州节度巡官、河东节度巡官、掌书记，再为翰林学士，改授端明殿学士、集贤殿大学士、太微宫使，再为弘文馆大学士，又充诸道盐铁转运使、南郊大礼使、明宗皇帝晋高祖皇帝山陵使，再授定国军节度、同州管内观察处置等使，一为长春宫使，又授武胜军节度、邓随均房等州管内观察处置等使。

3. 官：自摄幽府参军、试大理评事、检校尚书祠部郎中兼侍御史、检校吏部郎中兼御史中丞、检校太尉、同中书门下平章事、检校太师、兼侍中，又授检校太师、兼中书令。

4. 正官：自行台中书舍人，再为户部侍郎，转兵部侍郎、中书侍郎，再为门下侍郎、刑部吏部尚书、右仆射。三为司空，两在中书，一守本官，又授司徒、兼侍中，赐私门十六载，又授太尉、兼侍中，又授戎太傅，又授汉太师。

5. 爵：自开国男至开国公、鲁国公，再封秦国公、梁国公、燕国公、齐国公。食邑自三百户至一万一千户，食实封自一百户至一千八百户。

6. 勋官：自柱国至上柱国。

7. 功臣名：自经邦致理翊赞功臣，至守正崇德保邦致理功臣、安时处顺守义崇静功臣、崇仁保德宁邦翊圣功臣①。

"阶"即散阶,此时已成虚衔。"职"是使职差遣,这才是冯道所承担的事任。"官"是各种品位性官衔,包括"摄"者、"兼"者,"试大理评事"是试官,带"检校"的是检校官,"兼侍御史""兼御史中丞"是宪衔。"正官"包括三师三公及省部之官,有学者说是实任职事官,但至少其中若干,恐怕也有"本官"的意义。爵、勋、功臣名,来源于唐,宋初仍在沿用。那么冯道的结衔,至少包括以上7项内容。

宋人洪迈云,"国朝官制,沿晚唐、五代余习,故阶衔失之冗赘"。比如一个叫李端愿的,其结衔是"镇潼军节度观察留后、金紫光禄大夫、检校刑部尚书、使持节华州诸军事、华州刺史,兼御史大夫、上柱国",达41字②。司马光在《资治通鉴》卷一的结衔,是"朝散大夫,右谏议大夫,权御史中丞,充理检使,上护军,赐紫金鱼袋臣司马光"。龚延明先生解释说:朝散大夫是文散阶,右谏议大夫是正官阶(寄禄官),权御史中丞与充理检使是差遣(差遣有充、权、权发遣几等),上护军是第九转勋官,"赐紫金鱼袋"是一种礼遇,不及三品而服紫,须带"赐"字③。

司马光对结衔一丝不苟,官衔中的每一项发生变化,都随《资治通鉴》的写作进展,而在第一时间及时更新④。《资治通鉴》卷九的结衔,就变成了"翰林学士、朝散大夫、右谏议大夫、知制诰、兼侍讲、同提举万寿观公事、兼判集贤院、上护军、河内郡开国侯、食邑一千三百户、赐紫金鱼袋臣司马光"。随后,其文学职名增兼侍读学士,升至端明殿学士、兼翰林侍读学士;其散官升至太中大夫;其差遣有判尚书都省、充集

---

① 《旧五代史》卷一二六《周书·冯道传》。

② 洪迈:《容斋三笔》卷四《旧官衔冗赘》,《容斋随笔》,上海古籍出版社1978年版,第460页。

③ 龚延明:《宋代官制辞典》,中华书局1997年版,第28页;《中国古代职官科举研究》,中华书局2006年版,第260页。

④ 梁太济:《从每卷结衔看〈资治通鉴〉各纪的撰进时间》,《内蒙古大学学报》1997年第5期。

贤殿修撰、权判西京留司御史台;其祠禄官升至提举西京嵩山崇福宫;其勋官经柱国而为上柱国;其封爵由侯而公;其食邑增至一千八百户、二千二百户、二千六百户;其食实封由二百户,增至四百户、六百户、九百户、一千户。到了卷二六六,其结衔就变成了"端明殿学士、兼翰林侍读学士、太中大夫、提举西京嵩山崇福宫、上柱国、河内郡开国公、食邑二千六百户、食实封一千户,赐紫金鱼袋臣司马光"。

元朝的中书右丞相伯颜,官衔达 246 字。请看官阶史上的这道奇观:

> 元德上辅广忠宣义正节振式佐运功臣、太师、开府仪同三司、秦王、答剌罕、中书右丞相、上柱国、录军国军事、监修国史、兼徽政院侍正、昭功万户府都总使、虎符威武阿速卫亲军都指挥使司达鲁花赤、忠翊侍卫亲军都指挥使、奎章阁大学士、领学士院知经筵事、太史院、宣政院事、也可千户哈必陈千户达鲁花赤、宣忠干罗思扈卫亲军都指挥使司达鲁花赤、提调回回汉人司天监、群牧监、广惠司、内史府、左都威卫使司事、钦察亲军都指挥使司事、官相都总管府、领太禧宗礼院、兼都典制、神御殿事、中政院事、宣镇侍卫亲军都指挥使司达鲁花赤、提调宗人蒙古侍卫亲军都指挥使司事、提调哈剌赤也不干察儿、领隆祥使司事①。

字数虽多,结衔虽繁,但绝大多数都是挂名兼衔。又,明代大宦官魏忠贤编《内官便览》,"首列己衔,亦至二百许字"②,比伯颜稍逊风骚。

明清品位待遇的优厚程度,大为下降。对散官、勋官、爵级三者,官员往往只列散官。勋官在明朝已是虚衔,在清朝又与爵合流。至于爵号,明清文臣很难得到,结衔中也不常见。此期学历变成了结衔的主要成分,常被置于首位,表明学历已成为一种主干性位阶。随便举 3 个例

---

① 陶宗仪:《南村辍耕录》卷二《权臣擅政》,中华书局 1959 年版,第 29 页。
② 王士禛:《池北偶谈》卷三《结衔》,中华书局 1982 年版,上册第 56 页。

子。明朝的《重修河南范文正公祠堂记》:

> 赐进士第、文林郎、河南府推官临清周易撰;
>
> 赐进士第、中宪大夫、山东按察使司副使刘贽书;
>
> 赐进士第、大中大夫、浙江布政使司左参政刘衍祚篆[1]。

三人结衔,都采用"学历+散官+职名"的形式。官僚觉得结衔太简单了不好看,有时就把仕途中的特殊荣耀,如赐翎、加级、加品衔、记名、任用方式、主考或同考、前任官等,增列其中。随便举几个例子:

> 赵静山:赐进士出身、诰授光禄大夫、赏戴花翎、江苏巡抚、兼□两江总督。
>
> 杜砥峰:赐进士出身、通议大夫、陕西布政司使参政、督理粮盐道、加二等。
>
> 袁承业:赐进士出身、诰授朝议大夫、湖广道监察御史记名以知府用管、前翰林院编修。
>
> 李廷宾:赐进士出身、五品衔、分发山东即用知县、加一级。
>
> 乔学伊:赐进士出身、诰授通议大夫、太仆寺正卿、前护理山东巡抚兼提督印务、山东布政使、湖北布政使、福建布政使、湖北按察使、福建按察使、礼科给事中、吏部文选司掌印郎中兼监察御史、江南道监察御史巡视西城、翰林院编修、充玉牒明史毛诗三馆纂修官、丁酉庚子顺天乡试同考、辛丑甲辰会试同考、甲辰会试同考、翰林院满书庶吉士[2]。

最后那位姓乔的最自恋,不厌其烦,竟把历任官和各种差使全部开列,结衔变成了一篇小小的自传。

综上所述:

---

① 引自《范仲淹全集》,四川大学出版社2002年版,第1143页。

② 张正明等编著:《明清山西碑刻资料选》(续一),山西古籍出版社2007年版,"五、官绅、妇女"部分。

1. 周代官员一职一爵,但二者不并列。

2. 秦汉大多数情况下,官僚是一职一爵,头衔简练,而且多数情况下不并列。

3. 汉末魏晋以降,职、爵并列。此期因品位结构的复杂化,官员结衔也大为复杂化了,直到南北朝唐宋及明清。

4. 明清因品位结构的变化,出现了学历居首的做法,反映了学历是此期的主干性位阶。

复式官衔与人事任命的复杂化　官僚头衔结构如此烦琐,人事任命的复杂性便大为上升。南朝的军号曾达数百号之多,对之我曾这样评价:"在这堆积如山的炫目军号里挑拣出官员应得的那一号,选曹不知要白搭多少无谓的功夫。假使君臣还乐此不疲,就更无聊透顶,只能说嗜痂成癖。"①对南朝的复式官衔,汪征鲁先生有论:南朝"一个入仕者所任的官职往往不是一个,而是一系列,这一系列官职的质量与数量又都不同程度地决定这一官员的实际政治等级与社会地位"②。这时候官僚的一堆官号,便像天平上的大小砝码,任命时为求平衡,就得加上这个、换下那个,格外麻烦。

不妨看一个刘宋前废帝时的例子。薛安都、殷恒二人即将升官,然而对二人的拟官,吏部尚书蔡兴宗与太宰刘义恭之间出现了分歧③。先看表9.3:

表9.3

	薛安都	殷恒
原官	散骑常侍(三品),征房将军(三品),太子左卫率(五品,任职10年)	太子中庶子(五品,任职百日)

---

① 拙作:《品位与职位——秦汉魏晋南北朝官阶制度研究》,中华书局2002年版,第592页。

② 汪征鲁:《魏晋南北朝选官体制研究》,福建人民出版社1995年版,第242页。

③ 《宋书》卷五七《蔡兴宗传》。

	薛安都	殷恒
蔡兴宗的拟官	左卫将军(四品),散骑常侍(三品)如故	黄门侍郎(五品),领校尉(四品)
刘义恭的拟官	左卫将军(四品)	侍中(三品),领校尉(四品)
皇帝中旨	右卫将军(四品),加给事中(五品)	

从职位看,薛安都的原职是太子左卫率,殷恒的原职是太子中庶子,二官都是五品。虽然太子左卫率的班次低于太子中庶子,然而薛安都任职已十年了,而且他另有一个征虏军号和散骑常侍加号,若把职位与品位三官并计,薛的官资显然重于殷恒。所以,蔡兴宗给薛安都拟的职位是四品左卫将军,但官升一品,又嫌过多过快,所以还得撤销其军号三品征虏,只保留其散官三品常侍。刘义恭则想把薛的常侍也一块撤了,单做左卫将军。对这个办法,蔡兴宗就不赞成了,说如果这样的话,薛安都只剩一官,将由三品变成四品,不升反降了。至于殷恒,蔡的拟官是五品黄门侍郎领校尉,刘的拟官是三品侍中领校尉。蔡认为侍中过高了。最后皇帝居间折中,以薛安都为右卫将军加给事中,略重于刘的拟官,但轻于蔡的拟官。这个例子显示:"官员官资的轻重、地位的高低不只是正职一个指标,还要看军号、加官、领职、节等的有无及高低,即综合值的高低。官位的升降也是在这几者之间平衡,达到综合值的上升或下降。"①两相比较,秦汉的任官像切瓜,南朝的任官像绣花,一简一繁,判然不同。

王安石曾为皇帝起草过一篇《韩琦加恩制》。皇帝只是想给韩琦增加封户,但制书上要先列其旧衔,再申明其新衔:

旧衔:推诚保德崇仁守正协恭赞治亮节佐运翊戴功臣,淮南

---

① 张小稳:《魏晋南北朝时期地方官等级管理制度初探》,北京大学历史学系 2006 年博士论文,第 121 页。

节度、扬州管内观察处置营田等使,开府仪同三司,守司徒,检校太师,兼侍中,行扬州大都督府长史,上柱国,魏国公,食邑一万三千七百户、食实封五千户韩琦。

新衔:可特授依前守司徒,检校太师,兼侍中,行扬州大都督府长史,魏国公,充淮南节度、扬州管内观察处置营田等使,加食邑七百户、食实封四百户,仍赐推诚保德崇仁守正协恭赞治亮节佐运翊戴功臣,散官、勋、封如故①。

可见,变动官僚名位的任何一项,则其他项目如功臣号、差遣、散官、本官、检校官、兼官、勋官、爵号及封户等,都得一一重新确认。至少也得说一句"余官如故",马虎不得。

官僚的每一个官衔发生变动,有司都得发布文书。则唐宋官员拥有的衔号总量,就将是秦汉的数倍。可想而知,有司为官衔升降而发布的文书总量,必定也数倍于秦汉,甚至更多。官僚机器的负荷是一定的,这方面的能量耗费多了,那方面就少了;在内部等级管理上投入精力多了,在国计民生上投入精力就少了。内部等级管理变成了头等大事,其"外向性"即公共管理的方面,就难以两全其美、难免顾此失彼了。

又张帆先生指出,明清文集中所收录的颁官授爵加号进阶文书,比唐宋文集所见少得多。这也反映了时代的变化,即,唐人宋人对位阶衔号最为热衷,明清就不尽如此了。

五　迁转路线

现代政府的职系、职组的划分是很细密的。在本部门、本职组沿特定路线升迁,可以体现专才专用,但也可能限制晋升。中学的体育老师,大学的保卫干部,一般不大容易晋升为学校领导。政工干部往往比

---

① 王安石:《临川先生文集》卷四七《内制》,中华书局1959年版,第491页。

技术干部晋升更快。一些大型组织中,有时又会因各种机缘,而形成了一些晋升的"快车道",为那些在刚起步时就被认定为"明星"者,提供加速晋升的机会。还有,由于"高估外来者"的心理,外招人员可能比内部员工晋升更快。官阶好比一座若干层的高楼,进入其内,人们却发现了更复杂的构造:里面有各种阶梯和通道,由之所能到达的楼层与花费的时间很不一样。同样是那么多楼层,有人觉得高不可攀,有人却举足即至。所以,迁转路线也是一种等级。迁转路线,即由某官迁某官的惯例,也是一个"沿何路线可以更快晋升"的问题。古罗马共和国的官员等级(cursus honorum),就是由"财务官—保民官—平民营造司和高级营造司—行政长官—执政官"的迁转顺序形成的①。可见迁转路线本身也是一种等级。

在中国古代,迁转路线既跟官职的分等有关,也跟官职的分类有关;既涉及了等级结构,也涉及了个人资格。迁转路线的分析,至少有如下几点应予考虑:

1. 一般迁转阶梯的构造,即依次迁转的不同职位的结构性关系。

2. 迁转路线的排他性,即是否只向某种资格者提供,限制排斥他人涉足。

3. 不同路线的迁转方式(如超迁)造成的晋升速度差异。

汉代官场的迁转路线,严耕望先生有考:"汉世任职者多起于地方属吏,贤俊之士多获乡誉,由守相刺史贡于中央,曰孝廉,曰茂才,处散则补三署诸郎,任职则除尚书侍郎、诸卿令佐。即习律令威仪中都故事,则出补令长,敷政百里。三年考绩,或直迁刺史、守、相。或再入京师,除闲散则为大夫、议郎,谏讽左右;秉机枢,则任尚书、诸校、中郎将等职。然后出补守相,宰制百里。守相高第,擢任九卿,亦有超至三公

---

① 陈可风:《罗马共和国时期的国家制度》,东北师范大学历史系2004年博士论文,第52页。

者。"严耕望评价说:"则汉世治权寄付之允当,官吏阶品之简妥,上下内外之脉贯,人才运用之灵活,与夫中央统治之政策,地方吏治之优良,皆可即此推申。"①

严耕望所云,是一般迁转阶梯。具体说来,汉朝的文与武、儒与吏,其迁转路线略有区分,但不是排他性的,互迁的情况也相当普遍。"出身"之异对迁转迟速的影响不算太大,沿各条通道,大家都可以凭能力往上走。当然到了东汉,情况还是发生了某些变化。例如察举孝廉与公府征辟,就构成了"快车道"。廷尉是"执法之臣",往往任用文法吏或法律世家。可是随着汉廷尊儒轻法,逐渐就形成了一种惯例:廷尉不能做三公,诸卿之迁转以太常迁三公为惯例。太常主管礼仪文教,大多由儒生担任。"廷尉之材,不为三公,自昔然也。"②那么法吏的迁转,至廷尉就到头了。通向廷尉的迁转路线,与通向太常的迁转路线相比,低了一头。

魏晋以降出现的所谓"清途",显然是一种排他性的迁转路线,为士族提供了"快车道",寒门无由阑入,难以由之起家。门下侍从如给事中、散骑侍郎、黄门侍郎、散骑常侍、侍中等,此期地位明显提高,权贵子弟从此入仕,出为实职,再入门下,不须几出几入便至高官。东宫的太子庶子、舍人、洗马,也属"清途"的一部分。南朝选官,"清官"与"浊官"各有不同选例,各有习迁之官。总之,魏晋南北朝时期,士族的"门资"决定着不同的迁转路线。

唐宋时期,迁转路线因"出身"而异。唐代迁官存在着"最优路线",而且清浊分途。五品是一个关口,凡入五品清官的,多先任六品清官,主要是中央尚书诸司的员外郎,然后迁至从五品上的郎中,由此穿越五品大关。继续升迁,以中书舍人为多;再向上,是中书、门下、尚

---

① 严耕望:《中国地方行政制度史 甲部 秦汉地方行政制度》,台北"中研院"历史语言研究所1990年版,第333、316页。

② 《晋书》卷五二《华谭传》附《袁甫传》。

书省的侍郎;此后就可以展望三省领袖了①。

宋朝的科举及第者特称"有出身",被提供了最优越的仕途。据龚延明先生的概括,其时的出身被分为如下几等(表9.4)②:

表9.4

有出身	文武举、特奏名因殿试成绩而有进士出身、诸科出身、同出身之别
无出身	奏补。文武官内外命妇奏亲属入仕。又称荫补、资荫、任子、门资
流外出身	胥吏出职,至从政郎(从八品而止)
进纳出身	因纳粟赈饥或输边而得官者
其他	如从军者等

出身之异,造成了"同是一官,迁转凡数等"。以北宋中期的"叙迁之制"为例,其京官第五阶(最低一阶):

> 诸寺、监主簿,秘书省校书郎,秘书省正字,有出身转大理评事,无出身转太常奉礼郎,内带馆职同有出身;后族、两府之家转太祝。
>
> 太常寺太祝、奉礼郎,有出身转诸寺、监丞,无出身转大理评事,内带馆职同有出身。
>
> 大理评事,有出身转大理寺丞,第一人及第转著作佐郎;无出身转诸寺、监丞,内带馆职同有出身;后族、两府之家,审刑院详议,刑部详覆、详断、检法、法直官,转光禄寺丞③。

不同出身者,有不同迁转路线。有出身、带馆职者可以超资转,无出身者

---

① 参看孙国栋:《唐代中书舍人迁官途径考释——兼论唐代中央政府组织的变迁与职权的转移》,收入《唐宋史论丛》,香港商务印书馆2000年版;还可参看同书所收《从〈梦游录〉看唐代文人迁官的最优途径》《唐代中央重要文官迁转时间与任期的探讨》二文;及同作者《唐代中央重要文官迁转途径研究》,上海古籍出版社2009年版。

② 龚延明:《宋代官制辞典》,中华书局1997年版,第640页,"出身"等条。

③ 《续资治通鉴长编》卷四三五元祐四年(1089年)十一月庚午,中华书局1992年版,第10475页;《宋史》卷一六九《职官志九》。

则逐阶转。宋朝还实行过这样的制度:寄禄官中由朝请大夫到承务郎的各阶,各分左、右;进士出身者,其寄禄官加"左"字,其余人加"右"字,用以区别流品。进士出身者若犯赃罪,则改其寄禄官为"右"[1]。这无疑是对无出身者的严重歧视,他们位阶上的"右"字,与赃罪者混为一谈了。

据邓小南先生的阐述,在仁宗、英宗两朝,朝官在员外郎、郎中范围内的迁转,"更清晰地体现出叙迁设计者的独具匠心:常调磨勘者皆转右曹,即在兵、刑、工三部九司(除名曹外)的郎官范围内叙迁。其中有出身者,自太常博士阶,循屯田——都官——职方的路径上迁;无出身者,自国子博士阶,沿虞部——比部——驾部晋升;杂流出身或赃罪叙复者,自水部——司门——库部递进。"表9.5用数字,标示8条不同迁转路线:

表 9.5

	左名曹	右名曹	左曹				右曹			
前行	吏部	兵部	吏	司封	司勋	考功	兵	职方	驾部	库部
中行	户部	刑部	户	度支	金部	仓部	刑	都官	比部	司门
后行	礼部	工部	礼	祠部	主客	膳部	工	屯田	虞部	水部

8	7		6	5	4		3	2	1
两府或翰林学士以上	其余有出身		有出身	无出身	堂后官		无出身 太常博士	有出身 国子博士	杂流出身

郎中、员外郎按此规律构成 6 阶,同时横向又形成 8 列,即 8 条迁转路线[2]。

---

[1] 白钢主编,朱瑞熙著:《中国政治制度通史》第 6 卷(宋代卷),人民出版社 1996 年版,第 652 页。

[2] 制表邓小南:《宋代文官选任制度诸层面》,河北教育出版社 1993 年版,第 188—189 页。又参苗书梅:《宋代官员选任和管理制度》,河南大学出版社 1996 年版,第 435—437 页。

明朝选官,号称进士、举贡、吏员三途并用。最优越的当然是进士了,他们的选任,京官有翰林院编修、检讨、修撰,六部主事及科道官,外官有直隶州、上县的掌印官。翰林官的升迁路线可称"快车道":一般是由编修、检讨(七品)而讲、读(五、六品),此后可以直升詹事府的少詹事(正四品),然后是侍郎、尚书,直至入阁为大学士。至于六部主事(六品),经考满可升为郎中、员外郎(五品),随后或外补上府知府(正四品),或转升寺少卿(四品),随后升侍郎、尚书。科道官六科给事中、监察御史(均七品),在数考之后,可能升为佥都御史或左右通政(均正四品),然后或递升副都御史、都御史,或转升六部侍郎、尚书。至于上县知县(七品),则可升知州、府同知(均为五品)乃至知府,知州则可升府同知、知府,他们还有机会被"行取"为科道官乃至翰林官。而初选由举贡以下所授的中下县知县及属州正官、府州县佐贰官等,升迁机会就很少、留滞时间就很长了①。至于吏员出职,七品官即封顶。正如赵翼所说:"然有明一代,终以进士为重。凡京朝官清要之职,举人皆不得与。即同一外选也,繁要之缺必待甲科,而乙科仅得边远简小之缺。其升调之法亦各不同,甲科为县令者,抚按之卓荐,部院之行取,必首及焉,不数年即得御史、部曹等职。而乙科沉沦外僚,但就常调而已。积习相沿,牢不可破。"②庶吉士、翰林出身,最为优越。"非进士不入翰林,非翰林不入内阁","而庶吉士始进之时,已群目为储相"③。明朝宰辅170余人,绝大多数出自翰林。

清廷对铨政的定义,就是"别其流品,观其身言,核其事故,定其期限,

---

① 白钢主编,杜婉言、方志远著:《中国政治制度通史》第9卷(明代卷),人民出版社1996年版,第426页。明代官员迁转路线,还可参看唐克军:《明代官员升迁路径述论》,《史学月刊》2004年第1期;《不平衡的治理:明代政府运行研究》,武汉出版社2004年版,第5章第320页以下。县官的升迁路线,因进士与举人而异,参看关文发、颜广文:《明代政治制度研究》,中国社会科学出版社1995年版,第190页以下。

② 赵翼:《陔余丛考》卷十八《有明进士之重》,河北人民出版社1990年版,第295页。

③ 《明史》卷七〇《选举志二》。

密其回避,验其文凭"①。"别其流品"的原则居首。清朝"六班"是对候用人员的总分类。其中又根据身份和情由分为不同的选班,散馆庶吉士、进士、举人、贡生、荫生、议叙、捐纳、推升等等,其任用次序是不同的②。翰林院编修、检讨,汉内阁学士,各省学政,汉詹事府赞善以上官,国子监祭酒、司业,奉天府丞,汉吏部郎中、员外郎,宗人府主事,仅限于进士出身者。医官、僧官、道官只能在本职类中迁转,不能进入其他职类③。

如果做一个概括的话,那么:

1. 秦汉官员的迁转路线,排他性并不明显,出身因素对升迁速度无大影响。东汉情况逐渐有所变化,孝廉察举与公府掾出身者,迁转逐渐居优。

2. 魏晋南北朝时,士族与寒人各有不同迁转路线。

3. 从唐后期到宋明清,迁转路线继续保持排他性,"出身"——主要是学历,成了决定性因素。

如果迁转路线与一般品秩脱节,那么就可能造成品秩效力的下降。虽然处于同一品秩,但某官能迁某官,而某官难以迁某官;进入某一迁转序列则升迁较易,未能进入则升迁较缓;还有某些迁转路线,到一定品秩就难以上升了。如果这样,品秩所显示的职位高下,与迁转路线所显示的职位价值高下,就可能出现分歧。

曹魏的三署侍郎与秘书郎、黄门郎、尚书郎,都在四百石左右。但三署侍郎外补,只能担任县长国相;而"清官"秘书郎、黄门郎、尚书郎外补,却是担任郡守二千石。毋庸赘言,这时候就出现了秩级效力下降的情况。"四百石"这个秩级,不能充分反映这些官职的实际位望。

明朝的州县之任,经历过一个由轻而重的变化。究其原因,便与迁

---

① 《光绪清会典》卷十,《续修四库全书》,上海古籍出版社1996年版,第794册第107页以下。

② 艾永明:《清朝文官制度》,商务印书馆2003年版,第74页以下。

③ 白钢主编,郭松义、李新达、杨珍著:《中国政治制度通史》第10卷(清代卷),人民出版社1996年版,第543页。

转路线的变化有关：

> 国初极重郎署，凡御史，九年称职者始升为主事。既而台省渐重，有大臣保荐者，得同部属出为藩臬知府，而给事御史，多从新进士除授。以故外官极轻，如程篁墩之言曰："国家初以他途授令，至宪宗始重视民之任，乃以第三甲进士为之，然久袭重内轻外之说。自任其劳，受人之挫，任是职者情多不堪。"罗一峰之言曰："人中进士，上者期翰林，次期给事，次期御史，又次期主事，得之则忻。其视州县守令，若鹓鸾之视腐鼠，一或得之，魂耗魄丧，对妻子失色，甚至昏夜乞哀以求免。"盖当时邑令之轻如此。
>
> 自考选法兴，台省二地，非评博中行及外知推不得入，于是外吏骤重。而就中邑令，尤为人所乐就，盖宦橐之入，可以结交要路，取誉上官。又近年乙酉科以后，令君悉充本省同考，门墙桃李，各树强援，三年奏最，上台即以两衙门待之，降颜屈体，反祈他日之陶铸。而二甲之为主事者，积资待次，不过两司郡守，方折腰手板，仰视台省如在霄汉。其清华一路，惟有改调铨曹，然必深缔台省之欢，游扬挤夺，始得入手。而三甲进士，绾墨绶出京者，同年翻有登仙之羡，亦可以观世变矣①。

明朝前期州县官很不值钱，官僚们"其视州县守令，若鹓鸾之视腐鼠"；明中后期则"翻有登仙之羡"，官僚们刮目相看，视若"登仙"了。州县官的品级一直没变，变化了的是迁转路线，但这就足以使"邑令之轻如此"，变成"外吏骤重"了。在这个过程中，品级显然没有发挥效力。

---

① 沈德符：《万历野获编》卷二二《府县·邑令轻重》，中华书局 1959 年版，第 579 页。

第十章　运作考虑与身份考虑

从技术上说,职位分等和品位分等,只是两种各有优劣的人力资源管理手段。此前的各章主要从技术层面,解析中国官阶的各个侧面;然而随即我们就看到,几乎每一个技术问题,同时也是政治问题,甚至社会问题。中国专制官僚体制是一个庞大复杂的等级金字塔,等级秩序就是它的基本生命形态。它涉及了不同身份的人的权势、地位,对每一居身其中者,都是利害攸关的。各种政治设置、政治势力、政治活动,都是在一个等级框架中被安排的。这个等级框架,也塑造了社会的形态与面貌。为此,由本章而后,本书将把官阶讨论的焦点,转移到政治与社会层面上来。

首先,有必要确立一些最基本的认识,以用作上述研讨的理论基石。在这时候,至少应把如下三者纳入视野:规划官阶的目的、等级组织的特性、官僚群体的特性。针对这三点,本章将提供"运作考虑—身份考虑""功能组织—身份组织"和"服务取向—自利取向"三组概念。有这三组概念做基础,以下各章的具体分析,就获得了系统化的理论支撑。

进而我们认为,中国官僚等级制也是一种社会制度,至少是塑造社会形态的主要因素之一。为此本节揭举这一论题:"品级、等级与阶级的高度一致性。"它凸显这样一点:传统中国是一个行政化的社会,官阶制不仅是一种行政制度,还拥有塑造社会分层、引导社会流动、影响阶级分化的巨大能力。

退休官僚及官僚亲属的等级待遇,是一个很好的观照点。前者可供观察官僚群体身份性的变化;后者可以显示,王朝是把官僚视为一个社会等级而规划其身份的,而官僚则以家族为单位对王朝做整体投注。

"爵"是中国最古老的一种位阶,出现于贵族政治时代,是一种身份化、贵族化的位阶。进入官僚政治时代后,"爵"仍被继承下来了,并被使用了两千年之久。那么这种贵族等级与官僚等级是什么关系,就成了中国官阶史的重要线索之一。在此本章提供"爵本位"与"官本位"两个概念,并做阐述。

一　运作考虑与身份考虑

以色列学者艾森斯塔得,曾指出若干传统国家存在"双重衔号"的问题:

> 罗马、拜占廷和中国,各自都有双重的衔号制度。一种衔号确认其拥有者具有从属于某一特定阶级的一般标志,例如,罗马的元老阶层和骑士阶层,拜占廷的诸如"克拉利希米"一类衔号,以及中国官员的品阶。另一类衔号则确认其拥有者的职能和官位。例如一个部门或一个军事单位的长官地位,或一个行省的长官身份。
>
> 在中华帝国,这种制度的盛行似乎是从汉代开始的。但晚唐之后则肯定就是如此。显贵与贵族的衔号,逐渐更多地只限于皇族了,其拥有者逐渐被取消了实际的政治权力。尽管中国的品级制度远比拜占廷的制度更具持久性和系统性,然而它也具有对一般品阶和职能性官位称号加以区分和对衔号的世袭性转渡加以某些限制的特征。
>
> 在绝对专制时期的法国(以及其它欧洲国家,例如西班牙),由统治者来分配衔号的政策十分鲜明。这表现于王室的如下企图之中:创置新的衔号与官位,对世袭性称号和职能性官位加以区分,通过卖官一类方法输入"新鲜血液",限制或预防新设地位的

世袭性转渡的可能性①。

所谓"双重衔号"之说,其中一类用作"某一特定阶级的一般标志",另一类用来"确认其拥有者的职能"。在本书的"品位—职位"的视角中,"确定拥有者的职能"的衔号,首先是职位的名称及职位的等级;而用作"某一特定阶级的一般标志"的衔号,因其是人的等级,所以在"品位"的范畴之中。

我们对中国官阶制的了解,当然比艾森斯塔得所见更为复杂。这里不止有"双重衔号",甚至还有多重衔号,多种位阶并存互补,形成了"复式结构"。但无论如何,"双重衔号"之说提示人们,在等级安排上有"职能"和"身份"两个观察点。

行政功能与人员身份的二元性,由此成为我们推演的出发点。这个推演,将沿三个方面展开:规划官阶的目的、等级组织的特性、官僚群体的特性。问题将被这样提出:

1. 统治者将出于什么考虑来规划官阶?

2. 中国等级组织的基本特性是什么?

3. 中国官僚的基本行为取向是什么?

针对第一个问题,这里提供"运作考虑"和"身份考虑"一组概念;针对第二个问题,这里提供"功能组织"和"身份组织"一组概念;针对第三个问题,这里提供"服务取向"和"自利取向"一组概念。

运作考虑与身份考虑 统治者在为官职和人员分等分类时,会有各种不同考虑,由此造成不同的等级样式及运用规则。在各种各样的考虑中,我们重点讨论"运作考虑"和"身份考虑"。

"运作"即行政机器的正常运作。这是以"事"为本的,是一种技术考虑,即根据技术的需要,来规划科层结构与人员等级。其目的有三:

1. 确定职位之间的科层关系,即指挥、统属和协作关系。

---

① 艾森斯塔得:《帝国的政治体系》,贵州人民出版社 1992 年版,第 136—137 页。

2.标示职位的重要程度,把较重要的职位置于较高品级,通常以权力、责任及事务的大小简繁为标准。

3.为人员的录用、薪俸、待遇、激励和奖惩提供等级尺度。

官职与官署的不同等级,应体现其间的行政统属、协作与监管关系;不同职类的划分,应适应于事务性质和人员条件;通过级别高下,授予官吏应得报酬;通过级别升降、位阶予夺,实施激励和惩处;针对不同事项,如功绩、资历、能力和技能,设定灵活精致的等级管理办法;层级和品秩的形式,既要具有覆盖效力,又要简练整齐,以便于操作、降低管理成本;等等。官僚政治的基本结构就是集权,即通过各官署的单一首长制,最终组成金字塔式的指挥体制,并把最高决策者的意志范围扩张到最大限度。那么等级安排,就必须确保上级对下级的权威地位,中心对边缘的权威地位。

就"运作考虑"而言,中国官阶与现代文官制有很多相通之处,遵循着若干类似的规律。当然,不同之处也随处可见。帝国体制下并无三权分立,立法人员、司法人员是被当作"文官"来管理的,使用同样的官阶。现代政府职能复杂,官员分类也复杂;传统农业社会分工简单,政府为社会提供管理与服务的机构少得多。但传统体制也有其复杂之处,存在扈卫皇帝、供养皇室的特殊官署,及侍从、宦官、女官等特殊职类,这是现代文官制所没有的。

"身份考虑"则是以"人"为本的。其目的也可归纳为三:

1.用官爵来安排地位与身份,首先是安排体制内的地位与身份,进而去调整或适应社会等级身份。

2.分配权势利益,首先是在体制内分配,进而是调整整个社会的再分配。在这时候,官爵是作为一种"权益"甚至"福利"而被授予和赐给的。

3.维持政治效忠,比如通过特定衔号或身份安排,来维系"拥戴群体",构建"效忠机制"。

中国官阶是一种安排社会身份的手段,是一种分配权势利益的手段,是一种维系政治效忠的手段。身份考虑虽然也将体现于职位结构,例如为安排人员而设置特殊职位;但主要体现在人员结构方面,体现在品位安排之上。因为身份是人的身份,而"品位"是个人的位阶。从"身份考虑"看,传统王朝与现代法治政府呈现出了最大的差异。中国古代用于安排身份的品阶勋爵,其繁复精巧,在前现代社会中少有匹敌。

拥戴群体与效忠机制 对上文所揭"拥戴群体"与"效忠机制",这里做一个简略陈述。统治者在安排品阶时,不是"无私"的,必然考虑强化臣民政治效忠的问题。现代文官被要求政治中立,对政治效忠的过度考虑,被认为会带来各种弊端 ①。然而也如斯考切波所论:"在任何情况下,最为重要的都不是社会大多数人的支持与默认,而是在政治上最有权力而且是被动员起来的集团,而且常常是特定政权自己的干部的支持与默认。"领导人若在这些集团中丧失了合法性,动乱就会发生②。钱穆亦云:"一个皇帝要独裁,他背后定要有一部分人强力支持他,他才能真独裁。任何一个独裁者,都有拥护他独裁的一个特定的集团。"③等级、名位,就是维系拥戴群体的手段。

从理论上说,帝国的各色人等都应向皇帝效忠,"君臣之义无所逃于天地之间"。然而"拥戴群体"又是有层次、有梯度的。现代组织只要求职员的一般效忠,然而事实上也可能有"亲信"或"自己人"的存在,他们向领导人提供了特殊忠诚。拥戴者将得到隐性或显性的品位优待,及额外利益;但领导人并未因此而"超支",甚至还会获利,因为

---

① 艾克曼指出:"如果政府的人事制度建立于施惠制(patronage)的基础之上,并且过于考虑官员在政治上是否忠诚,那么这种人事制度不但将妨碍政府有效地提供服务,而且还会导致税收及管制法规的执行不公。"《腐败与政府》,新华出版社1999年版,第85页。

② 斯考切波:《国家与社会革命:对法国、俄国和中国的比较分析》,上海人民出版社2007年版,第32页。

③ 钱穆:《中国历代政治得失》,生活・读书・新知三联书店2001年版,第150页。

他的权势强化了,便能较苛刻地对待其余组织成员,削减其福利并迫使其更勤奋地工作。一个黑心矿主花钱养活若干打手,就能收到这种效果。从"成本—收益"看,把全部组织成员都当成拥戴者而给予优惠,很不划算,正像黑心矿主决不会把所有矿工都看成心腹一样。

秦汉二十等爵号的拥有者,晋朝五等爵的拥有者,都是"拥戴群体"。宋廷以全体官吏为拥戴群体,收获的政治忠诚很大。苗书梅先生说,"对士大夫的礼遇无与伦比"的做法,"大大激发了宋代士大夫践履儒家理想的道德自律精神……以天下为己任"[1]。可是成本也相当浩大。清人赵翼罗列宋朝的制禄之厚、祠禄之制、恩荫之滥、恩赏之厚及冗官冗费,评论说:"其待士大夫可谓厚矣。惟其给赐优裕,故入仕者不复以身家为虑,各自勉其治行。……然给赐过优,究于国计易耗,恩逮于百官者惟恐其不足,财取于万民者不留其有余,此宋制之不可为法者也。"[2]

明清皇帝优待科举士大夫,却很恶劣地对待胥吏,因为他们不指望胥吏的太多政治忠诚。掏钱买官的捐纳出身者,在品位安排上低于科举功名,统治者只盯着他们捐出的钱,却不要求他们捐出特殊忠诚。然而士大夫有时申言"天下为公",表明自己不是皇帝私人,这时皇帝转而依靠宦官。有人把明朝皇帝、文臣、太监的关系,比拟为"三角恋"[3]。余英时先生指出,清朝以满洲八旗构成统治集团。但明朝没有一个可以信任的统治集团为后援,只有广封诸子为屏藩,以及重用家奴宦官[4]。清朝有满洲权贵做拥戴群体,于是宦官的重要性大大下降。这种种情况,往往就会影响到品位安排上来。

---

① 苗书梅:《宋代官员选任和管理制度》,河南大学出版社1996年版,"引言"第3页。

② 赵翼:《廿二史札记》卷二五《宋制禄之厚》,王树民:《廿二史札记校证》,中华书局1984年版,第534页。又参《宋祠禄之制》《宋恩荫之滥》《宋恩赏之厚》《宋冗官冗费》诸条。

③ 十年砍柴:《皇帝、文臣和太监:明朝政局的"三角恋"》,广西人民出版社2007年版。

④ 余英时:《戊戌政变今读》,《二十一世纪》1998年2月号,香港中文大学出版社1998年版。

二　功能组织与身份组织

为什么中国统治者在安排官阶时,会有"身份考虑"呢? 因为中国官僚组织不光是一个"功能组织",也是一个"身份组织""生活组织"和"仪式组织"。

人类社会中有各种各样的组织。企业通常具有最强的"功能组织"性质,因为"赢利"是企业的命脉,而"赢利"是在外部市场中实现的,对此我们称为"外向性"。所以企业的科层结构与等级样式,通常要最大限度地服务于"外向效率"。而家庭就不同了,这是一个"生活组织"。家庭稳定不仅取决于外向效率,更取决于内部秩序。尤其是传统性的宗法大家族,正如儒家所指出,取决于尊卑有礼、长幼有序。《红楼梦》中的贾府,其烦琐礼数、晨昏定省、节日聚餐、年终祭祖等各种仪式,都是凝聚家族所必需的,而且那就是家族的存在方式。家庭是最富"内向性"的组织之一,如果它可以称为"组织"的话。

那么官僚组织呢? 米塞斯指出:工商业活动中的买卖双方及雇主和雇员关系,是一种非人格的现象,"官僚组织与此不同,上下级之间的关系是一种人格关系。下级依靠上级对其人格的判断,而不是对其工作的判断","多数人终生依附于官僚机构。……他们的思想境界,囿于等级制及其各种规章制度。他们的命运完全依靠上司的垂青"[1]。就是说,官僚组织内部的身份秩序,支配着官僚的地位、行为与观念。在相当一段时间中,我们看到中国单位就像一个"小社会",其中有各种安排生活的部门与设施,生老病死全管。在盛行"创收"之时,连大学院系都开公司、办店铺。这说明,行政组织确有可能变成"生活组织",变成一群人赖以谋生谋利的组织,并滋生出众多与本职无关,但

---

[1]　米塞斯:《官僚体制·反资本主义的心态》,新星出版社2007年版,第50—51页。

与谋生谋利有关的各种设置来,从而出现"多余行为"。"多余行为"是官僚制研究的重要论题:"从官僚组织外部人员看,任何不直接执行其社会职能的行为都是多余的行为。根据这个标准,官僚组织的大部分行为都是多余的","实施多余行为的官僚组织在事实上所使用的资源,比履行其社会职能所实际需要的资源要多得多"①。我们研究中国古代品位秩序,很大程度上就是在研究"多余行为"。

从本质上说,组织是一个力图在特定环境中适应并生存下来的特定团体。任何组织都有两面性,都必须分出部分精力来维持其自身的存在。问题只在于"内向性"更强还是"外向性"更强,哪一方面对其生存与发展影响更大。"外向性"组织可以转变为"内向性"组织,发生"目标转移"②,由"一致对外"变成了"先安内而后攘外"。中国古代官僚组织也存在"目标转移"的问题。帝制初期的官僚组织还是比较简练的,此后其繁文缛节、冗官冗吏等,在两千年中与日俱增。它们大部分是围绕"内向性"滋生出来的。

传统的组织研究较多地着眼于提高效率的问题,把组织制度受效率机制制约一点作为出发点③。新制度主义组织学则有所突破,指出

---

① 唐斯:《官僚制内幕》,中国人民大学出版社 2006 年版,第 146—147 页。

② 唐斯说:"官员的注意力从实现官僚组织的社会职能转到官僚组织自身的规则上(社会学家称为'目标转移')","一个官僚组织越成熟,执行的职能越多。结果,官僚组织中的大部分人员必须从事协调工作"。《官僚制内幕》,第 20—21 页。古尔德纳指出,生存的压力,有时甚至会使组织忽略或改变既定的目标,为保存自身而放弃既定目标。如米歇尔所说,组织从一种手段变成了一种目的,组织的首要目的就变成了维护组织自身。斯格特:《组织理论——理性、自然和开放系统》,华夏出版社 2001 年版,第 53—54 页。

③ 如吉布森等认为,管理者和其他关心组织能否有效运作的人,将着眼于三个效率的层面:个人效率、群体效率和组织效率。见其《组织学:行为、结构和过程》,电子工业出版社 2002 年版。又如登哈特指出,围绕促进组织效率而展开的研究,是公共行政学者占支配性的主题。见其《公共组织理论》,中国人民大学出版社 2003 年版,第 15 页。

很多组织的制度与行为不是为了效率,而是为了追求合法性与生存①。任何组织都有两方面的性质:依据效率原则的技术性质与适应一定制度框架的仪式性质。前一种性质较强的组织,其生存能力,取决于其完成技术目标的效率,如市场制度下的赢利性企业;后一种性质较强的组织,其生存能力与效率的相关性较小,更多取决于组织制度框架本身的生存能力②。拥有复杂内部结构、程序与规则的组织,总比简单的"乌合之众"生存能力强,不容易随时"作鸟兽散"。"仪式组织"的生存能力,取决于组织制度的精致复杂程度、组织规模的庞大程度、内部交流的频度、协调与控制的强度,以及内部身份安排、等级关系和分配制度的精致程度。

中国古代官僚体制的"外向性",即提供公共管理的方面,小于现代法治政府;它的"内向性",它在等级尊卑、地位升降、利益分配、关系协调、组织效忠等事项上耗费的资源、制定的规章、设置的机构、投入的精力,大于现代法治政府。虽然有很多机构是围绕行政功能而建构的,但同时它也是身份组织、生活组织、仪式组织。虽然国家"一直是由一批专门从事管理、几乎专门从事管理或主要从事管理的人组成的"③,然而斯考切波强调"国家自主性",认为国家结构"具有自身的逻辑和利益,而不必与社会支配阶级的利益和政体中全体成员群体的利益等同或融合"④。新制度主义者认为:"政治机构本身就是一个有着自身

---

① 可参看迈耶、罗恩:《制度化的组织:作为神话和仪式的正式结构》,收入《组织社会学的新制度主义学派》,上海人民出版社 2007 年版,第 3 页以下。迈耶和罗恩的研究取向,着重于组织生存与环境的关系。可参周雪光:《组织社会学十讲》,社会科学文献出版社 2003 年版,第 71 页以下。

② 周翼虎、杨晓民:《中国单位制度》,中国经济出版社 1999 年版,第 81 页。中国单位制度,被认为是技术性最差而仪式性最强的组织。

③ 《列宁选集》第 4 卷,人民出版社 1972 年版,第 47 页。

④ 斯考切波:《国家与社会革命:对法国、俄国和中国的比较分析》,上海人民出版社 2007 年版,第 27—28 页。

利益和要求的集体行动者。"①除了国家机构的自主性,政客官僚作为利益集团一点也逐渐得到了重视。施莱弗和维什尼在"扶持之手"和"看不见的手"之外,提出了第三种"掠夺之手":"政治家们的目标并不是社会福利的最大化,而是追求自己的私利。"②又曾峻先生指出:"负责国家运作的各级各类官僚、政客们的利益构成国家的利益,他们的意志构成了国家的意志。"③在这个问题上,我们径直把国家、把皇帝与官僚看成一群"合伙人",一个谋生谋利组织。

品位结构,直接反映了中国官僚组织是一个"身份组织"。这个组织的品位结构的典型特征,就是人员结构明显大于职位结构,官员数量大大多于职位数量。品位结构是有层次、梯度的,其中心部分是职事官,第二层次是没有职事的各种品位性官号的拥有者,第三层次是民间的朝廷名号拥有者。这种三层次结构,大大扩展了等级组织的规模。

现代文官制是"功能组织",采用"为官择人"原则,即专业能力与职位匹配,好像给机器选配件。而中国古代官僚组织存在一个重大不同:它经常是"因人设官,向人授官"的,如同魏晋南北朝唐宋各种散官、员外官、添差官、祠禄官所显示的那样。这等于是先有了一支"官人"队伍,再考虑让他们各有其位。这就很像一个家庭,膝下若干儿孙,得让他们各得其所,有了好事儿人人有份,一个也不能少。在相当程度上,选官时所考虑的是身份与地位是否相称,而不是专业与职位是否相称。

魏晋以下,选官日益重"资",并设"阶"以记录和标示"资",出现了《停年格》一类选官程式。唐朝选人每年集于吏部候选,吏部注拟时

---

① 马奇、奥尔森:《新制度主义:政治生活中的组织因素》,《经济社会体制比较》1995 年第 5 期。

② 施莱弗、维什尼:《掠夺之手:政府病及其治疗》,中信出版社 2004 年版,第 5 页以下。甚至"通过民主方式选举的政治家一般也不会追求社会福利的最大化"。

③ 曾峻:《公共秩序的制度安排:国家与社会关系的框架及其运用》,学林出版社 2005 年版,第 104 页。

"以次补授""量资而授之",所谓"吏部注拟,只系资考"①。而且选人对官缺有挑拣的余地②。宋朝亦"以资格用人",选人差注之时,吏部先公布阙榜,选人根据自己的资序和意愿,开具"欲求所向路分差遣状",即"射阙状"③。明朝万历年间,吏部尚书孙丕扬还创立了"掣签法",用抽签选官④。清朝的月选继承了这一做法。满官于其月初五、笔帖式于其月二十日掣签于堂,汉官则于其月二十五日在天安门外掣签⑤。在这种"掣签法"下,"凡大选、急选、推升、降除诸有司杂职,才不问偏全,年不问老壮,事不问繁简,地不问冲僻,土俗、民情、事体、时势不问相宜与否,惟签是凭"⑥。这些以资历选官,允许选人挑拣,甚至采用抽签的办法,说明什么呢?资格在,就得给官儿;做什么官儿,可以像购物似的有挑拣余地;甚至为求简便公平,干脆抽签,听天由命碰运气。吴思先生评价这个掣签法说:"如果要发明一种在官场中的阻力最小、压力最轻、各方面都能接受的肥缺分配办法,恐怕那就是论资排辈加抽签。"⑦吴先生把"论资排辈加抽签"称为一种"肥缺分配办法",这个分析十分到位。关键在于,"官"是作为一种身份、一份利益被分配的。颁官、授爵、进阶、加位,都可以看成"身份组织"的集体分肥之法。

从"功能组织"或"外向性"看,超出行政功能需要的品位性官号,

---

① 分见《旧唐书》卷四二《职官志一》、《新唐书》卷四六《百官志一》;及《唐会要》卷六九《县令》会昌六年(846)五月敕,中华书局 1955 年版,第 1221 页。

② 《通典》卷十五《选举三》:"已铨而注,询其便利,而拟其官。已注而唱示之,不厌者得反通其辞。他日,更其官而告之如初,又不厌者,亦如之。三唱而不服,听冬集。"中华书局 1984 年版,第 84 页下栏。是选人拟官,有三次挑选机会。

③ 邓小南:《宋代文官选任制度诸层面》,河北教育出版社 1993 年版,第 223 页。

④ 潘星辉:《明代文官铨选制度研究》,北京大学出版社 2005 年版,第 3 节"掣签法",第 189 页以下。

⑤ 艾永明:《清朝文官制度》,商务印书馆 2003 年版,第 89 页。

⑥ 董其昌辑:《神庙留中奏疏汇要》吏部类卷八《河南道御史黄纪贤题为选司一切之法等事疏》,《续修四库全书》,上海古籍出版社 1996 年版,第 470 册第 224 页下栏。

⑦ 吴思:《潜规则:中国历史中的真实游戏》,云南人民出版社 2001 年版,第 127 页。

属"多余行为"，或说是体制的"冗余"成分，它造成了财政的重负与政府的臃肿。即使在古代，这种现象也频遭诟病。然而从"身份组织"或"内向性"的角度看，冗官冗吏就不一定是冗余成分了。它增大了组织规模，增加了官位，为成员提供了更多晋升机会，对组织自身生存有很大好处。组织的扩张"能够吸引更多的人才，也更容易保留它的最有才能的现有人员"，"任何特定组织的领导者都会通过他们的组织的发展来增加他们的权力、收入和声望"；而且大型组织比小型组织的生存机会更大，保证外部环境的稳定性的能力也更大，"官僚组织很难消亡的一个最重要的原因是它们庞大的规模"[1]。好比一个铁盆或铁桶，从使用便利看，其轻重厚薄应该恰到好处；但从铁盆或铁桶自身来看，越粗、越厚、越笨重，其寿命越长。

不同组织对人员规模有不同偏好。假如我办一个公司，那么人员越精练越好；假如我成立一个党团，就会使劲儿把更多的人拉入党内。从"功能组织"角度看，或从社会利益看，冗官冗吏纯属弊端，像是肌体上的赘肉赘疣，民间也会有"河中鱼多搅浊水，世上官多不太平"的歌谣[2]。但从"身份组织"角度看，或从国家利益看，冗官冗吏可能很有必要，甚至是连心肉，不能轻易割爱，割了就会出毛病。没有官僚体制，这个社会大厦就失去了支撑；而官僚体制的稳定，很大程度上取决于官僚的"人多势众"。一个最简单的理由是：多一名官员，王朝就多了一名支持者。这可以解释许多滥封滥授行为，以及努力增加科名以羁縻士人的做法。尤其在动荡年份或战争时代，极容易出现滥封滥授，因为这时王朝最需要支持者。南宋"兵兴以来，衣冠失所者众，于是开奏辟之路，置添差之阙，广宫庙之任，增待次之除，所以惠恤之者亦厚矣！"[3]南宋添差官、祠禄官、待次官之泛滥，就是出于战乱时笼络人心之需，而非

---

① 唐斯：《官僚制内幕》，第18、19、25页。

② 刘兆吉：《西南采风录》，东方文化书局1971年版，第180页。

③ 《历代名臣奏议》卷一六二《胡寅上奏》，上海古籍出版社1989年版，第3册第2118页下栏。

行政之需。大致说来,若你看到某个政权中有大量冗官冗吏,那么你不必迟疑,随即就可以判定,这个政权具有强烈的身份组织性质。反之亦然,若某个政权很少冗官冗吏,那么这是一个功能组织。观察现代组织也是如此。某市有9位副市长、20位副秘书长,某学会有十几位副会长,这无疑都是"身份组织"的特征。

本书第四章第四节所讨论的品位薪俸与职位薪俸,也可以从类似角度观察。在魏晋南北朝与唐宋,品位薪俸特别发达。魏晋南北朝的官僚可以凭借军阶、散官和兼职等,平白多领一份甚至几份俸禄。唐宋有很多品位性官职,无职而有俸。唐前期的五品以上散官,无职事依然有俸。宋朝的京朝官段落的官员,在闲居待阙而未就职的若干年里,仍能"虚食廪禄"白拿钱。不妨说,品位薪俸是向"人"发薪,职位薪俸是向"事"发薪。当然,"人"是要干"事"的。没有一位雇主愿意拿钱养闲人,皇帝也不愿意,他也倾向于干事才给钱,不干事就不给钱。可天底下不是只有雇主关系的,比方说吧,还有家庭关系。在家庭中就会有这样的情况:某个成年儿子没工作,也不干事,但老爹照样得养活他:我给您老人家当儿子,让您拥有了一个完整家庭,这就是我对您的贡献,所以您必须管我的饭。与此类似,中国王朝也是一个身份组织、生活组织。官僚以入仕充实了统治集团,效忠于政权、拥戴着皇帝,这本身就是一种贡献。如果这么看问题的话,那么一家人不说两家话,即便没有职事,"君父"也得给点儿钱,以展示对臣子的"父爱"。或者换个说法:皇帝给的其实是两份钱:一份是按劳务给的,还有一份是按身份给的。由此,"劳务报酬"与"身份报酬"两个概念就凸显出来了。魏晋南北朝与唐宋发达的品位薪俸,在我们看来,就是一种"身份报酬"。秦汉及明清品位薪俸相对不发达,"劳务薪俸"的性质就浓厚一些了。

总之,中国官僚组织,同样有两重组织性质与组织目标。从一个组织目标中看到的利弊,改从另一个组织目标看,利弊可能就反过来了。对中国官阶史上的各种现象,都应在两个视角之间变换观察。问题在于,它作为功能组织,在前现代社会是足够发达的;然而围绕"身份组织"的方面,同样发展出了复杂发达的制度。这就是其最突出的特点。艾森斯塔得认为,官僚帝国这种政治体制,其最重要特点,就是"同时综合了较不发展的、传统的政治体系的因素,和更为发展、更为分化的政治体系的因素。……它们必须在同一个政治组织的框架之内,把这些不同因素联结起来"①。从"身份组织"到"功能组织"是否就是进化方向,就是"现代化",就更"好",这一点暂时不论;艾森斯塔得的论述仍是有价值的,有助于认识"身份组织"与"功能组织"两个方面的性质与关系。

三 服务取向与自利取向

有些时候,冗官冗吏的现象特别严重,王朝倾向于向品位发俸;有些时候,冗官冗吏现象并不严重,王朝倾向于向职位发俸。如果采用"功能—身份"模式来观察,那么就得说官僚的身份性,在不同时候是有变化的。为什么变化了呢? 变化的是什么呢? 在这时候,就得引入下一组概念"服务取向"与"自利取向"了。

艾森斯塔得提出,帝国官僚可能呈现的政治取向,大略有四:

1. 同时为统治者和主要阶层维持服务的取向;

2. 演变为仅仅是统治者的消极工具,几乎没有内部的自主性,或几乎不为民众的不同阶层提供服务;

3. 取代了其为不同阶层和政权服务的目标,代之以自我扩张目标,或为一己和(或)他们与之密切认同的群体的利益而僭夺权力的目标;

4. 以自我扩张和谋取政治权力的目标取代了其服务于主要阶层的目标,但同时又保持了为政权和统治者服务的目标②。

---

① 艾森斯塔得:《帝国的政治体系》,贵州人民出版社 1992 年版,第 8 页。

② 同上书,第 280 页以下。

现实中的官僚取向,被认为是以上四者之一或其重叠;中华帝国的官僚,被认为属于第一类"同时为统治者和主要阶层维持服务的取向",他们极大地顺从于统治者,同时因科举制度,他们也构成了士人群体或绅士阶层的一部分;不过在各王朝的衰落时期,则官僚们往往显现出第3种"自利取向"。

对艾森斯塔得之所述,我们重点观察其第2项和第3项,即"服务取向"(service orientation)和"自利取向"(self orientation),这是两种极端的情况。

在"服务取向"的情况下,官僚完全顺从于君主,只有很小的自主性。统治者坚持认为,他们只是统治者或"国家"的"个人仆从",对官僚强大的、经常是残酷无情的支配,使之成为动员资源、统一国家和压制反抗的卓有效能的工具。这时统治者有能力不循规蹈矩而把官僚任意调任,破坏确定的晋升模式,并施以严刑峻法。在这时候,中上层官僚总是从下等阶层或弱小的中等阶层中录用的。录用程序使官僚与其所来自的阶层疏离,与传统身份疏离,并建立了一个以权力为基础,以官僚为唯一顶端的身份等级制。

而在"自利取向"情况下,官僚则极力强调其自主性和自我利益,甚至要求摆脱政治监督,淡化职业责任。这时官僚将变成一个效率低下、谋求私利的群体,主要通过内部引荐亲私的方式进行铨选,把职位视为薪俸之源、视为私有甚至世袭财产。由此便有超出行政需要的官额膨胀,部门增殖而效率下降,越来越多的繁文缛节和形式主义。这时官僚已演化为独立的半贵族阶层或"绅士"阶层,甚至变成了贵族的一部分。

艾森斯塔得提供的两种取向,及其对君主、官僚和贵族与两种取向的关系的阐述,极有理论价值。那么推演就将在这两种取向,以及皇帝、官僚与贵族三种角色之间展开。

有人认为皇帝与官僚是高度一致的,而我们不这么看,认为二者经常存在着不一致的方面。首先,官僚体制必须以"理性行政"为基础,这里就将形成"常规权力"。"常规权力"与皇帝的专制权力有冲突的一面,官僚将自觉不自觉地努力把皇权同化于"常规权力"。正好比一个新领导试图大刀阔斧、突破成规之时,下属可以利用"规章制度"做有效抵制一样。

进而,官僚群体的自主性可能逐渐增大,特权增加,谋求私利,身份性强化,而皇帝只能优容。这类变化的不断推进,将以官僚变成半贵族或贵族为终点。就是说,官僚可能发生"贵族化"。黑格尔就曾论及官僚获得贵族式独立地位的可能性[①]。政治学家拉斯基也已说过:"在极端的情况下,官僚还会变成世袭阶级(a hereditary caste),为他们的个人私利而操纵政权。"18世纪的法国官僚就曾变成贵族[②]。王亚南先生讨论官僚政治,也曾揭举"官僚贵族化"的论题[③]。若是官僚发生了"贵族化",皇权就开始削弱,甚至会降格到只是一位"第一贵族"的程度。贵族与专制,存在着"此消彼长"的关系[④]。所以,谋求建立专制的统治者,通常都从任用官僚、打击贵族开始[⑤]。罗森伯格区分出两种专制主

[①] 黑格尔:《法哲学原理》,商务印书馆1961年版,第314页。

[②] Harold J. Laski:"Bureaucracy",*Encyclopaedia of the Social Sciences*,The Macmillan Company,New York,1930,Vol. II,pp.70-71.

[③] 王亚南:《中国官僚政治研究》,中国社会科学出版社1981年版,第7篇《官僚贵族化与门阀》。

[④] 培根说:"一个完全没有贵族的君主国总是一个纯粹而极端的专制国;如土耳其是也。因为贵族是调剂君权的,贵族把人民底眼光引开,使其多少离开皇室。"《培根论说文集》,商务印书馆1983年版,第46页。孟德斯鸠说:"在没有贵族的君主国,君主将成为暴君。"《论法的精神》,商务印书馆1993年版,上册第16页。梁启超也看到了这一点:"贵族政治,为专制一大障碍。其国苟有贵族者,则完全圆满之君主专制终不可得而行";"贵族政治者,虽平民政治之蟊贼,然亦君主专制之悍敌也。试征诸西史,国民议会之制度殆无不由贵族起"。见其《中国专制政治进化史论》,收入《梁启超全集》第3卷,北京出版社1999年版,第777、782页。

[⑤] 艾森斯塔得指出:君主在谋求集权之时,首先就要摆脱传统的贵族、部族和显贵群体的束缚。《帝国的政治体系》,第15页以下。又如,普鲁士的绝对主义王权之所以任用官僚,就与打击贵族的意图相关。弗里德希·威廉一世曾任命一批中产阶级出身的官员担任高级职务,"因为这些人比贵族更听话"。参看徐健:《近代普鲁士官僚制度研究》,北京大学出版社2005年版,第38—39页。

义："王朝专制主义"和"官僚专制主义"①。在我们看来,前者是皇权较强而官权较弱的专制主义,可称"皇帝专制主义",后者则是皇权较弱而官权较强的专制主义。这种排斥与亲和关系,如同一个"三角恋":皇帝任用官僚打击贵族,而官僚的"贵族化"侵蚀皇权。总之,强悍的专制皇权与工具性的、"服务取向"的官僚,往往同时出现;软弱的皇权与贵族化了的、"自利取向"的官僚,往往同时出现。

伦斯基也看到,"当执政者更强大时,他们常常会牺牲贵族政治而发展官僚政治",他进而提出,应把"衡量官僚和贵族的连续统"作为一种分析工具②。这个"连续统"的提法非常之好。我们也把官僚阶层的自主性、特权化、封闭化、身份化,视为一个"过程",其起点是官僚,终点是贵族;而各时代的官僚与皇权的具体关系,则可能处于"连续统"中的某一点上。

那么再回到官阶研究的主题上来。服务取向、自利取向这对概念,与职位分等与品位分等这对概念,是什么关系呢? 从技术上说,职位分等与品位分等,是两种各有优劣的人力资源管理手段,前者讲科学、重效率、保障同工同酬,后者能更好地处理能力与资历的矛盾,给官员更多的稳定感、安全感与品位荣耀。而从政治上说,品位既是官僚的一种身份,又是官僚的一种利益,是官僚在与皇权的政治博弈中所赢得的身份保障和利益保障。所以我们做如下认定:

1. 官僚的服务取向,与重效率、以"事"为中心的职位分等,具

---

① "王朝专制主义"(dynastic absolutism)的特点是君主个人对社会及"王家仆从"的支配,例如在弗里德里希·威廉一世这个恶霸的统治下,官僚"出于恐惧而屈从于权威";而"官僚专制主义"(bureaucratic absolutism),后拿破仑时代的普鲁士是一个例子,它成了一个由职业官僚统治的国家,君主则成了"最高行政长官"。参看 H. Rosenberg: *Bureaucracy, Aristocracy and Autocracy: The Prussian Experience 1660-1815*, Boston: Beacon Press, 1958, pp. 18-19、38-41。按英文"王朝"(dynasty)特指某一王族的统治,即"家天下";改称"皇帝专制主义",在中文中意义更为显豁。

② 伦斯基:《权力与特权:社会分层的理论》,浙江人民出版社1988年版,第253—254页。

有较大亲和性。

2.官僚的自利取向,与重身份、以"人"为中心的品位分等,具有较大亲和性。

打个比方说,如果你是老板,你将如何安排雇员等级?一种极端的可能,是你像黑心矿主一样,打算榨干矿工的每一滴血汗,那么你对雇员将"以事为中心",只发"劳务薪俸",干活就给钱,不干就没钱;干得多就多给钱,干得少就少给钱。在这时候,雇员的等级就是其工钱等级,此外别无等级。另一种极端的情况,是你开了个家族公司,雇员来自大哥二姐三姑六舅八大爷。他们很不听使唤,时时要求各种待遇、补贴而你无法拒绝。你反而要讨他们的好,生日送礼,生病送花。他们还把侄子外甥什么的全拉进你的公司,而你不能不给面子。在这时候,通常你就得发放"身份报酬",没事儿干也得给职位、给工资;还得奉送各种华丽名号,如董事、主管、主任、部门经理什么的,以满足他们的名位渴望。简言之,你的公司"以人为本"了,公司中的等级秩序品位化了。

传统社会更重身份,而身份是一种"以人为本"的地位,体现在位阶上,就是品位。所以历史上较早出现的文官制,一般都是品位分类,因为越传统的社会越重身份。日本平安时代初期的位阶制,学者对其"令外禄制"中"马料"一项的考察显示,这种制度"以最能体现官僚体制的位阶为支给基准,而不是以官职为基准"[①]。英国文官制度产生很早,采用品位分等,其出身与考选均有不同,次一等级的人员,很难晋升高的等级,身份难以流通晋升,男女待遇亦不平等,有似封建时代的贵

---

① "马料"来自养老三年(719)补给五位以上官员之家的"防阁"(这个官名来自中国唐朝),"防阁"承担护卫和杂务。仁藤智子:《平安初期国制改革的意义——律令官人制的改组与官人给与制的改革》,北京大学日本研究中心编《日本学》第5辑,北京大学出版社1995年版,第242页。

族制①。相反的例证是美国。美国在 20 世纪初率先实行职位分类,学者认为,这与美国行政文化的平等精神、成就主义和专业原则息息相关②。还有学者把德国、法国的文官制称为"官僚型",把英国的文官制称为"贵族型",而把美国的文官制称为"民主型"③。

中国古代官阶史对于上述论断,即服务取向与职位分等具有亲和性、自利取向与品位分等具有亲和性的论断,同样提供了有力支持。周代实行贵族政治,魏晋南北朝士族门阀的贵族化程度也相当之高,正是在这两个时代,品位分等特别发达。周代公卿大夫士的森严爵列,保障了贵族的优厚待遇;魏晋南北朝的繁复位阶,保障了士族门阀的品位特权。在周王朝,周天子还称不上专制君主;对魏晋南朝间门阀与皇权的此消彼长,田余庆先生有精彩揭示④。门阀现象显示,其时的官僚沿"官僚和贵族的连续统"大幅度右移了。唐宋官僚的贵族化程度下降,沿"官僚和贵族的连续统"左移,然而繁复位阶和冗官冗吏依然表明,此期的官僚,依然拥有向皇权争取身份保障与品位利益的较大能力。秦汉官阶属职位分等,明清官阶的品位化程度大为下降,薪俸向职位靠拢,则对应着皇帝的更大专制程度,以及官僚较低的身份化程度。所以学者指出,明朝散阶制的衰落,"反映了明代不像唐代那样,面临着士族门阀势力犹盛,官贵子弟需要优容的社会背景"⑤。

前面讨论过的"劳务报酬"与"身份报酬"问题,也可以从皇权与官权的博弈角度加以观察。我们曾以成年儿子在家里吃白食的比喻,来

---

① 李广训:《各国人事制度》,台北五南图书出版公司 1983 年版,第 5 页。又 W. E. Mosher 和 J. D. Kingsley 指出,英国文官等级制的基础,是以通识考试为基础的个人资格,因而与美国有异。见其:*Public Personnel Administration*,New York and London,Harper & Brothers Publishers,1936,pp. 411-413。

② 许南雄:《人事行政学》,台北商鼎文化出版社 1993 年版,第 152 页。

③ 王有仁:《各国人事制度汇编》,台北高点文化事业有限公司 1991 年版,第 1—2 页。

④ 田余庆:《东晋门阀政治》,北京大学出版社 1991 年版,"后论"部分。

⑤ 楼劲、刘光华:《中国古代文官制度》,中华书局 2009 年版,第 471 页。

说明"品位薪俸"是一种"身份报酬",然而不同的家庭会有不同情况。宽纵的老爹和娇生惯养的儿子,是一种情况;而对一个严厉的父亲,情况就反过来了,他不会允许成年子女不干事,赖在家里"啃老"。皇权较强,官僚的"服务取向"强化,这时皇帝就倾向于发"劳务报酬",向职位发钱,干活就给钱,不干活就不给钱,有意见就滚蛋。而若皇权较弱而官僚的"自利取向"较强,"身份报酬"的分量就会重起来,向品位发薪的比重就会大起来。格罗夫林曾把南朝官僚机构,称为"流亡贵族的福利体制"①。这"福利体制"的提法很发人深思,可以跟前文"身份组织""生活组织"的提法参互理解。有时观察某些行政组织,真就像一个"福利体制"。质言之,魏晋南北朝和唐宋薪俸结构的高度品位化,是官僚组织高度身份化、而皇权不能充分压制官权的结果。

官僚特权,同样可以从上述视角观察。历代官员特权的大小,本书第五章提供了这样一个轮廓:周朝贵族官员最大,秦汉官僚很小,魏晋南北朝的士族门阀与部落贵族很大,唐宋官僚减小,明清继续减小。这个变化的轮廓,也就是历代官员"自利取向"之强弱的变化轮廓。

总之,如果某时代存在发达的品位序列与品位特权,那么就可以认为:

1. 统治者安排位阶时以"身份考虑"而不是"运作考虑"为主。

2. 其时官僚组织在更大程度上是一个"身份组织"而非"功能组织"。

3. 其时官僚阶层的特性是"自利取向"而不是"服务取向"。

官僚的自我扩张冲动所可能受到的抑制,来自两个方面:其上的君主或代议机构,其下的公众②。现代民主、法制与公众监督,相对较好

① Dennis Grafflin:"The Great Family in Medieval Southern China", *Harvard Journal of Asiatic Studies*,41:1,1981.

② 黄小勇:《现代化进程中的官僚制:韦伯官僚制理论研究》,黑龙江人民出版社2003年版,第16页。

地抑制了官僚扩张特权、保证他们兢兢业业地承担起公共服务①。而在传统中国,民众没有多少政治权力,官僚"服务取向",通常靠一个铁腕皇帝,像秦始皇、朱元璋及康熙、雍正那样的皇帝来维持。但这种偶或一出的铁腕皇帝不仅仅是个人现象,而是皇权与官权关系的历史变迁,为之提供了挥舞铁腕的政治舞台。而且,官权被压缩的最大获益者是皇权,民众最多只是附带受益。

四 品级、等级与阶级

各个传统社会都存在等级,同时也存在着阶级。社会等级与血统、职业、种族、财产、婚姻与继承等相关,阶级则主要是一个经济概念,它指示不同社会集团在生产关系中的不同地位。等级、阶级与王朝品级,在传统中国是什么关系呢？是行政级别决定社会分层,是"品级、等级与阶级的更大一致性"。

墨菲指出:在早期等级社会,"财产的私有并不是决定因素。相反,统治阶级干预某个决定性的生产环节即能控制资源与人口"②。他认为把社会等级归结为私有,不如归结为控制。伦斯基看到:研究那些发达的农业社会,"我们很快就会发现权力、特权和荣誉的非常不平等的分配是从其政治系统的作用中产生的。更准确地讲,在这些社会中,政府制度是社会不平等的首要来源"③。

当然传统社会有很多种,如原始政治体系、城邦国家、部落王国、家产制国家、封建政体、专制君主政体、贵族政体、寡头独裁制、神权国家、

---

① 即使如此,官僚主义在很多地方仍难以克服。例如阿兰-佩雷菲特对法国官僚主义的尖锐抨击:"路易十四'朕即国家'的口号已经被人接了过去。接班人便是那奉天承运的庞大官僚体系。"《官僚主义的弊害》,商务印书馆1981年版,第616页。

② 墨菲:《文化与社会人类学引论》,商务印书馆1991年版,第208页。

③ 伦斯基:《权力与特权:社会分层的理论》,浙江人民出版社1988年版,第235页。

中央集权的官僚帝国,其政府制度与社会等级的关系,不能一概而论。把官僚制看成一种统治形式,是一种经典观点①。亨廷顿特别比较了"官僚制国家"和"封建国家"之异,前者是"金字塔式权威结构",后者是"等级权威结构"。二者的区别在于"权力集中或者分散的程度","官僚政治国家的实质是权力自上而下的单向流动,封建国家的实质是处于社会—政治—军事结构中不同等级的人们分享权力和义务的双向制度"②。在"金字塔式的权威结构"之下,国家行政等级就有更大的可能性,成为社会差别的主要来源。政治学家有时使用"政治分层"概念。在这一视角中,社会等级分为有权者阶层、谋求权力者阶层、政治阶层与无政治阶层③。在中国,政治分层与社会分层高度吻合。黑格尔曾说:"在中国,实际上人人是绝对平等的,所有的一切差别,都和行政连带发生。"④

官僚本身能够成为一个阶级吗?曼德尔着眼于生产关系,反对把官僚看成阶级,虽然也承认了官僚与一个阶级非常相似⑤。魏特夫则强调,"东方专制国家"的经济"是一种政治性质的经济",在这样的国家里,"国家政权都是阶级结构的一个主要决定因素",因此"需要有一种关于阶级的新的社会学"⑥。翟学伟先生提出:"不但可以把行政等

---

① 阿尔布罗:《官僚制》,知识出版社 1990 年版,第 83 页以下,"作为官员统治的官僚制"。

② 亨廷顿:《变化社会中的政治秩序》,生活·读书·新知三联书店 1989 年版,第 134—135 页。

③ 达尔:《现代政治分析》,上海译文出版社 1987 年版,第 130 页。

④ 黑格尔:《历史哲学》,上海书店出版社 2001 年版,第 125 页。

⑤ 曼德尔:《权力与货币:马克思主义的官僚理论》,中央编译出版社 2001 年版,第 36 页。他说,虽然"人们认为工人国家里的官僚们的某些表现与一个社会阶级的表现没有很大区别:无限的权力,精神和物质上的特权,对既得的和需要保护的特权的集体意识",但若把官僚视为阶级,无产阶级革命的对象与任务就会发生混乱。见其《关于过渡社会的理论》,人民出版社 1982 年版,第 82 页以下。

⑥ 魏特夫:《东方专制主义——对于极权力量的比较研究》,中国社会科学出版社 1989 年版,第 40、13、315 页。

级放入社会等级来研究,而且还可以认为中国人会在实际中把政治制度当成社会关系来运作,比如中国社会中的官(现在叫干部),不但意味着做官者在国家政府机关里供职(国家公务员),而且意味着他在社会上的权势……中国政治和社会结构基本上是连续的。"①"利益的落差与和权力的距离恰成正比。……一方面,在体制内外之间,有着一道利益的分界线,另一方面,即使在体制内,权力距离的远近,也依旧决定着利益的落差。"②"利益的落差与和权力的距离恰成正比",表明在分配体制中官员处于特殊地位。这种情况是其来有自,自古已然。摩尔看到:在传统中国"官僚机构似乎是比土地所有者更有权势、更有效率的组织,虽然双方谁都离不开谁。土地的财富来自官僚机构,并受官僚机构的保护而存在"③。我们认为,传统中国的官僚不但可以看成一个等级,甚至可以看成一个阶级。

土地是传统农业社会中最重要的生产资料。在帝国前期,王朝直接干预土地占有和劳动者身份,并直接以王朝品爵施加调节;在帝国后期,"官僚地主"依然是地主阶级中最有权势的层次。

周代井田制下,公社农民不能自由处分个人份地,而由官员进行管理。由于国家干预已成为传统,在战国授田制下,国家依然保持了支配土地的重大权力。汉初依二十等军功爵授田,造就了一个军功地主阶层④。据李开元先生估算,汉初约有 60 万将士因赐爵而获得田宅,军爵的受益面为 300 万人,约占当时人口的 1/5;他们获得了 3 亿亩耕地

① 翟学伟:《中国社会中的日常权威:关系与权力的历史社会学研究》,社会科学文献出版社 2004 年版,第 107 页。

② 这是对 2009 年初事业单位养老保险改革计划的评论。《事业单位改革应有整体思路》,华商网,http://news.hsw.cn/gb/news/2009-02/02/content_10577990.htm,访问时间:2009年 8 月 3 日。

③ 摩尔:《民主和专制的社会起源》,华夏出版社 1987 年版,第 134 页。

④ 翦伯赞主编,田余庆著:《中国史纲要》第 4 章,人民出版社 1995 年版,第 112 页。

和 1500 万亩的住宅地,相当于全国耕地的 40%[1]。汉初《二年律令·户律》中,依爵级"名田宅"的规定如表 10.1[2]:

表 10.1

爵级	爵号	授田地	授宅地
二十	彻侯		105 亩
十九	关内侯	95 顷	95 亩
十八	大庶长	90 顷	90 亩
十七	驷车庶长	88 顷	88 亩
十六	大上造	86 顷	86 亩
十五	少上造	84 顷	84 亩
十四	右更	82 顷	82 亩
十三	中更	80 顷	80 亩
十二	左更	78 顷	78 亩
十一	右庶长	76 顷	76 亩
十	左庶长	74 顷	74 亩
九	五大夫	25 顷	25 亩
八	公乘	20 顷	20 亩
七	公大夫	9 顷	9 亩
六	官大夫	7 顷	7 亩
五	大夫	5 顷	5 亩
四	不更	4 顷	4 亩
三	簪袅	3 顷	3 亩
二	上造	2 顷	2 亩
一	公士	1.5 顷	1.5 亩

---

① 李开元:《汉帝国的建立与刘邦集团——军功受益阶层研究》,生活·读书·新知三联书店 2000 年版,第 53—54 页。

② 张家山汉墓竹简整理小组:《张家山汉墓竹简(二四七号墓)》(释文修订本),文物出版社 2006 年版,第 52 页。

爵级	爵号	授田地	授宅地
	公卒	1 顷	1 亩
	士伍	1 顷	1 亩
	庶人	1 顷	1 亩
	司寇	0.5 顷	0.5 亩
	隐官	0.5 顷	0.5 亩

五大夫与左右庶长之间,级差存在着一个跳跃。那么军功地主的内部等级,也因爵级而定。"以爵位名田宅的制度是以国家拥有对田宅的控制和收授权力为前提的",田宅的继承、转让与买卖,都以爵级为依据①。

以爵级"名田宅"的制度逐渐名存实亡,兼并滋起而愈演愈烈。然而君臣们经常为"田宅逾制"忧心忡忡,那么"制"至少在理念上依然存在着。西汉哀帝时有司建议"限田限奴婢","犯者以律论。诸名田畜奴婢过品,皆没入县官"②,以抑制"田宅亡限"及平民沦为奴婢的现象。其法如表10.2:

表10.2

身　份	限　田	限奴婢
诸侯王		200 人
列侯、公主	30 顷	100 人
关内侯、吏民		30 人

这个办法虽未实施,但仍可看到,朝廷认为自己有权干预土地与奴婢的占有。新莽改制时所实行的"王田私属"之法,也有同样意义。

---

① 杨振红:《秦汉"名田宅制"说——从张家山汉简看战国秦汉的土地制度》,《中国史研究》2003 年第 3 期。

② 《汉书》卷十一《哀帝纪》。

西晋颁布了品官占田荫客制,其法略如表10.3[1]:

表10.3

	占田	荫亲属	荫衣食客	荫佃客
一品	50 顷			15 户
二品	45 顷			
三品	40 顷			10 户
四品	35 顷	多者及九族 少者三世	3 人	7 户
五品	30 顷			5 户
六品	25 顷			3 户
七品	20 顷		2 人	2 户
八品	15 顷			1 户
九品	10 顷		1 人	

面对着大土地所有制和依附关系的发展,帝国只对品官网开一面,允许
他们按品级占田荫客,却不承认一般地主的过限占田及荫客的权利。

北朝隋唐的均田制,被认为是专制国家对民间盛行的封建依附关
系的最后一次大规模的全国性的干预[2]。唐代均田制下,永业田的颁
授全依官爵。略如表10.4[3]:

表10.4

爵号	职事官品	永业田	勋官	永业田
亲王		100 顷		
	正一品	60 顷		

---

① 《晋书》卷二六《食货志》。

② 田余庆:《秦汉魏晋封建依附关系发展的历程》,《中国史研究》1983 年第 3 期;《秦汉魏晋南
北朝人身依附关系的发展历程》,收入《秦汉魏晋史探微》,中华书局 1993 年版,第 86 页。

③ 《通典》卷二《食货二》,中华书局 1984 年版,第 15 页;《唐六典》卷三《户部尚书》,中华书
局 1992 年版,第 75 页。

爵号	职事官品	永业田	勋官	永业田
郡王	从一品	50 顷		
国公	正二品	40 顷		
郡公	从二品	35 顷	上柱国	30 顷
县公	正三品	25 顷	柱国	25 顷
	从三品	20 顷	上护军	20 顷
侯	正四品	14 顷	护军	15 顷
伯	从四品	10 顷	上轻车都尉	10 顷
子	正五品	8 顷	轻车都尉	7 顷
男	从五品	5 顷	上骑都尉	6 顷
	六、七品	2.5 顷	骑都尉	4 顷
	八、九品	2 顷	骁骑尉、飞骑尉	0.8 顷
			云骑尉、武骑尉	0.6 顷
道士、僧		0.3 顷		
女冠、尼		0.2 顷		
丁男中男		0.2 顷		
工商		0.1 顷		

＊"其散官五品以上同职事给,兼有官爵及勋俱应给者,唯从多,不并给。"

所谓"授田",有的学者认为只是一种"名田",即允许占有土地的上限①。那么它跟西晋的占田制有类似之处。不过至少名义上仍称为"授田",从而伸张了国家有权支配土地的正当性与官贵依等级占有土地的正当性。

以上所看到的,是直接用王朝品级确定生产资料占有的事例。宋制"不抑兼并",王朝不再对占田进行限制了。但从宋到清,品官及家属,候补、致仕官僚及功名拥有者,依然凭借等级特权,优先占有社会资

---

① 杨际平:《北朝隋唐均田制新探》,岳麓书社 2003 年版,第 196 页以下。

源,从而使自己成为一个编户之上的特殊阶级。侯外庐先生有"品级性地主"概念①,吴晗先生有"新仕宦阶级"提法②,王曾瑜先生也有"品官地主"概念③。张显清先生认为:中国古代"社会等级虽然是'多级'的,但官绅等级与庶民等级的划分却是最基本的"④。李文治先生认为,庶民地主和贵族官绅地主是两个不同的等级,其法权关系与社会地位不同,后者是专制政治的支柱⑤。经君健先生认为,清代官僚和缙绅是特权等级,良贱等级、君臣等级、官民等级三者,构成清代等级制基本框架⑥。王毓铨先生指出:"在中国古代封建社会里出现了官等级与地主阶级的一致性;民等级与朝廷当差人户、地主私人佃户的一致性……"⑦总之学者几乎都看到,官绅"具有人们所公认的政治、经济和社会特权以及各种权力,并有着特殊的生活方式。绅士们高踞于无数的平民以及所谓'贱民'之上,支配着中国民间的社会和经济生活"⑧。

据张仲礼先生估计,光绪六年(1880)的 22830 名品官,其法外灰黑收入约 1.15 亿两,而其正式固定收入只有 629.5 万两⑨。又,其时清

---

① 侯外庐:《我对中国社会史的研究》,《历史研究》1984 年第 3 期。

② 吴晗:《明代的新仕宦阶级,社会的政治的文化的关系及其生活》,收入《明史研究论丛》第 5 辑,江苏古籍出版社 1991 年版。

③ 王曾瑜:《宋朝阶级结构》,河北教育出版社 1996 年版。

④ 张显清:《明代官绅优免和庶民"中户"的徭役负担》,《历史研究》1986 年第 2 期。

⑤ 李文治:《论明代封建土地关系》及《论清代前期的土地占有关系》,收入《李文治集》,中国社会科学出版社 2000 年版,第 172、217 页。

⑥ 经君健:《试论清代等级制度》,收入《明清史国际学术讨论会论文集》,天津人民出版社 1982 年版。又参其《清代社会的贱民等级》,浙江人民出版社 1993 年版,第 10 页以下。

⑦ 王毓铨:《〈中国历史上农民的身分〉写作提纲》,收入《莱芜集》,中华书局 1983 年版,第 365 页。

⑧ 迈克尔:《导言》,张仲礼:《中国绅士——关于其在 19 世纪中国社会中作用的研究》,上海社会科学院出版社 1991 年版。

⑨ 张仲礼:《中国绅士的收入》,上海社会科学院出版社 2001 年版,第 42 页。

廷岁入 8000 余万两①,清朝劳工的年收入约 5—10 两,总人口约 3.775
亿。那么根据这些数据,我们来做两个估算。

估算 1:品官的灰黑收入与朝廷税收,合计近 2 亿两。劳工年
收入若以 10 两计,这 2 亿两就相当于 2000 万劳工的收入;若以 5
两计,就相当 4000 万劳工的收入。若以 1 人供养 2 人计,则需
4000 万或 8000 万人不吃不穿,才能供养政府与官僚。后一数字,
约占当时总人口的近 1/5。

估算 2:品官的正式收入与灰黑收入,合计约 1.2 亿两。劳工
年收入以 10 两计,那就相当于 1200 万劳工的收入;以 5 两计,那
就相当于 2400 万劳工的收入。若以 1 人供养 2 人计,则需 2400
万或 4800 万人不吃不穿,才能供养 2 万多名品官②。

这里只计算了品官通过官职而获得的收入,还没有考虑贵族、官绅家族
的其他收入。张仲礼先生估计,在 19 世纪后期,占人口 2% 的清朝绅
士收入,占国民生产总值的 24%,占总经济收入的 30%;绅士的收入平
均 90 两,而普通国民为 5.7 两,二者相差 16 倍。"证实了公认的在传
统中国社会里做官最能发财的观点。"③面对这样的数字,我们无法不
更新"阶级"概念,把中国官僚视为一个阶级。

---

① 周育民:《晚清财政与社会变迁》,上海人民出版社 2000 年版,第 316 页。又光绪二十年
(1894)章京文瑞呈文:"国家岁入八千余万两,出款已九千余万。"《中日战争》,新知识出
版社 1956 年版,第 4 册第 51 页。

② 我们作此估算,是受了陈志武先生《中国政府有多大》一文的启发,但对清朝的估算结果
与之不同。陈先生估算,乾隆中期的国家税收为 4937 万两,只相当于 205 万人或 410 万
人的年收入而已。他是以劳工年收入 24 两或 12 两来计算的。"今天需要 3.7 亿个城镇
居民、12.3 亿农民的可支配收入才能支持政府的开支。"腾讯网,http://finance. qq. com/
a/20090625/003139. htm,访问时间:2009 年 8 月 7 日。陈先生在估算时,没把品官及胥
吏的灰黑收入考虑在内,而那是一笔巨款。陈先生想用传统政府的开支给民众造成的负
担较小,来证明"古今有异"。我们的估算则显示"自古已然"。

③ 张仲礼:《中国绅士的收入》,第 324—326 页。

这里还没考虑数十万甚至可能上百万吏胥的灰黑收入,那也是一笔巨款,甚至可能超过品官的灰黑收入。那是吏胥们为官府服务、分享了国家权力,从而从国民总收入中分割而来的。

中国古代的品级,显示了塑造社会分层、改变阶级关系的强大能力。这些行为看上去是"外向性"的,其实不是。"外向性"是指向外部社会提供公共管理与服务。而中国王朝通过等级手段改造外部社会,使之与自己同构,或适应于自己的结构,从而为君臣提供更优越的环境生态,这种行为,我们称为"外向性的内向化"。由于这种"外向性的内向化",中国古代官阶制的影响,远远超出行政领域,而与社会上的等级、阶级相关。

五　退休官僚与官僚亲属

在中国官员是否构成特殊等级的问题上,观察退休官僚与官僚亲属的品位待遇,很有帮助。正如瞿同祖先生所指出:若退休即失去所有特权、同于庶人,则不好将之看成阶级;而若一旦获得官吏的身份,便永远保持特殊社会地位与特权,日常生活及行住服饰上有法律规定的差异,使之与庶人的生活方式永远不同,则官吏与庶人的划分就是永久性,二者永远保持距离,从而构成阶级的形态。与之类似的,是官僚亲属的品位待遇。瞿先生说:"每一朝代的法律都承认官有家属的特殊社会地位及权利。品官的直系尊亲属及配偶原在封赠之列,他们本身也已取得特殊的身分,他们的享受自得依照其所封赠的品级,不同常人,便是品官的子孙、姊妹、弟侄不在封赠之列的,也得享受与父祖、伯叔、兄弟相同的生活方式。"①

瞿先生所谓"阶级",即通常所说的"等级"。退休待遇与亲属待

---

① 瞿同祖:《中国法律与中国社会》,收入《瞿同祖法学论著集》,中国政法大学出版社1998年版,第179页。

遇,表明官僚的身份可以脱离职位,而保留到退职之后,并惠及亲属,从而具有了个人属性与品位意义,进而具有了等级意义。

退休待遇 现代国家的文官有退休金,但正如国民中的其他职员、劳工都有退休待遇一样,退休金本身不能看成特权,而要看其优厚程度。但退休待遇的论题在古代仍有意义。因为古代的各行业人员,只有官员在失去工作能力后仍能领钱,进而历代退休待遇的变化轨迹,就有了考察价值。

礼书说"七十致仕"。春秋有"纳邑与政"之事①,即大夫在退职时,要交还任职时国君授予的采邑。不过,更多的情况是采邑世袭②。即令存在需要交还国君的部分,大夫仍有私人的采邑,足以保证其致仕后的生计③。

汉代情况反了过来。官员致仕就无俸,除非皇帝特赐。特赐的例子,如石奋以上大夫之禄、周仁以二千石之禄归老等。对宠臣的"乞骸骨",皇帝还会赐钱、赐第舍。"特赐"的形式,使致仕后的待遇完全取决于皇帝的个人恩典。汉平帝规定,二千石以上吏致仕,给 1/3 的俸禄。其时王莽当政,那只是他笼络人心的一时之举,非经制④。然而必须指出,曾获封爵的官僚,在告别公职之后,可以安享爵禄。

---

① 《左传》襄公二十九年,吴公子札敦促齐大夫晏平仲"子速纳邑与政",即交还权位与采邑。杜预:《春秋左传集解》,上海人民出版社 1977 年版,第 1122 页。

② 侯志义先生认为:"在大夫本人死了以后,其子孙仍然得以继承采邑,不作变动,所谓'官者世袭'的便是。"见其《采邑考》,西北大学出版社 1989 年版,第 15 页。刘雨先生认为:"王分封赏赐给大贵族的土地田邑,一经成为固有领地,就具有相当程度的独立性。"见其《西周金文中的大封小封和赐田里》,收入《中国考古学论丛——中国社会科学院考古研究所建所 40 年纪念》,科学出版社 1993 年版,第 321 页。

③ 徐喜辰先生认为,周朝采邑有"官邑"和"私邑"之别,前者是因官职而来的禄邑,后者则是私有土地。见其《春秋时代的"室"和"县"》,《人文杂志》1983 年第 3 期。汤雄平先生的看法略异,认为来自官职而为卿大夫享有的"官邑",就是"私邑";而国君控制的则为"公邑"。见其《关于春秋时代的"室"》,《史学月刊》1987 年第 6 期。

④ 赵翼:《陔余丛考》卷二七《致仕官给俸》,河北人民出版社 1990 年版,第 454 页。

魏晋南北朝散官泛滥,优老成为散官的重要功能之一,这就造成了"离职不离官"的情况。金紫光禄大夫就是优老之官:"魏氏已来,转复优重……其诸公告老者,皆家拜此位。……及晋受命,仍旧不改,复以为优崇之制。而诸公逊位,不复加之,或更拜上公,或以本封食公禄。其诸卿尹中朝大官年老致仕者,及内外之职加此者,前后甚众。"①老年官僚们已脱离职守,却不必脱离官位,继续以上公、光禄大夫之位享受富贵。原为诸公而有封爵的,在致仕后,还可以享受诸公的俸禄。

北魏孝明帝表示:"今庶僚之中,或年迫悬车,循礼宜退。但少收其力,老弃其身,言念勤旧,眷然未忍。"于是下诏:"若才非秀异,见在朝官,依令合解者,可给本官半禄,以终其身。"②由此七十退休者,获得了"半禄"的优待。这个待遇,不如做光禄大夫等散官优越。有学者分析说,散官虽无事权,但品级较高,其俸禄会增大朝廷负担,所以还不如令其致仕,改为半禄呢③。唐朝承之:"凡致仕之官,五品已上及解官充侍者,各给半禄。"④六品以下致仕官,一度也有俸禄⑤。少数功臣、宠臣,经恩准还可以获得全俸。高官致仕,若有子弟在外做官,还允许一位子弟留职领薪而在京侍养,成为"勒留官"之一种。可谓体贴入微。

宋太宗给致仕官半俸,宋真宗还曾给致仕官全俸。宋仁宗下诏,两省、卿监、刺史、阁门以上致仕,比照陪都的分司官给俸。宋朝"凡文武官致仕者,皆转一官",即进阶一级,有如当今的"提退"。甚至还有升

---

① 《晋书》卷二四《职官志》。

② 《魏书》卷九《肃宗孝明帝纪》。

③ 柏桦、齐惠:《礼制与致仕制度》,《北京行政学院学报》2006 年第 1 期。

④ 《旧唐书》卷四三《职官志二》。

⑤ 《唐会要》卷六七《致仕官》唐玄宗敕:"如闻六品以下致仕官,四载之后,准各并停。念其衰老,必藉安存,岂限其高卑,而恩有差降?应五品下致仕官,并终其余年,仍永为例程。"中华书局 1955 年版,第 1174 页。似此年之前,六品以下致仕官能领 4 年的半俸;此敕之后,就可以"终其余年"了。

二等、三等者①。一定品级的官员致仕，许子弟一人荫补②，有如当今的"接班"。每遇大礼或庆典而有泛阶恩典，致仕官仍可以升转他们的寄禄官资。比如有个吏部侍郎张存，退休之后的 15 年中，仍然在泛阶中跟着一次次进阶，其阶官一直升到了礼部尚书。学者评论说："实际上这就使致仕官除不厘实务外，与常朝官没有什么区别了。"③官僚甚至还可以"带职致仕"，即带宫官、学士、待制等衔致仕，从而继续领俸④。总之，宋朝致仕官的待遇不断提高，有权享受待遇的官资也不断下调⑤，从而增加了受惠者。号称"致仕"，却照样进阶、仍有官衔，岂非奇闻。所以大臣们感恩戴德："朝廷以恩遇老臣无所不厚。"

元朝情况又反了过来，致仕官中的子幼家贫者，才给半俸。在明朝，除非皇帝特赐，才能有给米给夫的优待，此外致仕官均无俸禄。唯永乐、天顺、成化和嘉靖四朝，曾就致仕官的俸禄做过规定，然而多的不过月米二石，少的只有每岁四石。学者称"恩典之薄，前所未有"⑥。明

① 参看白钢主编，朱瑞熙著：《中国政治制度通史》第 6 卷（宋代卷），人民出版社 1996 年版，第 689—692 页；金中枢：《宋代公教人员退休制度研究》（一），《宋史研究集》第 28 集，台湾编译馆 1998 年版，第 65 页以下。

② 游彪：《宋代荫补制度研究》，中国社会科学出版社 2001 年版，第 102 页以下；《宋代官员致仕荫补制度》，《宋史研究论文集第十辑——中国宋史研究会第十届年会及唐末五代宋初西北史研讨会论文集》，兰州大学出版社 2004 年版。中级官员致仕时如已荫补子弟了，就不能再转了，称"守本官致仕"。荫补子弟与转官，要二中择一。

③ 景北记：《北宋的致仕制度和冗官冗费》，《求是学刊》1984 年第 4 期。宋仁宗规定："致仕官每遇覃恩，转官加恩与常朝官事体相同。"又参吴擎华：《北宋官员致仕制度浅探》，《文史杂志》2005 年第 6 期。

④ 洪迈：《容斋随笔》卷九《带职致仕》："熙宁以前，待制学士致仕者，率迁官而解其职。若有疾就闲者，亦换为集贤院学士"；又卷十《致仕之失》："本朝尤重之，大臣告老，必宠以东宫师傅、侍从。"上海古籍出版社 1978 年版，第 118、130 页。

⑤ 穆朝庆：《论宋代的官员致仕制度》，《许昌学院学报》1989 年第 2 期。

⑥ 龚小峰：《明代文官致仕问题研究》，《东南大学学报》2005 年第 6 期。又参周荣：《明代致仕官员的食俸与养老》，《武汉大学学报》2006 年第 1 期；魏天辉：《明代文官致仕制度述论》，《广西社会科学》2008 年第 3 期。

朝虽有致仕进阶制度——最初是三品以上如故，四品以下升一等，后来三品以上也升等——但这时的散阶纯是虚衔，无大意义。清朝从一品的尚书以上官致仕，可享全俸，自请原品致仕的可享半俸，但都须恩准。勒令致仕者无俸。

那么离职官僚的薪俸变迁，就呈现出了明显的阶段性：

1. 周朝卿大夫自有私人采邑，最为优厚。

2. 秦汉官僚退休无俸，除非皇帝特赐。但有爵者可享有爵禄。

3. 魏晋南北朝官僚退休以"离职不离官"为特点，待遇优厚。

4. 北朝唐宋官僚退休有半俸甚至全俸，及多种形式的品位优待，待遇优厚。

5. 元明清退休待遇再趋简薄。

退休官僚还有其他多种待遇。唐宋明清的致仕官，其法律特权与现任官相同，各种服用的礼制与现任官相同。其服饰，闲居戴巾帽而不能戴冠，但官服依旧；朝见时则一体具服行礼。其经济特权，明朝"以礼致仕者免十分之七"，免丁免粮之数是现任官的 7/10。唐代三品以上官致仕后，每月仍可以参与朔望朝参，而且朝班在本品现任官之上。这样的待遇，都是现代文官制所没有的，从而强化了前述论断：中国官僚组织是一个"身份组织"；解印离职之后，也不被视同路人，君臣仍是一家人。

官僚亲属 官吏家属拥有特殊身份，享有特殊待遇，自先秦已然。此后历代的礼典法规中，都有大量的这类规定。这些礼典法规有两重意义：施恩与设限。施恩的结果，使整个官僚家族受惠，强化了官僚的社会等级形象；设限的目的，是防止淆乱僭上，维系"身份组织"的内部等级秩序。

礼书云，天子之妃称后，诸侯称夫人，大夫称孺人，士称妇人，庶人称妻。这就是一种等级称谓之礼。贵族的女性配偶，其数量与等级也有规定。天子据说可以拥有一王后、三夫人、二十七世妇、八十一女御，各级贵族则依次而降。据说诸侯一娶九女，士允许有一妻一妾。《孟子·离娄下》讲到的"齐人有一妻一妾而处室者"，那位"齐人"的身份就是"士"。魏晋制度，诸王八妾，公六妾，侯五妾，伯四妾，子三妾，男二妾；一、二品官四妾，三、四品官三妾，五、六品官二妾，七、八品官一妾。东魏元孝友请定制度，一品官八妾，二品官七妾，三、四品官五妾，五、六品官二妾①。官贵的妻妾多少，是"数字化"了的。这再次反映了中国王朝是一个"生活组织"与"仪式组织"，家庭规模也是一种等级排场，妻妾数量按行政级别来定。

皇帝与官僚，皇帝后妃与官僚妻子，在礼制上做对称安排。唐代朝会，官僚在太极殿朝见皇帝，而外命妇即五品以上官员的母妻，则在中宫朝见皇后："大会之日，陈设亦如之。皇帝服通天冠。皇太子称觞献寿，次上公称觞献寿，侍中宣赐束帛有差。其日，外命妇朝中宫，为皇后称觞献寿，司宫宣赐束帛有差。"在礼典上，官员领受了皇帝的赏赐，官僚的母妻则依子、夫官品，领受皇后的赏赐："正、冬之会，称束帛有差者，皆赐绢，五品已上五匹，六品已下三匹。命妇会，则视其夫、子。"②皇帝君临天下，皇后则母仪天下；官员向皇帝称"臣"，其母妻则向皇后称"妾"："皇太子已下，率土之内，于皇帝皆称臣"，"六宫以下，率土妇人，于皇后皆称妾也"③。官僚的母妻，算是皇后的臣属。作为"功能组织"，就不会有职员及其母妻向上司的母妻献媚示好的制度，也没必要给职官的母妻发奖钱。而作为"身份组织""生活组织"，情况就不同了。正像有人说的，家庭不是"讲理"的地方，而是讲"情"的地方。"君

---

① 《太平御览》卷一九九引《魏志》，中华书局1960年版，第958页以下；《魏书》卷十八《元孝友传》引《晋令》及《官品令》。此《官品令》有人认为是北魏之制。按《传》下文有"而圣朝忽弃此как，由来渐久"之文，元孝友对本朝品官妾数又另有建议，则《官品令》应系《晋令》。张鹏一《晋令辑存》即将之辑入《晋官品令》。三秦出版社1989年版，第51页。

② 分见《唐六典》卷四《礼部·礼部郎中员外郎》、卷三《户部·金部郎中员外郎》，中华书局1992年版，第113、82—83页。

③ 《唐会要》卷二六《笺表例》，中华书局1955年版，第505—506页。

父""国母"分别向"臣""妾"行赏,很像大家长给儿女们压岁钱,展示了大家长的一怀亲情。

官僚各有自己的小家,脱身小家而出仕朝廷,就由"私"的领域,进入了"公"的世界。古礼,"父前子名,君前臣名"。在家是"子",对父母不称姓而自称"某",以示是一家人,不是外姓人;在朝是"臣",对皇帝不称姓而称"臣某",也用以显示是一家人,不是外姓人。"'臣某'形式是'家'内的秩序,在君臣关系上被扩大应用而建立起来的。"①朝廷宛如一个大家庭。唐制:"凡散官正二品、职事官从二品以上,爵郡王以上,于公文皆不称姓。凡六品以下官人奏事,皆自称官号、臣、姓名,然后陈事。"②甘怀真先生指出:"高级官员可以不称姓,是表示他们与皇帝的关系更密切。称'臣'是将己身献给国家。但不称姓,但称'臣某',则表示官员更进一步隶属于皇家,是成为皇帝拟制的皇家家人。"③五品以上官员对皇帝可以不称姓,六品以下就不能,显示了"拥戴群体"是有梯度的。皇族算是主干家族,高官家庭有如大家族的分支,低级官员是疏属,率土之内的庶民就更疏远了。官僚,尤其是高级官僚,不仅是以其"身"、即其本人,而且是以其"家"、即其家族,对皇帝、对朝廷做整体投注的;那么不仅官僚之"身",而其"家"也得到了大家长的特殊优待,就"情有可原"了。

关于官僚亲属的等级礼制,历代逐渐趋繁。洪武二十四年(1391)所定服制,仅关于命妇冠饰的规定,就已如此的细致(表10.5)④:

---

① 尾形勇:《中国古代的家与国家》,吉林文史出版社 1993 年版,第 146 页以下。

② 《唐六典》卷六《礼部郎中员外郎》,第 113 页。

③ 甘怀真:《皇权、礼仪与经典诠释:中国古代政治史研究》,台湾大学出版中心 2004 年版,第 225 页。徐冲认为,唐朝这个制度起源于南朝宋文帝时。见其《汉唐间的君臣关系与"臣某"形式に関まる—试论》,《历史研究》44,2007 年。

④ 《明太祖实录》卷二〇九,洪武二十四年(1391)六月己未诏,台北"中研院"历史语言研究所 1962 年校印本,第 3114 页以下。

表 10.5

公侯伯及一品	金事件珠翟 5 个,珠牡丹开头 2 个,珠半开 3 个, 翠云 24 片,翠牡丹叶 18 片,翠口圈 1 副, 上带金宝钿花 8 个,金翟 2 个,口衔珠结 2 个
二、三、四品	金事件珠翟 4 个,珠牡丹开头 2 个,珠半开 4 个, 翠云 24 片,翠牡丹叶 18 片,翠口圈 1 副, 上带金宝钿花 8 个,金翟 2 个,口衔珠结 2 个
五、六品	抹金事件珠翟 3 个,珠牡丹开头 2 个,珠半开 5 个, 翠云 24 片,翠牡丹叶 18 片,翠口圈 1 副, 上带抹金银宝钿花 8 个,抹金银翟 2 个,口衔珠结 2 个
七、八、九品	抹金银事件珠翟 2 个,珠月桂开头 2 个,珠半开 6 个, 翠云 24 片,翠月桂叶 18 片,翠口圈 1 副, 上带抹金银宝钿花 8 个,抹金银翟 2 个,口衔珠结 2 个

明朝服制,对官僚的父祖、伯叔、子弟、侄孙、母妻女以至女婿、子妇应该穿什么服装,不厌其烦一一规定。又,不但高级官僚犯罪要经皇帝过目审核,而且功臣的外祖父母、伯叔父母、姑、兄弟、姊妹、女婿、兄弟子,及四、五品官的父母、妻及合荫子孙,犯罪判决也必须议拟奏闻。官僚的很多既得利益,其亲属都可以分享。例如唐朝官僚的儿子,在加冠和婚礼之时,可以使用父亲的冕服,以示子承父业、冠冕不绝。又如宋朝规定,官僚死后,子孙仍然可以用父祖的生前官职减免科差,减免额度由各位子孙平分。

官僚的母妻,王朝给予名号,好让她们跟普通妇女区分开来。唐制:"一品及国公母、妻为国夫人;三品已上母、妻为郡夫人;四品、若勋官二品有封,母、妻为郡君;五品、若勋官三品有封,母、妻为县君。散官并同职事。勋官四品有封,母、妻为乡君。其母邑号皆加'太'字。各视其夫及子之品。"①

向官僚的母妻与父祖赠予官号的制度,称"封赠"。父母在世者曰"封",去世曰"赠"。它的理念前提,就是子贵父荣、夫贵妻荣。汉朝已

---

① 《唐六典》卷二《吏部·司封郎中员外郎》,第 39 页。

有"夫贵妻荣"之事了。大将军梁冀之妻孙寿封襄城君,梁家的夫人、女子食邑称君者达 7 人之多。封赠制度大约是在两晋、刘宋时正式形成的,至唐宋而始备。所以在唐宋的古文碑状中,官僚的父母习称"赠公""赠君"①。明朝称"推封"。清朝把散官用于封赠,文武各 18 阶。官至某品,若逢庆典恩诏,任职 2 年以上者便可申请相应的散阶,并可以把自己所获散阶"貤封"给父母(其父需要不在任上)。其封赠之法屡有变化,表 10.6 是乾隆三十二年(1767)的制度②:

表 10.6

品级	文官封赠	武官封赠	貤封	母妻之号	诰敕
正一品	光禄大夫	建威将军		一品夫人	封赠三代 诰命四轴
从一品	荣禄大夫	振威将军			
正二品	资政大夫	武显将军	貤封 曾祖父母	二品夫人	封赠二代 诰命三轴
从二品	通奉大夫	武功将军			
正三品	通议大夫	武义都尉		淑人	
从三品	中议大夫	武翼都尉			
正四品	中宪大夫	昭武都尉		恭人	封赠一代 诰命二轴
从四品	朝议大夫	宣武都尉			
正五品	奉政大夫	武德骑尉	貤封祖 父母	宜人	
从五品	奉直大夫	武德佐骑尉			
正六品	承德郎	武略骑尉		安人	封赠一代 敕命二轴
从六品	儒林郎	武略佐骑尉			
正七品	文林郎	武信骑尉		七品孺人	
从七品	征仕郎	武信佐骑尉			
正八品	修职郎	奋武校尉	貤封 父母	八品孺人	止封本身 敕命一轴
从八品	修职佐郎	奋武佐校尉			
正九品	登仕郎	修武校尉		九品孺人	
从九品	登仕佐郎	修武佐校尉			

* 从六品一阶,吏员出身为宣德郎;正七品一阶,吏员出身为宣议郎。

《红楼梦》中的贾蓉,为了让妻子秦可卿的丧礼更排场,就花 1200 两银

---

① 梁章钜:《称谓录》,中华书局 1996 年版,第 385 页。

② 制表参考白钢主编,郭松义、李新达、杨珍著:《中国政治制度通史》第 10 卷(清代卷),人民出版社 1996 年版,第 562—563 页。

子捐了一个"五品龙禁尉",从而使秦可卿获得了一个"恭人"封号,灵牌上得以大书"天朝诰授贾门秦氏恭人之灵位"①。清朝的封赠范围比前朝为广。皇帝的温暖,令臣子五内铭感:"圣朝锡类之仁,超出前世万万矣!"②

六　封爵的身份功能及其变迁

顾江龙君指出:"爵位作为一种古老的位阶,其超常稳定性是任何官阶都不能比拟的。"③数千年来,"爵"一直发挥着特别的身份作用。直到近年,还有专家主张恢复"爵位制",用以激励公民的荣誉感呢④。可见"爵"的影响之大,到今天还有余波。"爵"是一个敏感的风向标,历代封爵的样式、待遇与规则的变化,直接反映了统治者在安排等级身份时的策略变化、品位结构的特性变化,进而是官僚群体身份性的变化。

通常认为中国社会是"官本位"的,从总体上说确是如此。然而具体说来,"官"与"爵"又不一样。"官"首先是一份职责或一个职位,是行政性的;"爵"却是一种身份性位阶,一种社会性等级,具有浓厚的贵族色彩。欧洲的五等爵与骑士,就曾是中世纪社会的支柱性等级;至于

---

① 《红楼梦》第十三回"秦可卿死封龙禁尉",人民文学出版社 2005 年版,第 174 页以下。俞平伯先生认为五品官应该封"宜人","恭人"却是三品封号,这是作者用来影射贾珍的,贾珍有三品威烈将军头衔。见其《秦可卿死封龙禁尉》,收入《红楼心解:读红楼梦随笔》,陕西师范大学出版社 2005 年版,第 72 页;《红楼梦研究参考资料选辑》(第二辑),人民文学出版社 1973 年版。按,恭人是四品封号,不是三品封号,参看上表;死者之封赠照例提高一阶,故秦可卿能以五品龙禁尉而封四品恭人。

② 赵翼:《陔余丛考》卷二七《封赠》,河北人民出版社 1990 年版,第 457 页。

③ 顾江龙:《汉唐间的爵位、勋官与散官——品位结构与等级特权视角的研究》,北京大学 2007 年博士论文,第 174 页。

④ 新浪网,http://news.sina.com.cn/c/2006-02-21/11018264644s.shtml,访问时间:2009 年 8 月 17 日。

所谓"官僚制的统治",在欧洲是近代以来的事情。那么,"爵本位"与"官本位"两个概念的建立,势在必行。"爵本位"与"官本位"的基本区别,是什么呢? 简单地说,"爵本位"是贵族性、世袭性、封闭性的,"官本位"则是行政性、功绩制、流动性的。这两个概念,使"爵"与"官"的关系,成为中国官阶史上的一条特别线索。

在这个视角中,中国古代的品位结构,曾经历过一个从"爵本位"到"爵—秩体制",再由"爵—秩体制"到"官本位"的变迁。"爵—秩体制"的问题,在第七章讨论"一元化多序列的复式间架"的形成时,已经涉及,不过是从位阶的结构样式入手的。本节从"身份"的角度,继续讨论。其主要分析方法是:

1. 观察权责、薪俸、资格、特权与礼遇等品位要素,在爵级上的配置变化,即品秩效力的变化。

2. 分析爵级与其他位阶的间架关系,即相互间的关联与搭配样式的变化。

3. 评价获得爵级的开放与封闭程度,保有爵位的变动与稳定程度,爵制本身的简单与复杂程度等等变化。

4. 观察爵级是否用于标志特殊身份群体。这时皇族之封与官僚之封可以分别观察。

中国古代"爵"的演生,有"职"与"人"的两个来源。商朝出现了"爵"的萌芽形态。若干爵号来自职位,如侯、甸、男、卫等;同时商爵也用人称,伯、子、男即是。看来,商爵中的家族之称与职事之称,平分秋色。有学者认为,商朝的爵号没有明显的等级之别①。周朝的五等爵称就不同了,除"侯"之外,公、伯、子、男四号,都属人称或人之尊称,占到了 4/5。又,"妇"为妇人之称,而"妇好"之"妇",学者认为也是一个

---

① 李雪山:《商代分封制度研究》,中国社会科学出版社 2004 年版,第 36 页;潘英:《中国上古史新探》,台北明文书局 1985 年版,第 325 页。

爵号①。商爵来自职称的稍多一些,周朝的爵号则明显以人称居多。"五等爵,除侯以外,公、伯、子、男原来都是家族称谓。这样,等级起源于血缘关系亦可证明。"②这一点,连太平天国的洪仁玕都注意到了:"盖公、伯、子、男等字,是家人儿子之称,以之名官,实属糊混不雅之至。"③此外公、卿、大夫、士这个"内爵"序列,大抵也都来自人称。爵称来自人称,显示了周爵浓厚的宗法性。爵位由嫡长子继承,取决于宗法身份;爵级与家族权势相应,是贵族权势的政治等级符号。

周朝的等级待遇,主要配置在爵级之上,依天子、诸侯、大夫、士而定,而不是配置在职位之上。《管子》说"度爵而制服",《周礼》说"其宫室、车旗、衣服、礼仪,各视其命之数";又孟子说"朝廷莫如爵",却没说"朝廷莫如职"④。卿大夫的"家"即私人领地,其大者有"百乘之家""千乘之家"之称。这种"家"有复杂的内部组织,简直就是一个国中之国。士有禄田,有"士田十万"的记载。若依张政烺先生之说,以"十万"为千亩⑤,且以亩产两石计,则其收益可达二千石之多,不亚于秦汉郡守的岁入。总之,周爵是标示贵族身份的位阶,也是社会等级与阶级的主要尺度。是为"爵本位"。

战国秦汉,爵制的功能与性质开始发生变化。秦汉二十等军功爵与封爵的特点,是身份制与功绩制的二重性。封爵一以封宗室、一以褒功臣,就是其二重性的一个体现。至于二十等爵,是依军功而授予的,所以具有革命性意义,"封建制度的君子小人分野取消了,万民同站在

---

① 李雪山说,商代爵称有侯、伯、子、男、任、田、亚、妇8种。《商代分封制度研究》,第36页。

② 徐喜辰、斯维至、杨钊主编:《中国通史》第3卷,上海人民出版社1994年版,第837—838页。

③ 罗尔纲编注:《太平天国文选》,上海人民出版社1956年版,上册第20页。

④ 分见《管子·立政》,赵守正:《管子注译》,广西人民出版社1982年版,第29页;《周礼·春官·典命》,《十三经注疏》,中华书局1980年版,第781页上栏;《孟子·公孙丑下》,焦循:《孟子正义》,中华书局1987年版,第260页。

⑤ 张政烺:《"士田十万"新解》,《文史》第29辑,中华书局1988年版。

一条起跑线上,凭藉个人在战场上的表现缔造自己的身份地位"①。但与此同时,二十等爵依然保留了"爵"的形态,可以承袭,并浸润散发着贵族式的荣耀与声望。朝廷通过向吏民赐爵,构造了一套身份体系。如西嶋定生所云:"国家权力作为每个有爵者在社会生活中的特权而显现出来。"②国家权力通过爵号而塑造了社会等级秩序,作为政权支柱的军功阶层以军爵为身份标识,受封者获得的是一种"准贵族"身份。

名田宅、赎罪、免役,甚至是否能戴"刘氏冠",坟头上可以种几棵树,都依爵而定。侯爵可以食县、食乡、食亭或食若干户。大者有"万户侯",小者也有封几百户的。司马迁说:"封者食租税,岁率户二百,千户之君则二十万。"③以此计算,丞相公孙弘为平津侯的食邑650户,其年收入约13万钱,相当于他两个多月的薪俸收入。而万户侯将有200万的年收入。九卿张延寿食邑13640户,"租入岁千余万",平均每户年交700余钱,相当于九卿40多年的薪俸④。可见爵的收益非常巨大。朱绍侯先生云:"一级爵位竟有这么大的作用,显示出军功爵在当时确有非凡的价值。"⑤汉代附丽于爵级的利益,大于秩级,也大于后世,这是早期品位结构的一个重要特点。

"爵禄"虽是对功绩的报酬,但又采用了"身份报酬"的形式。"爵禄"的丰厚程度,就是其身份性的浓厚程度。不过,秦汉的爵级不构成

---

① 杜正胜:《编户齐民——传统政治社会结构之形成》,台北联经出版公司1990年版,第334、358页。

② 西嶋定生:《中国古代帝国的形成与结构——二十等爵制研究》,中华书局2004年版,第441页。

③ 《史记》卷一二九《货殖列传》。

④ 黄惠贤、陈锋主编,何德章著:《中国俸禄制度史》第2章,武汉大学出版社1996年版,第67—69页。

⑤ 朱绍侯:《从〈二年律令〉看汉初二十级军功爵的价值——〈二年律令〉与军功爵制研究之四》,《河南大学学报》2003年第2期。

官资,不能依爵做官,与职位是疏离的。这与此前的周朝、此后的魏晋南北朝相比,都不相同。秦汉的另一种主干性位阶是秩级,它的性质是"吏禄",即吏员的劳务报酬等级。秩级来源于周代的稍食,而稍食是胥吏的劳务报酬。由于这种历史的来源,秩级依然保持了职位分等的性格,官僚有职位才有秩级,有秩级才有薪俸,按劳取酬。爵级不能起家,跟周朝传统的传统有关:有爵就有土地人民,就是"君";领取稍食的胥吏,是给"君"打工的。那么让有爵者补吏,等于是让贵族做厮役。所以由"吏"而封爵则可,由"爵"而补吏则不可。

总之,在秦汉等级秩序中,存在着互相疏离的两大块:一块是"爵"的领域,它给了获封者以优厚待遇和贵族式的荣耀;一块是"秩"的领域,其中的官僚特权比前朝、比后世都小得多。是为"爵—秩体制"。秩级显示了新兴官僚政治的蓬勃活力,而爵级则表现了功绩制与身份制的二重性。秦汉爵级的优厚待遇与强大身份功能,是周代贵族政治的余绪。这种"二元性",是早期帝国的突出特征,也是秦汉爵制的特别之处。

魏晋以下,爵制又发生了明显变化。第一,在"周礼复古"思想的推动下,五等爵被再次起用了。在魏晋南朝,五等爵与汉爵并用,二者在等级上高下相接。在北朝,五等爵全面取代了汉爵。第二,封爵的传袭面扩大了,家族成员袭爵的人数与机会增多。第三,依爵起家制度出现了。晋朝的有封爵者,通例由员外散骑侍郎起家;北魏的五等爵,各有起家官品。唐朝的爵级,继续被用作叙阶条件。第四,因九品官品之诞生,五等爵与汉爵被纳入了一元化的官品框架之内,分布在九品官品之上,从而与官职、秩级及其他各种位阶一体化了。汉代"爵—秩体制"之"二元性",由此淡化下去。第五,配置于爵级之上的若干权益,开始向官品扩散或转移了。因以上五点,此期爵制在品位结构中的地位,就与汉爵很不同了。

上述五点变化,具有两个互相矛盾的意义:一方面有向周朝"爵本位"回归之势,一方面有从"爵—秩体制"向"官本位"进化之势。

先看第一个方面。依爵起家，看上去就有向周爵回归的意味。进而爵号承袭面的扩大，也有向周爵回归的意味。汉代封爵按制度可以绍封，但无子国除也很常见。《汉书》各个功臣年表所见袭爵之事，多不过一二世。而魏晋废除了无子国除之制，绍封继绝和支庶子弟的推恩授爵发达起来。封爵的传袭性大大强化。例如西晋的广陵公陈准，传爵直到他的七世孙陈茂先；江夏公卫瓘，传爵到第五代；一流门阀王、谢两家，历经王朝更迭而国祚不绝①。传封、回授之法，使封授对象由个人变成了家族（参看本书第九章第三节）。

在魏晋之交，司马氏大封五等爵，"五等之封，皆录旧勋"，封授对象都是开国功臣或其子孙后嗣。公侯伯子男五百余国，构成了一个庞大而封闭的既得利益集团。五等封爵"例受茅土"，诸侯无论"之国"与否，都与封国中的臣民形成了名义上的君臣关系。日人越智重明认为，魏晋以来"封爵是保证政治特权的第一位因素"②。"第一位因素"的说法略嫌过分，士族权势主要还是在通过世代居官实现的，袭爵只是因素之一，但不是全部。但这话也不是全无道理。范文澜先生云：大封国王和五等爵的目的，就是造成一个皇族势力和一个士族势力"合力来拥戴帝室"③。封爵的扩张还与部落贵族的权势相关。北魏孝文帝时，自公侯以下直到选臣，冗散无事至有万数。对居官的和暂无官职的部落贵族，封爵是维系其身份的主要形式之一。总的看来，此期皇帝一方面大封宗王，赋予了宗室重大政治权力；一方面通过五等爵，强化了士族与部落贵族的权势家族传承。也就是说，封爵变成了特殊群体的身份标志，用以强化"效忠机制"。

再看第二个方面，即由"爵—秩体制"向"官本位"的进化。汉代的品位结构是爵、秩分离，而中古的品位结构中，爵级却与官品一体化了，

---

① 参看杨光辉：《汉唐封爵制度》，学苑出版社 2002 年版，第 59 页以下、第 142 页以下。
② 越智重明：《晋爵与宋爵》，《史渊》第 85 期。
③ 范文澜、蔡美彪：《中国通史》第 2 册，人民出版社 1994 年版，第 366 页。

在九品官品的框架中，"爵"与职位、勋官、阶官等建立了整齐的对应关系。"爵"与"品"所承载的品秩要素，开始发生"对流"。

汉代秩级可以任子，但爵级不能起家，那么两晋南北朝能依爵起家了，意味着起家资格从秩级向爵级的扩散。很多待遇，又开始由爵级向品级扩散。例如：秦汉的爵级可以"名田宅"，秩级不能授田；爵级可以减刑，秩级不能减刑。而西晋之时，官僚依官品高低占田；南北朝以来，官僚依官品高低减刑。又如谥号，汉朝沿用"生无爵，死无谥"的古礼，爵在列侯才给谥号；魏晋谥号逐渐向官职转移，开始依官给谥；到了唐朝，给谥依官品而定，职事官三品以上、散官二品以上都给谥号①。又如冕服，汉承古礼，王侯、公卿才能服冕——这时是用"公卿"比拟周爵的；而北周四命（相当六品）以上官员都可以服冕，唐朝五品以上官员都可以服冕，服冕资格转而以官品为差②。由此，"爵"与各种位阶的可比性增大了，同质性也增大了，都可以起家，都可以占田或授田，都可以减刑，都可以请谥，都可以服冕。

由于所配置的品秩要素，在"爵"与"品"之间发生"对流"，"爵"与行政级别建立了直接关联，二者通过品秩要素链接起来了。魏晋南北朝的"爵"与中正品、军号、散官、勋官等，一同被纳入官品框架之内，不再像秦汉的"爵"与"秩"那样双峰对峙、相互疏离了。在北朝隋唐间，随官僚政治蓬勃复兴，"爵"开始更多表现为一种官僚激励手段，其标志特殊群体的功能，开始淡化。

简言之，在政治上，中古爵制的身份性依然很强，拥有爵位者是一个特殊身份群体；然而在制度上，"爵—秩体制"又已进化为"官本位"，被纳入官僚等级管理的范畴之内。周朝的"爵本位"，是以"爵"为本

---

① 袁庭栋：《古人称谓》，四川教育出版社 1994 年版，第 333 页；汪受宽：《谥法研究》，上海古籍出版社 1995 年版，第 121 页以下；吴丽娱：《唐代赠官的赠赙与赠谥》，《唐研究》第 14 卷，北京大学出版社 2008 年版。

② 拙作：《服周之冕——〈周礼〉六冕礼制的兴衰变异》，中华书局 2009 年版，第 338 页以下。

的,也就是以凝固不变的贵族身份为本的;魏晋以下的"官本位",是以"官"为本的,也就是以变动不居的行政级别为本的。秦汉"爵—秩体制",则是二者之间的过渡形态。"官本位"体制,因九品官品的产生,而在魏晋初步形成,并在唐宋进入了成熟期。

唐朝封爵6级9等:亲王、郡王、国公、开国郡公、开国县公、开国县侯、开国县伯、开国县子、开国县男。凭借封爵,可以领受永业田10000亩至500亩,食邑10000户至300户。始于北魏的虚封、实封两分之制,继续发展。唐爵的食邑往往只是虚封,只有"实封"的部分才可以"分食诸郡",享有租税。"实封"最初由封家征收,后来改为由太府寺支付,从而断绝了封家对封户的骚扰。官僚的爵位世袭特权大大萎缩了,封爵往往止于其身;宗室虽然袭封如故,但"茅土食邑多为虚名"。马端临有一个比较:"诸侯王与列侯,皆以其嫡子嫡孙世袭。其所受之封爵,自非有罪者与无后者,则爵不夺而国不除,此法汉以来未之有改也。至唐,则臣下之封公侯者,始止其身,而无以子袭封者,然亲王则子孙袭封如故,虽所谓茅土食邑多为虚名……"[1]从朝位看,爵位也是从属于官品的。"凡文武百僚之班序,官同者先爵,爵同者先齿。"[2]"官同

---

① 《文献通考》卷二二七《封建考十八》,中华书局1986年版,第2202页中栏。按,叶炜君认为,马端临此语有不够准确之处,唐肃宗、代宗之后,异姓爵仍旧可以由子孙世袭,同时也出现了袭爵降封、不能世袭及获袭时间延长的新现象。见其《唐代异姓爵的袭封问题》,《国学研究》第27卷,北京大学出版社2011年版。

② 《唐六典》卷二《吏部郎中》,中华书局1992年版,第33页。"其男已上任文、武官者,从文、武班。"封爵者若有官职,就不依爵级而依官品定其朝位。在职务相同的时候,再以爵排序。只有亲王、嗣王例外,"若亲王、嗣王任卑官职事者,仍依王品"。"郡王任三品已下职事者,在同阶品上",也算是一种优待。若无职事官,就按"嗣王在太子太保下,郡王次之,国公在正三品下,郡公在从三品下,县公在正四品下……"的规定,来确定其朝位。而在这时,爵号拥有者的朝位,明显低于爵号的品级。例如,国公是从一品,但其朝位在正三品下;郡公是正二品,但其朝位在从三品下。"二王后位在诸王侯上,余各以官品为序"一句,唐《公式令》说得更清楚一些:"二王后位在诸王侯上,余各依职事官品为叙。"《通典》卷七五《礼三五》引,中华书局1984年版,第408页中栏。

者先爵"，意味着"官"先于"爵"，职事官品是决定朝位的第一标准，"爵"排在其后。

赵宋的爵级一度 12 等，比唐朝为繁。宋神宗时变成了 9 等。封爵、食邑、食实封，都看不到子孙世袭的正式规定。宋朝虽然恩荫颇滥，荫补却不依爵级。宋真宗时孙何、杨亿曾向朝廷呼吁，给五等爵拥有者的子弟以荫补资格①，但宋真宗置若罔闻②。唐朝可以依爵叙阶，宋朝却不能依爵恩荫，看上去截然不同，我们却认为二者也有相通的地方。因为第一，唐朝爵级的身份性比前朝大为下降，对官僚来说只是其荣衔之一，多种激励手段之一；第二，应特别注意唐朝有"回充"之制，即在官僚进阶行将进入三品或五品范围之时，须把多余的阶品改为爵号或勋官，而这就反映了爵、勋、阶是可以互相换算、互相转化的，爵级跟品级、跟其他位阶是内在相通的，而不是截然不同。所以，宋朝不用爵级恩荫，只是"官本位"的进一步完善而已。

官僚封爵的经济待遇也在下降。在均田制瓦解后，以爵授田之制早已不存。宋朝封爵的封户自 10000 户到 200 户，仍然是虚封，只是一种名义上的等级。"食实封"的户数才有意义，但也不过是每户每月折钱 25 文，随官俸发给③，如此而已。爵级的经济待遇、世袭待遇和叙阶待遇在下降或消失，同时封爵又在趋滥：随着职位的晋升，以及遇明堂恩、郊祀礼或新帝即位加恩，官僚们依照《司封格》而不断晋爵④。文官少监、少卿以上，武官诸司副使、宗室率府副率以上，内职崇班以上，勋

---

① 孙何之奏，见《历代名臣奏议》卷一五九《建官》，上海古籍出版社 1989 年版，第 3 册第 2082 页。又杨亿的《次对奏状》中也有类似的呼声，见其《武夷新集》卷十六，《全宋文》卷二八八杨亿七，巴蜀书社 1990 年版，第 7 册第 618 页。

② 游彪：《宋代荫补制度研究》，中国社会科学出版社 2001 年版，第 23 页。

③ 赵升《朝野类要》卷三《爵禄·食邑》："旧制，每实封一户，随月俸给二十五文。"中华书局 2007 年版，第 73 页。

④ 龚延明：《从岳飞、周必大封爵看宋代爵制》，收入《中国古代职官科举研究》，中华书局 2006 年版，第 277 页。

官上柱国以上,皆有封爵;丞、郎、学士、刺史、大将军、诸司使以上,则有实封。元丰改制之后,则是正六品的奉直大夫以上即有封爵。宋徽宗以后,还有异姓而封郡王的。滥授的做法,显然增大了爵级的流动性,降低爵级的身份性。

宋代的宗室封爵,其初封、承袭及班位待遇,比前朝继续降低[①]。宋廷更乐意通过"官"而不是"爵"来优遇宗室,还专门设置了宗室的迁转序列,其阶号多属环卫官[②]。宗室所任之官职,特称"南班官"[③]。"皇子之为王者,封爵仅止其身,而子孙无问嫡庶,不过承荫入仕,为环卫官,廉车节钺,以序而迁,如庶姓贵官荫子入仕之例。必须历任年深,齿德稍尊,方特封以王爵。而其祖、父所受之爵,则不袭也。"[④]

明清封爵,构成了又一个新的阶段。明朝的一个重大变化,就是宗室封爵和异姓封爵,终于分化为两个爵列了。宗室之封,使用王、将军、中尉之号,均世袭罔替;异姓之封,使用公、侯、伯三号。宗室封爵与异姓封爵两分的趋势,其实从唐朝就萌生了。唐朝宗室诸王、公主食实封的人数和户数,远多于功臣封爵者[⑤]。朱元璋深感依赖骨肉为藩屏的

---

① 张邦炜:《宋代对宗室的防范》,《北京师范学院学报》1988 年第 1 期;《宋代皇亲与政治》,四川人民出版社 1993 年版,第 49、200 页以下。宋廷防范宗室的措施,包括皇亲不径直封王、而是先任命为防御使,亲王不世代承袭,亲王序位在宰相之下等。

② 参看《宋史》卷一六九《职官志九》"宗室自率府副率至侍中叙迁之制"。这个官阶迁转序列包括:太子右内率府副率、太子右监门率府率、右千牛卫将军、右监门卫大将军、遥郡刺史、遥郡团练使、刺史、团练使、防御使、观察使、节度观察留后、左右卫上将军节度使、节度使同中书门下平章事、节度使兼侍中。

③ 沈括《梦溪笔谈》卷二《故事二》,胡道静:《梦溪笔谈校证》,上海人民出版社 2016 年版,第 97 页。"带有环卫官官衔的宗室总称为'南班官','南班'指的是他们在朝会中处于殿廷南部的位置。"贾志扬:《天潢贵胄——宋代宗室史》,江苏人民出版社 2005 年版,第 43—44 页。

④ 《文献通考》卷二七七《封建考十八》,第 2202 页中栏。

⑤ 马俊民:《唐朝的"实封家"与"封户"》,《天津师范大学学报》1986 年第 3 期。

必要,倾心于王国制度①。其所建立的宗室封爵之制,地位高峻而待遇优厚,维护了皇族的高贵身份。嘉靖时期,宗室男女拥有爵号者已达28000多人,每年的禄米耗费有853万石之巨。

　　明朝的官贵荫叙,主要依据官品。年幼嗣爵者,可以入国子监读书,如此而已。宋朝文官封爵颇滥,而明朝一反其制,文臣很难得到封爵。封爵主要面向将领,"非社稷军功不得封"。宋朝文官封爵过滥,使封爵"空壳化"了;明廷索性抛弃了这个"壳",恢复了封爵面向军功的传统,其实是顺理成章的。文臣另用科举功名维系身份,依劳考晋升散官,其身份不系于爵号。因军功而封的将领,有望充任京营总督、五军都督府金事、南京守备或镇守总兵官,皆为军职。秦汉可以用爵减罪,而明朝的封爵也有很大法律特权,"公侯伯封拜,俱给铁券"②,铭有"一犯死罪减禄五分,二犯死罪禄米全不支给"之类字样。铁券有七个等级,公二等,侯三等,伯二等,形制大小有异③。但明朝的武官地位远远低于同品文官,封爵对于武官地位的提高,作用是有限的。

　　清朝继承了宗室封爵与功臣封爵两分之制。宗室之封,使用王、贝勒、贝子、国公、将军等号;民爵之封,使用五等爵及都尉、骑尉之号。清朝采用五等爵看似"复古",实际上深受八旗武官功升罪降制度的影响④。秦汉封爵上承古制,以县、乡、亭为号,清朝封爵则只加美号,如睿亲王、勇毅侯之类;却不加国号、邑号,彻底摆脱了"茅土""开国"之制。清朝封爵不滥,获得爵号极不容易。内至大学士,外至总督,绝大多数都没有爵位。总的说来,从宗室封爵看,爵级仍有标志特殊群体的功能,但对官僚而言,在唐宋以下,就不能说拥有封爵者是一个特殊社

① 朱诚如:《明代的封藩与清代封爵制之比较研究》,收入《清代王府及王府文化国际学术研讨会论文集》,文化艺术出版社 2006 年版,第 224 页以下。

② 沈德符:《万历野获编》卷五《左右券内外黄》,中华书局 1959 年版,第 137 页。

③ 徐启宪:《金书铁券与明代功臣封爵》,《紫禁城》1993 年第 6 期;朱子彦:《论明代铁券制度》,《史林》2006 年第 5 期。

④ 雷炳炎、李昌运:《清代五等爵形成问题试探》,《湖湘论坛》2007 年第 5 期。

会群体了。

从封爵与官资的关系说,乾隆制度,公、侯、伯依一品,子依二品,男依三品予荫。予荫就是让他们做荫生。总的说来,宋明清不存在官贵子弟大量由爵而荫的情况。又,清朝还有"考封"之法。"八旗世爵,则校其艺进退之。"①康熙规定,应封爵者,在 20 岁时要参加国语(满语)和马步射的考试,成绩居优者才能按例封爵,成绩平者降一级封爵,劣者降两级。雍正、乾隆进一步完善这个制度,还规定考试成绩不佳者停封,而且永不准参加考试。"择优"之法被引入了爵号传袭环节,进一步淡化了封爵的身份性。

由此可以看到,爵级这种古老的位阶是一个指示器,敏锐地反映了历朝品位结构的变化。而历朝爵级的身份功能与品位功能的变迁历程,又是曲折复杂的。简要概括如下:

1.周朝为"爵本位"体制,以爵为身份之本,"爵"是贵族的身份尺度,也是任官的依据,为各种待遇所辐辏。

2.秦汉为"爵—秩体制",封爵与军功爵是一套身份系统,待遇优厚。同时爵、秩二者又是相互疏离的,爵级不构成资格,不能依爵入仕,与秩级无严格对应关系。

3.魏晋南北朝的爵级,是特殊群体的身份标志。其时传袭面大为扩展。同时爵级被纳入官品框架,爵级可以叙阶,由此初步进入"官本位"阶段。

4.唐宋爵级的身份性下降,主要是一种官僚激励手段。相关待遇也在下降。因爵与其他各种位阶的相通性不断增大,所以宋朝放弃了依爵叙阶之制,爵级不能恩荫。

5.明清宗室封爵与功臣封爵一分为二。文官封爵被限制在很小的范围里。文官封爵的萎缩,说明中国官僚的"贵族化"程度性

---

① 《清史稿》卷一一一《选举志六》。

进一步下降,"官本位"进一步强化。

中国史上的最后一次封爵,是 1915 年袁世凯的《锡爵令》,所封 128 人都是其亲信党羽,使用的仍是清代爵号①。

---

① 《政府公报》,上海书店出版社 1988 年版,第 76 册第 51 页以下。

第十一章　品位结构变迁的五线索：
贵贱、士吏、文武、宫朝、胡汉

官阶的功能，被我们确定为"为官员分等与分类，为官职分等分类"。在技术层面上，官员的分类首先是一般职类问题；而在政治层面说，帝国之中的官僚贵族也呈现为不同类型，分等分类也是一个政治问题，与专制主义和官僚政治的形态、特点及其变化相关。

在讨论中国专制主义时，有人过多着眼于皇权是否受监督，是否独揽决策之权，却忽略了人身支配或身份安排①。从政治学上说，专制主义还是"一种统治者与被统治者的关系是主奴关系的统治形式"②。"臣"这个称呼，本来就是家奴的意思。进一步说，在实施人身支配、决定身份安排时，皇权面对着各个阶层、各种势力。在讨论皇权、官僚与贵族的"三角恋"时我们已指出，皇权与官僚结合，或与贵族结合，将影响专制的强度。贵族势力强大了，专制的强度就将下降，因为皇帝与贵

---

① 例如白刚主编《中国政治制度通史》第 1 卷（总论卷），把中国专制主义的特点确定为二：一是帝位终身制和皇统世袭制；二是皇权没有约束，皇权不受监督。人民出版社 1996 年版，第 37—38 页。按，终身制和世袭制，似非专制主义的必要条件。

② 《布莱克维尔政治学百科全书》，中国政法大学出版社 1992 年版，第 194 页。在专制主义之下，除了"主奴式"的人身支配，还有"父家长式"的人身支配。黑格尔强调，中国社会"基于家长政治的原则，臣民都被看作还处于幼稚的状态里"，中国是个"大家长制的专制政体"。见其《历史哲学》，上海书店出版社 2001 年版，第 127、136 页。所以"专制"并不等于"暴政"，也可能含有脉脉温情——父家长式的温情。

族的关系不是、至少不全是"主奴"关系。又如士人，他们与皇权的关系很特别，也不完全是"主奴"关系。中国士人怀有一种屈原式的"妾妇"心态，以妾、夫关系视君臣关系①；但某些时候，他们也会展现出孟子式的"大丈夫"风貌来，伸张政治理想、行使政治批评。假如这成了士大夫的常态，那么皇帝的专制气焰就会相对低落一些。所以专制皇权将借助其他势力来对付他们。进一步说，传统中国官贵还有更多的类型与身份，如文官、武官、士人、文吏、士族、寒门、宗室、外戚、宦官、胥吏、伎术官等，异族政权下还有部族显贵。各类官贵身份与皇权的关系，以及他们彼此间的关系，都将影响专制主义的形态与官僚政治的形态。

　　正如卢梭所说："一种制度，与其说是对他有害的人所发明的，不如说是对他有利的人所发明的。"②官阶制是一种权势与利益的分配制度，而且这种分配经常是一种"零和游戏"：在特定等级安排下，某种势力得到的权势与利益多了，其他势力得到的就少了。官贵的身份类型，经常影响到品位结构之上：不同样式的位阶，赋予不同类型的官贵以不同身份，使之处于不同地位，享受不同待遇，并按不同标准和路线迁升。不同身份的政治势力在"物竞天择"的政治角逐之中，无不在全力争夺地位与待遇，争取适合于一己特点的优越升迁机会及位阶标志。总之，传统官阶不仅为官员做技术分类，还以不同方式为官贵做政治分类，从

---

① 这在文学作品中表现得特别突出。朱自清先生说："艳情之作以男女比主臣，所谓遇不遇之感"；屈原云"惟草木之零落，恐美人之迟暮"，"这不是以男女比君臣么？"《诗言志辨》，开明书店1947年版，第87页。又叶嘉莹先生论中国文学"喜欢用女子作比喻"的现象："在中国的伦理道德之中，夫妻的男女的关系，与君臣的伦理的关系，是相当的。……当这个男子汉大丈夫一到君臣的关系之中，作为一个臣，就变成臣妾了，就跟那妾连在一起了，就相当于女子的地位了。他可以被选择，可以被抛弃，可以被贬谪，可以被赐死、杀身，还要谢恩的。"《迦陵文集》第九卷《唐宋词十七讲》，河北教育出版社1997年版，第27—28页。

② 《卢梭文集：论人类不平等的起源和基础》，红旗出版社1997年版，第125页。

而使"分等分类"具有了政治意义、身份意义。

中国历史上的这类问题,主要有哪些呢? 我们选择其五,即"贵—贱""士—吏""文—武""宫—朝"与"胡—汉"问题,分节阐述之。阐述将包括两项内容:第一,五条线索的政治社会意义;第二,五条线索在品位结构上的表现及其变化。

一 贵—贱

在中国古代,存在着"品级、等级、阶级的更大一致性"。行政级别与社会等级、阶级具有更大对应性。无疑,各朝的品级都区分尊卑贵贱。但其间还是有性质上的不同。

首先,古代某些品位序列的高下安排,具有区分身份与阶层的意义,它表明另一些社会阶层处于高贵地位,另一些社会阶层处于卑贱地位。在"贵贱"概念之下,我们将观察如下现象:王朝品位是否与某个阶层存在特殊关系,体现其特殊利益,而那个阶层是一个身份高贵的凝固阶层。

进而还要提问:是国家品级塑造着社会等级、阶级,还是社会的等级、阶级塑造王朝品级? 专制官僚体制有一个内在要求,即按组织内部需要,去改造外部环境,是为"外向性的内向化"。然而在事实上,这是一个双向互动。社会等级与阶级,对政治体制也有其反作用。在面对社会之时,王朝可能用品级去改造社会等级,也可能用品级去适应社会等级。改造是"主动"的,适应是"被动"的。总之,品级可以塑造社会等级与阶级,社会等级与阶级也可以塑造王朝品级。在这时候,是"由贵而官"还是"由官而贵",不是无关紧要的。

我们已为分析品位提供了这样一组指标:品位获得的开放或封闭程度,品位占有的变动或稳定程度。若某种品位或某时代的品位秩序是开放而流动的,在本章意义上,我们就认为它没有"贵—贱"之别。

周朝的拥有爵级者,构成了一个高贵的阶层。公、卿、大夫、士等爵号,是贵族权势的等级符号。卿大夫拥有的采邑和人民,最初在形式上来自封赏,但"王分封赏赐给大贵族的土地田邑,一经成为固有领地,就具有相当程度的独立性"①。西周朝廷之上,有些世卿大族掌权达十几代,他们在王畿内占有采邑达数百年之久②。贵族的采邑数量,并不总与爵级、官职严格对应;采邑除了任职时国君所授予的,还有家族继承的,随机赏赐的,甚至巧取豪夺而来的③。不能认为贵族的土地、人民全部来自爵位,在得爵之前贵族两手空空。相反,在相当程度上,爵位倒是对贵族传统权势的一种"追认"④。而且周朝的爵列产生,远远晚于贵族世袭权势的形成。段志洪先生认为,周初无大夫之称,"西周晚期出现了大夫这一等级称谓","周初之'士'作为贵族称呼没有等级意义"⑤。周朝的爵列出现较晚,而周代贵族权势却形成较早;可见即使没有爵号,大小贵族的地位与权势依然存在。那么第一,周爵严格区分"贵—贱",面向贵族阶层,其爵号的获得方式是封闭的,其占有是稳定的;第二,周爵属于国家用爵号去适应社会等级的情况。

构成反差的是秦汉。此期平民能够以军功得爵。二十等军功爵在秦与汉初造就了一个军功地主阶层,进而被用作整个社会的身份体系。西汉社会的"平民性"极其显眼。周朝延续数百年的贵族,至此彻底衰落,历史出现了一个"世家"的断层;除军功受益阶层外,没有一个强大

---

① 刘雨:《西周金文中的大封小封和赐田里》,《中国考古学论丛——中国社会科学院考古研究所建所 40 年纪念》,科学出版社 1995 年版,第 321 页。

② 吕文郁认为,西周的采邑继承虽需重新册命,但春秋时随领主的势力上升,采邑事实上已成私产,故称"私邑",以区别于公室直接管辖的"公邑"。《周代采邑制度研究》,台北文津出版社 1992 年版,第 112—113、255 页。

③ 侯志义:《采邑考》,西北大学出版社 1989 年版,第 12、59 页。

④ 胡厚宣先生评论殷代之封建:"土地或本为国家所有,经王之分封,乃属于封建侯白(伯);或土地本为诸部落国族所有,经王之封而承认其为自有之土地。"见其《甲骨学商史论丛初集》,台北大通书局 1972 年版,第 88 页。对周朝的采邑也不妨作如是观,即,有因君主封授而得到的,也有本来即其所有,而经君主的封授而被正式承认的。

⑤ 段志洪:《周代卿大夫研究》,台北文津出版社 1994 年版,第 9—14 页。

的社会阶层，能使朝廷感到必须照顾其特殊利益。禄秩是一种"吏禄"，是新兴文吏的等级管理手段；而秦与汉初的新兴文吏，在相当一段时间中，没有显示出与哪个社会阶层存在特殊关系。无论爵级还是秩级，都呈现出了相当之大的开放性，在这个意义上，可以说汉代品位结构无"贵—贱"之别；在世家"断层"之中崛起的秦汉帝国，展示了用官爵手段主动塑造社会等级的强大能力。

魏晋南北朝的九品中正制，保障了士族门阀的身份特权。南朝沈约云："周汉之道，以智役愚，台隶参差，用成等级。魏晋以来，以贵役贱，士庶之科，较然有辨。"①晚周至汉实行"以智役愚"，即选贤任能，士人可以凭借才智沿等级阶梯爬上去；而魏晋以来变为"以贵役贱"，品位制度维护了士族的高贵身份。中正制造成了"上品无寒门，下品无势族"，东晋以下更是依门第而定品，"凡厥衣冠，莫非二品，自此以还，遂成卑庶"②。南朝选官特别重视官职的"清浊"，而"社会阶级上士庶之别与官位清浊之别甚有关系"③。官职的"清浊"与社会阶级是对应的。士族的家谱，如侨姓士族的《十八州士族谱》，吴姓士族的《东南谱集抄》之类，居然成了吏部的选官依据："于时有司选举，必稽谱籍，而考其真伪。故官有世胄，谱有世官。"④北魏有一种选官文件《方司格》，也是类似的东西⑤。南朝有"士大夫故非天子所命"的说法。"士大夫"的本意是官僚，谁都知道，官僚都是天子所命的；而江左所谓的"士人""士大夫"却特指士族门阀，士族门阀的身份与门第一旦形成，那就不是哪一位天子能轻易改变的了。这有点像西欧中世纪的观念：国王

---

① 《通典》卷十六《选举四》，中华书局 1984 年版，第 90—91 页。

② 《晋书》卷四五《刘毅传》、《宋书》卷九四《恩倖传》。

③ 周一良：《南齐书丘灵鞠传试释兼论南朝文武官位及清浊》，收入《魏晋南北朝史论集》，中华书局 1963 年版，第 107 页。

④ 《新唐书》卷一九九《儒学柳冲传》，柳芳《氏族论》。

⑤ 可参张泽咸：《谱牒与门阀士族》，收入《一得集》，兰州大学出版社 2003 年版，第 137 页以下。

无法制造高贵者①。

当然，在看待门阀现象时也存在着不同的观点。一种看法认为，门阀的权势根据在于大地产和依附民，或其作为"地方名望家"的"自律性"，或"豪族共同体"的领袖身份；另一种看法则认为士族是"寄生官僚"，其社会权势仍是以"官位"为中介而获得的。如依前一看法，王朝品位在更大程度上是由门阀塑造的；如依后一看法，门阀之形成与维系，仍以长久地占有官位与品位为必要条件。我们更倾向于后一看法。与周朝贵族相比，中古门阀"由官而贵"的分量较大，"由贵而官"的分量较小。换句话说，中古门阀对"官本位"即行政本位，比周朝贵族有更大的依赖性。

唐宋荫叙仍然比较发达。但也如学者所论，唐代荫叙是以当代官爵为主，而不是像魏晋南北朝那样，以传统门第为主的。官僚的"贵族化"程度下降了，"因官而贵"进一步强化。随科举繁荣，品位结构中的"贵—贱"限制大为淡化。大多数中国男性被给予了这样一个机会：知识改变命运。

举子来自国家学校，功名来自国家考试，官爵由国家授予。国家品级对社会等级与阶级的改造能力，在唐宋回升，并在明清继续上升。此期的主干性位阶——科举功名，与"士"或"绅士"阶层显示了直接的联系。"士"的特征是"学而居位"；"绅士"之名，则突出了其地方精英和地主身份。吴晗先生说："官僚、士大夫、绅士、知识分子，这四者实在是一个东西，虽然在不同的场合，同一个人可能具有几种身份。"②学界大致形成共识："以士大夫（＝是受儒家教育的知识人，大体上是地主）为支配阶层的社会结构，是从宋代确立以来，本质上没有改变地持续到

---

① 原话是"国王可以制造贵族，但无法制造高贵者"，意思是世袭贵族比新获贵族称号的人更被社会看重。引自朱孝远：《中世纪欧洲贵族》，广东人民出版社、华夏出版社1996年版，第4页。

② 吴晗、费孝通等：《皇权与绅权》，天津人民出版社1988年版，第66页。

将近一千年的清末。"①

"士阶层"并不完全"因官而贵",他们仍有其独立身份。只要社会存在着一定规模的文教活动,就会有"士"存在。不务科名而只以经史诗文为乐者,只要达到了一定造诣,在人群中就同样被视之为"士",进而在这个"万般皆下品,唯有读书高"的社会中,拥有了某种高于平民的尊贵地位。进而考虑到财富不平等所造成的教育不平等,就不能不承认,地主阶级在进入士阶层时占有优势。东汉就有这种情形了。侯外庐先生指出:"全国各地,到处有经师讲学,到处有生徒聚集,以至'分争王庭,树朋私里'。如果没有豪族地主作为背景,那就不会有这样的盛况。"②当然,豪族地主必须首先"士人化",并通过功名与官位才能成为"绅士",这就在更大程度上受制于国家;比起周朝贵族与中古士族,历史后期"绅士"具有大得多的开放性与流动性。王朝官位优先向作为"四民之首"的士阶层开放,王朝品位——主要是科举功名——以这个阶层的"文化资本"为尺度,这又与秦汉不同。秦汉二十等爵级的背后,是一个军功受益阶层;但秦汉秩级的拥有者文法吏,就没有显示出与哪个社会阶层有特殊关系来。大致说来,科举时代的王朝位阶,仍有一定程度的"贵—贱"之分。这个"贵",就是"士"作为"四民之首"之"贵"。

概而言之:

1. 周朝"贵贱有别",有爵者属贵族阶级。

2. 秦汉等级秩序"贵贱无别",爵级与秩级都是开放性的。但在秦与汉初,爵级曾与军功地主阶层有直接的关系。

3. 魏晋南北朝"以贵役贱",九品官人法与五等爵维护了士族门阀阶级的高贵地位。

---

① 这是韩国学者吴金成的总结,见其《明、清时代绅士层研究的诸问题》,《中国史研究的成果与展望》,中国社会科学出版社 1991 年版。

② 侯外庐等:《中国思想通史》第 2 卷,人民出版社 1957 年版,第 353 页。

4.唐宋明清进入科举时代,在考试面前"贵贱无别",但科举功名与作为"四民之首"的士阶层,或"绅士"阶层,有密切的关系。

当然,"贵—贱"问题还涉及了更多政治势力,如皇亲国戚,如部落贵族等。详后。

二 士—吏

拥有人文教养的儒生士人与专业行政吏员的关系,构成了影响品位结构的又一因素。

现代文官与知识分子是不同职业,分属不同社会领域,中国传统士大夫却兼有"文人"和"官僚"二重角色,同时承担行政和文化,一身二任。外国文学,例如日本文学,有一种"超政治性"①;而在中国,浩如烟海的经史诗文,大抵是帝国官僚的作品,中国文学以至中国学术,具有一种与生俱来的"政治性"。文章有所谓的"台阁体",官僚们"讴歌升平"的文笔居然形成一种体裁②。很多被当成文学作品来研究的文字,其实是行政文书,从而让文体的研究者陷入困惑③。福尔索姆看到:"在整个中华帝国历史上大部分时间里,'吏'和'士'之间

---

① 日本学者铃木修次比较中日古代文学,指出二者的不同,在于日本文学的"脱政治性"或"非政治主义"。《中国文学与日本文学》,海峡文艺出版社 1989 年版,第 3 章。又参赵乐甡:《日本古典文学"超政治性"特点的形成》,收入《中日文学比较研究》,吉林大学出版社 1990 年版,第 137 页以下。

② 廖可斌:《论台阁体》,《中华文史论丛》第 46 辑,上海古籍出版社 1990 年版;郭万金:《台阁体新论》,《文学遗产》2008 年第 5 期。后文把"台阁之体"视为古代文学乃至整个传统艺术的一种美学范型,与"山林之体"相对。

③ 罗宗强先生说:"我们编古代文学史,是把许多应用文体都编进文学史里去的。但是我们编现当代文学史,却并没有把诸如报纸社论、政府文件、哲学论文等等编进去。这种衡量文学与非文学的标准的不统一,如何解释呢?"见其《目的、态度、方法——关于古代文学研究的一点感想》,《天津社会科学》2002 年第 5 期。

在如何正确培养国家公职人员这一问题上一直有争斗。'吏'在行政管理上是行家……'士'所关心的并不是官僚政治的细枝末节,而是与生活本身相关的宏观问题。"[①]从现代行政学的角度看,用诗赋八股选拔兵刑钱谷的承担者,并不合乎专业化原则。所以,官僚制理论的奠基人韦伯认为中国缺少专家政治[②],列文森甚至说中国士大夫是"业余的"[③]。

中国士大夫"一身二任",也有其特殊功能、存在根据和社会基础。第一,士大夫承担儒家正统意识形态,其纲常名教、忠孝仁义之说,发挥着社会调节和社会整合的功能。第二,士大夫承载的"道统"相对独立于"政统",二者间一定程度的分立与制衡,是中国政治的一种自我调节机制,士大夫通过"规谏"纠矫帝王对"道统"的偏离。第三,士大夫文化本身有很强的实用性,儒学是一种治国平天下的学问,经史中包含着历代统治经验,文书法典的制作也需要读写能力。第四,经史诗文知识是士大夫阶层的自我认同、内部凝聚和交流沟通的手段。第五,一般说来,受过系统文化训练者总具有较高智力,兵刑钱谷事务,并不是士人在任职之后不能兼习兼通的。第六,在士大夫之外,还有专业化的胥吏承担具体事务,从而弥补了士大夫不通吏事的缺陷。第七,中国古文明的发达造成了一个士阶层,那么这个阶层就注定要在政治上表现自己,包括以其文化理念与知识结构影响帝国政治制度,例如科举制度以诗赋八股取士,就是适应了这个阶层的知识结构。质言之,"士大夫政

---

① 福尔索姆:《朋友·客人·同事:晚清的幕府制度》,第37—38页。

② 维贝尔(即韦伯):《世界经济通史》,上海人民出版社1981年版,第287页。"士大夫基本上是受过古老文学教育的一个有功名的人;但他丝毫没有受过行政训练……拥有这样官吏的一个国家和西方国家多少有些两样的。"

③ J. R. Levenson: *Confucian China and Its Modern Fate: A Trilogy*, University of California Press, Volume One, pp. 16-19. "在政务之中他们是 amateur,因为他们所修习的是艺术;而其对艺术本身的爱好也是 amateur 式的,因为他们的职业是政务","他们的人文修养中的职业意义,就在于它不具有任何专门化的职业意义"。

治"也有其自己的逻辑①。

当然，在揭举中国官阶史上的"士—吏"问题时，首先必须厘清"士""吏"概念。对这两个概念，应从资格与职位两方面综合理解。有资格意义上的士、吏之别，也有官职意义上的士、吏之别。从资格意义上说，二者分别是人文教养的拥有者与专业行政技能的拥有者；但从官职意义上说，在儒生士人担任吏职之后，就也是"吏"了，当然是所谓的"儒吏"。

"士—吏"关系对王朝品位结构的影响，其要有二：第一，科举功名最终变成了主干性位阶；第二，在官品上造成了流内流外体制，流内以士大夫为主体，流外是胥吏，属专业吏员。由此"官—吏"之别，变成了"士—吏"之别。

在周朝的政治体制之中，已蕴涵着士、吏两分的格局了。当时的政务承担者分两大层次：有爵的贵族卿大夫士和无爵的胥吏，即府史胥徒之流。"爵禄"的内容是采邑、禄田，胥吏则以"稍食"为生，以"稍食"定等。卿、大夫、士又可以统称为"士"，"士"也是贵族通称。贵族既是任事者，又是一个文化教养阶层，自幼接受教育，拥有"六艺""九能"②。所以"士"或"士大夫"的称谓，有浓厚的文化意味。士大夫是道德与礼乐的代表，是"君子"；府史胥徒承担各种细小的职役，属"庶人在官者"，属"小人"。"君子勤礼，小人尽力。"故马一浮先生云："先儒释君子小人有二义：一为成德之称，一为在位之称。"③质言之，从制度与文化看，周朝已有后世"士—吏"两分的轮廓了。在制度上，就是

---

① 拙作：《士大夫政治演生史稿》，北京大学出版社1996年版。

② "六艺"即诗、书、礼、乐、书、数。又说，担任大夫须有"九能"："建邦能命龟，田能施命，作器能铭，使能造命，升高能赋，师旅能誓，山川能说，丧纪能诔，祭祀能语，君子能此九者，可谓有德音，可以为大夫。"《诗·鄘风·定之方中》毛传，《十三经注疏》，中华书局1980年版，第312页中栏。

③ 马一浮：《君子小人之辨》，收入《马一浮集》，浙江古籍出版社、浙江教育出版社1996年版，第1册第33页。

"爵禄—稍食"体制,前者属品位分等,后者则是职位分等的最初形态;在文化上,就是士大夫承担道德礼乐,而胥吏等于"小人"。

若说周代"士、吏有别",秦汉的品位结构就是"士、吏无别"的。战国变法带来了文法吏的崛起,他们是受过法律、文书和财会训练的专业吏员。秦汉帝国的基本政治精神,就是"以刀笔吏治天下"。传承古典文化的士人,在秦遭遇"焚书坑儒"。刀笔吏既不承担古典文化,与各个社会阶层也很少特殊联系,他们的崛起与扩张,一度弥平了士大夫与胥吏之间的鸿沟。秦汉"百官皆吏",从低级吏员直到宰相,都没有身份性限制。如祝总斌先生所言:"后代吏胥身份卑贱,备受歧视,特别是仕进升迁前途有限;而汉代的'令史''掾史''少吏'却不存在这些问题。吏、官身份无别,这是两汉吏胥制度的最大特点。"①

中国古代的"官、吏有别"制度,与士阶层的发展密切相关。随汉武帝独尊儒术,"公卿大夫士吏彬彬多文学之士矣",儒生士人加入政权,与文吏并立朝廷。这随即就影响到了王朝品位结构。汉代选官,以德行、明经、明法、治剧"四科"取士。前两科向儒生倾斜,后两科向文吏倾斜。某些职位要求用"明经",另一些职位则是"明法补"。汉代孝廉察举,也以儒生、文吏分科。东汉顺帝时的孝廉考试,就是"诸生试家法,文吏课笺奏",分途考试的。

这时的"士—吏"区别,主要表现为横向的资格分类,而不是纵向的高低分等。在制度上,明经不比明法高一头,儒生也不比文吏高一头,只是资格类别不同而已。沈约这样评价汉朝选官:"黉校棋布,传经授业,学优而仕,始自乡邑,本于小吏干佐,方至文学功曹,积以岁月,乃得察举。人才秀异,始为公府所辟,迁为牧守,入作台司。"②就是说,

---

① 祝总斌:《试论我国古代吏胥制度的发展阶段及其形成的原因》,《燕京学报》新九期,北京大学出版社2000年版;收入《材不材斋文集——祝总斌学术研究论文集》下编《中国古代政治制度研究》,三秦出版社2006年版,第102页。

② 《通典》卷十六《选举四》,中华书局1984年版,第91页上栏。

即便是士人出身,也得从"小吏干佐"干起。从资格分类说,儒生、文吏有别;就资格分等说,儒生、文吏无别。东汉还规定,察举孝廉者,必须先任郡国吏职若干年,才能参选。

然而儒生士人经几百年发展,已成为一个文化雄厚、影响巨大的社会阶层。汉末的士林品题,在相当程度上支配了朝廷选官,一旦在士林获得好评、赢得"士名",则州郡公府辟命交至。所以时人感叹着"序爵听无证之论,班禄采方国之谣","位成乎私门,名定乎横巷"①。"士"高于"吏"的品位安排,逐渐萌生了。东汉孝廉察举与公府征辟,原是"小吏干佐"晋升为朝官的两大途径,而此两途,逐渐被儒生名士所充斥,单纯的文吏难以晋身了,只能长居下僚。中国官阶史上的"士、吏有别"以及"流外"制度,由此发端。王朝的品位安排,在"分等"上开始向"士"倾斜了。

魏晋以下,"士、吏有别"就充分制度化了。东汉官僚发生了三大变化。一是吏员的"官僚化",单纯的职业吏员群体,演化为一个"官僚阶级";二是官僚的"世家化",先秦一度中断的"世家"传统,开始再度积累出来,出现了世代做官的"官族";第三就是官僚的"士人化"。这些变化的叠加,使士阶层在魏晋间发展为士族阶层。其对王朝品位结构的影响,至少有四。

第一是察举制的变迁。魏文帝时的孝廉察举,是"儒通经术,吏达文法,到皆试用",仍然因袭了东汉的儒生、文吏分科察举的办法;而魏明帝"申敕郡国,贡士以经学为先"②,以经学为标准,等于取消了文吏的察举资格。西晋秀才科又实行了对策,对策变成了一种文学考试。由此,孝廉和秀才这两种品位,都面向儒生文人了,成了"士"的身份标志,"吏"被排斥在外。唐代进士试诗赋、明经试经学的两科并立体制,

---

① 分见徐幹:《中论·谴交》,《申鉴·中论·傅子》,上海古籍出版社1990年版,第31页下栏;曹丕:《典论》,《意林》卷五引,中华书局1991年版,第103页。
② 《三国志·魏书》卷二《文帝纪》、卷三《明帝纪》。

由此发端。

第二是九品中正制的出现。中正的人选,通常应由名士担任;中正的品评标准是德才,这显然是"士人化"的标准;中正品评被称为"清议",表明它在形式上继承了汉末士林品题。所以中正品是一种面向士人的品位,非士人者难以获得中正品,只好屈就官品九品以下的吏职了。南朝选官,恰好就有"二品士门"和"吏门"的概念。"吏门"就是中正品较低、只能充任低级吏职者。中正制推动了"士、吏有别"的深化。

第三是选官论"清浊"的惯例。魏晋以下的官场,把官职分"清官"与"浊官"。"清官"被文化士族独占,寒庶之人不能染指,只能任"浊官"。"清"这个字眼,在汉末以来,就被用来描述与士人相关之事象了,如士人的节操称"清节",士人的才华称"清才"①。中古时代,"清族""清华"又用于称呼士族门第。而所谓"清官",大多是文翰性官职,如秘书郎、著作郎,适应了士族的文化风尚。

第四是南北朝诞生的"流外"制度。流内外制度的产生,与中正品有直接关系。本来,中正二品以上是士族,中正三品以下是吏员。而北魏孝文帝把中正品三至九品这 7 个等级转化为流外官资,并把相应的官职从官品九品中分出来,另设流外七品;此前中正二品者所任之官,则留在官品九品之内。北齐把流外七品,增为流外九品,为隋唐所沿用。这样,官品九品面向士人,流外品面向吏员的体制,就正式出现了。流外品的出现与中正品的关系,参看图 11.1:

---

① 中古时代的碑志中,大量出现以"清"为词根的语词,如清明、清邃、清高、清简、清淳、清廉、清润、清贞、清朗、清澄、清雅、清婉、清静、清虚、清慎、清白、清远、清畅、清秀、清尚、清穆、清俭、清峻等。参看毛远明:《汉魏六朝碑刻文献语言研究的思考》,《南京师范大学文学院学报》2005 年第 1 期。这是时代特点和士人风尚所造成的。

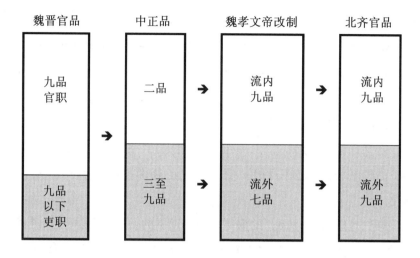

图 11.1

可见中国官阶的流外制度,是以中正品为中介、因中正品的推动而产生的,是九品官品与中正品的互动结果。对这一点,魏孝文帝非常清楚,他宣称:"士人品第有九,九品之外,小人之官,复有七等。"①也就是说,流内流外之别,来自"君子""小人"之别,就是"士—吏"之别。梁武帝所设十八班制,也是以中正二品为界限的,"位不登二品者"另为七班,或者列入三品勋位、三品蕴位。

十八九世纪俄罗斯的文官 14 品之下,也有一个办事员层次,很像中国的"流外"②。现代文官也有高级文官与低级行政人员之别。近年有人主张,把中国公务员分成文官与文员两类,分别实施管理③。但这些规划,都不是以高级文官是"君子"、低级文员是"小人"为前提的。这是很大的不同。

随中古士族的衰落,唐代取消了中正制,科举制取而代之。对科举

---

① 《魏书》卷五九《刘昶传》。

② 许金秋:《俄国国家机构和官员制度(19 世纪—20 世纪初)》,吉林大学东北亚研究院 2008 年博士论文,第 227 页。在 18 世纪中叶的俄国,办事员占官员总数的70%。

③ 姜海如:《中国公务员管理机制研究》,华东师范大学科学社会主义研究所 2002 年博士论文,第 36 页。

制取代中正制的变革意义,学者给予了充分强调。但人们忽略了这样一点:就面向士人而言,科举功名与中正品,其实又是一脉相承的。从汉代士阶层、中古士族到唐宋文人,是一个连续的变迁,只不过士族的贵族化程度较高而已;从察举科目到中正品、进而到科举功名的变化,其背后就是士阶层的变迁。

唐朝还袭用了南北朝的"清官"的概念。在官品之外,"清"构成了对职位的附加评价,与官品并不完全重合。以卫官、斋郎起家时,对"清官"给予优待:"凡千牛备身、备身左右及太子千牛,皆取三品已上职事官子孙、四品清官子",斋郎"取五品已上子孙、六品清资常参官子补充"①。"清官""清资常参官"子孙的起家特权,因"清"而提高一品,四品者相当三品,六品者相当五品。勋官、品子、流外、国官、参佐、视品等出身者,不得任清要官②。为何优待清官呢?正如章如愚所说:"唐之制虽不纯于周,而其亲近儒士之意,则犹古意也。何也?有常参官、有供奉官、有清望官、有清官,皆儒士也。"③可见"清"仍与"儒士"相关。当然,魏晋南朝是"官因人而清",士族习居之官就是"清官",士族不居其官亦"清",寒人居之亦不"清";唐朝则"人因官而清",居"清官"则"清",不居"清官"则不"清"。

当然不能说,流内品官都是士人。清朝的 2 万多名文官中,功名拥有者约近半数。不过那些"异途"出身者,大抵要先捐监生,然后才能捐官职④,就是说,捐纳在形式上跟学历沾上了边儿,是从学历制度衍生出来的。把科举官僚看成品官的主体,应该问题不大。近代文官的

---

① 分见《唐六典》卷五《兵部郎中》,中华书局 1992 年版,第 154 页;《唐会要》卷五九《太庙斋郎》,中华书局 1955 年版,第 1027 页。

② 《全唐文》卷九五武则天《定伎术官进转制》,中华书局 1983 年版,第 983 页。

③ 章如愚:《群书考索·后集》卷二一,《景印文渊阁四库全书》,台湾商务印书馆 1986 年版,第 937 册第 276—277 页。

④ 张仲礼:《中国绅士——关于其在 19 世纪中国社会中作用的研究》,上海社会科学院院出版社 1991 年版,第 128 页。

高级、低级之分,往往也跟学历有关①。在文官等级和教育等级相对应一点上,传统中国是很"超前"的。只是在中国,"流外"的产生与中古士族有关,其身份意味特别强。叶炜君的考察显示,到了唐朝,流外品就摆脱了士族偏好,"职位分层"的意义浓厚起来了②。然而身份性还是有的,在整个科举时代,流内与流外都是一道鸿沟。在身份特权、文化教养和社会特征上,士大夫与流外吏员判然有别。

那么中国官阶史上的"士—吏"关系,就经历了如下变迁:

1. 周朝"士、吏有别",爵在士以上的贵族,是一个拥有雄厚文化的阶层。

2. 汉代"士、吏无别",在相当一段时间中,"士"并不高于"吏"。或者说从资格分类看,儒生、文吏有别;从资格分等看,儒生与文吏无别。

3. 魏晋以下"士、吏有别"。魏晋南北朝的九品中正制,品评以才德为准,保证士族士人居上品;唐宋明清的科举制,保证科举士大夫高于胥吏。

"士—吏"问题,还波及了更多职类,例如法律职类和所谓"伎术官"职类。西方社会的法律职业(律师与法官等),也跟社会分层存在着相关性③。布尔迪厄的研究表明,学生的学科选择,以及学科的等级

---

① 1860 年,英国文官被分为低级、高级两类。高级文官须经大学教育,低级文官不能晋升到高级。1920 年,英国文官被分为行政级、执行级、事务级、助理事务级 4 级,每级都从受过相应教育的毕业生中招募。参看李盛平、季晓煜:《各国公务员制度》,光明日报出版社 1989 年版,第 58—59 页;苏廷林:《当代国家公务员制度发展的趋势》,中国人事出版社 1993 年版,第 70 页;黄达强主编:《各国公务员制度比较研究》,中国人民大学出版社 1990 年版,第 170 页。第二次世界大战之后法国文官的 A 类、B 类、C 类、D 类,分别以大学、高中、初中和小学学历为条件,被称为"学历分类结构模式"。参看苏廷林:《当代国家公务员制度的发展趋势》,中国人事出版社 1993 年版,第 68 页。
② 叶炜:《南北朝隋唐官吏分途研究》,北京大学出版社 2009 年版,第 67 页。
③ 饶艾、张洪涛:《法社会学:社会学视野》,西南交通大学出版社 2002 年版,第 87 页以下。

地位,与学生家庭的文化资本和社会地位相关①。那么中国古代呢?先看唐代的六学体制(表11.1):

表11.1

学校	教师品级		入学资格	学生服饰
国子学	国子博士	正五品上	三品以上子	黑介帻,簪导,深衣,青襟褾领
太学	太学博士	正六品上	五品以上子	
四门学	四门学博士	正七品上	七品以上子及庶人之俊异者	
律学	律学博士	从八品下	八品以下子及庶人通其学者	黑介帻,白裙襦。
书学	书学博士	从九品下		
算学	算学博士			

国子学、太学、四门学三学教授的是经史,律学、书学、算学三学教授的是专门技能。后三学的教师职级和学生资格,明显低于前者。学生在服饰上也有区别。这就表明,律学、书学、算学比经史之学地位低下。

本来在秦汉,法律之学的地位并不低下。秦朝禁经史百家之学,民众欲学法律,以吏为师。汉朝的文法吏以"能书、会计、颇知律令"为条件,文书、财会与法律之学,在相当一段时间中,其地位不低于经学。魏晋以下就不同了,"刑法者,国家之所贵重,而私议之所轻贱;狱吏者,百姓之所悬命,而选用者之所卑下"②,法学与法吏开始遭到蔑视了。廷尉之下设有律博士和律生,但学生地位不高,肄业后只能担任低级吏职,如令史之类。刘宋有儒、玄、文、史四学,这四学的分科,恰好反映了士族的文化偏好。倒是十六国的后赵政权相对重视律学,在经学祭酒之外,别设律学祭酒。书学、算学也是在北魏发展起来的。在科举时代,经史之学趋于繁荣,律学、书学、算学逐渐沦落。唐高宗曾一度废除了三学,其理由是"书、算学非明经,事唯小道,各擅专门,有乖故实"③。

---

① 布尔迪厄:《国家精英:名牌大学与群体精神》,商务印书馆2004年版,第17—18、23页。

② 《三国志》卷二一《魏书·卫觊传》。

③ 《唐会要》卷六六《广文馆》,中华书局1955年版,中册第1163页。

宋朝的国子监中有律学馆,宋神宗又在朝集院设置了律学,还设置过"明法"科目。但当时就有人说:"昔试刑法者,世皆指为俗吏。"宋神宗也感叹道:"近世士大夫,多不习法","后来缙绅,多耻此学"①。统治者虽然重视法律,但单纯的习法者却被社会所轻贱,被视为"俗吏",这来自中国士大夫根深蒂固的观念:"士、吏有别"。

所谓"伎术官",指的是天文、医学、书艺、图画等专业职类。在现代社会里,各门知识技艺是平等的,运用不同知识技艺的职类也是平等的。但在传统中国,"艺是一些卑贱的职业。中国轻视艺由来已久"②。早在《礼记·王制》之中,就有这样的话:"凡执技以事上者,不贰事,不移官,出乡不与士齿。"唐朝的伎术官分布在秘书省、殿中省、太常寺、左春坊、太仆寺等机构。他们只能在"本色"即本系统内迁升,至局、署令而止,不允许进入其他职类③。伎术官多是流内官,品级其实并不算低④,在礼遇上却往往视同流外官,比如这类规定:"流外、伎术官,不封母妻。"⑤宋朝的"伎术官",主要指翰林院下的天文、书艺、图画、医官四局⑥,这些官员待遇差、升迁难、限制严。宋仁宗定制,天文官十年一迁。而南宋一段时间中,天文官有 9 阶,那么天文官从最低阶升到最高阶,至少要 90 年⑦。宋朝对伎术官还有这样的规定:只能服绿,不能佩鱼,只能着屦而不能着履。显然就是有意歧视。"伎术"与文法一样,

---

① 《宋史》卷一五五《选举志一》。律学地位问题,还可参看叶炜:《论魏晋至宋律学的兴衰及其社会政治原因》,《史学月刊》2006 年第 5 期。

② 古德诺:《解析中国》,国际文化出版公司 1998 年版,第 230 页。

③ 《全唐文》卷九五武则天《定伎术官进转制》,中华书局 1983 年版,第 983 页。

④ 以唐代司天监为例,监从三品,少监正四品上,春官正、夏官正、秋官正正五品上,冬官正、中官正正六品上,保章正从七品上,灵台郎正七品下,挈壶正、司辰正八品上,监候正八品下,司历、刻漏博士从八品下。

⑤ 《新唐书》卷四六《百官志一》。

⑥ 《宋史》卷一六六《职官志六》:"翰林院勾当官一员,以内侍押班、都知充,总天文、书艺、图画、医官四局,凡执伎以事上者皆在焉。"

⑦ 余贵林、张邦炜:《宋代伎术官研究》,收入《宋代政治文化史论》,人民出版社 2005 年版。

被视为"小道",正如"吏"不能与"士"比肩齿列一样。

东汉王充对儒生与文史的关系,曾专门发表看法,其中有两点值得注意。首先他认为,"文吏以事胜,以忠负;儒生以节优,以职劣","取儒生者,必轨德立化者也;取文吏者,必优事理乱者也"。就是说儒生、文吏各有不同政治功能。其次是"儒生犹宾客,文吏犹子弟也"①。看不出文吏与哪个特定社会阶层有特殊关系,朝廷就是他们的"家",统治者也拿他们当"子弟"。文吏是工具型官僚,忠实贯彻统治者的指令。儒生背后却有一个士人阶层,有自己所奉之"道",还可能以"道"抗"势",以其政治理想衡量和改造政治,与统治者不完全"同心同德"。"宾客"的比喻,形象地反映了儒生的相对独立性。

皇帝与文史的结合,可能造成一个刚性的专制皇权,例如秦帝国的那种情况;皇帝与具有相对独立性的儒生的结合,则可能造成一个弹性的专制皇权,例如汉以后的情况。儒生发挥着调整政治的功能,然而也可能限制皇帝的专制意志。钱穆先生非说中国古代不是专制政治,而是民主政治,其证据之一就是"士人政府"②。我们当然不会接受其"民主政治"的论断③。但确实存在这种现象:士人不把自己看成"奴",其心态近于屈原式的"妾妇",觉得自己总比单纯的奴才高一头;某些时候还想当"帝王师",开导教诲皇帝;甚至当孟子式的"大丈夫",伸张道义、指斥时政,这与皇帝专制就不甚相容了。这时候,专制皇帝可以利用其他势力,如刀笔吏、军人、外戚、宦官等,在异族政权下还有部落贵族,来制衡士人。这些情况,往往就会影响到王朝的品位结构上来。在后面还将涉及这一点。

---

① 王充:《论衡·程材》,黄晖:《论衡校释》,中华书局1990年版,第535、540页。
② 钱穆:《中国历史上的传统政治》,收入《国史新论》,生活·读书·新知三联书店2001年版,第124页。"政府力量,不在贵族,不在军人,不在商人,而在一辈有特殊教育与特殊理想的士人手里。而此辈士人之教育,则操在社会下层之士群,不操在政府。"
③ 李筱峰对此有系统辩驳。见其《"温情与敬意"的民主? ——评钱穆对中国传统政治的"非专制"之辩》,收入《进出历史——中国史与台湾史论集》,台湾稻乡出版社1992年版。

三 文—武

文武是中国官僚最基本的职类区分,文武之别也是王朝位阶的基本结构。现代社会中军人自成系统、自有军衔,与政府文官的级别无关。传统中国的文职与军职则使用同一品级,当然有时候也各有位阶。文官、武官可以互相迁转,当然有时候文资、武资就不能互换。文阶与武阶的各自样式与相互关系,也发生过很大变化。

若从政治上看,"文—武"就不仅仅是个职类问题,而关涉到政治体制与形态了。斯巴达人从小接受军事教育,否则不能获得公民权,所以"斯巴达人的一生就是军人的一生"[①]。欧洲中世纪有一个骑士阶层,他们认为打仗"是一种乐趣,也是要求骑士去追求的一种荣誉","和平时期找不到乐趣可言"[②]。对于中世纪人,"骑士制度统治世界这一幻想浸润在他们的思想体系中","于是历史被缩减为君主的荣誉与骑士的美德的展示"[③]。这与中国"文士"恰成对比,中国历史经常被缩减为皇帝仁爱和士人德才的历史。甚至"欧洲骑士与美女的结合,在中国变成了才子佳人"[④]。利玛窦惊讶地看到,中国的官兵对"哲学家"们极为恭顺和服从[⑤]。日本的"武士"以"刀"为"武士之魂","刀"成了

---

① 滕大春主编:《外国教育通史》,山东教育出版社 1989 年版,第 1 册第 148 页。

② 布洛克:《封建社会》,台湾桂冠图书公司 1995 年版,第 431 页;商务印书馆 2004 年版,下册第 489 页。

③ 赫伊津哈:《中世纪的衰落:对十四和十五世纪法兰西、尼德兰的生活方式、思想及艺术的研究》,中国美术学院出版社 1997 年版,第 62—63 页。当然,骑士们在 13 世纪开始学习文学与礼仪,绅士化了。参看朱孝远:《中世纪欧洲贵族》,广东人民出版社、华夏出版社 1996 年版,第 90—93 页。

④ 中野美代子:《中国人的思维模式》,中国广播电视出版社 1992 年版,第 52—53 页。

⑤ 利玛窦、金尼阁:《利玛窦中国札记》,中华书局 1983 年版,第 59—60 页。

民族性格的象征物,武士教育的内容就是习武①。罗素遂言:"由于哲人的治理而产生的社会也和武人统治下所产生的社会截然不同。中国和日本就是这种对比的实例。"②

印度莫卧儿帝国的官僚位阶,来自一种军事编制"曼沙达尔"(mansabdar),共33级,从指挥10人的"曼沙达尔"直到指挥万人的"曼沙达尔"③。这个制度的特点是"军队、贵族和民政合为一体"④,但文、武还是有区别的,军职的"曼沙达尔"封赐采邑,文职的"曼沙达尔"则领取薪俸⑤。俄罗斯的彼得一世定制,军职、文职、御前职各14品。军职明显优于文职,14品军职都有世袭贵族权,文职则8品以上才有世袭贵族权,9品以下没有。而且武职为社会所敬仰,文职为社会所蔑视⑥,跟中国历史后期的情况相反。

中国古代"文—武"之分,涉及了文人群体、文化活动、文化传统与军人群体、军事活动、军队组织的相互关系,及其与专制皇权的关系问题。这时须注意,职类、位阶与群体归属三者,不一定是对应的。文职与武职、文号与武号不等于文人与武人,文人可能出任武职、拥有武阶,武人也可能出任文职、拥有文阶。

从历史结局来看,中国官僚政治的典型形态是文官政治,是"重文轻武"的,相对于武人,士大夫占据了绝对优势。中国精英在自我定位

---

① 新渡户稻造:《武士道》,商务印书馆1993年版,第76页以下;本尼迪克特:《菊与刀》,商务印书馆1990年版,第2页;小原国芳:《日本教育史》,商务印书馆1935年版,第89页。

② 罗素:《权力论:新社会分析》,商务印书馆2012年版,第33页。

③ 辛哈、班纳吉:《印度通史》,商务印书馆1964年版,第381页。最高级的万人、八千人、七千人的"曼沙达尔",由三个王子担任。"曼沙达尔"自行募集他们的军队。

④ 马宗达、赖乔杜里、达塔:《高级印度史》,商务印书馆1986年版,第601—602页。

⑤ 培伦主编:《印度通史》,黑龙江人民出版社1990年版,第215—216页;林承节:《印度史》,人民出版社2004年版,第164—165页。封赐采邑者约占1/3,领取薪俸者约占2/3。

⑥ 郭小丽:《中俄文化精神中的崇文与尚武》,《俄罗斯研究》2007年第3期。

和改造社会时所认可的暴力行为,在历史后期越来越少,日益倾向于和平与"文治"了①。但最初还不是完全那样。顾颉刚先生论周朝:"吾国古代之士,皆武士也。士为低级贵族,居于国中(即都城中),有统驭平民之权利,亦有执干戈以卫社稷之义务。"②周朝贵族的"六艺"教养之中,射、御两项就是军事技能。刘师培先生有《论古代人民以尚武立国》一文,认为周朝"士"乃军士,国子学习干戚之舞,选拔人才用射礼,由军官司马负责,学校、礼乐、选举、进士,都有浓厚的军事色彩③。周代品位,文武无别;士以上的贵族文武兼资,"允文允武"。公、卿、大夫、士等爵称,都来自人称,"文武无别"。春秋晋国的"六卿",既是执政大臣,又是三军统帅。

战国出现了文武分途,文官之长为相,武官之长为将④。汉代朝会,以"文东武西"分班,东列是丞相以下的文官,西列是诸侯与军吏。从冠服看,文官穿黑服,戴进贤冠;武职穿赤服,戴武冠。在秩级安排上,文官使用"正秩",如二千石、千石、六百石、二百石;军官则被置于"比秩",大将军以下营五部,部校尉比二千石,军司马比千石,军候比六百石,屯长比二百石。部、曲、屯3级编制的4种长官,都是"比秩"。文武官的分类管理,已相当清晰;文官转任武官、武官转任文官,则没有隔阂,可以互迁。

汉朝在职类上"文武有别",位阶样式上"武多于文",源于"武"的品位安排居多。兹举五例。第一,二十等军功爵被用作整个社会的身份系统,文官也用军功爵维系身份。第二,辅政者用"将军"之衔做品位。如"某某将军领尚书事"。西汉霍光以后领尚书事者,凡22人次,

---

① 田海:《重新思考中国文化中的"暴力"》,收入孙江主编:《事件·记忆·叙述》,浙江人民出版社2004年版,第134页以下。

② 顾颉刚:《史林杂识(初编)》,中华书局1963年版,第85页。

③ 《刘师培辛亥前文选》,生活·读书·新知三联书店1998年版,第357页以下。

④ 杨宽:《战国史》(增订本),上海人民出版社1998年版,第221页。

其中有 15 人次,其本官是"将军"①。汉昭帝时霍光、金日磾、上官桀辅政,他们的位次高下,分别以"大将军""车骑将军"和"左将军"三衔标示。又三公之中,武职的太尉班位最高。第三,郎署是选官枢纽,举孝廉者要先做郎官,而郎官本是执戟宿卫的军士,"它给两汉仕进制度明显地蒙上了一层尚武的色彩"②。第四,东汉五校尉——屯骑、越骑、步兵、长水和射声校尉,逐渐"官显职闲"、有了荣衔的意味,往往用以优待宗室,甚至加给名儒③。第五,例行的春赐和腊赐,照例"武官倍文官",赏赐比文官多一倍,参看本书第四章第五节。

魏晋南朝情况一变,面向文士的位阶开始占优:第一,中正品是面向士人的;第二,察举科目是面向士人的;第三,列于"清途"的各种散官,多是文职;第四,在"清浊"选例上,文职"清"而武职"浊"。以中正品为中心,形成了一套面向文化士族的品位安排,其背后是士族及其门第。

然而同时,军人的位阶也发达起来,上百号的"将军"组成了军阶。将军号发展为军阶的直接原因有二:一是战乱的推动,为奖酬将校激励杀敌,统治者普授"将军""郎将",促使它们向军阶的演变;二是地方行政的军事化,镇守州郡者要加军号以重其威权。由此可知,军阶具有功绩制的来源和意义,服务于时局和军政需要,但不是用来优待门阀士族的。虽然文官也用军阶标志名位,但军阶没有明显的优待士人倾向。品位秩序中"门品"与军阶的分立,其背后是当时政治的二向性:士族政治与官僚政治的分立。"门品"与军阶的关系变迁,可以反映士族政治和官僚政治的关系变迁。士人以文阶为重,"但仕宦既进以后,又不

---

① 廖伯源:《试论西汉诸将军之制度及其政治地位》,收入《历史与制度——汉代政治制度试释》,台湾商务印书馆 1998 年版。

② 黄留珠:《秦汉仕进制度》,西北大学出版社 1985 年版,第 236 页。

③ 上田早苗:《贵族官制の成立》,中国中世史研究会编《中国中世史研究》,东海大学出版会 1970 年版。

论出身,文武官位可以更互为之。文人任武职史不绝书"①。

北朝以军功贵族为政权支柱,"武"的色彩就浓厚得多了。南朝"崇文",官员若既有文号又有武号,则例以文号居前。有个叫杜幼文的,是四品的步兵校尉,却要求做五品之黄门侍郎,因为黄门侍郎比步兵校尉更为清贵。而北朝"尚武",不以武号为卑。在官员兼有文号与武号时,北朝例以武号居前,比如把文号"大夫"放在武号"将军"之后。有个叫明亮的,原有一个文号员外散骑常侍,而魏明帝改授其为勇武将军。明亮受了南朝"重文轻武"风气的影响,不愿接受,说"勇武将军"官号太"浊";而魏明帝将其驳回:"九流之内,人咸君子,虽文武号殊,佐治一也。卿何得独欲乖众,妄相清浊!"②南朝的秘书省官是最清贵的起家之官,被一流士族独占;而北魏不管这一套,若干"力曳牛却行""勇健不好文学"的武人,居然也被任命为秘书监、秘书郎。

魏末周齐的战乱中,军功阶层再度崛起。朝廷在奖酬将士之时,往往在授予武号"将军"的同时,再授予一个文号"大夫"之类。这在北周发展为"双授"制度。比如,授予正八命上阶的骠骑将军的同时,还授予一个正八命上阶的右光禄大夫;授予正八命下阶的车骑将军的同时,还授予一个正八命下阶的左光禄大夫。所以北周军政官僚的头衔,都是一武一文、两两成双的。参看表11.2:

表11.2

官品	军　号	散　官
正九命	柱国	
	大将军	
从九命	骠骑大将军	开府仪同三司(侍中)
	车骑大将军	仪同三司(散骑常侍)

---

① 周一良:《南齐书丘灵鞠传试释兼论南朝文武官位及清浊》,收入《魏晋南北朝史论集》,中华书局1963年版,第110页。

② 《魏书》卷八八《明亮传》。

官品	军　号	散　官
正八命	骠骑将军	右光禄大夫
	车骑将军	左光禄大夫
从八命	四征等将军	右金紫光禄大夫
	中军 镇军 抚军等将军	左金紫光禄大夫
正七命	四平等将军	右银青光禄大夫
	前右左后等将军	左银青光禄大夫
从七命	冠军将军	太中大夫
	辅国将军	中散大夫
正六命	镇远将军	谏议大夫
	建忠将军	诚议大夫
从六命	中坚将军	右中郎将
	宁朔将军	左中郎将
正五命	宁远将军	右员外常侍
	扬烈将军	左员外常侍
从五命	伏波将军	奉车都尉
	轻车将军	奉骑都尉
正四命	宣威将军	武贲给事
	明威将军	冗从给事
从四命	襄威将军	给事中
	厉威将军	奉朝请
正三命	威烈将军	右员外侍郎
	讨寇将军	左员外侍郎
从三命	荡寇将军	武骑常侍
	荡难将军	武骑侍郎
正二命	殄寇将军	强弩司马
	殄难将军	积弩司马
从二命	扫寇将军	武骑司马
	扫难将军	武威司马
正一命	旷野将军	殿中司马
	横野将军	员外司马
从一命	武威将军	淮海都尉
	武牙将军	山林都尉

中古军号的序列化、品位化程度，本来是高于文散官的；文散官数量较少，在品级上的分布也比较零乱，不成序列。而在"双授"制度下，因军号、散官两两相配，每一个军号都得配上一个文散官，于是军号对文散官的序列化，发挥了强劲的"拉动"作用。军号与散官的这种双峰并峙架构，成为唐朝文武散阶的来源。"双授"之制，鲜明地反映了北周"文武同途"的政治特色，反映了军功新贵不仅占有了武号，而且还侵入了文职和文士的位阶领地，把文号也据为己有。军功新贵的崛起，还造成了北周的"选无清浊"，即选官上没有清官和浊官之分。

北周的军事体制，以府兵制为中心，谷川道雄先生甚至有"府兵制国家论"[1]。从府兵官号中，发展出了一个"勋官"序列，由柱国、大将军、开府、仪同、大都督、帅都督、都督，及别将、统军、军主、幢主构成。顾江龙君认为，这套官号是一个身份序列，它具有"本品"的意义，是北周以至隋朝官贵的基本身份尺度[2]。这与秦汉用军功爵建构身份系统的做法，颇有可比之处，都是用军事性位阶管理身份。我们看到，与南朝不同，在北朝，军事来源的位阶，再度重要起来了。

尽管在中国古代，专制官僚体制的典型形态是文官政治，但这个体制在运行中，往往要通过"军事化"的途径来调整与平衡。如李开元先生所论，中国王朝的来源，通常是"马上天下"，政治权力和政权机构起源于战争和军事[3]。在"王朝循环"中，一个个王朝周期性地老化、僵化和腐化了，以崩溃与战乱告终；此后则通过军人群体、军事活动与军事编制而恢复了秩序，并带来了一个新的、更强悍的皇权。王朝初年，往往会出现"专制强化"现象。不是由"征伐"，而是由"禅让"建立的王

---

① 谷川道雄：《隋唐帝国形成史论》，上海古籍出版社 2004 年版，第 273 页以下。

② 顾江龙：《汉唐间的爵位、勋官与散官——品位结构与等级特权视角的研究》，北京大学历史学系 2007 年博士论文，第 8 章"周隋勋官的'本品'地位"。

③ 李开元：《汉帝国的建立与刘邦集团——军功受益阶层研究》，生活·读书·新知三联书店 2000 年版，第 256 页以下。

朝,由于缺乏统治集团的更新与"军事化"的洗礼,其皇权往往就软弱一些①。魏晋南朝就是如此。罗素曾指出:"战争对于王权的加强一定起过很大的作用,因为战争显然需要统一的指挥。"②梁启超论中国历史:"专制权稍薄弱,则有分裂,有分裂则有力征,有力征则有兼并,兼并多一次,则专制权高一度,愈积愈进。"③所以中国的"马上天下",是专制集权官僚体制的一种自我更新机制。

文人官僚可能发展出文化独立性来,其对文化成就的崇尚,会淡化、冲击对军政业绩的评价;还可能发展出政治自主性来,士大夫以文化理念对抗专制意志;士人甚至可能演变成士族。在这时候,政治体制的"军事化",就有"矫正"之功。因为军事组织在等级制、集权制、功绩制和法制上,与官僚组织具有重大相似性。军队中的人际关系,以"命令—服从"为基础,这对士人的文化自主性和政治自主性,能形成强大的抑制。亨廷顿指出:"在君主集权官僚体制中,军队是最现代和最有内聚力的典型。"④钱穆的"士人政府"之说,至少是忽略了改朝换代时的"军事化"问题,没有看到战乱与和平的不同年代中,士人与军人的作用是交替的、动态的。

秦国也是通过军国主义道路,而实现了集权化和官僚制化的。秦汉位阶的"尚武"色彩,就是其历史遗产。南朝皇权一定程度的振兴,被归功于北府兵军官刘裕⑤。刘裕被陈寅恪先生不恰当地称为"次等士族",其实就是军人,而不是什么"士"。钱穆先生说:"南北朝本是一个病的时代。此所谓病,乃指文化病。若论文化病,北朝受病转较南朝

---

① 参看拙作:《西晋"清议"呼吁之简析及推论》,收入《乐师与史官》,生活・读书・新知三联书店 2001 年版,第 236 页以下。

② 罗素:《权力论:新社会分析》,商务印书馆 1991 年版,第 53 页。

③ 梁启超:《中国专制政治进化史论》,收入《梁启超全集》第 3 卷,北京出版社 1999 年版,第 777 页。

④ 亨廷顿:《变化社会中的政治秩序》,生活・读书・新知三联书店 1989 年版,第 185 页。

⑤ 田余庆:《东晋门阀政治》,北京大学出版社 1996 年版,第 323 页以下。

为浅,因此新生的希望亦在北朝,不在南朝。"①南朝的"文化病",主要是文化士族造成的。在品位结构上,南朝重"文"而北朝重"武",其背后是两方的政治差异:南朝是文化士族垄断权势,北朝则是军功贵族占据要津。南北朝的历史,就是文化士族与军功贵族的竞争史;北朝取代南朝,并成为通向隋唐的"历史出口",就是军功贵族对文化士族的胜利。北朝的位阶体制变化,也是军功贵族的历史遗产②。

当然,军功贵族政治毕竟是过渡性的,在完成其历史使命之后,就要让位于文官或士大夫。入唐不久就出现了分立的文武散阶,一度被"双授"的将军、大夫位阶,重新文武分途,各自单授了。勋官退居次位不再像周隋那样,呈现为基本身份尺度,而只是用作酬功的辅助手段了。随科举制的发展,拥有科举功名的士大夫,再度获得了相对于军人的政治优势。这个变化,也影响到品位结构上来了。

北周的府兵相当于天子禁旅,号称"侍官"③,"侍官"是天子侍从之称,朝廷用"侍官"称呼府兵,目的是提高他们的地位。可武则天时不同了,其时府兵大为沉沦,"侍官"竟成了骂人话④。来自府兵官号的勋官,本是用于奖酬军功的;而唐朝勋官的起家资格,较文武散阶为低。勋官上柱国到武骑尉共十二转,官品为正二品到从七品上,但在叙阶之时,仅从正六品上叙起,下至从九品上。勋官需要先番上4—5年,才能叙阶;然后以所获散阶再次番上,才能进入铨选。勋官子弟的叙阶也相对低下。文武官的五品以上子,就可以由门荫出仕了,六品以下子弟才走"纳课品子"之途;但勋官三品以下子,就得走"纳课品

①　钱穆:《纵论南北朝隋唐的儒学》,南京《中央周刊》第 8 卷第 12 期。

②　拙作:《品位与职位——秦汉魏晋南北朝官阶制度研究》,中华书局 2002 年版;第 631 页以下;《波峰与波谷——秦汉魏晋南北朝的政治文明》,北京大学出版社 2009 年版,第 225 页以下。

③　魏孝文帝汉化改制之后,武人地位逐渐下降;北周把府兵军士改称"侍官",王仲荦先生认为是军人身份重新提高的标志。《魏晋南北朝史》,上海人民出版社 2003 年版,第 580 页。

④　《新唐书》卷五〇《兵志》:"京师人耻之,至相骂辱必曰'侍官'。"

子"这条路,而且还不能任清要官。唐前期的门荫入仕者,多从卫官如亲卫、勋卫、翊卫起家。这很像汉代的郎卫入仕,"武"的色彩还是很浓厚的。卫官服役期满,最初有两条路都可以走:或从"文简",即从吏部出仕;或从"武简",即从兵部出仕①。到了唐后期,三卫猥滥,唐武宗便下令:"入仕之门,此途最弊。自今以后,但令武简,其文简并停。"②卫官从此不能"文简",只能获得武资,地位大大下降了。文武分途,由此进一步深化。

宋朝"重文轻武"成为世风③。如余英时先生所指出:宋朝"进士已是拜相的必备条件,这一点尤其是士阶层史上的一大变化。汉初常以列侯为丞相,列侯则非有军功不能获致。所以汉武帝在拜公孙弘为丞相之前,只有破例封他为平津侯。现在宋代进士正式取代汉代侯爵的资格,这是士的政治地位上升的一个显著的象征。"④随科举的繁荣,生员、举人、进士、翰林等等学历,成为宋明清的主干位阶,从而与秦汉以二十等军功爵为主干位阶的情况,形成鲜明对比。

唐朝文武散阶各 29 阶,武阶出身者可换为文阶,由文阶出身者可换为武阶,还没有太大阻碍。例如千牛备身和备身左右出身属于武资,但有文才者可以由兵部转到吏部,铨为文资。"出将入相"的事情很常见。而宋朝文资、武资界限森严,"换官"⑤十分困难,武官任文职和文

---

① 刘琴丽:《唐代武官选任制度初探》,社会科学文献出版社 2006 年版,第 33 页。

② 唐武宗:《加尊号后郊天赦文》,《全唐文》卷七八,中华书局 1983 年版,第 819 页上栏。

③ 宁可:《宋代重文轻武风气的形成》,《学林漫录》第 3 辑,中华书局 1981 年版,第 59 页以下;陈峰:《北宋武将群体与相关问题研究》,中华书局 2004 年版,第 327 页以下。

④ 余英时:《朱熹的历史世界:宋代士大夫政治文化的研究》,生活·读书·新知三联书店 2004 年版,第 201—202 页。

⑤ "换官"即文资换武资、武资换文资。参看龚延明:《宋代官制辞典》,中华书局 1997 年版,第 659 页。按,宋朝拥有武阶的官员属于"武选官",他们与纯粹的军校还不一样。参看赵冬梅:《北宋的武选官及其选任制度研究》,北京大学历史系 1998 年博士论文,"序论"部分。

官任武职,需经严格的换授文阶或武阶手续。宋神宗为了振兴武备,一度允许武官经过词赋考试而换为文资,还向边关功臣授馆职。但两项措施,都因文臣抵制,而在宋哲宗时被搁置①。换资难,也可以说是武资换文资难。而文资换武资,则为士人所不乐。文臣排斥武阶。比如状元陈尧咨,官至工部侍郎、权知开封府、翰林学士,因其善射,宋真宗想让他转为武职,以参与辽金外交,并答应给他武将的最高军衔节度使,此官的俸禄比宰相都优厚。然而陈母闻之便火冒三丈,以杖痛击陈尧咨,严词责备他"汝策名第一,父子以文章立朝为名臣,汝欲叨窃厚禄,贻羞于门阀,忍乎!"②翰林学士出身的李维,为了增加俸禄而请求转相州观察使,竟遭言官弹劾:"以词臣求换武职,非所以励廉节!"③表面上是说"励廉节",实际是在捍卫文资的尊严。名将狄青因是行伍出身,被伎女嘲弄为"班儿"。狄青曾满肚子委屈地对韩琦说:"韩枢密功业官职与我一般,我少一进士及第耳!"④少了一个"进士及第",则位望高下立判。

很有趣的是,宋朝的医师、金朝的教坊,都是伎术官,然而他们都曾使用武阶⑤。乍看上去这很奇怪:治病的大夫、奏乐的乐师,跟武人有什么关系呢?这就是"士大夫政治"造成的怪现象了。相对于儒生士大夫,医生、乐师与武人同样属于"另类",所以在医师、乐师没有专用位阶时,朝廷让他们将就着用武阶,却不愿让他们用文阶,以免玷污了

---

① 陈峰:《从"文不换武"现象看北宋社会的崇文抑武风气》,《中国史研究》2001 年第 2 期;收入《中国古代史论文集》,西北大学出版社 2004 年版,第 414 页以下。

② 文莹:《湘山野录》卷中,《全宋笔记》第 1 编第 6 册,大象出版社 2003 年版,第 42 页。《续资治通鉴长编》卷一〇五仁宗天圣五年(1027 年)八月丙戌条,中华书局 1995 年版,第 2446 页。

③ 《续资治通鉴长编》卷一〇四仁宗天圣四年(1026 年)三月戊寅条,第 2402—2403 页。

④ 王铚:《默记》卷上,中华书局 1981 年版,第 15—16 页。

⑤ 宋朝的医官起初使用武阶,宋徽宗时才有了专用位阶。见《宋史》卷一六九《职官志九》。教坊旧用武散官,金世宗认为不相称,为之另创二十五阶。见《金史》卷五五《百官志一》。

文士的清贵。

明朝的武官品级简略得多,文官使用九品 18 级,武官只有六品 12 级,由正一品到从六品为止。又因为从四品空缺,武官实际只有 11 级。哪怕是官职品级相同,武职也远比文职卑下。黄宗羲云:"武人至大帅者,干谒文臣,即其品级悬绝,亦必戎服,左握刀,右属弓矢,帕首裤靴,趋入庭拜,其门状自称走狗,退而与其仆隶齿";"唐、宋以来,文武分为两途。然其职官,内而枢密,外而阃帅州军,犹文武参用。惟有明截然不相出入"①。文资、武资的界限,也更森严了。

唐宋明清都有武举。但在唐宋,就曾有士人群起而对武举、武学表示反感与抵制,以维护文士、文官与文化知识的高贵与尊严②。明代武官多出世袭、世职,武举只是个补充。武官既没有殿试,也没有三甲区分和鼎甲名号。清朝对武举重视一些,武举数量也大了一些,但朝廷和社会引以为荣的,仍是文科进士。文科进士的姓名、籍贯及名次,都被刻在"题名碑"上,《馆选录》《鼎甲录》和《明清进士题名碑录》一类书籍随处可见;至于武科,既没有"题名碑",也很难看到专门记载其事的书籍。对清代武科,不要说后代,时人也往往不能言其详。拥有功名者对武人是极其蔑视的。有这么个历史小花絮:清末总兵樊燮见抚帅,自以为是二三品官,不肯向举人师爷左宗棠请安,而左宗棠声称"武官见我,无论大小,皆要请安",大骂"忘八蛋,滚出去"。据说樊燮为此大受刺激,从此严课其子,功名务必超过左宗棠③。

不过,科举文人的品位优势,只是就和平时期而言的。战乱动荡时,武人的品位占有情况就将明显改善。如五代十国时,文人反受蔑视,文臣的封爵普遍没有武人高④。晚清动荡、战事频繁,"尚武"的呼

---

① 黄宗羲:《明夷待访录·兵制》,《黄宗羲全集》,浙江古籍出版社 1985 年版,第 32、34 页。

② 方震华:《文武纠结的困境——宋代的武举与武学》,《台大历史学报》第 33 期,2004 年。

③ 刘禺生:《世载堂杂忆·左宗棠与樊云门》,中华书局 1960 年版,第 44 页。

④ 杜文玉、王丽梅:《五代十国封爵制度初探》,《陕西师范大学继续教育学报》2003 年第 4 期。

声明显高涨①,"军功官僚"应声而起②,出现了"绅士阶层的分化和军人势力的中心化"③。萧一山先生称:"士农工商斯为四民,乃吾国数千年以来之职业分类,自清季编练新军,而行伍之官兵,始与士农工商齐称焉。"④熊志勇先生也认为,"五民共存互补,新的'士农工商兵'结构遂成近代中国社会组织序列的基本模式","在旧秩序解体和新秩序重建的过程中,军事权威发挥了重大作用"⑤。再往后看,从晚清解体时的频繁战乱,到"枪杆子里面出政权",中央集权的重建仅用了不到半个世纪。

在和平时期,也不是说王朝对军人的利益就完全漠视,毕竟戡乱御边不能不指望军人。"宋朝之待武臣也,厚其禄而薄其礼。"⑥在品位、礼遇上"重文轻武",在薪俸安排上就不是这样的了。宋朝文臣也有乐意换武秩的,因为武阶俸禄优厚。明朝的官场重文轻武,但在官品上,武官并不低于文臣,甚至"重武轻文"。就各省"三司"而言,布政司掌一省民政,是从二品衙门;按察司掌一省刑政,是正三品衙门;而都指挥使司"掌一方军政,各率其卫所以隶于五府,而听于兵部"⑦,是正二品衙门。都司只负责卫所的统带,事权远不及布、按二司,却是二品大帅。三司会议以布政使为主,按察使副之,不过都指挥使要

① 此期呼吁"尚武"的文章大量增加,可参费正杰:《中国近代尚武思潮辨证——以〈中国近代期刊篇目汇录〉为中心》,《历史档案》2009 年第 1 期。

② 杨国强:《军功官僚的崛起和轻重之势的消长》,收入《百年嬗蜕:中国近代的士与社会》,上海三联书店 1997 年版,第 50 页以下。

③ 干春松:《制度化儒家及其解体》,中国人民大学出版社 2003 年版,第 289 页以下。

④ 萧一山:《清代通史》,台湾商务印书馆 1962 年版,第 1611 页。

⑤ 熊志勇:《从边缘走向中心:晚清社会变迁中的军人集团》,天津人民出版社 1998 年版,第 18 页。

⑥ 章如愚:《群书考索·后集》卷二一《张演论》,《景印文渊阁四库全书》,台湾商务印书馆 1986 年版,第 937 册第 294 页。

⑦ 《明史》卷七五《职官志四》。

坐首席①。又如六部、都察院为二品衙门,通政司、大理寺为三品衙门,九官并称"九卿";五军都督府"掌军旅之事,各领其都司、卫所,以达于兵部",受兵部节制,却是正一品衙门②。虽然朝野看重的是"九卿",官署却按府、部、院、司、寺排序,五军都督府居首。"公、侯、伯三等爵主要用来奖赏军功,故文臣得者甚少,即使受封,原则上也不许封公、侯,得伯者通常又须改授武官。而明代风气,武官为一般士大夫所不齿。"③

那么再来做一个小结:

1. 周朝品位结构文武无别,贵族官员"允文允武"。

2. 秦汉文武分途,从资格分类说文武有别,从资格分等文武无别。而且在此期,军事来源的位阶明显居优,如二十等军功爵、将军、校尉及郎官所发挥的品位功能。

3. 魏晋南北朝时,中正品及察举科目,是"重文"的品位;将军号、北周戎秩,是"重武"的品位。南朝"重文"而北朝"重武"。

4. 唐宋明清,面向士人的科举功名确保了"重文轻武"。但战争动乱年代除外。

四　宫—朝

"宫—朝"问题,是基于"至上莫若君父之前,至重莫若朝廷之内"的等级原则而提出来的。以皇帝为圆心,与皇帝的不同亲疏远近形成了一道道同心圆,这就成了规划位阶、安排身份的一个重要依据。

---

① 明后期有了很大变化,都司逐渐沦落为总督、总兵的下属,见抚、按时品级虽高却要"趋入庭拜"。还有人只挂都司空名,造成了都司的"普天皆是"。见沈德符《万历野获编》卷十七《名器之滥》,中华书局 1959 年版,第 451 页。

② 《明史》卷七六《职官志五》。

③ 楼劲、刘光华:《中国古代文官制度》,中华书局 2009 年版,第 469—470 页。

这一意义上的"宫—朝"问题,包括两个层面。一个是职类层面。某些官职因为亲侍于君父之前,由此鹤立鸡群、不同凡响了,变成了特殊职类,如宦官、女官、侍卫、侍从及宫廷供奉等。朝廷官承担国家行政,具有"公共性";宫廷官直接奉侍君主,具有"私人性"。另一个是政治的层面。某些重要政治势力,如宗室、外戚、宦官,因其与皇帝个人的特殊关系,也可以纳入"宫—朝"的论题之下。

对侍卫、侍从职类,在本书的第二章第六节,已从特殊职类角度做过讨论了。本章主题是政治势力的不同类型对品位结构的影响,而宗室、外戚、宦官就是特殊类型的政治势力。

宗室、外戚　与宗室、外戚相关的品位问题,主要是封爵。本书第十章第六节叙述封爵,已论及宗室的封爵及荫叙问题;又,随后的第十二章第一节,还将对皇亲国戚的品位安排提供叙述。这里只对宗室、外戚作为一种政治势力的意义,略加阐述。

周朝分封奉行"亲亲"原则,据说所封兄弟之国 15、同姓 40,又说所封 71 国,周之同族 53 国[①]。异姓往往通过联姻,而成为姬姓的"甥舅"之国。在这时候,王族与姻族共同处于"爵本位"秩序之中。在列国之内,国君的同族即"公族",担任卿大夫而执掌国政。

走向帝制时代,情况发生了很大变化。商鞅变法,宗室若无军功,即不得列为属籍。汉廷为强化中央集权,厉行"削藩",以王国官为"左官",并压低王国官的秩级。甚至波及妃嫔的等级。汉初皇帝有皇后、夫人及八子、孺子、良人等一堆妻妾,王国在王后之下也有这么一堆妻妾。但在吕后之时,诸侯王就只能置八子、孺子、良人,诸侯就只能置孺子、良人了。皇帝的八子"视千石",诸侯王的八子秩比六百石,规格比

---

① 《左传》昭公二十八年:"昔武王克商,光有天下,其兄弟之国者十有五人,姬姓之国者四十人,皆举亲也。"杜预:《春秋左传集解》,上海人民出版社 1977 年版,第 1566 页。《荀子·儒效》:"(周公)兼制天下,立七十一国,姬姓独居五十三人。"王先谦:《荀子集解》,中华书局 1988 年版,第 114 页。

皇帝矮一头。经过"削藩"，宗室与外戚一样，都变成了皇权的附属物。宗室地位靠封爵维系，外戚专政，往往要占据将军之职。

西晋转而扶植宗王，分封宗室 27 王。王国制度得以扩张，出现了国王、大郡王、次郡王、小郡王、县王 5 级之制[①]；宗王出任中外军政要职，"或出拥旄节，莅岳牧之荣；入践台阶，居端揆之重"[②]。唐长孺先生说，重用宗室政策"既不见于秦汉，也不见于唐以后，大致萌芽于曹魏，显著于西晋，下延至南北朝乃至唐初基本未变。……我认为问题的症结还在贵族政权之下，皇室作为第一家族凌驾于其他家族之上，皇帝作为这个第一家族的代表君临天下，其家族成员有资格也有必要取得更大权势以保持其优越地位"[③]。晋唐之间的皇族封爵，是此期皇权对官僚"贵族化"的一种反弹，即扶植皇族以抗门阀。

然而，中华帝国的发展方向是用法制来维持专制，而不是用宗亲维系专制。入唐之后，中央集权由弱转强，王朝的宗室与外戚政策再度发生变化，给其优厚待遇，但限制其干预政治。宋廷采取了限制宗室参加科举，不准宗室担任地方官，不属宗室以吏事，不得领兵，不得担任宰执等措施。对外戚也是如此。外戚不得任文资官，不得任侍从官，不得任地方官，不得统帅军队[④]。明清宗室封爵与功臣封爵分化开来了，王朝依然维持其优厚待遇，同时限制其干政空间。

宗室地位靠封爵维系，而宗室封爵与官职、官僚的关系，在品位安排方面发生过如下变化：

1. 周代宗法封建制下，王族经分封而占有五等爵，成为国君，

---

① 杨光辉：《汉唐封爵制度》，学苑出版社 2002 年版，第 22 页。

② 《晋书》卷五九《八王列传赞》。与汉代"削藩"相反，西晋令宗王出镇，参看唐长孺：《西晋分封与宗王出镇》，收入《魏晋南北朝史论拾遗》，中华书局 1983 年版，第 123 页以下。

③ 唐长孺：《魏晋南北朝隋唐史三论》，武汉大学出版社 1992 年版，第 51—52 页。

④ 张邦炜：《宋代对宗室的防范》，《北京师范学院学报》1988 年第 1 期；《宋代皇亲与政治》，四川人民出版社 1993 年版，第 49、200 页以下。

并在王廷上担任高官;列国的公族可以承袭卿大夫爵号,进而占有各种要职。

2. 秦汉情况一变,宗室封爵、功臣封爵,都与官僚秩级两分,互相疏离,宗室不能通过爵号占有官职。

3. 南北朝唐宋,宗室封爵与官僚封爵都很发达,表明此期官僚因其"贵族化"程度较高,在品位结构中,与皇族地位的反差较小。

4. 明清的宗室封爵与官僚封爵两分。宗室爵禄优厚,但宗室、外戚参政的空间被大大压缩。文职官僚很难得爵。在品位结构中,官僚与皇族的地位反差变悬殊了。

宦官 宦官是皇帝的家仆,学者说他们因阉割而产生了特殊心理①,但皇帝有时却指望他们作为特殊拥戴群体,而提供特殊忠诚,由此宦官成为一种政治势力,一种皇帝用来平衡政治的砝码。宦官的权力有时大到能操纵皇帝,但那只能说是"皇权的旁落",而不是皇权的衰落,因为宦官是皇权的附属物,皇权强大,宦官才能崭露头角。

汉代军功势力衰落,文官、士人地位上升,皇帝便有倚重宦官之举。东汉外戚专政,汉末名士崛起,宦官专权也达到高峰,皇帝用以抗衡外戚、士人。魏晋南朝的士族政治下,皇权低落,宦官随即在政坛上消沉了。田余庆先生指出:"东汉宦官外戚擅权,也只能视为专制皇权发展到空前强大水平而出现的皇权旁落现象","在门阀政治存在的时限以内,动乱的根源主要不是像专制皇朝通常出现的那种宦官、外戚、宗室专政,因为相对说来,微弱的皇权孳生不了那种必须依附于皇权而行专擅的宦官、外戚、宗室,孳生了也难于长期起重要作用。动乱的根源却较易来自士族中的权臣"②。章太炎也曾有论:"宦官用事,必不在贵族执政之世。周公时贵族执政,断无防及刑余擅权之理也(汉、唐、明三代,皆有刑余擅权之事,六朝则无。何则? 贵族执政阶级严明,非刑余

---

① 叶舒宪:《阉割与狂狷》,上海文艺出版社1999年版,第151页以下。

② 田余庆:《东晋门阀政治》,北京大学出版社1996年版,第342、360页。

所得间也）。"①北魏皇权强大，宦官便开始兴风作浪。唐朝的关陇军事贵族衰落后，文官与进士集团成为政坛主角，宦官再度抬头。明朝的政治由前期的峻急而渐趋宽缓，士大夫官僚趁机活跃起来，皇帝又开始借宦官以抑士大夫。所以我们说，宦官是皇帝压制士人之政治自主性的得力助手。还有一种情况：君主另有拥戴集团。例如，元朝以贵族子弟做侍从，所以宦官专权的现象受到了抑制②。清帝有满族贵族提供特殊政治忠诚，宦官便蜷缩到政治舞台的角落去了。

具体到与宦官相关的品位问题，下文将提示如下几点：一、宦官的一般品秩安排；二、宦官的职类边界；三、宦官专权所凭借的职位形式；四、宦官官号转化为朝官位阶的现象。

先说第一点，即宦官的一般品秩安排，及其与朝官的比较。这时有两种相反的选择：为显示"人近天子则贵"，而提高宦官品秩；为尊崇朝官、士人和防范宦官专政，而压低宦官品秩。汉初宦官的秩级，其高者约千石、六百石。而在东汉，中常侍秩比二千石，只比三公低三级。唐初为抑制宦官，规定内侍省不设三品官，其长官内侍从四品上。唐玄宗为优待宦官高力士、袁思艺，于内侍省设内侍监二员，从三品，比此前的内侍省长官高了一品。其时拥有官品的宦官，达三千人。宦官的品秩高端一般在三、四品左右。让宦官高居一、二品，皇帝还是不打算那么做的。

当然宦官的实际权势，不能拿官品来衡量。明朝的十二监太监不过正四品，四司司正正五品，八局大使从五品。然如黄宗羲所云，明朝"宰相六部，为奄宦奉行之员而已"；王世贞亦言："（王）振、（刘）瑾至狼戾也，公卿台谏至狐鼠伏也。"③就宦官本职来说，他们是

---

① 章太炎：《国学讲演录》，华东师范大学出版社 1995 年版，第 100 页。

② 这是《元史》卷二〇四《宦者列传》的观点："盖自太祖选贵臣子弟给事内廷，凡饮食、冠服、书记，上所常御者，各以其职典之，而命四大功臣世为之长，号四怯薛。故天子前后左右，皆世家大臣及其子孙之生而贵者，而宦官之擅权窃政者不得有为于其间。"

③ 分见黄宗羲：《明夷待访录·奄宦上》，《黄宗羲全集》，浙江古籍出版社 1985 年版，第 1 册第 44 页；王世贞：《弇山堂别集》卷九十《中官考一》，中华书局 1985 年版，第 1720 页。

以非正式身份干政的；而当非正式身份强化起来的时候，品秩的效力就会下降。当然，如果宦官的职类边界比较清晰，就不至影响到品秩效力上来。

下面是第二点，宦官的职类边界问题，以及宦官在多大程度上可以跨出宫廷职类，侵占朝官职位，猎得朝官的阶爵名号。在 4 世纪末的拜占廷帝国，宦官可以担任各级行政首长，几乎各种职位都向他们开放，在 18 级官职中他们可以担任其中 8 级。在 10 世纪的阿拔斯王朝，宦官可以担任海陆军元帅①。

秦汉的宦官之职与士人之职间，曾有一段模糊地带；若干职位有时任以宦官、有时任以士人，职类边界并不清晰。例如尚书、中书本为一职，以士人担任，则为尚书；以宦者担任，则称中书。后宫的主管大长秋一职，有时用阉人，有时用士人。到了东汉，若干士、阉兼用的职位，开始"专任宦者""悉用阉人"，职类边界趋于清晰了。

唐朝宦官使用朝官的散阶，宋徽宗特意为内侍省和入内内侍省的宦官制定了专用位阶。起初是 9 阶，自内东头供奉官至祗候高班内品；政和二年（1112）增为 12 阶，自供奉官到贴祗候内品；同时又有"祗候班"位阶，内侍省有祗候高品到后苑散内品；入内内侍省为祗候殿头到北班内品；而内侍省与入内内侍省的都知、押班，又自有 5 阶，由昭宣使到内客省使②。

第三点，是宦官专权干政所凭借的职位形式。这一般有三种情况：一、凭借专门的宦官机构来干政；二、凭借使者身份监管专门事宜而干政；三、直接占有朝廷官位而干政。赖以干政的专门宦官机构，如西汉的中书，唐朝的内诸司、左右神策军中尉，明朝的司礼监、锦衣卫、东西厂，皆是。有人把明朝的宦官组织，称为"与官僚机构平行的第二行政

---

① 冷东：《世界宦官丛谈》，辽宁教育出版社 1993 年版，第 36、50 页。
② 白钢主编，朱瑞熙著：《中国政治制度通史》第 6 卷（宋代卷），人民出版社 1996 年版，第 79—80 页。

系统",甚至"影子内阁"①。出宫任使者,如唐朝的监军使、宣慰使、观军容使,明朝的矿监、税使、采办。至于宦官直接出任朝官,时或有之。秦时的宦官赵高,曾任丞相②。北魏宦官,可以出任三公,出任三省、六部长官,出任各种军职,并外任刺史、郡守③。魏晋南朝的中正都是士族之选,而北魏让人惊异的是,宦官还可以担任中正,堂而皇之地承担起了"辨照人伦""清定门胄"的责任④。"就宦官充任朝职及军职的普遍程度而言,北魏远远超过了汉、唐、明三代。"⑤此后直到历史后期,宦官直接占有朝廷官位的情况逐渐减少,"宫朝"分界日益严格,说明官僚政治更成熟了。

宦官除了占有朝官的官职,还经常占有朝官的品位。西汉宦官已有了封侯者,如吕后曾封宦官张释为建陵侯。东汉中期始,皇帝大封"宦者侯"。北魏宦官,可以占有将军、大夫位阶,可以封王封侯。唐朝的宦官,也可以获得文武散阶、勋官及封爵。宦官封爵有达到国公、郡王之高的。明朝宦官侵占朝官的职位与名号的现象,似稍缓和,但也不是没有。魏忠贤曾封肃宁伯,晋爵为侯,后来又晋爵为上公,加太师之

① 分见冷东:《被阉割的守护神:宦官与中国政治》,吉林教育出版社1990年版,第9页;施克宽:《中国宦官秘史》,中国戏剧出版社1988年版,第136页。

② 按,李开元先生认为赵高不是阉人。见其《复活的历史:秦帝国的崩溃》,中华书局2007年版,第62页以下。

③ 赵翼《廿二史札记》卷十四《魏以奄人为外吏》有专论,王树民:《廿二史札记校证》,中华书局1984年版,第305页。

④ 如宦官成轨为燕州大中正,宦官平季为幽州大中正,宦官封津为冀州大中正。参看拙作:《察举制度变迁史稿》,辽宁大学出版社1997年版,第275页。

⑤ 余华青:《中国宦官制度史》,上海人民出版社1993年版,第199页。各朝宦官占有朝官位号的情况,此书叙述较详,本节多所参考。又李禹阶等先生有统计,在《魏书·阉官传》的25名宦官中,有爵位的21人,任将军的23人,任刺史的17人。见其《权力塔尖上的奴仆:宦官》,浙江人民出版社1991年版,第207—208页。还可参看陈连庆:《北魏宦官的出身及其社会地位》,《东北师大学报》1983年第6期;马志强:《北朝宦官散论》,《北朝研究》1993年第1期。

衔。其所主编的《内官便览》,列衔达二百许字。其时宦官若立功或受宠,他们的弟侄族人就可以恩荫、升官、封爵。

第四点,作为特殊现象,还有过反向的变动:宦官的官号,有时又可转化为朝廷官的位阶。例如唐朝后期的各种内诸司使,本来都是供职于大明宫的宦官之职,然而到了宋初,它们变成了武选官的寄禄官了①。

女官　宫廷官中的女官,与朝政的关系并不很大。但偶有间接的影响,例如明朝的女官与宦官职权,有时可能存在着此消彼长的关系②。由宦官连类而及,这里对宫廷女官一并叙述。现代国家领导人的妻女,当然不设行政级别了。中国皇帝的妻妾、女仆,却用王朝爵品来区分高下,显示了"官本位"的无所不在。

在《周礼》规划的"内命妇"制度中,妃嫔与女官是一体化的,妃嫔管理宫中各种女性服务人员。西汉以比视爵级与禄秩的做法,来确定妃嫔的身份地位。汉元帝时有十四等之制:昭仪位视丞相,爵比诸侯王;婕妤视上卿,比列侯;娙娥视中二千石,比关内侯,傛华视真二千石,比大上造;美人视二千石,比少上造;八子视千石,比中更③。此后各代,有各种"比"法。南朝宋明帝"留心后房,拟外百官,备位置内职"④,内职自一品到七品。北魏孝文帝令妃嫔与女官两分,妃嫔另有爵号,女官"拟外官置内职"⑤,高者二品,低者五品。女官"拟外百官"的制度,大约是从皇后"母仪天下"的理念推衍而来的。隋唐的女官机

---

① 赵雨乐:《唐宋变革期内诸司使之等级问题初探》,收入《宋史论文集:罗球庆老师荣休纪念专辑》,香港中国史研究会 1994 年版,第 70 页以下;《唐宋变革期之军政制度:官僚机构与等级之编成》,台北文史哲出版社 1994 年版,第 182 页。

② 朱子彦先生认为,明太祖曾以女官分割宦官事权,见其《后宫制度研究》,华东师范大学出版社 1998 年版,第 108 页。

③ 《汉书》卷九七上《外戚传》。

④ 《宋书》卷四一《后妃传》。

⑤ 《唐六典》卷十二《内官》,中华书局 1992 年版,第 384 页。

构,模仿六部二十四司而设六局二十四司,女官共 252 员,从正五品到正八品。俨然是一个朝廷的镜像,女性的小朝廷。

宋明女官依然如此,都设有六尚二十四司。宋朝还为妃嫔、宫人设置了繁密的位阶。"内命妇"位阶 5 等。第 1 等又分两类,四妃以下 24 级为一类,侍御郡夫人以下 10 级为第 2 类;第 2 等也分两类,一类自"尚字"以下 29 级,一类是"知尚书内省事"等 5 级。第 3 等 5 号,第 4 等 5 号,第 5 等 8 号。宫禁中的妃嫔、宫人们如同朝廷上的官儿一样,乐此不疲地晋升位阶,时不时还有超转之事。参看表 11.3①:

表 11.3

一等	贵妃、淑妃、德妃、贤妃、贵仪、淑仪、淑容、顺容、婉仪、婉容、昭仪、昭容、昭媛、修容、修媛、修仪、充媛、婕妤、美人、才人
	侍御郡太夫人、郡夫人、十字国夫人、八字国夫人、六字国夫人、两国四字夫人、四字国夫人、两国两字夫人、两字国夫人、国夫人
二等	尚字、尚正、尚宫、尚仪、尚食、尚服、尚寝、司字、司衣、司宾、司室、司设、司围、典衣、典宾、典字、典室、典饰、典制、典团、典籍、典醋、典珍、典乐、掌字、掌衣、掌记、掌录、掌乐、掌围、掌籍、掌醢、红霞帔
	知尚书内省事、小殿直都知、小殿直押班
三等	紫霞帔、尚书省都事、大侍御、小殿直等一等长行、仙韶都头
四等	听宣、尚书省内事、录事、中殿直等一等长行、仙韶色长行
五等	殿直、散直、散手、书省、小侍御、皇后阁祇候、小殿直、第三等和行著绯著绿女童

五　胡—汉

"胡—汉"问题,主要发生在异族政权之下。十六国北朝、辽、金、元、清这些由少数族创建的王朝中,部落贵族拥有最大权势。异族政权下的胡汉等级关系,有时是隐性的、习惯性的,不体现为正式品位;但也

---

① 佚名:《趋朝事类·内命妇品》,《说郛》卷三四,中国书店 1986 年版,第 6 册。

经常被制度化,体现在正式品位安排之上。下面举例说明。

在北魏道武帝时,一度州置三刺史,郡置三太守,县置三县令,都用宗室一人,异姓二人[1]。孝文帝改革时,给予皇族最高门第,给予拓跋贵族次高门第。宣武帝制定的依爵起家阶次,同姓(皇族)、异姓(拓跋贵族)、清修(汉族士族)分为三等。参看表11.4:

表 11.4

起家官品		同姓出身	异姓出身	清修出身
正六品	上			
	下	公		
从六品	上	侯		
	下	伯		
正七品	上	子		
	下	男		
从七品	上		公	
	下		侯	
正八品	上		伯	
	下		子	
从八品	上		男	
	下			公
正九品	上			侯
	下			伯
从九品	上			子
	下			男

北周胡汉官僚比较能打成一片,北齐则多次发生胡汉之争,但周齐位阶体制没有显性的"胡汉"区别。

---

[1] 严耕望认为这个制度实行未久。见其《中国地方行政制度史 乙部 魏晋南北朝地方行政制度》,台北"中研院"历史语言研究所 1990 年版,下册第 506 页。

辽金的位阶制度大多来自唐宋,但在选官资格上优待统治部族。辽朝位阶的复杂繁乱程度,不亚于宋朝。甚至宋神宗以后已很少使用的检校官、宪衔、功臣号,也被辽朝沿用而不废①。辽朝的科举约 32 次,提供的进士约 2102 人②。但契丹人参加科举却不被允许。某契丹贵族让儿子报考,被有司处以鞭刑二百。整个辽代,契丹进士只有耶律大石一人,是为特例。契丹贵族不准涉身功名,这本身就是一种品位安排,表明功名不是最优品位,契丹贵族身份才是最优品位。契丹贵族的选官特权,体现在"世选"制度上。"世选"的资格,则由皇族、后族及其他契丹贵族垄断。从北南府宰相、夷离堇、诸部节度使,直到太医、决狱官等,来自"世选"者占绝对优势③。《辽史》列传传主 305 人,其中契丹人 234 人,占 76.72%④。

① 唐统天:《辽代汉官的散阶制》,《社会科学辑刊》1988 年第 3 期。王曾瑜:《辽朝官员的实职和虚衔初探》,《文史》第 34 辑,中华书局 1992 年版;收入《凝意斋集》,兰州大学出版社 2003 年版,第 84 页以下。

② 高福顺:《辽朝科举制度的发展演变》,《东北史地》2009 年第 3 期。另说辽代的科举共 25 次,总及人数 1786 人,见李文泽:《辽代的官方教育与科举制度研究》,《四川大学学报》1999 年第 4 期。

③ 关树东:《辽朝御帐官考》,原刊《民族研究》1997 年第 2 期,收入中国社会科学院历史研究所编:《古史文存(隋唐宋辽金元卷)》,社会科学文献出版社 2004 年版,第 365 页以下;《辽朝的选官制度与社会结构》,收入《10—13 世纪中国文化的碰撞与融合》,上海人民出版社 2006 年版,第 447 页以下。"世选"与世袭还不完全相同,被认为是一种在若干世族之内选贤的办法。清人赵翼云:"辽官功臣无世袭,而有世选之例。盖世袭则听其子孙自为承袭,世选则于其子孙内量材授之。"《廿二史札记》卷二七《辽官世选之例》,王树民:《廿二史札记校证》,中华书局 1984 年版,第 590 页。姚从吾称之为"一种有限度的选贤与能制度"。《东北史论丛》,正中书局 1976 年版,上册第 284 页;又其《说辽朝契丹人的世选制度》,收入孙进己等编:《契丹史论著汇编》,辽宁省社会科学院 1988 年版,上册第 1011 页以下。又参陈述:《契丹政治史稿》,人民出版社 1986 年版,第 64 页以下;《契丹世选制度》,收入《契丹史论著汇编》,上册第 1002 页以下。

④ 漆侠:《从对〈辽史〉列传的分析看辽国家体制》,《历史研究》1994 年第 1 期。

金朝位阶之繁密,不亚于宋朝①。金朝虽没有元朝那么严格的四等人法律,但女真、渤海、契丹、汉人、南人的身份等级仍是存在的,尤其是前期。科举有"南北选",在录取比例上明显优待"北选";在迁转上,南选进士需要三任 90 个月才能升至下令(从七品),北选进士两任即可②。选官中"女直"与"余人"有别。例如金章宗时的制度是这样的:"迁至镇国者取旨升除后,吏格之所定,女直人昭信校尉(正七品下)以上者,初下簿,二下令,三中令,四、五上令。女直一命迁至昭信校尉,余人至昭信已上者,初下簿,二中簿,三下令,四中令,五、六上令。"③

元朝的承荫制度规定,蒙古、诸色目人比汉人优一等叙。元成宗"更定荫叙格,正一品子为正五,从五品子为从九,中间正从以是为差。蒙古、色目人特优一级"④。元武宗诏:"诸职官子孙承荫,须试一经一史,能通大义者免爆使,不通者发还习学,蒙古、色目愿试者听,仍量进一阶。"⑤汉官子弟承荫要考试,而蒙古、色目的承荫者可以不考试,愿意考的话,就加一阶以为鼓励。国子学的 100 名生员中,蒙古人居半,色目人与汉人合计居半⑥。元朝科举共 16 科,所录取的进士约 1200 名,他们在文官中所占比例,据姚大力先生推算只占 4.3%,只相当唐

---

① 金朝的散官 42 阶虽然采用的是大夫、郎等官号,但分级之数则与宋神宗元丰之后的制度不同。张帆先生判断,这 42 阶来自宋神宗之前的"本官阶",见其《金元における散官の地位の下降とその原因》,日本河合文化教育研究所《研究论集》第 2 集,2006 年 6 月。

② 刘浦江:《金朝的民族政策与民族歧视》,收入其《辽金史论》,辽宁大学出版社 1999 年版,第 66 页以下。

③ 《金史》卷五二《选举二》。

④ 《元史》卷二十《成宗纪》。又参箭内亘:《元代蒙汉色目待遇考》,商务印书馆 1932 年版,第 79 页。

⑤ 《元史》卷八三《选举三》。

⑥ 白钢主编,陈高华、史卫民著:《中国政治制度通史》第 8 卷(元代卷),人民出版社 1996 年版,第 359 页以下。

与北宋的 1/10①。科举分左右榜,右榜为蒙古、色目人,难度低,录取比例大;左榜为汉人、南人,难度高,录取比例小②。

清朝满贵拥有重大品位特权。尽管顺治皇帝标榜"朕不分满汉,一体眷遇",其实是"首崇满洲"的。顺治定制,各部尚书满汉各 1 人,满员一品、汉员二品;侍郎满汉各 2 人,满员及汉军二品、汉员三品。又内阁大学士满汉各 2 人,满员一品,汉员二品;学士,满员二品,汉员三品。同样的官职,满员就品级高。康熙初年划一了满汉官的品级,但满汉品位待遇的差异,并未消除,因为官缺依然被分为宗室缺、满洲缺、蒙古缺、汉军缺、内务府包衣缺和汉缺等。满人的做官资格远比汉人优越,对之革命者邹容有声泪俱下的控诉:"要之皆满缺多于汉缺,无一得附平等之义者。是其出仕之途,以汉视满,不啻霄壤云泥之别焉!"③满洲旗员只任六品以上官,不做省驿丞、典史等杂职。中央机关的宗人府、理藩院及管理钱粮火药仓库,以及各省驻防将军、都统、参赞大臣等重要职官,都是满缺,专用满人。地方督抚大多数也是满族和汉军。满缺不许汉人补任,满人却可以补汉缺。"满洲京堂以上缺,宗室、汉军得互补。汉司官以上缺,汉军得互补。外官蒙古得补满缺,满、蒙、包衣皆得补汉缺。"④康熙《大清会典》所载内阁、六部等 13 个中央机构的有品级和无品级额缺共 2082 个,大部为满洲和内务府包衣占有。汉军和汉人的额缺只 325 个,仅占 15.6%。下据《清史稿》卷一一〇《选举志五》,举例列为表 11.5:

---

① 姚大力:《元朝科举制度的行废及其社会背景》,《元史及北方民族史研究集刊》1982 年第 6 期。

② 很有意思的是,从统计数字看,就仕至三品以上的官僚统计,右榜进士只 31 人;左榜进士却达 80 人。桂栖鹏先生的解释是,右榜进士的事迹大多湮没无闻了。见其《元代进士研究》,兰州大学出版社 2001 年版,第 36、39 页。这很可能是因为蒙古贵族并不怎么看重进士,所以没在史料中留下太多记录。

③ 邹容:《革命军》,《邹容文集》,重庆出版社 1983 年版,第 45—46 页。

④ 《清史稿》卷一一〇《选举志五》。

表 11.5

类　别		举　例
满洲	宗室缺	宗人府官等
	内务府包衣缺	内务府官
	满洲缺	奉天府府尹、奉锦、山海、吉林、热河、口北、山西、归绥等道缺；各直省驻防官、理事、同知、通判
蒙古缺		唐古特司业、助教、中书、游牧员外郎、主事
汉军缺		钦天监从六品秋官
汉缺		略

在政治生活中，满官处处凌驾汉官。满大学士的班列，在汉大学士之前。中央主要衙门中，"满臣权重，汉之六部九卿奉行文书而已。满人謦欬之下，无敢违者"[1]。满族旗人的仕途也与汉人不同。清制，汉官文武殊途，不能互迁，但满员却可以文武互迁。"国朝旗员，不拘文武出身，皆可身致宰辅，或文武互仕。"[2]满蒙翰林不但迁任文职，而且迁任武职[3]。汉大学士只用翰林，而满蒙大学士可由武职为之[4]。邹容也指出了这一点："而满人则无论出身如何，均能资兼文武，位兼将相，其中盖有深意存焉。"

在升、转、改、调时的俸历计算上，满洲、蒙古官员较汉官为优。满洲、蒙古郎中专较本任之俸，员外郎以下就可以通较前俸，即可以累计。而汉官论俸，除了极少官职，无论京官外官，皆只论本任之俸。在给假的规定上，汉官一经患病告假，即行开缺；而满官患病之后，可以在家调治六个月之久，不予开缺和停俸。考课时，满员评为一等的比率，也比汉官高。

---

① 昭梿：《啸亭杂录》卷十《图尔泰》，中华书局 1980 年版，第 328 页。

② 福格：《听雨丛谈》卷一《满洲掌院》，中华书局 1984 年版，第 11 页。

③ 邸永君：《清代满蒙翰林群体研究》，黑龙江人民出版社 2005 年版，第 100 页。

④ 福格：《听雨丛谈》卷一《大学士》，中华书局 1984 年版，第 13—14 页。

从入仕说,满人的科举待遇比汉族士人优惠得多,试题又简单,录取比例又高,其中试名额别为一榜。而且满人另有仕途。例如笔帖式(汉译文书),就是满人进身的又一捷径。中央各部、院、寺、监都设有笔帖式,几乎清一色是满人。笔帖式的品级虽低,高者不过六品,低则八、九品,但升迁很快,不一二十年即可富贵,甚至外升督抚,内转尚书侍郎。除笔帖式外,满人还有侍卫一途,详后。

侍卫起家制度　异族政权下的入仕资格获得,有一个重要特点,就是"尚武"的起家途径特别发达,主要体现在侍卫起家制度上。

整个北朝,都存在着侍卫起家制度。北魏的禁军分羽林、虎贲、直从3等,主要由鲜卑武人组成。他们凭借宿卫的勤务获得入仕资格。北魏孝明帝时,汉官张仲瑀请求改革选举,不准羽林、虎贲"预在清品",结果引发了一场暴乱。

附带说,唐朝的卫官起家制度特别发达,这显然是源于北朝的历史影响。卫官构成了一个特殊职类,与职事官、散官、勋官、封爵并列。他们分布于中央禁军、太子东宫、亲王府与折冲府中,包括千牛备身、备身左右,太子千牛备身、太子备身左右;亲卫、勋卫、翊卫,太子亲卫、勋卫、翊卫;监门卫、太子监门卫;以及王府与折冲府中的校尉、旅帅、队正、队副等。卫官是门荫入仕的主要途径,经五考到十考,就能获得选官资格,先由兵部简试,合格者参加吏部或兵部的铨选[1]。

辽朝皇帝的护卫,大多选自部落、族帐、宫分的贵族子弟。契丹语称贵族子弟为"舍利",汉译是"郎君",他们被选入御帐承担御前祗候事务,就成为"祗候郎君",从而具有了预备官的身份。他们在笔砚、牌印、御盏、车舆等局任事,相应地被称为笔砚(祗候)郎君、牌印(祗候)郎君等。护卫、祗候郎君在服务一段时间后,就可以被选为御帐或朝廷的重要官职了。《辽史》列传中的契丹、奚人传主,曾任护卫的计12

---

[1]　刘琴丽:《唐代武官选任制度初探》,社会科学文献出版社2006年版,第79页以下。

人,曾任祗候郎君的计43人①。辽朝的郎君也组成部队,称舍利军、舍利拽刺②。

金朝隶属于殿前都点检的护卫,属皇帝卫士,每三日上直,也是武人的重要仕途。不少将领都是护卫出身。金熙宗曾选拔蒲察通担任护卫,而蒲察通以父老养亲为由谢绝,听到这件事的人都十分惊讶:"得充侍卫,终身荣贵。今乃辞,过人远矣!"护卫可以领取从六品官俸,待遇是很高的。其迁叙也相当优越。海陵王时护卫的迁叙之格,是每三十月迁一级。初考,女真迁武散官敦武校尉(从八品下),余人迁武散官保义校尉(正九品上),百五十月即可出职,补从五品下、从六品之官。金世宗提高考阶,女真初迁修武校尉(从八品上),余人迁敦武校尉。此外,侍卫亲军、威捷军的军士,也有出职机会③。

元代有"怯薛"军。"怯薛"是蒙语"番直宿卫"的意思,始于成吉思汗所建立的"万人怯薛",征调千户、百户、十户那颜子弟及其随从为之,成员称"怯薛歹",复数为"怯薛丹"。他们分四番入值,护卫皇帝,称"四怯薛"。其长官称"四怯薛太官",由四功臣博尔忽、博尔术、木华黎、赤老温的后裔世袭。诸王也都各有怯薛。元朝的做官资格称"根脚",怯薛属于"好根脚出身",四个怯薛长更是"大根脚"。怯薛歹任官,径由怯薛长向皇帝推荐,不经中书省奏议,称

① 关树东:《辽朝御帐官考》,《民族研究》1997 年第 2 期;收入中国社会科学院历史研究所编《古史文存(隋唐宋辽金元卷)》,社会科学文献出版社 2004 年版,第 365 页以下;《辽朝的选官制度与社会结构》,收入《10—13 世纪中国文化的碰撞与融合》,上海人民出版社 2006 年版,第 447 页以下。

② 李桂枝:《契丹郎君考》,《民大史学》第 1 辑,中央民族大学出版社 1996 年版,第 273 页以下。

③ 李锡厚:《金朝的"郎君"与"近侍"》,《社会科学辑刊》1995 年第 5 期;王曾瑜:《金朝军制》,河北大学出版社 1996 年版,第 123—126 页;周峰:《金代近侍初探》,《内蒙古社会科学》1998 年第 2 期。

"别里哥选"①。宿卫、儒生、吏员是元朝官员的三大来源②,而权要多出怯薛。

清朝的侍卫,是旗人的重要仕途。"侍卫,清语曰'辖',分头等、二等、三等、四等及蓝翎。蓝翎无宗室,惟满洲、蒙古及觉罗充之。又有汉侍卫,系由科甲出身。"③侍卫还承担传旨、奏事、出使、任将、拘捕等各种事务。侍卫的晋升,包括两个阶段:内部推升与外转。其内部推升之法,是一等侍卫缺,从该旗二等侍卫升用;二等侍卫缺,于三等侍卫升用;三等侍卫缺,于蓝翎侍卫等人员内升用。推升起初是不定期的,嘉庆定制五年一次推升。其外转之法,是补授相应品级的八旗、绿营官职。如副都统、参领、守护陵寝官、协领、城守尉、防守尉、驻防佐领、八旗察哈尔游牧总管、绿营职官等。保送营官俱加一等补用。武进士侍卫,专放绿营员缺。侍卫还可以改文职。乾隆定制,一等侍卫系三品,以三品京堂用;二等侍卫系四品,以四品京堂用;三等、四等侍卫系五品,以郎中、员外郎用;蓝翎侍卫系六品,以主事用④。"满人入官,以门阀进者,多自侍卫、拜唐阿始。故事,内外满大臣子弟,五年一次挑取侍卫、拜唐阿。以是闲散人员、勋旧世族,一经拣选,入侍宿卫,外膺简擢,

---

① 参看箭内亘:《元代蒙汉色目待遇考》,商务印书馆1932年版,第66页;萧启庆:《元代的宿卫制度》,收入《元代史新探》,台北新文丰出版公司1983年版,第59页;韩儒林主编,陈德芝等著:《元朝史》,人民出版社1986年版,上册第307—309页;李治安:《怯薛与元代朝政》,《中国史研究》1990年第4期。

② 姚燧《牧庵集》卷四《送李茂卿序》:"大凡今仕唯三途:一宿卫,一由儒,一由吏。由宿卫者,言出中禁,中书奉行制敕而已,十之一。由儒者,则校官及品者,提举、教授,出中书;未及者则正、录而下,出行省宣慰;则十分之一半。由吏者,省、台、院、中外庶司、郡、县,十九有半焉。"《丛书集成新编》,新文丰出版公司1985年版,第66册第628页。

③ 奕赓:《佳梦轩丛著·侍卫琐言》,北京古籍出版社1994年版,第62页。

④ 常江:《清代侍卫制度》,《社会科学辑刊》1988年第3期;秦国经:《清代宫廷的警卫制度》,收入《清代宫史探微》,紫禁城出版社1991年版,第310页以下;陈金陵:《简论清代皇权与侍卫》,收入《清史论丛》(1992年号),辽宁人民出版社1993年版,第61页以下;常江、李理:《清宫侍卫》,辽宁大学出版社1993年版,第90页。

不数年辄致显职者,比比也。"①

异族政权的品位制度,具有民族特权和民族歧视两大特征,其目的在于保障部落贵族的政治特权,维系拥戴集团,构建"效忠机制"。前一节讨论"文—武"问题时我们指出,在王朝周期性衰败崩溃后,"马上天下",或说军人群体、军事活动、军事编制,构成了重振专制集权的一种力量。而异族入主,其实就是一种特殊类型的"马上天下"。异族征服与压迫的暴力性,在与汉式官僚体制结合之后,可以转化为强化专制集权的强劲动力②。十六国北朝的异族统治者建立的强大军事专制集权,一举扭转了魏晋以来的皇权颓势。黄惠贤先生认为:"十六国北朝时期由少数族军事贵族专政向专制主义中央集权过渡,皇权的极度强化,促使少数族贵族走上官僚化道路";北魏孝文帝所建立的门阀制度,"从本质上来说,这不是什么真正的'贵族政治',而只不过是君主政体下变相的'官僚政治'"③。

华夏政权中的士人经常发展出文化自主性和政治自主性,这对皇帝专制有一定弱化作用。可以借以抑制这种自主性的政治势力,如前所述,有宦官,有军人。此外,在北方草原上的酋长与部众之间存在着一种"主奴"关系,在其被入主的少数族带进中国政治之后,能有效地抑制士大夫的自主性。明朝专制主义的发展,学者认为与元朝的主奴观念相关。姚大力先生指出:"主奴观念进入元代君臣关系是受蒙古旧制影响的结果,并且它已经渗透到汉式的皇帝—官僚关系中间。"④周良霄先生论明初政治:"君尊臣奴在名义上当然已改变了,但君臣尊

---

① 《清史稿》卷一一〇《选举志》。

② 拙作:《波峰与波谷——秦汉魏晋南北朝的政治文明》,北京大学出版社 2009 年版,第11、12 章。

③ 白钢主编,黄惠贤著:《中国政治制度通史》第 4 卷(魏晋南北朝卷),人民出版社 1996 年版,第17—20 页。

④ 姚大力:《论蒙元王朝的皇权》,《学术集林》第 15 卷,上海远东出版社 1999 年版。

卑的差距却一仍元旧。"①张帆先生认为,蒙元的臣僚奴化、家臣专政等政治特点,与唐宋以来的专制强化趋势相结合,就成为明朝极端君主专制的两个来源②。满洲入主,同样强化了"主奴"关系。杨珍先生看到:"清帝作为八旗共主,与满洲大臣具有主奴关系。鳌拜等权臣虽然极有权势,但仍是皇帝的奴仆。"③钱穆先生也指出:"读书人拥护皇帝比较是公的。因为读书人不是皇帝的私势力。而且读书人也不是一个固定的集团。中国历史上只有元和清,皇帝后面由整批蒙古人和满洲人帮忙。"④可以这么说,每一次少数族入主,都强化了中国专制主义。部落权贵子弟通过"世选"及侍卫起家,这种仕途高于科举,也是上述情况在品位结构上的体现。

在"胡—汉"概念下,还有两个问题值得研究。第一是授予外部势力、外族政权的名号。东晋封高句丽首领为征东将军,百济首领为镇东将军;刘宋封高句丽为征东大将军,百济为镇东大将军,日本为安东大将军,由此就形成高句丽、百济、日本各差一级的关系格局。这是一个利用品位调整外交关系的例子。第二是境外其他少数族政权的官号与官阶。限于篇幅,本书不论。

---

① 周良霄:《皇帝与皇权》,上海古籍出版社 1999 年版,第 271 页。

② 张帆:《论蒙元王朝的"家天下"政治特征》,《北大史学》第 8 辑,北京大学出版社 2001 年版。

③ 杨珍:《清朝权臣与皇权的关系及其特点》,《清史论丛》(2003—2004 年号),中国广播电视出版社 2004 年版。

④ 钱穆:《中国历代政治得失》,生活·读书·新知三联书店 2001 年版,第 150 页。

第十二章 品位结构的三层面：
君·官·民

由"品级、等级与阶级的更大一致性"，就可以引申出本章的话题了："品位结构的三层面"。狭义的"官阶"，当然只是官僚的级别；然而官僚在整个政治社会等级中的地位，是相对于居身其上者与居身其下者而显示出来的。在官僚之上，有皇帝（及皇族）；在官僚之下，有编户。那么，如果要理解中国官阶的政治社会意义的话，就得区分出"君—臣"层面、"官—官"层面与"官—民"层面，并把目光同时投注到三个层面之上。

在王朝的统治者规划品秩位阶时，他们确实也是在"三层面"上同时下手的。在礼制上，这一点最容易看到。早期中国礼制，大抵是依"天子—诸侯—卿大夫—士—庶人"等级来规划的。帝制时代也是如此。例如舆服等级、君臣间的级差如何衔接、官民间的级差如何衔接，都有具体安排，甚至是"数字化"的安排。"品位结构的三层面"实际是一个社会身份秩序，其背后就是统治者的"身份考虑"。它进一步表明，中国的品秩位阶不仅保障了政府行政，还强化了"君—官—民"的社会结构。这是一种"外向性的内向化"，即对组织的生存环境加以改造的努力。

对"官—官"层面发生的品位问题，至此已用去了大量篇幅，包括上一章所述"五线索"，亦是。本章主要探讨"君—臣"层面与"官—民"层面可能发生的品位与等级问题。

一 君臣之间:君尊臣卑

帝王不是官员,似乎不属官阶研究的范围。然而在安排位阶时,规划者经常要把帝王与官贵的等级关系考虑在内。这就提供了一条线索,就是通过位阶上端的等级安排,探讨历代君臣关系变化。

周朝等级的通行表述,是"天子—诸侯—卿大夫—士—庶人"。士以上都是有爵号的人。某种意义上,天子也算一级爵。孟子就是这么看的。《孟子·万章下》:"天子一位,公一位,侯一位,伯一位,子、男同一位,凡五等也。君一位,卿一位,大夫一位,上士一位,中士一位,下士一位,凡六等。"天子也是爵,比公侯高一级而已;国君也是爵,比卿高一级而已。《白虎通义·爵》也这么说:"天子者,爵称也。"往上看,天子不妨说是一级爵;往下看,诸侯、卿、大夫也是"君"。因为按照古义,只要领有一片地、管着一群人,就可以称"君"①。诸侯对天子是"臣",在国内是"君";卿大夫对天子、国君是"臣",在自己的领地上也是"君"。如孟尝君、信陵君、平原君、春申君及商君之类,都以"君"为称。可见早期的君臣关系,具有很大的相对性。战国有位龙阳君,有"今臣爵至人君"之语,是说自己有了爵号,已是"人君"了;汉初的刘邦,也有"爵或人君"之言②。这样的"君"称,其义甚古。由于君臣关系的这种相对性,周代政体不妨称为"等级君主制",与后世专制集权君主制,是很不相同的。

这种"等级君主制",在众多礼制中反映出来了。周礼的数列形

---

① 《仪礼·丧服》:"君,谓有地者也。"郑玄注:"天子诸侯及卿大夫有地者,皆曰君。"《十三经注疏》,中华书局1980年版,第1102、1100页。

② 《战国策·魏策四》,上海古籍出版社1985年版,第917页。又《汉书》卷一《高帝纪》汉高祖诏:"爵或人君,上所尊礼。"颜师古注:"爵高有国邑者,则自君其人,故云或人君也。"刘邦所言,实为古义。

式,有八、六、四、二,有七、五、三、一,有十二、九、七、五、三、一。如舞队,天子八佾,诸侯六佾,大夫四佾,士二佾;如冕旒:天子十二旒,诸侯九旒,上大夫七旒,下大夫五旒,士三旒。级差遵循着"降杀以两"的规律,但从天子到诸侯有时以"三"为差,级差略大,显示天子较尊。清人王夫之指出:"古之天子虽极尊也,而与公侯卿大夫士受秩于天者均。故车服礼秩有所增加,而无所殊异。天子之独备者,大裘、玉辂、八佾、宫县而已;其余且下而与大夫士同,昭其为一体也。"①周礼的"数理逻辑"的特点是"车服礼秩有所增加,而无所殊异","昭其为一体",正是周代"等级君主制"的一个折射。

汉代文官的进贤冠,有一梁冠、二梁冠、三梁冠 3 等,皇帝用五梁冠。唐朝皇帝通天冠的梁数增至二十四梁,据说"二十四"乃是"天之数"。宋朝皇帝通天冠二十四梁,皇太子远游冠十八梁,官僚的梁冠由七梁至二梁。这种梁数变多而级差变大,也是"君尊臣卑"的礼制反映。

拜占廷帝国的荣衔,分 18 等。在皇帝之下,皇族占据了若干高级荣衔,其次才是官员②。在中国的帝制时代,皇帝、皇族与官僚的品位,与之有相似之处。

明清的官僚封爵,其限制日益严格。与此形成反比的是,"爵禄"的优厚程度反而上升。清朝的宗室封爵,公以上为"超品",在官品之上。民世爵中,公、侯、伯三等为"超品"。下面把宗室世爵、民世爵与品

---

① 王夫之:《读通鉴论》卷八《桓帝》,中华书局 1975 年版,上册第 210 页。

② 在9—10 世纪的拜占廷,最高等的衔号是恺撒(Caesar)、大贵族(Nobilissimus)和宫廷总管(Curopolates)。它们通常只授予皇室成员。恺撒只授予皇储、摄政王。阿莱科修斯一世(1081—1118 年在位)改革宫廷头衔体制,设置了首席大贵族、恺撒、上等大贵族、首席贵族、大贵族、贵族等头衔,其中首席大贵族仅次于皇帝。授予的原则是与皇帝的亲疏远近,由此建立了新的贵族统治体制。参看李秀玲:《论阿莱科修斯一世的政治体制改革》,《史学集刊》2006 年第 6 期。

官的银米列表以比较。表中的数字,岁银、岁米两项相同(表12.1)[①]:

表 12.1

宗室世爵		民世爵		品官	
爵级	两/斛	爵级	两/斛	品级	两/斛
和硕亲王	10000			超品	
世子	6000				
多罗郡王	5000				
长子	3000				
多罗贝勒	2500				
固山贝子	1300				
镇国公	700	一等公	700		
		二等公	685		
		三等公	660		
		一等侯又一云骑尉	635		
		一等侯	610		
		二等侯	585		
		三等侯	560		
		一等伯又一云骑尉	535		
辅国公	500	一等伯	510		
		二等伯	485		
		三等伯	460		
		一等子又一云骑尉	435	一品	180
一等镇国将军	410	一等子	410		
二等镇国将军	385	二等子	385		
三等镇国将军	360	三等子	360		
一等辅国将军兼一云骑尉	335	一等男又一云骑尉	335	二品	155
一等辅国将军	310	一等男	310		
二等辅国将军	285	二等男	285		
三等辅国将军	260	三等男	260		

---

① 表据白钢主编,郭松义、李新达、杨珍著:《中国政治制度通史》第10卷(清代卷),人民出版社1996年版,第564页以下。

宗室世爵		民世爵		品官	
爵级	两/斛	爵级	两/斛	品级	两/斛
一等奉国将军兼一云骑尉	235	一等轻车都尉又一云骑尉	235	三品	130
一等奉国将军	210	一等轻车都尉	210		
二等奉国将军	185	二等轻车都尉	185		
三等奉国将军	185	三等轻车都尉	160		
奉恩将军兼一云骑尉	135	骑都尉又一云骑尉	135	四品	105
奉恩将军	110	骑都尉	110		
		云骑尉	85	五品	80
		恩骑尉	45	七品	45

亲王年俸是银 10000 两、米 10000 斛,是一品官银 180 两、米 180 斛的 55 倍多。子爵是一品,可其俸银 435 两、410 两、385 两、360 两,以及俸米,比一品官高出 1—2.4 倍。从爵禄与官禄的比例看,封爵与品官的关系,便如图 12.1 所示:

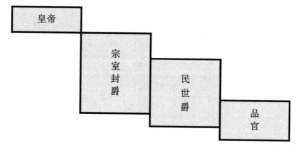

图 12.1

　　给予爵爷们以优厚待遇,其用意与秦汉的宗室封爵相近,就是优待满洲贵族这个"拥戴集团",强化"效忠机制"。宗室是皇帝的骨肉、家人,皇帝与他们往往行"家人之礼",而不是朝礼[①]。宗室身份高贵、待

---

① 尾形勇:《中国古代的家与国家》,吉林文史出版社 1993 年版,第 198 页以下。明清皇帝对诸王行"家人礼"的例子,如《明史》卷四《恭闵帝纪》洪武二十九年(1396):"复位诸王见东宫仪制,朝见后于内殿行家人礼,以诸王皆尊属也";《清史稿》卷八八《礼志七》:"乾隆十一年(1746),设宴瀛台,赐宗室王公,遵旨长幼列坐,行家人礼。"

遇优厚,也就是皇权的伸张。文官获得封爵、享受爵禄的范围,在明清被压缩得很小,便可以从"皇权压缩官权"一点加以理解。

这一点还可从更多方面反映出来。例如起家资格。唐朝荫叙,对封爵、皇亲国戚和品官之子的起家资格,做如下安排(表12.2)[①]:

表 12.2

荫叙官品	封爵	皇帝亲	皇太后	皇后亲	皇太子妃	外戚	郡主县主	门荫品子
	亲王							
从四品下	嗣王、郡王							
正五品上								
正五品下								
从五品上	亲王子封郡公							
从五品下								
正六品上	国公	缌麻以上	期亲			以服属降二等叙	娶郡主者	
正六品下	郡公							
从六品上	县公		大功	期亲				
从六品下								
正七品上	侯	袒免	小功缌麻	大功			娶县主者	一品子
正七品下	伯							二品子
从七品上	子			小功缌麻	期亲		郡主子	三品子
从七品下	男							从三品子
正八品上								正四品子
正八品下								从四品子
从八品上							县主子	正五品子
从八品下								从五品子
正九品上								
正九品下								
从九品上								七品以上子
从九品下								九品以上子

---

① 《新唐书》卷四五《选举志下》。

皇子皇孙及其他封爵拥有者,皇亲国戚,官僚子弟的门荫、品子,依次而降,井然有序。皇亲国戚相对于品官的优势,就是用以保证皇权独尊的。

礼书云,天子一后、三夫人、九嫔、二十七世妇、八十一女御。唐朝的皇帝、太子、王公、品官的正妻之外的配偶,其等级与数量略如表12.3①:

表 12.3

礼书	官品	皇帝	太子	王公	品官
3 夫人	正一品	贵妃等 4 夫人			
9 嫔	正二品	昭仪等 9 嫔			
27 世妇	正三品	婕妤 9 人	良娣 2 人		
	正四品	美人 9 人	良媛 6 人		
	正五品	才人 9 人	承徽 10 人	亲王孺人 2 人	
81 女御	正六品	宝林 27 人			
	从六品			郡王媵 10 人	一品媵 10 人
	正七品	御女 27 人	昭训 16 人		二品媵 8 人
	从七品			国公媵 6 人	三品媵 6 人
	正八品	采女 27 人	奉仪 24 人		四品媵 4 人
	从八品				五品媵 3 人
					六品以下妾

皇帝、皇子、王公、品官四种身份,其地位越高,则妻妾越多、妻妾品级越高。还有,"内命妇"即天子、太子的妃嫔,采用正式品级;而王公、品官之媵属于"外命妇",采用"视品",即如"视正五品""视从八品"之类,以显示内、外命妇身份有别。

---

① 《旧唐书》卷四三《职官志二》、卷五一《后妃上》;《唐六典》卷二《司封郎中》,中华书局1992 年版,第 38 页。

还可指出，在皇帝之上，还有一个天地神灵的层次。尽管那只是个虚拟的世界，但也关系到皇权合法性和皇帝的定位。皇帝隆重地祭祀天地神灵，目的是神化皇权；但神灵有很多种，他们与皇帝都是什么关系呢？

唐制："王者父天母地，兄日姊月，星辰视昆弟"，"五岳视三公，四渎视诸侯，其余山川视伯子男"①。可见皇帝与神灵之间，也存在着明确的等级安排。武德二年（619）唐高祖祭祀华岳之时，"北面再拜"。后来君臣就觉得，皇帝拜华岳是纡尊降贵了，因为华岳是五岳之一，其地位是三公，三公在皇帝之下。武则天证圣元年（695）有司议云："谨按五岳视三公，四渎视诸侯。天子无拜诸侯之礼，臣愚以为失尊卑之序。其日月以上，请依旧仪；五岳以下，署而不拜。"皇帝马上"制可之"②。日神、月神是跟皇帝平辈的，五岳以下的神灵，皇帝就不打算向其下拜了。"由此皇权与山川神之间确立起君臣关系。"③

唐朝所祭天神，除了昊天上帝之外，还有五方帝和五人帝④。五方帝原先也是称"天"的，加上昊天上帝，合称"六天"。然而有这么一大堆"天""帝"压着皇帝，皇帝觉得很不舒服。武则天下令，五方帝不得称"天"，应该降号为"帝"⑤。唐德宗又宣布，在祭祀五人帝的祝文中，他将不再称"臣"，因为"统天御极，则朕位攸同"，他跟五人帝是平起平

---

① 《唐会要》卷二二《岳渎》，中华书局 1955 年版，第 427—429 页。这样的礼制，都出自古义。《礼记·王制》："五岳视三公，四渎视诸侯。"《尚书大传·夏传》："五岳视三公，四渎视诸侯，其余山川视伯，小者视子男。"《后汉书》卷六三《李固传》注引《春秋纬·感精符》："人主与日月同明，四时合信，故父天母地，兄日姊月。"

② 《唐会要》卷二二《岳渎》，第 427—429 页。

③ 朱溢：《论唐代的山川封爵现象：兼论唐代的官方山川崇拜》，《新史学》第 18 卷 4 期。

④ 五方帝即东方青帝灵威仰、南方赤帝赤熛怒、中央黄帝含枢纽、西方白帝白招拒、北方黑帝汁光纪；五人帝即上古帝王太昊、神农、黄帝、少昊、颛顼。五人帝简称五帝或配帝。

⑤ 武则天：《五帝皆称帝敕》，《全唐文》卷九六，中华书局 1983 年版，第 990 页下栏；又《通典》卷四三《礼三·郊天》，中华书局 1984 年版，第 248 页上栏。

坐的。这么做的时候,唐德宗的心中也曾忐忑不安,承认"论善计功,则朕德不类",自己的功德比不上五人帝;然而"访于卿士",经臣子们研讨论证,最终"申明大义,是用释然"①,心安理得了。金子修一认为,这个做法的目的,就在于确保皇帝权力的超越性②。兹将天神与皇帝的等级关系列为表12.4:

表 12.4

昊天上帝 "父天母地"		
五方帝		
兄日姊月 星辰视昆弟	皇帝	五人帝
五岳视三公 四渎视诸侯 其余山川视伯子男		

　　唐朝还曾为九宫贵神的祭祀等级而发生争论。任爽先生指出:"实际上,这一场争论的关键是君主是否应对九宫贵神称臣,而非后者当属大祀抑或中祀。"③明清皇帝连五方帝也不祭了,皇帝头上少了五座大山,只需对一个孤零零的"天"称臣就成了,轻松多了。皇帝冬至祭天,自称"总理山河臣某";助祭的汉大学士一人,称"协理山河臣某"④。在这一系列的做法中都能看到,皇帝在"欲与天公试比高"。

---

① 唐德宗贞元元年(785)十月诏,见《旧唐书》卷二一《礼仪志一》;又《全唐文》卷五一,中华书局 1983 年版,第 560 页上栏。

② 金子修一:《关于魏晋到隋唐的郊祀、宗庙制度》,收入《日本中青年学者论中国史 六朝隋唐卷》,上海古籍出版社 1995 年版,第 369 页。

③ 任爽:《唐代礼制研究》,东北师范大学出版社 1999 年版,第 34 页。

④ 徐珂:《清稗类钞·称谓类·皇帝称臣》,中华书局 1984 年版,第 5 册第 2171 页。

二　官民之间:礼制限制与名号颁授

"官—民"层面上朝廷的"身份考虑",主要在于维系身份秩序、强化社会控制和实施社会激励。这些都可以诉诸品位手段。

礼制限制　官贵特权是与庶人比较而言的。在周朝等级的通行表述"天子—诸侯—卿大夫—士—庶人"之中,已把庶人考虑在礼制等级之内了。如礼物的礼数:卿执羔、大夫执雁、士执雉、庶人执鹜、工商执鸡;如庙制的礼数:天子七庙、诸侯五庙、大夫三庙、士一庙、庶人祭于寝。等级礼制甚至波及死亡的称谓:天子死曰崩,诸侯曰薨,大夫曰卒,士曰不禄,庶人曰死。

帝国时代,依然严禁民间僭用官贵礼遇。《晋令》中有若干"无过"和"不得"条款,规定士卒百工鞋履的颜色不得过绿青白,不得服真珠玳瑁,不得服犀玳瑁,不得服越叠;女奴鞋履的颜色无过红青,不得服金钗。甚至还规定商人头巾要题写姓名,要一脚穿黑鞋,一脚穿白鞋①,显系侮辱。唐宋服制,无官者白衣。《东京梦华录》云:"其卖药卖卦,皆具冠带;至于乞丐者,亦有规格。稍似懈怠,众所不容。其士农工商诸行百户衣装,各有本色,不敢越外。谓如香铺裹香人即顶帽披背,质库掌事即着皂衫角带不顶帽之类。街市行人,便认得是何色目。"②各行各业各等级各有其服,一看就知道是干什么的。宋端拱二年(989)禁止民间服紫,皇祐七年(1055)禁天下衣黑紫,嘉祐七年(1062)禁天下衣"墨紫"。在服饰礼制上,有正面的应穿服装的规定,也有负面的惩戒措施,朝廷的两手都很硬。

名号颁授　向民间颁授官爵名号的做法告诉我们,中国官阶绝不

---

① 以上可参程树德:《九朝律考》卷三《晋律考》,中华书局 2003 年版,第 293 页。

② 孟元老:《东京梦华录》卷五《民俗》。邓之诚:《东京梦华录注》,中华书局 1982 年版,第 131 页。

仅仅是"行政级别"而已,它的调整范围超出了行政组织的边界,扩展到了民间与社会。向民间颁授的官爵名号有很多种,有官员不用而专用于民间的,也有官民通用的;有对个人加以表彰的,也有向特定人群颁授的。

为表彰其品德或贡献,而向民众个人颁授的名号,汉代的"孝悌力田"就是一例。这个名号伴随着"复其身"即免役的优待。这是个很大优惠。汉制,第九级爵"五大夫"以上、第七级武功爵"千夫"以上才有免役资格,而"孝悌力田"与之相仿。"孝悌力田"地位接近六百石,这是县官的秩级。吕后又设置了相当二千石级的"孝悌力田",同于郡守。

隋礼,三品以上官可以立碑,七品以上官可以立碣,同时"若隐沦道素、孝义著闻者,虽无爵,听立碣"①。"隐沦道素"的是士人,"孝义著闻"的是孝子,他们的立碣待遇,同于七品官。唐朝对所旌表的"孝义",给予"从九品上"的做官资格②,与进士、明法甲第者所获出身相当。唐朝征召"养素丘园"的民间隐士做官,即使那位隐士不受征召,他的子弟仍可以凭"征官"、即其父祖被征召的官号,而获得荫叙资格③。在朝廷看来,品德应该用官位加以褒奖,以期众望所归。

清廷也用官号与品级来表彰有突出贡献者,如近年为国人所艳羡的"红顶商人"胡雪岩(胡光墉),被清廷授予了布政使衔(三品)、二品红顶戴、黄马褂等荣誉。在官方文书中,他的称谓是"浙江在籍绅士、布政使衔、江西补用道胡光墉"④。学术大师王国维荣获"南书房行走"

---

① 《隋书》卷八《礼仪志三》。

② 《唐六典》卷二《吏部郎中》:"凡孝义旌表门闾者,出身从九品上叙。"中华书局 1992 年版,第 32 页。

③ 《唐律疏议》卷二《名例》:"令云:养素丘园,征聘不赴,子孙得以征官为荫,并同正官。"中华书局 1983 年版,第 44 页。

④ 徐一士:《一士类稿·谈胡雪岩》,《近代稗海》,四川人民出版社 1985 年版,第 2 辑第 200 页以下;又徐明德:《论清代"红顶商人"胡雪岩的历史功绩》,《安徽师范大学学报》2003 年第 4 期。

的身份,加五品衔,食五品俸①。美国传教士林乐知在中国创办《万国公报》,影响广泛,清廷赐以五品衔,后来又加至四品衔②,以示褒奖。主持中国海关的英国人赫德,得赐"太子少保"衔,及三代一品封典,死后追授太子太保③。

至于向特定人群普赐的名号,汉朝的赐民爵即属其例。汉代赐民爵,可统计者就有 90 次之多,几乎是四五年一次。汉宣帝时尤其频繁,25 年中有 13 次赐民爵之举。有人认为赐民爵是以户为单位的④。而据西嶋定生考察,"赐天下为父后者爵"、即向有继承权的男子赐爵,和"赐天下男子爵"、即向男子普赐爵位,两种情况都是有的。赐爵的最低年龄可在小男(14 岁)以下。这样,赐爵范围和有爵男子的数量,就极其庞大了⑤。刑徒司寇、隐官的法定占田额是半顷,平民是 1 顷,第 1 级爵公士则是 1.5 顷,占田额度是连续的、以爵为准的。在平民分猎物、分粮食的时候,爵高者分的多;而在出钱的场合,爵高者出的少。王朝爵号对社会生活的影响,由此可见一斑。赐民爵的做法,断断续续地延续到了唐宋明。

此外汉朝有敬老制度,其办法是对 70 岁以上的老人赐以鸠杖(即"王杖"),并令其礼遇比六百石官。西汉中期,东海郡 70 岁以上的老人受杖者 2823 人⑥。一个郡就有这么一大群老人,享受着比六百石的待遇。

---

① 赵万里:《民国王静安先生国维年谱》,台湾商务印书馆 1978 年版,第 44—45 页;陈鸿祥:《王国维传》,人民出版社 2004 年版,第 535—536 页。

② 程丽红:《林乐知与〈万国公报〉——对清末来华传教士办报的个案考察》,《吉林省教育学院学报》2008 年第 9 期。

③ 汪敬虞:《赫德与近代中西关系》,人民出版社 1987 年版,第 388—389 页。

④ 柳春藩:《秦汉封国食邑赐爵制》,辽宁人民出版社 1984 年版,第 127 页。

⑤ 西嶋定生:《中国古代帝国的形成与结构——二十等爵研究》,中华书局 2004 年版,第 235 页以下。

⑥ 《尹湾汉墓简牍》,中华书局 1997 年版,第 78 页。

北魏经常向耆老赐以名位,所赐名位有4种:

赐爵:如太和十七年(493),洛怀并肆四州之民,九十以上赐爵三级,八十以上赐爵二级,七十以上赐爵一级。

赐地方官:如太和十九年,相州民百年以上假郡守,九十以上假县令。

赐散官:如太和二十年,国老黄耇以上,假中散大夫、郡守;耆年以上,假给事中、县令;庶老,直假郡县。

赐将军号:如魏庄帝诏,九十加四品将军,百岁从三品将军[1]。

可见爵号、官位及文武散官,平民都能得到。假如今天政府向某年龄段以上的老人普授市长、县长之官或将军之衔,大家会觉得匪夷所思,但北朝就是那么做的。侯旭东先生指出:"在村里中,官爵名号意味着待遇、地位与荣耀;对朝廷而言,文武散官与板官一类官爵名号的授予并非要务。实际上,这类看似微末之事是帝国维护统治,确立凝聚力的重要手段,关系到帝国的稳定与延续。"[2]

唐朝上承北朝,往往因节庆典礼而向老人颁授官职、爵位。如唐高宗乾封元年(666)封泰山,下诏"民年八十以上版授下州刺史、司马、县令,妇人郡、县君;七十以上至八十,赐古爵一级"[3]。所谓"古爵",就是秦汉的二十等爵。宋朝赐民爵,通用二十等爵的最低一级"公士"[4]。宋太宗端拱改元,赐民年七十以上爵一级;宋真宗大中祥符二年(1009),赐赤县父老八十者爵一级,还曾下令向赤县父老年九十者授以摄官。明初的赐民爵,新创了社士、乡士、里士等爵号。洪武十九年(1386)诏:"应天、凤阳二府富民,年八十以上赐爵社士,九十以上赐爵乡士,天下富民年八十以上赐爵里士,九十以上赐爵社士。咸许冠带,

---

① 《魏书》卷七《高祖纪》、卷七七《辛雄传》。

② 侯旭东:《北朝村民的生活世界——朝廷、州县与村里》,商务印书馆2005年版,第365页。

③ 《新唐书》卷三《高宗纪》。

④ 唐宋赐民爵之制,方以智《通雅》卷二二有论,清光绪刻本,第11页。

与县官平礼,免杂泛差徭。"①一大群地主由此获得了王朝爵号,弹冠相庆,跟县官分庭抗礼了。清朝的优遇"耆老"之法,是八十岁以上的布衣老人,赐九品官服顶戴;九十岁以上的,赐八品官服顶戴;一百岁以上的,赐七品官服顶戴。嘉庆二年(1797),获赐的老人有8479人;道光五年(1825),获赐的老人有37345人②。七、八、九品的顶戴,让老人们深感"夕阳无限好"。耆老有资格参与很多官方典礼。在接奉圣旨时,按文官、绅士、武官、耆老排序,其下是士卒和平民。

在特定情况下,朝廷允许平民用品官之礼。例如婚礼,朝廷开恩,允许"婚礼下达"。唐制:"庶人婚,假绛公服";明制:"凡庶人娶妇……婿常服,或假九品服,妇服花钗大袖。其纳采、纳币、请期,略仿品官之仪。"③婚礼时允许平民穿官服,这种"礼下庶人"之举,强化了王朝品位的诱惑力与感召力。唐朝的婚书,往往以"谨上某官阁下""某官衔君姓名封白"为格式④。宋以后的婚书,也要把"曾祖某某官""祖父某某官""父某某官"三代官号罗列无遗⑤。联姻时要把各自官衔列清楚了,以示"门当户对"。

由此可以看到,中国品爵与现代文官的级别很不相同,其拥有者不只是文官,还有成千上万的民众。汉朝拥有二十等爵号的人,可能有数百万甚至上千万。王朝的官爵名号向民间广泛渗透,左右了中国社会的评价机制与身份秩序,甚至道德秩序——当名位向孝子、向老者、向各种"做出突出贡献者"颁授的时候。

"草上之风必偃",朝廷的官爵名号,对社会观念和民众心理产生了重大影响。清朝的墓碑上经常出现"皇清待赠"字样。其中"皇清待

---

① 田艺蘅:《留青日札》卷十五《养老》,上海古籍出版社1985年版,第516页。

② 常建华:《社会生活的历史学:中国社会史研究新探》,北京师范大学出版社2004年版,第346页以下。

③ 《新唐书》卷二四《车服志》、《明史》卷五五《礼志五》。

④ 吴丽娱:《唐礼撷遗:中古书仪研究》,商务印书馆2002年版,第357页。

⑤ 郭松义、定宜庄:《清代民间婚书研究》,人民出版社2005年版,第26页以下。

赠显考""皇清待诰故显妣"之类,其墓主肯定不是官儿,但正眼巴巴地等待着皇上开恩呢。很多官称,后来变成了民间称谓。"郎""大夫"在汉朝是官称,后代变成了青年男子的美称和医师的敬称。"相公"本是宰相的尊称①,后来变成了对男子、对读书人以及妻子对丈夫的敬称,甚至男妓之称②。"官人"在唐朝是有官号的人的称呼,至宋以后,成了对男子以及妇女对丈夫的敬称③,甚至"奴仆称主,及尊长呼卑幼,皆曰某官人"④。"博士"本是汉朝的教官,而唐朝茶楼的堂倌称"茶博士"⑤。宋朝的"诸色伎艺人"如画师、棋手、书手及说唱、杂耍艺人,有称官人的,有称仆射的,还有称都官、大夫、郎中、宣教、解元、贡士、进士、秀才的⑥。明朝三吴风气:"至今称呼椎油作面佣夫为博士,剃工为待诏,家人奴仆为郎中,吏人为相公。"⑦朱元璋觉得这种风气属于僭越,有损朝廷尊严,遂出手禁止。赵翼云:"按《明祖实录》:洪武中,已命礼部申禁军民人等,不得用太孙、太祖、太保、待诏、大官、郎中等字为名称","又陆容《菽园杂记》:医人称郎中,镊工称待诏,磨工称博士,师巫称太保,茶酒称院使,此草率名分,国初有禁云"。但禁令的效果却不怎么理想,"今江南俗,椎油、卖茶者尚称博士,镊工尚称待诏,医生尚称郎中,而北俗则称医生为大夫"⑧。

① 顾炎武:《日知录》卷二四《相公》,《日知录集释》,花山文艺出版社 1990 年版,下册第 1067 页。

② 罗竹风主编:《汉语大词典》,汉语大词典出版社 1991 年版,第 7 册第 1138 页。

③ 袁庭栋:《古人称谓》,四川教育出版社 1994 年版,第 269 页。

④ 赵翼:《陔余丛考》卷三七《官人》,河北人民出版社 1990 年版,第 667 页。

⑤ 封演:《封氏闻见记》卷六《饮茶》,赵贞信:《封氏闻见记校注》,中华书局 2005 年版,第 52 页。

⑥ 周密:《武林旧事》卷六《诸色伎艺人》,古典文学出版社 1956 年版,第 453 页以下。

⑦ 黄省曾:《吴风录》,《续修四库全书》,上海古籍出版社 1996 年版,第 733 册第 791 页下栏。

⑧ 赵翼:《陔余丛考》卷三七《博士、待诏、大夫、郎中》,第 660 页。

三　官民之间:学子的品位安排

在"官—民"层面上所发生的品位问题,"士阶层"具有特殊意义。

学者用"四民社会"概念,来指称中国社会结构的特殊性。这是于古有征的。中国传统观念:"士、农、工、商,四民有业。学以居位曰士。"①"学以居位"的士子们,在帝国品位结构的"官—民"层面,占据了一个特殊地位。清朝一份上谕申明:"士为四民之首,一方之望。凡属编氓,皆尊奉之,以为读圣贤之书,列胶庠之选。"②现代社会的在校学生,当然不会被视为一个社会阶层,然而传统中国不然。王尔敏先生指出:明清儒者为天下士子之通称,他们"与官绅为同列,而不下侪于平民","其一切社会活动,礼仪要求,娱乐类项,交游领域,均与平民有别"③。周荣德的考察也显示,士人是一个阶层,有共同的生活方式,形成了一套控制个人活动和相互关系的行为规范④。张仲礼先生把"绅士"视为"阶层",这是一个"以学衔和功名划分的集团",其最低一等就是生员,他们是官办学校的学生⑤。

下面通过经济待遇、礼制待遇和法律待遇,显示业已就学但还没有居位的学子,在帝国品位结构中占据了一个特殊地位,作为"准官僚"或"官僚预备役",而被安排于"官—民"层次之上。

---

① 《汉书》卷二四《食货志》。

② 《大清十朝圣训》,北京燕山出版社1998年版,第873页。又如田文镜编《钦定训饬州县规条》:"绅为一邑之望,士为四民之首。"湖南省荷池书局光绪元年刊行,第30页。

③ 王尔敏:《明清时代庶民文化生活》,岳麓书社2002年版,第2页。还可参看其《近代文化生态及其变迁》,百花洲文艺出版社2002年版,第62页。

④ 周荣德:《中国社会的阶层与流动——一个社区中士绅身份的研究》,学林出版社2000年版,第112—113页。

⑤ 张仲礼:《中国绅士——关于其在19世纪中国社会中作用的研究》,上海社会科学院出版社1991年版,第1页。

经济待遇　学子的经济待遇,可以从免役特权与国家津贴两方面看。士人的免役权利,在周朝就萌生了。周朝国子学中的学士"不征于乡",即不承担赋役。战国之时,士人可以免役。孔门弟子及百家学士,我们没看到他们必须服役的迹象。一旦成为学士,就可以"弃田圃""避农战"了,这在先秦是一种"习惯法"。当然,免役就不能授田,所以做学士也是有代价的。

秦国有"燔诗书"的记录和"以吏为师"的传统,有《游士律》专门禁止"游士",独立于民间的学士不存在了,遑论免役。汉廷尊儒,鼓励儒学。从汉朝到魏晋南北朝,国家学生都可以免役。那么私学学生呢?汉廷有"通一经者皆复"的法律,"复"就是免役。私学学生如果得到官府的认可,也可以免役。很多私学弟子长年在外就学、"事师数十年",他们不在原籍服役,朝廷也没拿他们当逃亡人口。走马楼吴简中能看到很多"私学"和"私学弟子",他们可以免役①。平民迁移,汉晋以来即有限制,但诸生四方游学,王朝不禁。

唐代中央及州县学生,本人课、役全免②。中举者可以免除本人的课、役;若进士及第,还可以免一门课、役,从而成为"衣冠户"。"衣冠户"是科举、特别是进士出身者的专称,也是宋代"官户"的前身。"唐代的衣冠户和宋代的官户,都是在科举制的形成、发展下而形成发展起来的。"③

---

① 胡平生:《长沙走马楼三国孙吴简牍三文书考证》,《文物》1999年第5期,第45—52页;侯旭东:《长沙三国吴简所见"私学"考——兼论孙吴的占募与领客制》,《简帛研究2001》,广西师范大学出版社2001年版,第514页以下;于振波:《走马楼吴简初探》,文津出版有限公司2004年版,第211页以下;王子今、张荣强:《走马楼吴简"私学"考议》,《吴简研究》第2辑,崇文书局2006年版。

② 李锦绣先生指出:"成丁的学生不但免杂徭,还免除了租庸调成为不课口。"《唐代财政史稿》,北京大学出版社1995年版,上卷第3分册第1107页。

③ 韩国磐:《科举制和衣冠户》,《厦门大学学报》1965年第2期,收入《隋唐五代史论集》,生活·读书·新知三联书店1979年版,第292页。又参张泽咸:《唐代的衣冠户和形势户》,《中华文史论丛》1980年第3辑,上海古籍出版社1980年版。

至于尚未及第的举子,唐朝也很乐意给他们特殊身份,比如让省试不第、滞留京师的士子隶名于四门学,从而拥有了免役权。尚未省试,只要有志举业,也可以通过隶名官学,而获得免役权。官学之外的学子,若地方长官格外开恩,也能免役。"汉代博士弟子及学通一经的儒生,方可享受复除。……像(唐朝)这样大批入学子弟的家庭均可免除课役,乃是唐以前所未有的。"①从事举业,就难免要离乡"寄客",对这些"学宦者",王朝并不责以"浮浪"之罪。

宋朝地方学校的生员可达 20 万,约占总人口的 0.45%。太学生及州县学生都有免役权,上舍生便可享受"官户"待遇了②。南宋太学生一度可能有差役,不过可以募人代役③。黄云鹤先生评论说:"南宋政府扩大经济照顾范畴,享有政府给予特殊权利的人群,不再仅仅局限于中央官学学生,已经扩大到获得贡举资格的举人之中。……成为社会身份的标志。"④元朝的民户中,有一种"儒户"。儒户必须有一人入学就读,在交纳税粮之外,可以除免科差⑤。明代把儒户并入民籍,但仍在户籍上注明儒籍。士子从童子试开始,就登录为"儒籍"。据顾炎武估计,明朝的生员不下 50 万人,"一得为此,则免于编氓之役,不受侵于里胥"⑥,身份立刻与众不同了。明末生员,陈宝良先生估计有 60

① 张泽咸:《唐五代赋役史草》,中华书局 1986 年版,第 466 页。

② 李伟国:《略谈北宋末官学生的免役特权》,《学术月刊》1981 年第 9 期;曾琼碧:《宋代的乡村下户》,收入《宋史论集》,中州书画社 1983 年版,第 64 页。

③ 朱瑞熙:《再谈宋墓出土的太学生牒》,收入《疁城集》,华东师范大学出版社 2001 年版,第 118—119 页。

④ 黄云鹤:《唐宋下层士人研究》,河北人民出版社 2006 年版,第 75 页。

⑤ 萧启庆:《元代的儒户——儒士地位演进史上的一章》,收入《元代史新探》,新文丰出版公司 1983 年版,第 1 页以下。

⑥ 顾炎武:《亭林文集》卷一《生员论》,《续修四库全书》,上海古籍出版社 1996 年版,第 1402 册第 77 页。

万以上,占人口的 0.46%①。

乾隆皇帝指示,令学子免役:"嗣后举、贡、生员等,著概免杂差,俾得专心肄业。"嘉庆皇帝亦云:"齐民之秀,国家培养人才,身列胶庠者,各宜修洁自爱,岂可承充官役自取侮辱?各州县官押令承充,即系显违定例!"②对"士"这个特殊人群,朝廷申明他们不应服役。兹将顺治五年(1648)的免粮免丁制度,列为表 12.5③:

表 12.5

	免　粮	免　丁
一品	30	30
二品	24	24
三品	20	20
四品	16	18
五品	14	14
六品	12	12
七品	10	10
八品	8	8
九品	6	6
教官、举人、监生、生员	2	2

表中的级差,显示士子位在"官—民"之间④。

明清的生员享有国家廪膳。清朝的廪生大约 37000 人,每人每年津贴约 4 两,总计约 12—14 万两,国家的财政负担并不沉重。此外,书院还可以为约 20 万学生,每人每年提供 7.5—15 两左右的津贴,总计

①　陈宝良:《明代地方儒学生员数蠡测》,收入《顾诚先生纪念暨明清史研究文集》,中州古籍出版社 2005 年版,第 130 页。

②　分见《学政全书》卷二五《优恤士子》、《光绪清会典事例》卷七二〇,《续修四库全书》,第 828 册第 656 页下栏、第 808 册第 941 页上栏。

③　《清世祖实录》卷三七,中华书局 1985 年版,第 3 册第 303 页上栏。

④　虽然清廷后来实行"摊丁入亩",但某些地方仍有丁税,参看张仲礼:《中国绅士——关于其在 19 世纪中国社会中作用的研究》,第 38 页以下。

约 236 万两①。这是通过"四民社会"的机制,从其他社会阶层那里分割来的。现代社会也有公费和奖学金,但在传统中国,类似做法强化了士子作为一个阶层的形象。

礼制待遇　服饰是人际交流中最耀眼的身份标识。中国礼制以衣冠取人。读书人特称"衣冠",进士家庭称"衣冠户",就反映了衣冠的强大身份区分功能。

自古以来,学生就有特殊服装。周朝学子,据说穿着"青衿"之服。孔子的装束,后来变成了学士的儒冠儒服,但这是民间风习,而非国家规定。汉代官私学子的打扮就"官僚化"了,不用儒冠儒服,改戴官僚的一梁进贤冠,佩双印("刚卯"之印与"严卯"之印)。这是低级官吏的服饰。参看表 12.6:

表 12.6

王公列侯	三梁进贤冠	王公列侯	白玉双印
中二千石、二千石、博士	二梁进贤冠	中二千石至四百石	黑犀双印
千石至小吏	一梁进贤冠	二百石以下	象牙双印
私学弟子	一梁进贤冠	私学弟子	象牙双印

汉魏之间,名士们的服饰风习发生了变化,流行不戴进贤冠而戴巾。巾是劳动者的装束。名士戴巾,不戴官帽子,是中国士人的自由精神与"士贵耳,王者不贵"理念的反映。王公们也跟着效法。《傅子》:"汉末王公,多委王服,以幅巾为雅。"②受此影响,两晋南朝的学生冠服,转而"名士化"了:晋朝国子生用葛巾、单衣,南朝国子生用白纱角巾、单衣。从汉末到魏晋南朝,名士在社会中的结构性地位明显上升,甚至发展为士族阶层,他们得以在服饰上展示自己的自主性。

北朝学生的身份与冠服,又复"官僚化"了。北朝的学生有官品。

---

① 张仲礼:《中国绅士的收入》,上海社会科学院出版社 2001 年版,第 103、107 页。

② 《三国志》卷一《魏书·武帝纪》注引。

北魏国子生从七品中,尚书算生正九品中,诸寺算生正九品下①。可见北魏是把学生直接看成官僚的。北齐把国子生改列于"视品",即视从七品。隋朝的国子生、太学生、四门生,也列在"视品"。从正式品级到"视品",学生的身份由官僚变成了"准官僚","非正式化"一些了。与此相应,北齐及隋的国子学、太学及四门学学生冠服,是委貌冠,空顶黑介帻,深衣,青领。委貌冠也是退休官僚戴的帽子。可见齐、隋学生的冠服等级,被定位在"官—民"之间。我们已经指出,若士人的文化自主性和政治自主性抬头,军事体制的"命令—服从"精神与异族部落的"主奴"观念,能形成有效抑制。北朝政治是"重武"的,是一个异族政权;北朝学子身份与冠服的"官僚化",我们认为是士人自主性受到抑制的一个直观表征。

唐朝的学生服饰,上承北朝。国子、太学、四门生、俊士戴黑介帻,作为"参见之服"。这种黑介帻官僚也戴。州县学生朝参,则服乌纱帽。乌纱帽来自幞头,相对就"非正式"一些了。

唐太宗为学子特制了"襕衫",作为"士人上服"。庶人穿白衣,举子的白衣则加饰了黑色的襕、襟、褾、领,显有区分士、民的意思。宋朝学生的襕衫以白细布为之,圆领大袖,下施横襕为裳,已属袍衫形式,接近于官定服制,不过是白色,下裾加缀一横幅而已②。宋朝风习,"读书应举的士人应当换穿儒服"③,但穿着"儒衣冠"并无法律限制,富家子弟照穿不误,比如"嘉兴富家儿冒儒衣冠,郡邑间施施无忌惮"④。

在明初,儒士、生员、监生戴四方平定巾,同于胥吏。后来统治者觉得"士子巾服,无异吏胥,宜甄别之,命工部制式以进"。生员的襕衫用

---

① 《魏书》卷一一三《官氏志》。

② 周锡保:《中国古代服饰史》,中国戏剧出版社1984年版,第263页。

③ 陶晋生:《北宋士族:家族·婚姻·生活》,台北"中研院"历史语言研究所2001年版,第25页。

④ 赵鼎臣:《竹隐畸士集》卷一八《韩至之墓志铭》,《景印文渊阁四库全书》,台湾商务印书馆1986年版,第1124册第250—251页。

玉色布绢,宽袖皂缘,皂绦软巾垂带;贡举入监者,不变所服①。胥吏另为青色盘领,吏巾。状元在行礼之时,戴两梁冠,绯罗圆领,其进士巾如乌纱帽,深蓝罗袍。虽礼毕还得换上常服,但也预示了他们指日可待的美好前程。利玛窦初来中国时,装束模仿和尚,结果虽见官必跪但仍遭歧视。后来他才发现"士"的地位崇高,于是换上了四方平定巾和进士才可以穿着的绯袍。这套冠服搭配虽不伦不类,却可以表示他是"西儒"。由此,利玛窦取得了与士绅相似的礼遇,见官不用跪着讲话了②。

清朝的"顶戴"是品级的标志。学历拥有者的顶戴与官僚顶戴的等级关系,参看表12.7:

表 12.7

官品	朝冠	吉服	学历	朝服	吉服
一品	红宝石	珊瑚			
二品	珊瑚	镂花珊瑚			
三品	珊瑚	蓝宝石			
四品	青金石	青金石			
五品	水晶	水晶			
六品	砗磲	砗磲			
七品	素金	素金	进士状元	顶金三枝九叶	素金
			举人	金雀	素金
八品	阴文镂花金顶	阴文镂花金顶	贡生	金雀	同文八品
九品	阳文镂花金顶	阳文镂花金顶	监生	金雀	素银
			生员	银雀	素银
未入流	同九品	同九品			

---

① 《明史》卷六七《舆服志三》;《明太祖实录》卷二一三洪武二十四年(1391)十月庚申,台北"中研院"历史语言研究所1962年校印本,第3147页。明朝儒巾有垂带,上承元代风俗。沈从文:《中国古代服饰研究》,上海书店出版社2002年版,第371—372页。

② 参看顾长声:《传教士与近代中国》,上海人民出版社1981年版,第3页;朱静编译:《洋教士看中国朝廷》,上海人民出版社1995年版,第99页;林金水:《利玛窦与中国》,中国社会科学出版社1996年版,第35、40、43页;王正和编著:《不可思议的中国人:二十世纪来华外国人对华印象》,花城出版社2001年版,第8页。

在清朝礼制中,"庶士"是一个身份明确的流品,有别于官、民。"凡举、贡、生、监谓之士,其他杂项者谓之庶"①;"庶士:贡、监、生员有顶戴者"②。这就是当时的等级观念。婚丧之礼分3等:品官、庶士、庶人。庶士包括生员、监生。祭祀之礼也分3等,品官为一等,进士与举人礼同七品官,拔贡、岁贡、副贡生礼同八品官;庶士为一等,包括例贡生、监生、生员;余为庶人③。以家庙为例:

品官:立庙于居室之东,一品至三品五间,四品至七品三间,八、九品庙亦三间,但形制较狭。

庶士(即"贡、监、生员有顶戴者"):家祭于寝室之北,以龛为板,别为四室,奉高、曾、祖、祢四代,如品官之仪。

庶人:设龛正寝北,比照庶士之礼而进一步化简④。

按古礼,士以上立庙,庶人祭于寝。但因士子有特殊地位,所以"祭于寝"的礼制,在"庶士"与"庶人"之间又出现了区别。

法律待遇 王朝法律不仅保障品官特权,也保障学子特权。例如辱骂普通人,只是笞责十下;但若吏卒辱骂举人,就比照骂六品以下长官之律,杖七十。在诉讼中,平民不得指名绅士出庭作证。生员犯小事,要由府州县教官责罚;犯大事,也必须先由学官褫夺学历,然后交地方官治罪⑤。

明清学子的身份不同于庶人,在社会生活的很多方面都反映出来

---

① 徐珂:《清稗类钞·服饰类·士庶服饰》,中华书局1984年版,第13册第6136页。

② 《清朝通典》卷五十《大清通礼·家庙》,商务印书馆1935年版,第2335页下栏。

③ 《清通礼》卷十七、卷二六、卷五二,《景印文渊阁四库全书》,台湾商务印书馆1986年版,第655册;吴荣光:《吾学录初编·凡例》,《续修四库全书》,上海古籍出版社1996年版,第815册第6页以下,及卷十四至卷十九。

④ 《清史稿》卷八七《礼志六》"品官士庶家祭";《清朝通典》卷五十《大清通礼·家庙》,第2335页以下。

⑤ 张仲礼:《中国绅士——关于其在19世纪中国社会中作用的研究》,第36页以下。

了。例如在因事立碑时,生员被称为"士",以别于"庶人"①。生员死,可以使用"赠登仕郎"字样;参加过生员考试但没考上的童生,则可以使用"待赠登仕郎"字样②。前者如"清赠登仕郎邑庠生显考敬之府君之灵柩",后者如"皇清待赠九品登仕郎望耆寿讳成泰陈老府君之墓"③。登仕郎是明清的九品散官。允许使用"待赠登仕郎",等于承认童生的身份接近于"士"。平民就没有这样的资格了。连童生都有特殊身份,所以乡间有这样的俗话:"去到考场放个屁,也替祖宗争口气。"④

"学""仕"观念对社会生活的影响,是非常深刻的⑤。"万般皆下品,唯有读书高"。平民稍微沾上一点儿士人的气味,就身价倍增。唐朝有个妓女这么向人夸耀:"我诵得白学士《长恨歌》,岂同他妓哉?"此女"由是增价"⑥。妓女之习诗文书画、得与文士交往者,身价特高。在晚清,擅长诗词、弹唱、说书的妓女,特称"校书""词史",听起来很像是文翰类的官称。还有"书寓""先生"之称,"书寓"很有书香气,"先生"是对教师的尊称。狎妓之行,被戏称为"上学堂"⑦。

---

① 例如乾隆年间的一块"重修关帝庙施财士庶人等开列于庄"碑,之所以有"士庶人"之称,是因为其中包括了一名廪生、三名生员。《明清山西碑刻资料选(续一)》,山西古籍出版社 2007 年版,第 53 页。

② 齐如山:《中国的科名》,辽宁教育出版社 2006 年版,第 7—8 页。

③ 分见新华网,http://www. sd. xinhuanet. com/news/2003-03/01/content_257680. htm,2003 年 3 月山东济南华信路工地发现,访问时间:2009 年 8 月 23 日。新浪网,http://news. sina. com. cn/c/2004-01-17/092516 12111s. shtml,2004 年 1 月广西南宁东沟岭工地发现,访问时间:2009 年 8 月 23 日。

④ 陈独秀:《实庵自传》,亚东图书馆 1938 年版,第 15 页。

⑤ 龚鹏程对此有专门讨论,见其《文学崇拜的社会》,收入《文化符号学》,台湾学生书局 1992 年版;《侠骨与柔情:论近代知识份子的生命型态》,收入《近代思想史散论》,台北东大图书公司 1991 年版。

⑥ 《白居易集》,中华书局 1979 年版,第 963 页。

⑦ 上海文史馆编:《旧上海的烟赌娼》,百家出版社 1988 年版,第 151—153 页。

四 官民之间:胥吏的品位安排

"胥吏者,官民交接之枢纽。"[1]在"官—民"层面上,还有一个胥吏层次。他们是帝国政府的下等事务的承担者。没有他们的存在,帝国金字塔就被架空了。品官只有数万名,而明清胥吏至少在几十万人,与士子的数量相仿,甚至更多。

在胥吏层次的上缘,最简单的分界线就是流内与流外。唐律有"吏,谓流外官以下"的规定。"流外官"的提法虽然带一个"官"字,但胥吏实际并不被看成是"官"。在唐人观念中,担任流外官不算"解褐"。同时叶炜君的研究又显示,"吏"与"官"的边界,还没有清晰到"一刀两断"的程度。流内九品的一些官职,也被认为是"吏",例如九品的诸省主事、寺监录事,七品中书主书、门下录事、尚书都事,也应划入胥吏的行列[2]。也就是说,"胥吏"的认定既与官品有关,流外品属"吏";也同职类有关,某些文书胥吏之职虽在流内,但仍是"吏职";最主要的还是资格——吏员出身,不同于科举出身。

胥吏层次的下缘也很模糊。大致说来,在历史后期,"胥吏"又可以分为"吏"与"役"两个层次。若干职役,兼有公人与白民服役者的双重身份。这种"吏"与"役",在现代文官制下,分属办事员和工勤人员。工勤人员并不是"民"。按 1956 年的国家机关工作人员 30 级工资制,工勤人员在第 27—30 级。古代却有大量吏、役,朝廷不让他们的"编任资格"正式化,宁肯让他们保持在编外或准编外状态,处于"官—民"之间。总之,胥吏的上端近于"官",下端近于"民"。从职能上说,胥吏是职位结构的必要部分;但从身份看,他们与"官"有明显区别,做胥吏不算做官。所以胥吏问题,主要是一个身份问题。官、吏、民之三分,不光

---

[1]　梁章钜:《退庵随笔》卷五《官常》,台北文海出版社 1969 年版,第 243 页。

[2]　叶炜:《南北朝隋唐官吏分途研究》,北京大学出版社 2009 年版,第 103、175—176 页。

是一种职位结构,也是一种品位结构。

历史前期的情况还不太一样。从服饰看,汉代文职,从高官到小史都服黑,可见其时官、吏相通。南北朝隋唐间,官、吏分途。隋炀帝规定,五品以上穿紫袍,六品以下用绯、绿,胥吏用青,庶人用白。这样,胥吏遂自有服色,与官、民都不相同了。唐朝的常服服色,品官用紫、朱、绿、青,流外胥吏与庶人一同用黄。其服饰等级,参看表12.8[1]:

表 12.8

	隋常服	唐公服	唐常服
三品以上	紫袍	冠帻,绛纱单衣	服用紫,饰以玉
五品以上			服用朱,饰以金
七品以上	绯袍		服用绿,饰以银
九品以上	绿袍		服用青,饰以输石
流外胥吏、杂任	青袍	三品以上介帻,绛公服四至九品介帻,绛褠衣杂任:介帻,绛褠衣	服用黄,饰以铜铁
庶人	白袍	白袍	

从隋朝的常服与唐朝的公服看,是官、吏、民三分;从唐朝常服看,官为一类,胥吏、庶人同为一类。在元朝,吏一度地位颇高,但低级吏员仍有专门服装,即檀合罗窄衫、黑角束带、舒脚幞头,与官不同。明初的监生、生员一度与胥吏同服,反映了二者都处于"官—民"之间。后来朱元璋为学子另行制服,但没改变这种层次安排。

胥吏的等级管理,历代有异。周代的胥吏,与公卿大夫士截然两分,以"稍食"为其生计和等级。用孟子的话说,他们只是"庶人在官者"。秦汉"以吏治天下",在观念上"百官皆吏",都用秩级管理。其时百石之秩,大致相当后代的九品官。其下有斗食、佐史两级,从行政层次说相当后世的流外。就汉简所见,斗食、佐史级的吏员,有令史、啬夫、尉史、侯史、亭长、书佐等,其月俸有 600、570、500、480、400、360、

---

① 制表据叶炜:《南北朝隋唐官吏分途研究》,第72—79页。

300、200、100 钱这样的级差①。由此可以推知,百石以下的小吏其实有很多等级,但王朝并没有为他们制定更多细小的秩级。秩级到百石就为止了。其原因很简单:简化等级管理。西汉丞相、大司马大将军的月钱是 60000 钱,是小吏的最低月俸 100 钱的 600 倍。可见底层小吏是非常卑微的。百石以下的小吏俸钱,跟周朝的胥吏"稍食"非常类似。汉代的秩级,本来就有职位分等的性质;百石以下的小吏有等级而无秩级,其职位分等的色彩,就更浓厚了。

曹魏时出现了九品官品,百石令史变成了九品官,九品之下的小吏就处于"流外品"的地位了。而且这时出现了九品中正制,担任流内官需要以中正品为条件,流外的小吏实际上没有中正品,官、吏之分由此而强化了。因为中正品是面向士人的品位,由此"流外"开始有了"另类"的意味,非士人的意味。以九品中正制为基础,北魏孝文帝设流外七品,至北齐变成了九品,南朝梁武帝设流外七班,及三品勋位和三品蕴位。其中包含大量吏职。这样,"官"与"吏"正式变成了两个流品。北周在九命之下设流外九秩。流内外的俸禄参看表 12.9②:

表 12.9

流　内			流　外	
九命	公	10000 石	九秩	120 石
八命	孤	8000 石	八秩	100 石
七命	卿	6000 石	七秩	100 石
六命	上大夫	4000 石	六秩	80 石
五命	中大夫	2000 石	五秩	80 石
四命	下大夫	1000 石	四秩	60 石
三命	上士	500 石	三秩	60 石
二命	中士	250 石	二秩	40 石
一命	下士	125 石	一秩	40 石

---

① 陈梦家:《汉简所见奉例》,《文物》1963 年第 5 期。

② 《隋书》卷二七《百官志中》。

观表可知,流外部分名义上官品有九,可是从薪俸看,只有 5 等。九命之公的俸禄是流外一秩小吏的 250 倍。由历朝的流外安排可以知道,这部分的吏职其实没必要分 9 等。那么所谓九秩,就既不是职位等级,也不是薪俸等级,只是标志身份、管理资格的一种品位。南北朝以来的流外七品或九品,使流外吏员的等级管理变烦琐了,进入了一个品位化的阶段。

隋唐继承了流外九品制度。对唐朝的流外品,叶炜君有深入分析。首先他指出,从史料看,唐朝流外官的薪俸额度,与流外品的品级相关度较小,却与职位的相关度很大。就是说,唐朝的流外品高下,并不等于流外吏的俸禄丰薄。进而流外官入流,需要以"若干考"的资历为条件,但其入流所需考数之多少,与流外品也没有对应关系,有流外品较高、而入流所需考数较多者,也有流外品较低、而入流所需考数较少者。由此他判断:流外入流的考数与流外品也没有必然联系,而与具体职位的关系更密切,这反映了"唐代流外官职位管理的特色"。而且唐朝只是中央有流外官,地方上的胥吏另称"杂任",连品级也没有①。那么,唐朝对胥吏的等级管理,实际是偏重职位分等的。确实,按一般管理规律,品级高端适用品位分等,品级低端适用职位分等。古今中外都是如此。但隋唐仍使用流外九品,我们认为,这与南北朝唐宋的官阶品位化的氛围有关,是时代大背景造成的。这个时代的君臣,对品位有特殊的偏好,流外九品实际没多大意义,但仍在使用着。

宋朝取消了流外九品,吏胥的等级似乎简化了,但其实不然。在品位化的大背景之下,面向吏役又出现了新的位阶。如州衙吏人,从都孔目官到粮料押司官共十阶,称为"职级"。以下又有前行和后行,最低为贴司。"职级"既可以看成一种吏职,同时也是位阶。"衙前"只是一种职役,连"吏"都算不上,然而也形成了十阶,从都知兵马使到第六名

---

① 叶炜:《南北朝隋唐官吏分途研究》,第 167 页。

教练使。这种阶或职级,可以按任期与功赏进阶①。

　　宋朝吏员的晋升制度相当细密严整。州院、司理院推司和法司的吏人,每任满三年升转一资。州衙的吏人与衙前,在三年升转之时,需要考试刑法。各县的贴司与手分,在编录司缺员时,可申报考试以充任之,任满三年即升一等名次:原系贴司的,即升手分;原系手分的,即升上一名。都知兵马使满20年,就可以出职;若曾酬奖转资,每一资准许减少3年。公人以左、右为两资,在有战功应转资时,左、右各算一资②。总的来说,吏职的迁补包括"升名"与"升等"两种方式。"升名"是等级之内的名次迁补,"升等"是等级之间的升迁。依前者,同级的吏人按任职时间的排序递迁,必须迁至头名,才能晋升上一等吏职。这是吏职迁补的主要方式。依后者,吏人要逐等晋升、拾阶而上。以三省为例,要按守当官—书令史—令史—主事—都、录事的顺序,由低级吏职升入高级吏职③。宋徽宗时,三馆吏人之职被定级为"流外从九品",在流外中又弄出了一个"从九品",形成一个特殊品位。宋朝还允许非正编的胥吏,通过年资与考核转为正编,即由"守阙""私名"转为"正名"。尽量用正式品位来保障官吏的品位利益,是宋廷等级管理的鲜明特点,而且波及了吏役部分。可以推知,在宋朝不光官僚,而且连吏役也有品位要求,朝廷尽量都予以满足,并不漠视。

　　当然,两宋吏员的出职待遇,也存在逐渐降低的趋势④。到了明清,情况便出现了较大转折⑤。宋朝的胥吏职级,在明朝已不存在。不在编的胥吏,其身份不可改变,无法转为正编吏员了。吏员出官最高不

①　王曾瑜:《宋衙前杂论(一)》,《北京师范学院学报》1986 年第 3 期;白钢主编,朱瑞熙著:《中国政治制度通史》第 6 卷(宋代卷),人民出版社 1996 年版,第 716—717 页。

②　《庆元条法事类》卷五二《公吏门·差补》,燕京大学 1948 年影印版,第 9 册。

③　梁金贵:《宋代胥吏制度探微》,贵州大学 2008 年硕士论文,第 12 页。

④　祖慧:《宋代胥吏出职与差遣制度研究》,《浙江学刊》1997 年第 5 期。

⑤　据赵世瑜先生意见,明初吏人还有一定地位,明仁宗、宣宗时吏典地位大跌。见其《两种不同的政治心态与明清胥吏的社会地位》,《政治学研究》1989 年第 1 期。

能超过七八品,比宋元都降低了,而且绝大多数只能担任杂职官。当局还增设各种条件,来延缓吏员出职。一些吏员宁愿一辈子当吏,而不求出职。到了清代,吏员五年任满必须离役,虽有出职制度,但出路已相当狭窄,几乎等于被堵死。编外吏胥领取工食银而已,康熙甚至一度废止了吏员的工食银。随着"科举社会"高度成熟,"官""吏"之间判若天渊了。很有意思的是,秦汉禄秩的性质是"吏禄",来自先秦的胥吏"稍食",所以采用以谷物定等之法。而在明朝,"吏典行头俱以食粮多寡为称",书吏以"食米"多寡分为 5 等,即大二石五斗、大二石、大一石、小二石、小一石①。这与先秦稍食、秦汉禄秩,有异曲同工之妙。清朝的书吏也以"食米"多寡为差,"定禄秩时,一吏一役,银米皆有定数"②。

概括以上叙述:

1. 周代胥吏,与贵族官员是两个社会阶层,是"庶人在官者",近于"民"而远于"官"。

2. 秦汉百官皆吏,官、吏相通,二者都采用职位分等的办法管理,百石以下小吏无秩级。

3. 南北朝唐宋,中正品推动了流内外的产生,官、吏在身份上分化为两个层次,二者的管理都品位化了,胥吏的等级管理变烦琐了。

4. 明清的"官、吏分途"进一步推进,对胥吏的等级管理简化了很多。

在实际行政中,精通律例条文的胥吏往往可以舞文弄法,以致人们有这样的观感:"百官者虚名,而柄国者吏胥而已","第条例过多,竟成一吏胥之天下","天子曰可,部吏曰不可,其不可者亦半焉","本朝则

---

① 李默:《吏部职掌・验封二・实拨科・拨吏行头》,《四库全书存目丛书》,齐鲁书社 1996 年版,史部第 258 册第 219 页上栏。

② 刘敏:《清代胥吏与官僚政治》,《厦门大学学报》1983 年第 3 期。

与胥吏共天下"①。然而与士人的荣耀形成对比,胥吏蒙受着统治者、士大夫和社会的共同蔑视,"流外""胥吏"被指为一个道德低下的、甚至可耻的阶层,以致形成了一种"胥吏性恶说"②。宋朝"皆士大夫子弟不能自立者,忍耻为之(指为胥吏)"③。连女真之主金世宗都有这样的论调:"夫儒者操行清洁,非礼不行。以吏出身者,自幼为吏,习其贪墨,至于为官,习性不能迁改。政道兴废,实由于此!"④明朝甚至把"充吏"用作惩罚。洪武二十七年(1394)制,廪膳生在校10年以上学无成效、增广生20年以上不通义理者,皆充吏⑤。朱元璋认为"吏多狡,好舞文弄法"⑥,屡斥胥吏之害:"一切诸司衙门吏员等人,初本一概民人,居于乡里,能有几人不良。及至为官、为吏,酷害良民,奸狡百端,虽刑不治!"⑦史称"明太祖惩元季吏治纵弛,民生凋敝,重绳贪吏,置之严典"⑧,他鼓励官员痛绳胥吏,对违法者处以极刑⑨。统治者显然不把胥吏视为"拥戴群体",不指望他们提供多少特殊政治忠诚。至于差役,

---

① 分见顾炎武:《日知录》卷八《吏胥》,《日知录集释》,花山文艺出版社1990年版,第374页;赵翼:《廿二史札记》卷二《汉时以经义断事》,王树民:《廿二史札记校证》,中华书局1984年版,第43页;冯桂芬《校邠庐抗议》卷上《易吏胥议》,《续修四库全书》,上海古籍出版社1996年版,第952册第507页上栏;徐珂《清稗类钞·胥役类》,中华书局1984年版,第11册第5250页。

② 叶炜:《南北朝隋唐官吏分途研究》,第199页以下。

③ 王栐:《燕翼诒谋录》卷三《有荫人不得为吏》,中华书局1981年版,第28页。

④ 《金史》卷八《世宗纪下》大定二十三年(1183)。

⑤ 《明会典》卷七八《儒学》,中华书局1989年版,第453页下栏。

⑥ 《明太祖实录》卷六四洪武四年(1371)四月辛卯,台北"中研院"历史语言研究所1964年校印本,第1215页。

⑦ 《大诰》五一《吏属同恶》,《续修四库全书》,上海古籍出版社1996年版,第862册第257页下栏。

⑧ 《明史》卷二八一《循吏传序》。

⑨ 福建参政魏鉴、瞿庄笞死奸吏,朱元璋赞曰:"今两参政能置奸吏于极刑,所谓惟仁人能恶人也!"《明史纪事本末》卷十四《开国规模》,中华书局1977年版,第211页。

朝廷公然将之称为"贱役"①。

　　此外,还有幕友的社会地位问题。邵晋涵云:"今之吏治,三种人为之,官拥虚名而已。三种人者,幕宾、书吏、长随也。"②书吏、长随为时所贱,而幕客大多出自业儒不成者。就此而言,幕客、幕友的社会地位处于"士""吏"之间。汪辉祖对幕友的定义,就是"士人不得以身出治,而佐人为治"者,而且还有"业儒未竟,治法家言,依之幕下"的说法③。福尔索姆认为,清代幕友制度之所以发达,原因就是唐宋明以来"吏"的地位不断沦落、"士"的地位不断上升,由此"吏""士"二者间出现了一个空当;于是这个空当,就由幕友来填补了④。

---

① 《清史稿》卷一二〇《食货志一》:"凡衙署应役之皂隶、马快、步快、小马、禁卒、门子、弓兵、作作、粮差及巡捕营番役,皆为贱役。"
② 汪辉祖:《学治续说·用人不易》,商务印书馆 1939 年版,第 12 页。
③ 汪辉祖:《佐治药言》,商务印书馆 1937 年版,自序及第 1 页。
④ 福尔索姆:《朋友·客人·同事:晚清的幕府制度》,第 37 页。

第十三章 中国官阶发展的五阶段

我们从"品位—职位"概念出发,围绕"品位结构",而构建了一个概念框架。随后,进而对品秩五要素,对品秩位阶的样式与间架,对品位序列与品位性官号,对位阶的升降、买卖、转让、迁转,对品位规划的运作考虑与身份考虑,对品位结构变迁的五线索与三层面,陆续进行了叙述与阐释。至此全书行将结束,可以进行一个总结了。

各章各节的叙述显示,中国官阶史,或说中国历代王朝的品位结构,经历了五大阶段。那么在全书的收束部分,理应为此提供一个综述。两千年的漫长的"官本位"传统,促成了中国文化观念的变化;反过来说"官本位"的形成,也有赖于中国文化观念的支撑。本章将拿出一节来,对中国古代的等级观念做一扫描。最后,我们对中国古代的"官本位"问题,提供若干看法。

一 中国官阶发展的五阶段

夏商的官员等级,已无法考求其详。如果从周朝算起,中国官阶制经历了近三千年的漫长发展。其发展的连续性,在世界史上无与伦比。当然,"连续性"不是说其没有变化。透过本书所建构的概念框架来观察,其发展经历了五大阶段。在各章节讨论具体事象时,我们都尽量提供阶段性变化的轨迹;本节把这些变化的轨迹汇集一起,做一个综合阐述。

先秦:"爵本位"和"爵—食体制" 中国的官员等级制,在周代初具规模。这时候所萌生的两个爵列，即公侯伯子男五等爵与公卿大夫士爵，都深刻影响了后代的位阶变迁。五等爵的拥有者是国君，不能看成官员等级。同时周朝封建等级秩序通常被表述为"天子—诸侯—卿大夫—士"，所以五等爵在品位结构中依然占据了一个层次。

至于公卿大夫士，显然就是贵族官员的等级了。这个爵列的性质，我们认为是"品位分等"的。其理由如下：第一，这个爵列与职位两分。比如郑国的罕朔逃往晋国，子产向晋国方面介绍，此人爵是"亚大夫"，官是"马师"，晋国便根据"罪人以其罪降"的古制，给他低一等的嬖大夫之爵①。可见卿有了罪过，就要降爵为大夫；大夫是爵，马师是官职，前者才是立身之本，当时对此区分得相当清楚。又如《周礼》一书，对卿、中大夫、下大夫及上中下士之爵，以及各级爵位可以担任的官职，分别罗列。第二，各种礼遇，大都辐辏于爵级之上，即采用天子行某礼、诸侯行某礼、大夫行某礼、士行某礼的形式，而不是辐辏于职位之上。第三，无职位也可以有身份。如前述罕朔逃到晋国，得到了嬖大夫之位，但没有官职。又如孔子最初是士，做的是委吏、乘田等小官；后来升任大夫，担任了鲁国司寇。在孔子去职之后，其大夫身份并不丧失，照样依大夫之礼，乘车出行②。人类史上较早产生的文官等级制，通常都是品位分等。在这里没有什么奇迹发生，让中国成为一个例外。

周朝的位阶结构简单，位阶的运用规则相应也很简单。因为此时尚处历史早期，并且贵族社会是凝固而缺乏流动的，没那么频繁的进阶降级之事，所以位阶也不会太复杂。这种体制是"爵本位"的，亦即身份本位的。贵族家族的传统权势，是先于爵列而存在的。爵列更多地是适应而不是塑造、改造了社会阶层。

---

① 《左传》昭公七年，杜预：《春秋左传集解》，上海人民出版社 1977 年版，第 1299 页。杜预注："大夫，位；马师，职。"

② 《论语·先进》："以吾从大夫之后，不可徒行也。"刘宝楠：《论语正义》，中华书局 1990 年版，第 445 页。"从大夫之后"，谦辞，意谓自己曾在大夫的行列之后随行。

大夫有采邑，可以世袭；士有禄田，可以享受到退职。这是一种"长时段"的酬报方式，而且属于品位薪俸。此外周代还有一大群无爵的胥吏。他们以"稍食"即官府发放的口粮为生。"稍食"是"短时段"的、按月发放的，属于职位薪俸。胥吏要每月考课，稍食要年终定等，考课定等的依据是能力、业绩与职事简繁。那么稍食等级，就是胥吏的等级；在稍食等级之中，蕴藏着官僚政治的萌芽。这样，周代的品位结构就可以概括为"爵—食体制"。

　　在品位结构上，"爵"与"食"是上下承接的，也就是说"爵—食体制"是"一元化"的，是一个纵向单列。《周礼》提出了一种"九命"的设想，把五等爵与公卿大夫爵都容纳其中，前者使用九、七、五命，后者使用八、六、四命。这虽然不是真实制度，但却反映了历史早期的制度规划者，就已在寻求"一元化"了。而且"天子—诸侯—卿大夫—士—庶人"的礼制安排，更是一种把所有社会成员都涵盖在内的总体性社会安排。十二、九、七、五、三、一或八、六、四、二这样"数字化"的礼制，还告诉我们，在早期贵族时代，天子与臣下的等级距离还不太高峻，不能与专制时代相比。

　　在这个体制之下，贵族与胥吏之间是一道身份鸿沟，所以"士—吏"有别，而且这种区别是一种"贵—贱"之别。但周爵不分"文—武"，因为此期的贵族们"允文允武"。此外，贵族子弟作为"士庶子"被编制起来，接受教育并承担职役，构成了一个"候选人"群体。这个制度，成为战国秦汉"宦皇帝"职类的起源之一。

　　军爵与禄秩支撑的"爵—秩体制"　　随战国社会的剧烈转型，专制官僚政治取代了贵族政治，品位结构随之发生了巨大变化。其最重要的变化，就是周爵的衰落，以及二十等军功爵和禄秩的兴起。二十等军功爵与周爵的最大不同，在于它的功绩制性质。其斩首得爵之法，为平民提供一个前所未有的获得爵位、提高身份的机会，大大增进了社会流动。所以军爵的意义，不亚于一场社会革命。但是同时，军功爵又具有双重性，它依然带有早期社会的色彩。"爵"这种位阶所赋予其拥有者的,是一种贵族式的荣耀。田宅依爵级而分配,众多待遇与爵级挂钩,而且待遇优厚。汉廷还经常向吏民普赐爵级,有爵者的数量非常之大,二十等爵变成了一套社会身份体系。王朝不是被动适应,而是主动用爵级来塑造社会身份;但以爵为身份尺度,仍是周朝贵族政治的历史遗产。

禄秩源于先秦的胥吏稍食,其性质是"吏禄",是新式吏员的身份尺度。到了秦汉,百官都采用秩级定高下,昔日周代的待吏之法,现在用于待百官了。这就意味着,统治者以"吏"的形象为百官定性定位了。秦汉政治精神,就是"以吏治天下"。爵级是一种品位,秩级却是附丽于职位的,其所标志的是职位高低,居其职方有其秩,居其职则从其秩,具有浓厚的"职位分等"色彩;若无职位,则官员个人既无级别可言,也无薪俸可言。所以这时的薪俸,其性质是"劳务报酬"。秩级不用作资格,官员的以往秩级不能带到新职上去。当官员因病、因丧一度离职,而在病愈、丧满后再度入仕之时,朝廷可以不管其既往秩级,任命到较低的职位也是可能的。汉代官场,官可大可小,秩可高可低,人能上能下。在禄秩这种官阶之下,官员没有多少品位保障。新式吏员在登上政治舞台之初,还没立即发展为一个官僚阶级,他们通过行政级别——秩级而获得的任官、教育、法律和经济特权,还是比较小的。在强大的秦汉皇权之下,秦汉官吏表现出了浓厚的"服务取向";而秦汉秩级的性质,由此可以判定为"职位分等"。

二十等爵及王侯封爵,与秩级两立并峙,构成了秦汉品位结构的两大支柱。这个体制,可称"爵—秩体制"。爵级既有功绩制性质,同时也带有周朝"爵本位"的传统影响,用以维系身份秩序;秩级则反映了新兴官僚政治的蓬勃活力,用以维系行政秩序。而且"爵"与"秩"二者是疏离的,二者没有严格的等级对应关系,凭爵级不能获得秩级,不能起家做官。康有为认为:"官、爵并行,则职事不败,而年劳者不怨。官、爵合一,则必以有爵者任官,而难以称职,必至屈才贤于无用,而至于失人，其制甚非宜也。"①而汉爵恰好就是官、爵并行，官、爵疏离的。

爵级与秩级都不区分"贵—贱"，都是开放性的，平民都有可能由其低端升至高端。汉代职类结构，从资格分类上说"文—武"有别，从资格分等上说"文—武"无别，文职并不比武职更清贵；文武官可以互迁，文官任武职、武人任文职都无限制。而且在这个历史时期，武职对品位结构的影响大于后世。例如用军功爵来构建身份系统，用将军号做辅政者的位阶，用郎卫组织做仕途枢纽，甚至校尉之号会作为一种品位荣耀而加给儒者。这与历史后期以科举学历为主要身份尺度的情况，很不相同。再看"士—吏"关系。儒生与文吏在资格分类上有别，博士、文学之官通常任以儒生，法职通常任以文吏；但在资格分等上无别，二者并立朝廷，无大轩轾。儒者如果担任吏职，一样被视之为"吏"；小吏亦可迁至高官，其间并无阻隔。当然在汉代，"士—吏"之别还是萌芽了。察举科目，就是最初的"士人化"的品位。

汉代职类分三大类：文职、武职，及"宦皇帝者"职类。后者属宫廷官，与朝官有别，从而形成鲜明的"宫—朝"两分格局。"宦皇帝者"主要由郎官、大夫，以及侍中、给事中、庶子、舍人等构成，是皇帝的侍卫、侍从。因其是皇帝供养的私属，所以最初没有薪俸，当然也没有秩级。郎官是入仕之阶，大夫是储才之所，二者一起构成了"候选官"。"宦皇帝"职类的存在，是早期官制的突出特点。但随制度进步，这个职类也在逐渐公职化。朝廷在安排其等级之时，让其与正秩相比，由此在汉景帝、武帝之时形成了"比秩"，即如比三百石、比六百石之类。此外，文学之官、掾属、军职也列在比秩，"吏职"即行政官职，则都是正秩。这种比秩、正秩的交错结构，是"宦皇帝者"制度的派生物。

魏晋南北朝：官品体制与门品秩序　由于处在帝国初期，汉代品位结构还有很多粗糙之处。例如爵级与秩级的等级关系不清晰，秩级不

---

① 康有为：《官制议》卷十三《改差为官改官为位》，收入《康南海先生遗著汇刊》，台北宏业书局1987年版，第14册第251页。

能覆盖所有官职;例如"公"以上高官另靠朝位区分高下,将军号、散官与秩级也不能完全匹配,等等。这种情况,因魏晋官品的出现,而决定性地改变了。九品官品吸收了朝位的一元化功能,把职事官、爵级、军号、散官纳入一个整齐的框架之中,使之一体化了。由此"爵—秩体制"告终,"一元化多序列的复式品位结构",得以形成。

秦汉禄秩具有浓厚"职位分等"性质,而魏晋南北朝的等级秩序则发生了重大变动,向"品位分等"大幅度偏转了。其表现是:其一,官僚有了个人位阶,用于记录个人官资高下,以供吏部任用。"进阶""加位"之事,在魏晋以降频繁出现。其二,中正品成了一种品位,用于承载任官资格,并造就了一支无官位但有入仕资格的"候选人"队伍。其三,将军之职变成了军阶,由一百多号组成,到梁陈更发展到了二三百号之多。而且文官也用军号标志级别。其四,品位性官号膨胀,各种散官、加号、虚衔繁衍开来,很多职事官也明显品位化了。它们有不少被用为"候选官","候选官"数量大增。汉代官僚的结衔相当简练,是单一官衔;而这时的官僚结衔叠床架屋,变成了复式官衔。其五,出现了流内流外的制度。

源于汉代的孝廉、秀才等科目,在东晋曾一度衰落。但总的说来,在整个魏晋南北朝,察举在不断向考试制度进化。察举科目是面向士人的品位资格。魏晋以来出现的中正制度,来源于汉末的士林品题,品评以德才为标准,所以也是一种面向士人的位阶。中正品区分"士—吏",使非士人的吏员难以进身了;同时也区分"文—武",中正品只用于士人,武人入仕不看中正品;同时也区分"贵—贱",中正品评实际是以权势门第为准的,造成了"上品无寒门,下品无势族"。中正二品以上就是士族,三品以下是寒士、寒人。士族习惯性的起家迁转之官,在当时被视为"清官",各种"清官"构成了"清途"。寒人一般只能担任"浊官"。总的说来,中正品造成了一种"门品秩序",依门第高下决定任官资格。

北魏孝文帝改革官品时,把中正三品以下所任之官,另列为七品,由此形成"流外"制度；中正二品以上者所任之官，则留在九品之内。进入九品之内就为"君子"，流外七品被说成是"小人之官"。梁武帝创十八班，十八班之内都是中正二品之官。位不登二品者所任之官，另为七班，或者列入三品蕴位、三品勋位。可见对流内外的形成，九品中正制起了决定作用。流内外是一种身份安排。秦汉小吏迁至高官，本来无大阻隔，而现在一道高峻的门槛，拦在"流外"面前了。

西晋恢复了五等爵制度，受封者大都是司马氏的爪牙心腹，封爵这种古老的位阶，在这时发挥了优待既得利益集团的功能。爵位的传袭比汉代优越得多，还有"回封""别封"之制，使更多家庭成员由之而受惠得爵。汉代不能依爵起家，而南北朝时依爵起家制度发展起来了。

魏晋南北朝之所以成为一个"品位化"的时代，从总体上说，是士族门阀政治——在北朝还有部落贵族政治——充分发展的结果，也是皇权低落的结果。此期官僚表现了更大的"自利取向"，拥有了与皇权博弈的更大能力，并为自己争取到了足够的品位利益，得以平流进取、坐享天禄。

当然问题总是多方面的。魏晋南北朝的军阶，就没有明显的优待士族的倾向，其功绩制的色彩浓厚得多。北朝的军功新贵在崛起之中，不但占有了军号，又凭借自己的政治竞争力，进而占有了文散官。由此在北周，形成了一种军号与散官的"双授"制度，即，在授予军号的同时再加授一个同品散官。散官的序列化程度本来是较低的，此时则在军号的"拉动"之下，充分序列化了。南朝官僚结衔，照例文号居前、武号居后，而北周双授却是武号居前、文号居后。在其背后，是这样一个南北差异：南朝是文化士族占据更高地位，北朝是军功贵族占据更高地位。北朝封爵的功绩制色彩，也比南朝更为浓厚。从北周府兵官号中，还发展出了由柱国、大将军等组成的一套"戎秩"，它成了这个政权的基本身份尺度。

由此可见，北朝位阶的功绩制、军事化的色彩，比南朝浓厚得多。北朝位阶的进化程度，也比南朝快一拍。例如南朝禄秩、官品并用，仍是"双轨制",而北朝则将二者并轨,只用官品,废弃了禄秩;南朝五等爵与汉爵并用,北朝则只用五等爵,废弃了汉爵;北朝的军号、散官"双授"之制,构成唐代文武散阶的来源。所以汉唐位阶的进化步伐,可以表述为"汉—魏晋南朝—北朝—隋唐",北朝领先于南朝。

唐宋:阶官与资格　周朝的"爵本位体制",经由秦汉的"爵—秩二元体制",在魏晋南北朝因九品官品的诞生,而初步形成了"一元化多序列的复式品位结构"。这个"官本位"体制,在唐宋进入全面成熟期。

"爵本位"就是以"爵"为本,也就是以凝固不变的贵族身份为本;"官本位"就是以"官"为本,也就是以变动不居的行政级别为本。秦汉"爵—秩体制",是二者之间的过渡形态,是贵族政治残余与新兴官僚政治的一种特别结合方式。随帝国品位结构的重心不断向"官"偏移,行政化的位阶,就逐渐取代了贵族性的位阶,成为等级秩序的主干位阶了。在这时候,封爵不再是官僚的立身之本了,更多的只是一种行政激励手段,一种"官本位"的辅助物。在这个过程中,昔日附丽于"爵"的待遇,在魏晋隋唐间逐渐向官品转移了。例如,秦汉以爵级赎罪,而南北朝隋唐以官品当罪;秦汉以爵级授田,而晋以官品占田,北朝隋唐以官品授田;古制"生无爵,死无谥",而晋以下无爵者亦给谥,唐朝依官品给谥,三品以上职事官、二品以上散官有谥。

唐朝的九品 18 等 30 阶框架,把职事官、文散阶、武散阶、勋官与爵级熔铸一炉,井然不紊。文散阶和武散阶,用作官员的个人级别。入仕时首先获得的是散阶,考课所升迁的也是散阶。在做满一任官而离职之时,散阶足以维持官僚名位。五品以上有散阶者,甚至还可以领到一份薪俸。唐人最重服色,而服色由散阶高低决定。所以"虽宰相之尊,而散官未及三品,犹以'赐紫'系衔","非赐不得衣紫"[①]。官僚有了个人级别,这与秦汉大为不同。所以学者说"秦汉以来,文官有职而无

---

① 钱大昕:《十驾斋养新录》卷十《唐人服色视散官》,《嘉定钱大昕全集》,江苏古籍出版社 1997 年版,第 7 册第 271 页。

阶",而唐代散阶则被称为"阶职分立制"。"阶职分立制"也就是我们所说的"品位分等"。

魏晋南北朝的官僚品位特权,在隋唐留下了浓厚的历史影响;同时隋唐又已走出了中古士族门阀政治,回归于专制官僚政治了,从而进入了一个新的历史阶段。唐制:"散位则一切以门荫结品,然后劳考进叙。"[①]这样两点,就反映了唐代散阶制度的双重意义。"一切以门荫结品",无疑是上一时代门资制度的历史遗产。池田温把唐代官阶称为"身份官人制",由官品而来的待遇,超过了与职务有关的合理范围而泛及于生活的全体,用以表示附属于品官自身的身份特权,而不是针对职务的保障[②]。唐人所云"置阶级所以彰贵贱"[③],就是这个意思。所以散阶制的衍生,是历史发展中官僚阶级所获权益的一部分。

但就"劳考进叙"一点而言,又如王德权先生之论:唐制将考绩与散阶的升降紧密结合,"考绩—散阶—待遇"之间形成了密切联系:考绩优则升其散阶,散阶升则提供待遇。这"正是唐代官制中极具合理性的部分"[④]。考课进阶制度,在唐朝日益严密了。"二十七最"的考课之法,以职位或职务为单位实施考课,被学者赞扬为"人类制订的第一套完整意义的职位分类体系"。北朝隋唐频繁的官僚考课,使"考第"取代了"门第";唐朝科举制创立,又给"门第"沉重一击。唐朝的士族势力只是一种政治残余,科举制作为一个划时代的里程碑,结束了士族制度,并使学历成为帝制后期最主要的任官资格。为此,应把唐朝视为政治史、制度史的一个新开端。有人把唐与魏晋南北朝划入同一历史

---

① 《旧唐书》卷四二《职官志一》。

② 池田温:《中国律令と官僚机构》,《前近代アジアの法と社会——仁井田陞博士追悼论文集》,东京劲草书房1967年版,第168页。

③ 崔碬:《授内诸司及供奉官叙阶制》,《全唐文》卷七二六,中华书局1983年版,第8册第7483页。

④ 王德权:《唐代律令中的"散官"与"散位"——从官人的待遇谈起》,《中国历史学会史学集刊》第21期,1989年版,第45页。

阶段,而我们不取其说。

魏晋南北朝门阀制度与官阶"品位化"的历史影响,以及唐宋官僚政治的复兴,这两点共同塑造了唐宋官阶的历史特点。前者使唐宋官阶依然呈现了浓厚的品位化倾向,官僚拥有较大品位特权;后者造成了位阶繁杂、升降频繁。唐宋的位阶结构及运用规则,甚至比魏晋南北朝还要复杂。这是因为官僚政治的复兴,造成了身份与人员的更大变动率和流动性,所以位阶也跟着复杂起来了;魏晋南北朝的门品秩序比较凝固,其位阶反倒简单一些。

唐后期散阶趋滥、贬值,朝廷转而向职事品、甚至职事官发俸。但在大环境下,品位结构的重心并没有向职位偏转,因为唐后期"职事官的阶官化"愈演愈烈,不但完全抵消了其积极意义,甚至导致了中央行政体制的全盘崩溃,省部寺监的职位架构,在宋初竟然变质为一套位阶体制了。北宋以省部寺监之官为官僚的"本官",另以"差遣"寄托职事,名实不副,十分混乱。官品一度几近失效,王朝又乞灵于朝班,用"杂压""合班"之法来协助确定官职的阶序。这是在魏晋至唐那一道"品位化长波"之后,又一道品位周期性变迁的"长波"。从表面上看,北宋位阶与唐大不相同,实际上却是同一个"品位化"周期在不同阶段的表现。顾炎武曾说:"宋世典常不立,政事丛脞,一代之制,殊不足言。"①对北宋前期的制度,宋人自己也不以为然。宋神宗实行"以官易阶",恢复了唐式散阶、唐式的中央行政体制及唐式官品,又回到原点上来了。

唐中后期品位性官号的泛滥,在北宋"以阶易官"后并没有改观,又出现了添差官、祠禄官等等新花样。官额之冗,时人叹为"病在膏肓";授官之滥,给人"视官职如粪土"之感②。不仅文武官有阶,而且内

① 顾炎武:《日知录》卷十五《宋朝家法》,《日知录集释》,花山文艺出版社1990年版,第714页。

② 洪迈:《容斋四笔》卷四《今日官冗》、卷十五《蔡京轻用官职》,《容斋随笔》,上海古籍出版社1978年版,第654、791页。

侍有内侍阶,医官有医阶,道士有道阶,隐士有处士号,胥吏也有位阶,甚至职役衔前都有位阶,嫔妃女官的位阶也复杂化了。宋人制造位阶的热情,是让人惊叹的。在磨勘计资之时,官僚斤斤计较,朝廷也无微不至,尽量保证其成资,不让他们吃亏。致仕时不但可以官升一阶或数阶,还可以趁机荫补子弟;还能带着官衔退休,并继续进阶。京朝官在长达数年、十数年的待次、待阙期间,虽无职事,但依然享俸,成为一种"身份报酬"。胥吏入流的计资考试制度,编任资格的管理制度,也比历代复杂。

赵翼评价说,赵宋皇帝"恩逮于百官者惟恐其不及",生怕慢待了当官儿的;清人薛允升又云,唐宋法律"优礼臣下,可谓无微不至"。瞿同祖先生有同样的看法:"唐、宋官当法优礼官吏可谓无微不至。"[①]不止经济、法律特权,唐宋官僚的荫叙特权、教育特权,也比秦汉、明清优厚。钱穆先生认为:"论中国政治制度,秦汉是一个大变动。唐之于汉,也是一大变动。但宋之于唐,却不能说有什么大变动,一切因循承袭"[②];"元丰改制,一依唐规。不知唐代政府组织,已嫌臃肿膨大,宋在冗官极甚之世,而效唐制,自不能彻底。……此宋代治政所以终不足以追古"[③]。在瞿、钱两先生眼里,唐宋属同一历史阶段。本书的官僚品位考察结果,强烈支持他们的判断。就政治体制和政治形态看,唐、宋间虽有变迁,但谈不上什么"转型""变革";不能拦腰一刀,在其间分开中国政治史的前后期,两朝属于同一阶段。

明清:品级、职位与学历的"三脚架" 唐宋与明清之间,则发生了较大的转折。转折的内容,是官僚计资制度的实质性化简。对于为什么会发生这场转折,张帆先生提出了重要解释:与金、元两朝有密切关系。金、元两个异族政权虽然继承了宋朝的多种位阶,但只是框架、轮

---

① 瞿同祖:《中国法律与中国社会》,中华书局 1981 年版,第 212—213 页及第 218 页。

② 钱穆:《中国历代政治得失》,生活·读书·新知三联书店 2001 年版,第 74 页。

③ 钱穆:《国史大纲》(修订本),商务印书馆 1994 年版,下册第 572 页。

廓上大致仿佛而已；至于其细节上的复杂、发达、精密程度，则远比唐宋逊色。究其原因，一是异族统治者对汉制认识不深、汉化不彻底；二是异族皇权奴视臣下，优遇官僚的散阶制受漠视而贬值①。这个论点对认识唐宋与明清间的官阶史转折，具有指导意义。

从形式上看，明清都有由大夫、郎构成的散阶；但与唐相比，已经名同实异了。唐代是据门荫而授阶、据阶而授官，官职是来自散阶的，或说是以"阶"为本位的；明制则不相同，变成了据官授阶，先有官职，然后根据官职的品级授予散阶。明清的散阶，既不是薪俸尺度，与俸禄无关；也不是资格尺度，不构成个人位阶，不过是官品的一个补充而已。明人王鏊比较唐、明位阶之异，亦云："唐制，有勋、有阶、有官、有爵。爵以定崇卑，官以分职务，阶以叙劳，勋以叙功。……今制惟以官为定，为是官，则勋、阶、爵随之，无复叙劳、叙功之意。"②到了清代，散阶与封赠合流，变成了向官员个人或官员父祖封赠的一种衔号。杨树藩先生云："明之阶制，与唐宋不同，与元亦异。文官之劳考，不以阶定矣，反之阶随职事官之升进而赋予。于是'阶'之价值已失，无复叙劳之意矣。清代虽有阶称及品阶，其法悉如明旧。是知阶职分立制之精神，至明清已破坏殆尽矣。"③其中"与元亦异"的说法，值得商榷。李鸣飞君的考察显示，明朝散阶的变化，其实始之于元，在元朝已有先声了④。

唐宋的"阶职分立制之精神，至明清已破坏殆尽"的变迁，不是孤立的。再看封爵。明清文官的获封机会，被大大压缩。明朝的公、侯、伯三等爵，主要用于奖励军功，文臣得者甚少。即令受封，原则上是不封公、侯的，得伯者通常又须改授武官。清爵的授予也相当严格，已是

① 张帆：《金元における散官の地位の下降とその原因》，日本河合文化教育研究所《研究论集》第 2 集，2006 年 6 月。
② 王鏊：《震泽长语·官制》，中华书局 1985 年版，第 13 页。
③ 杨树藩：《中国文官制度史》，台北黎明文化事业公司 1982 年版，上册第 11 页。
④ 李鸣飞博士论文开题报告：《元代散官研究》，北京大学历史学系，2009 年 4 月 6 日。

一品大员、但依然无爵者，比比皆是。这与唐宋爵位之滥，形成反比。

从特权看，明清官僚子弟的荫叙范围大大缩小。明初"一品至七品"子弟可以荫叙一人的制度，不久就变成京官三品以上考满著绩，始荫一子。从宋代开始，恩荫入仕者就要入国子学学习。到了明清，荫叙主要采用"官生"或"荫监"的形式，而不是直接给官给阶。唐宋官僚的重要法律特权"官当"，在明清干脆被取消。再从薪俸看，明清都采用薄俸之制。唐宋无职事但有阶官，就依然有俸，明清则无职即无俸。这样官场、官员所瞩目的猎物，就从个人的位阶转向了具体职位，更关注具体职位的升迁前景和经济肥瘠了。清朝的养廉银，其数额超过正俸数十百倍，完全是根据具体职位一一规定的。

由此，明清品位结构的重心向"职位"偏转了，"职位分等"的分量加重了，位阶的复杂程度则大为下降。明清皇帝专制大为强化，官僚的"服务取向"分量加重，"自利取向"的空间变小，"贵族化"倾向受到了更大抑制——此期的官阶制向"职位分等"的一定回归，即当于此求之。

当然，明清品位结构在一定程度上向"职位分等"回归，不等于它没有品位因素了。第一，九品官品本身，经常作为"品衔"而被朝廷当作品位用，例如"加三品衔""加五品衔"的做法所反映的那样。第二，明清选官依资历排队，而资历依然是一种品位因素。第三，明清选官重出身，重学历，出身、学历是重要的品位性制度。这与汉朝仍有不同：汉朝的秩级不具个人属性，其等级管理不重资格。与"职位分等"的汉朝禄秩和"品位分等"的魏晋南北朝唐宋相比，明清品位结构的性质，可以说在二者之间。

唐宋明清科举的繁荣，使学历成为最优越的"出身"，成为主干性位阶。由此强化了"士—吏"分途、"文—武"分途。秦汉以军功爵为主干位阶，历史后期则变成了"重文轻武"，以学历为主干性位阶。在吏胥的等级管理上，明清也明显化简，吏员的晋身之阶日益狭窄。科举原则上是开放性的，不分"贵—贱"；但实际上所面向的是士人阶层，维系了"绅士"的社会地位,所以不能说完全没有身份意义。大致说来,明清位阶体制的主要结构,就是品级、职位与学历的"三脚架"。

在"品位—职位"视角的照耀之下,历代官阶制演化的阶段性,便由晦暗而显明了,呈现出了五个段落的鲜明轮廓。这就是:

一、周代爵命,具有最浓厚的品位分等性质。这是与贵族政治相适应的。

二、汉代禄秩,呈现了职位分等的浓厚色彩。在强大皇权之下,新兴吏员的"服务取向"相当鲜明。

三、魏晋南北朝的位阶体制高度品位化,士族门阀与部落贵族显示了重大的"自利取向"。

四、唐宋的烦琐位阶与繁杂品位性官号,属品位分等,表明此期官僚的"自利取向"仍很浓厚;但因门第淡化、科举繁荣和考课进阶的发达,已回归于官僚政治范畴了。

五、明清时散阶制变质,官僚的各种权益向官品、甚至职位靠拢,从而使品位结构向职位分等明显偏转。随皇帝专制的强化,官僚的"自利取向"受到了较大抑制。

在清末民初,章太炎先生审视历代位阶,已约略看到了类似变化:

官统之异,大别不过周、秦二家。自汉讫江左,多从秦;宇文、杨、李以下,多法周。非谓其执务也,谓其等秩阶位之分矣。

周官三百余,名其阶曰卿、大夫、士。逮秦去其虚号,以一岁制禄别之,自中二千石以下是也。……周之公孤,至始皇尽废。成勋则酬以爵,而奉事则处以官。名不繁淫,人不级次,所以称伯也。汉世因其矩法,无有变更,诸所谓华名虚秩者,无有也。……

魏、晋、南朝转尚阶位,次其品第,又分流内外官……

陵夷至于唐世,职事官、散官、勋官分为三科。……

下逮宋世,朝臣卧病而晏居者,更久不患无增爵位。其勋乃尽人有之,而外更制有寄禄官。郑声猥号,视唐益流滥矣!……

明太祖起于沙门，斫雕为朴，然勋阶卒不能废。……

幸赖清人不识旧章，厌其繁碎，文武散阶皆渐减，而勋官并为爵名，制爵二十六等，虽下至云骑尉，非克获死事，不敢妄以授人。故爵位益重，而散阶无损益于铢黍，诚未能上齿秦、汉，视唐、宋为杀矣①。

章氏说江左也是"从秦"的，恐不尽然。秦汉秩级在江左沿用未废，只是秦汉制度的余绪而已。此外与唐宋相比，明朝的勋官、散阶已经变质，与唐宋不同，对此章氏的认识也嫌不够。当然他也看到了"明以来，散阶不称官，其名正矣"。唐宋的散阶独立于官职，有"阶"就可以称为"官"了；而明清散阶不是独立于"官"的个人级别，只是"官"的装饰物。

但总的看来，章太炎的阐述仍是相当卓越的。秦"去其虚号"，"魏晋南朝转阶位，次其品第，又分流内外官"，唐宋位阶"流滥"，而明以降"斫雕为朴"。"官统之异，大别不过周、秦二家"，所谓"二家"，在我们看来就是品位分等与职位分等之异。姬周与魏晋南北朝、唐宋，在品位分等上可以看成一系；秦汉另成一系；明清的变化，是向秦汉一定程度的回归，"诚未能上齿秦、汉，视唐、宋为杀矣"。

大致说来，在"职位分等"比较浓厚时，专制君主拥有对官僚的更大支配力，其时官僚"行政工具"的形象更鲜明，"服务取向"的分量更重；而在"品位分等"色彩较为浓厚时，君主对官僚较为优容，官僚则赢得了拓展其"自利取向"的更大空间，其"贵族化"程度相对更高。历史前期的官阶制波动比较剧烈，有较高的波峰和较低的波谷，如先秦爵命与秦汉秩级间的较大反差、从秦汉秩级到魏晋南北朝"门品秩序"的较大转折；后期依旧存在着动荡不定，但其振幅逐渐减小，例如由唐宋的"阶职分立制"到明清的散阶制变质、衰落。秦汉秩级是"职位分等"的波峰，两晋南北朝唐宋的本阶是"品位分等"的波峰。明清官阶向"职

---

① 章太炎：《检论》卷七《官统》上，《章太炎全集》，上海人民出版社1984年版，第3册第546—549页。

位分等"有一定回归,但官僚阶级在十几个世纪中已累积了众多等级特权,所以明清官阶的性质和倾向,应视为前两个波峰之综合。

二 中国古代的等级观念

本尼迪克特主张"研究文明民族文化所赖以建立的各种前提",否则调查的结果就不会带来可靠的认识。她随即在日本看到了"对等级制的信仰和信赖",并认为"这一点与我们热爱平等的美国人,是水火不相容的"[1]。然而日本的基尼系数只有 0.285,是分配最公平的国家之一,公司总裁的工资不过是员工的数倍;"热爱平等的美国人",反倒选择了数十倍、数百倍的悬殊工资差别。日本企业的工资中,保障员工及家属的部分占 70%—80%,绩效工资只占 20%—30%。令人惊讶的是,较小的工资差仍能造成足够的激励,令日本员工勤奋工作。在现代化过程中,日本、韩国、中国台湾地区都保持了较低的基尼系数,从而与拉美国家形成对比。美国、新加坡和中国香港地区的基尼系数相当高,然而他们自己认为那是可以接受的[2]。

可见,多大级差才算公平、才足以构成激励,其背后是文化观念问题[3]。某地精英比别人多挣一倍就觉得很公平了,而另一地的精英拿

---

[1] 本尼迪克特:《菊与刀》,商务印书馆 1990 年版,第 12、16 页。又赖肖尔亦云:"日本人十分强调等级观念,这是日本社会与美国社会的一个明显的区别。"见其《日本人》,上海译文出版社 1980 年版,第 167 页。

[2] 丁学良先生指出,中国香港的基尼系数是 0.47,美国是 0.45。但在美国和中国香港地区,大部分人是认可富人致富的现象的,因为绝大多数富人的致富方式是符合这个社会里的法律和政策的。新华网:《丁学良:"穷人太穷论"是有钱人的说法》,http://news.xinhuanet.com/fortune/2005-10/24/content_3676024.htm,访问时间:2009 年 9 月 3 日。

[3] 诺思指出:"意识形态不仅在政治选择中发挥着重要作用,而且也是影响经济绩效的个人选择的关键。个人如何看待游戏规则的公平与公正,明显会影响绩效。"见其《制度、意识形态和经济绩效》,收入道、汉科、瓦尔特斯编:《发展经济学的革命》,上海人民出版社2000 年版,第 111—112 页。

着十倍的钱,仍抱怨着被亏待了。而且某一方面的等级悬殊,可以由另一方面的平等形成代偿。美国的贫富分化程度很高,但其社会又相当平等[1];日本虽然收入平等,人际关系中的等级与资格却难以逾越[2],让日本年轻人感觉压抑,觉得一生中至少应该出国一次,去呼吸新鲜空气[3]。

不同民族在历史上形成了不同等级结构,以及等级观念。古希腊的柏拉图有一种三等级的理论:由哲人担任的统治者、武士、农工商,其差别好比金子、银子与铁铜的差别[4]。古印度的 4 个瓦尔纳,据说分别来自一个原始巨人,婆罗门出自他的嘴,刹帝利出自他的臂,吠舍出自他的腿,首陀罗出自他的脚。此外还有一个"不可接触者"阶层和难以数计的"阇提"[5]。日本传统社会的基本结构是士(武士)、农、工、商,其下还有贱民阶层,如"秽多""非人"。日本的贱民制比印度宽松得多,因为在这里,是否高贵受到财富、权势的更大影响,印度则否[6]。古代伊朗有祭司、武士、工匠、农夫 4 个种姓[7]。13 世纪的伊斯兰学者纳西雷丁·图西,用水、火、空气、泥土 4 种自然要素,来象征持笔者、佩剑者、居间者、耕作者 4 个等级[8]。欧洲中世纪等级有三:保护的等级(贵

---

① 斯图尔特、贝内特:《美国文化模式——跨文化视野中的分析》,百花文艺出版社 2000 年版,第 118 页以下。

② 中根千枝:《日本社会》,天津人民出版社 1982 年版,第 29 页。

③ 陈洪波等:《武士日本》,江苏文艺出版社 2000 年版,第 15 页。

④ 希尔贝克、伊耶:《西方哲学史——从古希腊到二十世纪》,上海译文出版社 2004 年版,第 60 页。

⑤ 伯恩斯:《世界文明史》第 1 卷,商务印书馆 1987 年版,第 156 页以下;培伦主编:《印度通史》,黑龙江人民出版社 1990 年版,第 53 页;尚会鹏:《种姓与印度教社会》,北京大学出版社 2001 年版,第 14 页;施治生、徐建新主编:《古代国家的等级制度》,中国社会科学出版社 2003 年版,第 63 页。

⑥ 尚会鹏:《日本和印度贱民制度的比较分析》,北京大学日本研究中心编《日本学》第 5 辑,北京大学出版社 1995 年版,第 49 页以下。

⑦ 李铁匠:《古代伊朗的种姓制度》,《世界历史》1998 年第 2 期。

⑧ 伊兹科维兹:《帝国的剖析:奥斯曼的制度与精神》,学林出版社 1996 年版,第 41 页。

族)、教育的等级(教士)和赡养的等级(农民和市民)①。在中国凉山彝族的神话中,土司、黑彝、娃子之等级,起源于一家几位儿子的不同传奇遭际;景颇族神话对"官种"来源的解释,也涉及了9个儿子及其子孙的不同传奇遭际②。当然,不能把等级制与等级观念等同起来。柏拉图的理论,只存在于他的"理想国"之中;古印度的佛教,对社会上通行的种姓制度并不认可③。观念与制度并不一一对应,同一社会中并存着彼此矛盾的不同观念。

下面来看中国古代的等级观念。

基本等级观念　春秋时的申无宇宣称:"天有十日,人有十等。下所以事上,上所以共神也。故王臣公,公臣大夫,大夫臣士,士臣皂,皂臣舆,舆臣隶,隶臣僚,僚臣仆,仆臣台。马有圉,牛有牧。"④"人有十等"被比于"天有十日","君—臣—民"的等级秩序是天经地义的。这种等级观念,在帝制时代被无数次地申说。韩愈的口吻义正辞严而且杀气腾腾:"是故君者,出令者也;臣者,行君之令而致之民者也;民者,出粟米麻丝,作器皿,通货财,以事其上者也。君不出令,则失其所以为君;臣不行君之令而致之民,则失其所以为臣;民不出粟米麻丝,作器皿,通货财,以事其上,则诛。"⑤

与神话性的等级起源解释不同,中国人对"君—臣—民"等级起源的解释,相当理性。商鞅云:"上世亲亲而爱私,中世上贤而说仁,下世

---

① 赵文洪:《中世纪西欧三个等级的观念初探》,《史学月刊》2005年第5期;王亚平:《浅析中世纪西欧社会中的三个等级》,《世界历史》2006年第4期。

② 潘蛟:《论等级制度的起源》,收入中央民族学院民族研究所编《民族·宗教·历史·文化》,中央民族学院出版社1993年版,第326页以下。

③ 尼赫鲁说:"佛没有直接攻击种姓制度,然而他在他自己的教内并没有承认它。无疑地他的整个态度和活动削弱了种姓制度。"《印度的发现》,世界知识出版社1956年版,第140页。

④ 《左传》昭公七年,杜预:《春秋左传集解》,上海人民出版社1977年版,第1287页。

⑤ 韩愈:《原道》,马通伯:《韩昌黎文集校注》,古典文学出版社1957年版,第9页。

贵贵而尊官。"专制官僚秩序,是历史进化的必然产物。荀子云:"人生而有欲,欲而不得,则不能无求。求而无度量分界,则不能不争;争则乱,乱则穷。先王恶其乱也,故制礼义以分之","故礼者……贵贱有等,长幼有差,贫富轻重皆有称者也"①。圣人、君子制礼守礼,以"定分止争",在现实中就是君主与官僚制礼守礼,以"定分止争"。

《孟子》《礼记》论周室爵禄之制,对大国、次国和小国的君、卿、大夫、士之禄,分别做出了阐述。以"下士视上农夫,禄足以代其耕"为出发点,设想了各级官员的爵禄。"大国之卿"的爵禄,被编排为下士和上农夫的 32 倍。这反映了当时对薪俸高低差与薪俸民生比的基本态度。就当时的社会背景而言,这个设想不算太悬殊。

古人对不同位阶的不同功能,已有清晰认识。《周礼》云:"以德诏爵,以功诏禄,以能诏事,以久奠食,惟赐无常。正朝仪之位,辨其贵贱之等。"对爵位、俸禄、职事、年资、赏赐、朝位、礼遇等不同等级安排,一一阐释了其运用规则。唐朝陆贽有言:"按甲令,有职事官,有散官,有勋官,有爵号。其赋事受奉者,惟职事一官,以叙才能,以位勋德,所谓施实利而寓虚名也。勋、散、爵号,止于服色、资荫,以驭崇贵,以甄功劳,所谓假虚名佐实利者也。"对当时各种位阶的功能一一给予阐释。而明人王鏊的论述更为清晰:"唐制,有勋、有阶、有官、有爵。爵以定崇卑,官以分职务,阶以叙劳,勋以叙功。四者各不相蒙。"②需要加以管理的等级,有身份之崇卑、职务之高下、劳务之多少、功绩之大小;相应的位阶手段,就是爵、品、阶、勋。

道艺等级及其升降 19 世纪普鲁士,有"视官僚为真理化身"的

---

① 分见《商君书·开塞》,蒋礼鸿:《商君书锥指》,中华书局 1986 年版,第 53 页;《荀子·礼论》,王先谦:《荀子集解》,中华书局 1988 年版,第 346 页。

② 分见《周礼·夏官·司士》,《十三经注疏》,中华书局 1980 年版,第 848—849 页;《新唐书》卷一五七《陆贽传》;王鏊:《震泽长语》,中华书局 1985 年版,第 13 页。

现象①。在传统中国，则把君主与官僚视为"圣人""君子"。这具有特殊的文化意蕴。

　　儒家伸张的禽兽、小人、君子之辨，是一种道艺等级。对于道艺等级，古人论述极多。孔子认为，人有生而知之、学而知之、困而知之、困而不学4个等级。孟子用人群规模做尺度，把士人分为"一乡之善士""一国之善士""天下之善士"，一等比一等高。庄子论人，也有境界高下之分，说是"小知不及大知，小年不及大年"。荀子云："有圣人之知者，有士君子之知者，有小人之知者，有役夫之知者"，"故有俗人者，有俗儒者，有雅儒者，有大儒者"；道艺等级应该与政治等级相应："大儒者，天子三公也；小儒者，诸侯大夫、士也；众人者，工农商贾也。"墨子认为："故可使治国者，使治国；可使长官者，使长官；可使治邑者，使治邑。"②《文子》不厌其烦，把人分成了5大等、25小等，上下等的区分是非常之大的，"犹人之与牛马也"，都接近于人跟畜生的区分了。"故天下之高，以为三公，一州之高，以为九卿，一国之高，以为二十七大夫，一乡之高，以为八十一元士。智过万人者谓之英，千人者谓之俊，百人者谓之杰，十人者谓之豪。"③

①　徐健：《近代普鲁士官僚制度研究》，北京大学出版社2005年版，第139页。官僚们掌握着政府决策，相信自己为社会确定了"真正的""正确的""理性的"和"客观的"道路。诗人赫尔维格流浪多年后返回普鲁士，惊诧地发现，似乎每个官员嘴里说出来的都被看作是真理。他由此感叹：这是多么美好的特权啊！

②　分见《论语·季氏》，刘宝楠：《论语正义》，中华书局1990年版，第664页；《孟子·万章下》，焦循：《孟子正义》，中华书局1987年版，第725页；《庄子·逍遥游》，王先谦：《庄子集解》，中华书局1987年版，第2页；《荀子·性恶·儒效·君道》，王先谦：《荀子集解》，中华书局1988年版，第445、138、145页；《墨子·尚贤中》，吴毓江：《墨子校注》，中华书局1993年版，第74页。

③　《文子·微明·上礼》，李定生、徐慧君：《文子校释》，上海古籍出版社2004年版，第296、464页。隋朝的萧吉对这一理论，曾有专门讲解，见其《五行大义》，刘国忠：《五行大义研究》，辽宁教育出版社1999年版，第281页。类似说法，又见于多种古书，如《春秋繁露·爵国》《淮南子·泰族》等。

可见,古人是非常热衷从道艺上给人分等的。班固《汉书》中有一份《古今人表》,其中依照善恶,把1931位古人分为从"上智"到"下愚"9等。汉末的士林品题,除了一般评价外,也有"第一人""第二人"的分等做法。曹魏刘劭的《人物志》一书,对人的各种才性条分缕析,大类下面又分小类,其基本思想,就是"能出于材,材不同量;材能既殊,任政亦异"[①]。"材"有量、质之异,官有高低之阶。正如汤用彤先生的概括:"欲求其适宜,乃不能不辨大小与同异。"[②]

在中国人看来,人之道艺不仅是可认识、可描述的,还是可以分等、可以度量的。可以使用"上、中、下"或三等、九品之类来度量,也可以用人群规模与地域范围做尺度,如十人、百人、千人、万人或县、郡、州、天下之类。最值得注意的,是借助官职大小的"某某官之才"的表述,这就把道艺等级和官爵等级,直接联系起来了。

魏晋时的中正制度,模仿《汉书·古今人表》,用"九品"给士人的德才分等[③]。"其有言行修著,则升进之,或以五升四,以六升五;倘或道义亏缺,则降下之,或自五退六,自六退七矣。"[④]就是说,九品中正制不但把人分为9等,而且还根据德行进退,而有等级升降之事。中正制及升降品制度,显示了这样三个理念:第一,人品是可以量化的;第二,人品是可变的;第三,人品高下应该与官位官阶相应。

道艺等级虽与人的先天禀赋有关,但更赖于后天的修养,"人皆可以为尧舜""涂之人可以为禹"。荀子论"积善":"今使涂之人伏术为学,专心一志,思索孰察,加日县久,积善而不息,则通于神明,参于天地

---

① 刘劭:《人物志·材能》,李崇智:《〈人物志〉校笺》,巴蜀书社2001年版,第115页。

② 汤用彤:《读〈人物志〉》,收入《汤用彤学术论文集》,中华书局1983年版,第198页。

③ 《太平御览》卷二六五引《孙楚集》最先提出此说:"九品汉氏本无,班固著《汉书》序先往代贤智,以为九条,此盖记鬼录次第耳,而陈群依之以品生人。"中华书局1960年版,第1243页上栏。又参方北辰:《释九品中正制之一品虚设问题》,《许昌师专学报》1989年第1期。

④ 《文献通考》卷二八《选举考》,中华书局1986年版,第266页上栏。

矣。故圣人者,人之所积而致矣!"①个人不断行善、积善,就能提高道艺等级,直到成为尧舜禹那样的圣人。当然,若自我要求不严,放松了思想改造,人品就会下降。汉末的名士许劭与许靖品评乡里人物,每月重新品题一轮,号称"月旦评",有如官府的按月考课。"因为被评者不断地有新的言行事迹产生,故品题亦不得不随之更动。"②

《易经》云:"积善之家,必有余庆;积不善之家,必有余殃。"③"善"可以"积","不善"也可以"积"。汉人把这样的思想神秘化了。《河图纪命符》说有这么一位"司过之神",他"随人所犯轻重,以夺其算纪",即给人的过错算账,扣除人的寿命④。道家经典《太平经》云:"过无大小,天皆知之。簿疏善恶之籍,岁日月拘校,前后除算减年。其恶不止,便见鬼门。"群神掌握着善恶簿籍,三年一中考,五年一大考;三世一大治,五世一灭之⑤。所"积"的善恶,可以提高或降低位阶。晋代道士葛洪说,立三百善可成地仙,立千二百善可成天仙⑥。除了天神替人的善恶算账之外,道士们又编制了"功过格"之类东西,以供自我算账。成书于金世宗时的《太微仙君功过格》《警世功过格》和托名吕洞宾的《十诫功过格》等,都有各种复杂的记账办法。善言善行为"功",记于"功格";恶言恶行为"过",记于"过格"⑦。宋朝有个叫赵槩的,每天用黄

① 《荀子·性恶》,王先谦:《荀子集解》,中华书局 1988 年版,第 443 页。

② 王仁祥:《人伦鉴识起源的学术史考察(魏晋以前)》,台湾大学历史学研究所 2005 年博士论文,第 6 页。

③ 《周易正义》,《十三经注疏》,中华书局 1984 年版,第 19 页上栏。

④ 《纬书集成》,上海古籍出版社 1994 年版,第 2117 页。

⑤ 《太平经》卷一一〇《大功益年书出岁月戒》、卷一一八《天神考过拘校三合诀》,王明:《太平经合校》,中华书局 1960 年版,第 526、672 页。

⑥ 《抱朴子·内篇·对俗》,王明:《抱朴子内篇校释(增订本)》,中华书局 1985 年版,第 53 页。葛洪又说,但若已行千一百九十九善,忽然犯了一恶,则一切作废,还得从头再来。包筠雅认为,这就是积累功德的量化方法之始。《功过格:明清社会的道德秩序》,浙江人民出版社 1999 年版,第 31 页。

⑦ 参看卿希泰主编:《中国道教》第 2 卷,东方出版中心 1994 年版,第 421 页以下。

豆、黑豆计算自己的善与过。这办法很有勉励作用,开始是黑豆多,后来黄豆一天天多起来了①。明人袁枚自述说,有个谷禅师授给他功过格,他每天自记功过,积得了三千善行,结果进士及第,官居高位,子孙兴旺,高寿康健②。

《河图纪命符》所谓"夺算"的"算",是汉朝的一种计量办法,用于考课官员,官吏有功则"得算",有过则"负算"。《太平经》中的三年一中考,五年一大考,显然也搬用了朝廷考课的概念。对于功过格,学者有很多讨论③,这里所要特别指出的是,它也包含着对王朝考课的模拟。如《太微仙君功过格·序》称:"修真之士,明书日月,自记功过,一月一小比,一年一大比。"④这"小比""大比",都是王朝考课或考试用语。《周礼》中的"比"意谓考核,包括考核官员和考核人才,有三年"大比"之说;医师考课,"十全为上,十失一次之,十失二次之,十失三次之,十失四为下"⑤。唐王朝在考课中使用"四善二十七最",并根据优劣善最,而把官吏考为 9 等。明清科举三年一度,称"大比"。各种善恶簿、功过格,与王朝的考课与考试,相映生辉。

基督教的天使也有三组九阶之说,但那不是凡人通过修行而能获

---

① 叶梦得:《避暑录话》卷上,《丛书集成新编》,新文丰出版公司 1985 年版,第 84 册第 629 页。

② 《了凡四训·立命之学》,上海佛学书局 1934 年版,第 1 页以下。

③ 如陈霞:《十戒功过格及其伦理思想特色》,《宗教学研究》1996 年第 4 期;游子安:《明末清初功过格的盛行及善书所反映的江南社会》,《中国史研究》1997 年第 4 期;陈芷烨:《明清社会劝善书及功过格的历史作用及价值》,《广西社会科学》2008 年第 5 期等。

④ 《道藏》,文物出版社、上海书店、天津古籍出版社 1988 年版,第 3 册 449 页。"功格"36 条,"过律"39 条,各分 4 门。以救济门为例,治重疾一人为十功,小疾一人为五功,诊疗一人为一功,施药一服为一功。但如接受了病人的贿赂,就一切作废、徒劳无功了。

⑤ 《周礼·地官·小司徒》《乡大夫》及《天官·医师》,《十三经注疏》,中华书局 1980 年版,第 710—711、716、666 页。

得与晋升的①。佛教为修行设定了各种果位。小乘的果位有四果。大乘菩萨的果位称为"地",菩萨十个果位称为"十地",真正圆满菩萨六度万行完成的证悟果位,称为佛果。但佛教的果位,与王朝位阶没什么关系。在中国本土文化中,"选民""种姓"之类观念很不发达,人们相信在道艺面前人人平等。因先天禀赋或后天教养,人的道艺等级会呈现出差异来,而且通过个人努力,道艺等级可以上升。道艺等级上升了,只是问题的一半;更重要的一半,是朝廷应该择优录用,由此,道艺等级就跟王朝品级一致起来了,"人品"与"官品"一致起来了,"官得其人"了。因此中国的等级是一种获致性的等级,而非先赋性的等级;是择优的、可变动的,是通过考评与竞争而获得的,并且是与王朝的品秩位阶高度耦合、直接匹配的。

官僚政治的基本特点就是"选贤任能",这里面正好含有一种"平等":面对官僚选拔标准,人人平等。韦伯指出,官僚制对技术能力的重视,导致了"平等化"(levelling)的倾向,"官僚体系的发展大大有助于身份地位的平等";尽力"平齐"(level out)各种社会差异,是官僚制的基本特征②。孟德斯鸠认为:"在专制政体之下,人人也都是平等的。"③又黑格尔指出:"在中国,实际上人人是绝对平等的,所有的一切差别,都和行政连带发生。"④也就是说,中国文化中关于道艺等级的理念,与专制官僚体制、与王朝品位结构,具有高度的亲和性。

反等级思想 等级制是普遍现象,反等级思想也是普遍现象。动

---

① 三组九阶为:神圣组撒拉弗、基路伯、宝座 3 等;中间组主治者、掌权者、执政者 3 等;下三组有首领、天使长、天使 3 等。参看狄奥尼修斯:《神秘神学》,生活·读书·新知三联书店 1998 年版,第 119 页以下。又赵敦华:《基督教哲学 1500 年》,人民出版社 1994 年版,第 197 页。下级天使只能通过上级天使来领悟上帝的旨意,并提升位阶。

② 韦伯:《经济·社会·宗教——马克斯·韦伯文选》,上海社会科学院出版社 1997 年版,第 183 页。

③ 孟德斯鸠:《论法的精神》,商务印书馆 1961 年版,上册第 76 页。

④ 黑格尔:《历史哲学》,上海书店出版社 2001 年版,第 125 页。

物群体也存在等级①,宠物狗的等级感很强,能清晰分辨家庭成员谁等级高,谁等级低②。猫却是一种富有自由精神的小生灵。景蜀慧教授欣赏它们"弱小身躯里那种呼之不来,驱之不去的傲气与尊严","犬一旦丧家,没有主人,流离失所,是非常可怜的。猫却不然,可以很快从娇生惯养状态过渡到野猫,自己操持生计,自己照料自己,还能把自己打理得干干净净,见了人还是不减那份从容倨傲"③。不妨说动物社会之中,也有"狗文化"与"猫文化"之别。人是一种等级动物。渴望臣服、主宰或被臣服、被主宰,是人的一种内在心理机制和行为选择④;但权威人格(authoritarian personality)之外,人群中依然有自由人格存在着。权威人格承认等级,乐于管理与被管理;自由人格向往平等,厌恶支配和被支配。不同的人格,对政治会有不同的态度⑤。

道家抱有一种反等级观念,它把"大朴未亏"的状态,即人类的原初散漫状态,视为"至德之世"。确实,"自然状态"曾启迪了很多人的反等级想象⑥。庄子云:"夫至德之世,同与禽兽居,族与万物并,恶乎知君子小人哉!"⑦魏晋玄学名士中的激进派,如阮籍、嵇康、鲍敬言,进而从庄子"至德之世"走到了"无君论",公然宣称"无君而庶物定,无臣

① 冯祚建主编:《看,我的帝国——动物等级社会行为》,科学技术文献出版社 2004 年版,第 2 章"等级制度"。

② 马明辉:《宠物狗的十种常见心理分析》,北京市养犬协会编《文明养犬人》2008 年第 1 期。

③ 往复论坛,http://wangf.net/vbb2/showthread.php? s = b5de42fa33b8966a42ac23d12a e56 d99&threadid =16712,访问时间:2009 年 9 月 1 日。

④ 弗罗姆:《逃避自由》,国际文化出版公司 2002 年版,第 117 页。

⑤ 亚诺维奇和马威克一项研究表明,权威人格排斥厌恶选举投票。权威人格在不投票的人中高达 40%,在投票的人中只占 25%。英克尔斯:《社会学是什么——对这门学科和职业的介绍》,中国社会科学出版社 1981 年版,第 88 页。还可阅读阿道诺:《权力主义人格》,浙江教育出版社 2002 年版。

⑥ 自然状态也曾给卢梭以启迪:"不平等在自然状态中几乎是人们感觉不到的。"《论人类不平等的起源和基础》,商务印书馆 1962 年版,第 109 页。

⑦ 《庄子·马蹄》,王先谦:《庄子集解》,中华书局 1987 年版,第 83 页。

而万物理",斥责"君立而虐兴,臣设而贼生"①。尽管中国历史上99.9%的人认同君臣等级秩序,但毕竟有几个人曾经宣称,没有君臣,人类将生活得更好,由此在中国思想史上留下了他们的不朽名字。

知识分子对文化自主性的寻求,是与生俱来的。战国士阶层诞生之初,就滋生了一种自重自尊、藐视权势富贵的精神,这在后来变成了中国文化精神的一部分。士人的"志意修则骄富贵,道义重则轻王公"之类申说,让人想起了贝多芬的名言:"现在也好,将来也好,世间会有成千上万的亲王。但是在这世界上,贝多芬只有一个。"②官场与军队是权威人格的滋生地,而文人与学者中,自由人格的比例就高一些了,因为精神创造需要自由。我所生活的燕园里,就能呼吸到较多的自由空气。一位已故副校长曾私下感慨:"出了北大校门,越摆谱越受尊敬;进了北大校门,越不摆谱越受尊敬。"对放弃学业寻求官位之举,师友们往往持保留态度,惋惜"这人做不成学问了"。士人无拘无束、自由自在的精神追求,构成了消解官爵诱惑与森严等级的一种文化力量。东汉学者郑玄在某太守自报官衔时,笑答以"仲尼之门,不称官阀"。又,陶渊明的"不为五斗米折腰"、李白的"安能摧眉折腰事权贵,使我不得开心颜"、王维所赞扬的"红颜弃轩冕,白首卧松云"、杜甫所赞扬的"丹青不知老将至,富贵于我如浮云",以及中国古代的"隐士崇尚",皆是。在中国官场中,以激越行为超越等级与身份,挺身抗争、阐述政见,也将受到士林"位卑未敢忘忧国"的赞许。"士大夫政治"多少把自由人格带进了官场。反等级的"另类"虽然很多社会都有③,但在世界

---

① 阮籍:《大人先生传》,《阮籍集》,上海古籍出版社 1978 年版。

② 罗曼·罗兰:《贝多芬:伟大的创造性年代》,生活·读书·新知三联书店 1998 年版,第18 页。

③ 例如福塞尔的文学作品《格调:社会等级与生活品味》,就提到了一种思想独立、不受社会习俗约束,举止和行为都自由放任的"另类"。他们多半是知识分子或自由职业者,"虽然他们毫不注重礼节,但自由的精神使他们成为一种特殊的贵族"。中国社会科学出版社 1998 年版,第 279 页。

其他地方的官僚组织中,这种士大夫式的反等级亚文化,就不多见了。有人指出,由于历史文化的原因,日本人对官僚主义并不反感,而"中国人和美国人是一有机会就从官僚主义逃出,或对官僚主义进行反抗"①。士人精神,是中国人反抗官僚主义的一种特殊精神支持。

一些古老的观念显示,当社会成员彼此以"同胞""同族"相待时,森严的等级会被软化。《礼记·礼运》以公有制的氏族共同体为背景,设想了一个"不独亲其亲,不独子其子"的"大同"之世,在其中"老有所终,壮有所用,幼有所长,矜寡孤独废疾者皆有所养。……货恶其弃于地也,不必藏于己;力恶其不出于身也,不必为己"。儒家"仁爱"思想与农村公社盖有密切关系②,而公社中的人际关系,具有一种"拟亲缘"的性质,长辈的长者都视之如父,同辈长者都视之如兄。太平天国宣称要建立的"无处不均匀,无人不饱暖"的社会,也是以"天下多男人,尽是兄弟之辈,天下多女子,尽是姊妹之群"的理念为前提的③。这可能来自基督教的影响。根据基督教义,上帝让所有的人都以兄弟姊妹相待相爱④。1949年后的一段时间里,中国在分配上倾向于平均主义,那时恰好通行着一个语词:"阶级弟兄"。血脉相连、忧乐与共的兄弟姊妹,当然不是算计、榨取和竞争的对象。既是一家骨肉,就不能老大吃肉,老二吃糠。道家基于"自然状态"而否定等级,散发着更多自由不羁的气息;《礼运》对公有与互助的描述,则洋溢着家族式的脉脉温情。

"同胞""同族"或"兄弟姊妹"观念,对财富分化是一种抑制,它可

---

① 赵英:《细微处的日本》,经济管理出版社2003年版,第55页。又参程麻:《零距离的日本》,人民文学出版社2007年版,第69页以下。

② 徐中舒:《孔子的政治思想》,收入《徐中舒历史论文选辑》,中华书局1998年版,下册,第1172、1177页。

③ 洪秀全:《原道醒世训》,中国史学会主编:《中国近代史资料丛刊·太平天国》第6册,神州国光社1952年版,第92页。

④ 例如《新约全书·约翰一书》第4章第7节:"亲爱的弟兄啊,我们应当彼此相爱。因为爱是从神来的。"《圣经》,中国基督教协会1998年版,第270页。

能导向平等①,但也可能停留在分配的平均主义之上。平均分配,就需要主持分配者。传统中国的农民起义,曾提出"平均""等贵贱,均贫富""铲主仆贵贱贫富"等口号。唐代王仙芝起义,自称"天补平均大将军",黄巢称"冲天太保平均大将军"。宋代起义者钟相宣称"法分贵贱贫富,非善法也。我行法,当等贵贱,均贫富",他许诺这个理想将在"我行法"时兑现。既然需要"行法者",则君主与官员仍然不可或缺,最后仍要走向等级制。从儒家的"大同之世"、道家的"至德之世"到农民的"平均"思想,都没有发展出政治平等的理念。

君亲师等级及其三位一体　漫长的历史上,中国人形成了对等级秩序的特有看法。在各种社会身份之中,"君、亲、师"被给予最高的名分。至少在公元前8世纪,就已形成了对"君、亲、师"的特殊崇拜了。天地间最重要的等级,被认为有三:基于政治的尊卑等级,基于亲缘的亲疏等级,基于道艺的智愚等级。君臣关系是政治等级的主干,父子关系是亲缘等级的主干,师生关系是道艺等级的主干。有君臣而有"君道"、而有"尊尊",由此而有尊卑等级;有父子而有"父道"、而有"亲亲",由此而有亲疏等级;有师生而有"师道"、而有"贤贤",由此而有智愚等级,或道艺等级。正如王国维先生所论:"周礼"就是尊尊、亲亲、贤贤之"结体","尊尊、亲亲、贤贤此三者,治天下之通义也"②。尊尊、亲亲、贤贤,是中国礼制的全部精义之所在。政治等级、亲缘等级、道艺等级是相互分立的。"君"在尊卑等级中地位最高,但他若是昏君,在贤愚等级中却可能居于下等。同时三种等级又是互渗互补、三位一体的。君主既要施仁政、"为民父母",又要为民之师而教化子民;官长既是"父母官",又承担着以礼化民的师长责任。甚至可以说,在中国传

---

① 如皮埃尔·勒鲁说:"我之所以设想一个人人自由,并像兄弟一般相处的政治社会,则是由于我设想了一个由人类平等的信条所统治着的社会。"《论平等》,商务印书馆1988年版,第14页。

② 王国维:《观堂集林》卷十《殷周制度论》,《王国维遗书》第2册,上海古籍书店1983年版。

统社会中,每一位居于上位者,都同时有君、父、师的三重身份,都同时有施治、施爱、施教的三重义务。这就是中国人心目中的最基本等级秩序①。

三　官本位、身份化与功绩制、流动性

官僚体制是一个科层结构,各科各层上配置着各种职位,各个职位上配置了各级人员。对这个体制,可以从"职权"与"等级"两方面去观察它。着眼于"职权"的观照,我们称为"职权视角的官制研究";着眼于"等级"的观照,我们称为"品位视角的官制研究"。二者可以分别揭示这个体制的不同侧面。

在我们看来,"官本位"这个流行语,除了指以行政级别为"本位"之外,还应包括这一意义:以官僚组织自身为"本位"。意思是说:中国官僚组织除了是一个提供公共管理、行使社会调控的外向性"功能组织"之外,也是一个以内部秩序和自我生存为中心的内向性"身份组织",一个皇帝与官僚共同谋生谋利的"生活组织",一个围绕内部等级制度按部就班运行的"仪式组织"。当然,所谓"功能组织"与"身份组织",是同一事物的两个方面。帝制中国的官僚组织,作为"功能组织",在前现代社会是足够发达的,甚至在其初期,就显示了与20世纪超级国家的相似之处了②;然而围绕其"身份组织"的方面,同样发展出了复杂精致的品位制度。这就是其最显著的特点了。

从"职能视角"看,一个个职位犹如一个个功能各异的器件,它们

---

① 拙作:《士大夫政治演生史稿》,北京大学出版社1996年版,第三章、第四章第二节、第五章第二节,及第十一章有关部分。

② H. G. Creel:"The Beginning of Bureaucracy in China:The Origin of Hsien", *Journal of Asian Studies*, XXXII,1964. 早在基督教时代的开端,中华帝国就是由中央集权的官僚政府加以管理的;法家学派的学说,在许多方面与现代官僚制理论已颇相近。秦汉政府颇具现代性,其管理水平超过了同期的罗马帝国。

装配在一起,就是一架政治行政机器,在权力推动下运转;而从"品位视角",所看到的就不止一架政治行政机器了,而是一大群人,一大群官贵。品秩位阶构成了一套复杂精致的身份秩序,赋予了官贵以不同身份、地位、权力、利益,尊卑有序而高下井然,宛然一个大家庭、一个小社会。在纯粹的"职位分类"之下,等级管理以"能+职"的结合,即以能力与职位的结合为基础,二者关系十分简洁。而中国传统官阶,却是以"人+位"的关系为基础的。对于"人",既考虑其能力,也考虑其身份;"位"则是一个综合物,既包括职、品、阶、勋、爵各种位阶,也包括权责、薪俸、资格、特权、礼遇各种要素。不妨参看图13.1:

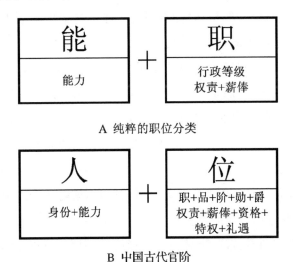

图 13.1

在 A 图所示的情况下,等级管理就是让能力与职位结合;在 B 图所示的情况下,"职"只是"位"的构成要素之一。"人"首先与"位"发生关系,然后才与"职"发生关系。有"位"而无"职"也是可能的,甚至是经常出现的。拿食品打个比方:在 A 图中,职位好比一个直接吃的肉块;而 B 图的情况下就复杂多了,"位"有如一个三鲜包子,权责只是包子馅的成分之一,跟其他很多调料拌在一起。

现代文官制的任官原则,是"为官择人",是使专业能力与职位相称,有如给机器选零件,这是以"事"为中心的。而中国古代的升官进阶,在很大程度上是"为人择官",其原则是身份与地位相称,是以"人"为中心的。唐宋铨选"只系资考",大有"身份组织"中的集体分肥意味。明清选官采用"掣签法",干脆听天由命碰运气,好事人人有份儿,机会均等。颁官、授爵、进阶、加位,看上去就是在按等级身份来分配利益。其所分配的,就是"位"。东汉常把"校尉"之号加给儒臣,魏晋南北朝时文人也带"将军"之号,北魏任用"力曳牛却行""勇健不好文学"的部落武人做秘书监、秘书郎。从职能角度看,这时"能"与"职"并不对应;但在统治者看来,"人"与"位"既已相称,目的就达到了。进而,人员结构远大于职位结构的现象,冗官冗吏现象,大量拥有官爵衔号但并无职事的人的存在,以及发放"品位薪俸"的做法,无不显示这个体制是一个"身份组织",其中最重要的就是"位"。这"位"不仅仅是承载权责的职位,而是"官本位"下的品位、人的地位。所以组织成员包括一切位阶官号的拥有者,哪怕他们没有职事。这个体制好比一个有机体,资源提取与人员录用是"摄入",资源消耗与人员老病死亡是"排出";官爵授予、薪俸发放、特权分配、位阶升降,以及各种等级礼制的照章履行,"位"的授予、流转与升降变动,就是这个等级组织的存在方式,就是它的生命形态。

从职能视角看,官职只是一份权责任务;但在中国官僚的眼里,它首先是"位",权责只是"位"的一种构成因素。"位"的"含金量"由权力、待遇、资源、声望,以及发挥能力和取得成就的更多机会等共同构成,总汇为"位"。这种等级认知,反过来就造成了官位的"通货"性质:可流通、可继承、可转让、可兑换。职、散、勋、爵等各种位阶,好比是主币、辅币或不同币种,可以互相折算,授予时可以搭配调节,还有"回授""回充"等兑换、转让之法。王朝甚至会普惠性地泛阶或恩荫,这时所授之官,犹如年节时家长给子弟们的压岁钱。

"位"不只是公职,在官僚眼里它是"个人获得物"。"地位寻求",是中国官僚承担公职的最大驱动。"做官发财"当然也是一种职业驱动。孟子把求仕称为"干禄",承认"仕"是改变贫困的途径①。中国官僚信奉"做官发财"②,"做官被看成发财的手段,做大官发大财,做小官发小财"③。在世俗观念中,"行财运生官,行官运发财"④,"富"与"贵"是双子星座,其影响无处不在,甚至化入了日常吉祥语和吉祥图案⑤。然而同时,孔孟又把"行道"看成"干禄"之上的更高目标。中国官僚的法定薪俸,有时并不太高;居官而"不事产业"者,同样史不绝书⑥。士大夫接受的是儒家"清贫即美德"教育,并不是每位热衷入仕者都热衷财富。但在动机分析上,我们又不能认为士大夫是"无私"的,只能说他们寻求的是"位"或"地位"。人类学家认为,就一般人性而言,"承认

① 《孟子·万章下》:"仕非为贫也,而有时乎为贫。"焦循:《孟子正义》,中华书局1987年版,第707页。

② 陈独秀在《新青年》上为之痛心疾首:"充满吾人之神经,填塞吾人之骨髓,虽尸解魂消,焚其骨,扬其灰,用显微镜点点验之,皆有'做官发财'四大字。"《新青年》第2卷第1号,1916年9月1日,第2页。

③ 王亚南:《中国官僚政治研究》,中国社会科学出版社1981年版,第10篇"士宦的政治生活与经济生活",第112页以下。

④ 《三命通会》卷五《论正财》,《景印文渊阁四库全书》,台湾商务印书馆1986年版,第810册第251页上栏。

⑤ 黄全信主编:《中国五百吉祥图典》,燕山出版社1997年版,"富贵"相关诸条;宁业高、夏国珍:《中国吉祥文化漫谈》,中央民族大学出版社1999年版,第13页以下;丛惠珠等编著:《中国吉祥图案释义》,华夏出版社2001年版,"官居一品"等条;刘秋霖等编著:《中华吉祥画与传说》,中国文联出版社2003年版,"富贵"相关诸条。

⑥ 仲长统《昌言》记汉末世风:"在位之人,有乘柴马弊车者矣,有食菽藿者矣,有亲饮食之蒸烹者矣,有过客不敢沽酒市脯者矣,有妻子不到官舍者矣,有还奉禄者矣,有辞爵赏者矣,莫不称述以为清邵。"《群书治要》四五,商务印书馆1936年版,第794页。唐朝一些官僚已位居台辅,但依然家计微薄。有人劝中书令岑文本营产业,岑文本答云:"荷俸禄之重,为惧已多,何得更言产业乎?"又窦威"性俭素,家不树产",卢怀慎"清俭,不营产业",张镐"居身廉,不殖赀产",柳浑"情俭不营产利",赵憬"竟不营产",高郢"生平不治产"。均见《旧唐书》。宋太宗时的名臣查道,常"与妻采野蔬杂为薄粥以疗饥"。《续资治通鉴长编》卷三九,中华书局1979年版,第831页。明朝的清官海瑞,"居舍萧然","葛帏敝篑,有寒士所不堪者"。《明史》卷二二六《海瑞传》。

其社会地位常常比给自己带来幸福的金钱和物质财富还要重要"①。甚至动物都如此。黑猩猩在群体中获得较高等级时，其血清素会明显升高。唐人刘晏云："士有爵禄，则名重于利；吏无荣进，则利重于名"；宋人苏轼说："夫人出身而仕者，将以求贵也；贵不可得而至矣，则将惟富之求。"②马斯洛认为人之需要的最高层次是"自我实现"③，而对中国官僚来说，其"自我实现"必须获得外在的标识，那个标识就是"位"。

"官本位"还意味着官位成为整个社会的身份尺度，通过与政权的距离来决定每一个人的社会地位。可以大略区分出三种社会等级结构：金字塔式的、"林立式"的、"网络式"的。"网络社会"是对即将到来的社会结构的一种预测，被说成是一个自愿平等的组合世界④。"林立式"社会可以说是一个多元社会⑤，其中各领域各有其地位序列、流

---

① 弗朗西斯·福山：《大分裂：人类本性与社会秩序的重建》，中国社会科学出版社 2002 年版，第 287 页。即令在原始社会，"地位"也比财富更为人向往。参看伦斯基：《权力与特权：社会分层理论》，浙江人民出版社 1988 年版，第 161 页；即令现代社会，财富的来源及消受财富的方式，也比财富的数额更重要，可参看保罗·福塞尔《格调》一书对"格调"的幽默描述，中国社会科学出版社 1998 年版。

② 分见《新唐书》卷一四九《刘晏传》；《苏东坡应诏集》卷三《策别十一》，《苏东坡全集》，中国书店 1986 年版，下册第 741 页。

③ 马斯洛：《人的潜能和价值》，华夏出版社 1987 年版，第 168 页；《动机与人格》，华夏出版社 1987 年版，第 113 页以下；《自我实现的人》，生活·读书·新知三联书店 1987 年版，第 159 页。

④ 卡斯特：《信息时代三部曲：经济、社会与文化》第 2 卷《认同的力量》，社会科学文献出版社 2006 年版。这个概念在相当程度上是互联网催生的，它强化了对非等级化的扁平社会的想象。网络社会将通过信息技术而建立起来的，由各种接点连接而成的。又可参看梁建章：《网络社会的崛起》，上海交通大学出版社 2000 年版，第 7、11 页。然而福山认为，网络虽然在未来会变得更为重要，但在可预见的将来，等级制仍然是基本的组织形式。见其《大分裂：人类本性与社会秩序的重建》，第 280 页。

⑤ 孙立平指出，多元社会有三个特点：一、不同利益群体，其利益都得到了尊重；二、自主多元政治力量的政治框架；三、多样性的社会方式、价值观念和文化意识。见其《断裂：20世纪 90 年代以来的中国社会》，社会科学文献出版社 2003 年版，第 11 页。

动阶梯和成功尺度，"万类霜天竞自由"，彼此没有一元性。例如，一位文官的晋升，与一位作家或僧侣的成功不可比。而金字塔结构相反，各领域的成功尺度、地位序列与流动阶梯存在着可比性、对应性与可转换性①。例如，文人以功名与官爵为成功标尺，否则自己也认为是蹉跎失意；僧官与道官须国家任命，僧侣的地位取决于国家名号。二者的成功，与文官的晋升在重大程度上是可比拟的。在社会分配上，林立式社会采用"弥散型分配"，金字塔社会则实行单一尺度的"一体化分配"②。用一句俗话说，就是"赢家通吃"。

有能力塑造金字塔社会结构的组织，只有国家。有的学者认为，中国古代"有国家而无社会"③，或"国家强于社会"④。强调国家对社会的支配与控制。黄宗智先生反对"国家—社会二元论"，提出了"第三

---

① 中根千枝有一个"纵式等级制度"的概念，日本社会就是照此组织起来的，"场所"中的"资格序列"是社会等级的主干。见其《适应的条件》，河北人民出版社 1989 年版，第 12 页以下；《纵向社会的人际关系》，商务印书馆 1994 年版，第 35 页以下。但也有人指出，日本社会的横向组织与横向活动相当发达。参看赵英：《细微处的日本》，经济管理出版社 2003 年版，第 8 页以下。我们认为，中根千枝的"资格序列"是就某种同质性的社会关系立论的。从结构角度看日本仍属"多元社会"，其不同领域存在不同等级阶梯与流动渠道，相当于"林立式"社会。

② 这里参考了孙立平先生的"弥散型分配"和"一体化分配"概念："所谓弥散型分配，指分配不同种类资源时实行的是不同原则。在这样的社会中，拥有某种资源较多的人或群体不一定也拥有较多其他种类的资源。而在另一种社会中则可能实行一体化的原则。也就是说，各种不同的资源按照一种单一原则进行分配，其结果，往往是各种资源都集中到同一部分人的手中。按照这两种不同原则进行资源分配所产生的结果和社会影响是完全不同的。"见其《失衡：断裂社会的运作逻辑》，社会科学文献出版社 2004 年版，第 86 页。

③ 王家范：《中国历史通论》，华东师范大学出版社 2000 年版，第 289 页。

④ 魏特夫：《东方专制主义：对于极权力量的比较研究》，中国社会科学出版社 1989 年版，第三章"国家比社会强有力"，第 42 页以下。接受了这个说法的学者，如唐德刚：《晚清七十年》，岳麓书社 1999 年版，第 36—39 页。

领域说"①。不过这似乎只是"国家—社会"二元视角的细化。梁漱溟先生则强调"国家消融在社会里面,社会与国家相圆融。国家是有对抗性的,而社会则没有,天下观念就于此产生"②。还有学者试图从这种天下观中,引申出未来的世界秩序③。钱穆先生的表达是"政府与社会融成一体","中国本无社会一名称,家国天下即一社会"④。若从中国政治理想说,"礼"的概念包容了君、官、民之间的全部关系,在其中国家与社会确是一体化的,不过是金字塔的不同层级而已。在很多社会活动中,如乡约教规及民间习俗里面,都能看到"国家的在场"⑤。

品秩位阶是国家塑造社会的主要手段之一。"在有学问和有钱财的人们当中,追逐官职和功名的理想是如此强烈,以至于可以毫不夸地说,中国是一个单一的职业社会。……中国阶级开放的模式继续把

---

① 黄宗智:《中国的"公共领域"与"市民社会"?——国家与社会间的第三领域》,收入邓正来、亚历山大编:《国家与市民社会:一种社会理论的研究路径》,中央编译出版社1998年版,第420页以下。

② 梁漱溟:《中国文化要义》,《中国现代学术经典·梁漱溟卷》,河北教育出版社1996年版,第383页以下。

③ 赵汀阳:《天下体系:世界制度哲学导论》,江苏教育出版社2005年版,第41页以下。

④ 分见钱穆:《国史新论》,生活·读书·新知三联书店2001年版,第53页;《现代中国学术论衡》,生活·读书·新知三联书店2001年版,第218页。

⑤ 王笛从19世纪后期以来成都街头文化中,看到了"国家力量的强大和弹性"。见其《街头文化:成都公共空间、下层民众与地方政治,1870—1930》,中国人民大学出版社2006年版,第356页。杜赞奇指出,清廷力图把关羽信仰置于朝廷的控制之下,对非官方的解释与传说加以禁止。见其《文化、权力与国家:1900—1942年的华北农村》,江苏人民出版社1996年版,第130页。梁治平从宗教规约收入皇帝的上谕,宗教、宗族与行会将自己的规约报呈官府认可的行为中,看到了国家法对所谓"民间法"的渗透。见其《习惯法、社会与国家》,收入张静编:《国家与社会》,浙江人民出版社1998年版,第82—83页。民间仪式中能感到"国家的在场",甚至现代中国依然如此。参看高丙中《民间的仪式与国家的在场》,收入郭于华主编:《仪式与社会变迁》,社会科学文献出版社2000年版,第310页以下。

人们的注意力集中在最理想的仕途上。"①在社会生活中,王朝官号发挥着"商标"或"贴牌"的功能。在社会关注一个人的时候,目光首先会落在其官号之上;评价一个人的成就,要看他是否获得了官方的名号;在人际交往中,也得首先弄清对方的官号,否则拿不准适当的礼节,交往就没法儿正常进行了。"微服出访"的故事之所以为国人津津乐道,就是这个缘故。那往往伴随着戏剧性的情节:主人公最终公开了自己的官号,令势利眼儿们尴尬不已,由"前踞"变为"后恭",赶紧认错赔罪。这类故事看起来是在谴责势利眼儿,实际却是推波助澜,因为它强化而不是淡化了对官号的崇拜。中国人是通过"名号"建立人际认知的。有官方名号的学者、医师或画师被认为成就更大,官方名号等于是"商标"或"贴牌"。这可以简化和便利社会认知,然而其间也可能发生错位,官方名号的高低,不一定真与成就大小成正比。

假如今天我们给花木或动物以"处长"或"局长"之衔,大家一定觉得是笑话,但皇帝就是这么做的。不但"人近天子而贵",草木禽兽也因"近天子而贵"了。泰山顶上著名的"五大夫松",据说曾为秦始皇遮雨,因而获封"五大夫"爵号。北齐的末代皇帝幼主:"马及鹰犬,乃有仪同、郡君之号。故有赤彪仪同、逍遥郡君、陵霄郡君。……斗鸡亦号开府,犬马鸡鹰多食县干。"(干是配给官僚的一种吏役)五代刘旻,"为黄骝治厩,饰以金银,食以三品料,号'自在将军'"②。品秩位阶进而还向虚幻世界渗透,与天地同构。汉代的史官把天空中的群星,以人间官制的样式编排为"星官",南宫微垣为天子之庭,将相诸官分列其侧。南朝道士陶弘景把神灵分为七阶,每阶有一个中位③。被祭祀的各色

---

① 罗兹曼等:《中国的现代化》,江苏人民出版社 2003 年版,第 134 页。"而日本和俄国则相反,那里阶级封闭的制度使得精英地位变成大多数人不可企及的禁地,也把人们的兴趣疏通到五花八门的职业上去。"

② 《北史》卷八《齐本纪下》、《新五代史》卷七十《东汉刘旻世家》。

③ 陶弘景:《灵宝真灵位业图》,中华书局 1991 年版,第 17 页以下。

神灵,有称"帝"的、有称"王"的、有称"将军"的。例如城隍,有帝,有王,有公、侯、伯①。顾颉刚先生曾提到,在他童年见过的"神轴"上,诸神列为八层,玉皇大帝在第一层,观音在第二层,孔圣人只列在第三层②。玉皇大帝为首的众多神仙,俨然是世俗朝廷的幻境翻版。"汉族的神明即诸神,都在天界的万神殿里,与其权能相应,他们各自拥有各自的等级和职务,构成了官僚制度式的中央政府和神军。"③

"社会的行政化",及"品级、等级与阶级的高度一致性"的现象,当然不是无限度的。魏特夫揭举"行政效果递减法则",指出国家的过度控制将造成行政效益的递减。他还说:很耐人寻味的是,直到现在为止,效果递减法则的研究还主要限于私人经济方面④。然而现在不一样了,新制度学派已在使用类似思路观察国家了。巴塞尔指出,对独裁集权的内在约束来自交易成本,施政与监督是有代价的⑤。曾峻先生指出,国家向社会的过度扩张,将遭遇资源限度、决策限度与合法性限度⑥。此外还可以从"生活组织"的角度,来看这个问题。按照儒家"天下一家"的理想,君主应当"为民父母",把所有臣民视为儿女,为他们谋福利。但这就要支付高昂的福利成本。这就要把国家与社会划分开

---

① 北宋汴京的灵护庙城隍,封"佑圣王";南宋临安的永固庙城隍,封"显正康济王"。参看王颋、宋永志:《宋代城隍神赐额封爵考释》,《河南大学学报》2006年第3期。元朝皇帝再次封城隍为王,其庙宇"壮如王者之居"。明朝南北两京城隍封为帝,应天、开封、临濠、太平四府城隍封王,正一品;其他各府城隍封公,正二品;州城隍封侯,正三品;县城隍封伯,正四品。参看葛兆光:《道教与中国文化》,上海人民出版社1987年版,第329页以下。

② 《顾颉刚选集》,天津人民出版社1988年版,第382—383页。

③ 渡边欣雄:《汉族的民俗宗教——社会人类学的研究》,天津人民出版社1998年版,第19页。

④ 魏特夫:《东方专制主义》,中国社会科学出版社1989年版,第106页以下。

⑤ 巴塞尔:《产权和国家的演进》,《经济社会体制比较》1994年第1期。

⑥ 曾峻:《公共秩序的制度安排——国家与社会关系的框架及其运用》,学林出版社2005年版,第112页以下。

来,把社会看成提取资源的对象。统治者也会考虑,允许社会保留一定程度的自由,以释放社会活力。所以中国社会也是一个"复式结构",一定的私人空间是存在的,独立于王朝品爵,由亲缘、业缘、学缘、地缘等等而来的等级也是存在的。财富或文化上的成功,有时候可以用来对抗从政的成功。对民间所保留的自由,魏特夫称为"与政治无关的自由",还使用了一个贬义的语词:"乞丐式民主。"

刚才提到的势利眼儿的故事,还有另一种情节:某人先贱后贵,其贵不为人知,但终归真相大白了。东汉的朱买臣原先是个卖柴的,一度困顿到了在会稽郡邸蹭饭吃的地步。然而时来运转,他被任命为会稽太守了。于是"买臣衣故衣,怀其印绶,步归郡邸",导演了一场郡吏"有眼不识泰山"的喜剧①。这故事为后人长久咏叹,成了许多戏曲小说的源头,它们都含有一种"命运的不可捉摸"的感叹②。这类"有眼不识泰山"的故事背后,就是中国社会的高度流动性。朝为匹夫而暮为高官或朝为高官而暮为匹夫,都是可能的。因为"富贵无常",所以"居贵思贱,家富思贫"③,就成了中国人的金玉良言。

自战国起,中国社会就是"官无常贵而民无常贱"的了。秦汉的军功爵向平民开放,凭借在战场上的表现而获得。孝廉察举中,无任何官位的平民与贫民占了近25%④,以其经术或文法的才能加入政府。西汉丞相平均任期为4.55年,东汉三公的平均任期只有2.43年,"高级官吏如此的变动速度,实在令人叹为观止!"这与现代文官的流动率,无大不同⑤。帝制中国的品秩位阶,也都是以便于流动、便于晋升的样

① 《汉书》卷六四上《朱买臣传》。

② 林叶青:《朱买臣休妻故事的文化解读》,收入《庆祝卞孝萱先生八十华诞:文史论集》,江苏古籍出版社2003年版,第348页。

③ 杜正伦:《百行章·思行章第二十五》,引自汪泛舟编著:《敦煌古代儿童课本》,甘肃人民出版社2000年版,第73页。

④ 黄留珠:《秦汉仕进制度》,西北大学出版社1985年版,第141页。

⑤ 黄留珠:《汉代退免制度探讨》,《秦汉史论丛》第4辑,西北大学出版社1989年版。

式设计的。森严的"官本位"等级秩序下，又存在着以择优制、功绩制为基础的活跃社会流动。

林语堂云："中国完全没有固定的阶级，科举选士使任何人都有上进的机会。"①英国人麦高温在这里看到："在中国，财富与荣誉的获得并不限于某一个特定的阶级，任何身分、地位的人都可以成为一名书生。"②耶稣会人文学者马菲在1588年就赞扬中国，科举制下没有世袭贵族，每个人都是自己命运的奠基者，任何称号、官职都不会合法地从上一代传到下一代③。汤森认为："帝国政治制度的政治权威构架基本上是精英主义的。……其理论依据是，某些人由于自己的德行并借助所受的教育而有权行使政治权威；那些不具美德的人则理所当然地被安置在受统治的地位上。"④一方面等级森严，另一方面等级又不是遥不可及的，只要肯登攀，从流动机会说又相当"平等"。

科举制构成了一种以文化知识为标准的流动通道。韦伯曾用"神赐魅力"或"巫术性理念"来解释功名⑤，不过在中国人看来没那么神，科举只是一种考试。《宋史》中的北宋官员，有46.1%来自寒族⑥。南宋非官员家族的进士，在1148年占56.3%，在1256年占57.9%⑦。对明清12226名进士的一份统计显示，祖孙三代无任何功名者，占进士的30.2%⑧。这

---

① 林语堂：《中国与中国人》，战时读物编译社1938年版，第11页。

② 麦高温：《中国人生活的明与暗》，时事出版社1998年版，第47页。

③ 张国刚：《从中西初识到礼仪之争：明清传教士与中西文化交流》，人民出版社2003年版，第312页以下。当然这话有不准确之处，称号、官职的世袭仍然是存在的。

④ 汤森：《中国政治》，江苏人民出版社1994年版，第34页。

⑤ 韦伯：《经济·社会·宗教——马克斯·韦伯文选》，上海社会科学院出版社1997年版，第185—186页。

⑥ 孙国栋：《唐宋之际社会门第之消融》，《新亚学报》1959年第4卷第1号。

⑦ Kracke：《中国考试制度里的区域、家族与个人》，《中国思想与制度论集》，台北联经出版事业公司1976年版，第304页。

⑧ Ping-Ti Ho：*The Ladder of Successes in Imperial China*，New York，Columbia University Press，1962，pp.112-114.

就是说,明清进士中的官贵子弟只是平民的 2 倍多,而且那些官贵子弟也是过五关斩六将考上来的。这样一种社会流动的规模与速率,相当惊人。为此钱穆先生提出:"我们若为唐以下的中国社会,安立一个它自己应有的名称,则不妨称为'科举的社会'。"①何怀宏先生也为此而揭举"选举社会"的概念②。

当然,接受教育、参加考试需要昂贵投资,令穷人处于劣势。不过在这一点上,也许不能苛责中国古代。就是现代社会,高等教育的学费同样让穷人望而生畏,教育与阶层高下仍然有重大相关性,教育依然在复制与强化着社会等级结构,再生产着不平等③。学费涨跌 10% ,就可能影响 6.2% 的美国学生上大学的选择④。在现代法国,农民与工业家、自由职业者上大学的比例,有几十倍的差异⑤。在中国 1949—1976 年生存取向的高等教育中,管理阶层子代的机会,是体力劳动者子代的 4 倍⑥;干部子弟成为干部的机会,在 1957—1965 年是他人的 2.94 倍,在 1966—1977 年是他人的 4.23 倍⑦。反过来说,科举制所促成的社会流动规模,已能与现代社会约略相比了。在教育决定社会地位上,中国

① 钱穆:《中国社会演变》,收入《国史新论》,生活·读书·新知三联书店 2001 年版,第 31 页。
② 何怀宏:《选举社会及其终结:秦汉至晚清历史的一种社会学阐释》,生活·读书·新知三联书店 1998 年版,第 140 页。
③ 布尔迪约、帕斯隆:《再生产:一种教育系统理论的要点》,商务印书馆 2002 年版,第 165 页以下。
④ 数据来自雷斯利和布林科曼的研究,引自程方平主编:《中国教育问题报告》,中国社会科学出版社 2002 年版,第 123 页。
⑤ 在现代法国,高级职员的儿子进大学的机会,是农业工人儿子的 80 倍,是工厂工人儿子的 40 倍。农业工人的儿子上大学者不到 1% ,70% 的工业家儿子上大学,自由职业者的儿子上大学的比例超过 80% 。引自布尔迪约、帕斯隆:《继承人:大学生与文化》,商务印书馆 2002 年版,第 5 页。
⑥ 刘精明:《国家、社会阶层与教育:教育获得的社会学研究》,中国人民大学出版社 2005 年版,第 268 页。
⑦ 陆学艺主编:《当代中国社会流动》,社会科学文献出版社 2004 年版,第 203 页。

的科举时代也与现代社会的特征相近①。

也许读者愿意同我们分享与分担这样一个理念:每个人生而平等,他们被造物主赋予了若干不可转让的权利,其中如生命、自由和对幸福的追求。那么,每个人都应得到享受生活的同等权利,每个人都应得到发挥能力的同等机会。而中国人早在公元七八世纪,距今一千二三百年前,就创造了一种无与伦比的考试制度,它给了大多数中国男性这样一个机会:自由投考,通过规范化的程序公平竞争,以知识改变命运。明清的应天府贡院,其号舍多达 20646 个,可以容纳两万多人同时考试②。这是一个世界史上空前绝后的宏伟考场,堪称一个奇迹,中国制度文明留下的奇迹。在人类寻求平等的历程上,中国人也做出了自己的探索与贡献,科举制即在其列。

巨大的流动规模,在相当程度上释放了森严等级所禁锢的社会活力。当然,单一尺度的垂直流动,反过来依然束缚着社会活力。而且单一尺度的过度竞争,加剧了社会的紧张、冲突与不稳定性,因为有竞争就有成功者,就有失败者,后者就可能成为动乱的渊薮。过于高峻的等级差异造成了底层的巨大压抑感,强化了他们的叛逆情绪。若用现代尺度衡量,"官本位"下的平等,仍是一种"可变的、流动的不平等"③。其解决之道,就是扁平化、多元化,向林立式社会、甚至网络式社会转型。然而这时,将面临现代尺度、西方尺度与中国固有尺度不一致的

---

① 例如,在布劳和邓肯的一份研究中,在面对"是什么决定着一个儿子能否取得比他父亲更高的社会地位"这个问题时,35000 份调查表中有 27000 份的回答是儿子接受教育的程度。戴卫·波普诺:《社会学》,辽宁人民出版社 1987 年版,下册第 38 页。

② 《江苏文物综录》,南京博物院 1988 年版,第 296 页;江苏省地方志编纂委员会:《江苏省志·文物志》,江苏古籍出版社 1998 年版,第 274—275 页。

③ 薇依区分了两种不平等:一种"相对稳定的不平等",它产生了对上等人的崇拜和恨意;另一种是"可变的、流动的不平等",它产生了提升自己地位的欲望。薇依认为后者同样是不健康的,她期望一种"矿工和部长只是两种不同的职业"那种平等。《扎根:人类责任宣言绪论》,生活·读书·新知三联书店 2003 年版,第 14 页。

问题。

　　若用中国固有尺度衡量，"官本位"不仅天经地义，甚至发展为一种礼制化的社会理想。两千年来，围绕"官本位"，形成了异常复杂精致的规则、秩序、关系、机制。它有自己的运作逻辑，也有自己的发展规律。如与其他政权做共时性比较的话，那么人民是生活在官僚的管理之下更"好"，还是生活在贵族政权、部落政权、神权政治、军阀政治或财阀政治之下更"好"，还难以骤下定论。毕竟在漫长历史上，这个体制曾支撑了一个伟大的文明，提供了较多的秩序、安定与繁荣[1]。甚至中国文化遗产，也有一大部分是官僚创造的，浩如烟海的四部典籍，大部分是官僚的作品。在做古今的历时性比较时，必须慎重，不能把中西官僚制的差异都看成古今差异。我们在"功能组织""身份组织"的二元概念下观察中国官阶，但是否从"身份组织"到"功能组织"就是发展方向，就是"现代化"呢？本书尚不敢骤做判断。什么更"好"，有很不相同价值标准。有人会认为，一个强大的国家是最"好"的；有人会认为，每个人的幸福、自由与平等是最"好"的；也有人会认为，我们民族自己的就是最"好"的。一个社会很难同时满足多个目标，正如一个人不可能样样都强。

　　在解释现代中国变迁时，大致有"现代化模式"和"社会主义模式"两种模式[2]。二者多少都忽略了中国传统政治体制的历史连续性，中国历史的固有逻辑。1900年的美国人口是7600万，中国人口达4亿，是前者的5倍多。其时中国官吏的数量比美国只多不少[3]，其复杂程度也未必比美国低，但等级管理体制却大异其趣。中国官阶最复杂之

---

[1]　对"帝制中国的国家角色，被认为是造成许多不良历史发展的罪魁祸首"这类传统观点，王国斌也曾提出正面质疑。见其《农业帝国的政治经济体制及其在当代的遗迹》，收入《中国与历史资本主义——汉学知识的系谱学》，新星出版社2005年版，第252页。

[2]　谢立中：《理解当代中国：两种不同的理论视角》，《北京大学学报》1999年第6期。

[3]　1884年的美国公务员为131208人，1924年为521641人，1950年为1950490人。曹志主编：《资本主义国家公务员制度概要》，北京大学出版社1985年版，第38页。

时可能是宋朝。宋徽宗时在籍户口约 2088 万户，人口约 11275 万①，约为 20 世纪初美国人口的 1.5 倍。1957 年中国人口约 6 亿，是当时美国的数倍，其 30 级职务工资制是典型的品位分类，也与美国的职位分类构成两极。中西官僚制度的差异，不是政府规模所决定，甚至不仅仅是"传统—现代"的差异，它也是一种历史与文化的差异。

在探讨中国舆服等级制时，我曾表达了这样的看法："总之，君尊臣卑、官贵民贱的等级体制，穿越了治乱，穿越了'变态'，也穿越了'宗经''复古'的浪漫时代，日益完善、精致，并寄托于新的舆服形式之中了。我们不由得惊叹它非凡的坚韧和顽强，惊叹它利用与损益传统资源、吸收与消化异变因素的强大能力。无论是冕旒，是梁冠、品色，还是顶戴、补服，或其他什么，其背后永远是君—臣—民的三层一元等级结构。即令它的众多构件已经更新，其结构依然故我。那种无与伦比的自我延续和自我更新能力，使两千年呈现为一个'螺旋形上升'的进程，其间只有治乱，只有'变态'；却无转型，更无'变革'。它不断地自我调整与更换构件，不断地自我复制而再获新生。于是我就想起了罗素的名言：'中国总是一切规律的例外。'并因此而有了一个看法：超越各种'分期论''变革论'，转而去解析中国历史的'周期性'和'连续性'，应成为 21 世纪中国史学的主要任务之一。"②

现代化的转型，在 1911 年终结了帝制时代。1949 年中国就重建了中央集权秩序，度过"乱世"只用了不到 40 年。此后的中国社会分层，呈现为一个三层结构：1000 万国家干部处在顶层，3500 万国营企业工人在干部之下，2 亿农民处在下层③。"每个人位于一个等级中，就像

---

① 葛剑雄主编，吴松弟著：《中国人口史》第 3 卷（辽宋金元时期），复旦大学出版社 2002 年版，第 349 页。

② 拙作：《服周之冕：〈周礼〉六冕礼制的兴衰变异》，中华书局 2009 年版，第 433 页。

③ 李毅：《中国社会分层的结构与演变》，安徽大学出版社 2008 年版，第 1 章第 1 节，第 3 章第 1 节。其数字是 1959 年的。

站在一层楼梯上,并且很少有机会向上走一级,这种阶梯就是由职务和级别组成的一套职级工资制度。几千万干部分为 24 种不同的工资级别……"①至今为止,国家与社会管理者阶层仍处于阶层结构的最高层②。与西方社会不同,"干部的分层是中国社会分层的本位体系,其它的社会分层是依据干部的垂直分层而划分的"③;"以干部的级别划分作为社会分层的基础","以行政序列为基准划分社会机构"④。中国人的阶层意识依然不是以职业来衡量的,而是以权势(及财富)为尺度的⑤。调查显示,干部一直是人们向往的职业,因为"毋庸置疑,干部是最有权的人"⑥。论点相近的学术论著还有很多⑦,甚至给了外部观察者以深刻印象⑧。显然,学者看到了共同的东西。这仍是一个行政化的社会,管理者的社会,"干部决定一切"的社会。在近年一项社会调查中,61.5% 的人认为,"因权力造成的不公平"是当前三种最不公平

① 周翼虎、杨晓民:《中国单位制度》,中国经济出版社 1999 年版,第 85—86 页。

② 陆学艺主编:《当代中国社会阶层研究报告》,社会科学文献出版社 2002 年版,第 10 页。

③ 李强:《当代中国社会分层与流动》,中国经济出版社 1993 年版,第 392 页。

④ 许欣欣:《当代中国社会结构变迁与流动》,社会科学文献出版社 2000 年版,第 107、131 页。

⑤ 孙立平:《博弈:断裂社会的利益冲突与和谐》,社会科学文献出版社 2006 年版,第 27 页。

⑥ 陆学艺主编:《当代中国社会流动》,第 201 页。

⑦ 如北京大学"社会分化"课题组:《现阶段我国社会结构的分化与整合》,《中国社会科学》1990 年第 4 期;李路路、王奋宇:《当代中国现代化进程中的社会结构及其变革》,浙江人民出版社 1992 年版;李培林主编:《中国新时期阶级阶层报告》,辽宁人民出版社 1995 年版;张静:《阶级政治与单位政治》,收入周晓虹主编:《中国社会与中国研究》,社会科学文献出版社 2004 年版,第 311 页;李春玲:《当代中国社会的声望分层——职业声望与社会经济地位指数测量》,《社会学研究》2005 年第 2 期;等等。

⑧ 迈斯纳评论说:"比起革命所推翻的官僚机构,新的官僚机构以更大的规模、更强有力的职能并在性质上更加独立而发展。"《毛泽东的中国及后毛泽东的中国》,四川人民出版社 1990 年版,第 329 页。霍夫汉和卡尔德也看到:"尽管中国有强烈的求平等的趋向,官员们对于礼仪和等级仍然有着很强的意识。"《二十世纪西方现代化理论文选》,上海三联书店 2002 年版,第 1077 页。

的现象之一;72.6%的人认为,"当官的人"最容易获得高收入,这是文化、学历或资产选项的两倍①。干部、党员在私营企业主中所占比例,也相当可观②。

"官本位"的种种表现,是人们所不陌生的。此外又如等级、名号在社会激励上的广泛运用,也属"中国特色"。优秀学生,有校级三好生、区级三好生、市级三好生、全国级三好生之分;优秀教师,有校级优秀教师、市级优秀教师、省级优秀教师、国家级教学名师之分;教师的课程,有校级精品课、省级精品课、国家级精品课之分;各种奖项,有校级奖、省部级奖、国家级奖之分;科研项目,有学校项目、省部级项目、国家级项目之分。这种通过一元化的等级名号来施加社会激励的制度,走出国门就相当罕见,在我们这儿却成了生活的常态。其利弊暂且不论,总之它是古已有之,古代的品爵名位本来就是如此运用的。它深深扎根于传统的制度文化之中。

无论如何,组织资源与文化资源,或说政治资本与教育资本,在当代中国仍是社会竞争的最重要条件;行政化的等级安排,在确认社会身份、塑造社会分层、强化社会控制、施加社会激励、引导社会流动、建立社会认知、沟通社会交流上,依然发挥着重大作用。在"一元化多序列的复式品位结构"上,在"品级、等级与阶级的更大一致性"上,在"政治体制塑造社会形态的巨大能动性"上,中国的古今显示了可观的连续性。而这一点,就是我们提出"制度史观",并由此去探寻中国史之周期性与连续性的灵感来源。

---

① 李春玲:《各阶层的社会不公平感比较分析》,《湖南社会科学》2006 年第 1 期。

② 据陆学艺主编《当代中国社会阶层研究报告》,私营企业主 43.4% 来自干部。第 225 页表 5。又,私营企业主中的党员比例,在 2000 年为 19.8%,见戴建中:《现阶段中国私营企业主研究》,《社会学研究》2001 年第 5 期。秦晖先生指出这个数字只是下限,某些地区有高达 40%—50% 的。见其《中国的经济转轨、社会公正与民主化问题》,收入《转轨中国:审视社会公正和平等》,中国人民大学出版社 2004 年版。

20 世纪 80 年代,西方出现了对"新公共行政"的探索①。就目前看,这个探索似未产生其所预期的效果,也远不足以打破韦伯所预言的"官僚制的铁律":官僚制是大规模生产下有效分工的一个必然产物,其对社会的控制是不可逆转的,"现时而言,我们可见的乃官僚专政而非工人阶级专政的推进"②。而"官僚专政",在中国是自古已然。又古德纳认为,一个由人文与技术知识分子组成的新阶级正在当代崛起,他们以教育为基础,掌握了文化资本③。然而一个文化阶级的存在,在传统中国早就是社会常态了。中国古代的等级制度和等级组织,在其精致性、复杂性上,在其功绩制与流动性上,是富有现代性的。

中国国家经历了它的 1.0 版,即夏商周的"王国";经历了它的 2.0 版,即两千年的官僚帝国。近代以来,中国国家开始向3.0版全面升级换代。度过了短短 40 年"乱世",中国就恢复了秩序,并赢得了 60 年的高速增长。目前正在"中国特色"的独特体制之下,沿自己的道路成功崛起,走向繁荣强大,并将在若干年后加入世界强国的行列。对这个

---

① "新公共行政"或"新公共管理"潮流的矛头所指,是官僚系统的效率低下,以及"预算最大化"行为带来的公共资源浪费和超量供应;相应的改革是由"政策"转向"管理",由"命令"转向"合约",由"程序"转向"目标",走市场化、分权化、自主化之路,转以微观经济效益衡量官僚制,用市场语言取代政治语言等。参看郑宇硕、罗金义主编:《政治学新论:西方学理与中华经验》,香港中文大学出版社 1997 年版,第 214—219 页;毛寿龙、李梅、陈幽泓:《西方政府的治道变革》,中国人民大学出版社 1998 年版,第 299 页以下。还可参看奥斯本、盖布勒:《改革政府:企业精神如何改革着公营部门》,上海译文出版社 1996 年版;奥斯特罗姆:《美国公共行政的思想危机》,上海三联书店 1999 年版;奥斯特罗姆:《公共事物的治理之道:集体行动制度的演进》,上海三联书店 2000 年版;巴泽雷:《突破官僚制:政府管理的新愿景》,中国人民大学出版社 2001 年版;敦利威:《民主、官僚制与公共选择:政治科学中的经济学阐释》,中国青年出版社 2004 年版;弗雷德里克森:《公共行政的精神》,中国人民大学出版社 2003 年版;经济合作与发展组织:《分散化的公共治理》,中信出版社 2004 年版;莱恩:《新公共管理》,中国青年出版社 2004 年版。

② *From Max Weber: Essays in Sociology*, translated, edited and with introduction by H. H. Gerth and C. W. Mills, New York: Oxford University Press, 1958, p. 50.

③ 古德纳:《知识分子的未来和新阶级的兴起》,江苏人民出版社 2002 年版。

体制的独特性与经济增长的重大相关性,经济学家、社会学家已提出了各种解释①。也有若干国外学者,开始关注中国历史发展的内在逻辑,并预言中国将拥有一个不同于西方的未来。这些看法至少提示了两点:第一,进一步强化了"中国政治体制在塑造社会面貌上的巨大能动性"的论点;第二,它使20世纪对传统专制官僚政治的一味谴责,显得简单化了,应代之以一种"价值中立"的观察。"封建专制的流毒"被承认,"官本位"的弊端被承认,已被领导者允诺列入解决日程;领导者同时宣布,"中国特色的社会主义道路"将继续下去。那么,政治改革将继续深化,但基本体制不会动摇。如果改革能令这个体制更扁平一些、更多元化一些,就会有更多社会活力被释放出来。在一点上,执着追求自由、平等、民主的那部分公众,将是最大推动力。同时在尚可展望的未来几十年中,它仍将是同一版本的升级换代,"一元化多序列的复式结构"将持续下去。一个不同于西方的未来中国,已展现了现实的可能性,"路径依赖"似已形成②。

诺思提醒人们:"路径依赖性意味着历史是重要的。如果不回顾制度的渐进演化,我们就不可能理解当今的选择。"③在升级换代、各项性能全面提升之后,未来中国国家的3.0版会是什么样子呢? 尚不能确知。我们只是推断,四千年的文明、两千年的集权官僚等级制似是遥

---

① 最近的讨论,不妨参看:《十学者纵论中国道路》,《中国社会科学报》2009年7月1日A2版;《"中国模式"与"中国学派"——"人民共和国60年与中国模式"学术研讨会综述》,北京大学中国与世界研究中心;《开放时代》2009年第4期。对中国崛起过程中政府与政治体制的巨大作用,学者都给予了充分强调。

② 当然,这里没有考虑"全球化"所造成的"趋同"现象。从整个人类史与自然法则看,"趋同"最终恐怕不可避免,尽管其过程将是漫长曲折的。对"趋同论"有很多反驳。但若不预设"趋同"的形态,那么"趋同论"就不能说是目的论。通信技术、跨国组织与政治经济文化交流,都在推动着"趋同"。也许五百年或一千年后看今天,会像汉人看春秋列国一样。"趋同"是消解民族文化独特性与国家体制独特性的因素。

③ 诺思:《制度、制度变迁与经济绩效》,上海三联书店1994年版,第134页。

远的过去,实际上却将在宏观层次与长时段上,展示其深远影响与巨大历史惯性。在这时候,有两种可以同时持有、但必须区分开来的态度:观察者的态度与参与者的态度。作为观察者,就应尽可能地排除主观偏好,纯客观地体察历史与未来,不让任何个人的期望、选择干扰了分析与判断。而作为参与者就不同了,由于社会变迁是众多分力之"合力",而且"合力"是未知的,所以作为分力之一,每个人都有选择方向的权利。因为这时你不是在旁观天平的指针,而是在把砝码置于你所选择的一侧,以改变平衡。那么请你坚守一己的选择与期望。正如罗新先生所说:"未来也许并不完全是我们所期望的那个样子,但是,如果没有我们投入其中的那些期望和努力,这未来就会是另一个样子,是我们更加无法接受的样子。"[1]

---

[1] 罗新:《梦见昌平园落雪》,北京大学历史系 1995 级班刊《南山石》第 1 期,1995 年 11 月。又往复论坛:http://www.wangf.net/vbb2/printthread.php? threadid = 8909,访问时间:2009 年 9 月 8 日。

后 记

自己前几种书的研究动机,都萌生于史实细节的考证。《品位与职位》的写作,始于对北周"军号散官双授"制度的考证;《从爵本位到官本位》的写作,始于对"宦皇帝者"的考证;《服周之冕》的写作,始于对唐初祭服的君臣等级倒置的考证。但这部不是。因为首先,它是为授课而编写的一部个人讲义。

我在课上讲授秦汉魏晋南北朝官阶时,选课者有中国古代史专业的,也有其他专业的,他们对课程的期待不太一样。前者偏重细微之处,后者,尤其是来自社会科学专业的学生,相对来说,更希望获得一个总体的轮廓。在这时候,若有一套适当的概念框架,便有助于描述这个轮廓。至少对官阶史上的诸多现象,需要有若干术语去指称它们。那些术语对专业人士也许用处不大,但能给非专业者提供不少方便。一个现象,看到了但说不出来,那么它仍是模模糊糊的;用一个概念来指称它,它就清晰起来了。概念的力量,就在于能让模糊散乱的东西清晰起来。好比满仓库的杂物,只是管理员自己心里有数而已;若把它们分门别类放到架子上,再贴上标签,就井然有序,外人也能一目了然了。框架与概念,就相当于货架子和标签。这也就是"模式"。如彼得·伯克所云:"模式的功能就是简单化,从而使真实的世界更易于理解。"[1]设计得当的概念,是锐利的分析工具。

与一些"中国古代××制度史"不同,本书主要致力于一套用以描

---

[1] 彼得·伯克:《历史学与社会理论》,上海人民出版社 2001 年版,第 72 页。

述、指称与分析的概念与框架,而不是分时代叙述官阶细节、介绍相关论著。二十多年前我刚毕业不久,在翻译艾森斯塔得的《帝国的政治体系》一书时,曾产生了一个感想:中国政治制度史的研究,往往由社会形态理论直接进入具体官制,多少给人"大而无当"之感;似有必要围绕"中等层次的理论"进行各种建构,以使具体的官制研究向理论化的境界升华,并使中国社会形态的宏观论断,得以通过这个"中介"还原到较为具体的层次①。本书的写作动机,算是其来有自吧。中国古代官阶为我提供了一个入手之处。由此我得以把若干年累积的看法系统化,集中思考官阶研究有哪些基本问题,可以如何研究它们。

现代社会学、行政学、管理学,对官僚科层制已有了长久的研究和成熟的理论,可以为中国官阶研究提供宝贵参考。它使我们得以超出经验性的描述,而去寻找其深层的结构及其变迁。但尽管如此,那些相关理论,往往是在没有考虑或没有充分考虑中国历史经验的情况下发展起来的。若把它们直接用于中国官阶,就会显露出很多漏洞与盲区,以及扞格、生硬和错乱之处。在这地方,有很大一片区域,有待我们自己来耕耘。国外学界有什么新动向,流行什么新理论,就马上跟进引进,其好处是能"与国际学界接轨"。但也有另一种考虑,就是自己动手,DIY。中国的社会科学研究者,已在考虑"本土化"问题了。日本学者中根千枝还特别指出,即令是用西方眼光捕捉本土社会的独特现象,依然是有问题的,等于是"照搬"的另一极端②。在我写作《士大夫政治演生史稿》时,曾尝试把从社会科学中得到的启发,与传统政治文化概念融汇起来,形成一个个人化的阐释框架。本书是一个再进一步的尝试:立足于中国史学,吸收社会科学提供的启迪但"活学活用",形成一套适合描述中国官阶的"话语",建构一个"本土化"的研究模式。这对

---

① 拙作:《〈帝国的政治体系〉译者序》,艾森斯塔得:《帝国的政治体系》,贵州人民出版社1991年版,序言第6页。

② 中根千枝:《适应的条件》,河北人民出版社1989年版,第5页。

自己来说是一种新写法、一次挑战。它给了我一种"每天的太阳都是新的"的感觉。

总的说来,本书是一部兼顾非历史专业的官阶史讲义,它不是具体讲授各时代的官阶,而是以此来跟学生共同探讨中国官阶研究的概念与框架、问题与方法,而且只是一个阶段性、尝试性的工作。中国古代官阶经历了三千年发展,结构复杂而头绪繁多,涉及了浩繁史料与论著;相关的理论建构,又需要优良的社会科学素养。在这两个方面,自己都不存奢望。此前还没有一种同类的官阶史著作可资参考,甚至在世界史方面也没找到同类论著,遂如赵翼所云:"无所因而特创者难为功,有所本而求精者易为力。"限于才力,平地起楼台的建构十分吃力;经常为了一个概念而反复推敲,"一名之立,旬月踟蹰";章节的增删调整,至少也有几十次。无论如何,中国官阶研究的理论化工作,不是一人之力、数年之功所能完成的,肯定要另待大方之家。书名最初题为"导论",旋又改为"引论",就是因为"引"字既有"引导"的意思,又有"抛砖引玉"的意思,比"导"字更符合本书的情况。因教学需要,必须及早结稿以便有讲义可用,遂放弃精雕细刻,将毛坯匆匆付梓。以前自己曾有两部书题之为"稿",但后来都无暇修订,而这部讲义,无论如何都要继续打磨的。

本书形成草稿后,张帆、赵冬梅、叶炜、徐冲老师及研究生孙正军、陈文龙、陈奕玲、丁浩、廖基添提出了很多宝贵意见,订正了很多错误。2008 级的刘俊霞、于嘉宾、刘继元、王菲菲、白云、冯玉宸、蔡佳宏、赵通同学,也曾阅读指正;还有孙宇晨、夏雨、吕凌寒、石雯等同学,在此期间曾帮我校对再版的《察举制度变迁史稿》,节省了我的精力。谨此一一致谢。